# 吉林2019统计年鉴

# JILIN STATISTICAL YEARBOOK 2019

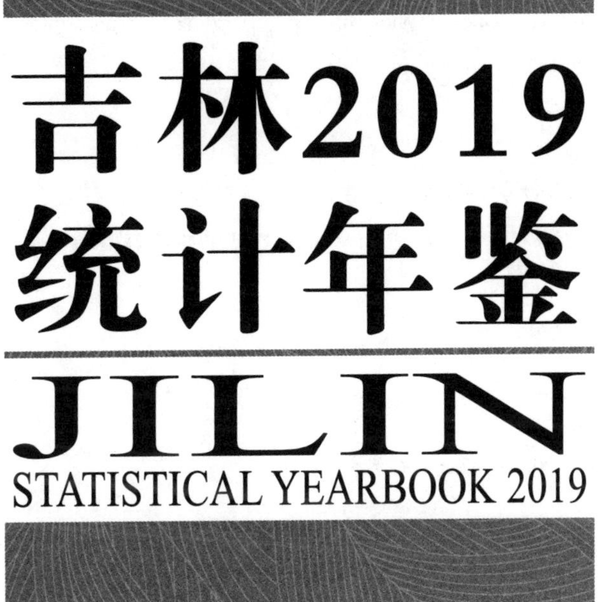


吉林省统计局 国家统计局吉林调查总队 编

COMPILED BY JILIN STATISTICAL BUREAU
SURVEY OFFICE OF THE NATIONAL BUREAU OF STATISTICS IN JILIN

（总第33期 No.33）

**图书在版编目（CIP）数据**

吉林统计年鉴. 2019：汉英对照 / 吉林省统计局，国家统计局吉林调查总队编. -- 北京：中国统计出版社，2019.12

ISBN 978-7-5037-9072-0

Ⅰ. ①吉…

Ⅱ. ①吉… ②国…

Ⅲ. ①统计资料-吉林-2019-年鉴-汉、英

Ⅳ. ①C832.34-54

中国版本图书馆CIP数据核字(2019)第269390号

# 吉林统计年鉴-2019

作　　者 / 吉林省统计局　国家统计局吉林调查总队
责任编辑 / 钟　钰
责任校对 / 王晓辉　刘　豪
装帧设计 / 董丽敏
出版发行 / 中国统计出版社有限公司
地　　址 / 北京市丰台区西三环南路甲6号
邮政编码 / 100073
电　　话 / 邮购（010）63376909　书店（010）68783171
网　　址 / http://www.zgtjcbs.com
印　　刷 / 长春市绿园区城西印刷厂
经　　销 / 新华书店
开　　本 / 890mm×1240mm　1/16
字　　数 / 1100千字
印　　张 / 29
版　　别 / 2019年12月第1版
版　　次 / 2019年12月第1次印刷
定　　价 / 350.00元　Price:350.00(RMB)

本书附同版本CD-ROM一张，光盘内容以书面文字为准。
如有印装差错，由本社发行部调换。

# 《吉林统计年鉴2019》

## 编委会和编辑部

# JILIN STATISTICAL YEARBOOK 2019

## EDITORIAL BOARD AND EDITORIAL STAFF

## 编委会



## EDITORIAL BOARD



## 编辑部



## EDITORIAL DEPARTMENT

# 编 者 说 明 PREFACE

一、《吉林统计年鉴—2019》(中英文对照)是一部全面反映吉林省经济和社会发展情况的资料性年刊。本书收录了全省、各市(州)和县(市)2018年经济和社会各方面大量的统计数据。

二、全书内容分为18个部分，即1.综合；2.国民经济核算；3.人口；4.从业人员和职工工资；5.固定资产投资；6.对外经济贸易和旅游业；7.财政、金融和保险；8.价格指数；9.人民生活；10.市政公用事业；11.农业；12.工业；13.建筑业；14.交通运输和邮电通信业；15.批发零售贸易和餐饮业；16.教育、科技和文化事业；17.体育、卫生和其他事业；18.市(州)和县(市)概况。附录：主要统计指标解释。

三、资料中所使用的度量衡单位均采用国际统一标准计量单位。

四、本年鉴中部分数据合计数或相对数由于单位取舍不同而产生计算误差，均未作机械调整。

五、为与已出版的《中国统计年鉴-2019》中的分省数据保持一致，吉林省统计局对本年鉴中所使用的2018年度全省及各市（州）、县（市）地区生产总值（GDP）数据是初步数据。

六、本年鉴中的符号使用说明："空格"表示该项指标数据不详或无该项数据；"#"表示其中的主要项。

七、本书的编辑出版，得到省直有关部门的大力支持，我们对此表示诚挚的谢意！

《吉林统计年鉴》编辑部

二〇一九年十一月三十日

I. *Jilin statistical yearbook 2019* is annual statistics publication, which cover very comprehensive data series for 2018 and some selected data series for historically important years in whole province, cities (prefecture) and counties and therefore, reflects various aspects of social and economic development.

II. The Content is divided into 18 parts, i. e. 1.Synthesis; 2.National Economic Accounting; 3. Population; 4.Employment and Wage; 5.Investment in Fixed Assets ; 6.Foreign Economy Trade and International Tourism; 7.Public Finance, Banking and Insurance; 8.Price Indices; 9.People's Living Conditions; 10.Urban Public Utilities; 11. Agriculture; 12.Industry; 13.Construction; 14.Transportation, Postal and Telecommunications Services; 15.Wholesale, Retail Trade and Catering Services; 16.Education, Science and Technology and Culture; 17.Sports, Public Health and others ; 18.General Survey of City (State) And County (City). In the appendices listed: Explanatory notes on Main statistical indicators.

III. The units of measurement used in this book are internationally standard measurement units.

IV. Statistical discrepancies on totals and relative figures due to rounding are not adjusted in the Yearbook.

V. Jilin Statistical Bureau adjusted the data of GDP of whole province and by region in this yearbook in accordance with *China Statistical Yearbook 2019* which has already been published.

VI. Explanatory notes for notations used in this book: "blank" indicated that the index data not available or no dale. "# "of which: major item.

VII. The publication and editor of yearbook got strong support of the department of province, total cities, prefectures, counties (district) government and some enterprises and related institutions, We make sincerely appreciation !

Editorial department of *Jilin Statistical Yearbook*

November 30，2019

# CONTENTS
# 目录 >>>

## 统计资料
## STATISTICAL DATA

## 【第一篇】综合 SYNTHESIS



## 【第二篇】国民经济核算 NATIONAL ECONOMIC ACCOUNTING

## 【第三篇】 人口 POPULATION



## 【第四篇】 从业人员和职工工资 EMPLOYMENT AND WAGE



## 【第五篇】 固定资产投资 INVESTMENT IN FIXED ASSETS

## 【第六篇】对外经济贸易和旅游业 FOREIGN ECONOMY TRADE AND INTERNATIONAL TOURISM



## 【第七篇】财政、金融和保险 PUBLIC FINANCE,BANKING AND INSURANCE

## 【第八篇】价格指数 PRICE INDICES



## 【第九篇】人民生活 PEOPLE'S LIVING CONDITIONS

## 【第十篇】市政公用事业 URBAN PUBLIC UTILITIES

## 【第十一篇】农业 AGRICULTURE



## 【第十二篇】工业 INDUSTRY

## 【第十三篇】建筑业 CONSTRUCTION



## 【第十四篇】交通运输和邮电通信业 TRANSPORTATION,POSTAL AND TELECOMMUNICATIONS SERVICES

## 【第十五篇】批发零售贸易和餐饮业 WHOLESALE,RETAIL TRADE AND CATERING SERVICES



## 【第十六篇】教育、科技和文化事业 EDUCATION,SCIENCE AND TECHNOLOGY AND CULTURE

## 【第十七篇】体育、卫生和其他事业
## SPORTS,PUBLIC HEALTH AND OTHERS

## 【第十八篇】 市（州）和县（市）概况 GENERAL SURVEY OF CITY（STATE）AND COUNTY（CITY）

## 附录
## APPENDIX

# 统计资料

# STATISTICAL DATA

# 第一篇

CHAPTER ▶ 01

# 综　合

***SYNTHESIS***

资料整理人员：

刘思旭　张　帆　张海超　吴　璇　王晓辉　辛　静

# 1－1 行政区划（2018年末）

## Divisions of Administrative Areas（end of 2018）

单位:个 (unit)

| 地　区　Region | 县级合计 Regions at County Level | 市辖区 Districts under the Jurisdiction of Cities | 县级市 Cities at County Level | 县 Counties | 自治县 Autonomous Counties | 乡镇级合计 Regions at Township Level | 镇 Towns | 乡 Towns | 街道 Street Communities |
|---|---|---|---|---|---|---|---|---|---|
| **全　省　Total** | **60** | **21** | **20** | **16** | **3** | **933** | **426** | **182** | **325** |
| 长　春　Changchun | 10 | 7 | 2 | 1 | | 179 | 57 | 30 | 92 |
| 吉　林　Jilin | 9 | 4 | 4 | 1 | | 143 | 56 | 20 | 67 |
| 四　平　Siping | 6 | 2 | 2 | 1 | 1 | 107 | 56 | 17 | 34 |
| 辽　源　Liaoyuan | 4 | 2 | | 2 | | 44 | 23 | 7 | 14 |
| 通　化　Tonghua | 7 | 2 | 2 | 3 | | 104 | 61 | 17 | 26 |
| 白　山　Baishan | 6 | 2 | 1 | 2 | 1 | 65 | 41 | 6 | 18 |
| 松　原　Songyuan | 5 | 1 | 1 | 2 | 1 | 100 | 43 | 35 | 22 |
| 白　城　Baicheng | 5 | 1 | 2 | 2 | | 100 | 38 | 35 | 27 |
| 延　边　Yanbian | 8 | | 6 | 2 | | 91 | 51 | 15 | 25 |

1－1 续表 continued

| 地　区 | Region | 县级市 | City at County Level | 县 | County | 区 | District |
|---|---|---|---|---|---|---|---|
| 长春市 | Changchun | 榆树市 | Yushu | 农安县 | Nongan | 朝阳区 | Chaoyang |
| | | 德惠市 | Dehui | | | 宽城区 | Kuancheng |
| | | | | | | 二道区 | Erdao |
| | | | | | | 南关区 | Nanguan |
| | | | | | | 绿园区 | Lvyuan |
| | | | | | | 双阳区 | Shuangyang |
| | | | | | | 九台区 | Jiutai |
| 吉林市 | Jilin | 桦甸市 | Huadian | 永吉县 | Yongji | 船营区 | Chuanying |
| | | 蛟河市 | Jiaohe | | | 昌邑区 | Changyi |
| | | 磐石市 | Panshi | | | 龙潭区 | Longtan |
| | | 舒兰市 | Shulan | | | 丰满区 | Fengman |
| 四平市 | Siping | 公主岭市 | Gongzhuling | 梨树县 | Lishu | 铁西区 | Tiexi |
| | | 双辽市 | Shuangliao | 伊通满族自治县 | Yitong | 铁东区 | Tiedong |
| 辽源市 | Liaoyuan | | | 东辽县 | Dongliao | 龙山区 | Longshan |
| | | | | 东丰县 | Dongfeng | 西安区 | Xi'an |
| 通化市 | Tonghua | 梅河口市 | Meihekou | 通化县 | Tonghua | 东昌区 | Dongchang |
| | | 集安市 | Jian | 辉南县 | Huinan | 二道江区 | Erdaojiang |
| | | | | 柳河县 | Liuhe | | |
| 白山市 | Baishan | 临江市 | Linjiang | 靖宇县 | Jingyu | 八道江区 | Badaojiang |
| | | | | 抚松县 | Fusong | 江源区 | Jiangyuan |
| | | | | 长白朝鲜族自治县 | Changbai | | |
| 松原市 | Songyuan | 扶余市 | Fuyu | 乾安县 | Qianan | 宁江区 | Ningjiang |
| | | | | 长岭县 | Changling | | |
| | | | | 前郭尔罗斯蒙古族自治县 | Qianguo | | |
| 白城市 | Baicheng | 大安市 | Da'an | 镇赉县 | Zhenlai | 洮北区 | Taobei |
| | | 洮南市 | Taonan | 通榆县 | Tongyu | | |
| 延边州 | Yanbian | 延吉市 | Yanji | 安图县 | Antu | | |
| | | 图们市 | Tumen | 汪清县 | Wangqing | | |
| | | 敦化市 | Dunhua | | | | |
| | | 龙井市 | Longjing | | | | |
| | | 珲春市 | Hunchun | | | | |
| | | 和龙市 | Helong | | | | |

# 1－2 自然资源状况
## Natural Resources and Conditions

| 项　　目 | Item | 2016 | 2017 | 2018 |
|---|---|---|---|---|
| **一、自然状况** | **Natural Conditions** | | | |
| 1.土地面积(万平方公里） | Land Area (10000 sq.km) | 18.7 | 18.7 | 18.7 |
| 各类土地所占比重（%） | Composition of all Type Land (%) | | | |
| 山地 | Mountains | 36.0 | 36.0 | 36.0 |
| 丘陵 | Hills | 5.8 | 5.8 | 5.8 |
| 平原 | Plains | 30.0 | 30.0 | 30.0 |
| 台地及其他 | Mesa and Others | 28.2 | 28.2 | 28.2 |
| 2.气候 | Climate | | | |
| 全年平均气温（摄氏度） | Annual Average Temperature (℃) | 5.8 | 5.9 | 5.8 |
| 年降水量（毫米） | Annual Precipitation (mm) | 775.1 | 583.0 | 687.0 |
| **二、自然资源** | **Natural Resources** | | | |
| 1.林地 | Forest Area | | | |
| 林业用地面积（万公顷） | Area of Afforested Land (10000 hectares) | 945.4 | 951.8 | 953.1 |
| 森林面积（万公顷） | Forest Area (10000 hectares) | 819.1 | 820.2 | 826.8 |
| 灌木林地面积（万公顷） | Shrub Land (10000 hectares) | 16.0 | 14.8 | 15.1 |
| 活立木总蓄积量（亿立方米） | Standing Stock Volume (100 milion cu.m) | 9.5 | 10.3 | 10.5 |
| 森林覆盖率（%） | Forest－coverage Rate (%) | 44.1 | 44.3 | 44.6 |
| 2.水利 | Water Resources | | | |
| 水资源总量（亿立方米） | Total Water Resource Volume (100 million cu.m) | 488.8 | 394.4 | 481.21 |
| 人均水资源量（立方米/人） | Per Capita Water Resources (cu.m/person) | 1788.6 | 1451.3 | 1779.58 |
| 地表水资源量（亿立方米） | Surface Water Volume (100 million cu.m) | 420.7 | 339.8 | 422.23 |
| 地下水资源量（亿立方米） | Underground Water Volume (100 million cu.m) | 154.7 | 133.3 | 137.88 |
| 松花江流域（亿立方米） | Songhua River Basin (100 million cu.m) | 402.6 | 344.1 | 389.39 |
| 辽河流域（亿立方米） | Liao River Basin (100 million cu.m) | 86.3 | 50.3 | 91.8 |

# 1－3 主要城市平均气温（2018年）

## Average Temperature of Major Cities（2018）

单位: 摄氏度 (℃)

| 月份 Month | | 长春市 Changchun | 吉林市 Jilin | 四平市 Siping | 辽源市 Liaoyuan | 通化市 Tonghua | 白山市 Baishan | 松原市 Songyuan | 白城市 Baicheng | 延吉市 Yanji |
|---|---|---|---|---|---|---|---|---|---|---|
| 1月 | Jan. | -15.6 | -15.3 | -16.9 | -17.2 | -14.7 | -16.7 | -17.0 | -16.4 | -13.2 |
| 2月 | Feb. | -12.2 | -12.3 | -12.6 | -13.2 | -11.4 | -13.5 | -13.5 | -12.8 | -10.8 |
| 3月 | Mar. | -0.6 | -0.6 | 0.0 | -0.2 | 1.0 | -0.6 | -1.5 | -0.7 | -0.1 |
| 4月 | Apr. | 10.7 | 10.3 | 10.8 | 10.7 | 10.0 | 8.8 | 10.6 | 10.6 | 9.8 |
| 5月 | May | 17.1 | 16.5 | 17.7 | 16.8 | 15.2 | 14.1 | 17.4 | 17.2 | 14.5 |
| 6月 | June | 22.2 | 21.2 | 22.4 | 21.7 | 20.0 | 18.7 | 22.7 | 23.0 | 18.4 |
| 7月 | July | 25.9 | 25.3 | 25.8 | 26.1 | 24.5 | 23.6 | 25.8 | 25.7 | 23.6 |
| 8月 | Aug. | 22.1 | 21.7 | 22.3 | 22.1 | 22.6 | 21.4 | 22.2 | 22.3 | 21.5 |
| 9月 | Sept. | 15.9 | 15.6 | 15.4 | 14.9 | 14.6 | 13.2 | 16.1 | 15.9 | 15.0 |
| 10月 | Oct. | 8.1 | 8.2 | 7.6 | 6.7 | 6.7 | 5.5 | 8.4 | 8.4 | 7.9 |
| 11月 | Nov. | -1.0 | -0.8 | -1.6 | -2.0 | -0.5 | -2.4 | -1.7 | -2.5 | -0.7 |
| 12月 | Dec. | -10.8 | -10.1 | -11.3 | -11.3 | -11.1 | -13.3 | -11.6 | -12.0 | -9.5 |

# 1-4 主要城市降水量（2018年）

## Precipitation of Major Cities（2018）

单位：毫米　　Unit:（Millimeters）

| 月份 Month | 地区 Region | 长春市 Changchun | 吉林市 Jilin | 四平市 Siping | 辽源市 Liaoyuan | 通化市 Tonghua | 白山市 Baishan | 松原市 Songyuan | 白城市 Baicheng | 延吉市 Yanji |
|---|---|---|---|---|---|---|---|---|---|---|
| 1月 | Jan. | 6.6 | 13.8 | 6.3 | 8.1 | 6.6 | 12.1 | 8.2 | 4.0 | 0.0 |
| 2月 | Feb. | 11.7 | 20.9 | 10.3 | 12.3 | 4.5 | 7.7 | 4.1 | 0.9 | 6.4 |
| 3月 | Mar. | 16.4 | 29.5 | 15.5 | 41.8 | 25.4 | 35.2 | 8.1 | 7.4 | 23.1 |
| 4月 | Apr. | 9.1 | 42.5 | 15.0 | 33.4 | 36.3 | 36.2 | 5.0 | 11.9 | 19.8 |
| 5月 | May | 78.5 | 36.7 | 36.9 | 46.3 | 119.2 | 107.7 | 22.4 | 74.0 | 115.5 |
| 6月 | June | 61.6 | 143.3 | 155.5 | 111.4 | 124.3 | 138.2 | 47.6 | 45.2 | 101.6 |
| 7月 | July | 86.2 | 75.8 | 185.2 | 44.2 | 64.3 | 173.2 | 144.7 | 205.8 | 94.5 |
| 8月 | Aug. | 205.5 | 196.4 | 208.6 | 168.5 | 246.3 | 313.1 | 81.9 | 56.5 | 237.0 |
| 9月 | Sept. | 79.7 | 126.9 | 40.9 | 60.6 | 77.6 | 102.7 | 67.6 | 37.9 | 43.2 |
| 10月 | Oct. | 38.7 | 76.6 | 30.0 | 41.7 | 52.6 | 41.2 | 8.5 | 3.4 | 58.2 |
| 11月 | Nov. | 11.7 | 22.6 | 10.5 | 21.5 | 35.8 | 42.5 | 0.8 | 0.0 | 20.1 |
| 12月 | Dec. | 2.3 | 1.2 | 2.7 | 2.3 | 15.6 | 16.2 | 1.8 | 0.7 | 9.1 |

## 1-5 按国民经济行业大类分组的法人单位、产业活动单位及就业人数（2018年）（非普查数据）

## Number of Legal Entities,Establishment and Employed Person by Sector（2018）

| 指　　标 | Item | 法人单位数（个）Number of Legal Entities(unit) | | | 产业活动单位数（个）Number of Establish-ment(unit) |
|---|---|---|---|---|---|
| | | 合计 Total | 单产业法人单位 Single | 多产业法人单位 Multiple | |
| **合计** | **Total** | **238531** | **233935** | **4596** | **270467** |
| **农、林、牧、渔业** | **Agriculture、Forestry、Animal Husbandry and Fishery** | **38182** | **38108** | **74** | **38782** |
| 农业 | Farming | 17598 | 17578 | 20 | 17697 |
| 林业 | Forestry | 1468 | 1443 | 25 | 1777 |
| 畜牧业 | Animal Husbandry | 7286 | 7275 | 11 | 7301 |
| 渔业 | Fishery | 651 | 651 | | 655 |
| 农、林、牧、渔服务业 | Agriculture,Forestry,Animal Husbandry and Fishery Services | 11179 | 11161 | 18 | 11352 |
| **采矿业** | **Mining** | **1645** | **1619** | **26** | **1719** |
| 煤炭开采和洗选业 | Mining and Washing of Coal | 240 | 229 | 11 | 257 |
| 石油和天然气开采业 | Extraction of Petroleum and Natural Gas | 82 | 81 | 1 | 100 |
| 黑色金属矿采选业 | Mining and Processing of Ferrous Metal Ores | 211 | 208 | 3 | 219 |
| 有色金属矿采选业 | Mining and Processing of Non-ferrous Metal Ores | 166 | 161 | 5 | 177 |
| 非金属矿采选业 | Mining and Processing of Nonmetal Ores | 800 | 797 | 3 | 813 |
| 开采辅助活动 | Mining Auxiliary Activities | 98 | 95 | 3 | 105 |
| 其他采矿业 | Mining of Other Ores | 48 | 48 | | 48 |
| **制造业** | **Manufacturing** | **30022** | **29766** | **256** | **30333** |
| 农副食品加工业 | Processing of Food from Agricultural Products | 4522 | 4474 | 48 | 4548 |
| 食品制造业 | Manufacture of Foods | 1367 | 1349 | 18 | 1374 |
| 酒、饮料和精制茶制造业 | Wine, Beverage and Refined Tea Manufacturing | 1273 | 1263 | 10 | 1278 |
| 烟草制品业 | Manufacture of Tobacco | 21 | 20 | 1 | 20 |
| 纺织业 | Manufacture of Textile | 235 | 234 | 1 | 236 |
| 纺织服装、服饰业 | Manufacture of Textile Wearing Apparel,Footwear and Caps | 525 | 516 | 9 | 531 |
| 皮革、毛皮、羽毛及其制品和制鞋业 | Manufacture of Leather,Fur,Feather and Related Products | 111 | 111 | | 112 |
| 木材加工和木、竹、藤、棕、草制品业 | Processing of Timber,Manfacture of Wood, Bamboo,Rattan,Palm and Straw Products | 1935 | 1917 | 18 | 1978 |
| 家具制造业 | Manufacture of Furniture | 505 | 502 | 3 | 510 |
| 造纸和纸制品业 | Manufacture of Paper and Paper Produts | 418 | 417 | 1 | 419 |
| 印刷和记录媒介复制业 | Prnting Peproduction of Recording Meida | 946 | 937 | 9 | 968 |
| 文教、工美、体育和娱乐用品制造业 | Manufacture of Articles for Culture, Education and Sport Activities | 360 | 356 | 4 | 364 |
| 石油加工、炼焦和核燃料加工业 | Processing of Petroleum,Coking, Processing of Nuclear Fuel | 139 | 137 | 2 | 144 |
| 化学原料和化学制品制造业 | Manufacture of Raw Chemical Materials and Chemical Products | 1584 | 1568 | 16 | 1598 |
| 医药制造业 | Manufacture of Medicines | 1097 | 1086 | 11 | 1101 |
| 化学纤维制造业 | Manufacture of Chemical Fibers | 39 | 39 | | 39 |
| 橡胶和塑料制品业 | Ruber and Plastic Products Industry | 1137 | 1133 | 4 | 1145 |
| 非金属矿物制品业 | Manufacture of Non-metallic Mineral Products | 3490 | 3472 | 18 | 3527 |
| 黑色金属冶炼和压延加工业 | Simelting and Pressing of Ferrous Metals | 310 | 309 | 1 | 310 |
| 有色金属冶炼和压延加工业 | Smelting and Pressing of Non-ferrous Metals | 158 | 155 | 3 | 157 |

1－5 续表 1 continued

| 指标 | Item | 法人单位数（个） Number of Legal Entities(unit) | | | 产业活动单位数（个） Number of Establishment(unit) |
|---|---|---|---|---|---|
| | | 合计 Total | 单产业法人单位 Single | 多产业法人单位 Multiple | |
| 金属制品业 | Manufacture of Metal Products | 1537 | 1531 | 6 | 1552 |
| 通用设备制造业 | Manufacure of General PurPose Machinery | 1906 | 1892 | 14 | 1933 |
| 专用设备制造业 | Manufacture of Special Purpose Machinery | 1722 | 1713 | 9 | 1743 |
| 汽车制造业 | Automobile Manufacturing Industry | 1986 | 1958 | 28 | 2021 |
| 铁路、船舶、航空航天和其他运输设备制造业 | Railway, Marine, Aerospace and other Transportation Equipment Manufacturing Industry | 208 | 207 | 1 | 209 |
| 电气机械和器材制造业 | Manufacture of Electrical Machinery and Equipment | 871 | 863 | 8 | 883 |
| 计算机、通信和其他电子设备制造业 | Computer, Communications and other Electronic Equipment Manufacturing Industry | 264 | 260 | 4 | 267 |
| 仪器仪表制造业 | Instrument Manufacturing Industry | 272 | 269 | 3 | 272 |
| 其他制造业 | Other Manufacturing | 664 | 663 | 1 | 668 |
| 废弃资源综合利用业 | Comprehensive Utilization of Waste Resources | 231 | 227 | 4 | 230 |
| 金属制品、机械和设备修理业 | Metal Products, Machinery and Equipment Repair Industry | 189 | 188 | 1 | 196 |
| **电力、热力、燃气及水生产和供应业** | **Production and Supply of Electricity,Gas and Water** | **2069** | **1983** | **86** | **2976** |
| 电力、热力生产和供应业 | Production and Supply of Electric Power and Heat Power | 1557 | 1489 | 68 | 2415 |
| 燃气生产和供应业 | Production and Supply of Gas | 213 | 205 | 8 | 225 |
| 水的生产和供应业 | Production and Supply of Water | 299 | 289 | 10 | 336 |
| **建筑业** | **Construction** | **11177** | **11005** | **172** | **11686** |
| 房屋建筑业 | Housing Construction Industry | 2475 | 2415 | 60 | 2630 |
| 土木工程建筑业 | Civil Engineering Construction Industry | 2244 | 2200 | 44 | 2380 |
| 建筑安装业 | Construction Installation | 2337 | 2295 | 42 | 2448 |
| 建筑装饰和其他建筑业 | Architectural Decoration and other Construction Industry | 4121 | 4095 | 26 | 4228 |
| **批发和零售业** | **Wholesale and Retail Trades** | **54949** | **54284** | **665** | **60949** |
| 批发业 | Wholesale Trade | 25469 | 25226 | 243 | 26884 |
| 零售业 | Retail Trade | 29480 | 29058 | 422 | 34065 |
| **交通运输、仓储和邮政业** | **Transport,Storage and Post** | **6870** | **6687** | **183** | **8360** |
| 铁路运输业 | Railway Transport | 97 | 93 | 4 | 173 |
| 道路运输业 | Road Transport | 4065 | 3981 | 84 | 4309 |
| 水上运输业 | Water Transport | 24 | 24 | | 25 |
| 航空运输业 | Air Transport | 37 | 34 | 3 | 44 |
| 管道运输业 | Transport Via Pipeline | 4 | 4 | | 7 |
| 装卸搬运和运输代理业 | Handling and Transportation Agency | 691 | 680 | 11 | 755 |
| 仓储业 | Warehousing Industry | 1477 | 1463 | 14 | 1535 |
| 邮政业 | Post Industry | 475 | 408 | 67 | 1512 |
| **住宿和餐饮业** | **Accommodation and Catering Industry** | **2772** | **2729** | **43** | **3085** |
| 住宿业 | Accommodation Industry | 1092 | 1076 | 16 | 1200 |
| 餐饮业 | Catering Industry | 1680 | 1653 | 27 | 1885 |
| **信息传输、软件和信息技术服务业** | **Information Transmission, Software and Information Technology Services** | **5087** | **4995** | **92** | **6337** |
| 电信、广播电视和卫星传输服务 | Information Broadcast Television and Satellite Transmission Services | 506 | 451 | 55 | 1501 |
| 互联网和相关服务 | Internet and Related Services | 827 | 819 | 8 | 917 |
| 软件和信息技术服务业 | Software and Information Technology Services | 3754 | 3725 | 29 | 3919 |

1－5 续表 2 continued

| 指　　标 | Item | 法人单位数（个）Number of Legal Entities(unit) | | | 产业活动单位数（个）Number of Establish-ment(unit) |
|---|---|---|---|---|---|
| | | 合计 Total | 单产业法人单位 Single | 多产业法人单位 Multiple | |
| **金融业** | **Financial Intermediation** | **2113** | **1749** | **364** | **8505** |
| 货币金融服务 | Monetary and Financial Services | 1096 | 914 | 182 | 5831 |
| 资本市场服务 | Capital Market Service | 318 | 310 | 8 | 512 |
| 保险业 | Insurance Industry | 505 | 334 | 171 | 1889 |
| 其他金融业 | Other Finance | 194 | 191 | 3 | 273 |
| **房地产业** | **Real Estate** | **7474** | **7355** | **119** | **7760** |
| 房地产业 | Real Estate | 7474 | 7355 | 119 | 7760 |
| **租赁和商务服务业** | **Leasing and Business Services** | **17426** | **17191** | **235** | **18548** |
| 租赁业 | Leasing | 2296 | 2290 | 6 | 2334 |
| 商务服务业 | Business Services | 15130 | 14901 | 229 | 16214 |
| **科学研究和技术服务业** | **Scientific Research,Technical Service and Geologic Prospecting** | **8781** | **8666** | **115** | **9607** |
| 研究和试验发展 | Research and Experimental Development | 1156 | 1146 | 10 | 1174 |
| 专业技术服务业 | Professional Technical Services | 3800 | 3717 | 83 | 4233 |
| 科技推广和应用服务业 | Technology Promotion and Application Service Industry | 3825 | 3803 | 22 | 4200 |
| **水利、环境和公共设施管理业** | **Management of Water Conservany, Environment and Public Facilities** | **2040** | **2012** | **28** | **2398** |
| 水利管理业 | Management of Water Conservancy | 749 | 733 | 16 | 1014 |
| 生态保护和环境治理业 | Ecological Protection and Environmental Governance | 161 | 160 | 1 | 189 |
| 公共设施管理业 | Managment of Public Facilities | 1130 | 1119 | 11 | 1195 |
| **居民服务、修理和其他服务业** | **Services to Households and Other Services** | **4738** | **4712** | **26** | **4860** |
| 居民服务业 | Services to Households | 1961 | 1946 | 15 | 2018 |
| 机动车、电子产品和日用产品修理业 | Motor Vehicle, Electronic Products and Daily Necessities Repair Industry | 1366 | 1362 | 4 | 1406 |
| 其他服务业 | Others Services | 1411 | 1404 | 7 | 1436 |
| **教育** | **Education** | **6581** | **5997** | **584** | **10118** |
| 教育 | Education | 6581 | 5997 | 584 | 10118 |
| **卫生和社会工作** | **Health and Social Work** | **4210** | **4105** | **105** | **5076** |
| 卫生 | Health | 2747 | 2647 | 100 | 3570 |
| 社会工作 | Social Work | 1463 | 1458 | 5 | 1506 |
| **文化、体育和娱乐业** | **Culture,Sports and Entertai-nment** | **3805** | **3765** | **40** | **4268** |
| 新闻和出版业 | Journalism and Publishing Activities | 173 | 167 | 6 | 180 |
| 广播、电视、电影和影视录音制作业 | Broadcasting,Televisions,Movies and Audiovisual Activities | 489 | 476 | 13 | 599 |
| 文化艺术业 | Culture and Art Activities | 1271 | 1261 | 10 | 1577 |
| 体育 | Sports Activites | 290 | 284 | 6 | 297 |
| 娱乐业 | Entertainments | 1582 | 1577 | 5 | 1615 |
| **公共管理、社会保障和社会组织** | **Public Management Social Security and Social Organization** | **28590** | **27207** | **1383** | **35100** |
| 中国共产党机关 | Organs of Communist Party of China | 579 | 541 | 38 | 613 |
| 国家机构 | Government Agencies | 11728 | 10491 | 1237 | 17866 |
| 人民政协、民主党派 | People's Political Consultative Conference and Democratic Parties | 152 | 149 | 3 | 161 |
| 社会保障 | Social security | 270 | 267 | 3 | 383 |
| 群众团体、社会团体和其他成员组织 | Non-govenmental Organizations,Social Orga-nizations and Religion Organizations | 4418 | 4391 | 27 | 4592 |
| 基层群众自治组织 | Grass Roots Self-governing Organi-zations | 11443 | 11368 | 75 | 11485 |

# 1-6 按地区、机构类型分组的全部法人单位数（2018年）
## （非普查数据）
## Number of Legal Entities by Region and Type of Institution（2018）

单位：个 （unit）

| 地区 | Region | 法人单位 Corporative Unius | 企业 Business | 事业单位 Institutions | 机关 Goverment | 社会团体 Social Organization | 农民专业合作社 Farmer's Specialized Cooperative | 其他法人 Others |
|---|---|---|---|---|---|---|---|---|
| **全 省** | **Total** | **238531** | **162233** | **18628** | **5668** | **3444** | **31852** | **16706** |
| **长春市** | **Changchun** | **92925** | **72226** | **3739** | **1172** | **1021** | **10703** | **4064** |
| 南关区 | Nanguan | 8133 | 7381 | 306 | 144 | 79 | 3 | 220 |
| 宽城区 | Kuancheng | 9460 | 8487 | 218 | 113 | 50 | 356 | 236 |
| 朝阳区 | Chaoyang | 8208 | 7209 | 367 | 110 | 183 | 16 | 323 |
| 二道区 | Erdao | 8304 | 7832 | 103 | 73 | 27 | 47 | 222 |
| 绿园区 | Lvyuan | 6394 | 5666 | 250 | 99 | 63 | 70 | 246 |
| 双阳区 | Shuangyang | 3216 | 2235 | 268 | 83 | 41 | 319 | 270 |
| 九台区 | Jiutai | 8239 | 4178 | 532 | 123 | 171 | 2737 | 498 |
| 农安县 | Nong' an | 7305 | 4141 | 298 | 93 | 98 | 1888 | 787 |
| 长春经济技术开发区 | Economic-Technological Development Zone | 6672 | 6419 | 123 | 17 | 33 | 3 | 77 |
| 长春净月高新技术产业开发区 | Jingyue High Technology Industrial Development Zone | 2731 | 2436 | 89 | 16 | 35 | 25 | 130 |
| 长春高新技术产业开发区 | High Technology Industrial Development Zone | 3573 | 3405 | 54 | 11 | 18 | 1 | 84 |
| 长春汽车经济技术开发区 | Automobile Economic and Technological Development Zone | 5630 | 5544 | 34 | 11 | 6 | 5 | 30 |
| 榆树市 | Yushu | 8995 | 4172 | 767 | 187 | 190 | 3092 | 587 |
| 德惠市 | Dehui | 6065 | 3121 | 330 | 92 | 27 | 2141 | 354 |
| **吉林市** | **Jilin** | **32307** | **22808** | **2407** | **746** | **473** | **3101** | **2772** |
| 昌邑区 | Changyi | 4342 | 3458 | 259 | 85 | 41 | 157 | 342 |
| 龙潭区 | Longtan | 2841 | 2002 | 151 | 65 | 37 | 245 | 341 |
| 船营区 | Chuanying | 6331 | 5146 | 349 | 150 | 117 | 214 | 355 |
| 丰满区 | Fengman | 1731 | 1264 | 140 | 53 | 35 | 71 | 168 |
| 永吉县 | Yongji | 2597 | 1657 | 200 | 67 | 31 | 460 | 182 |
| 吉林经济开发区 | Economic Development Zone | 805 | 634 | 34 | 4 | 2 | 82 | 49 |
| 吉林高新技术产业开发区 | High Technology Industrial Development Zone | 2025 | 1888 | 47 | 22 | 12 | 3 | 53 |
| 吉林中国新加坡食品区 | Singapore Food Zone | 344 | 233 | 23 | 3 | 3 | 50 | 32 |
| 蛟河市 | Jiaohe | 2948 | 1645 | 258 | 68 | 67 | 611 | 299 |
| 桦甸市 | Huadian | 2152 | 1389 | 301 | 78 | 37 | 137 | 210 |
| 舒兰市 | Shulan | 3101 | 1686 | 308 | 80 | 56 | 604 | 367 |
| 磐石市 | Panshi | 3090 | 1806 | 337 | 71 | 35 | 467 | 374 |
| **四平市** | **Siping** | **27996** | **14930** | **2603** | **665** | **304** | **7725** | **1769** |
| 铁西区 | Tiexi | 3464 | 2579 | 436 | 141 | 142 | 27 | 139 |
| 铁东区 | Tiedong | 3019 | 2535 | 162 | 57 | 36 | 97 | 132 |
| 梨树县 | Lishu | 4888 | 2783 | 732 | 133 | 30 | 774 | 436 |
| 伊通满族自治县 | Yitong | 3274 | 2026 | 380 | 83 | 13 | 544 | 228 |
| 公主岭市 | Gongzhuling | 10652 | 3194 | 653 | 174 | 70 | 5981 | 580 |
| 双辽市 | Shuangliao | 2699 | 1813 | 240 | 77 | 13 | 302 | 254 |
| **辽源市** | **Liaoyuan** | **6384** | **3417** | **1179** | **365** | **87** | **604** | **732** |
| 龙山区 | Longshan | 2315 | 1594 | 379 | 156 | 47 | 41 | 98 |
| 西安区 | Xi' an | 499 | 301 | 86 | 49 | 15 | 23 | 25 |
| 东丰县 | Dongfeng | 2166 | 887 | 360 | 92 | 10 | 510 | 307 |
| 东辽县 | Dongliao | 1404 | 635 | 354 | 68 | 15 | 30 | 302 |

1－6 续表 continued

单位：个 (unit)

| 地　区 | Region | 法人单位 Corporative Unius | 企业 Business | 事业单位 Institutions | 机关 Goverment | 社会团体 Social Organization | 农民专业合作社 Farmer's Specialized Cooperative | 其他法人 Other |
|---|---|---|---|---|---|---|---|---|
| **通化市** | **Tonghua** | **23946** | **16098** | **2071** | **564** | **408** | **3111** | **1694** |
| 东昌区 | Dongchang | 4810 | 3847 | 462 | 135 | 181 | 54 | 131 |
| 二道江区 | Erdaojiang | 1772 | 1394 | 103 | 59 | 43 | 116 | 57 |
| 通化县 | Tonghua | 4236 | 2942 | 308 | 67 | 31 | 623 | 265 |
| 辉南县 | Huinan | 3472 | 2148 | 301 | 68 | 44 | 677 | 234 |
| 柳河县 | Liuhe | 4312 | 2107 | 330 | 73 | 31 | 1450 | 321 |
| 梅河口市 | Meihekou | 3266 | 2227 | 381 | 91 | 32 | 15 | 520 |
| 集安市 | Ji' an | 2078 | 1433 | 186 | 71 | 46 | 176 | 166 |
| **白山市** | **Baishan** | **12343** | **7808** | **1251** | **443** | **221** | **1798** | **822** |
| 浑江区 | Hunjiang | 2874 | 1886 | 346 | 101 | 59 | 345 | 137 |
| 江源区 | Jiangyuan | 1557 | 995 | 185 | 78 | 17 | 175 | 107 |
| 抚松县 | Fusong | 3118 | 2276 | 148 | 83 | 38 | 379 | 194 |
| 靖宇县 | Jingyu | 1881 | 1053 | 183 | 49 | 39 | 415 | 142 |
| 长白朝鲜族自治县 | Changbai | 930 | 557 | 112 | 53 | 10 | 108 | 90 |
| 临江市 | Linjiang | 1983 | 1041 | 277 | 79 | 58 | 376 | 152 |
| **松原市** | **Songyuan** | **12663** | **6286** | **1867** | **506** | **208** | **2179** | **1617** |
| 宁江区 | Ningjiang | 2712 | 1789 | 276 | 149 | 126 | 87 | 285 |
| 前郭尔罗斯蒙古族自治县 | Qianguo | 2239 | 994 | 392 | 76 | 13 | 467 | 297 |
| 长岭县 | Changling | 3258 | 1466 | 558 | 91 | 21 | 836 | 286 |
| 乾安县 | Qian' an | 1475 | 700 | 242 | 62 | 28 | 224 | 219 |
| 吉林松原经济开发区 | Songyuan Economic Development Zone of JiLin | 535 | 449 | 26 | 26 | 5 | 1 | 28 |
| 扶余市 | Fuyu | 2444 | 888 | 373 | 102 | 15 | 564 | 502 |
| **白城市** | **Baicheng** | **9131** | **4772** | **1655** | **484** | **215** | **825** | **1180** |
| 洮北区 | Taobei | 2159 | 1052 | 418 | 133 | 70 | 232 | 254 |
| 镇赉县 | Zhenlai | 2092 | 1177 | 331 | 85 | 20 | 305 | 174 |
| 通榆县 | Tongyu | 1722 | 773 | 318 | 77 | 66 | 287 | 201 |
| 吉林白城经济开发区 | Baicheng Economic Development Zone of JiLin | 610 | 366 | 112 | 54 | 26 | 1 | 51 |
| 洮南市 | Taonan | 1193 | 613 | 236 | 74 | 19 |  | 251 |
| 大安市 | Da' an | 1355 | 791 | 240 | 61 | 14 |  | 249 |
| **延边朝鲜族自治州** | **Yanbian** | **20836** | **13888** | **1856** | **723** | **507** | **1806** | **2056** |
| 延吉市 | Yanji | 6694 | 5298 | 413 | 159 | 221 | 153 | 450 |
| 图们市 | Tumen | 994 | 550 | 111 | 66 | 29 | 135 | 103 |
| 敦化市 | Dunhua | 2881 | 2022 | 202 | 84 | 13 | 167 | 393 |
| 珲春市 | Hunchun | 3796 | 2945 | 169 | 94 | 55 | 286 | 247 |
| 龙井市 | Longjing | 1479 | 874 | 162 | 65 | 43 | 203 | 132 |
| 和龙市 | Helong | 1230 | 615 | 166 | 63 | 36 | 172 | 178 |
| 汪清县 | Wangqing | 1712 | 617 | 312 | 78 | 23 | 392 | 290 |
| 安图县 | Antu | 2050 | 967 | 321 | 114 | 87 | 298 | 263 |

# 1－7 按登记注册类型分组的法人、产业活动单位及就业人数（2018年）
（非普查数据）

# Number of Legal Entities,Establishment and Person Employed by Status of Registration（2018）

| 指　标 | Item | 法人单位数（个）Number of Legal Entities(unit) | | | 产业活动单位数（个）Number of Establish-ment(unit) |
|---|---|---|---|---|---|
| | | 合计 Total | 单产业法人单位 Single | 多产业法人单位 Multiple | |
| **总　计** | **Total** | **238531** | **233935** | **4596** | **270467** |
| **内资企业** | **Domestic Investment Enterprises** | **237399** | **232875** | **4524** | **268659** |
| 国有企业 | State-owned Enterprises | 27578 | 25356 | 2222 | 43830 |
| 集体企业 | Collective -owned Enterprises | 2320 | 2222 | 98 | 3462 |
| 股份合作企业 | Share Holding | 554 | 529 | 25 | 1097 |
| 联营企业 | Joint Ownership Enterprises | 259 | 255 | 4 | 402 |
| 国有联营企业 | State Joint Ownership Enterprises | 48 | 47 | 1 | 82 |
| 集体联营企业 | Collective Joint Ownership Enterpises | 111 | 108 | 3 | 180 |
| 国有与集体联营企业 | Joint State-collective Enterprises | 16 | 16 | | 30 |
| 其他联营企业 | Other Joint Owned Enterprises | 84 | 84 | | 110 |
| 有限责任公司 | Limited Liability Corporations | 29937 | 29273 | 664 | 32396 |
| 国有独资公司 | State Sole Funded Corporations | 932 | 848 | 84 | 1156 |
| 其他有限责任公司 | Other Limited Liability Corporations | 29005 | 28425 | 580 | 31240 |
| 股份有限公司 | Share-holding Corporations Limited | 3204 | 2905 | 299 | 7293 |
| 私营企业 | Private Enterprises | 117037 | 116016 | 1021 | 121618 |
| 私营独资企业 | Private Funded Enterprises | 23843 | 23723 | 120 | 24620 |
| 私营合伙企业 | Private Partnership Enterprises | 1473 | 1457 | 16 | 1536 |
| 私营有限责任公司 | Private Limited Liability Corporations | 89300 | 88465 | 835 | 92700 |
| 私营股份有限公司 | Private State-holding Corportations Ltd | 2421 | 2371 | 50 | 2762 |
| 其他内资 | Other Domestic | 56510 | 56319 | 191 | 58561 |
| **港、澳、台商投资企业** | **Enterprises with Funds from Hongkong, Maocao and Taiwan** | **296** | **274** | **22** | **476** |
| 合资经营企业（港或澳、台资） | Jointventure Enterprises | 117 | 107 | 10 | 137 |
| 合作经营企业（港或澳、台资） | Cooperative Enterprises | 8 | 6 | 2 | 26 |
| 港、澳、台商独资经营企业 | Hongkong, Maocao and Taiwan Funded Enterprise | 144 | 135 | 9 | 275 |
| 港、澳、台商投资股份有限公司 | Hongkong, Maocao and Taiwan Funded Share-holding Corporations Ltd | 13 | 13 | | 22 |
| 其他港、澳、台商投资 | Other Hongkong,Macao and Taiwan Investment | 14 | 13 | 1 | 16 |
| **外商投资企业** | **Foreign Funded Enterprises** | **836** | **786** | **50** | **1332** |
| 中外合资经营企业 | Jointventure Enterprises | 307 | 286 | 21 | 360 |
| 中外合作经营企业 | Cooperation Enterprises | 29 | 26 | 3 | 32 |
| 外资企业 | Foreign Funded Enterprises | 445 | 421 | 24 | 856 |
| 外商投资股份有限公司 | Share-holding Corporations Ltd with Foreign Investment | 24 | 23 | 1 | 47 |
| 其他外商投资 | Other Foreign Investment | 31 | 30 | 1 | 37 |

# 1－8 按三次产业、行业分组的全部法人单位数

## Number of Legal Entities by Three Strata of Industry and Sector

单位: 个 （unit）

| 指标 | Item | 2016 | 2017 | 2018 |
|---|---|---|---|---|
| **总 计** | **Total** | **193453** | **209045** | **238531** |
| **第一产业** | **Primary Industry** | **14254** | **19420** | **27003** |
| 农、林、牧、渔业 | Agriculture,Forestry,Animal Husbandry and Fishery | 14254 | 19420 | 27003 |
| **第二产业** | **Secondary Industry** | **37815** | **40508** | **44626** |
| 采矿业 | Mining | 1399 | 1498 | 1547 |
| 制造业 | Manufacturing | 26830 | 27969 | 29833 |
| 电力、燃气及水生产和供应业 | Production and Supply of Electricity,Gas and Water | 1732 | 1917 | 2069 |
| 建筑业 | Construction | 7854 | 9124 | 11177 |
| **第三产业** | **Tertiary Industry** | **141384** | **149117** | **166902** |
| 农、林、牧、渔服务业 | Agriculture, Forestry, Animal Husbardry and Fisher Services | 8384 | 8366 | 11179 |
| 开采辅助活动 | Mining Auxiliary Activities | 88 | 96 | 98 |
| 金属制品、机械和设备修理业 | Metal Products,Machinery and Equipment Repair | 149 | 161 | 189 |
| 批发和零售业 | Wholesale Sale and Retail Trades | 43730 | 47558 | 54949 |
| 交通运输、仓储和邮政业 | Transport,Storage and Post | 5225 | 5938 | 6870 |
| 住宿和餐饮业 | Hotels and Catering Services | 2326 | 2463 | 2772 |
| 信息传输、软件和信息技术服务业 | Information Transmission, Software and Information Technology Services | 3808 | 4316 | 5087 |
| 金融业 | Financial Intermediation | 1669 | 1790 | 2113 |
| 房地产业 | Real Estate | 6047 | 6616 | 7474 |
| 租赁和商务服务业 | Leasing and Business Services | 13262 | 14688 | 17426 |
| 科学研究和技术服务业 | Scientific Research,Technical Service and Geologic Prospecting | 7149 | 7933 | 8781 |
| 水利、环境和公共设施管理业 | Management of Water Conservancy,Enviroment and Public Facilities | 1771 | 1932 | 2040 |
| 居民服务、修理和其他服务业 | Services to Households and Other Services | 3935 | 4129 | 4738 |
| 教育 | Education | 6455 | 6464 | 6581 |
| 卫生和社会工作 | Health and Social Work | 4013 | 4095 | 4210 |
| 文化、体育和娱乐业 | Culture,Sports and Entertainment | 3378 | 3516 | 3805 |
| 公共管理、社会保障和社会组织 | Public Management Social Security and Social Organization | 29995 | 29056 | 28590 |

# 1－9 国民经济和社会发展总量与速度指标

| 指　　标 | Item | 总量指标 Aggregate Data | |
|---|---|---|---|
| | | 1995 | 2000 |
| **人口与从业（万人）** | **Population and Employment(10000persons)** | | |
| 年底总人口 | Population at Year-end | 2550.87 | 2681.70 |
| 男性人口 | Male Population | 1302.78 | 1372.80 |
| 女性人口 | Female Population | 948.09 | 1308.90 |
| 城镇人口 | Urban Population | | 1331.80 |
| 乡村人口 | Rural Population | | 1349.90 |
| 从业人员数 | Number of Employed Persons | 1270.77 | 1164.02 |
| # 城镇就业 | Urban Employment | 622.78 | 523.05 |
| 职工人数 | Staffs and Workers | 520.38 | 329.91 |
| 城镇登记失业人数 | Number of Registered Unemployed Persons in Urban Areas | 7.76 | 23.00 |
| **宏观经济** | **Macroeconomic Indicator** | | |
| 国民核算（亿元） | National Accounting(100 million yuan) | | |
| 地区生产总值 | Gross Domestic Product | 1137.23 | 1951.51 |
| 第一产业 | Primary Industry | 303.99 | 398.73 |
| 第二产业 | Secondary Industry | 475.22 | 768.89 |
| 第三产业 | Tertiary Industry | 358.02 | 783.89 |
| 人均地区生产总值（元） | GDP Per Capita(yuan) | 4402 | 7351 |
| **固定资产投资（亿元）** | **Investment in Fixed Assets(100 million yuan)** | | |
| 全社会固定资产投资 | Total Investment in Fixed Assets(Excluding Rural Households) | 341.85 | 586.86 |
| # 固定资产投资（不含农户） | Investment in Fixed Assets | 311.55 | 554.11 |
| 房地产开发投资 | Investment in Real Estate Development | 35.64 | 63.52 |
| 住宅投资 | Residential Investment | 21.36 | 39.98 |
| **财政（亿元）** | **Public Finance(100 million yuan)** | | |
| 地方财政收入 | Local Government Revenue | 63.28 | 103.83 |
| 财政支出 | Government Expenditure | 120.90 | 260.67 |
| **物价总指数（上年=100）** | **Price Indices(Preceding year=100)** | | |
| 商品零售价格总指数 | General Retail Price Index | 114.2 | 98.0 |
| 居民消费价格总指数 | General Consumer Price Index | 115.2 | 98.6 |
| 工业生产者购进价格指数 | Producer Price Index for Industrial Products | | 106.8 |
| 工业生产者出厂价格指数 | Purchasing Price Index for Indnstrial Producers | | 105.1 |

注：1. 1995年底总人口为公安部门数字，其他年份为抽样调查人口数。
　　2. 1998年以后从业人员和职工人数不包括离开本单位仍保留劳动关系的职工。

Note：1.Data in 1995 were from the reports of public security department,Data in other years were from the sample surveys on population.
　　2.Data since 1998 on workers and staff refer to fully employed workers and staff.

## Principal Aggregate Indicators on National Economic and Social Development and Growth Rates

| 2017 | 2018 | 速度指标（%）Indices and Growth Rates（%） | | | | |
|---|---|---|---|---|---|---|
| | | 指数（2018年以下列各年为100）Index（2018 as percentage of the following years=100） | | | 平均增长速度 Average Annual Growth Rate | |
| | | 1995 | 2000 | 2017 | 1996–2018 | 2001–2018 |
| 2717.43 | 2704.06 | 106.0 | 100.8 | 99.5 | 0.25 | 0.05 |
| 1376.92 | 1368.13 | 105.0 | 99.7 | 99.4 | 0.21 | –0.02 |
| 1340.51 | 1335.93 | 140.9 | 102.1 | 99.7 | 1.5 | 0.1 |
| 1539.42 | 1555.65 | | 116.8 | 101.1 | | 0.9 |
| 1178.01 | 1148.41 | | 85.1 | 97.5 | | –0.9 |
| 1488.53 | 1474.24 | 116.0 | 126.7 | 99.0 | 0.6 | 1.3 |
| 746.47 | 744.42 | 119.5 | 142.3 | 99.7 | 0.8 | 2.0 |
| 291.69 | 264.79 | 50.9 | 80.3 | 90.8 | –2.9 | –1.2 |
| 26.30 | 26.82 | 345.6 | 116.6 | 102.0 | 5.5 | 0.9 |
| 14944.5 | 15074.6 | 973.5 | 610.4 | 104.5 | 10.4 | 10.6 |
| 1095.4 | 1160.8 | 307.3 | 237.6 | 102.0 | 5.0 | 4.9 |
| 6998.5 | 6410.9 | 1301.3 | 781.5 | 104.0 | 11.8 | 12.1 |
| 6850.7 | 7503.0 | 1094.9 | 634.1 | 105.5 | 11.0 | 10.8 |
| 54838 | 55611 | 927.9 | 597.9 | 105.0 | 10.2 | 10.4 |
| 13883.90 | | | | | | |
| 13130.90 | | | | | | |
| 910.14 | 1169.01 | | | | | |
| 633.55 | 839.52 | | | | | |
| 1210.91 | 1240.89 | 1961.0 | 1195.1 | 102.5 | 13.8 | 14.8 |
| 3725.72 | 3738.59 | 3092.3 | 1434.2 | 100.3 | 16.1 | 15.9 |
| 101.4 | 102.4 | | | | | |
| 101.6 | 102.1 | | | | | |
| 103.4 | 103.5 | | | | | |
| 103.1 | 102.8 | | | | | |

1-9 续表 1

| 指 标 | Item | 总量指标 Aggregate Data | |
|---|---|---|---|
| | | 1995 | 2000 |
| **农业** | **Agriculture** | | |
| 乡村劳动力（万人） | Rural Labor(10000 persons) | 631.11 | 641.00 |
| 农林牧渔业总产值（亿元） | Gross Output Value of Agriculture,Forestry,Animal Husbandry and Fishery(100 million yuan) | 490.28 | 609.37 |
| 主要农产品产量（万吨） | Output of Major Farm Products(10000 tons) | | |
| 粮食 | Grain | 1992.40 | 1638.00 |
| 玉米 | Corn | 1478.50 | 993.20 |
| 水稻 | Rice | 296.90 | 374.80 |
| 大豆 | Soya | 89.70 | 140.60 |
| 薯类 | Tuber | 34.80 | 49.10 |
| 油料 | Oil | 25.55 | 38.96 |
| 肉类总产量 | Total Meat Production | 134.60 | 247.90 |
| 奶类 | Milk | 11.32 | 15.00 |
| 水产品 | Aquatic Products | 11.06 | 14.01 |
| **工业(规上企业)** | **Industry(Above Designated Size)** | | |
| 利润总额（亿元） | Total Profit (100 million yuan) | -1.93 | 85.58 |
| 主要工业产品产量 | Output of Major Industrial Products | | |
| 汽车（万辆） | Motor Vehicles(10000 units) | 18.92 | 32.52 |
| 原煤（万吨） | Coal(10000 tons) | 2644.31 | 1636.71 |
| 原油（万吨） | Crude Oil(10000 tons) | 342.73 | 348.46 |
| 天然气（亿立方米） | Natural Gas(100 million cu.m) | 1.83 | 2.05 |
| 发电量（亿千瓦小时） | Electricity(100 million kwh) | 284.60 | 313.50 |
| 钢（万吨） | Steel(10000 tons) | 115.93 | 159.31 |
| 成品钢材（万吨） | Steel Products(10000 tons) | 88.21 | 141.70 |
| 水泥（万吨） | Cement(10000 tons) | 678.46 | 758.90 |
| **建筑业** | **Construction Industry** | | |
| 建筑业增加值（亿元） | Total Value added of Constrution Enterprises(100 million yuan) | 39.05 | 64.83 |
| 房屋建筑施工面积（万平方米） | Floor Space of Buildings Under Construction (10000 sq.m) | 1311.00 | 2209.00 |
| 房屋建筑竣工面积（万平方米） | Floor Space of Buildings Completed (10000 sq.m) | 755.00 | 1440.00 |
| **交通运输** | **Transportation** | | |
| 货物周转量（亿吨公里） | Freight Ton-kilometers(100 millionton-km) | 497.31 | 612.04 |
| # 铁路 | Railways | 420.23 | 406.21 |
| 公路 | Highways | 76.00 | 85.64 |
| 水运 | Waterways | 1.07 | 0.27 |
| 旅客周转量（亿人公里） | Passenger-kilometers(100 million passerger.km) | 177.11 | 206.67 |
| # 铁路 | Railways | 125.52 | 129.52 |
| 公路 | Highways | 51.48 | 76.79 |
| 水运 | Waterways | 0.11 | 0.06 |
| **邮电通信业** | **Post and Telecommunication Services** | | |
| 邮电业务总量（亿元） | Total Business Volume of Postal and Telecommunication Services (100 million yuan) | 21.22 | 116.35 |
| 函件（万件） | Number of Letters (10000 Dcs) | 15333 | 9500 |
| 报刊期发数（万份） | Number of Newspapers and Magazines Distributed(10000copies) | 473.00 | 443.00 |
| 固定电话用户（万户） | Subscribers of Fixed Telephone (10000 Subscibers) | 107.80 | 260.00 |
| 移动电话用户（万户） | Number of Mobile Telephone Subscribers (10000subscribers) | 8.00 | 203.30 |
| **国内贸易** | **Domestic Trade** | | |
| 社会消费品零售总额（亿元） | Total Retail Sales of Consumer Goods(100 million yuan) | 494.82 | 833.52 |
| **对外经济贸易和旅游** | **Foreign Economy Trade and Tourism** | | |
| 进出口总额（亿美元） | Total Value of Exports and Imports(USD100 million) | 27.14 | 25.54 |

continued

| 2017 | 2018 | 速度指标（%）Indices and Growth Rates（%） | | | | |
|---|---|---|---|---|---|---|
| | | 指数（2018年以下列各年为100）<br>Index（2018 as percentage of the following years=100） | | | 平均增长速度<br>Average Annual Growth Rate | |
| | | 1995 | 2000 | 2017 | 1996–2018 | 2001–2018 |
| 741.86 | 729.82 | 115.6 | 113.9 | 98.4 | 0.6 | 0.7 |
| 2064.29 | 2184.34 | 430.3 | 346.3 | 102.2 | 6.6 | 7.1 |
| 4154.00 | 3632.74 | 182.3 | 221.8 | 87.5 | 2.6 | 4.5 |
| 3250.78 | 2799.88 | 189.4 | 281.9 | 86.1 | 2.8 | 5.9 |
| 684.43 | 646.32 | 217.7 | 172.4 | 94.4 | 3.4 | 3.1 |
| 67.08 | 62.75 | 70.0 | 44.6 | 93.5 | −1.5 | −4.4 |
| 42.95 | 36.18 | 104.0 | 73.7 | 84.2 | 0.2 | −1.7 |
| 128.48 | 87.53 | 342.6 | 224.7 | 68.1 | 5.5 | 4.6 |
| 256.13 | 253.60 | 188.4 | 102.3 | 99.0 | −2.8 | 0.1 |
| 34.41 | 39.01 | 344.6 | 260.1 | 113.4 | 5.5 | 5.5 |
| 22.04 | 23.41 | 211.7 | 167.1 | 106.2 | 3.3 | 2.9 |
| 620.91 | 817.04 | | 954.7 | 131.6 | | 12.7 |
| 289.77 | 281.50 | 1487.8 | 865.6 | 97.1 | 12.5 | 12.7 |
| 1635.32 | 1517.70 | 57.4 | 92.7 | 92.8 | −2.4 | −0.4 |
| 420.94 | 387.81 | 113.2 | 111.3 | 92.1 | 0.5 | 0.6 |
| 18.58 | 18.43 | 1007.1 | 899.0 | 99.2 | 10.6 | 13.0 |
| 745.36 | 822.92 | 289.1 | 262.5 | 110.4 | 4.7 | 5.5 |
| 910.68 | 1204.58 | 1039.1 | 756.1 | 132.3 | 10.7 | 11.9 |
| 1028.01 | 1300.85 | 1474.7 | 918.0 | 126.5 | 12.4 | 13.1 |
| 3312.26 | 1504.48 | 221.7 | 198.2 | 45.4 | 3.5 | 3.9 |
| 964.00 | 1002.00 | 2565.9 | 1545.6 | 103.9 | 15.2 | 16.4 |
| 9336.00 | 8504.00 | 648.7 | 385.0 | 91.1 | 8.5 | 7.8 |
| 3834.00 | 3132.00 | 414.8 | 217.5 | 81.7 | 6.4 | 4.4 |
| 1778.64 | 1886.50 | 379.3 | 308.2 | 106.1 | 6.0 | 6.5 |
| 480.83 | 515.39 | 122.6 | 126.9 | 107.2 | 0.9 | 1.3 |
| 1151.59 | 1189.23 | 1564.8 | 1388.6 | 103.3 | 12.7 | 15.7 |
| 0.20 | 0.20 | 18.7 | 74.1 | 100.0 | −7.0 | −1.7 |
| 484.46 | 492.68 | 278.2 | 238.4 | 101.7 | 4.5 | 4.9 |
| 262.21 | 273.33 | 217.8 | 211.0 | 104.2 | 3.4 | 4.2 |
| 162.99 | 153.77 | 298.7 | 200.2 | 94.3 | 4.9 | 3.9 |
| 0.17 | 0.18 | 163.6 | 300.0 | 105.9 | 2.2 | 6.3 |
| 557.75 | 1150.44 | 5421.5 | 988.8 | 206.3 | 19.0 | 13.6 |
| 1717 | 1297 | 8.5 | 13.7 | 75.5 | −10.2 | −10.5 |
| 160 | 167 | 95.3 | 37.7 | 104.4 | −4.4 | −5.3 |
| 497.60 | 477.90 | 443.3 | 183.8 | 96.0 | 6.7 | 3.4 |
| 2868.80 | 3001.10 | 37513.8 | 1476.2 | 104.6 | 29.4 | 16.1 |
| 7855.75 | 7520.37 | 1519.8 | 902.2 | 95.7 | 12.6 | 13.0 |
| 185.30 | 206.74 | 761.8 | 809.5 | 111.6 | 9.2 | 12.3 |

1－9 续表 2

| 指　　标 | Item | 总量指标 Aggregate Data | |
|---|---|---|---|
| | | 1995 | 2000 |
| 进口额 | Total Imports | 12.96 | 13.12 |
| 出口额 | Total Exports | 14.19 | 12.42 |
| 接待入境旅游人数（万人次） | Number of Overseas Visitors (10000 person pertimes) | 15.61 | 27.27 |
| **教育、文化** | **Education and Culture** | | |
| 教育 | Education | | |
| 专任教师数（万人） | Full-time Teachers(10000 persons) | | |
| 普通高等学校 | Institutions of Higher Education | 1.50 | 1.75 |
| 高中阶段 | High School | | |
| 初中阶段 | Junior | | |
| 小学 | Primary Schools | 15.27 | 15.03 |
| 在校学生数（万人） | Students Enrollment(10000 persons) | | |
| 普通高等学校 | Institutions of Higher Education | 10.08 | 17.53 |
| 高中阶段 | High School | | |
| 初中阶段 | Junior | | |
| 小学 | Primary Schools | 269.03 | 241.59 |
| 文化 | Culture | | |
| 出版数量 | Publications | | |
| 图书（亿册） | Number of Books Published(100 million copies) | 1.16 | 0.81 |
| 杂志（亿册） | Number of Magazines Issued(100 million copies) | 0.52 | 0.55 |
| 报纸（亿份） | Number of Newspapers Issued(100 million copies) | 4.79 | 5.53 |
| **科技** | **Science and Technology** | | |
| 授权专利数（件） | Authorized patent number(piece) | | |
| 技术市场成交额（亿元） | Technology market turnover(100 million yuan) | | |
| **家庭、生活、卫生** | **Family,People' s Livelihood and Health** | | |
| 城镇居民家庭平均每户人口（人） | Average Household Size in Urban Area(person) | 3.21 | 3.12 |
| 农村居民家庭平均每户人口（人） | Average Household Size in Rural Area(person) | 4.02 | 3.90 |
| 居住 | Housing | | |
| 城镇人均居住面积（平方米） | Per Capita Floor Space of Urban Residents(sq.m) | 8.92 | 11.24 |
| 农村人均居住面积（平方米） | Per Capita Floor Space of Rural Residents(sq.m) | 16.07 | 17.72 |
| 生活 | People ' s Livelihold | | |
| 城镇常住居民人均可支配收入（元） | Per Capita Annual Disposable Income of Urban Household(yuan) | 3174.84 | 4810.00 |
| 农村常住居民人均可支配收入（元） | Per Capita Annual Disposable Income of Rural Household(yuan) | 1609.60 | 2022.50 |
| 住户储蓄存款余额（亿元） | Outstanding Amount of Saving Deposits in Urban and Rural Areas(100 million yuan) | 726.28 | 1515.85 |
| 职工工资总额（亿元） | Total Wages(100 million yuan) | 221.00 | 265.00 |
| 城镇非私营就业人员平均工资（元） | Average Wages of Staff and Workers(yuan) | 4430 | 7924 |
| 卫生 | Health Care | | |
| 卫生机构（个） | Health Organization(unit) | 3891 | 3323 |
| 医院与卫生院（个） | Number of Hospitals(unit) | 1415 | 1392 |
| 卫生技术人员（万人） | Medical and Technical Personnel(10000persons) | 13.42 | 13.20 |
| # 医生 | Doctors | 5.61 | 5.97 |
| 医疗床位数（万张） | Number of Medical Beds(10000beds) | 9.66 | 8.93 |
| # 医院、卫生院 | Hospital and Health Center | 8.41 | 8.05 |
| **城市市政建设、灾害** | Urban Municipal Construction and Disaster | | |
| 自来水全年供水总量（万立方米） | Total Annual Tap Water Supply(10000 cu.m) | 146139 | 150924 |
| 城市排水管道长度（公里） | Urban Drainage Pipeline Length(km) | 2962 | 3935 |
| 人工煤气供气量（万立方米） | Artificial Gas Supply(10000 cu.m) | 28768 | 15508 |
| 生活清运垃圾（万吨） | Living Garbage Removal(10000 tons) | 594 | 640 |
| 交通事故发生数（起） | Number of Traffic Accidents(unit) | 5117 | 14091 |
| 交通事故损失（万元） | Loss of Traffic Accidents(10000 yuan) | 1947 | 4548 |
| 农业受灾面积（万公顷） | Area of Agricultural Disaster(10000 hectares) | 233 | 366 |

continued

| 2017 | 2018 | 速度指标（%）Indices and Growth Rates（%） | | | | |
|---|---|---|---|---|---|---|
| | | 指数（2018年以下列各年为100）<br>Index（2018 as percentage of the following years=100） | | | 平均增长速度<br>Average Annual Growth Rate | |
| | | 1995 | 2000 | 2017 | 1996–2018 | 2001–2018 |
| 141.02 | 157.30 | 1213.7 | 1198.9 | 111.5 | 11.5 | 14.8 |
| 44.28 | 49.44 | 348.4 | 398.1 | 111.7 | 5.6 | 8.0 |
| 148.43 | 143.75 | 920.9 | 527.1 | 96.8 | 10.1 | 9.7 |
| 4.01 | 4.03 | 268.7 | 230.3 | 100.5 | 4.4 | 4.7 |
| 4.85 | 3.60 | | | 74.3 | | |
| 7.37 | 7.57 | | | 102.7 | | |
| 9.43 | 9.16 | 60.0 | 60.9 | 97.1 | −2.2 | −2.7 |
| 64.39 | 65.83 | 653.1 | 375.5 | 102.2 | 8.5 | 7.6 |
| 54.56 | 52.94 | | | 97.0 | | |
| 61.87 | 66.06 | | | 106.8 | | |
| 122.82 | 120.19 | 44.7 | 49.7 | 97.9 | −3.4 | −3.8 |
| 2.77 | 2.37 | 204.3 | 292.6 | 85.7 | 3.2 | 6.1 |
| 0.74 | 0.57 | 109.6 | 103.6 | 76.6 | 0.4 | 0.2 |
| 7.65 | 6.98 | 145.7 | 126.2 | 91.3 | 1.7 | 1.3 |
| 11090 | 13885 | | | | | |
| 219.80 | 314.90 | | | | | |
| 2.61 | 2.61 | 81.3 | 83.7 | 100.0 | −0.9 | −1.0 |
| 3.01 | 3.03 | 75.4 | 77.7 | 100.7 | −1.2 | −1.4 |
| 29.00 | 30.60 | 343.0 | 272.2 | 105.5 | 5.5 | 5.7 |
| 28.95 | 28.66 | 178.3 | 161.7 | 99.0 | 2.5 | 2.7 |
| 28318.75 | 30172.00 | 950.3 | 627.3 | 106.5 | 10.3 | 10.7 |
| 12950.44 | 13748.17 | 854.1 | 679.8 | 106.2 | 9.8 | 11.2 |
| 11506.00 | 12520.78 | 1724.0 | 826.0 | 108.8 | 13.2 | 12.4 |
| 1899.00 | 1929.00 | 872.9 | 727.9 | 101.6 | 9.9 | 11.7 |
| 61451 | 68533 | 1547.0 | 864.9 | 111.5 | 12.6 | 12.7 |
| 20827 | 22648 | 582.1 | 681.6 | 108.7 | 8.0 | 11.3 |
| 1434 | 1557 | 110.0 | 111.9 | 108.6 | 0.4 | 0.6 |
| 16.81 | 18.33 | 136.6 | 138.9 | 109.0 | 1.4 | 1.8 |
| 7.06 | 7.69 | 137.1 | 128.8 | 108.9 | 1.4 | 1.4 |
| 15.36 | 16.67 | 172.6 | 186.7 | 108.5 | 2.4 | 3.5 |
| 14.46 | 15.82 | 188.1 | 196.5 | 109.4 | 2.8 | 3.8 |
| 104639 | 105505 | 72.2 | 69.9 | 100.8 | −1.4 | −2.0 |
| 10932 | 11601 | 391.7 | 294.8 | 106.1 | 6.1 | 6.2 |
| 3051 | 3426 | 11.9 | 22.1 | 112.3 | −8.8 | −8.0 |
| 495 | 471 | 79.3 | 73.6 | 95.2 | −1.0 | −1.7 |
| 7833 | 7548 | 147.5 | 53.6 | 96.4 | 1.7 | −3.4 |
| 5733 | 4245 | 218.0 | 93.3 | 74.0 | 3.4 | −0.4 |
| 129 | 133 | 57.1 | 36.3 | 103.3 | −2.4 | −5.5 |

# 1-10 吉林的一天
## A Day of Jilin

| 指　　标 | Item | 2005 | 2010 | 2015 | 2016 | 2017 | 2018 |
|---|---|---|---|---|---|---|---|
| **每天创造的财富** | **Daily Production** | | | | | | |
| 全省生产总值（亿元） | Gross Domestic Product（100 million yuan） | 9.92 | 23.75 | 38.53 | 40.48 | 40.94 | 41.30 |
| 第一产业 | Primary Industry | 1.71 | 2.88 | 4.37 | 4.11 | 4.37 | 3.18 |
| 第二产业 | Secondary Industry | 4.33 | 12.35 | 19.19 | 19.19 | 19.19 | 17.56 |
| #工业 | #Industry | 3.74 | 10.77 | 16.75 | 16.63 | 16.75 | 14.90 |
| 建筑业 | Construction | 0.59 | 1.58 | 2.54 | 2.63 | 2.54 | 2.74 |
| 第三产业 | Tertiary Industry | 3.87 | 8.52 | 14.96 | 17.46 | 14.96 | 20.56 |
| 地方财政收入 | Government Revenue | 0.57 | 1.65 | 3.37 | 3.46 | 3.32 | 3.40 |
| 财政支出（亿元） | Government Expenditure（100 million yuan） | 1.73 | 4.90 | 8.81 | 9.82 | 10.21 | 10.24 |
| 粮豆薯（万吨） | Grain（10000 tons） | | | | | | |
| 水稻 | #Rice | 1.31 | 1.57 | 1.77 | 1.84 | 1.88 | 1.77 |
| 玉米 | Corn | 4.97 | 5.47 | 8.60 | 9.00 | 8.91 | 7.67 |
| 大豆 | Soybean | 0.42 | 0.30 | 0.14 | 0.15 | 0.18 | 0.18 |
| 高粱 | Durra | 0.18 | 0.18 | 0.23 | 0.24 | 0.23 | 0.21 |
| 薯类 | Tuber | 0.21 | 0.19 | 0.12 | 0.11 | 0.12 | 0.10 |
| #马铃薯 | Potato | | | 0.11 | 0.11 | 0.11 | 0.10 |
| 油料（万吨） | Oil-bearing Crops（10000 tons） | 0.15 | 0.21 | 0.25 | 0.30 | 0.35 | 0.24 |
| 园参（吨） | Garden Ginseng（ton） | 87.95 | 77.26 | 73.97 | 86.12 | 82.43 | 98.90 |
| 肉类（万吨） | Meat（10000 tons） | 0.85 | 0.65 | 0.70 | 0.70 | 0.70 | 0.69 |
| 牛奶（万吨） | Milk（10000 tons） | 0.08 | 0.12 | 0.10 | 0.10 | 0.09 | 0.11 |
| 水产品（万吨） | Aquatic Products（10000 tons） | 0.03 | 0.05 | 0.05 | 0.05 | 0.06 | 0.06 |
| 原煤（万吨） | Coal（10000 tons） | 6.81 | 14.22 | 7.18 | 4.50 | 4.48 | 4.16 |
| 原油（万吨） | Crude Oil（10000 tons） | 1.43 | 1.92 | 1.82 | 1.67 | 1.15 | 1.06 |
| 水泥（万吨） | Cement（10000 tons） | 4.38 | 10.89 | 11.07 | 10.65 | 9.07 | 4.12 |
| 钢（万吨） | Steel（10000 tons） | 1.26 | 2.27 | 2.92 | 2.28 | 2.50 | 3.30 |
| 成品钢材（万吨） | Steel Products（10000 tons） | 1.31 | 2.40 | 3.16 | 2.63 | 2.82 | 3.56 |

1－10 续表 continued

| 指　　标 | Item | 2005 | 2010 | 2015 | 2016 | 2017 | 2018 |
|---|---|---|---|---|---|---|---|
| 汽车（辆） | Motor Vehicles（set） | 1431 | 4587 | 6161 | 7142 | 7939 | 7712 |
| 天然气（万立方米） | Natural Gas（10000 cu.m） | 147.95 | 374.64 | 531.51 | 541.64 | 509.04 | 504.89 |
| 发电量（亿千瓦时） | Electricity（100 million kwh） | 1.13 | 1.63 | 1.95 | 2.02 | 2.02 | 2.25 |
| **每天消费量** | **Daily Consumption** | | | | | | |
| 社会消费品零售总额（亿元） | Total Retail Sales of Consumer Goods（100 million yuan） | 4.00 | 9.60 | 18.21 | 20.03 | 21.52 | 20.60 |
| **每天其他经济活动** | **Other Daily Economic Activities** | | | | | | |
| 客运量（万人） | Passenger Traffic（10000 persons） | 75.96 | 177.49 | 101.08 | 97.23 | 92.29 | 89.68 |
| 货运量（万吨） | Freight Traffic（10000 persons） | 102.82 | 123.22 | 131.23 | 136.22 | 148.74 | 157.95 |
| 邮电业务总量（亿元） | Postal and Telecommunication Services(100 million yuan) | 0.78 | 1.79 | 1.07 | 1.58 | 1.53 | 3.15 |
| 进出口额（万美元） | Total Value of Imports and Exports（USD 10000） | 1788 | 4615 | 5188 | 5053 | 5077 | 5664 |
| 出口 | Total Exports | 676 | 1226 | 1275 | 1152 | 1213 | 1355 |
| 进口 | Total Imports | 1113 | 3389 | 3914 | 3901 | 3864 | 4310 |
| 国内旅游收入（亿元） | Income from Domestic Tourism（100 million yuan） | 0.6 | 1.95 | 6.08 | 7.8 | 9.47 | 11.41 |
| 国际旅游外汇收入（万美元） | Foreign Exchange Earnings（USD 10000） | 33 | 84 | 198 | 217 | 210 | 188 |
| **人口和社会活动** | **Population and Social Activities** | | | | | | |
| 出生人口（人） | Birth Population（person） | 586 | 595 | 443 | 419 | 506 | 487 |
| 死亡人口（人） | Death Population（person） | 395 | 442 | 417 | 422 | 487 | 466 |
| 结婚（对） | Marriages（couple） | 461 | 611 | 658 | 603 | 603 | 499 |
| 离婚（对） | Divorces（couple） | 142 | 211 | 329 | 329 | 329 | 312 |
| 公共图书馆流通人次（万人次） | Circulation of Public Libraries（10000 person-times） | 1.38 | 1.38 | 0.97 | 0.98 | 1.19 | 1.14 |
| 印刷图书（万册） | Printed Copies of Books（10000 copies） | 35.01 | 61.97 | 67.92 | 65.54 | 75.76 | 65.02 |
| 印刷杂志（万册） | Printed Copies of Magazines（10000 copies） | 18.88 | 30.41 | 23.10 | 21.18 | 20.38 | 15.58 |
| 印刷报纸（万份） | Printed Copies of Newspapers（10000 copies） | 266.45 | 271.43 | 222.34 | 216.05 | 209.46 | 191.24 |
| 生活清运垃圾（万吨） | Living Garbage Removal（10000 tons） | 1.59 | 1.37 | 1.34 | 1.39 | 1.36 | 1.29 |

# 1－11 国民经济主要比例关系
## Proportions of National Economic Indicators

| 指　　标 | Item | 2017 | | 2018 | |
|---|---|---|---|---|---|
| | | 绝对数 Value | 构成(%) Composition (%) | 绝对数 Value | 构成(%) Composition (%) |
| 全部从业人员（万人） | Employment（10000 persons） | 1488.53 | 100.0 | 1474.24 | 100.0 |
| 第一产业 | Primary Industry | 491.35 | 33.0 | 478.68 | 32.5 |
| 第二产业 | Secondary Industry | 314.84 | 21.2 | 310.30 | 21.0 |
| 第三产业 | Tertiary Industry | 682.34 | 45.8 | 685.23 | 46.5 |
| 地区生产总值（亿元） | Gross Domestic Products（100 million yuan） | 14944.53 | 100.0 | 15074.62 | 100.0 |
| 第一产业 | Primary Industry | 1095.36 | 7.3 | 1160.75 | 7.7 |
| 第二产业 | Secondary Industry | 6998.51 | 46.8 | 6410.85 | 42.5 |
| 第三产业 | Tertiary Industry | 6850.66 | 45.8 | 7503.02 | 49.8 |
| 全社会固定资产投资（亿元） | Investment in Fixed Assets（100 million yuan） | | 100.0 | | 100.0 |
| 建筑安装工程 | Constructin and Installation | | 65.9 | | 74.0 |
| 设备、工器具购置 | Purchase Equipment and Tools | | 27.7 | | 13.3 |
| 其他费用 | Others | | 6.4 | | 12.7 |
| 农林牧渔业总产值（亿元） | Gross Output Value of Agricultre, Forestry,Animal Husbandry and Fishery（100 million yuan） | 2064.29 | 100.0 | 2184.34 | 100.0 |
| #农业 | Farming | 895.83 | 43.4 | 992.96 | 45.5 |
| 林业 | Forestry | 69.38 | 3.4 | 73.28 | 3.4 |
| 牧业 | Animal Husbandry | 982.37 | 47.6 | 1001.64 | 45.9 |
| 渔业 | Fishery | 41.72 | 2.0 | 39.02 | 1.8 |
| 货运量（万吨） | Freight Transportation（10000 tons） | 54289 | 100.0 | 57650 | 100.0 |
| #铁路 | Railways | 4790 | 8.8 | 5370 | 9.3 |
| 公路 | Highways | 44728 | 82.4 | 46520 | 80.7 |
| 水运 | Waterways | 78 | 0.1 | 22 | 0.0 |
| 客运量（万人） | Passenger Traffic（10000 persons） | 33687 | 100.0 | 32734 | 100.0 |
| #铁路 | Railways | 7662 | 22.7 | 8446 | 25.8 |
| 公路 | Highways | 25203 | 74.8 | 23372 | 71.4 |
| 民航 | Civil Aviation | 699 | 2.1 | 777 | 2.4 |
| 水运 | Waterways | 123 | 0.4 | 139 | 0.4 |
| 社会消费品零售总额（亿元） | Total Retail Sales of Consumer Goods（100 million yuan） | 7855.75 | 100.0 | 7520.37 | 100.0 |
| 城镇 | Urban | 7043.77 | 89.7 | 6680.20 | 88.8 |
| 乡村 | Rural | 811.99 | 10.3 | 840.17 | 11.2 |
| 地方财政收入占地区生产总值的比重（%） | Proportion of Local Government Revenue to GDP（%） | | 8.1 | | 8.2 |

# 1－12 民营经济主要指标

## Main Indicator of Private Economy

| 地区 | Region | 民营经济增加值（亿元）Private Economy Value Added (100 million yuan) | | | 民营经济增加值占GDP比重(%) Proportion of GDP (%) | | | 主营业务收入亿元以上企业户数（个）Number of Enterprises with Revenue from Principal Business above 100 million (unit) | | |
|---|---|---|---|---|---|---|---|---|---|---|
| | | 2016 | 2017 | 2018 | 2016 | 2017 | 2018 | 2016 | 2017 | 2018 |
| **全省** | **Total** | **7651.5** | **7905.8** | **7853.9** | **51.4** | **51.7** | **52.1** | **3814** | **3686** | **1584** |
| 长春 | Changchun | 2460.3 | 2729.6 | 3042.5 | 41.5 | 41.8 | 42.4 | 904 | 998 | 801 |
| 吉林 | Jilin | 1199.9 | 1093.8 | 1052.1 | 47.4 | 47.5 | 47.6 | 712 | 713 | 225 |
| 四平 | Siping | 643.5 | 657.0 | 504.3 | 53.4 | 53.4 | 53.4 | 361 | 337 | 107 |
| 辽源 | Liaoyuan | 447.8 | 450.1 | 360.5 | 58.4 | 58.3 | 58.0 | 234 | 241 | 47 |
| 通化 | Tonghua | 570.5 | 487.5 | 444.5 | 53.8 | 53.6 | 53.6 | 399 | 229 | 146 |
| 白山 | Baishan | 375.8 | 369.6 | 348.1 | 52.5 | 52.4 | 52.6 | 266 | 251 | 42 |
| 松原 | Songyuan | 806.7 | 776.4 | 647.0 | 47.1 | 47.1 | 47.1 | 448 | 439 | 59 |
| 白城 | Baicheng | 308.6 | 301.2 | 257.8 | 42.2 | 42.5 | 42.5 | 175 | 179 | 56 |
| 延边 | Yanbian | 471.3 | 480.5 | 366.8 | 51.5 | 51.8 | 51.7 | 314 | 297 | 99 |
| 长白山管委会 | Changbai Mountain Management Committee | 19.4 | 20.4 | 21.6 | 58.8 | 58.7 | 58.7 | | 1 | 1 |

# 第二篇

CHAPTER ▶ 02

# 国民经济核算

## NATIONAL ECONOMIC ACCOUNTING

资料整理人员：

张海超

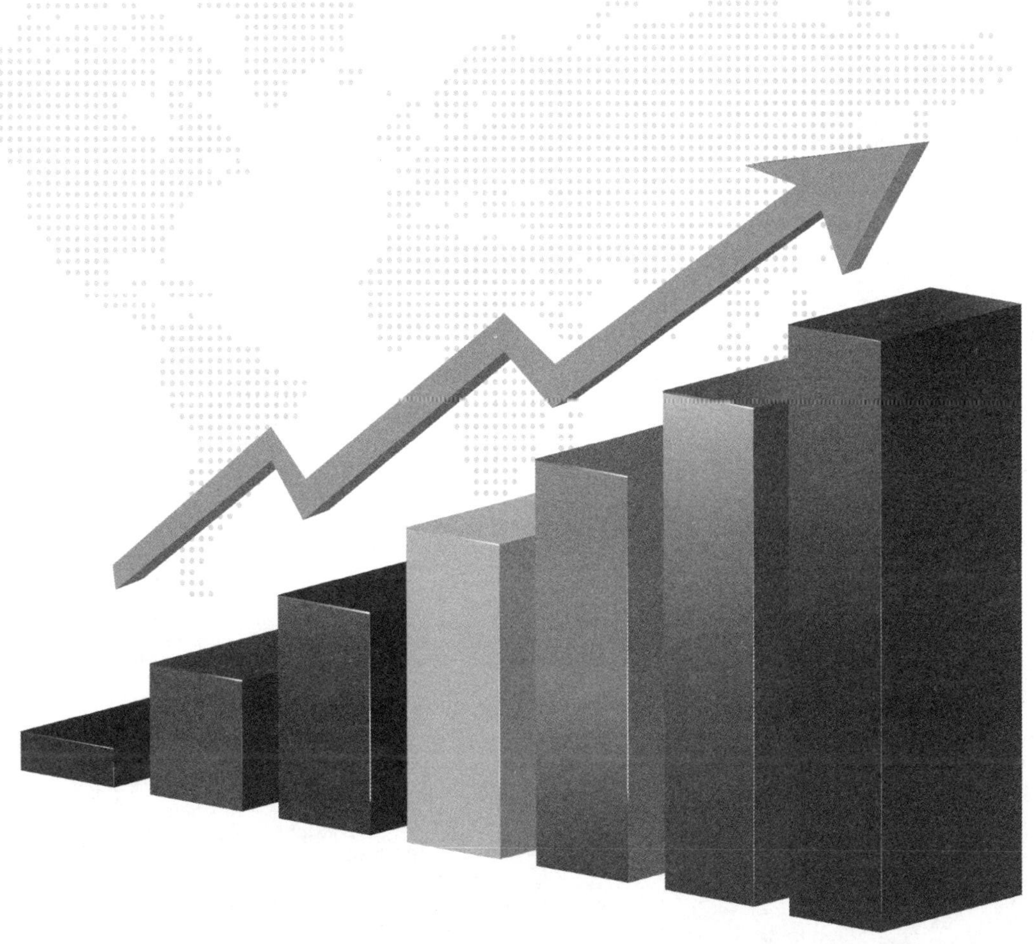

# 2-1 历年地区生产总值

## Gross Domestic Products

(按当年价格计算 Calculated at the current prices)

单位: 亿元 | unit: 100 million yuan

| 年份 Year | 地区生产总值 Gross Domestic Product | 第一产业 Primary Industry | 第二产业 Secondary Industry | 工业 Industry | 建筑业 Construction | 第三产业 Tertiary Industry | 人均生产总值（元） Per Capita GDP (yuan) |
|---|---|---|---|---|---|---|---|
| 1978 | 81.98 | 23.98 | 42.96 | 40.34 | 2.62 | 15.04 | 381 |
| 1979 | 91.12 | 25.34 | 49.22 | 44.56 | 4.66 | 16.56 | 417 |
| 1980 | 98.59 | 27.24 | 52.24 | 47.42 | 4.82 | 19.11 | 445 |
| 1981 | 111.16 | 34.31 | 56.53 | 51.29 | 5.24 | 20.32 | 496 |
| 1982 | 121.67 | 38.40 | 60.36 | 54.21 | 6.15 | 22.91 | 538 |
| 1983 | 150.14 | 56.74 | 65.38 | 58.75 | 6.63 | 28.02 | 658 |
| 1984 | 174.39 | 60.04 | 80.46 | 72.10 | 8.36 | 33.89 | 760 |
| 1985 | 200.44 | 55.74 | 97.21 | 85.29 | 11.92 | 47.49 | 868 |
| 1986 | 227.15 | 64.35 | 104.30 | 91.28 | 13.02 | 58.50 | 977 |
| 1987 | 297.49 | 80.57 | 139.36 | 123.49 | 15.87 | 77.56 | 1269 |
| 1988 | 368.67 | 92.59 | 173.57 | 155.12 | 18.45 | 102.51 | 1559 |
| 1989 | 391.65 | 80.53 | 181.02 | 164.09 | 16.93 | 130.10 | 1636 |
| 1990 | 425.28 | 124.99 | 182.15 | 163.82 | 18.33 | 118.14 | 1746 |
| 1991 | 463.47 | 120.47 | 203.02 | 181.71 | 21.31 | 139.98 | 1878 |
| 1992 | 558.06 | 130.82 | 257.01 | 227.17 | 29.84 | 170.23 | 2246 |
| 1993 | 718.58 | 156.05 | 351.03 | 308.10 | 42.93 | 211.50 | 2826 |
| 1994 | 937.73 | 259.40 | 396.91 | 354.70 | 42.21 | 281.42 | 3657 |
| 1995 | 1137.23 | 303.99 | 475.22 | 413.85 | 61.37 | 358.02 | 4402 |
| 1996 | 1346.79 | 376.01 | 537.05 | 471.34 | 65.71 | 433.73 | 5178 |
| 1997 | 1464.34 | 368.16 | 566.97 | 495.10 | 71.87 | 529.21 | 5591 |
| 1998 | 1577.05 | 429.50 | 585.65 | 504.12 | 81.53 | 561.90 | 5983 |
| 1999 | 1682.07 | 423.48 | 654.52 | 552.34 | 102.18 | 604.07 | 6382 |
| 2000 | 1951.51 | 398.73 | 768.89 | 655.68 | 113.21 | 783.89 | 7351 |
| 2001 | 2120.35 | 409.10 | 852.51 | 724.73 | 127.78 | 858.74 | 7893 |
| 2002 | 2348.54 | 446.17 | 943.49 | 803.53 | 139.96 | 958.88 | 8714 |
| 2003 | 2662.08 | 488.15 | 1098.44 | 930.81 | 167.63 | 1075.49 | 9854 |
| 2004 | 3122.01 | 568.69 | 1329.68 | 1143.95 | 185.73 | 1223.64 | 11537 |
| 2005 | 3620.27 | 625.61 | 1580.83 | 1363.94 | 216.89 | 1413.83 | 13348 |
| 2006 | 4275.12 | 672.76 | 1915.29 | 1659.29 | 256.00 | 1687.07 | 15720 |
| 2007 | 5284.69 | 783.80 | 2475.45 | 2170.74 | 304.71 | 2025.44 | 19383 |
| 2008 | 6426.10 | 916.72 | 3097.12 | 2688.37 | 408.75 | 2412.26 | 23521 |
| 2009 | 7278.75 | 980.57 | 3541.92 | 3054.60 | 487.32 | 2756.26 | 26595 |
| 2010 | 8667.58 | 1050.15 | 4506.31 | 3929.31 | 577.00 | 3111.12 | 31599 |
| 2011 | 10568.83 | 1277.44 | 5611.48 | 4917.95 | 693.53 | 3679.91 | 38460 |
| 2012 | 11939.24 | 1412.11 | 6376.77 | 5582.48 | 794.29 | 4150.36 | 43415 |
| 2013 | 13046.40 | 1466.74 | 6871.96 | 6059.28 | 840.75 | 4707.70 | 47428 |
| 2014 | 13803.14 | 1524.01 | 7286.59 | 6424.88 | 891.40 | 4992.54 | 50160 |
| 2015 | 14063.13 | 1596.28 | 7005.71 | 6112.05 | 927.06 | 5461.14 | 51086 |
| 2016 | 14776.80 | 1498.52 | 7004.95 | 6070.07 | 960.87 | 6273.33 | 53868 |
| 2017 | 14944.53 | 1095.36 | 6998.51 | 6057.29 | 964.14 | 6850.66 | 54838 |
| 2018 | 15074.62 | 1160.75 | 6410.85 | 5437.11 | 1001.74 | 7503.02 | 55611 |

注：2-1表至2-8表2018年数据是快报数据。
Note: Data in 2-1 to 2-8 are preliminary accounting figures.

# 2-2 历年地区生产总值指数

## Indices of Gross Domestic Product

(按可比价格计算，以1952年为100 Calculated at price,1952 = 100)

| 年份 Year | 地区生产总值 Gross Domestic Product | 第一产业 Primary Industry | 第二产业 Secondary Industry | 工业 Industry | 建筑业 Construction | 第三产业 Tertiary Industry | 人均生产总值 Per Capita GDP |
|---|---|---|---|---|---|---|---|
| 1978 | 425.6 | 148.1 | 1091.9 | 1110.0 | 785.6 | 469.3 | 212.1 |
| 1979 | 449.3 | 136.2 | 1207.9 | 1182.6 | 1394.6 | 517.6 | 220.5 |
| 1980 | 478.3 | 134.5 | 1305.7 | 1283.1 | 1446.3 | 574.3 | 231.7 |
| 1981 | 506.1 | 154.3 | 1330.1 | 1309.8 | 1440.3 | 598.5 | 242.7 |
| 1982 | 544.8 | 172.5 | 1389.9 | 1356.7 | 1649.0 | 658.7 | 258.7 |
| 1983 | 663.0 | 254.2 | 1487.2 | 1450.7 | 1776.1 | 786.4 | 312.1 |
| 1984 | 745.8 | 265.1 | 1748.9 | 1697.8 | 2187.6 | 917.4 | 349.1 |
| 1985 | 796.7 | 232.2 | 1972.2 | 1880.0 | 2880.5 | 1163.8 | 370.6 |
| 1986 | 854.7 | 242.2 | 2049.1 | 1962.7 | 2880.5 | 1376.5 | 394.5 |
| 1987 | 1015.6 | 279.2 | 2434.4 | 2349.2 | 3213.4 | 1688.9 | 465.5 |
| 1988 | 1177.4 | 288.5 | 2947.2 | 2910.3 | 3095.4 | 2016.5 | 534.9 |
| 1989 | 1147.9 | 238.8 | 2829.5 | 2845.8 | 2351.0 | 2285.9 | 514.9 |
| 1990 | 1187.5 | 326.3 | 2769.5 | 2775.4 | 2420.6 | 2073.2 | 523.4 |
| 1991 | 1258.1 | 326.3 | 2931.3 | 2929.2 | 2627.6 | 2342.0 | 547.3 |
| 1992 | 1411.2 | 332.2 | 3465.7 | 3440.1 | 3286.8 | 2669.6 | 609.7 |
| 1993 | 1590.4 | 357.8 | 4065.3 | 4024.9 | 3934.3 | 2944.6 | 680.9 |
| 1994 | 1744.7 | 393.6 | 4292.9 | 4318.7 | 3717.9 | 3403.9 | 740.6 |
| 1995 | 1913.9 | 413.2 | 4790.9 | 4824.0 | 4112.0 | 3774.9 | 806.7 |
| 1996 | 2172.3 | 481.4 | 5418.5 | 5513.9 | 4264.2 | 4220.4 | 909.2 |
| 1997 | 2367.8 | 479.5 | 5895.3 | 6103.8 | 3965.7 | 4925.2 | 984.4 |
| 1998 | 2583.3 | 543.3 | 6349.3 | 6531.1 | 4548.6 | 5324.1 | 1067.0 |
| 1999 | 2795.1 | 550.9 | 7035.0 | 7164.6 | 5494.7 | 5835.3 | 1154.7 |
| 2000 | 3052.3 | 534.3 | 7977.7 | 8081.7 | 6527.7 | 6518.0 | 1251.9 |
| 2001 | 3336.1 | 558.9 | 8863.2 | 9059.6 | 6867.2 | 7163.3 | 1352.2 |
| 2002 | 3653.1 | 594.1 | 9793.8 | 9992.7 | 7663.8 | 7886.8 | 1475.8 |
| 2003 | 4025.7 | 629.2 | 11174.7 | 11311.8 | 9173.5 | 8541.4 | 1622.5 |
| 2004 | 4516.8 | 679.5 | 12873.3 | 13234.8 | 9623.0 | 9480.9 | 1817.4 |
| 2005 | 5063.3 | 746.8 | 14366.6 | 14730.3 | 10960.6 | 10770.3 | 2033.7 |
| 2006 | 5822.8 | 778.2 | 16808.9 | 17293.4 | 12560.8 | 12644.3 | 2332.7 |
| 2007 | 6760.3 | 787.5 | 20372.4 | 21167.1 | 14206.3 | 14718.0 | 2701.3 |
| 2008 | 7841.9 | 862.3 | 23876.5 | 24998.3 | 15896.8 | 17175.9 | 3125.4 |
| 2009 | 8908.4 | 886.4 | 27959.4 | 29173.0 | 19028.5 | 19408.8 | 3544.2 |
| 2010 | 10137.8 | 919.2 | 33215.8 | 34861.7 | 21825.7 | 21485.5 | 4026.2 |
| 2011 | 11536.8 | 966.1 | 39095.0 | 41380.8 | 24204.7 | 23848.9 | 4569.7 |
| 2012 | 12918.1 | 1017.3 | 44568.3 | 47215.5 | 27448.1 | 26543.8 | 5113.5 |
| 2013 | 13990.3 | 1058.0 | 48490.3 | 51701.0 | 28381.3 | 28879.7 | 5541.5 |
| 2014 | 14899.7 | 1106.7 | 51690.7 | 55113.3 | 30169.3 | 30872.4 | 5896.2 |
| 2015 | 15838.4 | 1159.8 | 54378.6 | 57758.7 | 32582.8 | 33465.7 | 6267.7 |
| 2016 | 16931.2 | 1205.0 | 57750.1 | 61397.5 | 34244.5 | 36410.7 | 6725.2 |
| 2017 | 17828.6 | 1244.8 | 59944.6 | 64713.0 | 32052.9 | 39177.9 | 7128.7 |
| 2018 | 18630.9 | 1269.7 | 62342.4 | 67948.7 | 30899.0 | 41332.7 | 7485.1 |

# 2-3 历年地区生产总值指数(上年=100）

## Indices of Gross Domestic Product(preceding 100)

| 年份<br>Year | 地区生产总值<br>Gross Domestic Product | 第一产业<br>Primary Industry | 第二产业<br>Secondary Industry | 工业<br>Industry | 建筑业<br>Construction | 第三产业<br>Tertiary Industry | 人均生产总值<br>Per Capita GDP |
|---|---|---|---|---|---|---|---|
| 1978 | 112.8 | 119.7 | 111.6 | 110.9 | 123.4 | 107.2 | 111.5 |
| 1979 | 105.6 | 92.0 | 110.6 | 106.5 | 177.5 | 110.3 | 104.0 |
| 1980 | 106.5 | 98.8 | 108.1 | 108.5 | 103.7 | 111.0 | 105.1 |
| 1981 | 105.8 | 114.7 | 101.9 | 102.1 | 99.6 | 104.2 | 104.7 |
| 1982 | 107.7 | 111.8 | 104.5 | 103.6 | 114.5 | 110.1 | 106.6 |
| 1983 | 121.7 | 147.4 | 107.0 | 106.9 | 107.7 | 119.4 | 120.7 |
| 1984 | 112.5 | 104.3 | 117.6 | 117.0 | 123.2 | 116.7 | 111.8 |
| 1985 | 106.8 | 87.6 | 112.8 | 110.7 | 131.7 | 126.9 | 106.2 |
| 1986 | 107.3 | 104.3 | 103.9 | 104.4 | 100.0 | 118.3 | 106.5 |
| 1987 | 118.8 | 115.3 | 118.8 | 119.7 | 111.6 | 122.7 | 118.0 |
| 1988 | 115.9 | 103.3 | 121.1 | 123.9 | 96.3 | 119.4 | 114.9 |
| 1989 | 97.5 | 82.7 | 96.0 | 97.8 | 76.0 | 113.4 | 96.3 |
| 1990 | 103.4 | 136.7 | 97.9 | 97.5 | 103.0 | 90.7 | 101.6 |
| 1991 | 105.9 | 100.0 | 105.8 | 105.5 | 108.6 | 113.0 | 104.6 |
| 1992 | 112.2 | 101.8 | 118.2 | 117.4 | 125.1 | 114.0 | 111.4 |
| 1993 | 112.7 | 107.7 | 117.3 | 117.0 | 119.7 | 110.3 | 111.7 |
| 1994 | 109.7 | 110.0 | 105.6 | 107.3 | 94.5 | 115.6 | 108.8 |
| 1995 | 109.7 | 105.0 | 111.6 | 111.7 | 110.6 | 110.9 | 108.9 |
| 1996 | 113.5 | 116.5 | 113.1 | 114.3 | 103.7 | 111.8 | 112.7 |
| 1997 | 109.0 | 99.6 | 108.8 | 110.7 | 93.0 | 116.7 | 108.3 |
| 1998 | 109.1 | 113.3 | 107.7 | 107.0 | 114.7 | 108.1 | 108.4 |
| 1999 | 108.2 | 101.4 | 110.8 | 109.7 | 120.8 | 109.6 | 108.2 |
| 2000 | 109.2 | 97.0 | 113.4 | 112.8 | 118.8 | 111.7 | 108.4 |
| 2001 | 109.3 | 104.6 | 111.1 | 112.1 | 105.2 | 109.9 | 108.0 |
| 2002 | 109.5 | 106.3 | 110.5 | 110.3 | 111.6 | 110.1 | 109.1 |
| 2003 | 110.2 | 105.9 | 114.1 | 113.2 | 119.7 | 108.3 | 109.9 |
| 2004 | 112.2 | 108.0 | 115.2 | 117.0 | 104.9 | 111.0 | 112.0 |
| 2005 | 112.1 | 109.9 | 111.6 | 111.3 | 113.9 | 113.6 | 111.9 |
| 2006 | 115.0 | 104.2 | 117.0 | 117.4 | 114.6 | 117.4 | 114.7 |
| 2007 | 116.1 | 101.2 | 121.2 | 122.4 | 113.1 | 116.4 | 115.8 |
| 2008 | 116.0 | 109.5 | 117.2 | 118.0 | 111.9 | 116.7 | 115.7 |
| 2009 | 113.6 | 102.8 | 117.1 | 116.7 | 119.7 | 113.0 | 113.4 |
| 2010 | 113.8 | 103.7 | 118.8 | 119.5 | 114.7 | 110.7 | 113.6 |
| 2011 | 113.8 | 105.1 | 117.7 | 118.7 | 110.9 | 111.0 | 113.5 |
| 2012 | 112.0 | 105.3 | 114.0 | 114.1 | 113.4 | 111.3 | 111.9 |
| 2013 | 108.3 | 104.0 | 108.8 | 109.5 | 103.4 | 108.8 | 108.3 |
| 2014 | 106.5 | 104.6 | 106.6 | 106.6 | 106.3 | 106.9 | 106.4 |
| 2015 | 106.3 | 104.8 | 105.2 | 104.8 | 108.0 | 108.4 | 106.3 |
| 2016 | 106.9 | 103.9 | 106.2 | 106.3 | 105.1 | 108.8 | 107.3 |
| 2017 | 105.3 | 103.3 | 103.8 | 105.4 | 93.6 | 107.6 | 106.0 |
| 2018 | 104.5 | 102.0 | 104.0 | 105.0 | 96.4 | 105.5 | 105.0 |

# 2-4 地区生产总值
## Gross Domestic Product

单位: 亿元 unit: 100 million yuan

| 指标 | Item | 2016 | 2017 | 2018 | 2018年为2017年的%(按可比价计算) 2018as precentage of 2017 (calculated at constant price) |
|---|---|---|---|---|---|
| **地区生产总值（当年价格）** | **Gross Domestic Products(Current Price)** | **14776.8** | **14944.53** | **15074.62** | **104.5** |
| 农、林、牧、渔业 | Agriculture、Forestry、Animal Husbandry and Fishery | 1549.26 | 1137.71 | 1204.84 | 102.0 |
| 工业 | Industry | 6070.07 | 6057.29 | 5437.11 | 105.0 |
| 建筑业 | Construction | 960.87 | 964.14 | 1001.74 | 96.4 |
| 批发和零售业 | Wholesale and Retail Trade | 1203.14 | 1208.3 | 1306.53 | 102.4 |
| 交通运输、仓储和邮政业 | Transport,Storage and Post | 558.38 | 603.12 | 631.64 | 103.3 |
| 住宿和餐饮业 | Hotels and Catering Services | 368.76 | 374.84 | 389.42 | 102.1 |
| 金融业 | Financial Intermediation | 659.55 | 709.64 | 735.58 | 98.6 |
| 房地产业 | Real Estate | 476.58 | 525.58 | 639.75 | 104.8 |
| 营利性服务业 | Profitable Services | 1295.98 | 1646.02 | 1949.61 | 117.5 |
| 非营利性服务业 | Unprofitable Services | 1634.21 | 1717.89 | 1778.4 | 101.4 |
| **第一产业** | **Primary Industry** | **1498.52** | **1095.36** | **1160.75** | **102.0** |
| **第二产业** | **Secondary Industry** | **7004.95** | **6998.51** | **6410.85** | **104.0** |
| **第三产业** | **Tertiary Industry** | **6273.33** | **6850.66** | **7503.02** | **105.5** |
| **人均生产总值(元)** | **Per Captia GDP(yuan)** | **53868** | **54838** | **55611** | **105.0** |

# 2-5 三次产业贡献率

## Share of the Contributions of the Three Strata of Industries to the Increase of the GDP

单位: %　　　　unit: (%)

| 年 份<br>Year | 地区生产总值<br>Cross Domestic Product | 第一产业<br>Primary Industry | 第二产业<br>Secondary Industry | #工业<br>Industry | 第三产业<br>Tertiary Industry |
|---|---|---|---|---|---|
| 2001 | 100.0 | 10.1 | 47.0 | 43.7 | 42.9 |
| 2002 | 100.0 | 12.9 | 44.3 | 37.5 | 42.8 |
| 2003 | 100.0 | 11.0 | 55.9 | 44.9 | 33.1 |
| 2004 | 100.0 | 12.0 | 52.2 | 49.7 | 35.8 |
| 2005 | 100.0 | 14.5 | 41.4 | 34.7 | 44.1 |
| 2006 | 100.0 | 4.9 | 49.6 | 43.8 | 45.5 |
| 2007 | 100.0 | 1.2 | 58.3 | 53.5 | 40.5 |
| 2008 | 100.0 | 8.1 | 53.6 | 45.9 | 38.3 |
| 2009 | 100.0 | 2.7 | 59.4 | 50.7 | 37.9 |
| 2010 | 100.0 | 3.1 | 66.4 | 59.6 | 30.5 |
| 2011 | 100.0 | 4.5 | 66.8 | 61.6 | 28.7 |
| 2012 | 100.0 | 5.6 | 61.9 | 54.7 | 32.5 |
| 2013 | 100.0 | 4.9 | 57.4 | 54.8 | 37.7 |
| 2014 | 100.0 | 6.9 | 55.2 | 49.1 | 37.9 |
| 2015 | 100.0 | 7.2 | 44.9 | 36.9 | 47.9 |
| 2016 | 100.0 | 6.3 | 44.5 | 39.4 | 49.2 |
| 2017 | 100.0 | 5.6 | 36.5 | 45.1 | 57.9 |
| 2018 | 100.0 | 3.9 | 44.8 | 49.8 | 51.3 |

注：本表按可比价格计算。产业贡献率是各产业增加值增量与地区生产总值增量之比。

Note: Data in this table are calculated at constant prices.share of the three industries refers to the proportion of the increment of every industrial value added to the increment of GDP.

# 2-6 三次产业对地区生产总值增长的拉动

## Pull Rate of the Three Strata of Industry to GDP Growth

单位: 百分点　　　　unit: (Percen tgogt point)

| 年 份<br>Year | 地区生产总值<br>Cross Domestic Product | 第一产业<br>Primary Industry | 第二产业<br>Secondary Industry | #工业<br>Industry | 第三产业<br>Tertiary Industry |
|---|---|---|---|---|---|
| 2001 | 9.3 | 0.9 | 4.4 | 4.1 | 4.0 |
| 2002 | 9.5 | 1.2 | 4.2 | 3.6 | 4.1 |
| 2003 | 10.2 | 1.1 | 5.7 | 4.6 | 3.4 |
| 2004 | 12.2 | 1.5 | 6.3 | 6.1 | 4.4 |
| 2005 | 12.1 | 1.8 | 5.0 | 4.2 | 5.3 |
| 2006 | 15.0 | 0.7 | 7.4 | 6.6 | 6.9 |
| 2007 | 16.1 | 0.2 | 9.4 | 8.6 | 6.5 |
| 2008 | 16.0 | 1.3 | 8.6 | 7.3 | 6.1 |
| 2009 | 13.6 | 0.4 | 8.1 | 6.9 | 5.1 |
| 2010 | 13.8 | 0.4 | 9.2 | 8.2 | 4.2 |
| 2011 | 13.8 | 0.6 | 9.2 | 8.5 | 4.0 |
| 2012 | 12.0 | 0.7 | 7.4 | 6.6 | 3.9 |
| 2013 | 8.3 | 0.4 | 4.8 | 4.5 | 3.1 |
| 2014 | 6.5 | 0.4 | 3.6 | 3.2 | 2.5 |
| 2015 | 6.3 | 0.5 | 2.8 | 2.3 | 3.0 |
| 2016 | 6.9 | 0.4 | 3.1 | 2.7 | 3.4 |
| 2017 | 5.3 | 0.3 | 1.9 | 2.4 | 3.1 |
| 2018 | 4.5 | 0.2 | 2.0 | 2.2 | 2.3 |

注：本表按可比价格计算。产业拉动率指地区生产总值增长速度与各产业贡献率之乘积。

Note: Data in this table are calculated at constant prices.Contribution of the three Strata of industries to GDP growth refers to the growth rate of GDP multiplying the contribntion shares.

# 2-7 第三产业增加值构成
## The Composition of the Added Value of the Tertiary Industry

单位: %　　　　unit: (%)

| 年 份 Year | 第三产业 Tertiary Industry | 交通运输仓储和邮政业 Transport, Storage and Post | 批发和零售业 Wholesale and Retail Trades | 住宿和餐饮业 Hotels and Catering Services | 金融业 Financial Intermediation | 房地产业 Real Estate | 其他 Other |
|---|---|---|---|---|---|---|---|
| 2004 | 100.0 | 15.7 | 26.1 | 5.3 | 6.3 | 8.0 | 38.6 |
| 2005 | 100.0 | 14.7 | 24.4 | 5.9 | 5.9 | 7.9 | 41.2 |
| 2006 | 100.0 | 14.0 | 23.9 | 5.8 | 6.0 | 7.8 | 42.5 |
| 2007 | 100.0 | 13.6 | 24.0 | 5.8 | 6.2 | 7.6 | 42.8 |
| 2008 | 100.0 | 13.1 | 24.1 | 5.7 | 6.1 | 7.6 | 43.4 |
| 2009 | 100.0 | 12.4 | 24.4 | 5.7 | 6.6 | 7.3 | 43.6 |
| 2010 | 100.0 | 12.0 | 24.2 | 5.8 | 6.1 | 6.8 | 45.1 |
| 2011 | 100.0 | 11.4 | 23.4 | 5.6 | 5.6 | 6.5 | 47.5 |
| 2012 | 100.0 | 11.1 | 23.8 | 5.8 | 5.9 | 5.8 | 47.6 |
| 2013 | 100.0 | 10.6 | 21.5 | 5.7 | 8.5 | 9.2 | 44.5 |
| 2014 | 100.0 | 10.4 | 21.2 | 5.7 | 9.3 | 8.7 | 44.7 |
| 2015 | 100.0 | 9.7 | 20.5 | 6.0 | 10.4 | 8.0 | 45.4 |
| 2016 | 100.0 | 8.9 | 19.2 | 5.9 | 10.5 | 7.6 | 47.9 |
| 2017 | 100.0 | 8.8 | 17.6 | 5.5 | 10.4 | 7.7 | 50.0 |
| 2018 | 100.0 | 8.4 | 17.4 | 5.2 | 9.8 | 8.5 | 50.7 |

# 2-8 第三产业增加值
## The Added Value of the Tertiary Industry

单位: 亿元　　　　unit:100 million yuan

| 年 份 Year | 第三产业 Tertiary Industry | 交通运输仓储和邮政业 Transport, Storage and Post | 批发和零售业 Wholesale and Retail Trades | 住宿和餐饮业 Hotels and Catering Services | 金融业 Financial Intermediation | 房地产业 Real Estate | 其他 Other |
|---|---|---|---|---|---|---|---|
| 2004 | 1223.64 | 192.26 | 319.04 | 64.93 | 77.17 | 97.93 | 472.31 |
| 2005 | 1413.83 | 208.10 | 345.02 | 83.39 | 83.63 | 112.29 | 581.40 |
| 2006 | 1687.07 | 236.82 | 402.37 | 97.39 | 100.75 | 131.01 | 718.73 |
| 2007 | 2025.44 | 275.76 | 485.96 | 117.35 | 126.03 | 153.03 | 867.31 |
| 2008 | 2412.26 | 317.06 | 580.37 | 137.69 | 147.24 | 182.70 | 1047.20 |
| 2009 | 2756.26 | 341.76 | 673.12 | 157.73 | 180.83 | 200.14 | 1202.68 |
| 2010 | 3111.12 | 373.93 | 753.37 | 180.01 | 190.12 | 212.32 | 1401.37 |
| 2011 | 3679.91 | 420.98 | 860.47 | 205.69 | 207.65 | 238.61 | 1746.51 |
| 2012 | 4150.36 | 462.13 | 986.46 | 240.70 | 244.63 | 240.86 | 1975.58 |
| 2013 | 4707.70 | 498.52 | 1011.33 | 268.88 | 399.54 | 431.88 | 2026.88 |
| 2014 | 4992.54 | 518.05 | 1059.66 | 283.79 | 464.96 | 432.85 | 2157.54 |
| 2015 | 5461.14 | 529.79 | 1117.29 | 328.61 | 565.27 | 436.06 | 2484.52 |
| 2016 | 6273.33 | 558.38 | 1203.14 | 368.76 | 659.55 | 476.58 | 2930.19 |
| 2017 | 6850.66 | 603.12 | 1208.30 | 374.84 | 709.64 | 525.58 | 3429.18 |
| 2018 | 7503.02 | 631.64 | 1306.53 | 389.42 | 735.58 | 639.75 | 3800.10 |

# 第三篇

CHAPTER ▶ 03

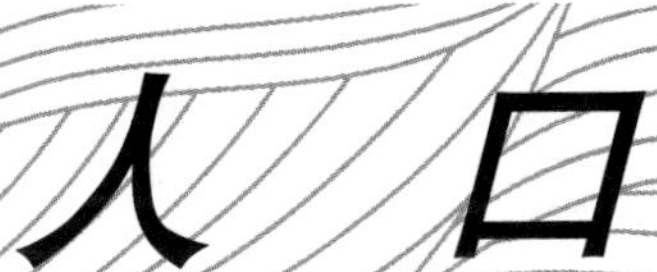

# 人口

## *POPULATION*

资料整理人员：

沈永生

# 3－1 历年全省人口数及构成

## Over the Years Population and Its Composition

单位：万人 unit: 10000 persons

| 年份 Year | 年底总人口 Population | 按性别分 By Sex | | 按城乡分 Grouped by Urban and Rural | | 占总人口的比重（%） Proportion(%) | |
|---|---|---|---|---|---|---|---|
| | | 男 Male | 女 Female | 城镇人口 Urban Population | 乡村人口 Rural Population | 男性人口 Male Population | 城镇人口 Urban Population |
| 1978 | 2149.3 | 1102.3 | 1047.0 | 659.5 | 1489.8 | 51.3 | 30.7 |
| 1979 | 2184.6 | 1119.0 | 1065.6 | 701.2 | 1483.4 | 51.2 | 32.1 |
| 1980 | 2210.7 | 1132.1 | 1078.6 | 723.3 | 1487.4 | 51.2 | 32.7 |
| 1981 | 2230.9 | 1141.4 | 1089.5 | 745.7 | 1485.2 | 51.2 | 33.4 |
| 1982 | 2257.6 | 1155.1 | 1102.5 | 763.7 | 1493.9 | 51.2 | 33.8 |
| 1983 | 2269.5 | 1162.3 | 1107.2 | 782.1 | 1487.4 | 51.2 | 34.5 |
| 1984 | 2284.5 | 1170.7 | 1113.8 | 802.6 | 1481.9 | 51.2 | 35.1 |
| 1985 | 2298.0 | 1177.4 | 1120.6 | 837.0 | 1461.0 | 51.2 | 36.4 |
| 1986 | 2315.3 | 1186.4 | 1128.9 | 857.0 | 1458.3 | 51.2 | 37.0 |
| 1987 | 2336.4 | 1196.9 | 1139.5 | 883.5 | 1452.9 | 51.2 | 37.8 |
| 1988 | 2357.4 | 1208.3 | 1149.1 | 908.7 | 1448.7 | 51.3 | 38.5 |
| 1989 | 2395.4 | 1228.2 | 1167.2 | 930.8 | 1464.6 | 51.3 | 38.9 |
| 1990 | 2440.2 | 1248.1 | 1192.1 | 951.9 | 1488.3 | 51.1 | 39.0 |
| 1991 | 2459.7 | 1258.5 | 1201.2 | 966.2 | 1493.5 | 51.2 | 39.3 |
| 1992 | 2474.0 | 1265.3 | 1208.7 | 985.4 | 1488.6 | 51.1 | 39.8 |
| 1993 | 2496.1 | 1276.0 | 1220.1 | 1021.2 | 1474.9 | 51.1 | 40.9 |
| 1994 | 2515.6 | 1285.9 | 1229.7 | 1050.4 | 1465.2 | 51.1 | 41.8 |
| 1995 | 2550.9 | 1302.8 | 1248.1 | 1077.8 | 1473.1 | 51.1 | 42.3 |
| 1996 | 2579.1 | 1315.5 | 1263.6 | 1094.5 | 1484.6 | 51.0 | 42.4 |
| 1997 | 2600.1 | 1324.6 | 1275.5 | 1115.9 | 1484.2 | 50.9 | 42.9 |
| 1998 | 2603.2 | 1325.6 | 1277.6 | 1122.9 | 1480.3 | 50.9 | 43.1 |
| 1999 | 2616.1 | 1331.6 | 1284.5 | 1131.9 | 1484.2 | 50.9 | 43.3 |
| 2000 | 2627.3 | 1336.5 | 1290.8 | 1143.0 | 1484.3 | 50.9 | 43.5 |
| 2001 | 2637.1 | 1340.8 | 1296.3 | 1154.7 | 1482.4 | 50.8 | 43.8 |
| 2002 | 2649.4 | 1346.9 | 1302.5 | 1177.8 | 1471.6 | 50.8 | 44.5 |
| 2003 | 2658.6 | 1350.5 | 1308.1 | 1195.4 | 1463.2 | 50.8 | 45.0 |
| 2004 | 2661.9 | 1352.0 | 1309.9 | 1202.4 | 1459.5 | 50.8 | 45.2 |
| 2005 | 2669.4 | 1355.0 | 1314.4 | 1206.3 | 1463.1 | 50.8 | 45.2 |
| 2006 | 2679.5 | 1359.1 | 1320.4 | 1208.8 | 1470.7 | 50.7 | 45.1 |
| 2007 | 2696.1 | 1366.0 | 1330.1 | 1215.9 | 1480.2 | 50.7 | 45.1 |
| 2008 | 2710.5 | 1372.8 | 1337.7 | 1224.8 | 1485.7 | 50.6 | 45.2 |
| 2009 | 2719.5 | 1376.1 | 1343.4 | 1226.8 | 1492.7 | 50.6 | 45.1 |
| 2010 | 2723.8 | 1377.7 | 1346.1 | 1242.1 | 1481.7 | 50.6 | 45.6 |
| 2011 | 2726.5 | 1377.9 | 1348.6 | 1309.1 | 1417.4 | 50.5 | 48.0 |
| 2012 | 2701.5 | 1363.4 | 1338.1 | 1266.7 | 1434.8 | 50.5 | 46.9 |
| 2013 | 2678.5 | 1352.2 | 1326.3 | 1258.4 | 1420.1 | 50.5 | 47.0 |
| 2014 | 2671.3 | 1346.5 | 1324.8 | 1247.8 | 1423.5 | 50.4 | 46.7 |
| 2015 | 2662.1 | 1341.2 | 1320.9 | 1289.0 | 1373.1 | 50.4 | 48.4 |
| 2016 | 2645.5 | 1332.7 | 1312.8 | 1303.7 | 1341.8 | 50.4 | 49.3 |
| 2017 | 2615.8 | 1315.3 | 1300.5 | 1297.3 | 1318.5 | 50.3 | 49.6 |
| 2018 | 2608.9 | 1311.1 | 1297.9 | 1284.2 | 1324.7 | 50.3 | 49.2 |

注：本表是公安部门年报数字。
Note: Data in this table are annual numbers from police departments.

# 3-2 全省人口情况

## Basic Statistics on Population of Jilin

| 指标 | Item | 2000 | 2005 | 2010 | 2012 | 2013 | 2014 | 2015 | 2016 | 2017 | 2018 |
|---|---|---|---|---|---|---|---|---|---|---|---|
| 总户数（万户） | Total Households(10000 households) | 795.80 | 851.00 | 900.16 | 958.33 | 989.68 | 1000.86 | 927.55 | 965.73 | 1033.23 | 1008.98 |
| 户均人口（人/户） | Average Population(person/household) | 3.32 | 3.16 | 2.94 | 2.87 | 2.78 | 2.75 | 2.97 | 2.83 | 2.63 | 2.68 |
| 总人口（万人） | Total Population(10000 Persons) | 2681.70 | 2716.00 | 2746.60 | 2750.40 | 2751.28 | 2752.38 | 2753.32 | 2733.03 | 2717.43 | 2704.06 |
| 男 | Male | 1372.80 | 1386.90 | 1391.39 | 1403.53 | 1406.18 | 1391.05 | 1390.45 | 1379.71 | 1376.92 | 1368.13 |
| 女 | Female | 1308.90 | 1329.10 | 1355.21 | 1346.87 | 1345.10 | 1361.33 | 1362.87 | 1353.32 | 1340.51 | 1335.93 |
| 性别比（女=100） | Sex Ratio(female=100) | 104.90 | 104.35 | 102.67 | 104.19 | 104.55 | 102.19 | 102.02 | 101.95 | 102.72 | 102.41 |
| 城镇人口（万人） | Urban Population(10000 Persons) | 1331.80 | 1426.50 | 1465.58 | 1476.96 | 1491.20 | 1508.58 | 1522.76 | 1529.68 | 1539.42 | 1555.65 |
| 占总人口比重（%） | Percentage of the Total Population | 49.66 | 52.52 | 53.36 | 53.70 | 54.20 | 54.81 | 55.31 | 55.97 | 56.65 | 57.53 |
| 乡村人口（万人） | Rural Population(10000 Persons) | 1349.90 | 1289.50 | 1281.02 | 1273.44 | 1260.08 | 1243.80 | 1230.56 | 1203.35 | 1178.01 | 1148.41 |
| 占总人口比重（%） | Percentage of the Total Popu lation | 50.34 | 47.48 | 46.64 | 46.30 | 45.80 | 45.19 | 44.69 | 44.03 | 43.35 | 42.47 |
| 出生人口（万人） | Birth Population(10000 Persons) | 25.50 | 21.40 | 21.73 | 15.76 | 14.75 | 18.22 | 16.16 | 15.28 | 18.48 | 17.99 |
| 人口出生率（‰） | Birth Rate | 9.53 | 7.89 | 7.91 | 5.73 | 5.36 | 6.62 | 5.87 | 5.55 | 6.76 | 6.62 |
| 死亡人口（万人） | Death Population(10000 Persons) | 14.40 | 15.20 | 16.15 | 14.77 | 13.87 | 17.12 | 15.23 | 15.42 | 17.76 | 17.01 |
| 人口死亡率（‰） | Death Rate | 5.38 | 5.32 | 5.88 | 5.37 | 5.04 | 6.22 | 5.53 | 5.60 | 6.50 | 6.26 |
| 自然增长人口（万人） | Natural Growth Population(10000 Persons) | 11.10 | 7.00 | 5.58 | 0.99 | 0.88 | 1.10 | 0.93 | -0.14 | 0.72 | 0.98 |
| 人口自然增长率（‰） | Natural Growth Rate | 4.15 | 2.57 | 2.03 | 0.36 | 0.32 | 0.40 | 0.34 | -0.05 | 0.26 | 0.36 |

注：表内数据为年度人口变动情况抽样调查推算数据。2010年末常住人口为吉林省第六次全国人口普查初步机器汇总推算数据。
Note: Data were calculated from the annual sample surveys on population changes.The population at the end of 2010 are based on the 6th National population census which were preliminaryly estimated by machine summarization.

# 第四篇

CHAPTER ▶ 04

# 从业人员和职工工资

## *EMPLOYMENT AND WAGE*

资料整理人员：

沈永生　　任秀玲

# 4－1 历年全部从业人员数
## Number of Employed Persons

单位: 万人　　unit:10000 persons

| 年份 Year | 全部从业人员数 Total | 按经济类型分 Grouped By Ownership 职工人数 Staff and Workers | 国有单位 State-owned Units | 集体单位 Collective -owned Units | 城镇个体劳动者 Self-employed Individual in Urban | 乡村劳动者 Rural Employed Persons | 按三次产业分 By Three Industries 第一产业 Primary Industry | 第二产业 Secondary Industry | 第三产业 Tertiary Industry | 城镇登记失业人员 Number of Registered Unemployed Persons in Urban Areas | 城镇登记失业率(%) Registered Unemployment Rate in Urban Areas(%) |
|---|---|---|---|---|---|---|---|---|---|---|---|
| 1978 | 645.38 | 324.92 | 250.02 | 74.90 | | 320.46 | 318.1 | 205.0 | 122.3 | | |
| 1979 | 671.29 | 348.59 | 257.50 | 91.09 | 0.81 | 321.89 | 318.4 | 216.3 | 136.6 | 33.9 | 8.8 |
| 1980 | 715.30 | 373.88 | 270.50 | 103.38 | 3.37 | 338.05 | 329.3 | 231.7 | 154.3 | 22.0 | 5.5 |
| 1981 | 754.52 | 396.48 | 282.81 | 113.67 | 5.57 | 352.47 | 349.8 | 242.0 | 162.7 | 21.3 | 5.0 |
| 1982 | 849.62 | 411.24 | 292.30 | 118.94 | 7.58 | 430.80 | 413.8 | 248.0 | 187.8 | 24.4 | 5.5 |
| 1983 | 847.50 | 421.88 | 296.87 | 125.01 | 10.60 | 415.02 | 410.8 | 256.9 | 179.8 | 19.7 | 4.4 |
| 1984 | 867.25 | 431.34 | 293.07 | 138.18 | 15.91 | 410.99 | 401.1 | 258.6 | 207.6 | 11.5 | 2.5 |
| 1985 | 930.20 | 449.51 | 304.43 | 144.91 | 21.37 | 450.01 | 421.9 | 286.2 | 222.1 | 10.5 | 2.2 |
| 1986 | 987.95 | 470.90 | 320.78 | 149.95 | 21.17 | 486.50 | 432.5 | 302.6 | 252.9 | 10.7 | 2.1 |
| 1987 | 1032.75 | 486.11 | 331.87 | 154.03 | 22.96 | 541.75 | 465.8 | 313.9 | 253.0 | 8.7 | 1.7 |
| 1988 | 1106.22 | 497.48 | 343.69 | 153.54 | 28.53 | 571.55 | 511.6 | 324.9 | 269.7 | 8.8 | 1.6 |
| 1989 | 1142.19 | 509.45 | 352.74 | 156.19 | 29.25 | 594.92 | 549.0 | 329.7 | 263.5 | 9.4 | 1.8 |
| 1990 | 1169.41 | 517.31 | 361.98 | 154.44 | 29.50 | 614.43 | 564.8 | 334.4 | 270.2 | 10.5 | 2.3 |
| 1991 | 1194.69 | 533.44 | 371.80 | 160.03 | 31.52 | 620.94 | 572.4 | 339.2 | 283.2 | 10.3 | 1.8 |
| 1992 | 1235.02 | 541.53 | 379.27 | 157.83 | 38.51 | 646.63 | 590.2 | 352.6 | 292.2 | 9.1 | 2.3 |
| 1993 | 1237.67 | 542.99 | 379.86 | 152.44 | 46.68 | 638.82 | 572.5 | 352.5 | 312.7 | 7.7 | 2.3 |
| 1994 | 1250.24 | 530.13 | 384.60 | 130.19 | 67.70 | 643.56 | 570.7 | 343.3 | 336.2 | 7.5 | 2.5 |
| 1995 | 1270.77 | 520.38 | 386.65 | 115.71 | 94.12 | 647.99 | 572.1 | 339.2 | 359.4 | 7.8 | 2.3 |
| 1996 | 1257.14 | 513.31 | 385.81 | 107.97 | 107.99 | 629.05 | 562.3 | 329.3 | 365.5 | 9.3 | 2.3 |
| 1997 | 1237.73 | 500.89 | 375.88 | 100.19 | 113.52 | 616.17 | 551.0 | 315.5 | 371.2 | 8.8 | 2.8 |
| 1998 | 1130.85 | 374.12 | 286.44 | 56.45 | 134.08 | 616.28 | 545.1 | 229.9 | 355.8 | 18.3 | 3.1 |
| 1999 | 1120.00 | 352.61 | 265.75 | 48.37 | 134.70 | 627.38 | 551.1 | 224.0 | 344.9 | 21.5 | 3.3 |
| 2000 | 1164.02 | 329.91 | 247.04 | 42.26 | 188.60 | 640.97 | 584.3 | 222.3 | 357.4 | 23.0 | 3.7 |
| 2001 | 1167.41 | 313.26 | 230.24 | 38.41 | 209.92 | 640.03 | 585.8 | 216.0 | 365.6 | 20.2 | 3.2 |
| 2002 | 1186.60 | 298.26 | 216.40 | 31.49 | 227.84 | 656.00 | 587.3 | 219.0 | 380.3 | 23.8 | 3.6 |
| 2003 | 1202.50 | 286.80 | 204.40 | 27.62 | 241.63 | 669.02 | 592.2 | 209.5 | 400.8 | 28.4 | 4.3 |
| 2004 | 1222.00 | 279.38 | 195.40 | 25.08 | 266.30 | 670.94 | 563.3 | 227.3 | 431.4 | 28.2 | 4.2 |
| 2005 | 1238.90 | 257.94 | 176.34 | 20.44 | 291.81 | 685.16 | 565.8 | 231.7 | 441.4 | 27.6 | 4.2 |
| 2006 | 1250.50 | 259.94 | 171.14 | 19.18 | 292.70 | 691.90 | 565.2 | 237.6 | 447.7 | 26.3 | 4.2 |
| 2007 | 1266.10 | 256.52 | 165.94 | 15.86 | 303.10 | 700.86 | 564.6 | 243.2 | 458.3 | 23.9 | 3.9 |
| 2008 | 1281.40 | 255.83 | 164.94 | 14.34 | 307.86 | 711.52 | 564.0 | 251.7 | 465.7 | 24.3 | 4.0 |
| 2009 | 1297.30 | 257.90 | 160.19 | 13.85 | 308.82 | 723.15 | 568.8 | 261.8 | 466.7 | 23.5 | 4.0 |
| 2010 | 1311.60 | 259.51 | 161.25 | 13.36 | 310.20 | 733.78 | 567.4 | 263.0 | 481.2 | 22.7 | 3.8 |
| 2011 | 1337.78 | 267.57 | 163.45 | 9.09 | 311.42 | 748.50 | 573.9 | 270.2 | 493.7 | 22.2 | 3.7 |
| 2012 | 1355.90 | 274.33 | 163.30 | 8.59 | 319.02 | 751.40 | 557.0 | 283.1 | 515.8 | 22.3 | 3.7 |
| 2013 | 1415.43 | 320.63 | 166.60 | 6.90 | 320.10 | 756.90 | 551.4 | 321.8 | 542.2 | 22.6 | 3.7 |
| 2014 | 1447.17 | 315.64 | 160.71 | 6.07 | 354.80 | 757.95 | 533.6 | 344.3 | 569.3 | 23.2 | 3.4 |
| 2015 | 1480.60 | 308.13 | 156.20 | 5.81 | 395.32 | 760.22 | 525.2 | 342.8 | 612.7 | 23.9 | 3.5 |
| 2016 | 1501.73 | 305.14 | 154.45 | 5.73 | 427.32 | 752.26 | 508.0 | 325.7 | 668.0 | 25.7 | 3.5 |
| 2017 | 1488.53 | 291.69 | 151.00 | 4.98 | 439.61 | 741.86 | 491.4 | 314.8 | 682.3 | 26.3 | 3.5 |
| 2018 | 1474.24 | 264.79 | 130.22 | 3.38 | 465.09 | 729.82 | 478.68 | 310.3 | 685.23 | 26.8 | 3.5 |

注：1998年以后不包括离岗职工。
Note:Data since 1998 excluded workers laid-off.

# 4－2　城镇非私营单位就业人员人数（2018年末）

## Number of Employed Persons in Urban Non-Private Unit （end of 2018）

单位: 人　　　　unit:person

| 指　　标 | Item | 单位就业人员 Number of Employed Persons | #女性 Female | 在岗职工 Staff and Workers | 其他就业人员 Other Type of Employed Persons |
|---|---|---|---|---|---|
| **全 省** | **Total** | **2793233** | **1064649** | **2647878** | **145355** |
| 按经济类型分 | Grouped by Ownership | | | | |
| 国有经济 | State-owned Units | 1369223 | 605113 | 1302165 | 67058 |
| 集体经济 | Collective-owned Units | 37114 | 17008 | 33803 | 3311 |
| 其他经济 | Others | 1386896 | 442528 | 1311910 | 74986 |
| 内资 | Domestic Investment | 1267443 | 402291 | 1193976 | 73467 |
| 股份合作 | Stock Cooperative | 7153 | 3523 | 6934 | 219 |
| 联营 | Joint Operation | 1603 | 805 | 1566 | 37 |
| 有限责任公司 | Limited Liability Corprations | 909207 | 265914 | 862270 | 46937 |
| 股份有限公司 | Joint Stock Corporations | 282776 | 100399 | 262448 | 20328 |
| 其他 | Others | 66704 | 31650 | 60758 | 5946 |
| 港澳台投资 | Funds from Hongkong,Macao and Taiwan | 32389 | 11807 | 32138 | 251 |
| 外商投资 | Foreign Investment | 87064 | 28430 | 85796 | 1268 |
| 按企业、事业、机关分 | Grouped by Enterprises,Institutions and Agencies | | | | |
| #企业 | Enterprises | 1689103 | 531418 | 1601540 | 87563 |
| 事业 | Institutions | 791190 | 426267 | 745812 | 45378 |
| 机关 | Agencies and Organizations | 299467 | 98221 | 287864 | 11603 |
| 按国民经济行业分 | Grouped by Sector | | | | |
| 农、林、牧、渔业 | Agriculture,Forestry,Animal Husbandry and Fishery | 97037 | 29030 | 87158 | 9879 |
| 采矿业 | Mining | 94305 | 20824 | 92936 | 1369 |
| 制造业 | Manufacturing | 568936 | 161781 | 559242 | 9694 |
| 电力、热力、燃气及水的生产和供应业 | Production and Supply of Power,Heat, Gas and Water | 101901 | 22241 | 99938 | 1963 |
| 建筑业 | Construction | 185207 | 30744 | 168098 | 17109 |
| 批发和零售业 | Wholesale and Retail Trades | 112427 | 52774 | 109017 | 3410 |
| 交通运输、仓储和邮政业 | Transport,Storage and Post | 148656 | 31731 | 143156 | 5500 |
| 住宿和餐饮业 | Hotels and Catering Services | 23435 | 13482 | 22450 | 985 |
| 信息传输、软件和信息技术服务业 | Information Transmission,Software Information Technology | 58228 | 23873 | 56980 | 1248 |
| 金融业 | Financial Intermediation | 134325 | 70304 | 109081 | 25244 |
| 房地产业 | Real Estate | 60579 | 24893 | 56190 | 4389 |
| 租赁和商务服务业 | Leasing and Business Services | 66474 | 26830 | 56796 | 9678 |
| 科学研究、技术服务业 | Scientific Research and Technical Services | 72945 | 23843 | 70873 | 2072 |
| 水利、环境和公共设施管理业 | Management of Water Conservancy,Environment and Public Facilities | 71694 | 26448 | 59807 | 11887 |
| 居民服务、修理和其他服务业 | Service to Households,Repair and other Services | 19786 | 9161 | 17862 | 1924 |
| 教育 | Education | 359483 | 219271 | 351351 | 8132 |
| 卫生和社会工作 | Health and Social Work | 199091 | 133209 | 191039 | 8052 |
| 文化、体育和娱乐业 | Culture,Sports and Entertainment | 36888 | 16980 | 35351 | 1537 |
| 公共管理、社会保障和社会组织 | Public Management,Social Secarities and Social Organizations | 381836 | 127230 | 360553 | 21283 |
| 按产业分 | Grouped by Industries | | | | |
| 第一产业 | Primary Industry | 97037 | 29030 | 87158 | 30135 |
| 第二产业 | Secondary Industry | 950349 | 235590 | 920214 | 32322 |
| 第三产业 | Tertiary Industry | 1745847 | 800029 | 1640506 | 82898 |

# 4－3 城镇非私营单位分细行业就业人员人数（2018年）

## Number of Employed Person in Urban Non-Private in Detail （2018）

单位: 人　　　　unit:person

| 项　　目 | Iten | 合　计<br>Total | 国　有<br>单　位<br>State-owned Units | 城镇集体<br>单位<br>Urban Collective-owned Units | 其他类型<br>单　位<br>Units of Other Types of Ownership |
|---|---|---|---|---|---|
| **总 计** | **Total** | **2793233** | **1369223** | **37114** | **1386896** |
| **一、企业、事业、机关分组** | **Grouped by Enterprises, Institutions and Agencies** | | | | |
| 企业 | Enterprises | 1689103 | 300154 | 26245 | 1362704 |
| 事业 | Institutions | 791190 | 769500 | 10563 | 11127 |
| 机关 | Agencies and Organizations | 299467 | 296787 | 248 | 2432 |
| **二、按国民经济行业分组** | **Grouped by Sector** | | | | |
| **(一)农、林、牧、渔业** | **Agriculture,Forestry,Animal Husbandry and Fishery** | **97037** | **81214** | **3218** | **12605** |
| 农　业 | Farming | 17330 | 16878 | 17 | 435 |
| 林　业 | Forestry | 60988 | 46442 | 3130 | 11416 |
| 畜牧业 | Animal Husbandry | 5324 | 4757 | | 567 |
| 渔　业 | Fishery | 1787 | 1745 | | 42 |
| 农、林、牧、渔专业及辅助性活动 | Agriculture,Forestry,Animal Husbandry and Fishery | 11608 | 11392 | 71 | 145 |
| **(二)采 矿 业** | **Mining** | **94305** | **238** | **1407** | **92660** |
| 煤炭开采和洗选业 | Mining and Washing of Coal | 39492 | 36 | | 39456 |
| 石油和天然气开采业 | Extraction of Petroleum and Natural Gas | 27731 | | | 27731 |
| 黑色金属矿采选业 | Mining and Processing of Ferrous Metal Ores | 3613 | | 76 | 3537 |
| 有色金属矿采选业 | Mining and Processing of Non-ferrous Metal Ores | 6761 | 122 | | 6639 |
| 非金属矿采选业 | Mining and Processing of Non-metal Ores | 114 | 11 | | 103 |
| 开采专业及辅助性活动 | Support Activities for Mining | 16525 | | 1331 | 15194 |
| 其他采矿业 | Mining of Others Ores | 69 | 69 | | |
| **(三)制 造 业** | **Manufacturing** | **568936** | **17146** | **2600** | **549190** |
| 农副食品加工业 | Processing of Food from Agricultural Products | 33859 | 152 | | 33707 |
| 食品制造业 | Manufacture of Foods | 10724 | | | 10724 |
| 酒、饮料和精制茶制造业 | Manufacture of Liquor,Beverages and Refined Tea | 13150 | 14 | | 13136 |
| 烟草制品业 | Manufacture of Tobacco | 3807 | | | 3807 |
| 纺织业 | Manufacture of Textile | 2581 | | | 2581 |
| 纺织服装、服饰业 | Manufacture of Textile Wearing Apparel and Accessories | 14225 | 384 | 92 | 13749 |
| 皮革、毛皮、羽毛及其制品和制鞋业 | Manufacture of Leather,Fur,Feathers and Related Products and Footwear | 403 | 47 | | 356 |
| 木材加工和木、竹、藤、棕、草制品 | Processing of Timber,Manufacture of Wood Bamboo Rattan,Palm and Straw Products | 19684 | 89 | 128 | 19467 |
| 家具制造业 | Manufacture of Furniture | 1438 | | | 1438 |
| 造纸和纸制品业 | Manufacture of Paper and Paper Products | 3429 | | 16 | 3413 |
| 印刷和记录媒介复制业 | Printing and Reproduction of Recording Media | 4211 | 201 | 531 | 3479 |

4－3 续表1 continued

单位: 人 unit:person

| 项 目 | Iten | 合 计 Total | 国有单位 State-owned Units | 城镇单位 Urban Collective-owned Units | 其他类型单位 Units of Other Types of Ownership |
|---|---|---|---|---|---|
| 文教、工美、体育和娱乐用品制造业 | Manufacture of Culture,Art,Sportsand Entertainment Goods | 515 | | 35 | 480 |
| 石油、煤炭及其他燃料加工业 | Petroleum Processing and Coking ,Processing of Nuclear Fuel | 3669 | 8 | | 3661 |
| 化学原料和化学制品制造业 | Manufacture of Chemical Raw Material and Chemical Products | 49260 | 7016 | 787 | 41457 |
| 医药制造业 | Manufacture of Medicines | 44640 | 518 | 58 | 44064 |
| 化学纤维制造业 | Manufacture of Chemical Fiber | 8079 | | | 8079 |
| 橡胶和塑料制品业 | Manufacture of Rubber and Plastic | 7153 | 154 | | 6999 |
| 非金属矿物制品业 | Manufacture of Non-metallic Mineral Products | 15372 | 183 | 471 | 14718 |
| 黑色金属冶炼和压延加工业 | Smelting and Pressing of Ferrous Metals | 18120 | 159 | 59 | 17902 |
| 有色金属冶炼和压延加工业 | Smelting and Pressing of Non-ferrous Metals | 7216 | | | 7216 |
| 金属制品业 | Manufacture of Metal Products | 7929 | 1108 | 54 | 6767 |
| 通用设备制造业 | Manufacture of General Purpose Machinery | 11793 | 3231 | 104 | 8458 |
| 专用设备制造业 | Manufacture of Special Purpose Machinery | 11104 | 356 | 13 | 10735 |
| 汽车制造业 | Manufacture of Automobiles | 235120 | 929 | 92 | 234099 |
| 铁路、船舶、航空航天和其他运输设备制造业 | Manufacture of Railroads,Ships,Aerospase and other Transportation Facities | 19995 | 367 | 66 | 19562 |
| 电气机械和器材制造业 | Manufacture of Electrical Machinery and Equipment | 4492 | 355 | 14 | 4123 |
| 计算机、通信和其他电子设备制造业 | Manufacture of Communication Equipment, Computer and Other Electronic Equipment | 7671 | 20 | 3 | 7648 |
| 仪器仪表制造业 | Instrument Manufacting Industry | 5639 | | 34 | 5605 |
| 其他制造业 | Other Manufacting Industry | 238 | 39 | | 199 |
| 废弃资源综合利用业 | Utilization of Waste Resources | 790 | | 43 | 747 |
| 金属制品、机械和设备修理业 | Metal Products,Machinery and Equipment Repair | 2630 | 1816 | | 814 |
| **(四)电力、热力、燃气及水生产和供应业** | **Production and Supply of Power , Heat,Gas and Water** | **101901** | **22858** | **134** | **78909** |
| 电力、热力生产和供应业 | Production and Supply of Electricity and Heat Power | 80062 | 12910 | | 67152 |
| 燃气生产和供应业 | Production and Supply of Gas | 5557 | 583 | | 4974 |
| 水的生产和供应业 | Production and Supply of Water | 16282 | 9365 | 134 | 6783 |
| **(五) 建筑业** | **Construction** | **185207** | **11275** | **5168** | **168764** |
| 房屋建筑业 | Construction of Buliding | 90236 | 5339 | 3081 | 81816 |
| 土木工程建筑业 | Construction of Civil Engineering | 57581 | 5342 | 1061 | 51178 |
| 建筑安装业 | Construction Installation | 24836 | 131 | 1022 | 23683 |
| 建筑装饰、装修和其他建筑业 | Construction Decoration and other Constraction | 12554 | 463 | 4 | 12087 |
| **(六)批发和零售业** | **Wholesale and Retail Trades** | **112427** | **12168** | **1150** | **99109** |
| 批发业 | Wholesale Trade | 42640 | 10679 | 495 | 31466 |
| 零售业 | Retail Trade | 69787 | 1489 | 655 | 67643 |

单位: 人

4－3 续表 2 continued

unit:person

| 项 目 | Iten | 合 计 Total | 国有单位 State-owned Units | 城镇单位 Urban Collective-owned Units | 其他类型单位 Units of Other Types of Ownership |
|---|---|---|---|---|---|
| **(七) 交通运输、仓储和邮政业** | **Transport, Storage and Post** | **148656** | **95779** | **874** | **52003** |
| 铁路运输业 | Railway Transport | 58361 | 57390 | | 971 |
| 道路运输业 | Road Transport | 49051 | 11763 | 567 | 36721 |
| 水上运输业 | Water Transport | 54 | 37 | | 17 |
| 航空运输业 | Air Transport | 6484 | 5718 | | 766 |
| 管道运输业 | Transport Via Pipeline | 935 | | | 935 |
| 多式联运和运输代理业 | Intermodality and Forwarding Agency | 1640 | 31 | 39 | 1570 |
| 装卸搬运和仓储业 | Loading, Unlooding, Portage and Other Transport Services | 12467 | 8348 | 103 | 4016 |
| 邮政业 | Post | 19664 | 12492 | 165 | 7007 |
| **(八)住宿和餐饮业** | **Hotels and Catering Serrvices** | **23435** | **7183** | **261** | **15991** |
| 住宿业 | Hotels | 16840 | 5891 | 84 | 10865 |
| 餐饮业 | Catering Services | 6595 | 1292 | 177 | 5126 |
| **(九)信息传输、软件和信息技术服务业** | **Information Transmission,Software and Information Technologh Services** | **58228** | **10517** | | **47711** |
| 电信、广播电视和卫星传输服务 | Telecommunications,Broadcasting Television and Satelite Transmission Services | 46945 | 9938 | | 37007 |
| 互联网和相关服务 | Internet and Relatsd Services | 1332 | 286 | | 1046 |
| 软件和信息技术服务业 | Software and Infomation Technology Services | 9951 | 293 | | 9658 |
| **(十)金融业** | **Financial Intermediation** | **134325** | **37666** | **8714** | **87945** |
| 货币金融服务业 | Monetary and Financial Services | 84661 | 29443 | 8702 | 46516 |
| 资本市场服务业 | Capital Market Services | 10258 | 4771 | | 5487 |
| 保险业 | Insurance | 38782 | 3399 | 12 | 35371 |
| 其他金融业 | Other Financial Activities | 624 | 53 | | 571 |
| **(十一)房地产业** | **Real Estate** | **60579** | **5663** | **208** | **54708** |
| 其中：房地产开发经营 | Development and Managment of Real Estate | 26369 | 471 | | 25898 |
| 物业管理 | Property Management | 29515 | 2198 | 7 | 27310 |
| 房地产中介服务 | Agency Services for Real Estate | 1659 | 409 | 77 | 1173 |
| 房地产租赁经营 | Leasing and Management for Real Estate | 489 | 81 | 110 | 298 |
| **(十二)租赁和商务服务业** | **Leasing and Business Services** | **66474** | **27985** | **727** | **37762** |
| 租赁业 | Leasing | 1127 | 108 | | 1019 |
| 商务服务业 | Business Services | 65347 | 27877 | 727 | 36743 |
| **(十三) 科学研究、技术服务业** | **Scientific Research and Technical Service** | **72945** | **48559** | **524** | **23862** |
| 研究和试验发展 | Research and Experimental Development | 13997 | 12074 | 64 | 1859 |
| 专业技术服务业 | Professional Technical Services | 49772 | 29382 | 364 | 20026 |

4－3 续表 3 continued

单位：人 unit:person

| 项　　目 | Iten | 合计 Total | 国有单位 State-owned Units | 城镇单位 Urban Collective-owned Units | 其他类型单位 Units of Other Types of Ownership |
|---|---|---|---|---|---|
| 科技推广和应用服务业 | Services of Science and Technology Popularization and Application | 9176 | 7103 | 96 | 1977 |
| **(十四)水利、环境和公共设施管理业** | **Water Conservancy, Environment and Public Facilities Management** | **71694** | **56626** | **5471** | **9597** |
| 水利管理业 | Water Conservancy Management | 12457 | 11862 | 121 | 474 |
| 生态保护和环境治理业 | Ecological Protection and Environmental Treatment Services | 1676 | 1486 | | 190 |
| 公共设施管理业 | Public Facility Mangagement | 55992 | 41812 | 5350 | 8830 |
| 土地管理业 | Management of Land | 1569 | 1466 | | 103 |
| **(十五)居民服务、修理和其他服务业** | **Household Services,Repairing and other Services** | **19786** | **8886** | **914** | **9986** |
| 居民服务业 | Service to Households | 8888 | 6385 | 388 | 2115 |
| 机动车、电子产品和日用产品修理业 | Motor Vehicle,Electronic Products and Household Products Repair Services | 1160 | 282 | 47 | 831 |
| 其他服务业 | Other Services | 9738 | 2219 | 479 | 7040 |
| **(十六)教育** | **Education** | **359483** | **341341** | **246** | **17896** |
| 学前教育 | Preschool Education | 9721 | 7859 | 55 | 1807 |
| 初等教育 | Primary Education | 125263 | 122340 | | 2923 |
| 中等教育 | Secondary Education | 145171 | 139731 | 181 | 5259 |
| 高等教育 | Higher Senion Education | 61286 | 57148 | | 4138 |
| 特殊教育 | Special Education | 2255 | 2142 | | 113 |
| 技能培训、教育辅助及其他教育 | Skill Training,Education Auxiliary and Others | 15787 | 12121 | 10 | 3656 |
| **(十七)卫生和社会工作** | **Health Care and Social Work** | **199091** | **178355** | **5107** | **15629** |
| 卫生 | Health Care | 191036 | 171230 | 4841 | 14965 |
| 社会工作 | Social Work | 8055 | 7125 | 266 | 664 |
| **(十八)文化、体育和娱乐业** | **Culture,Sports and Entertainment** | **36888** | **29112** | **71** | **7705** |
| 新闻和出版业 | Journalism and Publishing Activities | 6610 | 4673 | 7 | 1930 |
| 广播、电视、电影和影视录音制作业 | Broadcasting、TV, Movies and Audiovisual Activities | 12228 | 9833 | 16 | 2379 |
| 文化艺术业 | Culture and Activities | 12419 | 11349 | 32 | 1038 |
| 体育 | Sports | 4225 | 2573 | | 1652 |
| 娱乐业 | Entertainment | 1406 | 684 | 16 | 706 |
| **(十九)公共管理、社会保障和社会组织** | **Public Management,Social Securities and Social Organization** | **381836** | **376652** | **320** | **4864** |
| 其中：中国共产党机关 | Organs of Communist Party of China | 13064 | 13025 | | 39 |
| 国家机构 | Government Agencies | 355824 | 351797 | 308 | 3719 |
| 人民政协、民主党派 | People' s Political Consultative Conference and Democratic Parties | 2010 | 2010 | | |
| 社会保障 | Social Securities | 4349 | 4263 | | 86 |
| 群众社团、社会团体和其他成员组织 | Non-Govermental Multitude Organization,Social Organizations and other | 5426 | 5274 | 12 | 140 |

# 4－4 各地区城镇非私营单位就业人员人数（2018年末）

# Number of Employed Person in Urban Non-Private Units at the end of the Year（2018）

单位: 人 unit:person

| 地　区 | Region | 合　计<br>Total | 国有单位<br>State-owned Units | 城镇集体单位<br>Urban Collective-owned Units | 其他单位合计<br>Units of Other Types of Ownership |
|---|---|---|---|---|---|
| **全　省** | **Total** | **2793233** | **1369223** | **37114** | **1386896** |
| 长　春 | Changchun | 1184062 | 391321 | 13338 | 779403 |
| 吉　林 | Jilin | 341815 | 178824 | 3384 | 159607 |
| 四　平 | Siping | 163389 | 114884 | 3947 | 44558 |
| 辽　源 | Liaoyuan | 89039 | 53057 | 1046 | 34936 |
| 通　化 | Tonghua | 171021 | 102177 | 3622 | 65222 |
| 白　山 | Baishan | 144866 | 93766 | 2110 | 48990 |
| 松　原 | Songyuan | 208013 | 118603 | 5460 | 83950 |
| 白　城 | Baicheng | 181326 | 125318 | 3118 | 52890 |
| 延　边 | Yanbian | 234113 | 119387 | 879 | 113847 |

注：各地区相加不等于全省总计。
Note:The Sum of the data by region is not equal to the total.

# 4－5 城镇登记失业人员情况

# Registered Unemployment Persons in Urban

单位: 人 unit:person

| 指　标 | Item | 2015 | 2016 | 2017 | 2018 |
|---|---|---|---|---|---|
| 本期新登记的失业人数 | Registered Unemployed Persons This Year | 337347 | 352385 | 325567 | 351462 |
| # 女性 | Female | 161800 | 163789 | 155593 | 155629 |
| # 由就业转失业人数 | Unemployed Persons from Employment | 136342 | 124045 | 100762 | 83675 |
| 本期登记失业人员就业人数 | Reemployed Persons This Year | 326123 | 333994 | 304039 | 336089 |
| 期末实有登记失业人数 | Actual Number of Registered Unemployed Persons | 238766 | 257157 | 262691 | 268221 |
| # 女性 | Female | 93611 | 110567 | 106884 | 109748 |
| # 长期失业者 | Unemployed Persons in Long - term | 33810 | 35001 | 32471 | 28391 |
| 登记失业率（%） | Registered Unemployment Rate(%) | 3.50 | 3.45 | 3.52 | 3.46 |

# 4-6 历年城镇非私营单位就业人员工资总额、平均工资和指数

## Total Wages and Average Wages of Employed Persons in Urban Non-Private Units and Related Indices

| 年份<br>Year | 工资总额<br>(万元)<br>Total Wages<br>(10000yuan) | #国有单位<br>State-owned<br>Unis | #城镇集体单位<br>Urban Collective-owned Units | 平均工资<br>(元)<br>Average Wages<br>(yuan) | #国有单位<br>State-owned<br>Units | #城镇集体单位<br>Urban Collective-owned Units | 平均实际工资指数<br>(以上年100)<br>Average Real Wages Index<br>(perceeding year=100) | #国有单位<br>State-owned<br>Units |
|---|---|---|---|---|---|---|---|---|
| 1978 | 214393 | 176392 | 38001 | 651 | 712 | 467 | | 104.6 |
| 1979 | 234639 | 189914 | 44725 | 700 | 753 | 539 | 105.7 | 104.0 |
| 1980 | 275684 | 219028 | 56656 | 763 | 827 | 588 | 103.2 | 104.0 |
| 1981 | 298349 | 232138 | 66211 | 770 | 840 | 611 | 99.3 | 100.0 |
| 1982 | 323142 | 250121 | 73021 | 799 | 863 | 637 | 99.6 | 98.6 |
| 1983 | 340615 | 259049 | 81566 | 823 | 881 | 680 | 98.6 | 97.7 |
| 1984 | 393211 | 292467 | 100635 | 927 | 1008 | 751 | 108.8 | 110.5 |
| 1985 | 474432 | 352057 | 122217 | 1081 | 1175 | 880 | 105.7 | 105.7 |
| 1986 | 556845 | 417486 | 139173 | 1221 | 1333 | 974 | 106.6 | 107.0 |
| 1987 | 644136 | 484259 | 159616 | 1366 | 1491 | 1088 | 104.0 | 104.0 |
| 1988 | 789012 | 595701 | 192919 | 1630 | 1771 | 1311 | 99.2 | 98.7 |
| 1989 | 870776 | 662084 | 207837 | 1755 | 1914 | 1388 | 91.9 | 99.2 |
| 1990 | 951989 | 734882 | 215591 | 1888 | 2068 | 1456 | 102.6 | 103.0 |
| 1991 | 1063309 | 816534 | 243947 | 2045 | 2233 | 1596 | 101.4 | 101.1 |
| 1992 | 1220550 | 945410 | 264870 | 2308 | 2526 | 1759 | 104.2 | 105.7 |
| 1993 | 1423561 | 1109906 | 281071 | 2701 | 2974 | 1952 | 103.4 | 104.0 |
| 1994 | 1887916 | 1509813 | 314723 | 3666 | 3997 | 2568 | 110.2 | 109.1 |
| 1995 | 2210027 | 1809128 | 318902 | 4430 | 4803 | 3032 | 104.9 | 104.3 |
| 1996 | 2636962 | 2164775 | 364074 | 5370 | 5765 | 3752 | 112.6 | 111.9 |
| 1997 | 2745277 | 2214025 | 353209 | 5664 | 6017 | 3813 | 101.7 | 100.6 |
| 1998 | 2465545 | 1967822 | 268404 | 6551 | 6814 | 4778 | 116.6 | 114.1 |
| 1999 | 2532839 | 1969551 | 242057 | 7158 | 7368 | 5000 | 111.5 | 110.3 |
| 2000 | 2649607 | 2037696 | 234537 | 7924 | 8121 | 5501 | 112.2 | 111.8 |
| 2001 | 2775443 | 2102269 | 222532 | 8771 | 9043 | 5765 | 109.3 | 109.9 |
| 2002 | 3005549 | 2251039 | 209872 | 9990 | 10369 | 6411 | 114.5 | 115.2 |
| 2003 | 3215531 | 2298500 | 224936 | 11081 | 11124 | 8018 | 109.6 | 106.0 |
| 2004 | 3500716 | 2460166 | 192450 | 12431 | 12540 | 7504 | 107.8 | 108.3 |
| 2005 | 3774008 | 2597306 | 183772 | 14409 | 14566 | 8735 | 114.2 | 114.4 |
| 2006 | 4310888 | 2916500 | 192231 | 16583 | 17118 | 9787 | 113.5 | 115.9 |
| 2007 | 5287046 | 3612104 | 178673 | 20513 | 21688 | 11135 | 118.0 | 120.9 |
| 2008 | 6014107 | 4067347 | 186024 | 23486 | 24754 | 12761 | 108.9 | 108.6 |
| 2009 | 6781647 | 4406877 | 204827 | 26230 | 27523 | 14443 | 111.6 | 111.1 |
| 2010 | 7626800 | 4922713 | 228316 | 29399 | 30661 | 17060 | 108.1 | 107.4 |
| 2011 | 9190240 | 5721524 | 236846 | 34197 | 35216 | 25718 | 110.6 | 109.2 |
| 2012 | 11072962 | 6686141 | 273291 | 38407 | 39335 | 29506 | 109.6 | 109.0 |
| 2013 | 14766085 | 7900621 | 252572 | 42846 | 45618 | 34570 | 108.4 | 112.7 |
| 2014 | 15899035 | 8348348 | 250681 | 46516 | 49267 | 37351 | 106.4 | 105.9 |
| 2015 | 17186936 | 9247062 | 260430 | 51558 | 56032 | 40955 | 109.0 | 111.8 |
| 2016 | 18247620 | 10102911 | 274144 | 56098 | 62007 | 44026 | 107.1 | 108.9 |
| 2017 | 18989715 | 10835540 | 280820 | 61451 | 68132 | 51487 | 107.8 | 108.1 |
| 2018 | 19286193 | 9706066 | 210681 | 68533 | 70498 | 56418 | 109.2 | 101.3 |

注：①1998年以后为在岗职工情况。
②从2012年以后在岗职工平均工资调整为单位从业人员平均工资。

Note:①Data on total wages since 1998 refers to wages of fully employed staff and workers.
②Since 2012 the average wage of workers were changed into,the average wage for Personnel Unit.

## 4-7 城镇非私营单位就业人员工资总额、平均工资（2018年）

| 项　　目 | Iten | 单位就业人员工资总额（万元）Total Wage Bill of Employed Persons (10000 yuan) |
|---|---|---|
| **总计** | **Total** | **19286193** |
| 按经济类型分 | Grouped by Ownership | |
| 国有经济 | State-owned Units | 9706066 |
| 城镇集体经济 | Urban Collective-owned Units | 210681 |
| 其他经济 | Others | 9369446 |
| 内资 | Domestic Investment | 8480939 |
| 股份合作 | Stock Cooperative | 39296 |
| 联营 | Joint Operation | 8535 |
| 有限责任公司 | Limited Liability Corporations | 5874770 |
| 股份有限公司 | Joint Stock Corporations | 2103474 |
| 其他 | Others | 454865 |
| 港澳台商投资 | Funds from HongKong,Macao and Taiwan | 213973 |
| 外商投资 | Foreign Investment | 674534 |
| 按企业、事业、机关分 | Grouped by Enterprises,Institutions and Agencies | |
| #企业 | Enterprises | 11622469 |
| 事业 | Instiutions | 5465471 |
| 机关 | Agencies and Organizations | 2131755 |
| 按国民经济行业分 | Grouped by Sector | |
| 农、林、牧、渔业 | Agrculture,Forestry,Animal Husbandry and Fishery | 376443 |
| 采矿业 | Mining | 626772 |
| 制造业 | Manufacturing | 4274760 |
| 电力、热力、燃气及水的生产和供应业 | Production and Supply of Electricity,Heat,Gas and Water | 881354 |
| 建筑业 | Construction | 1017995 |
| 批发和零售业 | Wholesale and Retail Trades | 589326 |
| 交通运输、仓储和邮政业 | Transportation,Storage and Post | 1138297 |
| 住宿和餐饮业 | Hotels and Catering Services | 95335 |
| 信息传输、软件和信息技术服务业 | Information Transmission,Software and Information Technology | 491280 |
| 金融业 | Financial Intermediation | 1212770 |
| 房地产业 | Real Estate | 286945 |
| 租赁和商务服务业 | Leasing and Business Services | 347936 |
| 科学研究、技术服务业 | Scientific Research,Techrical Services | 556389 |
| 水利、环境和公共设施管理业 | Management of Water Conservancy,Environment and Public Facilities | 299251 |
| 居民服务、修理和其他服务业 | Service to Households,Repair and other Services | 80430 |
| 教育 | Education | 2718939 |
| 卫生和社会工作 | Health Care and Social Work | 1463468 |
| 文化、体育和娱乐业 | Culture,Sports and Entertainment | 234289 |
| 公共管理、社会保障和社会组织 | Public Management,Social Security and Social Organization | 2594215 |

# Total Wage Bill and Average Wage of Employed Persons in Urban Non-Private Units（2018）

| 在岗职工工资总额 Total Wages of Staff and Workers | 其他就业人员工资总额 Others | 单位就业人员平均工资(元) Average Wage of Employed Persons (yuan) | #在岗职工平均工资 Average Wages of Staff and Workers |
|---|---|---|---|
| **18766886** | **519307** | **68533** | **70309** |
| | | | |
| 9529141 | 176925 | 70498 | 72792 |
| 202128 | 8553 | 56418 | 59371 |
| 9035616 | 333830 | 66924 | 68138 |
| 8155469 | 325471 | 66205 | 67479 |
| 38867 | 428 | 54592 | 55652 |
| 8494 | 42 | 56005 | 57118 |
| 5638546 | 236225 | 64094 | 64835 |
| 2029317 | 74157 | 72694 | 75180 |
| 440246 | 14619 | 68554 | 72737 |
| 212804 | 1168 | 64795 | 64990 |
| 667343 | 7190 | 78456 | 78765 |
| | | | |
| 11255157 | 367312 | 67854 | 69236 |
| 5343318 | 122153 | 69228 | 71807 |
| 2105703 | 26052 | 71440 | 73401 |
| | | | |
| 359073 | 17370 | 38397 | 40833 |
| 623460 | 3312 | 66172 | 66857 |
| 4155727 | 119033 | 75058 | 74283 |
| 875236 | 6118 | 86102 | 87104 |
| 948542 | 69453 | 48961 | 50180 |
| 576265 | 13062 | 52331 | 52888 |
| 1118849 | 19448 | 75599 | 77346 |
| 92278 | 3057 | 40422 | 40858 |
| 486080 | 5200 | 82963 | 83973 |
| 1134560 | 78210 | 92873 | 104386 |
| 276395 | 10550 | 48165 | 49883 |
| 327553 | 20383 | 51909 | 57048 |
| 547448 | 8941 | 75661 | 76667 |
| 268416 | 30835 | 41988 | 45141 |
| 76043 | 4387 | 42265 | 44436 |
| 2688905 | 30034 | 75836 | 76711 |
| 1432808 | 30660 | 73939 | 75508 |
| 227405 | 6884 | 63352 | 64152 |
| 2551842 | 42373 | 68069 | 70933 |

# 4－8　城镇非私营单位分行业就业人员工资总额（2018年）

## Total Wages of Employed Persons in Urban Non-Private Units by Sector　（2018）

单位: 万元　　unit:10000 yuan

| 行　　业 | Iten | 合　计 Total | 国有单位 State -owned Units | 集体单位 Collective -owned Units | 其他单位 Others |
|---|---|---|---|---|---|
| **总 计** | **Total** | **19286193** | **9706066** | **210681** | **9369446** |
| 农、林、牧、渔业 | Agriculture,Forestry,Animal Husbandry and Fishery | 376443 | 305342 | 13965 | 57136 |
| 采矿业 | Mining | 626772 | 1196 | 5783 | 619793 |
| 制造业 | Manufacturing | 4274760 | 118890 | 14804 | 4141066 |
| 电力、热力、燃气及水的生产和供应业 | Production and Supply of Electricity,Heat,Gas and Water | 881354 | 190249 | 307 | 690798 |
| 建筑业 | Construction | 1017995 | 109525 | 28411 | 880060 |
| 批发和零售业 | Wholesale and Retail Trades | 589326 | 95350 | 3365 | 490612 |
| 交通运输、仓储和邮政业 | Transport,Storage and Post | 1138297 | 853865 | 3527 | 280906 |
| 住宿和餐饮业 | Hotels and Catering Services | 95335 | 31177 | 758 | 63399 |
| 信息传输、软件和信息技术服务业 | Information Transmission,Software Information Technology | 491280 | 84427 | | 406853 |
| 金融业 | Financial Intermediation | 1212770 | 361166 | 78675 | 772929 |
| 房地产业 | Real Estate | 286945 | 32529 | 766 | 253650 |
| 租赁和商务服务业 | Leasing and Business Services | 347936 | 122535 | 3726 | 221674 |
| 科学研究、技术服务业 | Scientific Research,Techrical Services | 556389 | 366616 | 3187 | 186587 |
| 水利、环境和公共设施管理业 | Management of Water Conservancy, Environment Protection and Public Facilities | 299251 | 245518 | 17737 | 35996 |
| 居民服务、修理和其他服务业 | Service to Households Repairing and other Services | 80430 | 46128 | 4050 | 30252 |
| 教育 | Education | 2718939 | 2613372 | 1675 | 103892 |
| 卫生和社会工作 | Health Care and Social Work | 1463468 | 1360789 | 27009 | 75671 |
| 文化、体育和娱乐业 | Culture, Sports and Entertainment | 234289 | 187529 | 292 | 46468 |
| 公共管理、社会保障和社会组织 | Public Management,Social Security and Social Organization | 2594215 | 2579865 | 2644 | 11706 |

# 4－9 城镇非私营单位分细行业就业人员平均工资（2018年）

# Average Wage of Employed Persons in Urban Non-Private Units by Sector in Detail（2018）

单位：元 unit:yuan

| 项 目 | Iten | 就业人员 Employees | 国有单位 State-owned Units | 集体单位 Urban Collective-owned Units | 其他类型单位 Units of Other Types of Ownership |
|---|---|---|---|---|---|
| **总 计** | **Total** | **68533** | **70498** | **56418** | **66924** |
| **一、企业、事业、机关分组** | **Grouped by Enterprises, Institutions and Agencies** | | | | |
| 企业 | Enterprises | 67854 | 71155 | 61453 | 67233 |
| 事业 | Institutions | 69228 | 69851 | 43018 | 50917 |
| 机关 | Agencies and Organizations | 71440 | 71615 | 89347 | 48110 |
| **二、按国民经济行业分组** | **Grouped by Sector** | | | | |
| **（一）农、林、牧、渔业** | **Agriculture,Forestry,Animal Husbandry and Fishery** | **38397** | **37205** | **43397** | **44809** |
| 农 业 | Farming | 28699 | 28867 | 52588 | 20914 |
| 林 业 | Forestry | 39375 | 37722 | 43257 | 45058 |
| 畜牧业 | Animal Husbandry | 26139 | 24205 | | 42238 |
| 渔 业 | Fishery | 35092 | 34295 | | 68286 |
| 农、林、牧、渔专业及辅助性活动 | Agriculture,Forestry,Animal Husbandry and Fishery | 53880 | 53370 | 47352 | 96054 |
| **（二）采 矿 业** | **Mining** | **66172** | **48028** | **41102** | **66599** |
| 煤炭开采和洗选业 | Mining and Washing of Coal | 47526 | 30368 | | 47542 |
| 石油和天然气开采业 | Extraction of Petroleum and Natural Gas | 96857 | | | 96857 |
| 黑色金属矿采选业 | Mining and Processing of Ferrous Metal Ores | 51505 | | 32250 | 51913 |
| 有色金属矿采选业 | Mining and Processing of Non-ferrous Metal Ores | 49760 | 27837 | | 50161 |
| 非金属矿采选业 | Mining and Processing of Non-metal Ores | 42835 | 24455 | | 44779 |
| 开采专业及辅助性活动 | Support Activities for Mining | 69741 | | 41608 | 72096 |
| 其他采矿业 | Mining of Others Ores | 92364 | 92364 | | |
| **（三）制 造 业** | **Manufacturing** | **75058** | **68050** | **56852** | **75367** |
| 农副食品加工业 | Processing of Food from Agricultural Products | 47124 | 37612 | | 47167 |
| 食品制造业 | Manufacture of Foods | 39296 | | | 39296 |
| 酒、饮料和精制茶制造业 | Manufacture of Liquor,Beverages and Refined Tea | 48155 | 24000 | | 48181 |
| 烟草制品业 | Manufacture of Tobacco | 156922 | | | 156922 |
| 纺织业 | Manufacture of Textile | 37643 | | | 37643 |
| 纺织服装、服饰业 | Manufacture of Textile Wearing Apparel and Accessories | 36869 | 39513 | 25863 | 36872 |
| 皮革、毛皮、羽毛及其制品和制鞋业 | Manufacture of Leather,Fur,Feathers and Related Products and Footwear | 34756 | 49725 | | 33065 |
| 木材加工和木、竹、藤、棕、草制品 | Processing of Timber,Manufacture of Wood Bamboo Rattan,Palm and Straw Products | 39542 | 27341 | 49346 | 39533 |
| 家具制造业 | Manufacture of Furniture | 38596 | | | 38596 |
| 造纸和纸制品业 | Manufacture of Paper and Paper Products | 41977 | | 35313 | 42007 |
| 印刷和记录媒介复制业 | Printing and Reproduction of Recording Media | 42562 | 51146 | 47855 | 41228 |

4－9 续表 1 continued

| 项　　目 | Iten | 就业人员 Employees | 国有单位 State-owned Units | 城镇单位 Urban Collective-Owned Units | 其他类型单位 Units of Other Types of Ownership |
|---|---|---|---|---|---|
| 文教、工美、体育和娱乐用品制造业 | Manufacture of Culture,Art,Sportsand Entertainment Goods | 39188 | | 64200 | 37349 |
| 石油、煤炭及其他燃料加工业 | Petroleum Processing and Coking ,Processing of Nuclear Fuel | 48637 | 88625 | | 48549 |
| 化学原料和化学制品制造业 | Manufacture of Chemical Raw Material and Chemical Products | 76775 | 88352 | 92124 | 74523 |
| 医药制造业 | Manufacture of Medicines | 47628 | 45996 | 48431 | 47646 |
| 化学纤维制造业 | Manufacture of Chemical Fiber | 44460 | | | 44460 |
| 橡胶和塑料制品业 | Manufacture of Rubber and Plastic | 57291 | 58959 | | 57250 |
| 非金属矿物制品业 | Manufacture of Non-metallic Mineral Products | 47997 | 17776 | 29650 | 48969 |
| 黑色金属冶炼和压延加工业 | Smelting and Pressing of Ferrous Metals | 78906 | 117654 | 36102 | 78702 |
| 有色金属冶炼和压延加工业 | Smelting and Pressing of Non-ferrous Metals | 51185 | | | 51185 |
| 金属制品业 | Manufacture of Metal Products | 54399 | 47534 | 35148 | 55664 |
| 通用设备制造业 | Manufacture of General Purpose Machinery | 56025 | 56709 | 52375 | 55812 |
| 专用设备制造业 | Manufacture of Special Purpose Machinery | 45644 | 55641 | 33000 | 45284 |
| 汽车制造业 | Manufacture of Automobiles | 98033 | 55498 | 55313 | 98220 |
| 铁路、船舶、航空航天和其他运输设备制造业 | Manufacture of Railroads,Ships,Aerospase and other Transportation Facities | 114068 | 63105 | 57743 | 115204 |
| 电气机械和器材制造业 | Manufacture of Electrical Machinery and Equipment | 47136 | 31848 | 25857 | 48525 |
| 计算机、通信和其他电子设备制造业 | Manufacture of Communication Equipment, Computer and Other Electronic Equipment | 70846 | 58950 | 16667 | 70899 |
| 仪器仪表制造业 | Instrument Manufacting Industry | 63004 | | 90000 | 62840 |
| 其他制造业 | Other Manufacting Industry | 43173 | 42548 | | 43267 |
| 废弃资源综合利用业 | Utilization of Waste Resources | 60316 | | 31023 | 62003 |
| 金属制品、机械和设备修理业 | Metal Products,Machinery and Equipment Repair | 51757 | 58844 | | 33224 |
| **(四)电力、热力、燃气及水生产和供应业** | **Production and Supply of Power , Heat,Gas and Water** | **86102** | **82341** | **23435** | **87303** |
| 电力、热力生产和供应业 | Production and Supply of Electricity and Heat Power | 94840 | 105876 | | 92698 |
| 燃气生产和供应业 | Production and Supply of Gas | 61873 | 46032 | | 63777 |
| 水的生产和供应业 | Production and Supply of Water | 51209 | 51971 | 23435 | 50682 |
| **(五) 建筑业** | **Construction** | **48961** | **60504** | **52544** | **47723** |
| 房屋建筑业 | Construction of Buliding | 48926 | 61953 | 50705 | 47228 |
| 土木工程建筑业 | Construction of Civil Engineering | 47872 | 58906 | 51244 | 46613 |
| 建筑安装业 | Construction Installation | 51671 | 60008 | 59734 | 51292 |
| 建筑装饰、装修和其他建筑业 | Construction Decoration and other Constraction | 48707 | 42353 | 39250 | 48942 |
| **(六)批发和零售业** | **Wholesale and Retail Trades** | **52331** | **78015** | **29210** | **49436** |
| 批发业 | Wholesale Trade | 64540 | 82185 | 34275 | 59044 |
| 零售业 | Retail Trade | 44818 | 48138 | 25312 | 44932 |

4－9 续表 2 continued

| 项　　目 | Iten | 就业人员 Employees | 国有单位 State-owned Units | 城镇单位 Urban Collective-owned Units | 其他类型单位 Units of Other Types of Ownership |
|---|---|---|---|---|---|
| **（七）交通运输、仓储和邮政业** | **Transport, Storage and Post** | **75599** | **87248** | **39991** | **54206** |
| 铁路运输业 | Railway Transport | 100632 | 101033 | | 76352 |
| 道路运输业 | Road Transport | 49173 | 42712 | 29474 | 51599 |
| 水上运输业 | Water Transport | 76352 | 54243 | | 124471 |
| 航空运输业 | Air Transport | 125052 | 129262 | | 95907 |
| 管道运输业 | Transport Via Pipeline | 98221 | | | 98221 |
| 多式联运和运输代理业 | Intermodality and Forwarding Agency | 62608 | 60935 | 31205 | 63464 |
| 装卸搬运和仓储业 | Loading, Unloading, Portage and Other Transport Services | 53815 | 54706 | 33738 | 52456 |
| 邮政业 | Post | 62519 | 67995 | 81059 | 52683 |
| **（八）住宿和餐饮业** | **Hotels and Catering Serrvices** | **40422** | **43260** | **29510** | **39327** |
| 住宿业 | Hotels | 40904 | 42399 | 28066 | 40209 |
| 餐饮业 | Catering Services | 39162 | 47195 | 30301 | 37405 |
| **（九）信息传输、软件和信息技术服务业** | **Information Transmission,Software and Information Technologh Services** | **82963** | **80003** | | **83604** |
| 电信、广播电视和卫星传输服务 | Telecommuricutions,Broadcasting Television and Satelite Transmission Services | 87651 | 81099 | | 89405 |
| 互联网和相关服务 | Internet and Relatsd Services | 56005 | 58986 | | 55197 |
| 软件和信息技术服务业 | Software and Infomation Technology Services | 65559 | 63209 | | 65626 |
| **（十）金融业** | **Financial Intermediation** | **92873** | **96887** | **90650** | **91334** |
| 货币金融服务业 | Monetary and Financial Services | 110045 | 105359 | 90755 | 116567 |
| 资本市场服务业 | Capital Market Services | 71783 | 63470 | | 78250 |
| 保险业 | Insurance | 56680 | 65919 | 14583 | 55697 |
| 其他金融业 | Other Financial Activities | 121668 | 64547 | | 127007 |
| **（十一）房地产业** | **Real Estate** | **48165** | **57471** | **35477** | **47235** |
| 其中：房地产开发经营 | Development and Managment of Real Estate | 59727 | 53892 | | 59829 |
| 物业管理 | Property Management | 36163 | 53328 | 51286 | 34712 |
| 房地产中介服务 | Agency Services for Real Estate | 46898 | 48990 | 49827 | 45950 |
| 房地产租赁经营 | Leasing and Management for Real Estate | 34800 | 35975 | 23092 | 39109 |
| **（十二）租赁和商务服务业** | **Leasing and Business Services** | **51909** | **43512** | **48834** | **58176** |
| 租赁业 | Leasing | 40116 | 48345 | | 39157 |
| 商务服务业 | Business Services | 52102 | 43493 | 48834 | 58672 |
| **（十三）科学研究、技术服务业** | **Scientific Research and Technical Service** | **75661** | **75311** | **60933** | **76677** |
| 研究和试验发展 | Research and Experimental Development | 93273 | 96430 | 34897 | 75001 |
| 专业技术服务业 | Professional Technical Services | 72834 | 68387 | 65474 | 79333 |

4－9 续表 3 continued

| 项　　目 | Iten | 就业人员 Employees | 国有单位 State-owned Units | 城镇单位 Urban Collective-owned Units | 其他类型单位 Units of Other Types of Ownership |
|---|---|---|---|---|---|
| 科技推广和应用服务业 | Services of Science and Technology Popularization and Application | 64203 | 68173 | 62396 | 49262 |
| **(十四)水利、环境和公共设施管理业** | **Water Conservancy, Environment and Public Facilities Management** | **41988** | **43560** | **32497** | **38095** |
| 水利管理业 | Water Conservancy Management | 57004 | 57289 | 26512 | 57598 |
| 生态保护和环境治理业 | Ecological Protection and Environmental Treatment Services | 49874 | 50681 | | 45257 |
| 公共设施管理业 | Puplic Facility Mangagement | 37915 | 38823 | 32633 | 36825 |
| 土地管理业 | Management of Land | 57407 | 58245 | | 39045 |
| **(十五)居民服务、修理和其他服务业** | **Household Services,Repairing and other Services** | **42265** | **52592** | **44360** | **32368** |
| 居民服务业 | Service to Households | 44853 | 46178 | 55021 | 38900 |
| 机动车、电子产品和日用产品修理业 | Motor Vehicle,Electronic Products and Household Products Repair Services | 38801 | 16846 | 39468 | 46039 |
| 其他服务业 | Other Services | 40168 | 76846 | 36228 | 28447 |
| **(十六)教育** | **Education** | **75836** | **76720** | **70079** | **58843** |
| 学前教育 | Preschool Education | 55522 | 59624 | 57382 | 37492 |
| 初等教育 | Primary Education | 68874 | 69017 | | 62981 |
| 中等教育 | Secondary Education | 73397 | 73798 | 73868 | 62519 |
| 高等教育 | Higher Senior Education | 100433 | 103290 | | 60502 |
| 特殊教育 | Special Education | 72969 | 73078 | | 70699 |
| 技能培训、教育辅助及其他教育 | Skill Training,Education Auxiliary and Others | 71257 | 75056 | 74000 | 58432 |
| **(十七)卫生和社会工作** | **Health Care and Social Work** | **73939** | **76764** | **52937** | **48635** |
| 卫生 | Health Care | 74860 | 77677 | 54860 | 49200 |
| 社会工作 | Social Work | 52225 | 55011 | 17981 | 35682 |
| **(十八)文化、体育和娱乐业** | **Culture,Sports and Entertainment** | **63352** | **64235** | **41085** | **60215** |
| 新闻和出版业 | Journalism and Publishing Activities | 62363 | 67510 | 22857 | 50393 |
| 广播、电视、电影和影视录音制作业 | Broadcasting、TV, Movies and Audiovisual Activities | 65405 | 63610 | 53813 | 73025 |
| 文化艺术业 | Culture and Activities | 62375 | 63180 | 39719 | 54072 |
| 体育 | Sports | 66530 | 67390 | | 65190 |
| 娱乐业 | Entertainment | 49428 | 56202 | 39063 | 43157 |
| **(十九)公共管理、社会保障和社会组织** | **Public Management,Social Securities and Social Organization** | **68069** | **68627** | **82364** | **24038** |
| 其中：中国共产党机关 | Organs of Communist Party of China | 76912 | 76916 | | 75694 |
| 国家机构 | Government Agencies | 67707 | 68219 | 83595 | 18051 |
| 人民政协、民主党派 | People' s Political Consultative Conference and Democratic Parties | 93719 | 93719 | | |
| 社会保障 | Social Securities | 70249 | 70239 | | 70744 |
| 群众社团、社会团体和其他成员组织 | Non-Govermental Multitude Organization,Social Organizations and other | 66264 | 66534 | 50667 | 57864 |

# 第五篇

CHAPTER ▶ 05

# 固定资产投资

***INVESTMENT IN FIXED ASSETS***

资料整理人员：

亢伶俐 秦一宁

# 5-1 固定资产投资（不含农户）主要指标情况（2018年）

## Investment in Fixed Assets (Excluding Rural Household)

单位：%　　　　unit:（%）

| 指　　标 | Item | 增速<br>Growth Rate | 占比<br>Proportion |
|---|---|---|---|
| 投资完成额 | Investment in Fixed Assets (Excluding Rural Household) | 1.6 | 100.0 |
| #民间投资 | Non-Geverment Investment | -1.0 | 57.1 |
| #基础设施投资 | Infrastructure | -9.2 | 19.5 |
| #工业投资 | Industry | -3.8 | 30.8 |
| #制造业 | Manufacturing | -3.8 | 22.9 |
| 1.按产业分 | By Three Strata of Industry | | |
| 第一产业 | Primary Industry | -12.5 | 2.3 |
| 第二产业 | Secondary Industry | -4.6 | 31.5 |
| 第三产业 | Tertiary Industry | 5.4 | 66.2 |
| 2.按控股情况分 | By Holding Type and Region | | |
| 国有控股 | State-holding | -0.8 | 40.3 |
| 集体控股 | Collective-holding | -28.4 | 0.7 |
| 私人控股 | Private-holding | -3.0 | 47.4 |
| 港澳台商控股 | Hongkong Macao and Taiwan-holding | 67.8 | 2.3 |
| 外商控股 | Foreign-holding | 58.8 | 0.8 |
| 其他控股 | Others | 39.2 | 8.5 |
| 3.按隶属关系分 | By Jurisdiction of Management | | |
| 中央项目 | Central Goverment | 37.4 | 5.9 |
| 地方项目 | Local Goverment | -0.1 | 94.1 |
| 4.按建设性质分 | By Type of Construction | | |
| #新建 | New Construction | -5.2 | 55.4 |
| 扩建 | Expansion | -11.6 | 7.2 |
| 改建和技术改造 | Reconstruction and Technical Transformation | -2.6 | 7.5 |
| 5.按构成分 | By Composition of Funds | | |
| 建筑安装工程 | Construction and Installation | -0.4 | 74.0 |
| 设备工器具购置 | Purchase of Equipment and Instruments | -6.8 | 13.3 |
| 其他费用 | Other Expenses | 28.6 | 12.7 |

# 5-2 房地产开发投资主要指标
## Main Indicators of Investment for Real Estate Development

| 指标 | Item | 2016 | 2017 | 2018 |
|---|---|---|---|---|
| **企业个数（个）** | **Number of Enterprises(unit)** | **1791** | **1782** | **1702** |
| 内资 | Domestic Investment Enterprises | 1769 | 1760 | 1682 |
| #国有 | State-owned Enterprises | 8 | 8 | 3 |
| 集体 | Collective-owned Enterprises | 1 | 1 | 0 |
| 股份有限公司 | Joint Stock Corporations | 89 | 88 | 82 |
| 港澳台投资 | Funds from Hong Kong,Macao and Taiwan | 17 | 17 | 14 |
| 外商投资 | Foreign Funded | 5 | 5 | 6 |
| **投资完成额（亿元）** | **Total Value of Investment Completed(100 million yuan)** | **1016.76** | **910.14** | **1169.01** |
| #住宅 | Residential Buildings | 710.69 | 633.55 | 839.52 |
| **按构成分** | **Grouped by Composition of Funds** | | | |
| #建筑安装工程 | Construction and Installation | 829.57 | 743.55 | 864.57 |
| 设备工器具购置 | Purchase of Equipment and Instruments | 10.12 | 10.64 | 13.88 |
| **本年实际到位资金（亿元）** | **Actual Funds in Place this Year(100 million yuan)** | **1254.99** | **1090.05** | **1427.74** |
| 国内贷款 | Domestic Loans | 141.45 | 105.55 | 65.50 |
| 利用外资 | Foreign Investment | 0.02 | | 0.01 |
| 自筹资金 | Self-raising Funds | 583.16 | 445.14 | 663.55 |
| 其他投资 | Others | 530.37 | 539.36 | 698.67 |
| **本年购置土地面积（万平方米）** | **Land Space Purchased This Year** | **699.59** | **668.12** | **773.55** |
| **商品房销售情况** | **Selling of Commercial Houses** | | | |
| 房屋销售面积（万平方米） | Floor Space Commercial Buildings Sold(10000 sq.m) | 1919.30 | 1885.21 | 2074.45 |
| #住宅 | Residential Buildings | 1630.72 | 1602.06 | 1813.82 |
| 商品房销售额（亿元） | Total Sales of Commercial Buildings(100 million yuan) | 1029.58 | 1135.18 | 1450.79 |

## 5-3 房地产开发企业从业人员数

## Numer of Employed Persons in Enterprises for Real Estate Development

单位: 人 unit:Person

| 年份 Year | 合计 Total | 国有 State-owned Enterprises | 集体 Collective-owned Enterprises | 股份有限公司 Share-holding Corporations Ltd | 港澳台商投资 Funds from Hong Kong, Macao and Taiwan | 外商投资 Foreign Funded Enterprises | 其他 Others |
|---|---|---|---|---|---|---|---|
| 2001 | 14465 | 4263 | 659 | 7565 | 367 | 128 | 1483 |
| 2002 | 14392 | 2263 | 390 | 1454 | 342 | 265 | 9678 |
| 2003 | 15331 | 2191 | 82 | 1748 | 389 | 372 | 10549 |
| 2004 | 24708 | 6034 | 55 | 2732 | 600 | 785 | 14502 |
| 2005 | 22332 | 1865 | 77 | 2202 | 643 | 714 | 16831 |
| 2006 | 27223 | 1689 | 84 | 2174 | 762 | 702 | 21812 |
| 2007 | 30527 | 1338 | 153 | 2249 | 834 | 636 | 25317 |
| 2008 | 30590 | 1554 | 194 | 2109 | 700 | 412 | 25621 |
| 2009 | 29080 | 652 | 178 | 2237 | 633 | 257 | 25123 |
| 2010 | 29837 | 477 | 187 | 1793 | 651 | 265 | 26464 |
| 2011 | 39452 | 1087 | 256 | 18207 | 1157 | 297 | 18448 |
| 2012 | 39288 | 1003 | 117 | 20353 | 1249 | 286 | 16280 |
| 2013 | 38831 | 2453 | 322 | 20825 | 1263 | 306 | 13662 |
| 2014 | 40977 | 459 | 34 | 2310 | 1233 | 327 | 36614 |
| 2015 | 42040 | 652 | 11 | 2013 | 1486 | 270 | 37608 |
| 2016 | 46104 | 4424 | 10 | 1968 | 1066 | 250 | 38386 |
| 2017 | 43372 | 973 | 10 | 1896 | 774 | 227 | 39492 |
| 2018 | 39505 | 159 | | 1937 | 667 | 268 | 36474 |

## 5-4 房地产开发完成投资额

## Actually Completed Investment for Real Estate Development

单位: 万元 unit:10000 yuan

| 年份 Year | 本年完成投资额 Investment Completed This Year | 按构成分 By Use of Funds | | | |
|---|---|---|---|---|---|
| | | 建筑安装工程 Construction and Installation | 设备、工器具购置 Purchase of Equipment and Instruments | 其他费用 Others | #土地购置 Land Purchase |
| 2001 | 929705 | 772558 | 8363 | 148784 | 31445 |
| 2002 | 1167724 | 953827 | 8810 | 205087 | 79155 |
| 2003 | 1392394 | 1056394 | 15690 | 320310 | 188938 |
| 2004 | 1624782 | 1191700 | 16900 | 416182 | 246472 |
| 2005 | 1957345 | 1468893 | 14843 | 473609 | 243325 |
| 2006 | 3101571 | 2336393 | 8446 | 756732 | 386437 |
| 2007 | 4900844 | 3741480 | 18736 | 1140628 | 587676 |
| 2008 | 6408364 | 5141808 | 63314 | 1203242 | 608292 |
| 2009 | 7566737 | 6179246 | 36572 | 1350919 | 712958 |
| 2010 | 9210117 | 7434156 | 14156 | 1761805 | 1252993 |
| 2011 | 11953911 | 9245197 | 40122 | 2668592 | 1868331 |
| 2012 | 13100259 | 9942288 | 107268 | 3050703 | 2255877 |
| 2013 | 12524257 | 9982382 | 121506 | 2420369 | 1735697 |
| 2014 | 10301285 | 8219491 | 128112 | 1953682 | 1552022 |
| 2015 | 9242409 | 7170884 | 81093 | 1990432 | 1502936 |
| 2016 | 10167618 | 8295669 | 101198 | 1770751 | 1395225 |
| 2017 | 9101378 | 7435523 | 106422 | 1559433 | 1193018 |
| 2018 | 11690123 | 8645749 | 138840 | 2905534 | 2445628 |

## 5-5 房地产开发建设按工程用途分的投资额和新增固定资产

## Actually Completed Investment for Real Estate Development by Use and Newly Increased Fixed Assets

单位: 万元　　unit:10000 yuan

| 年 份 Year | 按工程用途分的投资额 By Use of Projects | | | | 新增固定资产 Newly Increased Fixed Assets |
|---|---|---|---|---|---|
| | 住宅 Residential Buildings | 办公楼 Office Buildings | 商品营业用房 Houses for Business Use | 其他 Others | |
| 2001 | 678293 | 29180 | 167848 | 54384 | 803155 |
| 2002 | 798763 | 36066 | 249163 | 83732 | 943180 |
| 2003 | 977740 | 60698 | 291525 | 62431 | 967027 |
| 2004 | 1139836 | 63859 | 308426 | 112661 | 966120 |
| 2005 | 1454869 | 70410 | 330340 | 101726 | 834971 |
| 2006 | 2414788 | 90449 | 406237 | 190097 | 1462109 |
| 2007 | 3980067 | 72409 | 623715 | 224653 | 2147816 |
| 2008 | 5343926 | 93880 | 717163 | 253395 | 2783928 |
| 2009 | 6052327 | 153008 | 962807 | 398595 | 3220217 |
| 2010 | 7317269 | 138718 | 1160245 | 593885 | 5865131 |
| 2011 | 9208055 | 201628 | 1600637 | 943591 | 5907332 |
| 2012 | 9877438 | 313270 | 1789054 | 1120497 | 5655047 |
| 2013 | 9114450 | 418277 | 1935594 | 1055936 | 7635088 |
| 2014 | 7324687 | 301565 | 1867173 | 807860 | 5140347 |
| 2015 | 6488051 | 386251 | 1627431 | 740676 | 4950857 |
| 2016 | 7106948 | 417397 | 1893840 | 749433 | 4288724 |
| 2017 | 6335480 | 447702 | 1518017 | 800179 | 4466838 |
| 2018 | 8395181 | 531877 | 1748037 | 1015028 | 5332999 |

## 5-6 房地产开发建设房屋施工面积

## Floor Space of Buildings under Construction for Real Estate Development

单位: 平方米　　unit:sq.m

| 年 份 Year | 施工房屋建筑面积 Floor Space of Buildings under Construction | #新开工 Started This Year | 住宅 Residential Buidings | 办公楼 Office Buildings | 商业营业用房 Houses for Business Use | 其他 Others |
|---|---|---|---|---|---|---|
| 2001 | 12572972 | 9952115 | 10047457 | 338612 | 1902865 | 284038 |
| 2002 | 14638817 | 10087551 | 10965950 | 403507 | 2845360 | 424000 |
| 2003 | 14377363 | 9602758 | 10807109 | 582667 | 2608218 | 379369 |
| 2004 | 15430259 | 10071186 | 11576669 | 745914 | 2626151 | 481525 |
| 2005 | 18899925 | 12861393 | 15252107 | 532375 | 2565886 | 549557 |
| 2006 | 28467199 | 21179229 | 23851539 | 611179 | 3343419 | 661062 |
| 2007 | 43700329 | 29328026 | 36559660 | 608497 | 5007037 | 1525135 |
| 2008 | 49213978 | 29449187 | 41488335 | 851454 | 4996421 | 1877768 |
| 2009 | 53693369 | 32623532 | 44389103 | 972208 | 5753849 | 2578209 |
| 2010 | 70694709 | 35253007 | 57588659 | 1046684 | 8104733 | 3954633 |
| 2011 | 91234149 | 49914466 | 72651099 | 1661309 | 11318643 | 5603098 |
| 2012 | 109357999 | 48267557 | 85125959 | 2072196 | 14708706 | 7451138 |
| 2013 | 121812769 | 37462431 | 93177664 | 3027171 | 16275329 | 9332605 |
| 2014 | 122684388 | 32575990 | 90670951 | 3497798 | 17593493 | 10922146 |
| 2015 | 115664727 | 20636601 | 82826622 | 4232641 | 17541676 | 11063788 |
| 2016 | 117973267 | 21159859 | 83059870 | 4737581 | 18405300 | 11770516 |
| 2017 | 118873322 | 19078760 | 83491926 | 4974064 | 18139797 | 12267535 |
| 2018 | 120795117 | 24779579 | 83981036 | 5322960 | 18606779 | 12884342 |

## 5-7 房地产开发建设房屋建筑面积和造价
## Floor Space and Cost of Buildings Developed for Real Estate Development

| 年 份 Year | 竣工房屋建筑面积(平方米) Floor Space of Buildings Completed (sq.m) | 住 宅 Residential Buildings | 办公楼 Office Buildings | 商业营业用 房 Houses for Business Use | 其 他 Others | 竣工房屋造价(元/平方米) Cost of Buildings Completed (yuan/sq.m) | #住 宅 Residential Buidings |
|---|---|---|---|---|---|---|---|
| 2001 | 6286898 | 4980687 | 109414 | 1029711 | 167086 | 1084 | 1046 |
| 2002 | 7558510 | 5935498 | 211244 | 1224620 | 187148 | 1149 | 1065 |
| 2003 | 7109851 | 5383728 | 189393 | 1350399 | 186331 | 1154 | 1073 |
| 2004 | 7102486 | 5724869 | 253866 | 932166 | 191585 | 1112 | 1005 |
| 2005 | 6227590 | 4961164 | 168280 | 945772 | 152374 | 1086 | 994 |
| 2006 | 9348495 | 7859107 | 351082 | 952419 | 185887 | 1201 | 1124 |
| 2007 | 12917989 | 11474601 | 159565 | 932381 | 351442 | 1155 | 1122 |
| 2008 | 15419556 | 13432087 | 238090 | 1363988 | 385391 | 1379 | 1342 |
| 2009 | 14696419 | 12935916 | 99233 | 1280236 | 381034 | 1442 | 1385 |
| 2010 | 20305160 | 16949615 | 127446 | 2245284 | 982815 | 1675 | 1622 |
| 2011 | 18789327 | 15482168 | 194511 | 2072842 | 1039806 | 2032 | 1979 |
| 2012 | 19278702 | 16135936 | 164300 | 2230670 | 747796 | 2002 | 1945 |
| 2013 | 22536496 | 17699470 | 256054 | 3075023 | 1505949 | 2225 | 2148 |
| 2014 | 15738605 | 13092601 | 112706 | 1725400 | 807898 | 2081 | 2038 |
| 2015 | 12873999 | 10007531 | 345720 | 1530929 | 989819 | 2391 | 2322 |
| 2016 | 13516462 | 10083717 | 181931 | 2132178 | 1118636 | 2322 | 2258 |
| 2017 | 14788454 | 10304598 | 587622 | 2438610 | 1457624 | 2271 | 2281 |
| 2018 | 15199622 | 11053665 | 735492 | 1862557 | 1547908 | 2334 | 2229 |

## 5-8 商品房屋销售情况
## Selling of Commercial Buildings

| 年 份 Year | 实际销售商品房屋面积(平方米) Floor Space Commercial Buildings Sold (sq.m) | 住 宅 Residential Buidings | 办公楼 Office Buildings | 商业营业用 房 Houses for Business Use | 其他 Others | 商品房屋销售额(万元) Total Sale of Commercial Buildings Sold (10000 yuan) | #住 宅 Residential Buidings |
|---|---|---|---|---|---|---|---|
| 2001 | 3851320 | 3378449 | 23162 | 437003 | 12706 | 597880 | 490070 |
| 2002 | 5182828 | 4326747 | 83260 | 724105 | 48716 | 862852 | 648388 |
| 2003 | 5011405 | 4363248 | 122582 | 460298 | 65277 | 788764 | 631448 |
| 2004 | 7016498 | 6010273 | 137436 | 774344 | 94445 | 1189469 | 930730 |
| 2005 | 7659092 | 6809214 | 147879 | 634788 | 67211 | 1443915 | 1184503 |
| 2006 | 9749103 | 8792384 | 214703 | 639662 | 102354 | 1959171 | 1634000 |
| 2007 | 12923870 | 11843969 | 94916 | 841107 | 143878 | 2955579 | 257830 |
| 2008 | 15838707 | 14357309 | 156715 | 1055241 | 269442 | 3971105 | 3444370 |
| 2009 | 19442978 | 17583736 | 97054 | 1391315 | 370873 | 5671879 | 4902250 |
| 2010 | 23821025 | 21053282 | 77461 | 2203046 | 487236 | 8686946 | 7359079 |
| 2011 | 24325555 | 21223389 | 99698 | 2390368 | 612100 | 10615628 | 8831622 |
| 2012 | 24524245 | 21594307 | 147547 | 2194900 | 587491 | 10169480 | 8368014 |
| 2013 | 22149634 | 19859455 | 212501 | 1573075 | 504603 | 9930394 | 8397317 |
| 2014 | 15817211 | 13878655 | 118308 | 1380355 | 439893 | 8085844 | 6676190 |
| 2015 | 14918487 | 13048225 | 178741 | 1292251 | 399270 | 8168691 | 6802577 |
| 2016 | 19192950 | 16307151 | 378692 | 1757264 | 749843 | 10295827 | 8064904 |
| 2017 | 18852075 | 16020643 | 511540 | 1761733 | 558159 | 11351765 | 9208487 |
| 2018 | 20744471 | 18138240 | 508286 | 1566493 | 531452 | 14507871 | 12319057 |

# 第六篇

6

CHAPTER ▶ 06

# 对外经济贸易和旅游业

## *FOREIGN ECONOMY TRADE AND INTERNATIONAL TOURISM*

资料整理人员:

詹长胜

# 6－1 历年进出口贸易总额

## Total Value of Imports and Exports

| 年 份 Year | 进出口总额（万美元） Total Imports and Exports (USD 10000) | 出口总额 Total Exports | 进口总额 Total Imports | 进出口总额（万元） Total Imports and Exports (10000yuan) | 出口总额 Total Exports | 进口总额 Total Imports |
|---|---|---|---|---|---|---|
| 1978 | 3704 | 2357 | 1347 | 6372 | 4055 | 2317 |
| 1979 | 6067 | 4413 | 1654 | 9683 | 6840 | 2843 |
| 1980 | 11108 | 6625 | 4483 | 16024 | 9344 | 6680 |
| 1981 | 17196 | 12896 | 4300 | 30093 | 22568 | 7525 |
| 1982 | 17753 | 13207 | 4546 | 34172 | 25422 | 8750 |
| 1983 | 21884 | 16661 | 5223 | 42833 | 32610 | 10223 |
| 1984 | 34046 | 24972 | 9074 | 75048 | 55046 | 20002 |
| 1985 | 55072 | 42712 | 12360 | 176295 | 136731 | 39564 |
| 1986 | 71716 | 52515 | 19201 | 266855 | 195408 | 71447 |
| 1987 | 63946 | 46766 | 17180 | 237981 | 174044 | 63937 |
| 1988 | 70766 | 53214 | 17552 | 263363 | 198041 | 65322 |
| 1989 | 94459 | 68447 | 26012 | 351538 | 254732 | 96806 |
| 1990 | 95272 | 75172 | 20100 | 449821 | 354920 | 94901 |
| 1991 | 134933 | 102707 | 32226 | 716204 | 545154 | 171050 |
| 1992 | 192278 | 130678 | 61600 | 1095985 | 744865 | 351120 |
| 1993 | 298100 | 161649 | 136451 | 2592173 | 1405643 | 1186530 |
| 1994 | 361209 | 202247 | 158962 | 3052216 | 1708987 | 1343229 |
| 1995 | 271474 | 141932 | 129542 | 2266997 | 1185231 | 1081766 |
| 1996 | 283725 | 150440 | 133285 | 2354918 | 1248652 | 1106266 |
| 1997 | 185442 | 93293 | 92149 | 1535460 | 772466 | 762994 |
| 1998 | 165282 | 74904 | 90378 | 1368224 | 620075 | 748149 |
| 1999 | 221698 | 101956 | 119742 | 1835549 | 844145 | 991404 |
| 2000 | 255396 | 124164 | 131232 | 2114168 | 1027830 | 1086338 |
| 2001 | 313330 | 146343 | 166987 | 2593307 | 1211222 | 1382085 |
| 2002 | 370724 | 176815 | 193909 | 3068394 | 1463351 | 1605043 |
| 2003 | 617230 | 216199 | 401031 | 5108627 | 1789414 | 3319213 |
| 2004 | 679326 | 171504 | 507822 | 5622442 | 1419453 | 4202989 |
| 2005 | 652837 | 246688 | 406149 | 5268525 | 1990821 | 3277704 |
| 2006 | 791407 | 299668 | 491739 | 6179860 | 2340018 | 3839842 |
| 2007 | 1029943 | 385819 | 644124 | 7523322 | 2818254 | 4705068 |
| 2008 | 1334065 | 477159 | 856906 | 9265215 | 3313917 | 5951298 |
| 2009 | 1174744 | 313154 | 861590 | 8024676 | 2139155 | 5885521 |
| 2010 | 1684637 | 447640 | 1236997 | 11404150 | 3030299 | 8373851 |
| 2011 | 2204742 | 499848 | 1704894 | 14239988 | 3228418 | 11011570 |
| 2012 | 2457171 | 598269 | 1858902 | 15510892 | 3776573 | 11734319 |
| 2013 | 2585254 | 675701 | 1909553 | 16010995 | 4184751 | 11826244 |
| 2014 | 2637817 | 577771 | 2060045 | 16248195 | 3549578 | 12698617 |
| 2015 | 1893841 | 465382 | 1428458 | 11761751 | 2886332 | 8875419 |
| 2016 | 1844246 | 420568 | 1423678 | 12169092 | 2774005 | 9395086 |
| 2017 | 1852995 | 442764 | 1410232 | 12541487 | 2999242 | 9542245 |
| 2018 | 2067443 | 494435 | 1573008 | 13627960 | 3258122 | 10369838 |

注：本表1978–1996年为外贸部门统计数，进出口总额中未包括口岸代理进口数。从1997年开始为海关统计数。
Note: Data were obtained from the department of foreign trade during 1978 – 1996, and data have been obtain from the customs since 1997.

# 6－2 海关主要商品出口总值（2018年）
## Total Value of Main Exports Commodities（2018）

单位: 万元 unit:10000 yuan

| 品　　名 | Item | 数量 Volume | 金额 Value |
|---|---|---|---|
| **出口贸易总值** | **Total Exports Value** | | **3258122** |
| #肉及杂碎（吨） | Meat and Offal（tons） | 1915 | 4746 |
| 水海产品（吨） | Aquatic and Seawater Products（ton） | 29792 | 83415 |
| 天然蜂蜜（吨） | Natural Honey(ton) | 396 | 911 |
| 填充用羽毛.羽绒（吨） | Feathers and Down for Stuffing（ton） | 79 | 4744 |
| 中药材及中式成药（吨） | Chinese Herbal medicine and Chinese Medicine（ton） | 1992 | 17200 |
| 蔬菜（吨） | Vegetables（ton） | 26381 | 21384 |
| 鲜、干水果及坚果（吨） | Fresh、Dry Fruits and Nuts（ton） | 18841 | 106490 |
| 粮食（吨） | Grain（ton） | 105670 | 66398 |
| 食用油籽（吨） | Edible Oil Seeds（ton） | 36073 | 23239 |
| 粘土及其他耐火矿物（吨） | Clay and Other Fire-resistant Minerals(ton) | 3025 | 234 |
| 水泥及水泥熟料（吨） | Cement and Cement Clinker(ton) | 49677 | 2191 |
| 煤（吨） | Cool（ton） | | |
| 医药品（吨） | Pharmaceutical Products（ton） | 21182 | 132790 |
| 肥料（吨） | Fertilizer（ton） | 12793 | 2267 |
| 塑料制品（吨） | Plastic Products（ton） | 12940 | 17802 |
| 新的充气橡胶轮胎 | New Rubber Tyres | | 12084 |
| 箱包及类似容器 | Suitcase and Similar Packages | | 3977 |
| 锯材（吨） | Wood Sawn（ton） | 6996 | 7035 |
| 胶合板及类似多层板(吨） | Veneer and Similar Products（ton） | 116777 | 235018 |
| 家用或装饰用木制品（吨） | Wood for Household and Decoration（ton） | 10655 | 16936 |
| 纸及纸板(未切成形的)（吨） | Paper and Paperboard (not cut)（ton） | 4419 | 3780 |
| 纺织纱线、织物及制品 | Textile Yarn,Fabircs and Products | | 123891 |
| 服装及衣着附件 | Clothing and Garment | | 103131 |
| 鞋（万双） | Shoes（pairs） | 21 | 1114 |
| 玻璃制品 | Glass Products | | 1482 |
| 生铁及镜铁（吨） | Pig Iron and Spiegeleisen（ton） | | |
| 铁合金（吨） | Iron Alloy(ton) | 1174 | 451 |
| 钢材（吨） | Steels（ton） | 85750 | 39207 |
| 未锻造的铝及铝材（吨） | Unwrought Aluminum and Rolled Aluminum（ton） | 4632 | 15183 |
| 手用或机用工具（吨） | Hand Tools or Machine（ton） | 4716 | 18146 |
| 金属加工机床（台） | Metal Processing machine tool（unit） | 328 | 4793 |
| 自动数据处理设备及其部件（台） | Automatic Data Processing Equipment and Parts (set) | 42282 | 355 |
| 变压器（个） | Transformer (set) | 39642 | 2649 |
| 原电池（万个） | Primary Battery (10000 units) | | 306 |
| 扬声器（万个） | Loudspeaker (10000 units) | 695 | 9066 |
| 录.放像机（台） | Recording Camera（set） | 83332 | 12543 |
| 通断保护电路装置及零件 | Electrical Apparatus for Switching or Protecting Electrical Circuits and Parts | | 52233 |
| 二极管及类似半导体器件（万个） | Diode and Similar Semiconductor（10000 units） | 40060 | 16879 |

# 6－3 海关主要商品进口总值（2018年）
## Total Value of Main Imports Commodities（2018）

单位: 万元 unit:10000 yuan

| 品　　名 | Item | 数量 Volume | 金额 Value |
|---|---|---|---|
| **进口贸易总值** | **Total Value of Imports** | | **10369838** |
| #水海产品(吨) | Aquatic and Seawater Products (ton) | 53799 | 201167 |
| 冻鱼.冻鱼片（吨） | Frozen Fish & Frozen Fish Fillet (ton) | 42266 | 39383 |
| 鲜、干水果及坚果（吨） | Fresh Dry Fruits and Nuts (ton) | 8613 | 39866 |
| 粮食（吨） | Grain (ton) | 955185 | 244387 |
| 酒类（千升） | Liquor (1000 litre) | 713 | 3227 |
| 铁矿砂及其精矿（吨） | Iron Ores and Concentrates (ton) | 3405448 | 141510 |
| 铜矿砂及其精矿（吨） | Copper Sand and Concentrates (ton) | 176416 | 191433 |
| 铬矿砂及其精矿（吨） | Chrome Ore and Concentrates (ton) | 16723 | 2612 |
| 煤（吨） | Coal (ton) | 2781588 | 148520 |
| 成品油（吨） | Refined oil (ton) | 2221 | 4397 |
| 初级形状的塑料（吨） | Primary Shape Plastic (ton) | 55404 | 77857 |
| 塑料制品（吨） | Plastic Products (ton) | 3256 | 52141 |
| 非泡沫塑料的板.片.膜.箔（吨） | Non-foam-Plastic Plate Sheet Film Foil (ton) | 546 | 2923 |
| 合成橡胶(包括乳胶)（吨） | Synthetic Rubber (Including latex) (ton) | 4123 | 7843 |
| 原木（吨） | Timberlog (ton) | 117489 | 17182 |
| 锯材（吨） | Wood Sawn (ton) | 153536 | 38196 |
| 纸浆（吨） | Pulp (ton) | 120275 | 75020 |
| 纺织纱线.织物及制品 | Textile Yarn,Fabrics and Proclucts | | 38570 |
| 钢材（吨） | Steel (ton) | 127823 | 135491 |
| 钢铁制标准坚固件（吨） | Iron and Steel Fasteners (ton) | 23168 | 135310 |
| 钢铁和铝制机构体及其部件（吨） | Steel and Aluminum Goods and Parts (ton) | 318 | 4323 |
| 活塞式内燃机的零件（吨） | Piston Type Internal Combustion Engine Parts (ton) | 1398 | 52719 |
| 液泵及液体提升机（台） | Liquid Pump and Liquid Hoist (set) | 1862558 | 42551 |
| 制冷设备用压缩机（台） | Compressors for Refrigerating Equipment (set) | 298543 | 26553 |
| 空气调节器（台） | Air Conditioners (set) | 88635 | 13728 |
| 机械提升搬运装卸设备及零件 | Mechanical Handling Equipment and Parts | | 29606 |
| 金属加工机床（台） | Metal Processing Machine Tool (set) | 751 | 78936 |
| 橡胶或塑料加工机械及零件 | Rubber or Plastic Processing Machinery and Parts | | 11540 |
| 型模及金属铸造用型箱（吨） | Mold and Metal Casting Type Box (ton) | 23 | 6876 |
| 阀门（万套） | Valve (10000 sets) | 530 | 10922 |
| 电动机及发电机（万台） | Motors and Generators (10000 sets) | 1045 | 90183 |
| 变压.整流.电感器及零件 | Transformer,Rectifier, Inductors and Parts | | 38301 |
| 蓄电池（万个） | Electric Accumulators | 37 | 46673 |
| 电视摄像机.数字照相机及视频摄录一体机（台） | Television Cameras,Digital Cameras and Camcorder (set) | 572581 | 46656 |
| 无线电导航雷达及遥控设备（台） | Wireless Navigation Radar and Control Equipments (set) | 7312203 | 18766 |
| 收音设备(包括收录音组合机及整套散件) | Radio Equipment | | 97814 |
| 电视.收音机及无线电讯装置的零附件（吨） | Television,Radiogram and Wireless Radiotelephone Equipment (ton) | 1143 | 293244 |
| 电容器（吨） | Capacitor (ton) | 125 | 12406 |
| 电阻器（吨） | Resistor (ton) | 98 | 7654 |
| 印刷电路（万块） | Printed Circuit (10000 Pieces) | 991 | 8831 |
| 通断保护电路装置及零件 | Electrical Apparatus for Swithing or Protecting Electrical Circuits and Parts | | 432679 |
| 二极管及类似半导体器件（百万个） | Diode and Similar Semiconductor (10000 sets) | 1462 | 23752 |
| 集成电路（百万个） | Integrated Circuit (10000 sets) | 387 | 114765 |
| 电线和电缆（吨） | Wire and Cable (ton) | 2340 | 50364 |
| 汽车（辆） | Motor Vehicle (set) | 61456 | 1763212 |
| 汽车零配件 | Parts of Motor Vehicles | | 3442830 |
| 医疗仪器及器械 | Medical Instruments and Appliances | | 16576 |
| 计量检测分析自控仪器及器具 | Measurement Analysis of the Control Instrument and Appliances | | 586172 |

## 6－4 全部企业按贸易方式分进出口总值表（2018年）

## Total Value of Imports and Exports by Trade Mode（2018）

单位：万元 unit:10000 yuan

| 指标 | Item | 进出口总值 Total Imports and Exports | 出口总值 Total Exports | 进口总值 Total Imports |
|---|---|---|---|---|
| **进出口贸易总值** | **Total Value of Imports and Exports** | **13627960** | **3258122** | **10369838** |
| 一般贸易 | General Trade | 11925018 | 2233024 | 9691994 |
| 国家间、国际组织无偿援助和赠送的物资 | Donation of International Associations | 675 | 675 | |
| 华侨、港澳同胞、外籍华人捐赠物资 | Donation of Overseas Chinese | | | |
| 加工贸易 | Processing Trade | 1121484 | 863374 | 258110 |
| 补偿贸易 | Compensation Trade | | | |
| 来料加工装配贸易 | Processing and Assembled Trade | 91647 | 50818 | 40829 |
| 进料加工贸易 | Processing Trade for Imported Material | 1029837 | 812556 | 217281 |
| 寄售、代销贸易 | Sale by Consignment | | | |
| 边境小额贸易 | Small Trade on Border | 149697 | 41298 | 108399 |
| 加工贸易进口设备 | Imported Equipment for Processing Trade | | | |
| 对外承包工程出口货物 | Exported Goods on Contracted Projects | 20090 | 20090 | |
| 租赁贸易 | Leasehold Trade | 164 | 164 | |
| 外商投资企业作为投资进口的设备、物品 | Imported Equipment used as Investment by Foreign Funded Enterprises | 40152 | | 40152 |
| 出料加工贸易 | Processing Trade for Exported Materials | 78519 | 41882 | 36638 |
| 易货贸易 | Dicker Trade | | | |
| 免税外汇商品 | Tax-free Foreign Exchange Commodities | | | |
| 保税监管场所进出境货物 | Importing Goods in Bonded Supervision Places | 38367 | 16250 | 22117 |
| 海关特殊监管区域物流货物 | Goods in the Areas under Special Customs Supervision | 172605 | 26544 | 146061 |
| 海关特殊监管区域进口设备 | Imported Equipment in the Areas under Special Customs Supervision | 137 | | 137 |
| 其它 | Others | 81052 | 14820 | 66231 |

# 6－5 全部企业按主要国家（地区）分进出口总值表（2018年）

## Total Value of Imports and Exports of All Enterprises by Major Countries（regions）（2018）

单位: 万元　　　　unit:10000 yuan

| 国　别（地区） | Country (Region) | 进出口总值 Total Exports and Imports | 出口总额 Total Exports | 进口总额 Total Imports |
|---|---|---|---|---|
| **进出口贸易总值** | **Total Value of Imports and Exports** | **13627960** | **3258122** | **10369838** |
| **亚洲** | **Asia** | **3402009** | **1569829** | **1832181** |
| #柬埔寨 | Cambodia | 313 | 311 | 2 |
| 香港 | Hongkong | 85282 | 83303 | 1979 |
| 印度 | India | 140187 | 122355 | 17832 |
| 印度尼西亚 | Indonesia | 127085 | 115024 | 12061 |
| 伊朗 | Iran | 82312 | 82308 | 4 |
| 伊拉克 | Iraq | 563 | 563 | |
| 以色列 | Israel | 12860 | 7319 | 5541 |
| 日本 | Japan | 1193882 | 261572 | 932310 |
| 约旦 | Jordan | 2609 | 2609 | |
| 马来西亚 | Malaysia | 87867 | 31034 | 56833 |
| 巴基斯坦 | Pakistan | 64894 | 64308 | 586 |
| 菲律宾 | Philippines | 110493 | 67960 | 42533 |
| 沙特阿拉伯 | Saudi Arabia | 16915 | 12220 | 4695 |
| 新加坡 | Singapore | 38248 | 26062 | 12186 |
| 韩国 | South Korea | 505921 | 300426 | 205495 |
| 叙利亚 | Syria | 384 | 384 | |
| 泰国 | Thailand | 291577 | 65153 | 226424 |
| 土耳其 | Turkey | 54202 | 37111 | 17092 |
| 阿拉伯联合酋长国 | United Arab Emirates | 14330 | 9419 | 4910 |
| 越南 | Vietnam | 88294 | 64596 | 23699 |
| 中国台湾 | Taiwan,China | 125002 | 45800 | 79201 |
| 哈萨克 | Kazakstan | 4929 | 4897 | 32 |
| **非洲** | **Africa** | **190223** | **129185** | **61038** |
| #阿尔及利亚 | Algeria | 1384 | 1384 | |
| 埃及 | Egypt | 17620 | 17616 | 4 |
| 埃塞俄比亚 | Ethiopia | 230 | 226 | 4 |
| 加纳 | Ghana | 1661 | 1661 | |
| 尼日利亚 | Nigeria | 15085 | 15062 | 23 |
| 南非（阿扎尼亚） | South Africa | 82437 | 42104 | 40333 |
| 苏丹 | Sudan | 1825 | 1825 | |

6－5 续表

单位: 万元 unit:10000 yuan

| 国　别（地区） | Country (Region) | 进出口总值 Total Exports and Imports | 出口总额 Total Exports | 进口总额 Total Imports |
|---|---|---|---|---|
| **欧洲** | **Europe** | **8268770** | **797317** | **7471453** |
| #比利时 | Belgium | 347940 | 59374 | 288566 |
| 丹麦 | Denmark | 19432 | 4654 | 14778 |
| 英国 | UK | 86575 | 67470 | 19105 |
| 德国 | Germany | 4057998 | 211503 | 3846495 |
| 法国 | France | 121180 | 14166 | 107015 |
| 爱尔兰 | Ireland | 16922 | 10256 | 6666 |
| 意大利 | Italy | 238040 | 94632 | 143408 |
| 卢森堡 | Luxemburg | 1783 | | 1783 |
| 荷兰 | Netherland | 96445 | 57694 | 38751 |
| 西班牙 | Spain | 187156 | 38177 | 148978 |
| 奥地利 | Austria | 133236 | 6910 | 126326 |
| 匈牙利 | Hungary | 420578 | 4258 | 416319 |
| 挪威 | Norway | 23934 | 2105 | 21829 |
| 波兰 | Poland | 129895 | 14408 | 115488 |
| 瑞典 | Sweden | 50574 | 11525 | 39049 |
| 瑞士 | Switzerland | 57163 | 7946 | 49217 |
| 俄罗斯 | Russia | 624288 | 127032 | 497256 |
| 乌克兰 | Ukraine | 31243 | 8027 | 23216 |
| 捷克共和国 | Czech | 414330 | 14616 | 399714 |
| **拉丁美洲** | **Latin America** | **777029** | **183372** | **593657** |
| #阿根廷 | Argentina | 9971 | 7237 | 2734 |
| 巴西 | Brazil | 230865 | 25613 | 205252 |
| 墨西哥 | Mexico | 338480 | 91766 | 246715 |
| 委内瑞拉 | Venezuela | 4143 | 4143 | |
| **北美洲** | **North America** | **627064** | **379379** | **247686** |
| 加拿大 | Canada | 76252 | 62123 | 14129 |
| 美国 | USA | 550780 | 317223 | 233557 |
| **大洋洲** | **Oceanic and Pacific Islands** | **362444** | **199040** | **163403** |
| #澳大利亚 | Austrialia | 352557 | 195888 | 156669 |
| **国别不详的或联合国组织** | **UN or other** | **420** | | **420** |
| **东盟组织** | **The Association of Southest Asian** | **755551** | **381810** | **373740** |
| **欧盟组织** | **European Union** | **7512910** | **647076** | **6865834** |

# 6－6 国外经济合作情况
## Economic Cooperation with Foreign Countries

| 指　　标 | Item | 新签合同（万美元）New Contracted (10000 USD) | | | 实际完成（万美元）Actual Finished (10000 USD) | | |
|---|---|---|---|---|---|---|---|
| | | 2016 | 2017 | 2018 | 2016 | 2017 | 2018 |
| **合计** | **Total** | **68310** | **75449** | **78920** | **57768** | **49235** | **49755** |
| 对外承包工程 | Contracted Projects | 37200 | 48425 | 49424 | 38257 | 38580 | 30444 |
| 对外劳务工程 | Labor Cooperation | 31110 | 27024 | 29495 | 19511 | 10655 | 19311 |

# 6－7 旅游事业发展情况（一）
## Development of Tourism（One）

| 年 份 Year | 星级饭店总数（个）Total Number of Star-ranked Holels (unit) | 入境旅游人数（万人次）Number of International Tourists (10 000 person - times) | #外国人 Foreigners | 国际旅游外汇收入（万美元）Foreign Exchange Earning From Tourism (10 000 USD) | 国内旅游人次（万人次）Number of Domestic Tourists (10 000 person - times) | 国内旅游收入（万元）Earning from Domestic Tourism (10 000yuan) | 国内旅游人均花费（元）Domestic Tourism Spending Per Capita (yuan) |
|---|---|---|---|---|---|---|---|
| 1981 | 135 | | | | | | |
| 1982 | 130 | | | | | | |
| 1983 | 130 | | | | | | |
| 1984 | 156 | | | | | | |
| 1985 | | 2.4 | 1.0 | 165 | | 1261 | |
| 1986 | | 3.1 | 1.6 | 235 | | 1203 | |
| 1987 | | 3.6 | 1.5 | 255 | | 1995 | |
| 1988 | | 4.2 | 1.8 | 380 | | 3174 | |
| 1989 | 23 | 2.5 | 1.2 | 335 | | 3293 | |
| 1990 | 27 | 4.6 | 3.0 | 610 | | 4353 | |
| 1991 | 33 | 6.2 | 3.6 | 859 | | 7848 | |
| 1992 | 35 | 8.4 | 5.3 | 1106 | | 25492 | |
| 1993 | 38 | 7.9 | 5.6 | 1110 | | 27606 | |
| 1994 | 48 | 10.7 | 9.3 | 2488 | | | |
| 1995 | 52 | 15.6 | 14.5 | 4148 | | | |
| 1996 | 72 | 18.8 | 17.6 | 5310 | | | |
| 1997 | 73 | 20.0 | 18.1 | 5935 | 1240 | 167100 | 135 |
| 1998 | 86 | 13.1 | 11.6 | 3783 | 1317 | 266100 | 202 |
| 1999 | 95 | 15.9 | 14.1 | 4483 | 1463 | 349000 | 239 |
| 2000 | 151 | 22.3 | 19.2 | 5804 | 1809 | 519400 | 287 |
| 2001 | 151 | 27.2 | 23.7 | 7579 | 2225 | 773900 | 348 |
| 2002 | 172 | 29.4 | 25.9 | 8700 | 2455 | 1081700 | 441 |
| 2003 | 182 | 21.2 | 18.5 | 6638 | 2331 | 1362200 | 584 |
| 2004 | 176 | 32.4 | 27.7 | 9600 | 2588 | 1759200 | 680 |
| 2005 | 198 | 37.3 | 30.7 | 11953 | 2851 | 2193400 | 769 |
| 2006 | 210 | 44.9 | 36.8 | 14244 | 3193 | 2640000 | 827 |
| 2007 | 216 | 54.4 | 44.2 | 17931 | 3704 | 3365100 | 909 |
| 2008 | 236 | 61.7 | 52.5 | 21144 | 4497 | 4361000 | 970 |
| 2009 | 231 | 68.1 | 58.3 | 24294 | 5433 | 5641000 | 1038 |
| 2010 | 223 | 82.0 | 72.2 | 30492 | 6409 | 7123900 | 1112 |
| 2011 | 208 | 99.3 | 85.5 | 38528 | 7542 | 9042900 | 1199 |
| 2012 | 228 | 118.3 | 100.9 | 49477 | 8854 | 11468900 | 1295 |
| 2013 | 223 | 127.4 | 110.5 | 57053 | 10242 | 14416400 | 1408 |
| 2014 | 218 | 137.7 | 119.9 | 67538 | 12004 | 17665500 | 1472 |
| 2015 | 215 | 148.1 | 129.2 | 72414 | 13983 | 22207300 | 1588 |
| 2016 | 193 | 162.0 | 142.2 | 79121 | 16417 | 28459400 | 1734 |
| 2017 | 176 | 148.4 | 128.3 | 76579 | 19093 | 34565000 | 1810 |
| 2018 | 147 | 143.8 | 123.8 | 68585 | 22013 | 41656000 | 1892 |

# 6－8　旅游事业发展情况（二）

## Development of Tourism（Two）

| 指　　标 | Item | 2016 | 2017 | 2018 |
|---|---|---|---|---|
| 入境旅游者人数（人次） | Total Number of International Tourists (person－time) | 1619530 | 1484300 | 1437543 |
| 外国人 | Foreigners | 1421729 | 1283400 | 1238441 |
| 港澳同胞 | From HongKong and Macao | 111713 | 114960 | 112146 |
| 台湾同胞 | From Taiwan | 86088 | 85940 | 86956 |
| 海外旅游者人天数（人天） | Intenational Tourists Person-Day(person－day) | 3943478 | 3506754 | 4097910 |
| 外国人 | Foreigners | 3445299 | 3016282 | 3612338 |
| 港澳同胞 | From HongKong and Macao | 287121 | 289179 | 277953 |
| 台湾同胞 | From Taiwan | 211058 | 201293 | 207619 |
| 国际旅游外汇收入（万美元） | Foreign Exchange Earnings from Tourism(10000 USD) | 79121.00 | 76578.70 | 68584.55 |
| 国内旅游人数（万人次） | Total Number of Domestic Tourists(10000 person－times) | 16416.82 | 19092.90 | 22012.64 |
| 国内旅游收入（亿元） | Earnings from Domestic Tourism(100 million yuan) | 2845.94 | 3456.50 | 4165.60 |
| 旅游接待总人数（万人次） | Total Number of Tourists(10000 person－times) | 16578.77 | 19241.33 | 22156.39 |
| 旅游总收入（亿元） | Total Income of Tourism(100 million yuan) | 2897.37 | 3507.04 | 4210.87 |

注：海外旅游者人数及人天数中的外国人包括华侨数。
Note：The data of international tourists include overseas Chinese.

# 6－9　各地区旅游情况

## Tourism Situation by Region

| 地　区 | Region | 2017 | | | | 2018 | | | |
|---|---|---|---|---|---|---|---|---|---|
| | | 国内旅游人数（万人次）Number of Domestic Tourists(10000 Person-time) | 入境人数（人次）Number of Oversea Visitors Arrivals (Person-time) | 国内旅游收入（亿元）Earnings from Domestic Tourism(100 million yuan) | 旅游外汇收入（万美元）Exchange Earnings from Tourism (10000 USD) | 国内旅游人数（万人次）Number of Domestic Tourists(10000 Person-time) | 入境人数（人次）Number of Oversea Visitors Arrivals (Person-time) | 国内旅游收入（亿元）Earnings from Domestic Tourism(100 million yuan) | 旅游外汇收入（万美元）Exchange Earnings from Tourism (10000 USD) |
| **全　省** | **Total** | **19092.9** | **1484300** | **3456.50** | **76578.70** | **22012.6** | **1437543** | **4165.60** | **68584.55** |
| 长　春 | Changchun | 7781.3 | 464875 | 1594.80 | 35602.15 | 8942.8 | 456147 | 1883.70 | 30061.22 |
| 吉　林 | Jilin | 5070.8 | 123756 | 798.20 | 4440.51 | 5932.9 | 131392 | 1001.01 | 4618.57 |
| 四　平 | Siping | 414.4 | 6986 | 63.10 | 203.17 | 471.5 | 10818 | 76.38 | 312.42 |
| 辽　源 | Liaoyuan | 305.2 | 2839 | 50.10 | 120.00 | 346.0 | 3831 | 60.56 | 155.00 |
| 通　化 | Tonghua | 1213.1 | 204500 | 191.10 | 5070.12 | 1450.8 | 195600 | 248.43 | 4110.00 |
| 白　山 | Baishan | 1063.9 | 52541 | 157.00 | 2353.94 | 1191.7 | 55200 | 189.31 | 2500.00 |
| 松　原 | Songyuan | 731.2 | 26391 | 140.20 | 1359.78 | 812.8 | 27000 | 163.25 | 1400.00 |
| 白　城 | Baicheng | 428.4 | 9820 | 74.90 | 328.56 | 486.7 | 5750 | 86.57 | 215.22 |
| 延　边 | Yanbian | 2084.6 | 592592 | 387.10 | 27100.47 | 2377.4 | 551805 | 456.39 | 25212.12 |
| 长白山管委会 | Changbai | 388.0 | 200000 | 34.80 | 6424.00 | 500.0 | 260000 | 45.60 | 8181.81 |

注：延边数据包含长白山管委会。
Note：Datas of Yanbian include those of Changbai Mountain Management Committee.

# 6－10 按国别分入境旅游人数
Number of Oversea Vistor by Country /Region

| 国　　家 | Countries (Region) | 2013 | 2014 | 2015 | 2016 | 2017 | 2018 |
|---|---|---|---|---|---|---|---|
| **入境旅游人数（人次）** | **Number of Oversea Visitor Arrivals(person－time)** | **1273559** | **1376852** | **1480994** | **1619530** | **1484300** | **1437543** |
| 外国人 | Foreigners | 1104519 | 1199413 | 1292095 | 1421729 | 1283400 | 1238441 |
| # 日本 | Japan | 52925 | 45768 | 47508 | 55445 | 113203 | 54053 |
| 韩国 | South Korea | 524902 | 612304 | 786576 | 853083 | 589879 | 598775 |
| 菲律宾 | Philippines | 5116 | 4557 | 4049 | 4191 | 5015 | 9483 |
| 新加坡 | Singapore | 19955 | 40266 | 45360 | 49670 | 22221 | 38512 |
| 英国 | United Kingdom | 6855 | 9774 | 10829 | 11437 | 16045 | 34629 |
| 德国 | Germany | 52627 | 52736 | 56049 | 61953 | 89886 | 45915 |
| 俄罗斯 | Russia | 341880 | 290728 | 248802 | 187979 | 296462 | 281446 |
| 加拿大 | Canada | 5853 | 8653 | 10825 | 11505 | 11999 | 19471 |
| 美国 | United States | 19235 | 14325 | 15809 | 18104 | 25792 | 34629 |
| 港澳同胞 | Form Hong Kong, Macao | 93368 | 96366 | 105653 | 111713 | 114960 | 112146 |
| 台湾同胞 | From Taiwan | 75672 | 81073 | 83246 | 86088 | 85940 | 86956 |

# 6-11 国内游客出游方式构成表

## Composition of Domestic Tourists Travel Mode

单位: % unit:%

| 年份<br>year | 单位组织<br>Organized by Own Company | 家庭或与亲朋结伴<br>With Family or Friends | 旅行社组织<br>Organized by Travel Agency | 个人旅行<br>Persanal Travel | 自驾游<br>Self-driving | 其他<br>Others |
|---|---|---|---|---|---|---|
| 2001 | 25.13 | 23.26 | 7.35 | 19.85 | | 24.41 |
| 2002 | 24.52 | 23.84 | 8.56 | 18.51 | | 24.57 |
| 2003 | 24.98 | 23.67 | 8.69 | 21.19 | | 21.47 |
| 2004 | 23.86 | 22.50 | 5.69 | 22.29 | | 25.66 |
| 2005 | 25.46 | 24.32 | 11.73 | 20.97 | | 17.52 |
| 2006 | 22.81 | 26.71 | 9.73 | 22.96 | | 17.79 |
| 2007 | 19.00 | 25.70 | 7.80 | 24.50 | | 23.00 |
| 2008 | 18.70 | 26.30 | 6.60 | 26.70 | | 21.70 |
| 2009 | 19.00 | 26.00 | 6.00 | 22.00 | | 27.00 |
| 2010 | 22.00 | 27.00 | 5.00 | 22.00 | | 24.00 |
| 2011 | 20.00 | 27.00 | 7.00 | 24.00 | | 22.00 |
| 2012 | 22.00 | 28.00 | 11.00 | 18.00 | | 21.00 |
| 2013 | 21.00 | 28.90 | 12.50 | 19.90 | | 17.70 |
| 2014 | 20.70 | 37.60 | 9.90 | 16.70 | | 15.10 |
| 2015 | 9.90 | 36.90 | 18.20 | 18.90 | | 16.10 |
| 2016 | 10.70 | 19.40 | 11.10 | 25.60 | 21.30 | 12.00 |
| 2017 | 9.30 | 17.90 | 10.09 | 16.60 | 37.10 | 9.01 |
| 2018 | 8.10 | 26.30 | 12.00 | 10.60 | 38.80 | 4.20 |

# 第七篇

CHAPTER ▶ 07

# 财政、金融和保险

# *PUBLIC FINANCE, BANKING AND INSURANCE*

资料整理人员：

许　赓

# 7-1 历年财政收支额

## Government Revenue and Expenditure

单位：亿元 unit:100 million yuan

| 年份 Year | 一般预算收入 General Budgetary Revenue | #增值税 Value-added Tax | #营业税 Business Tax | #企业所得税 Corporate Income Tax | 一般预算支出 General Budgetary Expenditure | #农业支出 Agriculture | #文教科卫事业费 Culture, Education Science & Public Health | #行政管理费 Administration Expenditure | #社会保障补助支出 Subsidies to Social Security Programs |
|---|---|---|---|---|---|---|---|---|---|
| 1978 | 16.41 | | | | 16.35 | 1.89 | 3.02 | 1.25 | |
| 1979 | 12.65 | | | | 17.88 | 2.36 | 3.40 | 1.50 | |
| 1980 | 14.39 | | | | 17.32 | 2.45 | 4.32 | 1.70 | |
| 1981 | 10.72 | | | | 15.87 | 2.18 | 4.94 | 1.76 | |
| 1982 | 11.97 | | | | 17.30 | 2.35 | 5.72 | 2.06 | |
| 1983 | 14.12 | | | | 19.41 | 2.31 | 6.51 | 2.44 | |
| 1984 | 15.22 | | | | 23.34 | 2.66 | 7.56 | 3.09 | |
| 1985 | 21.67 | | | | 34.50 | 3.03 | 9.15 | 2.99 | |
| 1986 | 29.52 | | | | 50.12 | 4.24 | 11.02 | 3.69 | |
| 1987 | 37.52 | | | | 53.23 | 3.71 | 11.25 | 4.22 | |
| 1988 | 43.32 | | | | 61.26 | 3.95 | 13.36 | 4.99 | |
| 1989 | 49.40 | | | | 67.14 | 5.22 | 15.02 | 5.81 | |
| 1990 | 50.68 | | | | 71.67 | 4.94 | 16.25 | 6.50 | |
| 1991 | 62.46 | | | | 79.12 | 5.12 | 17.43 | 5.77 | |
| 1992 | 56.99 | | | | 80.02 | 5.82 | 20.10 | 7.33 | |
| 1993 | 79.82 | | | | 103.11 | 6.89 | 23.56 | 9.06 | |
| 1994 | 51.27 | | | | 104.59 | 7.86 | 31.89 | 10.87 | |
| 1995 | 63.28 | | | | 120.90 | 9.16 | 35.04 | 12.04 | |
| 1996 | 76.40 | | | | 145.53 | 8.90 | 40.48 | 14.05 | |
| 1997 | 82.85 | 17.43 | 20.92 | 8.10 | 167.75 | 10.86 | 43.15 | 14.65 | |
| 1998 | 93.64 | 18.31 | 23.51 | 7.20 | 190.10 | 15.34 | 43.15 | 14.72 | 9.11 |
| 1999 | 101.28 | 18.89 | 23.84 | 10.41 | 234.62 | 13.07 | 49.67 | 15.76 | 19.27 |
| 2000 | 103.83 | 20.41 | 25.55 | 14.28 | 260.67 | 16.59 | 53.04 | 18.01 | 19.26 |
| 2001 | 121.10 | 24.20 | 28.03 | 20.68 | 326.43 | 19.63 | 64.52 | 22.38 | 28.91 |
| 2002 | 131.49 | 27.44 | 30.54 | 14.22 | 362.62 | 22.73 | 73.72 | 26.52 | 38.77 |
| 2003 | 154.00 | 30.69 | 35.02 | 11.80 | 409.23 | 22.76 | 82.39 | 31.23 | 49.56 |
| 2004 | 166.28 | 32.19 | 40.78 | 12.36 | 507.78 | 37.00 | 93.23 | 36.75 | 79.34 |
| 2005 | 207.15 | 39.53 | 47.59 | 13.91 | 631.12 | 42.60 | 112.44 | 45.13 | 104.89 |
| 2006 | 245.20 | 42.97 | 59.69 | 17.88 | 718.36 | 54.36 | 139.53 | 56.71 | 81.82 |
| 2007 | 320.69 | 52.92 | 75.86 | 29.41 | 883.76 | 80.07 | 144.41 | 141.66 | 154.37 |
| 2008 | 422.80 | 63.58 | 93.96 | 42.59 | 1180.12 | 107.34 | 188.03 | 174.25 | 199.86 |
| 2009 | 487.09 | 66.57 | 117.41 | 49.20 | 1479.21 | 204.45 | 216.99 | 182.67 | 250.44 |
| 2010 | 602.41 | 78.15 | 145.97 | 60.82 | 1787.25 | 238.94 | 250.20 | 198.04 | 253.36 |
| 2011 | 850.10 | 92.78 | 189.30 | 90.59 | 2201.74 | 255.57 | 529.12 | 231.40 | 298.99 |
| 2012 | 1041.25 | 102.68 | 218.12 | 111.21 | 2471.20 | 291.30 | 683.85 | 249.38 | 304.00 |
| 2013 | 1156.96 | 119.58 | 245.09 | 121.86 | 2744.81 | 318.26 | 697.37 | 267.31 | 360.13 |
| 2014 | 1203.38 | 139.78 | 228.78 | 143.22 | 2913.25 | 308.68 | 711.15 | 253.50 | 390.20 |
| 2015 | 1229.35 | 134.43 | 242.05 | 134.92 | 3217.10 | 408.61 | 837.79 | 247.13 | 462.28 |
| 2016 | 1263.78 | 267.88 | 111.44 | 134.01 | 3586.09 | 550.50 | 886.36 | 260.91 | 497.59 |
| 2017 | 1210.91 | 371.40 | | 144.61 | 3725.72 | 554.77 | 904.84 | 294.50 | 550.80 |
| 2018 | 1240.89 | 364.12 | | 146.54 | 3789.59 | 537.55 | 906.37 | 308.88 | 634.10 |

# 7-2 历年银行各项存款和各项贷款余额

## Balance of Deposits and Loans of National Banking System

单位: 亿元 unit:100 million yuan

| 年份 Year | 各项存款合计 Total Deposits | #单位存款 Corporate Deposits | #个人储蓄存款 Personal Savings Deposits | 各项贷款合计 Total Loans | #短期贷款 Short-term Loans | #中长期贷款 Medium and long Term Loans |
|---|---|---|---|---|---|---|
| 1978 | 24.94 | 5.95 | 5.86 | 61.16 | | |
| 1979 | 23.97 | 7.95 | 7.62 | 66.15 | | |
| 1980 | 30.87 | 10.28 | 10.64 | 75.70 | | |
| 1981 | 36.98 | 10.97 | 14.56 | 92.68 | | |
| 1982 | 42.62 | 12.88 | 18.91 | 107.05 | | |
| 1983 | 56.63 | 16.26 | 25.28 | 124.31 | | |
| 1984 | 71.65 | 23.37 | 34.23 | 154.79 | | |
| 1985 | 86.42 | 32.45 | 43.97 | 159.79 | | |
| 1986 | 118.07 | 41.91 | 58.36 | 246.30 | | |
| 1987 | 147.43 | 50.85 | 83.20 | 285.52 | | |
| 1988 | 178.27 | 54.91 | 109.49 | 331.69 | | |
| 1989 | 203.75 | 47.08 | 141.26 | 384.41 | | |
| 1990 | 252.15 | 53.79 | 196.59 | 507.01 | | |
| 1991 | 315.13 | 67.37 | 253.28 | 629.01 | | |
| 1992 | 408.87 | 98.35 | 315.42 | 762.00 | | |
| 1993 | 494.57 | 112.91 | 389.44 | 934.88 | | |
| 1994 | 611.26 | 152.61 | 535.56 | 1099.77 | | |
| 1995 | 791.15 | 180.78 | 726.28 | 1302.76 | | |
| 1996 | 1037.83 | 241.38 | 955.48 | 1608.84 | | |
| 1997 | 1206.82 | 322.94 | 1071.33 | 1913.61 | | |
| 1998 | 1345.52 | 304.60 | 1211.83 | 2118.79 | | |
| 1999 | 1928.25 | 419.92 | 1328.91 | 2580.41 | | |
| 2000 | 2236.71 | 535.41 | 1515.84 | 2651.19 | | |
| 2001 | 2484.23 | 589.21 | 1796.90 | 2828.25 | | |
| 2002 | 2878.28 | 693.79 | 2019.40 | 3057.70 | | |
| 2003 | 3307.25 | 760.50 | 2161.40 | 3288.87 | | |
| 2004 | 3683.50 | 804.94 | 2405.60 | 3435.03 | | |
| 2005 | 4270.49 | 877.66 | 2798.10 | 3332.93 | | |
| 2006 | 4963.71 | 1039.56 | 3107.50 | 3870.33 | | |
| 2007 | 5318.59 | 1342.70 | 3186.80 | 4306.01 | | |
| 2008 | 6362.48 | 1528.21 | 3923.14 | 4835.89 | | |
| 2009 | 8318.00 | 2327.78 | 4614.39 | 6234.66 | | |
| 2010 | 9606.70 | 2753.18 | 5147.26 | 7205.94 | 2809.74 | 4283.63 |
| 2011 | 10874.19 | 4524.72 | 5835.32 | 8126.17 | 2913.34 | 5024.79 |
| 2012 | 12706.13 | 5204.67 | 6875.10 | 9155.60 | 3288.59 | 5614.24 |
| 2013 | 14781.42 | 6192.36 | 7745.33 | 10696.52 | 3946.28 | 6486.06 |
| 2014 | 16400.10 | 6982.72 | 8556.71 | 12587.26 | 4844.84 | 7417.34 |
| 2015 | 18499.59 | | 9543.80 | 15203.11 | 6053.56 | 8395.86 |
| 2016 | 21003.90 | | 10553.35 | 17141.06 | 7057.00 | 9321.20 |
| 2017 | 21562.67 | | 11506.00 | 17959.69 | 7184.57 | 10288.75 |
| 2018 | 21926.98 | | 12520.78 | 18956.37 | 6885.92 | 11591.56 |

注：1.银行各项存款和各项贷款均不含外币。
2.从2015年起个人储蓄存款为住户存款。

Note:①All bank deposits and Loans excluding foreign currency.
②Personal Savings Deposits Were Those of Household Since 2015.

# 7－3 分项目财政收入
## Local Government Revenue by Item

单位: 万元　　unit:10000 yuan

| 项　目 | Item | 2016 | 2017 | 2018 |
|---|---|---|---|---|
| **地方级财政收入** | **Local Revenue** | **12637765** | **12109081** | **12408892** |
| **一、税收收入** | **Tax Revenue** | **8729660** | **8540311** | **8917538** |
| 增值税 | Value Added Tax | 2678788 | 3714034 | 3641216 |
| 营业税 | Business Tax | 1114412 | | |
| 企业所得税 | Corporate Income Tax | 1340065 | 1446127 | 1465394 |
| 个人所得税 | Individual Income Tax | 417218 | 463475 | 503734 |
| 资源税 | Resources Tax | 73085 | 84781 | 108188 |
| 城市维护建设税 | Urban Maintenance and Construction Tax | 676584 | 666240 | 675116 |
| 房产税 | Real Estates Tax | 273138 | 333321 | 356279 |
| 印花税 | Stamp Tax | 107609 | 138610 | 152860 |
| 城镇土地使用税 | Urban Land Use Tax | 286895 | 310333 | 305424 |
| 土地增值税 | Land Appreciation Tax | 341439 | 310327 | 434054 |
| 车船使用税 | Tax on Vehicles and Boat Operation | 147296 | 160899 | 181767 |
| 耕地占用税 | Farm Land Occupation Tax | 611087 | 198307 | 183389 |
| 契税 | Deed Tax | 653569 | 706169 | 891422 |
| 烟叶税 | Tabacoo Leaf Tax | 7628 | 7688 | 5247 |
| 环境保护税 | Environmental Protection Tax | | | 13448 |
| 其他税收收入 | Others | 847 | | |
| **二、非税收入** | **Non-tax Revenue** | **3908105** | **3568770** | **3491354** |
| 国有资产经营收益 | State-owned Assets Profit | 358271 | 182823 | 131424 |
| 行政性收费收入 | Income from Administrative Fees | 837693 | 857257 | 796611 |
| 罚没收入 | Penalty and Confiscate Income | 287025 | 338537 | 389708 |
| 专项收入 | Special Project Income | 929242 | 959476 | 944269 |
| 国有资源(资产)有偿使用收入 | Income from Use of Seate-owned Resources(Assets) | 1316433 | 868779 | 1010405 |
| 其他收入 | Other Income | 179441 | 361898 | 218937 |

# 7-4 地方项目公共财政支出
## Local Covernment Expenditure by Item

单位: 万元 unit:10000 yuan

| 项　目 | Item | 2016 | 2017 | 2018 |
|---|---|---|---|---|
| **支出总计** | **Total Expenditure** | **35860902** | **37257220** | **37895894** |
| 一般公共服务 | Expenditure for General Public Services | 2609098 | 2944998 | 3088837 |
| 国防 | Expenditure for National Defense | 43481 | 50566 | 52897 |
| 公共安全 | Expenditure for Public Security | 2050822 | 2124403 | 2184806 |
| 教育 | Expenditure for Education | 4996967 | 5080895 | 5138182 |
| 科学技术 | Expenditure for Science and Technology | 410085 | 468447 | 410991 |
| 文化体育与传媒 | Expenditure for Culture,Sport and Media | 720309 | 706923 | 702381 |
| 社会保障和就业 | Expenditure for Social Security and Employment | 4975921 | 5508036 | 6340980 |
| 医疗卫生与计划生育 | Health and Family Planning | 2736250 | 2792160 | 2812160 |
| 节能环保 | Energy saving and Environmental protection | 1221379 | 1151197 | 1207852 |
| 城乡社区事务 | Expenditure for Urban and Rural Community Affairs | 3833541 | 3944485 | 3751738 |
| 农林水事务 | Expenditure for Agriculture,Forestry,Water Affairs | 5504950 | 5547674 | 5375508 |
| 交通运输 | Expenditure for Transportation | 2020488 | 2573348 | 2325027 |
| 资源勘探电力信息等事务 | Resource Exploration Power Information | 1258141 | 884958 | 810679 |
| 商业服务业等事务 | Commerce and Services | 300084 | 311362 | 261992 |
| 金融监管等事务支出 | Expenditure on Financial Supervision | 342511 | 69404 | 172921 |
| 援助其他地区支出 | Aid in other Areas | 24323 | 24868 | 35349 |
| 国土资源气象等事务 | Land Resources Meteorology | 456083 | 678758 | 586604 |
| 住房保障支出 | Housing Security Expenditure | 1364535 | 1280396 | 1244266 |
| 粮油物资储备事务 | Grain and Oil Material Reserve | 494644 | 487280 | 375302 |
| 国债还本付息支出 | Debt Servicing Expenses | 415800 | 553597 | 837760 |
| 债务发行费用支出 | Expenditure for Issuing Debts | 6970 | 8270 | 5762 |
| 其他支出 | Other Expenditures | 74520 | 65195 | 173900 |

# 7-5 分级地方公共财政收入
## Government Budgetary Revenue by Level

单位: 万元　　unit:10000 yuan

| 项　目 | Item | 2016 | 2017 | 2018 |
|---|---|---|---|---|
| **收入合计** | **Total Revenue** | **12637765** | **12109081** | **12408892** |
| 省　级 | Province | 3074842 | 3293851 | 3702538 |
| 地　级 | Prefecture | 4774217 | 4878936 | 5152941 |
| 县　级 | County | 4515497 | 3696198 | 3399780 |
| 乡镇级 | Township | 273209 | 240096 | 153633 |
| **一、税收收入** | **Tax Revenue** | **8729660** | **8540311** | **8917538** |
| 省　级 | Province | 2307489 | 2256980 | 2645051 |
| 地　级 | Prefecture | 3305288 | 3471637 | 3814237 |
| 县　级 | County | 2854402 | 2579542 | 2311879 |
| 乡镇级 | Township | 262481 | 232152 | 146371 |
| **增值税** | **Value Added Tax** | **2678788** | **3714034** | **3641216** |
| 省　级 | Province | 1153514 | 1620985 | 1821434 |
| 地　级 | Prefecture | 865517 | 1123262 | 1119823 |
| 县　级 | County | 610369 | 875713 | 647543 |
| 乡镇级 | Township | 49388 | 94074 | 52416 |
| **营业税** | **Business Tax** | **1114412** | | |
| 省　级 | Province | 564743 | | |
| 地　级 | Prefecture | 185210 | | |
| 县　级 | County | 323274 | | |
| 乡镇级 | Township | 41185 | | |
| **企业所得税** | **Corporate Income Tax** | **1340065** | **1446127** | **1465394** |
| 省　级 | Province | 455500 | 493347 | 612745 |
| 地　级 | Prefecture | 521764 | 570714 | 570293 |
| 县　级 | County | 330868 | 349293 | 266791 |
| 乡镇级 | Township | 31933 | 32773 | 15565 |
| **个人所得税** | **Individual Income Tax** | **417218** | **463475** | **503734** |
| 省　级 | Province | 129504 | 138548 | 201494 |
| 地　级 | Prefecture | 144943 | 159001 | 179231 |
| 县　级 | County | 133489 | 157124 | 118364 |
| 乡镇级 | Township | 9282 | 8802 | 4645 |
| **二、非税收收入** | **Non - tax Revenue** | **3908105** | **3568770** | **3491354** |
| 省　级 | Province | 767353 | 1036871 | 1057487 |
| 地　级 | Prefecture | 1468929 | 1407299 | 1338704 |
| 县　级 | County | 1661095 | 1116656 | 1087901 |
| 乡镇级 | Township | 10728 | 7944 | 7262 |

## 7-6 分级公共财政支出

## Public Finance Expenditure by Level

单位: 万元 unit:10000 yuan

| 项 目 | Item | 2016 | 2017 | 2018 |
|---|---|---|---|---|
| **支出合计** | **Total Expenditure** | **35860902** | **37257220** | **37895894** |
| 省 级 | Province | 8214886 | 6479873 | 6758992 |
| 地 级 | Prefecture | 9734563 | 9731439 | 9615940 |
| 县 级 | County | 16815057 | 19339743 | 19980859 |
| 乡镇级 | Township | 1096396 | 1706165 | 1540103 |
| # **一般公共服务** | **Expenditure for General Public Services** | **2609098** | **2944998** | **3088837** |
| 省 级 | Province | 454086 | 574965 | 597023 |
| 地 级 | Prefecture | 717581 | 837143 | 892167 |
| 县 级 | County | 1147322 | 1224426 | 1281683 |
| 乡镇级 | Township | 290109 | 308464 | 317964 |
| # **教 育** | **Education** | **4996967** | **5080895** | **5138182** |
| 省 级 | Province | 1006196 | 1013339 | 1164290 |
| 地 级 | Prefecture | 832995 | 843953 | 877659 |
| 县 级 | County | 3097228 | 3192509 | 3068842 |
| 乡镇级 | Township | 60548 | 31094 | 27391 |
| # **科学技术** | **Science and Technology** | **410085** | **468447** | **410991** |
| 省 级 | Province | 166078 | 183006 | 178775 |
| 地 级 | Prefecture | 142832 | 193405 | 159110 |
| 县 级 | County | 99336 | 88155 | 73106 |
| 乡镇级 | Township | 1839 | 3881 | |
| # **社会保障和就业** | **Social Security and Employment** | **4975921** | **5508036** | **6340980** |
| 省 级 | Province | 317460 | 290434 | 464615 |
| 地 级 | Prefecture | 1622713 | 1651843 | 1750499 |
| 县 级 | County | 2949529 | 3461533 | 4034971 |
| 乡镇级 | Township | 86219 | 104226 | 90895 |
| # **医疗卫生与计划生育** | **Health and family Planning** | **2736250** | **2792160** | **2812160** |
| 省级 | Province | 282204 | 362778 | 308689 |
| 地级 | Prefecture | 631200 | 603177 | 636547 |
| 县级 | County | 1802832 | 1806316 | 1846759 |
| 乡镇级 | Township | 20014 | 19889 | 20165 |
| # **节能环保** | **Energy Saving and environmental protection** | **1221379** | **1151197** | **1207852** |
| 省级 | Province | 315079 | 354998 | 261858 |
| 地级 | Prefecture | 522371 | 411742 | 401825 |
| 县级 | County | 365238 | 364271 | 505621 |
| 乡镇级 | Township | 18691 | 20186 | 38548 |
| # **农林水** | **Agricultural and forestry water** | **5504950** | **5547674** | **5375508** |
| 省级 | Province | 2400546 | 574671 | 461685 |
| 地级 | Prefecture | 577457 | 546046 | 493676 |
| 县级 | County | 2129801 | 3400940 | 3575640 |
| 乡镇级 | Township | 397146 | 1026017 | 844507 |

## 7－7　农合机构本外币存贷款年末余额
## Balance of Deposits and Loans of Agriculture Financial Institution at Year-end

单位: 亿元　　unit:100 million yuan

| 项　　目 | Item | 2016 | 2017 | 2018 |
|---|---|---|---|---|
| 各项存款 | Total Deposits | 4275.10 | 4247.55 | 4189.33 |
| 企事业单位存款 | Deposits of Enterprises | 1853.29 | 1465.73 | 1265.34 |
| 各项贷款 | Total Loans | 2219.97 | 2544.71 | 2926.07 |
| #短期贷款 | Short-term Loans | 962.67 | 1109.90 | 1324.25 |
| 中长期贷款 | Medium and Long Term Loans | 1195.01 | 1390.42 | 1558.21 |

## 7－8　保险业务主要指标
## Main Indicators of Insurance Business

单位: 万元　　unit:10000 yuan

| 项　　目 | Item | 2013 | 2014 | 2015 | 2016 | 2017 | 2018 |
|---|---|---|---|---|---|---|---|
| **保费收入** | **Premium Income** | **2637591** | **3300005** | **4313184** | **5571188** | **6413934** | **6298934** |
| 企业财产保险 | Enterprise Property Insurance | 51475 | 57352 | 54648 | 56467 | 55368 | 62708 |
| 家庭财产保险 | Family Property Insurance | 7624 | 5982 | 7056 | 6195 | 6506 | 7613 |
| 机动车辆保险 | Motor Vehicle Insurance | 665703 | 795798 | 904152 | 1011862 | 1162007 | 1226233 |
| 货物运输保险 | Freight Transport Insurance | 23819 | 30048 | 26095 | 24009 | 29008 | 33598 |
| 工程保险 | Engineering Insurance | 9855 | 8048 | 4988 | 7668 | 10477 | 9962 |
| 责任保险 | Liability Insurance | 23896 | 29865 | 36741 | 35259 | 53248 | 72040 |
| 保证保险 | Guarantee Insurance | 31625 | 53183 | 47857 | 29999 | 53648 | 106647 |
| 农业保险 | Agriculture Insurance | 92694 | 92122 | 110768 | 148285 | 172547 | 202425 |
| 人寿保险 | Life Insurance | 1506757 | 1918905 | 2707838 | 3706150 | 4114143 | 3483375 |
| 意外伤害险 | Accident Injury Insurance | 44876 | 52620 | 62943 | 74624 | 92932 | 115998 |
| 健康险 | Health Insurance | 175051 | 251847 | 336737 | 458127 | 653548 | 965427 |
| 其他 | Others | 4217 | 4235 | 13362 | 12543 | 10504 | 12907 |
| **赔款与给付** | **Compensation and Payment** | **995402** | **1120247** | **1263828** | **1612230** | **1751055** | **1921698** |
| 企业财产保险 | Enterprise Property Insurance | 20693 | 18938 | 15624 | 22237 | 41184 | 28837 |
| 家庭财产保险 | Family Property Insurance | 2245 | 2837 | 3276 | 3758 | 4380 | 4327 |
| 机动车辆保险 | Motor Vehicle Insurance | 399769 | 422926 | 467048 | 535737 | 603549 | 623515 |
| 货物运输保险 | Freight Transport Insurance | 17435 | 19689 | 16614 | 18751 | 17247 | 21624 |
| 工程保险 | Engineering Insurance | 2202 | 2146 | 3492 | 4385 | 6261 | 7693 |
| 责任保险 | Liability Insurance | 9073 | 10687 | 13451 | 16125 | 20914 | 28549 |
| 保证保险 | Guarantee Insurance | 2928 | 6277 | 12412 | 17731 | 17515 | 26406 |
| 农业保险 | Agriculture Insurance | 47475 | 56523 | 72400 | 100402 | 103240 | 101221 |
| 人寿保险 | Life Insurance | 414012 | 467294 | 527034 | 727338 | 697538 | 687829 |
| 意外伤害险 | Accident Injury Insurance | 10288 | 11859 | 14475 | 17525 | 21674 | 29843 |
| 健康险 | Health Insurance | 66946 | 99123 | 107969 | 138651 | 210055 | 355831 |
| 其他 | Others | 2336 | 1947 | 10035 | 9589 | 7497 | 6022 |

# 7－9　金融机构人员数

## Number of Personnel in Financial Institutions

单位：人　　　　unit:person

| 项　目 | Item | 2016 | 2017 | 2018 |
|---|---|---|---|---|
| **金融机构合计** | **Total Financial Institutions** | **99041** | **98840** | **99298** |
| **国有商业银行** | **State－owned Commercial Bank** | **43526** | **41814** | **40019** |
| 工商银行 | Industrial and Commercial Bank | 13131 | 12511 | 11736 |
| 农业银行 | Agricultural Bank | 13091 | 12443 | 11633 |
| 中国银行 | Bank of China | 6185 | 6015 | 6008 |
| 建设银行 | Construction Bank | 9154 | 8920 | 8719 |
| 交通银行 | Bank of Communications | 1965 | 1925 | 1923 |
| **政策性银行及国家开发银行合计** | **Policy Banks and National Development Bank** | **1851** | **1873** | **1878** |
| 国家开发银行 | National Development Bank | 167 | 170 | 177 |
| 中国进出口银行 | The Export–Import Bank of China | 41 | 51 | 54 |
| 中国农业发展银行 | Agricultural Development Bank | 1643 | 1652 | 1647 |
| **股份制商业银行合计** | **Shareholding Bank** | **3997** | **4117** | **4320** |
| 中信银行 | China Citic Bank | 498 | 475 | 474 |
| 中国光大银行 | China Ever bright Bank | 882 | 827 | 900 |
| 招商银行 | China Merchants Ban | 581 | 631 | 652 |
| 上海浦东发展银行 | ShangHai Pudong Development Bank | 497 | 469 | 459 |
| 中国民生银行 | China Minsheng Bank | 624 | 538 | 536 |
| 华夏银行 | Huaxia Bank | 325 | 397 | 435 |
| 兴业银行 | Industrial Bank | 590 | 621 | 658 |
| 渤海银行 | China Bohai Bank |  | 78 | 79 |
| 广东发展银行 | China Guangfa Bank |  | 81 | 127 |
| **城市商业银行** | **City Commercial Bank** | **9030** | **9315** | **9790** |
| **民营银行** | **Private Bank** |  | **171** | **284** |
| **农村金融机构合计** | **Rural Finanical Institutions** | **29123** | **30103** | **31909** |
| 农村信用社 | Rural Credit Coorpertive | 6618 | 5296 | 5583 |
| 农村商业银行 | Rural Commercial Bank | 18371 | 20168 | 21260 |
| 农村合作银行 | Rural Cooperative Bank |  |  |  |
| 村镇银行 | Village Bank | 3969 | 4540 | 5010 |
| 贷款公司 | Loan Company | 9 | 9 | 9 |
| 农村资金互助社 | Rural Mutual Cooperatives | 156 | 90 | 47 |
| **非银行金融机构合计** | **Non–bank Financial Institutions** | **783** | **828** | **676** |
| 企业集团财务公司 | Financial Enterprise Group Company | 190 | 197 | 202 |
| 信托公司 | Trust Company | 190 | 166 | 203 |
| 金融租赁公司 | Financial Leasing Company |  | 31 | 34 |
| 汽车金融公司 | Auto Finance Company | 403 | 434 | 237 |
| **邮政储蓄银行** | **Postal Savings Bank** | **10485** | **10363** | **10192** |
| **资产管理公司** | **Assets Supervision Corporation** | **203** | **209** | **181** |
| **外资金融机构** | **Foreign Financial Institutions** | **43** | **47** | **49** |

# 7－10　保险公司机构数（2018年）

## Number of Institutions of Insurance Company（2018）

| 项　目 | Item | 保险公司机构数(个) Number of Institutions (uint) | 总公司 Head Offices | 省级分公司 Branch Company of Province Level | 地市级中心支公司 City Center Branch | 地市级以下支公司 Branch Company of Prefecture and City Level | 营销服务部 Services Department of Marketing |
|---|---|---|---|---|---|---|---|
| **合　计** | **Total** | **1927** | **3** | **38** | **216** | **749** | **921** |
| 中国人民财产保险股份有限公司吉林省分公司 | Branch Company of Jilin Province of PICC Property and Casualty Co.Ltd. | 507 | | 1 | 9 | 77 | 420 |
| 中国太平洋财产保险股份有限公司吉林省分公司 | Jilin Branch of China Pacific Property Insurance Co.Ltd. | 59 | | 1 | 9 | 49 | |
| 中国平安财产保险股份有限公司吉林分公司 | Jilin Branch of Ping An Property and Casualty Insurance Company of China,Ltd. | 54 | | 1 | 9 | 40 | 4 |
| 天安财产保险股份有限公司吉林省分公司 | Jilin Branch of Tian An Insurance Company Co.Ltd. | 40 | | 1 | 7 | 16 | 16 |
| 安华农业保险股份有限公司吉林省分公司 | Jilin Branch of Anhua Agricultural Insurance Co.Ltd. | 78 | 1 | 1 | 9 | 52 | 15 |
| 中国大地财产保险股份有限公司吉林分公司 | Jilin Branch of China Continent Property & Casualty Insurance Co.Ltd. | 51 | | 1 | 9 | 22 | 19 |
| 安邦财产保险股份有限公司吉林分公司 | Jilin Branch of AB Property and Casualty Co.Ltd. | 55 | | 1 | 9 | 14 | 31 |
| 都邦财产保险股份有限公司吉林分公司 | Jilin Branch of Dubang Insurance Co.Ltd. | 11 | 1 | 1 | 6 | 2 | 1 |
| 阳光财产保险股份有限公司吉林省分公司 | Jilin Branch of sunshine Province and casualty Co.Ltd. | 62 | | 1 | 10 | 51 | |
| 华安财产保险股份有限公司吉林分公司 | Jilin Branch of Huaan Province and Casualty Co.Ltd. | 2 | | 1 | 1 | | |
| 中航安盟财产保险有限公司吉林省分公司 | Jilin Branch of Groupama AvicInsurance Co.Ltd. | 43 | | 1 | 5 | 18 | 19 |
| 中国人寿财产保险股份有限公司吉林省分公司 | Branch Company of Jilin Province of China Life Insurance Co.Ltd. | 50 | | 1 | 9 | 40 | |
| 鑫安汽车保险股份有限公司吉林分公司 | Xin An automobile insurance Co., Ltd.Jilin branch | 2 | 1 | 1 | | 0 | |
| 中华联合财产保险股份有限公司吉林分公司 | China United Property Insurance Company Jilin branch | 26 | | 1 | 8 | 17 | |
| 华泰财产保险有限公司吉林分公司 | Huatai Property Insurance Co., Ltd. Jilin branch | 3 | | 1 | 2 | | |
| 太平财产保险有限公司吉林分公司 | Taiping Property Insurance Co.Ltd | 3 | | 1 | 2 | | |
| 永诚财产保险股份有限公司吉林分公司 | Jilin Branch of Yongcheng Property Insurance Co.Ltd | 2 | | 1 | 1 | | |
| 英大泰和财产保险股份有限公司吉林分公司 | Jilin Branch of Yingda Taihe Property Insurance Co.Ltd | 1 | | 1 | | | |
| 中国人寿保险股份有限公司吉林省分公司 | Ping An Life Insurance Company of China Jilin branch | 367 | | 1 | 9 | 68 | 289 |
| 中国太平洋人寿保险股份有限公司吉林省分公司 | Xinhua Life Insurance Company Jilin branch | 54 | | 1 | 9 | 39 | 5 |
| 中国平安人寿保险股份有限公司吉林分公司 | Jilin Branch of Taikang Life Insurance Company of China,Ltd. | 74 | | 1 | 8 | 23 | 42 |
| 新华人寿保险股份有限公司吉林分公司 | Jilin Branch of PICC Life Insurance Company of China,Ltd. | 46 | | 1 | 9 | 29 | 7 |
| 泰康人寿保险股份有限公司吉林分公司 | Jilin Branch Taiping Life Insurance Co,Ltd. | 84 | | 1 | 8 | 37 | 38 |
| 中国人民人寿保险股份有限公司吉林省分公司 | Jilin Branch Funde Sino Life Insurance Co.Ltd. | 62 | | 1 | 9 | 49 | 3 |
| 太平人寿保险有限公司吉林分公司 | Jilin Branch of Ping An Annuity Insurance Co,Ltd. | 33 | | 1 | 9 | 22 | 1 |
| 富德生命人寿保险股份有限公司吉林分公司 | Jilin Branch of Union Life Insuranle Co.Ltd. | 37 | | 1 | 9 | 25 | 2 |
| 平安养老保险股份有限公司吉林分公司 | Jilin Branch of PICC Health Insurance Company Limited | 3 | | 1 | 2 | | |
| 合众人寿保险股份有限公司吉林分公司 | Jilin Branch of Union Life Insuranle Co.Ltd. | 10 | | 1 | 5 | 3 | 1 |
| 中国人民健康保险股份有限公司吉林分公司 | Jilin Branch of PICC Health Insurance Company Limited | 8 | | 1 | 5 | 2 | |
| 英大泰和人寿保险股份有限公司吉林分公司 | Jilin Branch of YingDa Taihe Life Insurance Co.Ltd. | 13 | | 1 | 4 | | 8 |
| 阳光人寿保险股份有限公司吉林分公司 | Jilin Branch of Yangguang Life Insurance Co.Ltd. | 32 | | 1 | 7 | 24 | |
| 安邦人寿保险股份有限公司吉林分公司 | Jilin Branch of Anbang Life Insurance Co.Ltd. | 7 | | 1 | 6 | | |
| 百年人寿保险股份有限公司吉林分公司 | Jilin Branch of Century Life Insurance Co.Ltd. | 15 | | 1 | 4 | 10 | |
| 天安人寿保险股份有限公司吉林分公司 | Jilin Branch of Tianan Life Insurance Co.Ltd. | 29 | | 1 | 8 | 20 | |
| 泰康养老保险股份有限公司吉林分公司 | Jilin Branch of Taikang Pension Insurance Co.Ltd. | 1 | | 1 | | | |
| 太平养老保险股份有限公司吉林分公司 | Jilin Branch of Taiping Pension Insurance Co.Ltd. | 1 | | 1 | | | |
| 中邮人寿保险股份有限公司吉林分公司 | Jilin Branch of China Post Insurance Co.Ltd. | 1 | | 1 | | | |
| 建信人寿保险股份有限公司吉林分公司 | Jilin Branch of CCB Life Insurance Co.Ltd. | 1 | | 1 | | | |

# 第八篇

CHAPTER ▶ 08

# 价格指数

***PRICE INDICES***

资料整理人员：
张 超 郭 蕊 孙境鸿

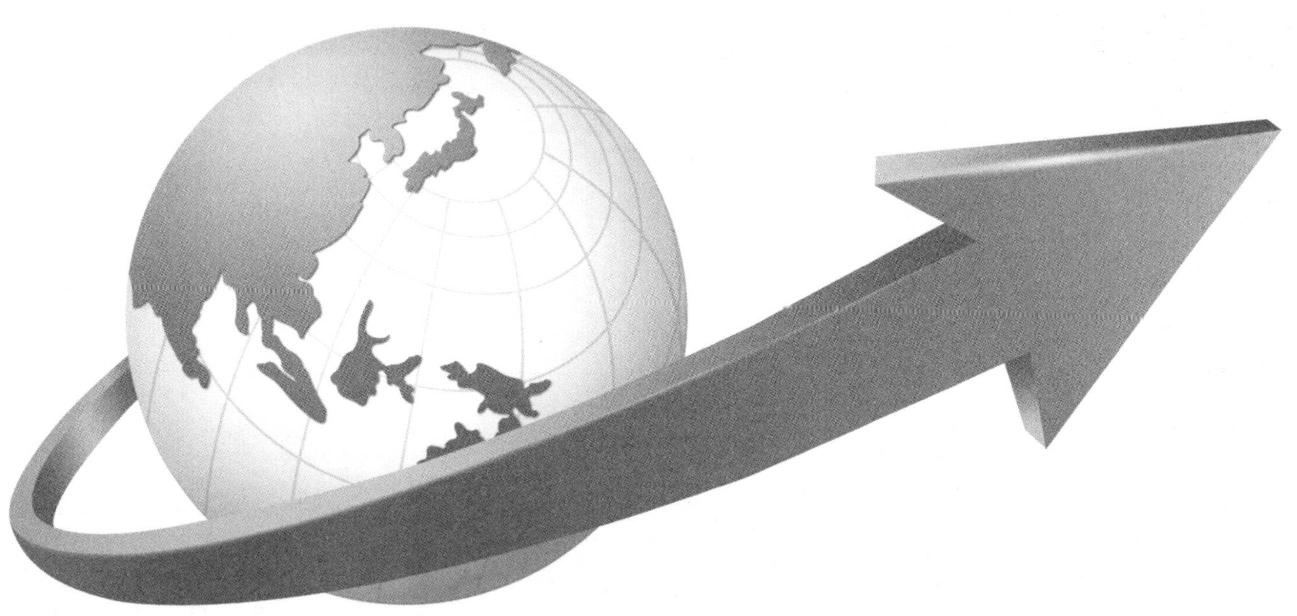

# 8-1 各种价格指数

## Various Price Indices

（上年=100）　　　　　　　　　　　　　　　　　　　　　　　　　　　　　　　（Preceding year=100）

| 年 份 Year | 居民消费价格指数 Consumer Price Index | 城市居民 Urban Areas | 农村居民 Rural Areas | 商品零售价格指数 Retail Price Index | 工业生产者出厂价格指数 Producer Price Index for Industrial Products | 工业生产者购进价格指数 Purchasing Price Index for Industrial Producers | 农业生产资料价格指数 Price Index for means of Agricultural Production | 固定资产投资价格指数 Price Index for Investment in Fixed Assets | 建筑安装工程总价格指数 Price Index of Construction and Installation |
|---|---|---|---|---|---|---|---|---|---|
| 1978 | 100.1 | 100.1 | 100.3 | 100.2 | | | | | |
| 1979 | 101.7 | 101.7 | 101.1 | 101.2 | | | | | |
| 1980 | 105.6 | 108.6 | 104.9 | 106.3 | | | | | |
| 1981 | 101.6 | 101.6 | 101.2 | 101.7 | | | | | |
| 1982 | 104.2 | 104.2 | 101.9 | 103.0 | | | | | |
| 1983 | 104.5 | 103.0 | 101.7 | 102.6 | | | | | |
| 1984 | 103.5 | 103.6 | 103.3 | 104.2 | | | | | |
| 1985 | 110.3 | 110.3 | 107.9 | 109.7 | | | | | |
| 1986 | 106.0 | 106.0 | 105.1 | 105.4 | | | | | |
| 1987 | 107.6 | 108.0 | 105.3 | 107.5 | | | | | |
| 1988 | 120.3 | 121.6 | 117.1 | 119.9 | | | | | |
| 1989 | 117.2 | 116.9 | 119.3 | 116.9 | | | | | |
| 1990 | 104.9 | 103.9 | 108.2 | 103.9 | | | | | |
| 1991 | 106.8 | 107.1 | 105.2 | 105.1 | | | | | |
| 1992 | 108.0 | 109.3 | 103.9 | 107.1 | | | | 116.4 | |
| 1993 | 112.6 | 113.2 | 108.8 | 111.3 | | | | 128.8 | |
| 1994 | 120.6 | 123.2 | 117.1 | 119.9 | | | | 107.3 | |
| 1995 | 115.2 | 115.1 | 115.6 | 114.2 | | | | 109.6 | |
| 1996 | 107.2 | 107.7 | 105.8 | 105.1 | | | | 102.9 | |
| 1997 | 103.7 | 103.7 | 103.7 | 101.8 | 101.4 | 103.9 | | 104.4 | 106.4 |
| 1998 | 99.2 | 99.3 | 99.0 | 97.9 | 97.0 | 96.6 | | 100.8 | 101.2 |
| 1999 | 98.0 | 97.9 | 98.6 | 96.7 | 100.1 | 97.7 | | 102.2 | 106.1 |
| 2000 | 98.6 | 98.3 | 99.6 | 98.0 | 105.1 | 106.8 | | 102.0 | 103.2 |
| 2001 | 101.3 | 101.5 | 100.5 | 100.9 | 100.3 | 101.8 | | 101.1 | 102.6 |
| 2002 | 99.5 | 99.2 | 100.3 | 99.0 | 98.6 | 97.8 | | 101.2 | 101.9 |
| 2003 | 101.2 | 101.1 | 101.5 | 100.5 | 102.5 | 104.8 | 101.0 | 101.1 | 102.3 |
| 2004 | 104.1 | 103.6 | 105.1 | 103.5 | 105.0 | 110.5 | 106.3 | 104.1 | 105.6 |
| 2005 | 101.5 | 101.4 | 101.9 | 101.1 | 104.3 | 107.0 | 109.2 | 102.0 | 102.5 |
| 2006 | 101.4 | 101.2 | 102.0 | 101.5 | 101.7 | 103.8 | 97.2 | 102.2 | 103.0 |
| 2007 | 104.8 | 104.4 | 106.1 | 103.3 | 102.7 | 105.2 | 106.0 | 103.9 | 105.2 |
| 2008 | 105.1 | 105.1 | 105.3 | 106.2 | 104.9 | 111.3 | 127.3 | 107.3 | 110.7 |
| 2009 | 100.1 | 99.9 | 100.7 | 99.3 | 96.1 | 95.3 | 96.4 | 99.4 | 99.4 |
| 2010 | 103.7 | 103.4 | 104.1 | 104.1 | 105.2 | 108.6 | 99.1 | 102.4 | 103.4 |
| 2011 | 105.2 | 105.2 | 105.4 | 104.9 | 105.4 | 106.1 | 111.4 | 105.6 | 105.6 |
| 2012 | 102.5 | 102.5 | 102.4 | 101.7 | 99.1 | 99.3 | 106.8 | 100.4 | 100.4 |
| 2013 | 102.9 | 102.9 | 102.9 | 101.6 | 98.7 | 99.4 | 100.8 | 100.0 | 100.0 |
| 2014 | 102.0 | 102.1 | 101.5 | 101.2 | 99.1 | 99.2 | 95.1 | 100.2 | 100.4 |
| 2015 | 101.7 | 101.7 | 101.6 | 99.8 | 95.3 | 96.6 | 100.2 | 97.6 | 96.3 |
| 2016 | 101.6 | 101.5 | 101.9 | 101.3 | 98.4 | 97.8 | 97.4 | 98.7 | 98.6 |
| 2017 | 101.6 | 101.5 | 101.8 | 101.4 | 103.1 | 103.4 | 97.9 | 104.7 | 107.4 |
| 2018 | 102.1 | 102.0 | 102.3 | 102.4 | 102.8 | 103.5 | 103.7 | 104.6 | 107.8 |

# 8-2 商品零售价格分类指数（2018年）

## Retail Price Indices by Category（2018）

（上年=100）（Preceding year=100）

| 项目 | Item | 全省 Total | 城市 Urban | 农村 Rural |
|---|---|---|---|---|
| **商品零售价格指数** | **General Retail Price Index** | **102.4** | **102.4** | **102.8** |
| **食品** | **Food** | **101.6** | **101.6** | **102.0** |
| 粮食 | Grain | 100.8 | 100.6 | 102.1 |
| 薯类 | Tubers | 111.0 | 111.0 | 110.9 |
| 豆类 | Beans | 99.1 | 99.0 | 99.9 |
| 食用油 | Edible oil | 99.6 | 99.6 | 99.6 |
| 菜 | Vegetables | 106.2 | 106.0 | 107.9 |
| 畜肉类 | Livestock meat | 96.5 | 96.6 | 95.7 |
| 禽肉类 | Poultry Meat | 103.8 | 103.9 | 102.9 |
| 水产品 | Aquatic Products | 102.2 | 102.0 | 103.5 |
| 蛋类 | Eggs | 112.4 | 112.5 | 112.0 |
| 奶类 | Milk | 102.3 | 102.3 | 102.4 |
| 干鲜瓜果类 | Dried and Fresh Melons and Fruits | 102.1 | 101.8 | 104.5 |
| 糖果糕点类 | Confectionery | 102.9 | 103.0 | 101.8 |
| #食　糖 | Sugar | 102.8 | 103.0 | 101.5 |
| 调味品 | Flavoring | 102.5 | 102.6 | 101.1 |
| 其他食品类 | Other Food Products | 101.0 | 101.1 | 100.1 |
| 在外餐饮 | Dining out | 101.8 | 101.9 | 101.3 |
| **饮料、烟酒** | **Beverage,Tobacco and Liquor** | **101.6** | **101.7** | **101.0** |
| 茶及饮料 | Tea and Beverage | 102.3 | 102.3 | 102.1 |
| 烟草 | Tobacco | 99.8 | 99.8 | 100.0 |
| 酒类 | Liquor | 103.6 | 103.8 | 101.8 |
| **服装、鞋帽** | **Garments,Shoes and Hats** | **102.5** | **102.5** | **102.9** |
| 服装 | Garments | 102.6 | 102.4 | 103.8 |
| 鞋帽袜 | Footgear and Hats | 102.6 | 102.8 | 100.9 |
| 其他衣着配件 | Other Clothing accessories | 101.4 | 101.6 | 99.6 |
| **纺织品** | **Textiles** | **102.9** | **102.9** | **102.9** |
| 服装材料 | Clothing Meterial | 104.0 | 103.4 | 108.9 |
| 床上用品 | Bed Articles | 102.7 | 102.9 | 101.5 |
| **家用电器及音像器材** | **Household Appliances and Music and Video Equipment** | **101.6** | **101.7** | **101.3** |
| 家庭设备 | Household Facilities | 103.1 | 103.2 | 102.4 |

8－2 续表 Continued

| 项　目 | Item | 全省 Total | 城市 Urban | 农村 Rural |
|---|---|---|---|---|
| 文娱用耐用消费品 | Durable Consumer Goods for Recreational Use | 99.7 | 99.7 | 99.5 |
| 专业音像器材 | Audio and Video Equipment | 99.2 | 99.2 | 99.5 |
| **文化办公用品** | **Cultural and Office Appliances** | **101.3** | **101.0** | **103.1** |
| **日用品** | **Articles for Daily Use** | **100.9** | **100.7** | **102.8** |
| 日用百货 | General Merchandise for Daily Use | 102.0 | 101.9 | 103.0 |
| 清洗用品 | Cleaning Supplies | 100.8 | 100.8 | 100.5 |
| 其他日用品 | Others | 100.3 | 99.9 | 103.4 |
| **体育娱乐用品** | **Sports and Recreation Articles** | **101.3** | **101.3** | **101.5** |
| 体育户外用品 | Sports Outdoor Goods | 99.9 | 100.2 | 97.7 |
| 娱乐用品 | Amusement Goods | 101.7 | 101.5 | 102.5 |
| **交通、通信用品** | **Transportation and Communication Articles** | **99.2** | **99.1** | **100.3** |
| 交通运输机械 | Transportation Facility | 98.4 | 98.4 | 98.1 |
| 通信器材 | Communication Faciliy | 100.5 | 100.1 | 103.6 |
| **家具** | **Furniture** | **104.0** | **104.3** | **102.1** |
| **化妆品** | **Cosmetics** | **101.7** | **101.7** | **101.7** |
| **金银饰品** | **Gold,Silver Ornaments** | **98.3** | **98.4** | **97.8** |
| **中西药品及医疗保健用品** | **Traditional Chinese and Western Medicines and Health Care Articles** | **106.6** | **106.3** | **108.4** |
| 医疗卫生器具 | Medical Sanitation | 103.0 | 103.3 | 100.6 |
| 中药 | Traditional Chinese Medicine | 105.1 | 104.4 | 110.9 |
| 西药 | Western Medicine | 109.0 | 108.8 | 110.1 |
| 保健器具及用品 | Health Care Appliances and Articles | 102.1 | 102.3 | 101.0 |
| **书报杂志及电子出版物** | **Books,Newspapers,Magazines and Electronic Publications** | **104.2** | **104.6** | **101.7** |
| 教材及参考书 | Teaching Materials and Reference Books | 104.8 | 105.0 | 103.3 |
| 书报杂志 | Books, Newspapers and Magazines | 106.1 | 106.8 | 100.6 |
| 计算机办公软件 | Computer Office Software | 97.6 | 97.6 | 97.5 |
| **燃料** | **Fuels** | **107.7** | **107.8** | **107.4** |
| 煤炭及制品 | Coal and Related Products | 108.4 | 108.7 | 106.2 |
| 石油及制品 | Petroleum and Related Products | 107.6 | 107.6 | 107.5 |
| **建筑材料及五金电料** | **Building Materials and Hardware** | **103.1** | **103.1** | **103.2** |
| 建筑装璜材料 | Building Decoration Materials | 103.2 | 103.2 | 103.4 |
| 五金水暖 | Hardware | 102.7 | 102.8 | 102.3 |

# 8-3 居民消费价格分类指数（2018年）
## Consumer Price Indices by Category（2018）

（上年=100）　　　　　　　　　　　　　　　　　　　　　　　　　　　　（preceding year=100）

| 项　目 | Item | 全省 Total | 城市 Urban Indices | 农村 Rural Indices |
|---|---|---|---|---|
| **居民消费价格总指数** | **General Consumer Price Index** | **102.1** | **102.0** | **102.3** |
| **服务价格指数** | **Services Pirce Index** | **102.1** | **102.0** | **102.5** |
| **食品烟酒** | **Food Liquor and Tobacco** | **101.4** | **101.6** | **100.7** |
| 食品 | Food | 101.2 | 101.6 | 100.3 |
| 粮食 | Grain | 101.1 | 100.9 | 101.3 |
| 菜 | Vegetables | 106.7 | 106.4 | 108.1 |
| #鲜　菜 | Fresh Vegetables | 107.4 | 106.9 | 109.2 |
| 畜肉类 | Livestock Meat | 94.6 | 96.4 | 90.4 |
| 禽肉类 | Meat of Poultry | 103.6 | 104.1 | 102.0 |
| 水产品 | Aquatic Products | 101.6 | 102.1 | 99.5 |
| 干鲜瓜果类 | Dired Fresh melon and Fruit | 102.8 | 101.9 | 105.4 |
| #鲜 瓜 果 | Fresh Fruits and Melons | 103.3 | 102.3 | 105.9 |
| 其他食品类 | Other Food Products | 100.8 | 101.3 | 100.0 |
| 烟酒 | Tobacco and Liquor | 101.1 | 101.2 | 100.8 |
| **衣着** | **Clothing** | **102.5** | **102.3** | **103.0** |
| **居住** | **Residence** | **102.1** | **101.6** | **103.3** |
| 租赁房房租 | Rent of Rental Housing | 103.5 | 103.4 | 104.3 |
| 住房保养维修及管理 | Maintenance and Management of housing | 103.9 | 103.0 | 105.0 |
| 水电燃料 | Water Electricity and fuel | 101.0 | 100.8 | 101.8 |
| 自有住房 | Private Housing | 102.2 | 101.7 | 103.4 |
| **生活用品及服务** | **Supplies and Services** | **102.3** | **102.4** | **102.1** |
| 家具 | Furniture | 103.4 | 103.8 | 101.8 |
| 室内装饰品 | Upholstery | 100.3 | 99.7 | 102.2 |
| 家用器具 | Furniture Appliance | 103.1 | 103.3 | 102.3 |
| #床上用品 | Bedding | 102.2 | 102.5 | 101.3 |
| 家庭日用杂品 | Household groceries | 101.9 | 101.6 | 102.5 |
| **交通和通信** | **Transporation and Communication** | **100.8** | **100.3** | **102.1** |
| 交通 | Transportation | 102.1 | 101.6 | 103.3 |
| #车辆修理与保养 | Vehicle Repair and Maintenance | 101.4 | 100.8 | 102.3 |
| 通信 | Communication | 98.4 | 98.0 | 99.8 |
| #通信服务 | Communication Service | 97.1 | 96.5 | 98.6 |
| **教育文化和娱乐** | **Education Culture and Entertainment** | **102.3** | **102.2** | **102.5** |
| 学前教育 | Preschoul Education | 102.2 | 101.3 | 104.8 |
| 文化娱乐 | Cultural Entertainment | 102.2 | 102.2 | 101.6 |
| **医疗保健** | **Health Care** | **105.3** | **105.9** | **104.1** |
| 医疗服务 | Medical Service | 104.0 | 105.5 | 101.6 |
| **其他用品和服务** | **Other Supplies and Services** | **100.7** | **100.4** | **101.5** |
| 其他用品类 | Other Items | 99.8 | 99.5 | 100.6 |
| 其他服务类 | Other Service | 101.4 | 101.2 | 102.1 |

# 8－4 固定资产投资价格指数

## Price Indices of Investment in Fixed Assets

（上年=100） （preceding year=100）

| 年 份 Year | 总指数 General Index | 建筑安装工程 Construction and Installation | 设备、工器具购置 Purchase of Equipments and Instruments | 其他费用 Other Expenses |
|---|---|---|---|---|
| 1992 | 116.4 | 119.4 | 110.1 | 110.1 |
| 1993 | 128.8 | 141.7 | 116.2 | 116.2 |
| 1994 | 107.3 | 108.0 | 109.3 | 109.3 |
| 1995 | 109.6 | 106.8 | 112.1 | 112.1 |
| 1996 | 102.9 | 105.7 | 98.4 | 98.4 |
| 1997 | 104.4 | 106.4 | 101.1 | 101.1 |
| 1998 | 100.8 | 101.2 | 100.1 | 100.1 |
| 1999 | 102.2 | 106.1 | 100.1 | 100.1 |
| 2000 | 102.0 | 103.2 | 99.4 | 99.4 |
| 2001 | 101.1 | 102.6 | 98.5 | 98.5 |
| 2002 | 101.2 | 101.9 | 98.6 | 98.6 |
| 2003 | 101.1 | 102.3 | 98.1 | 98.1 |
| 2004 | 104.1 | 105.6 | 101.1 | 101.1 |
| 2005 | 102.0 | 102.5 | 100.1 | 100.1 |
| 2006 | 102.2 | 103.0 | 100.5 | 100.5 |
| 2007 | 103.9 | 105.2 | 99.9 | 99.9 |
| 2008 | 107.3 | 110.7 | 100.4 | 100.4 |
| 2009 | 99.4 | 99.4 | 98.1 | 101.7 |
| 2010 | 102.4 | 103.4 | 99.9 | 104.8 |
| 2011 | 105.6 | 105.6 | 100.9 | 104.2 |
| 2012 | 100.4 | 100.4 | 99.0 | 102.4 |
| 2013 | 100.0 | 100.0 | 99.1 | 100.6 |
| 2014 | 100.2 | 100.4 | 99.7 | 100.6 |
| 2015 | 97.6 | 96.3 | 99.3 | 100.1 |
| 2016 | 98.7 | 98.6 | 98.7 | 100.0 |
| 2017 | 104.7 | 107.4 | 100.6 | 100.5 |
| 2018 | 104.6 | 107.8 | 100.8 | 100.9 |

# 8－5 主要原材料、燃料、动力购进价格指数

## Main Purchasing Price Indices of Raw Materials,Fuels and Power

（上年=100） （preceding year=100）

| 类 别 | Item | 2016 | 2017 | 2018 |
|---|---|---|---|---|
| **全部原材料** | **General Price Indices** | **97.8** | **103.4** | **103.5** |
| 燃料、动力类 | Fuel and Power | 95.7 | 110.5 | 108.4 |
| 黑色金属材料类 | Ferrous Metals | 96.6 | 106.5 | 104.8 |
| # 钢材 | Steel | 98.9 | 106.1 | 104.1 |
| 其它 | Others | 93.5 | 107.0 | 105.8 |
| 有色金属材料和电线类 | Nonferrous Metals and Wire | 98.7 | 105.7 | 102.2 |
| 化工原料类 | Raw Chemical Materials | 96.9 | 105.3 | 103.8 |
| 木材及纸浆类 | Timber and Paper Pulp | 100.0 | 102.6 | 104.1 |
| 建筑材料及非金属矿类 | Buiding Materials and Nonmetal Minerals | 98.5 | 102.9 | 107.8 |
| 其它工业原料及半成品类 | Other Industrial Materials and Semi-finished Products | 99.2 | 100.0 | 100.4 |
| 农副产品类 | Agricultural Products | 97.9 | 97.8 | 101.3 |
| 纺织原料类 | Textile Materials | 96.6 | 101.4 | 101.7 |

# 8－6 工业生产者出厂价格指数

## Producer Price Indices of Industrial Products by Category

（上年=100） （preceding year=100）

| 类　　别 | Item | 2016 | 2017 | 2018 |
|---|---|---|---|---|
| **全部工业品** | **Total Industry Products** | **98.4** | **103.1** | **102.8** |
| 轻工业 | Light Industry | 99.0 | 98.8 | 101.4 |
| 以农产品为原料 | Using Farm Products as Raw Materials | 99.0 | 98.5 | 101.6 |
| 以非农产品为原料 | Using Non-farm Products as Raw Matericals | 99.2 | 100.6 | 100.5 |
| 重工业 | Heavy Industry | 98.2 | 104.5 | 103.2 |
| 采掘 | Mining and Quarrying | 92.2 | 124.0 | 113.0 |
| 原料 | Raw Materials | 96.5 | 103.7 | 104.3 |
| 加工 | Processing | 99.4 | 102.4 | 101.5 |
| 生产资料 | Means of Production | 97.4 | 106.7 | 104.4 |
| 采掘 | Mining and Quarrying | 92.2 | 124.0 | 113.0 |
| 原料 | Raw Materials | 95.9 | 104.0 | 104.5 |
| 加工 | Processing | 99.0 | 104.8 | 102.6 |
| 生活资料 | Consumer Goods | 99.8 | 98.3 | 100.4 |
| 食品 | Food | 98.6 | 97.7 | 100.7 |
| 衣着 | Clothing | 100.4 | 100.2 | 99.8 |
| 一般日用品 | Articles for Daily Use | 101.0 | 100.1 | 101.0 |
| 耐用消费品 | Durable Consumer Goods | 101.0 | 98.6 | 100.0 |
| 按工业部门分 | Grouped by Sector | | | |
| 冶金工业 | Metallurgical Industry | 101.1 | 117.8 | 107.0 |
| 电力工业 | Power Industry | 99.1 | 100.1 | 100.5 |
| 煤炭及炼焦工业 | Coal and Coke Industry | 99.1 | 123.4 | 107.5 |
| 石油工业 | Petroleum Industry | 87.8 | 126.9 | 116.4 |
| 化学工业 | Chemical Industry | 96.9 | 100.9 | 102.4 |
| 机械工业 | Machine Manufacturing Industry | 100.0 | 99.6 | 99.9 |
| 建筑材料工业 | Building Materials Industry | 96.6 | 105.3 | 103.1 |
| 森林工业 | Timber Industry | 100.2 | 100.3 | 101.7 |
| 食品工业 | Food Industry | 98.9 | 97.8 | 101.3 |
| 纺织工业 | Textile Industry | 97.8 | 101.3 | 102.3 |
| 缝纫工业 | Tailoring Industry | 100.2 | 100.2 | 100.5 |
| 皮革工业 | Leather Industry | 101.2 | 100.2 | 94.8 |
| 造纸工业 | Paper Industry | 99.5 | 105.5 | 104.8 |
| 文教艺术用品工业 | Cultural, Educational and Handicraft Articles | 100.1 | 99.2 | 100.5 |
| 其它工业 | Others | 95.8 | 116.8 | 116.8 |

# 8－7　工业生产者购进价格分类指数
## Producer Price Indices for Industrial Producer by Category

（上年=100）　　（preceding year=100）

| 年 份 Year | 总指数 General Index | 燃料、动力类 Fuel、Power | 黑色金属材料类 Ferrous Metal | 有色金属材料及电线类 Non ferrous Metals and wires | 化工原料类 Raw Chemical Material | 木材及纸浆类 Wood and Pulp | 建筑材料及非金属类 Building Materials and Non metals | 农副产品类 Agricultural Products | 纺织原料类 Textile Materials |
|---|---|---|---|---|---|---|---|---|---|
| 2003 | 104.8 | 105.9 | 105.2 | 103.0 | 102.9 | 101.8 | 97.4 | 106.1 | 106.4 |
| 2004 | 110.5 | 107.8 | 120.3 | 112.6 | 111.2 | 105.7 | 101.4 | 111.0 | 108.7 |
| 2005 | 107.0 | 115.1 | 108.8 | 108.1 | 106.1 | 107.1 | 101.2 | 101.4 | 99.5 |
| 2006 | 103.8 | 108.9 | 98.8 | 118.5 | 101.8 | 102.3 | 101.3 | 101.1 | 100.9 |
| 2007 | 105.2 | 103.9 | 103.7 | 111.6 | 109.1 | 103.1 | 102.8 | 108.0 | 101.5 |
| 2008 | 111.3 | 112.4 | 116.2 | 100.2 | 109.1 | 103.1 | 106.6 | 113.4 | 104.5 |
| 2009 | 95.3 | 95.5 | 91.3 | 88.6 | 90.8 | 93.0 | 102.2 | 97.2 | 100.1 |
| 2010 | 108.6 | 113.5 | 105.0 | 113.9 | 114.1 | 105.6 | 103.9 | 106.4 | 105.2 |
| 2011 | 106.1 | 111.4 | 105.7 | 103.5 | 106.8 | 108.0 | 102.4 | 109.3 | 106.5 |
| 2012 | 99.3 | 98.5 | 94.9 | 98.6 | 99.4 | 102.6 | 104.2 | 100.3 | 100.7 |
| 2013 | 99.4 | 98.3 | 97.6 | 97.2 | 99.9 | 100.8 | 99.8 | 99.9 | 100.3 |
| 2014 | 99.2 | 98.5 | 97.7 | 97.9 | 99.1 | 100.5 | 99.7 | 99.8 | 100.3 |
| 2015 | 96.6 | 86.8 | 94.3 | 97.4 | 98.7 | 100.3 | 101.3 | 99.9 | 100.1 |
| 2016 | 97.8 | 95.7 | 96.6 | 98.7 | 96.9 | 100.0 | 98.5 | 97.9 | 96.6 |
| 2017 | 103.4 | 110.5 | 106.5 | 105.7 | 105.3 | 102.6 | 102.9 | 97.8 | 101.4 |
| 2018 | 103.5 | 108.4 | 104.8 | 102.2 | 103.8 | 104.1 | 107.8 | 101.3 | 101.7 |

# 8－8　农业生产资料价格分类指数
## Price Indices for Means of Agricultural Production by Category

（上年=100）　　（preceding year=100）

| 年 份 Year | 总指数 General Index | 农用手工工具 Farm hand tools | 饲 料 Feeding | 仔畜幼禽及产品畜 Young Poultry and livestock Products | 半机械化农具 Semi-mechanized farm tools | 机械化农具 Mechanized farm tools | 化学肥料 Chemical Fertilizer | 农药及农药械 Pesticide | 农用机油 Agricultural Oil | 其他农业生产资料 Other Means for Agricultural Production | 农业生产服务 Agricultural Production Service |
|---|---|---|---|---|---|---|---|---|---|---|---|
| 2003 | 101.0 | 101.0 | 100.8 | 99.2 | 94.7 | 93.3 | 104.1 | 98.0 | 111.3 | 89.5 | |
| 2004 | 106.3 | 102.8 | 102.1 | 115.2 | 97.1 | 98.7 | 107.0 | 100.6 | 102.1 | 109.8 | |
| 2005 | 109.2 | 98.8 | 107.2 | 104.9 | 107.8 | 104.2 | 115.4 | 103.5 | 105.4 | 104.9 | |
| 2006 | 97.2 | 106.1 | 94.8 | 84.0 | 105.7 | 100.3 | 95.7 | 97.1 | 110.7 | 106.3 | 100.0 |
| 2007 | 106.0 | 99.1 | 115.6 | 142.0 | 112.6 | 100.4 | 102.8 | 102.2 | 106.0 | 101.5 | 115.0 |
| 2008 | 127.3 | 101.2 | 111.0 | 154.0 | 105.2 | 107.3 | 145.8 | 106.4 | 111.9 | 115.9 | 103.4 |
| 2009 | 96.4 | 106.7 | 101.5 | 86.9 | 104.9 | 104.0 | 87.7 | 95.6 | 98.5 | 110.2 | 113.4 |
| 2010 | 99.1 | 100.9 | 103.9 | 97.9 | 99.8 | 99.8 | 92.8 | 98.4 | 110.4 | 101.8 | 112.8 |
| 2011 | 111.4 | 109.3 | 108.8 | 124.8 | 100.6 | 103.9 | 115.3 | 99.7 | 113.0 | 107.6 | 107.1 |
| 2012 | 106.8 | 104.7 | 107.8 | 106.9 | 99.8 | 102.4 | 107.6 | 107.9 | 103.3 | 101.7 | 117.0 |
| 2013 | 100.8 | 101.9 | 105.7 | 102.5 | 100.7 | 100.7 | 96.3 | 104.7 | 101.9 | 101.3 | 105.8 |
| 2014 | 95.1 | 100.0 | 102.8 | 93.0 | 100.1 | 100.3 | 87.3 | 100.8 | 96.8 | 96.4 | 103.0 |
| 2015 | 100.2 | 99.6 | 105.1 | 114.5 | 99.9 | 100.2 | 100.8 | 99.7 | 82.2 | 96.2 | 102.7 |
| 2016 | 97.4 | 98.2 | 90.9 | 127.8 | 99.7 | 102.8 | 91.3 | 99.2 | 95.1 | 97.9 | 100.6 |
| 2017 | 97.9 | 102.2 | 93.0 | 92.6 | 103.5 | 105.2 | 95.9 | 99.9 | 112.1 | 96.3 | 98.0 |
| 2018 | 103.7 | 102.2 | 105.3 | 99.5 | 100.0 | 100.7 | 107.9 | 102.7 | 112.5 | 97.3 | 100.5 |

注：仔畜幼禽及产品畜，2015年以前为“产品畜”。
Note: Young poultry and livestock products were product stock before 2015.

# 8－9 农产品生产者价格指数

## Producer Price Indices for Farm Products

（上年=100） （preceding year=100）

| 指 标 | Item | 2016 | 2017 | 2018 |
|---|---|---|---|---|
| **农产品生产价格指数** | **Producer Price Indices for Farm Products** | **93.1** | **89.5** | **106.1** |
| **种植业产品** | **Planting Products** | **87.5** | **88.8** | **110.5** |
| 谷物 | Grain | 86.0 | 86.8 | 112.5 |
| #稻谷 | Rice | 97.1 | 97.2 | 100.0 |
| 玉米 | Corn | 82.4 | 83.7 | 116.1 |
| 大豆 | Soybean | 89.9 | 101.0 | 97.7 |
| 油料 | Oil–bearing Crops | 88.7 | 96.9 | 92.8 |
| 蔬菜 | Vegetables | 97.1 | 96.4 | 109.1 |
| 水果 | Fruits | 82.4 | 97.7 | 122.8 |
| **林业产品** | **Forestry Products** | **98.3** | **101.6** | **108.2** |
| **畜牧业产品** | **Animal Hasbandry Products** | **109.8** | **91.3** | **93.0** |
| 猪(毛重) | Pig (gross weight) | 123.8 | 85.6 | 79.8 |
| 牛(毛重) | Cattle (gross weight) | 95.4 | 97.2 | 106.1 |
| 羊(毛重) | Sheep (gross weight) | 95.9 | 126.0 | 112.6 |
| 家禽(毛重) | Poultry (gross weight) | 95.7 | 93.7 | 103.0 |
| 蛋类 | Egg | 94.6 | 91.2 | 110.5 |
| 奶类 | Milk | 93.6 | 103.6 | 99.3 |
| **渔业产品** | **Fishery Products** | **98.6** | **98.9** | **94.1** |
| 淡水养殖产品 | Freshwater Artificially Cultured Products | 98.6 | 98.9 | 94.1 |

# 第九篇

CHAPTER ▶ 09

# 人民生活

## PEOPLE'S LIVING CONDITIONS

资料整理人员：

杨　滨

# 9-1 人民生活基本情况（一）

## Basic Situation of People´s Life（1）

单位：元

unit: yuan

| 年 份<br>Year | 城镇居民家庭平均每人全年<br>Unbarn Households Per Capita Annual | | | | 农村居民家庭平均每人全年<br>Rural Households Per Capita Annual | | | | 城镇居民家庭恩格尔系数(%)<br>Engle´s Coefficient of Urban Households (%) | 农村居民家庭恩格尔系数(%)<br>Engle´s Coefficient of Rural Households (%) |
|---|---|---|---|---|---|---|---|---|---|---|
| | 可支配收入<br>Disposable Income | | 消费支出<br>Living Expenditure | | 可支配收入<br>Disposable Income | | 生活性消费支出<br>Living Expenditure | | | |
| | 绝对数<br>Absolute Figures | 指数<br>Index (1978=100) | | #食品<br>Food | 绝对数<br>Absolute Figures | 指数<br>Index (1978=100) | | #食品<br>Food | | |
| 1978 | 290.20 | | | | 181.65 | 100.0 | | | 59.3 | |
| 1979 | | | | | 222.50 | 122.5 | 193.83 | 130.90 | | 67.5 |
| 1980 | 369.50 | | | | 237.20 | 130.5 | 216.25 | 140.07 | 59.2 | 65.3 |
| 1981 | 401.00 | | | | 293.34 | 161.5 | 246.08 | 152.40 | | 61.9 |
| 1982 | 431.00 | | | | 333.09 | 183.4 | 253.44 | 159.37 | | 62.9 |
| 1983 | 451.31 | 155.5 | 392.40 | 224.71 | 462.50 | 254.6 | 274.98 | 174.23 | | 63.4 |
| 1984 | 499.15 | 172.0 | 424.99 | 244.21 | 486.80 | 268.0 | 320.81 | 203.09 | | 63.3 |
| 1985 | 607.50 | 209.3 | 554.15 | 303.19 | 413.74 | 227.7 | 364.47 | 199.48 | 54.7 | 56.5 |
| 1986 | 755.46 | 206.3 | 661.92 | 355.44 | 456.70 | 251.4 | 388.77 | 214.66 | | 55.2 |
| 1987 | 851.64 | 293.5 | 715.20 | 390.00 | 523.09 | 288.0 | 441.60 | 239.54 | | 54.2 |
| 1988 | 987.12 | 340.2 | 901.08 | 455.16 | 627.54 | 345.5 | 516.36 | 275.63 | | 53.4 |
| 1989 | 1109.34 | 382.3 | 967.44 | 511.20 | 623.96 | 343.5 | 562.78 | 313.59 | | 55.7 |
| 1990 | 1230.10 | 423.9 | 1053.96 | 552.60 | 717.30 | 394.8 | 585.71 | 332.27 | 52.4 | 56.7 |
| 1991 | 1395.36 | 480.8 | 1193.88 | 638.16 | 748.33 | 411.8 | 648.41 | 366.51 | 53.4 | 56.5 |
| 1992 | 1636.92 | 564.1 | 1374.72 | 690.72 | 807.41 | 444.4 | 643.13 | 381.53 | 50.2 | 59.3 |
| 1993 | 1953.12 | 673.0 | 1596.00 | 780.24 | 891.61 | 490.8 | 670.02 | 406.24 | 48.9 | 60.6 |
| 1994 | 2561.04 | 882.5 | 2096.40 | 1034.52 | 1271.63 | 699.8 | 853.73 | 532.47 | 49.3 | 62.4 |
| 1995 | 3174.84 | 1094.0 | 2598.00 | 1330.44 | 1609.61 | 885.8 | 1494.62 | 841.85 | 51.2 | 56.3 |
| 1996 | 3805.61 | 1311.4 | 3037.32 | 1438.92 | 2125.56 | 1169.8 | 1513.19 | 803.38 | 47.4 | 53.1 |
| 1997 | 4190.61 | 1444.0 | 3408.00 | 1600.68 | 2186.29 | 1203.2 | 1623.83 | 895.12 | 47.0 | 57.0 |
| 1998 | 4206.64 | 1449.6 | 3449.76 | 1585.44 | 2383.60 | 1311.8 | 1471.46 | 799.69 | 46.0 | 54.0 |
| 1999 | 4480.00 | 1543.8 | 3661.68 | 1561.92 | 2260.60 | 1244.1 | 1347.91 | 719.27 | 42.7 | 53.0 |
| 2000 | 4810.00 | 1657.7 | 4020.84 | 1582.68 | 2022.50 | 1113.1 | 1553.35 | 705.39 | 39.4 | 45.0 |
| 2001 | 5340.50 | 1840.3 | 4337.28 | 1650.96 | 2182.20 | 1201.0 | 1661.69 | 757.90 | 38.1 | 45.0 |
| 2002 | 6260.20 | 2157.2 | 4973.88 | 1809.48 | 2360.80 | 1299.3 | 1685.74 | 743.07 | 36.4 | 44.1 |
| 2003 | 7005.12 | 2413.9 | 5492.04 | 1957.92 | 2530.40 | 1392.6 | 1815.57 | 799.16 | 35.7 | 44.0 |
| 2004 | 7840.60 | 2701.8 | 6068.99 | 2180.09 | 3000.40 | 1652.1 | 1971.21 | 899.00 | 35.9 | 45.6 |
| 2005 | 8690.62 | 2995.1 | 6794.71 | 2356.00 | 3263.99 | 1796.9 | 2305.98 | 1003.22 | 34.7 | 43.5 |
| 2006 | 9775.07 | 3368.4 | 7352.64 | 2457.21 | 3641.13 | 2004.5 | 2700.66 | 1082.28 | 33.4 | 40.1 |
| 2007 | 11285.52 | 3888.9 | 8560.30 | 2842.68 | 4189.90 | 2306.0 | 3064.38 | 1240.50 | 33.2 | 40.0 |
| 2008 | 12829.45 | 4420.9 | 9729.05 | 3307.14 | 4932.74 | 2715.5 | 3443.24 | 1362.44 | 34.0 | 39.6 |
| 2009 | 14006.27 | 4826.4 | 10914.44 | 3637.32 | 5265.91 | 2898.9 | 3902.90 | 1371.12 | 33.3 | 35.1 |
| 2010 | 15411.47 | 5310.6 | 11679.04 | 3767.85 | 6237.44 | 3433.9 | 4147.36 | 1523.32 | 32.3 | 36.7 |
| 2011 | 17796.57 | 6132.5 | 13010.63 | 4252.85 | 7509.95 | 4134.3 | 5305.80 | 1872.10 | 32.7 | 35.3 |
| 2012 | 20208.04 | 6963.5 | 14613.53 | 4635.27 | 8598.17 | 4733.4 | 6186.17 | 2268.76 | 31.7 | 36.7 |
| 2013 | 22274.60 | 7675.6 | 15932.31 | 4658.13 | 9621.21 | 5296.6 | 7379.71 | 2438.49 | 29.2 | 33.0 |
| 2014 | 23217.82 | 8000.6 | 17156.14 | 4478.53 | 10780.12 | 5934.6 | 8139.82 | 2411.25 | 26.1 | 29.6 |
| 2015 | 24900.86 | 8580.6 | 17972.62 | 4640.58 | 11326.17 | 6235.2 | 8783.31 | 2550.80 | 25.8 | 29.0 |
| 2016 | 26530.42 | 9142.1 | 19166.38 | 4957.05 | 12122.94 | 6673.8 | 9521.40 | 2721.87 | 26.0 | 28.6 |
| 2017 | 28318.75 | 9758.4 | 20051.24 | 5168.68 | 12950.44 | 7129.3 | 10279.40 | 2903.20 | 25.8 | 28.2 |
| 2018 | 30171.94 | 10396.9 | 22393.71 | 5563.85 | 13748.17 | 7568.5 | 10826.24 | 3010.22 | 24.8 | 27.8 |

注：2014年城乡消费支出中食品包含烟酒。

从2013年起，农村居民人均纯收入改为农村居民人均可支配收入（以下同）。

Notes: The food in Living Expenditure in 2014 contains alcohol and tobacco.

Since 2013,the Per Capita net Income of Rural Residents has Changed to the Per Capita Disposable(The same applies to the tables following).

# 9－2 人民生活基本情况（二）
## Basic Situation of People′s Life（2）

| 年 份 Year | 人均现住房建筑面积（平方米）Per Capita Living Space (sq.m) | | 职工平均工资 Average Wages of Staff and Workers | | 住户储蓄存款（含外币）(亿元) Personal Savings Deposits（Including foreign currency）(100 million yuan) | 人均储蓄余额(元) Per Capita Savings Deposit(yuan) |
|---|---|---|---|---|---|---|
| | 城镇 Urban | 农村 Rural | 绝对数(元) Value (yuan) | 指数 Index(1978=100) | | |
| 1978 | | 7.80 | 651 | 100.0 | 5.86 | 27 |
| 1979 | | 9.17 | 700 | 107.5 | 7.62 | 35 |
| 1980 | | 9.00 | 763 | 117.2 | 10.64 | 48 |
| 1981 | | 9.89 | 770 | 118.3 | 14.56 | 65 |
| 1982 | | 10.05 | 799 | 122.7 | 18.91 | 84 |
| 1983 | | 9.93 | 823 | 126.4 | 25.28 | 111 |
| 1984 | | 12.42 | 927 | 142.4 | 34.23 | 150 |
| 1985 | 4.60 | 11.42 | 1081 | 166.1 | 43.96 | 191 |
| 1986 | 4.90 | 11.99 | 1221 | 187.6 | 58.36 | 252 |
| 1987 | 5.20 | 12.87 | 1366 | 209.8 | 83.20 | 356 |
| 1988 | 5.30 | 13.04 | 1630 | 250.4 | 109.49 | 464 |
| 1989 | 5.50 | 13.12 | 1755 | 269.6 | 141.26 | 590 |
| 1990 | 5.60 | 13.42 | 1888 | 290.0 | 196.59 | 806 |
| 1991 | 5.70 | 13.87 | 2045 | 314.1 | 253.28 | 1030 |
| 1992 | 5.95 | 14.19 | 2308 | 354.5 | 315.42 | 1275 |
| 1993 | 6.20 | 15.96 | 2701 | 414.9 | 389.44 | 1560 |
| 1994 | 6.50 | 16.06 | 3666 | 563.1 | 535.55 | 2129 |
| 1995 | 6.90 | 16.07 | 4430 | 680.5 | 726.28 | 2847 |
| 1996 | 7.21 | 16.51 | 5370 | 824.9 | 955.48 | 3705 |
| 1997 | 7.70 | 18.64 | 5664 | 870.0 | 1071.33 | 4077 |
| 1998 | 8.10 | 17.52 | 6551 | 1006.3 | 1211.83 | 4584 |
| 1999 | 8.71 | 18.47 | 7158 | 1099.5 | 1328.90 | 5000 |
| 2000 | 9.14 | 17.72 | 7924 | 1217.2 | 1515.80 | 5652 |
| 2001 | 13.41 | 17.10 | 8771 | 1347.3 | 1797.00 | 6652 |
| 2002 | 15.88 | 17.57 | 9990 | 1534.6 | 2019.40 | 7481 |
| 2003 | 16.27 | 19.75 | 11081 | 1702.2 | 2161.40 | 8007 |
| 2004 | 18.55 | 19.78 | 12431 | 1909.5 | 2405.60 | 8882 |
| 2005 | 19.47 | 20.10 | 14409 | 2213.4 | 2798.06 | 10302 |
| 2006 | 19.88 | 20.68 | 16583 | 2547.3 | 3107.50 | 11427 |
| 2007 | 21.13 | 21.21 | 20513 | 3151.0 | 3186.80 | 11689 |
| 2008 | 27.22 | 21.94 | 23486 | 3607.7 | 3923.10 | 14359 |
| 2009 | 28.06 | 22.79 | 26230 | 4029.2 | 4614.40 | 16860 |
| 2010 | 29.03 | 22.88 | 29399 | 4516.0 | 5147.26 | 18767 |
| 2011 | 29.31 | 24.40 | 34197 | 5253.0 | 5835.32 | 21234 |
| 2012 | 29.09 | 24.71 | 38407 | 5899.7 | 6875.10 | 25460 |
| 2013 | 28.27 | 23.47 | 42846 | 6581.6 | 7803.80 | 28369 |
| 2014 | 28.15 | 26.20 | 46516 | 7145.3 | 8618.85 | 31321 |
| 2015 | 28.60 | 26.95 | 51558 | 7919.8 | 9633.76 | 34996 |
| 2016 | 28.70 | 28.30 | 56098 | 8617.2 | 10666.06 | 38882 |
| 2017 | 29.00 | 28.95 | 61451 | 9439.5 | 11612.82 | 42612 |
| 2018 | 30.60 | 28.66 | 68533 | 10527.3 | 12623.93 | 46570 |

注：①2011年以前为城市人均居住面积，2012年以后为城镇人均居住面积 。
②从2012年职工平均工资为就业人员平均工资。
③个人储蓄存款，从2013年起含外币。
④个人储蓄存款从2015年起为住户存款。

Notes：①Before 2011, per capita living area is urban per capita living area.
②The average wage of workers is the average wages of employees from 2012.
③Personal savings deposits, from 2013 include foreign currency.
④Personal savings deposits,from 2015 are household deposits.

# 9－3 城镇居民家庭基本情况
## Basic Situation of Urban Households

| 指　　标 | Item | 2016 | 2017 | 2018 |
|---|---|---|---|---|
| 调查户数（户） | Number of Households Surveyed (Household) | 2650 | 2650 | 2860 |
| 平均每户家庭人口数（人） | The Average Family Population (person) | 2.64 | 2.61 | 2.61 |
| 平均每户就业人口数（人） | The Average Employment Population (person) | 1.35 | 1.31 | 1.27 |
| 平均每户就业面% | Average Employment per Household (%) | 51.14 | 50.19 | 48.66 |
| 平均每一就业者负担人数（含就业者本人）（人） | The Average Number of Employees per Job (including the employed person) (person) | 1.96 | 1.99 | 2.06 |
| 平均每人可支配收入（元） | Average Disposable Income Per Capita (yuan) | 26530.42 | 28318.75 | 30172 |
| 平均每人消费支出（元） | Per Capita Consumption Expenditure (yuan) | 19166.38 | 20051.24 | 22394 |

# 9－4 城镇居民人均可支配收入及总支出
## Per Capita Disposable Income and Expenditure of Urban Households

单位：元　　unit: yuan

| 指　　标 | Item | 2016 | 2017 | 2018 |
|---|---|---|---|---|
| **一、可支配收入** | **Disposable Income** | **26530.42** | **28318.75** | **30171.94** |
| （一）工资性收入 | Wage Income | 15837.76 | 16917.13 | 18978.25 |
| （二）经营净收入 | Net Operating Income | 2518.90 | 2494.04 | 2789.49 |
| （三）财产净收入 | Net Income of Property | 1388.09 | 1402.08 | 1603.65 |
| （四）转移净收入 | Transfer Net Income | 6785.67 | 7505.51 | 6800.55 |
| **二、非收入所得** | **Non Income** | **987.97** | **1174.33** | **1551.81** |
| **三、借贷性所得** | **Borrowing Income** | **817.09** | **779.32** | **1032.63** |
| **四、总支出** | **Total Expenditure** | **26684.66** | **28161.06** | **34019.06** |
| （一）消费支出 | Consumption Expenditure | 19166.38 | 20051.24 | 22393.71 |
| （二）生产经营费用支出 | Production and Operating Expenses | 1809.84 | 1963.03 | 3534.86 |
| （三）财产性支出 | Property Expenses | 33.64 | 61.32 | 153.15 |
| （四）转移性支出 | Transfer Expenditure | 1335.74 | 1431.93 | 2065.92 |
| （五）部分商业保险支出 | Part of the Commercial Insurance Expenditure | 165.75 | 176.60 | 357.28 |
| （六）购置资产及非经常性转移支出 | Acquisition of Assets and Non Recurrent Transfer Expenses | 3468.33 | 3823.56 | 4029.98 |
| （七）借贷性支出 | Borrowing Expenses | 704.99 | 653.38 | 1484.17 |

# 9－5　城镇居民人均消费总支出和借贷支出

## Per Capita Consumption Expenditure and Borrowing Expenses of Urban Households

单位：元　　　　unit: yuan

| 指　标 | Item | 2016 | 2017 | 2018 |
|---|---|---|---|---|
| **总支出** | **Total Expenditure** | **26684.66** | **28161.06** | **34019.06** |
| 一、消费支出 | Consumption Expenditure | 19166.38 | 20051.24 | 22393.71 |
| 二、生产经营费用支出 | Production and Operating Expenses | 1809.84 | 1963.03 | 3534.86 |
| （一）第一产业经营费用支出 | First Industry Operating Expenses | 368.15 | 334.20 | 741.75 |
| （二）第二产业经营费用支出 | Second Industry Operating Expenses | 42.35 | 32.72 | 168.35 |
| （三）第三产业经营费用支出 | Third Industry Operating Expenses | 1399.33 | 1596.12 | 2624.76 |
| 三、财产性支出 | Property Expenses | 33.64 | 61.32 | 153.15 |
| （一）生活贷款利息支出 | Interest Expense of Living Loan | 31.52 | 59.41 | 148.24 |
| （二）其他财产性支出 | Other Property Expenses | 2.12 | 1.91 | 4.91 |
| 四、转移性支出 | Transfer Expenditure | 1335.74 | 1431.93 | 2065.92 |
| （一）个人所得税 | Individual Income Tax | 47.04 | 56.29 | 166.45 |
| （二）社会保障支出 | Social Security Expenditure | 1097.78 | 1170.18 | 1584.03 |
| 1.个人缴纳的养老保险 | Personal Payment of Pension Insurance | 828.66 | 872.61 | 1166.31 |
| 2.个人缴纳的医疗保险 | Personal Payment of Medical Insurance | 222.33 | 239.92 | 336.01 |
| 3.个人缴纳的失业保险 | Unemployment Insurance for Individuals | 33.32 | 35.77 | 38.89 |
| 4.其他社会保障支出 | Other Social Security Expenses | 13.46 | 21.87 | 42.82 |
| 1.城镇外来从业人员寄给家人的支出 | Urban Migrant Workers Sent to the Family Expenses | | | |
| 2.农村外来从业人员寄给家人的支出 | Rural Migrant Workers Sent to the FamilyExpenses | | | |
| （三）外来从业人员寄给家人的支出 | Employees Sent to the Family Expenses | 0.64 | 0.31 | 4.06 |
| （四）赡养支出 | Maintenance Expenses | 124.75 | 122.97 | 176.65 |
| （五）其他转移性支出 | Other Transfer Expenditure | 65.52 | 82.18 | 134.72 |
| 五、部分商业保险支出 | Part of the Commercial Insurance Expenses | 165.75 | 176.60 | 357.28 |
| （一）意外伤害保险 | Accident Insurance | 8.79 | 11.47 | 17.66 |
| （二）商业医疗保险（含大病保险） | Commercial Health Insurance(Including Serious illness Insurance) | 73.27 | 79.81 | 211.87 |
| （三）其他非储蓄性商业保险 | Other Non Savings Commercial Insurance | 28.60 | 36.63 | 32.01 |
| （四）其他储蓄性商业保险 | Other Savings Commercial Insurance | 55.10 | 48.69 | 95.74 |
| 六、购置资产及非经常性转移支出 | Purchase of Assets and Transfer of Non-recurring Expenses | 3468.33 | 3823.56 | 4029.98 |
| （一）购置资产支出 | Asset Acquisition Expenses | 1023.27 | 840.99 | 1320.78 |
| （二）非经常性转移支出 | Non-recurrent Expenditure Transfers | 2445.06 | 2982.58 | 2709.19 |
| 七、借贷性支出 | Loan Expenditures | 701.99 | 653.38 | 1484.17 |
| （一）存入储蓄款 | Saving Deposit | 44.75 | 36.86 | 28.25 |
| （二）借出款 | Loan | 76.92 | 48.62 | 158.74 |
| （三）归还借款 | Return Loan | 46.14 | 54.39 | 131.46 |
| （四）购买有价证券 | Purchase of Securities | 9.70 | 0.75 | 37.96 |
| （五）其他投资支出 | Other Investment Spending | 5.47 | 4.34 | 4.16 |
| （六）归还住房贷款 | Return of Housing Loan | 422.53 | 427.95 | 947.29 |
| （七）归还汽车贷款 | Return of Auto Loan | 79.05 | 57.13 | 120.22 |
| （八）归还教育贷款 | Return of Education Loan | 0.18 | | 0.00 |
| （九）归还其他贷款 | Return other Loan | 18.26 | 13.89 | 50.45 |
| （十）其他借贷支出 | Other Borrowing Cost | 1.98 | 9.46 | 5.63 |

# 9－6 城镇居民人均消费支出

## Per Capita Consumption Expenditare of Urban Households

单位：元 unit: yuan

| 指 标 | Item | 2016 | 2017 | 2018 |
|---|---|---|---|---|
| **消费支出** | **Consumer Spending** | **19166.38** | **20051.24** | **22393.71** |
| **一、食品烟酒** | **Food、Alcohol and Tobacco** | **4957.05** | **5168.68** | **5563.85** |
| （一）食品 | Food | 3506.43 | 3574.14 | 3715.86 |
| 1.谷物 | Corn | 498.15 | 522.99 | 482.16 |
| 2.薯类 | Potato | 44.24 | 48.99 | 60.27 |
| 3.豆类 | Beans | 66.33 | 65.35 | 64.32 |
| 4.食用油 | Edible Oil | 158.74 | 162.84 | 141.54 |
| 5.蔬菜和食用菌 | Vegetables and Edible Fungi | 490.18 | 476.14 | 485.44 |
| 6.肉类 | Meat | 760.92 | 761.01 | 743.62 |
| 7.禽类 | Poultry | 106.76 | 113.27 | 113.88 |
| 8.水产品 | Aquatic Product | 214.01 | 223.60 | 255.21 |
| 9.蛋类 | Eggs | 100.71 | 96.81 | 104.79 |
| 10.奶类 | Milk | 191.53 | 196.69 | 242.52 |
| 11.干鲜瓜果类 | Dry and Fresh Fruits | 532.60 | 554.61 | 641.02 |
| 12.糖果糕点类 | Confectionery | 112.06 | 113.71 | 137.17 |
| 13.其他食品 | Other Foods | 230.20 | 238.13 | 243.91 |
| （二）烟酒 | Tobacco and Wine | 350.31 | 365.91 | 417.76 |
| （三）饮料 | Beverage | 92.94 | 100.02 | 118.38 |
| （四）饮食服务 | Catering Services | 1007.37 | 1128.60 | 1311.85 |
| **二、衣着** | **Clothing** | **1818.96** | **1954.06** | **2023.24** |
| **三、居住** | **Residence** | **3587.07** | **3799.97** | **4417.20** |
| （一）租赁房房租 | Rental Housing Rent | 90.91 | 91.56 | 203.16 |

9－6 续表 continued

单位：元 unit: yuan

| 指　　标 | Item | 2016 | 2017 | 2018 |
|---|---|---|---|---|
| （二）住房维修及管理 | Housing Maintenance and Management | 398.54 | 479.80 | 540.73 |
| （三）水电燃料及其他 | Water and Electricity of Fuel and Others | 1207.90 | 1285.38 | 1304.42 |
| （四）自有住房折算租金 | Converted Rent of Private Housing | 1889.72 | 1943.24 | 2368.89 |
| **四、生活用品及服务** | **Supplies and Services** | **1107.08** | **1114.89** | **1301.65** |
| （一）家具及室内装饰品 | Furniture and Interior Decorations | 176.16 | 137.58 | 154.40 |
| （二）家用器具 | Home Appliances | 254.16 | 252.14 | 311.76 |
| （三）家用纺织品 | Home Textile | 108.64 | 109.31 | 115.00 |
| （四）家庭日用杂品 | The Family Daily Sundry Goods | 287.42 | 299.69 | 293.14 |
| （五）个人用品 | Personal Belongings | 248.58 | 278.17 | 340.42 |
| （六）家庭服务 | Domestic Service | 32.12 | 38.00 | 86.92 |
| **五、交通和通信** | **Transportation Communication** | **2691.01** | **2785.19** | **3057.56** |
| （一）交通 | Transportation | 1825.63 | 1928.65 | 2189.61 |
| （二）通信 | Communication | 865.38 | 856.54 | 867.95 |
| **六、教育文化娱乐** | **Educational Entertainment** | **2367.54** | **2445.36** | **2830.80** |
| （一）教育 | Education | 1399.05 | 1478.77 | 1827.09 |
| （二）文化娱乐 | Entertainment | 968.50 | 966.60 | 1003.71 |
| **七、医疗保健** | **Medical Care** | **2059.24** | **2164.05** | **2469.24** |
| （一）医疗器具及药品 | Medical Equipment and Drugs | 840.98 | 903.51 | 914.83 |
| （二）医疗服务 | Medical Service | 1218.25 | 1260.53 | 1554.41 |
| **八、其他用品和服务** | **Other Goods and Services** | **578.44** | **619.04** | **730.17** |
| （一）其他用品 | Other Goods | 324.45 | 317.11 | 364.32 |
| （二）其他服务 | Other Services | 253.99 | 301.93 | 365.85 |

# 9-7 城镇居民人均购买的主要食品数量
## Per Capita Purchaing of Major Foods of Urban Households

单位：千克 unit: kg

| 指　标 | Item | 2016 | 2017 | 2018 |
| --- | --- | --- | --- | --- |
| 谷　物 | Corn | 112.80 | 116.12 | 103.78 |
| 薯　类 | Tuber | 2.73 | 2.94 | 3.58 |
| 豆　类 | Beans | 8.90 | 8.70 | 9.19 |
| 食用油 | Edible Oil | 12.40 | 12.56 | 10.67 |
| 其中：食用植物油 | Edible Vegetable Oil | 12.36 | 12.50 | 10.56 |
| 蔬菜和食用菌 | Vegetables and Edible Fungi | 107.51 | 104.47 | 96.85 |
| 猪　肉 | Pork | 14.42 | 14.90 | 16.30 |
| 牛　肉 | Beef | 3.11 | 3.33 | 3.35 |
| 羊　肉 | Mutton | 1.35 | 1.09 | 0.96 |
| 禽　类 | Poultry | 4.80 | 5.00 | 4.89 |
| 水产品 | Aquatic Product | 9.40 | 9.39 | 9.97 |
| 蛋　类 | Eggs | 11.20 | 11.86 | 10.79 |
| 奶　类 | Milk | 13.81 | 14.05 | 14.10 |
| 干鲜瓜果类 | Dry and Fresh Fruits | 62.32 | 62.81 | 67.11 |
| 糖果糕点类 | Confectionery | 5.90 | 5.89 | 7.11 |

# 9－8 城镇居民平均每百户年末耐用消费品拥有量

## Major Durable Consumer Goods Owned Per 100 Urban Households at Year-end

| 指　标 | Item | 2016 | 2017 | 2018 |
|---|---|---|---|---|
| 家用汽车（辆） | Automobile(unit) | 23 | 25 | 34 |
| 消毒碗柜（台） | Disinfection Cupboard(set) | 2 | | |
| 洗碗机（台） | Dishwasher(set) | 1 | 1 | 1 |
| 固定电话（部） | Telephone(unit) | 42 | 40 | 16 |
| 移动电话（部） | Mobile Telephone(unit) | 223 | 225 | 227 |
| 其中：接入互联网 | Internet Accessed | 116 | 128 | 177 |
| 计算机 | Computer | 66 | 67 | 65 |
| 其中：接入互联网 | Internet Accessed | 59 | 58 | 56 |
| 电冰箱（柜）（台） | Refrigerator(set) | 96 | 97 | 99 |
| 彩色电视机（台） | Color TV set(set) | 104 | 104 | 100 |
| 中高档乐器（架） | Other Mediun and High Grade Musical Instrument(set) | 3 | 3 | 4 |
| 照相机（架） | Camera(set) | 20 | 22 | 14 |
| 摄像机（架） | Video Camera(set) | 4 | | |
| 洗衣机（台） | Washing Machine(set) | 96 | 96 | 97 |

# 9－9 城镇居民家庭居住情况

## Residential Situation of Urban Residents

| 项　目 | Item | 2016 | 2017 | 2018 |
|---|---|---|---|---|
| **现住房建筑面积（平方米）** | **Housing Construction Area (sq.m)** | **28.70** | **29.00** | **30.60** |
| 使用面积（平方米） | Useable Area (sq.m) | | | |
| 本住户居住空间样式(%) | The Style of Residential Space (%) | 100.00 | 100.00 | 100.00 |
| 单栋楼房 | Pavilions Buildings | 3.03 | 1.86 | 2.54 |
| 单栋平房 | Pavilions Bungalow | 14.93 | 14.67 | 8.35 |
| 四居室及以上单元房 | Four Bedrooms and More than Four Bedrooms | 0.42 | 0.32 | 0.98 |
| 三居室单元房 | Three-bedroom Units | 10.58 | 10.26 | 12.13 |
| 二居室单元房 | Two Bedroom Flat | 58.10 | 59.66 | 65.10 |
| 一居室单元房 | One bedroom flat | 9.28 | 9.49 | 10.33 |
| 筒子楼或连片平房 | Tube-shaped Apartment or Shall Bungalow | 3.58 | 3.63 | 0.36 |
| 其他 | Other | 0.07 | 0.11 | 0.21 |
| **现住房房屋来源(%)** | **Housing Source of Housing (%)** | **100.00** | **100.00** | **100.00** |
| 租赁公房 | Public House Leasing | 1.53 | 1.39 | 1.64 |
| 租赁私房 | Rent of Privately Owned Houses | 3.45 | 3.38 | 4.50 |
| 自建住房 | Spontaneous Housing | 12.20 | 12.24 | 5.89 |
| 购买商品房 | Purchase of Commercial Housing | 61.10 | 60.93 | 68.25 |
| 购买房改住房 | Reform House Buying | 11.20 | 11.28 | 5.99 |
| 购买保障性住房 | Affordable House Buying | 0.28 | 0.27 | 1.77 |
| 拆迁安置房 | Resettlement Housing | 7.76 | 7.85 | 8.21 |
| 继承或获赠住房 | Inheriting or Receiving House | 0.61 | 0.70 | 0.98 |
| 免费借用房 | Free Housing | 1.42 | 1.51 | 2.08 |
| 雇主提供免费住房 | Employer Free Housing | 0.03 | 0.04 | 0.13 |
| 其他来源 | Other Sources | 0.42 | 0.41 | 0.56 |
| **住宅有管道供水情况(%)** | **Residential Pipe Water Supply (%)** | **100.00** | **100.00** | **100.00** |
| 管道供水入户 | Pipe Water Supply | 94.71 | 94.47 | 96.17 |
| 管道供水至公共取水点 | Pipe Water Supply to Public Water Intake Point | 0.39 | 0.39 | 0.23 |

9－9 续表 continued

| 指　　标 | Item | 2016 | 2017 | 2018 |
|---|---|---|---|---|
| 没有管道设施 | No Pipeline Facilities | 4.90 | 5.14 | 3.61 |
| **住户厕所类型(%)** | **Household Toilet Type (%)** | **100.00** | **100.00** | **100.00** |
| 水冲式卫生厕所 | Water Flush Toilet | 81.20 | 81.07 | 91.99 |
| 水冲式非卫生厕所 | Non Sanitary Water Flush Toilet | 0.79 | 0.78 | 0.48 |
| 卫生旱厕 | Sanitary Dry Lavatory | 3.11 | 3.16 | 1.34 |
| 普通旱厕 | General Dry Lavatory | 14.03 | 14.05 | 6.13 |
| 无厕所 | No Toilet | 0.88 | 0.94 | 0.06 |
| **住户厕所使用情况(%)** | **Household Toilet Usage (%)** | **100.00** | | **100.00** |
| 本住户独用 | The Sole Use of this Household | 96.75 | 96.68 | 99.11 |
| 几户合用 | Several Households Apply | 0.46 | 0.45 | 0.51 |
| 公用厕所 | Public Lavatories | 2.79 | 2.87 | 0.38 |
| **住户洗澡设施情况(%)** | **Household Bathing Facilities (%)** | **100.00** | **100.00** | **100.00** |
| 统一供热水 | Unified Supply of Hot Water | 5.94 | 5.87 | 5.26 |
| 家庭自装热水器 | Home Self Heater | 55.33 | 55.73 | 71.46 |
| 其他 | Other | 0.82 | 0.82 | 1.27 |
| 无洗澡设施 | No Bathing Facilities | 37.91 | 37.58 | 22.01 |
| **住户主要取暖设备状况(%)** | **Household Main Heating Equipment Status** (%) | **100.00** | **100.00** | **100.00** |
| 由市政或小区集中供暖 | Central Heating by Municipal or District | 80.67 | 81.20 | 91.00 |
| 自行供暖 | Self Heating | 17.39 | 17.13 | 7.00 |
| 无取暖设备 | No Heating Equipment | 1.94 | 1.68 | 2.00 |
| **主要炊用能源状况(%)** | **The Main Cooking Energy Status (%)** | **100.00** | **100.00** | **100.00** |
| 柴草 | Firewood | 6.98 | 7.24 | 4.00 |
| 煤炭 | Coal | 3.65 | 3.05 | 0.52 |
| 罐装液化石油气 | Liquefied Petroleum Gas | 30.93 | 29.71 | 28.47 |
| 管道液化石油气 | Pipeline Liquefied Petroleum Gas | 1.39 | 1.47 | 1.48 |
| 管道煤气 | Pipe-line Coal Gas | 5.77 | 5.14 | 2.49 |
| 管道天然气 | Pipeline Gas | 32.64 | 33.19 | 46.45 |
| 电 | Electricity | 18.41 | 20.01 | 16.05 |
| 燃料用油 | Oil For fuel | | | |
| 沼气 | Methane | | | |
| 其他 | Other | 0.08 | 0.04 | 0.17 |
| 无炊用行为 | No Cooking Behavior | 0.15 | 0.15 | 0.37 |

# 9－10 各地区城镇常住居民人均可支配收入

## Per Capita Disposable Income of Urban Households by Regions

单位：元　　　　unit：yuan

| 地　区 | Region | 2013 | 2014 | 2015 | 2016 | 2017 | 2018 |
|---|---|---|---|---|---|---|---|
| **全　省** | **Total** | **22274.60** | **23217.82** | **24900.86** | **26530.42** | **28318.75** | **30171.94** |
| 长　春 | Changchun | 26033.88 | 23908.00 | 29090.00 | 27195.00 | 29044.00 | 31164 .00 |
| 吉　林 | Jilin | 25937.07 | 22437.00 | 28977.00 | 25520.00 | 27179.00 | 28538 .00 |
| 四　平 | Siping | 25529.89 | 20894.00 | 28371.00 | 23707.00 | 25295.00 | 26509 .00 |
| 辽　源 | Liaoyuan | 25378.75 | 20780.00 | 28009.00 | 23725.00 | 25267.00 | 26328.00 |
| 通　化 | Tonghua | 25635.60 | 20857.00 | 28430.00 | 23929.00 | 25460.00 | 26886.00 |
| 白　山 | Baishan | 25554.52 | 18288.00 | 28420.00 | 21270.00 | 22674.00 | 23694.00 |
| 松　原 | Songyuan | 25933.41 | 20810.00 | 28950.00 | 23947.00 | 25480.00 | 26703.00 |
| 白　城 | Baicheng | 24290.61 | 18150.00 | 26674.00 | 21090.00 | 22461.00 | 23539.00 |
| 延　边 | Yanbian | 25810.63 | 19830.00 | 28500.00 | 23276.00 | 24766.00 | 26316.00 |

注：2015年为中心城市数据。
Note: Data of 2015 is the central city data.

# 9－11 各地区农村常住居民人均可支配收入

## Per Capita Disposable Income of Rural Households by Regions

单位：元　　　　unit：yuan

| 地　区 | Region | 2013 | 2014 | 2015 | 2016 | 2017 | 2018 |
|---|---|---|---|---|---|---|---|
| **全　省** | **Total** | **9621** | **10780** | **11326** | **12123** | **12950** | **13748** |
| 长　春 | Changchun | 10060 | 11286 | 11749 | 12576 | 13431 | 14237 |
| 吉　林 | Jilin | 10288 | 11000 | 11495 | 12285 | 13096 | 13895 |
| 四　平 | Siping | 9960 | 10723 | 11281 | 12063 | 12871 | 13643 |
| 辽　源 | Liaoyuan | 9845 | 10500 | 10973 | 11767 | 12555 | 13346 |
| 通　化 | Tonghua | 9935 | 9700 | 10117 | 10877 | 11660 | 12430 |
| 白　山 | Baishan | 9231 | 8600 | 9090 | 9775 | 10469 | 11160 |
| 松　原 | Songyuan | 9373 | 8708 | 9561 | 10258 | 10976 | 11678 |
| 白　城 | Baicheng | 6743 | 7312 | 7751 | 8387 | 9024 | 9908 |
| 延　边 | Yanbian | 8351 | 8466 | 8965 | 9675 | 10401 | 11129 |

注：2014年农民人均纯收入改为农村常住居民人均可支配收入。
Note: Since 2014 per capita net income households were changed into per capita disposable income of rural households.

# 9－12　农村居民家庭基本情况
## Basic Situation of Rural Households

| 指　　标 | Item | 2016 | 2017 | 2018 |
| --- | --- | --- | --- | --- |
| 调查户数（户） | Number of Houeholds Survey(household) | 2150 | 2150 | 1940 |
| 常住人口（人） | Permanent Population in the Household Surveyed(person) | 6601 | 6472 | 5870 |
| 平均每户常住人口（人） | Average Permanent Resident Population per Household(person) | 3.07 | 3.01 | 3.03 |
| 平均每户整、半劳动力（人） | Average Full/Semi Labour Force per Households(person) | 2.31 | 2.28 | 2.21 |
| 平均每个劳动力负担人口（人） | Average Number of Dependents per Laborer Force(person) | 1.33 | 1.32 | 1.52 |
| 人均可支配收入（元） | Disposable Income per Capita (yuan) | 12122.94 | 12950.44 | 13748.17 |
| 人均总收入（元） | Total Revenue per Capita (yuan) | 20902.72 | 21692.80 | 24072.54 |
| 人均现住房建筑面积（平方米） | Per Capita Housing Construction area(sq.m) | 28.30 | 28.95 | 28.66 |
| 新建（购）住房面积（人均）（平方米） | Floor Space of Newly Built(Per capita)(sq.m) | 0.23 | 0.20 | 0.39 |

# 9－13 农村居民人均可支配收入

## Per Capita Income of Rural Households

单位：元　　　　unit: yuan

| 指　　标 | Item | 2016 | 2017 | 2018 |
|---|---|---|---|---|
| **可支配收入** | **Disposable Income** | **12122.94** | **12950.44** | **13748.17** |
| **一、工资性收入** | **Wage Income** | **2363.14** | **3018.33** | **3521.49** |
| **二、经营净收入** | **Net Business Income** | **7558.94** | **7399.82** | **7756.24** |
| （一）第一产业经营净收入 | Net Income of the First Industry | 7017.12 | 6656.95 | 7043.40 |
| 1.农业 | Agriculture | 5981.21 | 5563.10 | 5973.71 |
| 2.林业 | Forestry | 380.11 | 318.30 | 346.69 |
| 3.牧业 | Animal Husbandry | 651.31 | 770.73 | 726.85 |
| 4.渔业 | Fishery Industry | 4.49 | 4.82 | -3.84 |
| （二）第二产业经营净收入 | Net Income of Second Industry | 98.43 | 137.94 | 83.90 |
| 1.采矿业 | Mining | | -0.13 | -0.48 |
| 2.制造业 | Manufacturing Industry | 97.85 | 127.00 | 40.30 |
| 3.电力、热力、燃气及水生产和供应业 | Electricity, Heat, Gas and Water Production and Supply Industry | -0.32 | 0.02 | 2.00 |
| 4.建筑业 | Construction Industry | 0.90 | 11.05 | 42.09 |
| （三）第三产业经营净收入 | Net Income of Tertiary Industry | 443.39 | 604.92 | 628.94 |
| 1.批发和零售业 | Wholesale and Retail | 133.25 | 163.13 | 284.08 |
| 2.交通运输、仓储和邮政业 | Transportation, Storage and Post | 86.33 | 109.08 | 71.65 |
| 3.住宿和餐饮业 | Hotels and Catering Services | 23.68 | 29.03 | 49.35 |
| 4.房地产业 | Real Estate | -0.16 | -0.74 | 0.00 |
| 5.租赁和商务服务业 | Leasing and Business Services | 9.70 | 2.37 | 2.28 |
| 6.居民服务、修理和其他服务业 | Resident Services, Repairs and Other Services | 27.12 | 69.28 | 56.44 |
| 7.其他 | Other | 38.90 | 28.83 | 35.24 |

9－13 续表 continued

单位：元 unit: yuan

| 指　　标 | Item | 2016 | 2017 | 2018 |
|---|---|---|---|---|
| 8.农林牧渔服务业 | Agricultural Services Industry | 124.58 | 203.94 | 129.90 |
| **三、财产净收入** | **Net income of property** | **231.76** | **289.07** | **256.55** |
| （一）利息净收入 | Net Interest Income | 13.63 | 31.17 | 12.00 |
| （二）红利收入 | Dividend Income | 1.25 | 19.50 | 5.91 |
| （三）储蓄性保险净收益 | Net Income of Savings Insurance | 2.17 | 1.68 | 1.64 |
| （四）转让承包土地经营权租金净收入 | Net Income of the Transfer of Contracted Land Management Right | 198.28 | 210.37 | 195.30 |
| （五）出租房屋财产性收入 | Rental Housing Property Income | 5.25 | 12.59 | 4.63 |
| （六）出租机械、专利、版权等资产的收入 | Rental Revenue Machinery, Patents, Copyright and Other Assets | 2.34 | 11.18 | 27.74 |
| （七）其他财产净收入 | Other Property net Income | 8.85 | 2.57 | 9.32 |
| （八）房屋虚拟租金 | Virtual House Rent | | | |
| **四、转移净收入** | **Net Transfer Income** | **1969.10** | **2243.21** | **2213.89** |
| （一）转移性收入 | Transfer Income | 2224.19 | 2480.35 | 2639.65 |
| 1.养老金或离退休金 | Pensions | 350.78 | 416.30 | 616.20 |
| 2.社会救济和补助 | Social Relief and Subsidies | 39.58 | 57.05 | 102.14 |
| 3.政策性生活补贴 | Policy Oriented Living Subsidy | 8.18 | 5.95 | 26.15 |
| 4.报销医疗费 | Reimbursement of Medical Expenses | 180.73 | 232.98 | 194.28 |
| 5.家庭外出从业人员寄回带回收入 | The Income of Sending Back and Bring Back From Family Worker Goes Out | 230.00 | 308.29 | 289.06 |
| 6.赡养收入 | Support Income | 120.61 | 150.29 | 180.71 |
| 7.其他经常转移收入 | Other Often Transfer Income | 19.03 | 25.93 | 16.30 |
| 8.从政府和组织得到的实物产品和服务折价 | Discounts on Physical Products and Services Received from the Government and Organizations | 5.14 | 10.02 | 6.53 |
| 9.现金政策性惠农补贴 | The Policy of Agricultural Subsidies Cash | 1270.14 | 1273.54 | 1208.27 |
| （二）转移性支出 | Transfer Expenditure | 255.09 | 237.14 | 425.75 |
| 1.个人所得税 | Personal Income Tax | 0.74 | 0.71 | 2.74 |
| 2.社会保障支出 | Social Security Contribution | 180.94 | 176.46 | 301.73 |
| 3.外来从业人员寄给家人的支出 | Migrant Workers Sent to the Family | | | |
| 4.赡养支出 | Maintenance Expenses | 42.65 | 42.50 | 74.89 |
| 5.其他转移性支出 | Other Transfer Expenses | 30.76 | 17.46 | 45.12 |

# 9－14 农村居民人均消费支出

## Per Capita Expenditure of Rural Households

单位：元　　　　unit: yuan

| 指　　标 | Item | 2016 | 2017 | 2018 |
|---|---|---|---|---|
| **总支出** | **Aggregate Expenditure** | **21102.06** | **21879.79** | **25076.31** |
| **一、消费支出** | **Consumer Expenditure** | **9521.40** | **10279.40** | **10826.24** |
| （一）食品烟酒 | Food Alcohol and Tobacco | 2721.87 | 2903.16 | 3010.22 |
| （二）衣着 | Dress | 606.20 | 682.50 | 628.41 |
| （三）居住 | Living | 1817.10 | 1837.28 | 1917.17 |
| （四）生活用品及服务 | Daily Necessities and Services | 375.63 | 409.29 | 405.60 |
| （五）交通通信 | Traffic Communication | 1334.49 | 1530.97 | 1770.53 |
| （六）教育文化娱乐 | Educational Entertainment | 1231.73 | 1302.54 | 1411.03 |
| （七）医疗保健 | Medical Care | 1230.49 | 1399.57 | 1450.87 |
| （八）其他用品和服务 | Other Supplies and Services | 203.87 | 214.08 | 232.42 |
| **二、生产经营费用支出** | **Production and Operating Expenses** | **7854.77** | **7772.58** | **8968.41** |
| （一）第一产业经营费用支出 | First Industry Operating Expenses | 7084.52 | 6864.56 | 7771.39 |
| 1.农业 | Agriculture | 4890.65 | 4679.65 | 5505.86 |
| 2.林业 | Forestry | 22.68 | 45.52 | 42.94 |
| 3.牧业 | Animal Husbandry | 2167.29 | 2138.96 | 2216.14 |
| 4.渔业 | Fishery Industry | 3.89 | 0.43 | 6.45 |
| （二）第二产业经营费用支出 | Second Industrial Operating Expenses | 115.16 | 426.57 | 47.34 |
| 1.采矿业 | Mining |  | 0.13 | 0.23 |
| 2.制造业 | Manufacturing Industry | 111.90 | 417.62 | 24.50 |
| 3.电力、热力、燃气及水生产和供应业 | Electricity, Heat, Gas and Water Production and Supply Industry | 0.32 |  | 8.95 |
| 4.建筑业 | Construction Industry | 2.94 | 8.82 | 13.66 |
| （三）第三产业经营费用支出 | Third Industrial Operating Expenses | 655.09 | 481.45 | 1149.68 |
| 1.批发和零售业 | Wholesale and Retail | 415.39 | 227.11 | 710.68 |
| 2.交通运输、仓储和邮政业 | Transportation, Storage and Postal Services | 73.80 | 112.86 | 198.22 |
| 3.住宿和餐饮业 | Accommodation and Catering | 37.06 | 21.31 | 51.98 |
| 4.房地产业 | Realty Industry | 0.16 | 0.74 | 0.00 |
| 5.租赁和商务服务业 | Leasing and Business Services | 2.88 | 0.59 | 4.23 |
| 6.居民服务、修理和其他服务业 | Resident Services, Repairs and Other Services | 25.26 | 38.04 | 42.06 |
| 7.其他 | Other | 16.82 | 17.91 | 42.88 |
| 8.农林牧渔服务业 | Agricultural Services Industry | 83.72 | 62.89 | 99.65 |
| **三、财产性支出** | **Property Expenses** | **8.76** | **20.35** | **32.82** |
| **四、转移性支出** | **Transfer Expenditure** | **255.09** | **237.14** | **425.75** |
| **五、部分商业保险支出** | **Part of Commercial Insurance Expenses** | **79.19** | **100.26** | **155.44** |
| **六、购置资产及非经常性转移支出** | **Acquisition of Assets and Non Recurrent Transfer Expenses** | **2719.61** | **2953.94** | **3724.88** |
| **七、借贷性支出** | **Borrowing Expenses** | **663.21** | **516.12** | **942.76** |

# 9－15 农村居民人均生活消费支出

## Per Capita Consumption Expenditure of Rural Households

单位：元　　　　unit: yuan

| 指　　标 | Item | 2016 | 2017 | 2018 |
|---|---|---|---|---|
| **生活消费支出** | **Consumer Expenditure** | **9521.40** | **10279.40** | **10826.24** |
| **一、食品烟酒** | **Food、Liguor and Tobacco** | **2721.87** | **2903.16** | **3010.22** |
| （一）食品 | Food | 2082.40 | 2187.23 | 2292.31 |
| 1.谷物 | Corn | 492.69 | 521.67 | 485.73 |
| 2.薯类 | Tubers | 39.29 | 33.72 | 48.93 |
| 3.豆类 | Beans | 53.73 | 57.83 | 64.35 |
| 4.食用油 | Edible Oil | 112.23 | 123.88 | 118.93 |
| 5.蔬菜和食用菌 | Vegetables and Edible Fungi | 226.29 | 267.28 | 235.30 |
| 6.肉类 | Meat | 465.78 | 484.63 | 543.49 |
| 7.禽类 | Poultry | 70.87 | 77.83 | 67.86 |
| 8.水产品 | Aquatic Product | 77.40 | 74.81 | 91.47 |
| 9.蛋类 | Eggs | 72.94 | 64.73 | 76.65 |
| 10.奶类 | Milk | 63.99 | 63.24 | 88.51 |
| 11.干鲜瓜果类 | Dry and Fresh Fruits | 209.15 | 211.62 | 246.58 |
| 12.糖果糕点类 | Confectionery | 43.52 | 45.16 | 50.43 |
| 13.其他食品 | Other Foods | 154.53 | 160.82 | 174.09 |
| （二）烟酒 | Tobacco and Liquor | 372.08 | 390.80 | 434.36 |
| 1.烟草 | Tobacco | 238.68 | 255.15 | 291.55 |
| 2.酒类 | Liquor | 133.40 | 135.65 | 142.81 |
| （三）饮料 | Beverage | 41.03 | 40.41 | 43.21 |
| （四）饮食服务 | Catering Services Industry | 226.37 | 284.72 | 240.33 |
| 1.食堂用餐 | Canteen | 13.98 | 14.18 | 16.91 |
| 2.其他在外饮食 | Others Dining Out | 205.10 | 260.79 | 213.91 |
| 3.食品加工服务费 | Food Processing Service Charge | 7.29 | 9.76 | 9.51 |
| **二、衣着** | **Clothing** | **606.20** | **682.50** | **628.41** |
| （一）衣类 | Garments | 448.35 | 507.30 | 469.36 |
| （二）鞋类 | Footwear | 157.35 | 175.20 | 159.05 |
| **三、居住** | **Residence** | **1817.10** | **1837.28** | **1917.17** |
| （一）租赁房房租 | Rental Housing Rent | 17.96 | 26.07 | 48.38 |
| （二）住房维修及管理 | Housing Maintenance and Management | 266.16 | 295.68 | 328.32 |
| （三）水电燃料及其他 | Water Electricity Fuel and Others | 718.97 | 680.04 | 778.65 |
| （四）自有住房折算租金 | Converted Rent of Private Housing | 814.05 | 835.49 | 761.83 |
| **四、生活用品及服务** | **Supplies and Services** | **375.63** | **409.29** | **405.60** |
| （一）家具及室内装饰品 | Furniture and Interior Decorations | 44.95 | 55.07 | 35.33 |
| （二）家用器具 | Home Appliances | 75.54 | 79.73 | 88.59 |

9－15 续表 1 continued

单位：元 unit: yuan

| 指　标 | Item | 2016 | 2017 | 2018 |
|---|---|---|---|---|
| （三）家用纺织品 | Home Textile | 31.80 | 37.39 | 29.45 |
| （四）家庭日用杂品 | The Family Daily Sundry Goods | 152.95 | 157.11 | 170.44 |
| （五）个人用品 | Personal Belongings | 63.42 | 74.74 | 74.83 |
| （六）家庭服务 | Domestic Service | 6.98 | 5.25 | 6.97 |
| **五、交通通信** | **Transportation Communication** | **1334.49** | **1530.97** | **1770.53** |
| （一）交通 | Transportation | 877.34 | 1057.89 | 1278.66 |
| 1.交通工具 | Transportation | 308.56 | 387.46 | 495.52 |
| 2.交通费 | Transportation Costs | 174.45 | 174.49 | 198.77 |
| 3.交通工具用燃料 | Fuel for Transportation | 225.37 | 281.51 | 329.23 |
| 4.交通工具使用及维修 | Transportation and Maintenance | 168.96 | 214.43 | 255.15 |
| #车辆保险支出 | #Vehicle Insurance Expenses | 33.60 | 46.74 | 85.84 |
| （二）通信 | Communication | 457.15 | 473.08 | 491.86 |
| 1.通信工具 | Communication Tools | 166.82 | 188.29 | 203.16 |
| 2.通信服务 | Communication Services | 290.33 | 284.79 | 288.70 |
| **六、教育文化娱乐** | **Educational Entertainment** | **1231.73** | **1302.54** | **1411.03** |
| （一）教育 | Education | 948.70 | 1022.88 | 1138.84 |
| 1.学前教育 | Preschool Education | 70.80 | 71.33 | 89.66 |
| 2.小学教育 | Primary Education | 175.85 | 189.53 | 154.44 |
| 3.初中教育 | Junior High School Education | 161.46 | 177.10 | 238.56 |
| 4.高中教育 | Senior High School Education | 156.61 | 206.84 | 234.12 |
| 5.中专职高教育 | Secondary Vocational Education | 32.29 | 25.97 | 40.60 |
| 6.大专及以上教育 | Junior College and Above | 304.68 | 308.59 | 345.69 |
| 7.成人教育 | Adult Education | 47.11 | 43.51 | 35.77 |
| （二）文化娱乐 | Entertainment | 283.03 | 279.66 | 272.18 |
| 1.文娱耐用消费品 | Entertainment Durable Consumer Goods | 78.73 | 59.18 | 65.08 |
| 2.其他文娱用品 | Other Recreational Articles | 90.99 | 104.25 | 108.08 |
| 3.文化娱乐服务 | Cultural Entertainment Service | 113.31 | 116.24 | 99.03 |
| **七、医疗保健** | **Medical Care** | **1230.49** | **1399.57** | **1450.87** |
| （一）医疗器具及药品 | Medical Equipment and Drugs | 407.71 | 473.89 | 500.85 |
| （二）医疗服务 | Medical Service | 822.78 | 925.68 | 950.02 |
| 1.门诊总费用 | Total Outpatient Service | 347.29 | 323.13 | 398.72 |
| 2.住院总费用 | Total Hospitalization Expenses | 475.49 | 602.55 | 551.31 |
| **八、其他用品和服务** | **Other Goods and Services** | **203.87** | **214.08** | **232.42** |
| （一）其他用品 | Other Goods | 125.16 | 137.92 | 147.19 |
| （二）其他服务 | Other Services | 78.71 | 76.16 | 85.23 |

# 9－16　农村居民人均现金支出

## Per Capita Cash Expenditure of Rural Households

单位：元　　　　unit: yuan

| 指　　标 | Item | 2016 | 2017 | 2018 |
|---|---|---|---|---|
| **现金支出** | **Cash Expenditure** | **19236.90** | **19967.07** | **23198.63** |
| **一、现金消费支出** | **Cash Consumption Expenditure** | **7867.71** | **8542.97** | **9188.65** |
| **二、生产经营现金费用支出** | **Production and Operating Cash Expense** | **7643.33** | **7596.30** | **8728.33** |
| （一）第一产业经营现金费用支出 | First Industry Operating Cash Expense | 6873.08 | 6688.29 | 7531.31 |
| 1.农业 | Agriculture | 4860.54 | 4645.64 | 5472.73 |
| 2.林业 | Forestry | 22.68 | 45.52 | 42.94 |
| 3.牧业 | Animal Husbandry | 1985.97 | 1996.70 | 2009.31 |
| 4.渔业 | Fishery | 3.89 | 0.43 | 6.33 |
| （二）第二产业经营现金费用支出 | Second Industry Operating Cash Expense | 115.16 | 426.57 | 47.34 |
| 1.采矿业 | Mining |  | 0.13 | 0.23 |
| 2.制造业 | Manufacturing Industry | 111.90 | 417.62 | 24.50 |
| 3.电力、热力、燃气及水生产和供应业 | Electricity, Heat, Gas and Water Production and Supply Industry | 0.32 |  | 8.95 |
| 4.建筑业 | Construction Industry | 2.94 | 8.82 | 13.66 |
| （三）第三产业经营现金费用支出 | Tertiary Industry Operating Cash Expense | 655.09 | 481.45 | 1149.68 |
| 1.批发和零售业 | Wholesale and Retail | 415.39 | 227.11 | 710.68 |
| 2.交通运输、仓储和邮政业 | Transportation, Storage and Post | 73.80 | 112.86 | 198.22 |
| 3.住宿和餐饮业 | Hotels and Catering | 37.06 | 21.31 | 51.98 |
| 4.房地产业 | Real Estate | 0.16 | 0.74 | 0.00 |
| 5.租赁和商务服务业 | Leasing and Business Services | 2.88 | 0.59 | 4.23 |
| 6.居民服务、修理和其他服务业 | Resident Services, Repairs and Other Services | 25.26 | 38.04 | 42.06 |
| 7.其他 | Other | 16.82 | 17.91 | 42.88 |
| 8.农林牧渔服务业 | Agricultural Services Industry | 83.72 | 62.89 | 99.65 |
| **三、现金财产性支出** | **Cash and Property Expenses** | **8.76** | **20.35** | **32.82** |
| （一）生活贷款利息支出 | Interest Expense of Life Loan | 6.19 | 16.20 | 27.75 |
| （二）其他财产性支出 | Other Property Expenses | 2.57 | 4.15 | 5.07 |
| **四、现金转移性支出** | **Cash Transfer Expenses** | **255.09** | **237.14** | **425.75** |
| （一）个人所得税 | Personal Income Tax | 0.74 | 0.71 | 2.74 |
| （二）社会保障支出 | Social Security Contribution | 180.94 | 176.46 | 301.73 |
| （三）外来从业人员寄给家人的支出 | Migrant Workers Sent to the Family |  |  | 1.28 |
| （四）赡养支出 | Maintenance Expenses | 42.64 | 42.50 | 74.89 |
| （五）其他转移性支出 | Other transfer Expenses | 30.76 | 17.46 | 45.12 |
| **五、部分商业保险支出** | **Part of Commercial Insurance Expenses** | **79.19** | **100.26** | **155.44** |
| （一）意外伤害保险 | Accident Insurance | 7.46 | 10.84 | 11.76 |
| （二）商业医疗保险（含大病保险） | Commercial Medical Insurance (Including Serious Illness Insurance) | 23.73 | 37.86 | 76.87 |
| （三）其他非储蓄性商业保险 | Other Non Savings Commercial Insurance | 25.87 | 39.82 | 25.82 |
| （四）其他储蓄性商业保险 | Other Savings Commercial Insurance | 22.14 | 11.74 | 41.00 |
| **六、购置资产及非经常性转移支出** | **Acquisition of Assets and Non Recurrent Transfer Expenses** | **2719.61** | **2953.94** | **3724.88** |
| （一）购置资产支出 | Purchase of Assets | 820.78 | 1020.42 | 1425.51 |
| （二）非经常性转移支出 | Non Recurrent Expenditure | 1898.82 | 1933.52 | 2299.37 |
| **七、借贷性支出** | **Borrowing Expenses** | **663.21** | **516.12** | **942.76** |
| （一）存入储蓄款 | Deposit Savings | 86.51 | 43.70 | 12.68 |
| （二）借出款 | Loan | 15.52 | 19.43 | 46.75 |
| （三）归还借款 | Return of Borrowing | 381.13 | 267.56 | 599.31 |
| （四）购买有价证券 | Purchase of Securities |  |  | 1.06 |
| （五）其他投资支出 | Other Investment Expenses |  | 0.01 | 0.60 |
| （六）归还住房贷款 | Repayment of Housing Loans | 19.26 | 31.58 | 65.03 |
| （七）归还汽车贷款 | Repayment of Auto Loan | 12.90 | 6.96 | 35.31 |
| （八）归还教育贷款 | Repayment of Educational Loans | 1.94 | 0.25 | 2.21 |
| （九）归还其他贷款 | Repayment of Other Loans | 128.68 | 135.25 | 176.80 |
| （十）其他借贷支出 | Other Borrowing Expenses | 17.27 | 11.38 | 3.00 |

# 9－17 农村居民人均现金收入

## Per Capita Cash Income of Rural Household

单位：元　　unit: yuan

| 指　　标 | Item | 2016 | 2017 | 2018 |
|---|---|---|---|---|
| **现金收入（未扣除生产费用）** | **Cash Income (Excluding Production Costs)** | **19073.33** | **20458.73** | **21390.93** |
| **一、现金工资性收入** | **Wage Cash Income** | **2354.34** | **3013.22** | **3506.16** |
| **二、现金经营性收入** | **Operating Cash Income** | **14440.14** | **14898.74** | **15156.56** |
| （一）第一产业现金经营收入 | First Industry Cash Operating Income | 13048.35 | 13174.44 | 13133.66 |
| 1.农业 | Agriculture | 10184.60 | 10186.73 | 10100.85 |
| 2.林业 | Forestry | 34.51 | 59.67 | 46.85 |
| 3.牧业 | Animal Husbandry | 2820.85 | 2923.11 | 2983.04 |
| 4.渔业 | Fishery Industry | 8.39 | 4.93 | 2.93 |
| （二）第二产业现金经营收入 | Second Industrial Cash Operating Income | 226.55 | 576.15 | 137.88 |
| 1.采矿业 | Mining | | | |
| 2.制造业 | Manufacturing Industry | 220.38 | 555.25 | 66.51 |
| 3.电力、热力、燃气及水生产和供应业 | Electricity, Heat, Gas and Water Production and Supply Industry | | 0.02 | 10.95 |
| 4.建筑业 | Construction Industry | 6.17 | 20.88 | 60.42 |
| （三）第三产业现金经营收入 | Tertiary Industrial Cash Operating Income | 1165.25 | 1148.15 | 1885.01 |
| 1.批发和零售业 | Wholesale and Retail | 564.49 | 408.42 | 1035.94 |
| 2.交通运输、仓储和邮政业 | Transportation, Storage and Post | 189.86 | 248.38 | 299.43 |
| 3.住宿和餐饮业 | Hotels and Catering | 63.11 | 51.43 | 111.02 |
| 4.房地产业 | Real Estate | | | |
| 5.租赁和商务服务业 | Leasing and Business Services | 16.95 | 2.99 | 6.74 |
| 6.居民服务、修理和其他服务业 | Resident Services, Repairs and Other Services | 57.35 | 116.38 | 108.01 |
| 7.其他行业 | Other | 56.63 | 47.15 | 84.13 |
| 8.农林牧渔服务业 | Agricultural Services Industry | 216.96 | 273.39 | 239.75 |
| **三、现金财产性收入** | **Property Cash Income** | **240.52** | **309.42** | **289.37** |
| （一）利息收入 | Interest Income | 19.82 | 47.37 | 39.75 |
| （二）红利收入 | Dividend Income | 1.25 | 19.50 | 5.91 |
| （三）储蓄性保险收益 | Income of Savings Insurance | 2.17 | 1.68 | 1.64 |
| （四）转让承包土地经营权租金收入 | Income of the Transfer of Contracted Land Management Right | 198.28 | 210.37 | 195.30 |
| （五）出租房屋财产性净收入 | Rental Housing Property Income | 5.25 | 12.59 | 4.63 |
| （六）出租机械、专利、版权等资产的净收入 | Rental Machinery, Patents, Copyright and Other Assets of the Revenue | 2.34 | 11.18 | 27.74 |
| （七）其他财产性收入 | Other Property Income | 11.42 | 6.72 | 14.39 |
| **四、现金转移性收入** | **Transfer Cash Income** | **2038.33** | **2237.34** | **2438.84** |
| （一）养老金或离退休金 | Pensions | 350.78 | 416.30 | 616.20 |
| （二）社会救济和补助 | Social Relief and Subsidies | 39.58 | 57.05 | 102.14 |
| （三）政策性生活补贴 | Policy Oriented Living Subsidy | 8.18 | 5.95 | 26.15 |
| （四）家庭外出从业人员寄回带回收入 | Migrant Workers Sent to the Family | 230.01 | 308.29 | 289.06 |
| （五）赡养收入 | Support Income | 120.61 | 150.29 | 180.71 |
| （六）其他转移性收入 | Other Transfer Income | 19.03 | 25.93 | 16.30 |
| （七）现金政策性惠农补贴 | The Policy of Agricultural Subsidies Cash | 1270.14 | 1273.54 | 1208.27 |

# 9－18 农村居民平均每百户年末耐用消费品拥有量

## Durable Consumer Goods Owned Per 100 Rural Household at the Year–end

| 指　　标 | Item | 2016 | 2017 | 2018 |
|---|---|---|---|---|
| 家用汽车(辆) | Automobile (Unit) | 19.10 | 20.92 | 23.32 |
| 摩托车（辆） | Motorcycle (Unit) | 69.97 | 70.30 | 59.58 |
| 助力车（台） | Booster Car (Unit) | 14.51 | 16.93 | 19.98 |
| 洗衣机（台） | Washing Machine (set) | 92.18 | 93.94 | 91.78 |
| 电冰箱（柜）（台） | Refrigerator (set) | 93.70 | 94.44 | 95.54 |
| 微波炉（台） | Microwave Oven (Set) | 7.04 | 7.42 | 7.70 |
| 彩色电视机（台） | Color TV Sets (Set) | 108.26 | 107.39 | 104.46 |
| #接入有线电视（台） | Access to Cable TV (Set) | 77.77 | 76.52 | 57.82 |
| 空调（台） | Air Conditioner (Set) | 0.93 | 1.43 | 0.94 |
| 热水器（台） | Water Heater (Set) | 9.18 | 9.78 | 11.76 |
| #太阳能热水器（台） | Solar Water Heater (Set) | 5.89 | 5.74 | 4.99 |
| 消毒碗柜（台） | Disinfection Cabinet | 0.12 | | |
| 洗碗机（台） | Dishwasher (Set) | 0.05 | 0.15 | 0.05 |
| 排油烟机（台） | Exhaust Fan (Set) | 8.42 | 10.04 | 11.95 |
| 固定电话（部） | Telephone(Set) | 26.90 | 25.04 | 11.14 |
| 移动电话（部） | Mobile Phone (Set) | 241.62 | 243.69 | 246.30 |
| #接入互联网（部） | Access to the Internet(Set) | 85.05 | 98.91 | 153.78 |
| 计算机（台） | Computer (Set) | 33.73 | 33.16 | 28.76 |
| #接入互联网（台） | Access to the Internet (Set) | 28.68 | 26.97 | 21.37 |
| 摄像机（台） | Video Camera (Set) | 0.47 | | |
| 照相机（台） | Camera (Set) | 2.32 | 3.86 | 1.14 |
| 中高档乐器（架） | Middle Grade Musical Instruments (Set) | 0.36 | 0.49 | 0.24 |
| 健身器材（台） | Fitness Equipment (Set) | 0.13 | 0.17 | 0.23 |
| 组合音响（套） | Combination Audio (Set) | 0.91 | | |

# 9－19 农村居民人均主要食品消费量
## Per Capita Consumption of Major Foods of Rural Households

| 指　　标 | Item | 2016 | 2017 | 2018 |
|---|---|---|---|---|
| 谷物(公斤） | Corn(kg.) | 142.14 | 148.01 | 137.57 |
| 薯类（公斤） | Tuber (kg.) | 2.41 | 2.16 | 3.44 |
| 豆类（公斤） | Beans (kg.) | 8.76 | 9.43 | 11.39 |
| 食用油（公斤） | Edible oil (kg.) | 11.08 | 11.71 | 10.86 |
| 蔬菜和食用菌（公斤） | Vegetables and Edible Fungi(kg.) | 93.79 | 115.37 | 86.63 |
| 肉类（公斤） | Meat (kg.) | 16.75 | 19.52 | 25.10 |
| 猪肉 | Pork | 12.28 | 16.68 | 21.99 |
| 牛肉 | Beef | 0.84 | 0.86 | 0.94 |
| 羊肉 | Mutton | 0.53 | 0.36 | 0.30 |
| 其他肉类及制品 | Other Meats and Products | 1.48 | 1.62 | 1.87 |
| 禽类（公斤） | Poultry (kg.) | 4.69 | 5.00 | 4.86 |
| 水产品（公斤） | Aquatic Product (kg.) | 5.07 | 4.75 | 5.51 |
| 蛋类（公斤） | Eggs (kg.) | 9.20 | 9.77 | 9.24 |
| 奶类（公斤） | Milk (kg.) | 4.33 | 4.75 | 5.02 |
| 干鲜瓜果类（公斤） | Dry and Fresh Fruits and Melons (kg.) | 36.95 | 36.42 | 37.74 |
| 糖果糕点类（公斤） | Confectionery(kg.) | 3.14 | 3.24 | 3.73 |
| 其他食品（元） | Other Food (yuan) | 145.10 | 139.80 | 162.64 |
| 饮料（元） | Drinks(yuan) | 41.03 | 40.41 | 43.07 |
| 烟酒（元） | Alcohol(yuan) | 372.08 | 390.80 | 434.25 |
| 饮食服务（元） | Food Service(yuan) | 218.57 | 281.06 | 233.55 |

## 9－20 农村居民每百户拥有主要农业生产性固定资产数量
## 100 Rural Household Major Productive Fixed Assets Owned Per

| 项　　目 | Item | 2016 | 2017 | 2018 |
|---|---|---|---|---|
| 大中型农用拖拉机（台） | Large and Medium Sized Agricultural Tractors (unit) | 19.63 | 21.05 | 20.62 |
| 小型农用拖拉机（台） | Small Farm Tractor (unit) | 62.33 | 63.35 | 60.98 |
| 农用排灌动力机械（台） | Agricultural Irrigation Drainage Machinery (unit) | 3.07 | 2.87 | 1.73 |
| 插秧机（台） | Rice Transplanter (unit) | 4.82 | 3.99 | 3.13 |
| 收割机（台） | Harvester (unit) | 4.80 | 3.81 | 6.93 |
| 脱粒机（台） | Threshing Machine (set) | 5.75 | 4.67 | 3.10 |
| 役畜（头） | Draft Animal (head) | 13.03 | 15.03 | 10.46 |
| 产品畜（头） | Commodity Animal Products (head) | 120.20 | 231.03 | 379.83 |

## 9－21 农村居民家庭平均居住情况
## Rural Residents Living Situation

| 项　　目 | Item | 2016 | 2017 | 2018 |
|---|---|---|---|---|
| **现住房建筑面积(平方米)** | **Housing Construction Area (sq.m)** | **28.30** | **28.95** | **28.66** |
| 期末拥有房屋情况 | Housing Situation at year–end | | | |
| 期末拥有房屋面积（平方米） | House Area Owned (sq.m) | 28.05 | 28.82 | 28.90 |
| 期末拥有房屋价值（万元） | Value of House Owned (1000yuan) | 2.78 | 2.92 | 2.75 |
| 期末拥有房屋市场价月租金（元） | Rent of House Owned at Market Price ( yuan) | 57.24 | 60.59 | 66.03 |
| 期内新购住房情况 | Purchasing New House this year | | | |
| 期内新购住房建筑面积（平方米） | Construction Area of New Purchasing House (sq.m) | 0.19 | 0.15 | 0.24 |
| 新购住房总金额（万元） | Value of New Purchasin House (10000 yuan) | 0.05 | 0.04 | 0.10 |
| 期内新建住房情况 | New Constructed House this year | | | |
| 期内新建住房竣工建筑面积（平方米） | New Completed House Construction Area Construction Area(sq.m) | 0.04 | 0.05 | 0.15 |
| 新建住房总费用（万元） | Expenses of New Constructed House (10000 yuan) | 0.01 | 0.01 | 0.01 |

# 第十篇

CHAPTER ▶ 10

# 市政公用事业

## URBAN PUBLIC UTILITIES

资料整理人员：

王　辉

# 10－1 市政公用事业基本情况

## Basic Statistics on Municipal Public Utilities

| 指　　标 | Item | 2016 | 2017 | 2018 |
|---|---|---|---|---|
| 自来水全年供水总量（万立方米） | Annual Volume of Tap Water Supply(10000 cu.m) | 105306 | 104639 | 105505 |
| # 居民家庭用水量 | Water Consumption for Residential Use | 32264 | 31536 | 31504 |
| 人均日生活用水（升） | Per Capita Daily Consumption of Tap Water for Residential Use(unit) | 124.51 | 117.75 | 118 |
| 用水普及率（%） | Percetage of Population with Access to Tap Water(%) | 93.40 | 94.85 | 94 |
| 年末实有道路长度（公里） | Length of Paved Roads at Year-end(km) | 10669 | 9082 | 9220 |
| 年末实有道路面积（万平方米） | Area of Paved Roads(10000 sq.m) | 17083 | 16670 | 16831 |
| 排水管道长度（公里） | Length of Sewage Pipelines(km) | 8445 | 10932 | 11601 |
| 人工煤气全年供气量（万立方米） | Annual Gaswork Supply(10000 cu.m) | 3868 | 3051 | 3426 |
| # 家庭用量 | Consumption of Gaswork for Residential Use | 2832 | 2155 | 2600 |
| 煤气管道长度（公里） | Length of Gas Pipelines(km) | 335 | 337 | 345 |
| 液化气全年供气量（吨） | Annual Supply of LPG(ton) | 177927 | 179750 | 157114 |
| # 家庭用量 | Residential Consumption of Liquefied Petorleum Gas for Residential Use | 89061 | 81958 | 778805 |
| 燃气普及率（%） | Percentage of Population with Access to Gas(%) | 93.00 | 92.99 | 93.00 |
| 集中供热总量（万吉焦） | Total Volume of Centralized Heating(10000 gigajoules) | 25385 | 27212 | 27920 |
| 集中供热面积（万平方米） | Area of Centralized Heating(10000 sq.m) | 51864 | 57722 | 62633 |
| 绿化覆盖面积（公顷） | Green Coverage Areas(hectare) | 52315 | 54480 | 57921 |
| 公园、动物园个数（个） | Number of Parks and Zoos(unit) | 232 | 306 | 344 |
| 公园、动物园面积（公顷） | Area of Parks and Zoos(hectare) | 6956 | 9816 | 13298 |
| 生活垃圾清运量（万吨） | Volume of Garbage Disposal(10000 ton) | 506 | 495 | 471 |

注：①11-1~11-10表数据，由吉林省住房城乡建设厅提供。②自2017年起，清运粪便，不再统计。
Note: ①11-1~11-10 data table provided by the housing and rural construction department of jilin province.②Since 2017,volume of disposal of excrement and urine has not been collected.

# 10－2 城市建设用地（2018年）
# City Construction Land（2018）

单位：平方公里 unit: sq.km

| 城　市 | City | 建成区面积 Area of Built Districts(sq.km) | 城市现状建设用地面积 Area of Land Used for Urban Construction(sq.km) | 本年征用土地面积 Requistition Land Area (sq.km) |
|---|---|---|---|---|
| **全省** | **Total** | **1538.78** | **1464.90** | **75.37** |
| 长春 | Changchun | 596.73 | 574.42 | 39.21 |
| 长春市 | Changchun | 541.73 | 522.58 | 38.69 |
| 榆树市 | Yushu | 23.48 | 20.32 | |
| 德惠市 | Dehui | 31.52 | 31.52 | 0.52 |
| 吉林 | Jilin | 278.53 | 272.86 | 23.50 |
| 吉林市 | Jilin | 191.73 | 191.73 | |
| 蛟河市 | Jiaohe | 18.50 | 18.50 | 9.00 |
| 桦甸市 | Huadian | 19.50 | 19.50 | |
| 舒兰市 | Shulan | 25.00 | 24.51 | 4.50 |
| 磐石市 | Panshi | 23.80 | 18.62 | 10.00 |
| 四平 | Siping | 84.00 | 82.37 | 0.57 |
| 四平市 | Siping | 62.00 | 60.65 | 0.57 |
| 双辽市 | Shuangliao | 22.00 | 21.72 | |
| 辽源 | Liaoyuan | 46.30 | 46.30 | 1.44 |
| 辽源市 | Liaoyuan | 46.30 | 46.30 | 1.44 |
| 通化 | Tonghua | 66.48 | 64.41 | |
| 通化市 | Tonghua | 57.77 | 57.10 | |
| 集安市 | Ji' an | 8.71 | 7.31 | |
| 白山 | Baishan | 57.62 | 52.62 | |
| 白山市 | Baishan | 47.57 | 42.78 | |
| 临江市 | Linjiang | 10.05 | 9.84 | |
| 松原 | Songyuan | 67.59 | 67.34 | 0.85 |
| 松原市 | Songyuan | 51.59 | 51.35 | 0.49 |
| 扶余市 | Fuyu | 16.00 | 15.99 | 0.36 |
| 白城 | Baicheng | 91.39 | 90.74 | 2.56 |
| 白城市 | Baicheng | 45.34 | 44.69 | 2.30 |
| 洮南市 | Taonan | 26.55 | 26.55 | |
| 大安市 | Da' an | 19.50 | 19.50 | 0.26 |
| 延边朝鲜族自治州 | Yanbian | 161.84 | 134.79 | 4.21 |
| 延吉市 | Yanji | 62.00 | 38.88 | 2.31 |
| 图们市 | Tumen | 11.18 | 10.04 | 0.00 |
| 敦化市 | Dunhua | 34.34 | 34.34 | 0.57 |
| 珲春市 | Hunchun | 29.77 | 29.77 | 1.33 |
| 龙井市 | Longjing | 12.00 | 10.88 | |
| 和龙市 | Helong | 12.55 | 10.88 | |
| 公主岭市 | Gongzhuling | 33.00 | 32.70 | 0.48 |
| 梅河口市 | Meihekou | 27.30 | 23.66 | |
| 长白山管委会 | Changbaishan | 28.00 | 22.69 | 2.55 |

# 10－3 城市供水（2018年）

# Tap Water Supply in City（2018）

| 城 市 | City | 综合生产能力（万立方米/日）Production Capacity of Tap Water Supply（10000cu.m/day） | 供水管道长度（公里）Length of Water Supply Pipelines (km) | 全年供水总量(万立方米) Annual Volume of Tap Water Supply（10000cu.m） | #生活用水 For Residential Use | #生产用水 For Productive Use | 用水人口（万人）Number of Residents with Access to Tap Water (10000 persons) | 人均日生活用水量(升) Per Capita Daily Consumption of Tap Water for Residential Use（litre） |
|---|---|---|---|---|---|---|---|---|
| **全 省** | **Total** | **616.18** | **13125.58** | **105505.05** | **31503.63** | **24680.51** | **1144.65** | **117.54** |
| 长春 | Changchun | 141.22 | 3926.77 | 41541.55 | 12022.35 | 5401.11 | 484.38 | 129.16 |
| 长春市 | Changchun | 133.51 | 3123.23 | 39439.10 | 11052.75 | 5227.82 | 434.47 | 135.53 |
| 榆树市 | Yushu | 4.58 | 211.99 | 1165.00 | 458.60 | 98.25 | 26.21 | 70.56 |
| 德惠市 | Dehui | 3.13 | 591.55 | 937.45 | 511.00 | 75.04 | 23.70 | 77.26 |
| 吉林 | Jilin | 281.95 | 2227.16 | 21788.74 | 6234.61 | 10681.17 | 179.04 | 103.54 |
| 吉林市 | Jilin | 265.50 | 1347.41 | 18797.00 | 5005.00 | 10336.00 | 125.24 | 117.10 |
| 蛟河市 | Jiaohe | 4.10 | 469.59 | 876.87 | 148.50 | 16.62 | 13.60 | 51.42 |
| 桦甸市 | Huadian | 6.55 | 145.00 | 773.50 | 327.00 | 253.00 | 15.20 | 65.88 |
| 舒兰市 | Shulan | 2.80 | 111.86 | 512.37 | 205.11 | 21.55 | 13.00 | 44.97 |
| 磐石市 | Panshi | 3.00 | 153.30 | 829.00 | 549.00 | 54.00 | 12.00 | 132.19 |
| 四平 | Siping | 23.27 | 1342.41 | 6086.25 | 1956.15 | 3161.43 | 68.41 | 98.21 |
| 四平市 | Siping | 15.16 | 1246.36 | 3338.54 | 1353.63 | 1292.92 | 57.21 | 79.74 |
| 双辽市 | Shuangliao | 8.11 | 96.05 | 2747.71 | 602.52 | 1868.51 | 11.20 | 192.56 |
| 辽源 | Liaoyuan | 15.49 | 515.88 | 4757.77 | 963.80 | 1204.42 | 47.02 | 103.75 |
| 辽源市 | Liaoyuan | 15.49 | 515.88 | 4757.77 | 963.80 | 1204.42 | 47.02 | 103.75 |
| 通化 | Tonghua | 24.77 | 784.99 | 5333.44 | 1511.65 | 743.03 | 51.29 | 87.22 |
| 通化市 | Tonghua | 16.50 | 647.97 | 4410.19 | 1338.65 | 627.03 | 43.56 | 86.90 |
| 集安市 | Ji' an | 8.27 | 137.02 | 923.25 | 173.00 | 116.00 | 7.73 | 89.05 |
| 白山 | Baishan | 20.10 | 555.23 | 3070.04 | 1076.16 | 653.48 | 45.71 | 74.77 |
| 白山市 | Baishan | 12.40 | 369.91 | 2608.04 | 898.16 | 589.08 | 36.20 | 76.17 |
| 临江市 | Linjiang | 7.70 | 185.32 | 462.00 | 178.00 | 64.40 | 9.51 | 69.43 |
| 松原 | Songyuan | 17.51 | 465.50 | 4789.11 | 1702.41 | 420.96 | 56.00 | 141.32 |
| 松原市 | Songyuan | 14.99 | 414.30 | 4201.01 | 1445.41 | 304.96 | 46.60 | 146.14 |
| 扶余市 | Fuyu | 2.52 | 51.20 | 588.10 | 257.00 | 116.00 | 9.40 | 117.46 |
| 白城 | Baicheng | 16.64 | 678.20 | 3559.02 | 1175.40 | 892.63 | 47.94 | 103.56 |
| 白城市 | Baicheng | 11.00 | 458.00 | 2067.55 | 743.00 | 330.00 | 25.36 | 109.03 |
| 洮南市 | Taonan | 2.97 | 106.00 | 832.52 | 205.00 | 341.75 | 9.20 | 132.39 |
| 大安市 | Da' an | 2.67 | 114.20 | 658.95 | 227.40 | 220.88 | 13.38 | 73.35 |
| 延边朝鲜族自治州 | Yanbian | 48.48 | 1383.05 | 10299.84 | 3491.96 | 698.90 | 107.60 | 133.81 |
| 延吉市 | Yanji | 25.02 | 515.28 | 5389.96 | 1895.79 | 125.40 | 51.27 | 145.16 |
| 图们市 | Tumen | 1.45 | 130.83 | 450.20 | 165.47 | 50.44 | 7.00 | 88.59 |
| 敦化市 | Dunhua | 6.51 | 247.51 | 1171.68 | 498.00 | 256.46 | 19.90 | 87.34 |
| 珲春市 | Hunchun | 7.00 | 169.09 | 1546.00 | 488.00 | 80.00 | 17.20 | 183.30 |
| 龙井市 | Longjing | 4.50 | 128.79 | 873.00 | 237.70 | 128.60 | 4.23 | 195.05 |
| 和龙市 | Helong | 4.00 | 191.55 | 869.00 | 207.00 | 58.00 | 8.00 | 77.40 |
| 公主岭市 | Gongzhuling | 6.37 | 314.81 | 2034.25 | 440.23 | 531.00 | 18.20 | 99.42 |
| 梅河口市 | Meihekou | 15.00 | 370.00 | 1382.58 | 796.00 | 190.00 | 32.30 | 90.59 |
| 长白山管委会 | Changbaishan | 5.38 | 561.58 | 862.46 | 132.91 | 102.38 | 6.76 | 287.43 |

# 10－4　城市市政设施（2018年）

# Level of Public Facilities in City（2018）

| 城　市 | City | 年末实有道路长度(公里) Length of Paved Roads at Year-end(km) | 年末实有道路面积(万平方米) Area of Paved Roads（10000sq.m） | 城市桥梁(座) Number of Bridges(unit) | 城市排水管道长度(公里) Length of Sewage Pipelines(km) | 城市污水日处理能力(万立方米) Daily Sewage Disposal Capacity（10000cu.m） | 城市道路照明灯(盏) Urban Road Lights (zhan) |
|---|---|---|---|---|---|---|---|
| **全　省** | **Total** | **9220.44** | **16831.10** | **902** | **11601.30** | **400.75** | **473311** |
| 长春 | Changchun | 4061.35 | 8004.21 | 321 | 5991.53 | 181.50 | 185271 |
| 长春市 | Changchun | 3721.62 | 7477.73 | 313 | 5681.50 | 172.50 | 174198 |
| 榆树市 | Yushu | 129.74 | 249.72 | 5 | 157.79 | 6.00 | 6037 |
| 德惠市 | Dehui | 209.99 | 276.76 | 3 | 152.24 | 3.00 | 5036 |
| 吉林 | Jilin | 1562.65 | 2400.33 | 178 | 1555.42 | 85.30 | 74135 |
| 吉林市 | Jilin | 1091.35 | 1656.75 | 81 | 1093.98 | 73.50 | 45575 |
| 蛟河市 | Jiaohe | 169.30 | 157.64 | 15 | 142.76 | 2.80 | 5659 |
| 桦甸市 | Huadian | 76.50 | 181.30 | 14 | 98.08 | 3.00 | 7482 |
| 舒兰市 | Shulan | 127.50 | 137.64 | 37 | 37.60 | 2.00 | 8708 |
| 磐石市 | Panshi | 98.00 | 267.00 | 31 | 183.00 | 4.00 | 6711 |
| 四平 | Siping | 524.11 | 801.18 | 19 | 412.80 | 20.50 | 32762 |
| 四平市 | Siping | 434.00 | 701.00 | 16 | 289.00 | 18.00 | 30000 |
| 双辽市 | Shuangliao | 90.11 | 100.18 | 3 | 123.80 | 2.50 | 2762 |
| 辽源 | Liaoyuan | 185.98 | 440.50 | 83 | 257.77 | 10.00 | 6933 |
| 辽源市 | Liaoyuan | 185.98 | 440.50 | 83 | 257.77 | 10.00 | 6933 |
| 通化 | Tonghua | 328.23 | 489.84 | 65 | 344.81 | 14.34 | 13707 |
| 通化市 | Tonghua | 298.91 | 425.75 | 61 | 278.61 | 12.34 | 12232 |
| 集安市 | Ji' an | 29.32 | 64.09 | 4 | 66.20 | 2.00 | 1475 |
| 白山 | Baishan | 346.10 | 535.61 | 71 | 262.33 | 11.50 | 19320 |
| 白山市 | Baishan | 262.33 | 424.86 | 57 | 199.15 | 9.00 | 12429 |
| 临江市 | Linjiang | 83.77 | 110.75 | 14 | 63.18 | 2.50 | 6891 |
| 松原 | Songyuan | 348.64 | 859.75 | 14 | 469.64 | 18.00 | 38831 |
| 松原市 | Songyuan | 254.78 | 677.53 | 8 | 374.54 | 15.00 | 35342 |
| 扶余市 | Fuyu | 93.86 | 182.22 | 6 | 95.10 | 3.00 | 3489 |
| 白城 | Baicheng | 430.52 | 774.12 | 18 | 710.71 | 10.00 | 24145 |
| 白城市 | Baicheng | 209.96 | 350.65 | 12 | 348.94 | 5.00 | 10378 |
| 洮南市 | Taonan | 88.10 | 174.00 | 2 | 187.80 | 3.00 | 4942 |
| 大安市 | Da' an | 132.46 | 249.47 | 4 | 173.97 | 2.00 | 8825 |
| 延边朝鲜族自治州 | Yanbian | 943.29 | 1554.96 | 63 | 1062.07 | 39.50 | 52820 |
| 延吉市 | Yanji | 224.24 | 616.70 | 20 | 338.09 | 20.00 | 11851 |
| 图们市 | Tumen | 53.27 | 81.12 | 13 | 67.61 | 2.00 | 3070 |
| 敦化市 | Dunhua | 267.21 | 355.76 | 4 | 262.45 | 10.00 | 13680 |
| 珲春市 | Hunchun | 256.25 | 313.10 | 9 | 194.30 | 3.00 | 9967 |
| 龙井市 | Longjing | 89.22 | 102.48 | 5 | 97.06 | 2.50 | 6408 |
| 和龙市 | Helong | 53.10 | 85.80 | 12 | 102.56 | 2.00 | 7844 |
| 公主岭市 | Gongzhuling | 228.14 | 390.66 | 33 | 201.16 | 5.00 | 13921 |
| 梅河口市 | Meihekou | 212.50 | 518.00 | 26 | 146.30 | 3.50 | 6730 |
| 长白山管委会 | Changbaishan | 48.93 | 61.94 | 11 | 186.76 | 1.61 | 4736 |

# 10－5 城市绿地和园林（2018年）

## Basic Statistics on Parks and Green Areas in Cities（2018）

| 城　市 | City | 绿地面积（公顷）Area of Green Land (hectare) | #公园绿地 Park Green Areas | 公园（个）Number of Parks(unit) | 公园面积（公顷）Area of Parks (hectare) | 建成区绿化面积（公顷）Green Coverage Area of Built Districts (hectare) |
|---|---|---|---|---|---|---|
| **全　省** | **Total** | **69260.20** | **16393.00** | **344** | **13298.39** | **57920.90** |
| 长春 | Changchun | 25417.66 | 6542.81 | 136 | 7104.01 | 23845.84 |
| 长春市 | Changchun | 23927.67 | 6317.80 | 128 | 6988.63 | 22522.50 |
| 榆树市 | Yushu | 960.58 | 151.60 | 3 | 49.00 | 666.80 |
| 德惠市 | Dehui | 529.41 | 73.41 | 5 | 66.38 | 656.54 |
| 吉林 | Jilin | 9062.01 | 2246.65 | 27 | 914.96 | 9808.21 |
| 吉林市 | Jilin | 6734.00 | 1549.00 | 8 | 489.00 | 7382.00 |
| 蛟河市 | Jiaohe | 553.54 | 90.46 | 6 | 90.46 | 603.56 |
| 桦甸市 | Huadian | 689.30 | 290.69 | 3 | 16.90 | 696.15 |
| 舒兰市 | Shulan | 408.37 | 177.90 | 2 | 180.00 | 412.50 |
| 磐石市 | Panshi | 676.80 | 138.60 | 8 | 138.60 | 714.00 |
| 四平 | Siping | 2912.94 | 656.37 | 11 | 421.58 | 3169.04 |
| 四平市 | Siping | 2081.56 | 547.00 | 9 | 296.78 | 2268.36 |
| 双辽市 | Shuangliao | 831.38 | 109.37 | 2 | 124.80 | 900.68 |
| 辽源 | Liaoyuan | 1540.96 | 488.28 | 34 | 464.10 | 1725.81 |
| 辽源市 | Liaoyuan | 1540.96 | 488.28 | 34 | 464.10 | 1725.81 |
| 通化 | Tonghua | 2188.01 | 771.20 | 26 | 750.80 | 2470.91 |
| 通化市 | Tonghua | 1871.20 | 660.40 | 18 | 640.00 | 2113.80 |
| 集安市 | Ji' an | 316.81 | 110.80 | 8 | 110.80 | 357.11 |
| 白山 | Baishan | 11128.66 | 455.20 | 15 | 300.50 | 1527.55 |
| 白山市 | Baishan | 10772.66 | 221.20 | 11 | 146.50 | 1126.55 |
| 临江市 | Linjiang | 356.00 | 234.00 | 4 | 154.00 | 401.00 |
| 松原 | Songyuan | 2255.75 | 927.20 | 14 | 434.00 | 2107.24 |
| 松原市 | Songyuan | 2072.55 | 862.20 | 13 | 413.00 | 1883.04 |
| 扶余市 | Fuyu | 183.20 | 65.00 | 1 | 21.00 | 224.20 |
| 白城 | Baicheng | 3217.08 | 754.46 | 17 | 783.29 | 3253.33 |
| 白城市 | Baicheng | 1488.38 | 202.00 | 8 | 226.70 | 1553.00 |
| 洮南市 | Taonan | 916.10 | 121.70 | 4 | 83.90 | 986.33 |
| 大安市 | Da' an | 812.60 | 430.76 | 5 | 472.69 | 714.00 |
| 延边朝鲜族自治州 | Yanbian | 5867.03 | 2247.93 | 34 | 884.95 | 6077.97 |
| 延吉市 | Yanji | 2323.76 | 1311.96 | 5 | 207.20 | 2341.76 |
| 图们市 | Tumen | 293.78 | 91.00 | 4 | 73.00 | 337.35 |
| 敦化市 | Dunhua | 1375.00 | 356.00 | 13 | 356.00 | 1447.60 |
| 珲春市 | Hunchun | 1004.74 | 257.34 | 3 | 187.45 | 973.71 |
| 龙井市 | Longjing | 441.15 | 131.00 | 7 | 8.00 | 484.15 |
| 和龙市 | Helong | 428.60 | 100.63 | 2 | 53.30 | 493.40 |
| 公主岭市 | Gongzhuling | 690.00 | 70.00 | 2 | 34.70 | 710.00 |
| 梅河口市 | Meihekou | 950.20 | 381.50 | 8 | 353.80 | 1002.00 |
| 长白山管委会 | Changbaishan | 4029.90 | 851.40 | 20 | 851.70 | 2223.00 |

# 10－6 城市市容环境卫生（2018年）

## Basic Statistics on Urban Sanitation in Cities（2018）

| 城　市 | City | 清扫保洁面积(万平方米) Area Under Cleaning Program (10000 sq.m) | 生活垃圾清运量（万吨） Volume of Garbage Disposal (10000tons) | 市容环卫专用车辆设备总数(台) Number of Special Vehicles for Environmental Sanitation(unit) | 公厕数量（座） Number of Public Lavatories (unit) | #三级以上 Third Grade and Above |
|---|---|---|---|---|---|---|
| **全省** | **Total** | **17910** | **471** | **7162** | **3828** | **2617** |
| 长春 | Changchun | 7484 | 210 | 3902 | 1834 | 1688 |
| 长春市 | Changchun | 6946 | 182 | 3675 | 1693 | 1607 |
| 榆树市 | Yushu | 240 | 18 | 95 | 46 | 15 |
| 德惠市 | Dehui | 298 | 9 | 132 | 95 | 66 |
| 吉林 | Jilin | 2885 | 72 | 1186 | 447 | 271 |
| 吉林市 | Jilin | 1987 | 44 | 1007 | 325 | 203 |
| 蛟河市 | Jiaohe | 208 | 10 | 33 | 26 | 20 |
| 桦甸市 | Huadian | 230 | 7 | 45 | 25 | 16 |
| 舒兰市 | Shulan | 210 | 4 | 33 | 32 | 32 |
| 磐石市 | Panshi | 250 | 7 | 68 | 39 | 0 |
| 四平 | Siping | 1306 | 21 | 255 | 217 | 119 |
| 四平市 | Siping | 946 | 18 | 206 | 163 | 97 |
| 双辽市 | Shuangliao | 360 | 3 | 49 | 54 | 22 |
| 辽源 | Liaoyuan | 395 | 12 | 61 | 176 | 71 |
| 辽源市 | Liaoyuan | 395 | 12 | 61 | 176 | 71 |
| 通化 | Tonghua | 626 | 19 | 369 | 176 | 83 |
| 通化市 | Tonghua | 565 | 14 | 346 | 151 | 58 |
| 集安市 | Ji` an | 61 | 5 | 23 | 25 | 25 |
| 白山 | Baishan | 534 | 17 | 221 | 123 | 14 |
| 白山市 | Baishan | 402 | 10 | 173 | 116 | 11 |
| 临江市 | Linjiang | 132 | 7 | 48 | 7 | 3 |
| 松原 | Songyuan | 1137 | 18 | 205 | 170 | 54 |
| 松原市 | Songyuan | 936 | 14 | 159 | 135 | 54 |
| 扶余市 | Fuyu | 201 | 4 | 46 | 35 | 0 |
| 白城 | Baicheng | 1167 | 27 | 234 | 171 | 34 |
| 白城市 | Baicheng | 495 | 13 | 172 | 72 | 8 |
| 洮南市 | Taonan | 350 | 8 | 27 | 33 | 26 |
| 大安市 | Da' an | 322 | 6 | 35 | 66 | 0 |
| 延边朝鲜族自治州 | Yanbian | 1040 | 54 | 386 | 313 | 150 |
| 延吉市 | Yanji | 295 | 23 | 133 | 105 | 61 |
| 图们市 | Tumen | 121 | 5 | 78 | 43 | 0 |
| 敦化市 | Dunhua | 289 | 11 | 37 | 49 | 49 |
| 珲春市 | Hunchun | 208 | 9 | 67 | 28 | 22 |
| 龙井市 | Longjing | 32 | 3 | 47 | 69 | 14 |
| 和龙市 | Helong | 95 | 4 | 24 | 19 | 4 |
| 公主岭市 | Gongzhuling | 552 | 9 | 153 | 66 | 19 |
| 梅河口市 | Meihekou | 593 | 10 | 96 | 94 | 76 |
| 长白山管委会 | Changbaishan | 192 | 2 | 94 | 41 | 38 |

# 10－7 城市设施水平（2018年）

## Level of Public Facilities in City（2018）

| 城 市 | City | 用水普及率(%) Urban Water Coverage Rate (%) | 燃气普及率(%) City Gas Coverage Rate (%) | 建成区供水管道密度(公里/平方公里) Density of Sewer Pipelines (km/sq.km) | 人均城市道路面积(平方米) Per Capita Area of Paved Roads (sq.m) | 人均公园绿地面积(平方米) Per Capita Public Green Areas (sq.m) | 建成区绿地率(%) Green Space Rate of Built District (%) |
|---|---|---|---|---|---|---|---|
| **全省** | **Total** | **93.89** | **93.04** | **7.40** | **13.81** | **13.45** | **37.64** |
| 长春 | Changchun | 94.67 | 95.93 | 5.52 | 15.64 | 12.79 | 39.96 |
| 长春市 | Changchun | 95.20 | 98.71 | 4.60 | 16.38 | 13.84 | 41.58 |
| 榆树市 | Yushu | 88.40 | 95.01 | 9.03 | 8.42 | 5.11 | 28.40 |
| 德惠市 | Dehui | 92.58 | 47.54 | 18.77 | 10.81 | 2.87 | 20.83 |
| 吉林 | Jilin | 95.26 | 92.28 | 6.26 | 12.77 | 11.95 | 35.21 |
| 吉林市 | Jilin | 98.68 | 99.18 | 7.03 | 13.05 | 12.21 | 38.50 |
| 蛟河市 | Jiaohe | 97.00 | 90.16 | 0.14 | 11.24 | 6.45 | 32.62 |
| 桦甸市 | Huadian | 94.23 | 77.50 | 6.56 | 11.24 | 18.02 | 35.70 |
| 舒兰市 | Shulan | 69.85 | 59.16 | 4.47 | 7.40 | 9.56 | 16.50 |
| 磐石市 | Panshi | 97.80 | 93.07 | 6.44 | 21.76 | 11.30 | 30.00 |
| 四平 | Siping | 96.54 | 92.18 | 14.52 | 11.31 | 9.26 | 37.73 |
| 四平市 | Siping | 96.70 | 96.60 | 18.12 | 11.85 | 9.25 | 36.59 |
| 双辽市 | Shuangliao | 95.73 | 69.83 | 4.37 | 8.56 | 9.35 | 40.94 |
| 辽源 | Liaoyuan | 95.36 | 96.78 | 11.14 | 8.93 | 9.90 | 37.27 |
| 辽源市 | Liaoyuan | 95.36 | 96.78 | 11.14 | 8.93 | 9.90 | 37.27 |
| 通化 | Tonghua | 94.96 | 90.39 | 11.81 | 9.07 | 14.28 | 37.17 |
| 通化市 | Tonghua | 94.47 | 99.76 | 11.22 | 9.23 | 14.32 | 36.59 |
| 集安市 | Ji' an | 97.85 | 35.70 | 15.73 | 8.11 | 14.03 | 41.00 |
| 白山 | Baishan | 91.09 | 93.46 | 7.50 | 10.67 | 9.07 | 26.51 |
| 白山市 | Baishan | 89.38 | 95.43 | 7.78 | 10.49 | 5.46 | 23.68 |
| 临江市 | Linjiang | 98.24 | 85.23 | 6.19 | 11.44 | 24.17 | 39.90 |
| 松原 | Songyuan | 90.94 | 89.23 | 6.89 | 13.96 | 15.06 | 31.18 |
| 松原市 | Songyuan | 96.10 | 97.28 | 8.03 | 13.97 | 17.78 | 36.50 |
| 扶余市 | Fuyu | 71.81 | 59.43 | 3.20 | 13.92 | 4.97 | 14.01 |
| 白城 | Baicheng | 86.35 | 81.86 | 7.38 | 13.94 | 13.59 | 35.60 |
| 白城市 | Baicheng | 98.60 | 96.03 | 10.10 | 13.63 | 7.85 | 34.25 |
| 洮南市 | Taonan | 65.95 | 38.71 | 3.99 | 12.47 | 8.72 | 37.15 |
| 大安市 | Da' an | 84.42 | 96.85 | 5.65 | 15.74 | 27.18 | 36.62 |
| 延边朝鲜族自治州 | Yanbian | 90.07 | 89.63 | 7.77 | 13.02 | 18.82 | 37.56 |
| 延吉市 | Yanji | 92.58 | 96.61 | 8.31 | 11.14 | 23.69 | 37.77 |
| 图们市 | Tumen | 82.16 | 82.16 | 11.70 | 9.52 | 10.68 | 30.17 |
| 敦化市 | Dunhua | 98.56 | 100.00 | 3.77 | 17.62 | 17.63 | 42.15 |
| 珲春市 | Hunchun | 80.00 | 76.19 | 5.58 | 14.56 | 11.97 | 32.71 |
| 龙井市 | Longjing | 97.69 | 83.14 | 10.33 | 23.67 | 30.25 | 40.35 |
| 和龙市 | Helong | 83.86 | 67.09 | 15.26 | 8.99 | 10.55 | 39.31 |
| 公主岭市 | Gongzhuling | 100.00 | 89.01 | 9.45 | 21.46 | 3.85 | 21.52 |
| 梅河口市 | Meihekou | 99.23 | 98.31 | 6.78 | 15.91 | 11.72 | 36.70 |
| 长白山管委会 | Changbaishan | 85.79 | 70.56 | 18.20 | 7.86 | 108.05 | 79.39 |

## 10-8 城市集中供热情况
## Basic Statistics on Heating in City

| 指　标 | Item | 2016 | 2017 | 2018 |
|---|---|---|---|---|
| **供热能力** | **Heating Capacity** | | | |
| 蒸汽(吨/小时) | Steam (ton/hour) | 1453 | 1960 | 2110 |
| 热水(兆瓦) | Hot Water(mw) | 42992 | 43276 | 45107 |
| **供热总量** | **Quantity of Heat Supplied** | | | |
| 蒸汽(万吉焦) | Steam(10000 gigajoules) | 990 | 746 | 1545 |
| 热水(万吉焦) | Hot Water(10000 gigajoules) | 24395 | 26466 | 45107 |
| **管道长度** | **Length of Pipelines** | **18986** | **25682** | **27748** |
| **供热面积(万平方米)** | **Area of Centralized Heating(10000 sq.m)** | **51864** | **57722** | **62633** |

## 10-9 城市燃气用气户数和供气总量
## Number of City Gas Users and Total Gas Supply

| 指　标 | Item | 用气户数(户) Gas Users (household) | | | 供气总量(万立方米) Total Gas Supply (10000cu.m) | | |
|---|---|---|---|---|---|---|---|
| | | 2016 | 2017 | 2018 | 2016 | 2017 | 2018 |
| 液化石油气 | Liquefied Petroleum Gas | 1111374 | 1030199 | 864001 | 177927 | 179750 | 157114 |
| # 家庭用量 | Residential Use | 1002924 | 964865 | 778805 | 89061 | 81958 | 59795 |
| 天然气 | Natural Gas | 2978512 | 3237449 | 3554647 | 130251 | 148205 | 174481 |
| # 家庭用量 | Residential Use | 2925454 | 3192914 | 3511658 | 39518 | 45551 | 35488 |
| 煤气 | Coal Gas | 132883 | 154000 | 159000 | 3868 | 3051 | 3426 |
| # 家庭用量 | Residential Use | 132377 | 153603 | 158280 | 2832 | 2155 | 2600 |

# 10－10 城市环境卫生情况
## Basic Statistics on Urban Sanitation

| 指　标 | Item | 2016 | 2017 | 2018 |
|---|---|---|---|---|
| **清运垃圾粪便工作量** | **Volume of Garbage, Excrement and Urine Disposal** | | | |
| 实际清扫面积(万平方米) | Actually Cleaning Areas(10000 sq.m) | 18880 | 17741 | 17910 |
| 生活垃圾清运量（万吨） | Volume of Garbage Disposal(10000 ton) | 506.29 | 494.98 | 471 |
| **环境卫生设施** | **Environment Sanitation Equipment** | | | |
| 公共厕所（座） | Public Lavatories(unit) | 3586 | 3417 | 3828 |
| 垃圾无害化处理厂（座） | Garbage Innocuous Disposal Plant(unit) | 28 | 16 | 30 |
| 垃圾无害化处理能力（吨/日） | Capacity of Garbage Innocuous Disposal(ton/day) | 15095 | 11280 | 15234 |

注：自2017年起，清运粪便不再统计。
Note: Since 2017,volume of disposal of excrement and urine has not been collected.

# 10－11 城市燃气设备能力
## Capacity of City Gas Facilities

| 指　标 | Item | 2016 | 2017 | 2018 |
|---|---|---|---|---|
| **液化石油气** | **Liquefied Petroleum Gas** | | | |
| 储气能力(吨) | Capacity of Gas Tank(ton) | 19696 | 18421 | 18873 |
| **天然气** | **Natural Gas** | | | |
| 储气能力（万立方米） | Capacity of Gas Tank(10000 cu.m) | 807 | 819 | 867 |
| 管道长度（公里） | Length of Pipelines(km) | 9309 | 10060 | 10979 |
| **煤气** | **Coal Gas** | | | |
| 储气能力（万立方米） | Capacity of Gas Tank(10000 cu.m) | 9 | 9 | 9 |
| 管道长度（公里） | Length of Pipelines(km) | 336 | 337 | 345 |

# 第十一篇

CHAPTER ▶ 11

# 农　业

## *AGRICULTURE*

资料整理人员：

郝立军　吴　璇

# 11－1　农村基本情况

| 年　份<br>Year | 乡政府（个）<br>Township Governments (unit) | 镇政府（个）<br>Town Governments (unit) | 村民委员会（个）<br>Number of Village' s Committes(unit) | 自来水受益村（个）<br>Tap Water Benefit Village(unit) | 通有线电视村（个）<br>Cable TV Village (unit) | 通宽带村（个）<br>Broadband Village(unit) |
|---|---|---|---|---|---|---|
| 1978 | 898 | | 9733 | | | |
| 1979 | 902 | | 9907 | | | |
| 1980 | 928 | | 10104 | | | |
| 1981 | 932 | | 10146 | | | |
| 1982 | 930 | | 10163 | | | |
| 1983 | 936 | | 10126 | | | |
| 1984 | 933 | | 10162 | | | |
| 1985 | 656 | 263 | 10144 | | | |
| 1986 | 646 | 265 | 10163 | | | |
| 1987 | 640 | 294 | 10190 | | | |
| 1988 | 641 | 290 | 10299 | | | |
| 1989 | 641 | 288 | 10273 | | | |
| 1990 | 641 | 288 | 10300 | | | |
| 1991 | 638 | 289 | 10297 | | | |
| 1992 | 560 | 366 | 10288 | | | |
| 1993 | 530 | 396 | 10305 | | | |
| 1994 | 482 | 438 | 10299 | | | |
| 1995 | 475 | 443 | 10234 | | | |
| 1996 | 468 | 444 | 10139 | | | |
| 1997 | 466 | 445 | 10112 | | | |
| 1998 | 453 | 445 | 10121 | | | |
| 1999 | 433 | 454 | 10133 | | | |
| 2000 | 398 | 458 | 10107 | | | |
| 2001 | 354 | 452 | 10005 | | | |
| 2002 | 326 | 460 | 9850 | | | |
| 2003 | 315 | 456 | 9569 | | | |
| 2004 | 311 | 454 | 9365 | | | |
| 2005 | 198 | 426 | 9375 | | | |
| 2006 | 198 | 425 | 9335 | | | |
| 2007 | 198 | 423 | 9317 | 4381 | | |
| 2008 | 198 | 423 | 9321 | 4634 | | |
| 2009 | 196 | 426 | 9316 | 4958 | | |
| 2010 | 196 | 425 | 9319 | 5185 | | |
| 2011 | 196 | 425 | 9314 | 5700 | | |
| 2012 | 194 | 426 | 9314 | 5974 | | |
| 2013 | 187 | 431 | 9313 | 6110 | | |
| 2014 | 185 | 433 | 9302 | 6269 | 8670 | 8616 |
| 2015 | 182 | 428 | 9270 | 6430 | 8712 | 8827 |
| 2016 | 182 | 428 | 9313 | 6445 | 8825 | 8978 |
| 2017 | 182 | 426 | 9307 | 6637 | 9025 | 9122 |
| 2018 | 182 | 426 | 9303 | 6856 | 9026 | 9136 |

注：通有线电视村、通宽带村自2014年开始统计。
Note: Cable TV village and Broadband Village were counted since 2014.

## Basic Statistics Rural Area

| 乡村总户数（万户）<br>Number of Rural Households<br>(10000 households) | 乡村人口数（万人）<br>Rural Population<br>(10000 persons) | 乡村劳动力资源（万人）<br>Rural Labour Resources<br>(10000 persons) | 乡村劳动力（万人）<br>Rural Labour Force<br>(10000 persons) | 男劳动力<br>Male | 女劳动力<br>Female |
|---|---|---|---|---|---|
| 295.20 | 1481.50 | | | | |
| 299.65 | 1477.64 | | | | |
| 303.90 | 1477.70 | | | | |
| 310.10 | 1480.40 | | | | |
| 315.00 | 1479.50 | | | | |
| 314.20 | 1477.50 | | | | |
| 317.10 | 1479.30 | | | | |
| 317.84 | 1464.15 | | | | |
| 317.70 | 1449.97 | | | | |
| 320.58 | 1446.91 | | | | |
| 325.26 | 1447.35 | | | | |
| 331.46 | 1453.58 | | | | |
| 340.93 | 1465.79 | | | | |
| 344.02 | 1475.71 | | | | |
| 347.76 | 1477.36 | | | | |
| 348.35 | 1466.15 | | | | |
| 348.40 | 1445.04 | | | | |
| 348.82 | 1434.54 | | | | |
| 351.10 | 1436.90 | | | | |
| 353.99 | 1430.00 | | | | |
| 357.82 | 1433.05 | | | | |
| 364.35 | 1442.03 | | | | |
| 370.01 | 1440.47 | | | | |
| 369.80 | 1433.00 | | | | |
| 376.05 | 1443.46 | | | | |
| 377.91 | 1439.40 | | | | |
| 381.84 | 1440.08 | | | | |
| 383.69 | 1443.62 | | | | |
| 390.67 | 1443.31 | | | | |
| 394.79 | 1454.96 | | | | |
| 399.08 | 1460.28 | | | | |
| 402.84 | 1470.82 | 815.63 | 723.15 | 408.11 | 315.04 |
| 411.31 | 1476.02 | 825.69 | 733.78 | 414.59 | 319.19 |
| 416.91 | 1489.82 | 848.57 | 748.50 | 415.75 | 332.75 |
| 420.42 | 1491.76 | 846.16 | 751.41 | 417.91 | 333.50 |
| 422.59 | 1495.78 | 853.37 | 756.33 | 419.93 | 336.40 |
| 426.87 | 1497.38 | 855.96 | 757.95 | 422.34 | 335.61 |
| 428.18 | 1492.15 | 860.84 | 760.62 | 423.35 | 337.27 |
| 424.88 | 1475.38 | 853.15 | 752.26 | 419.79 | 332.47 |
| 425.46 | 1467.91 | 840.31 | 741.86 | 413.46 | 328.40 |
| 426.22 | 1460.63 | 832.46 | 729.82 | 407.09 | 322.73 |

# 11－2 农业生产条件
## Agricultural Production Conditions

| 项　　目 | Item | 2016 | 2017 | 2018 |
|---|---|---|---|---|
| **一、主要农业机械拥有量** | **Main agricultural machinery** | | | |
| 农业机械总动力（万千瓦） | Total Power of agricultural machinery (Million kilowatts) | 3102.1 | 3288.7 | 3462 .4 |
| 大中型拖拉机（混合台） | Large and medium tractors (mixed platform) | 556378 | 585346 | 315946 |
| 小型拖拉机（台） | Small tractors (set) | 629491 | 618129 | 901479 |
| 大中型机引农具（台） | Large and medium-sized machine dragger (set) | 898032 | 920315 | 122258 |
| 联合收割机（台） | Combine harvesters(set) | 73046 | 82459 | 91073 |
| 机动脱粒机（台） | Motorized threshing machine (set) | 170201 | 161430 | 159265 |
| 机动水稻插秧机(台) | The automatic rice transplanter (set) | 63918 | 79543 | 90630 |
| 粮食加工机械（台） | Grain processing machinery (set) | 115087 | 119243 | 122278 |
| 油料加工机械（台） | Oil processing machinery (set) | 10118 | 10402 | 10570 |
| **二、农业机械作业面积** | **Agricultural machinery operating area** | | | |
| 机耕面积（千公顷） | Plowing area (1000 hectares) | 5029.1 | 4697.8 | 4935.6 |
| 占耕地面积比重（%） | Accounting for the proportion of arable land area (%) | 81.1 | 81.0 | 81.1 |
| 机播面积（千公顷） | Sowing area (1000 hectares) | 5230.3 | 5073.3 | 5448.8 |
| 占播种面积比重（%） | Percentage of sown area (%) | 84.3 | 87.5 | 89.5 |
| 机收面积(千公顷) | Machine area (1000 hectares) | 3585.6 | 4065.8 | 4564.6 |
| 占播种面积比重（%） | Percentage of sown area (%) | 57.8 | 70.1 | 75.0 |
| **三、农村用电量** | **Rural power consumption** | | | |
| 农村用电量（万千瓦小时） | Rural power consumption (million kilowatt hours) | 511253 | 529617 | 548539 |
| 每公顷用电量（千瓦时） | Electricity per hectare (kwh) | 851.5 | 870.2 | 902.1 |
| **四、农田水利** | **Irrigation and water conservancy** | | | |
| 农用排灌机械（台） | Agricultural irrigation and drainage machinery (set) | 467561 | 469618 | 465546 |
| 农用水泵(台) | Farm water pump (stage) | 597197 | 603090 | 604313 |
| 有效灌溉面积(千公顷) | Effective irrigation area (thousand ha) | 1832.2 | 1972.6 | 1922.2 |
| 占耕地面积比重（%） | Accounting for the proportion of arable land area (%) | 30.5 | 34.0 | 31.6 |
| 机电灌溉面积(千公顷) | Electromechanical irrigation area (thousand hectares) | 1072.6 | 1063.6 | 1137.8 |
| 占有效灌溉面积(%) | Account for effective irrigation area (%) | 58.5 | 53.9 | 59.2 |
| **五、化肥施用量** | **Consumption of Chemical Fertilizer** | | | |
| 化肥施用量（实物量）（万吨） | Consumption of Chemical Fertilizer(10000 tons) | 444.60 | 434.90 | 423.96 |
| #氮肥(万吨) | Nitrocenous Fertilizer(10000 tons) | 161.30 | 152.09 | 139.79 |
| #磷肥(万吨) | Phosphatic Fertilizer(10000 tons) | 43.40 | 40.89 | 39.34 |
| #钾肥(万吨) | Potassic Fertilizer(10000 tons) | 30.40 | 30.13 | 28.03 |
| #复合肥(万吨) | Compound Fertilizer(10000 tons) | 209.50 | 211.80 | 216.81 |
| 每公顷化肥施用量（公斤） | Consumption of Chemical Fertilizer Per Hectare(kg) | 741 | 715 | 697 |

注：2018年大中型拖拉机、小型拖拉机、大中型机引农具指标范围有变化。
Note: The coverage of large and medium sized tractors,small-sized tractors and large and medium-sized machine dragger is changed in 2018.

# 11－3 各地区设施农业生产情况（2018年）
## Facilities Agricultural Production by Region（2018）

单位：公顷、吨　　unit:ha.ton

| 地区 Region | | 一、蔬菜 Vegetables | | 二、瓜果类 Fruits | | 三、花卉苗木 Flowers and Nursery Stock | 四、食用菌 Edible Fungus | | 五、其他作物 Others |
|---|---|---|---|---|---|---|---|---|---|
| | | 种植面积 Sown Area | 产量 Output | 种植面积 Sown Area | 产量 Output | 种植面积 Sown Area | 种植面积 Sown Area | 产量 Output | 种植面积 Sown Area |
| **全　省** | **Total** | **18811** | **749634** | **4749** | **131515** | **71** | **874** | **15683** | **2111** |
| 长　春 | Changchun | 6253 | 195197 | 980 | 22360 | 22 | 33 | 402 | 46 |
| 吉　林 | Jilin | 1902 | 69187 | 182 | 5756 | 13 | 149 | 2944 | 94 |
| 四　平 | Siping | 4004 | 271245 | 194 | 5114 | 1 | 56 | 1550 | 112 |
| 辽　源 | Liaoyuan | 231 | 6559 | 18 | 118 | | 68 | 2517 | 89 |
| 通　化 | Tonghua | 848 | 27071 | 91 | 2561 | 15 | 72 | 1830 | 2 |
| 白　山 | Baishan | 600 | 27927 | 125 | 3827 | 17 | 83 | 1385 | 17 |
| 松　原 | Songyuan | 2339 | 83492 | 643 | 24559 | | 1 | 12 | |
| 白　城 | Baicheng | 1548 | 37802 | 2441 | 66062 | | | | 1751 |
| 延　边 | Yanbian | 1086 | 31154 | 75 | 1158 | 3 | 412 | 5044 | |

# 11－4 特种作物生产情况
## Special Crop Production

| 指　标 | Item | 播种面积（公顷） Sown Area(ha) | | | 产量（吨） Yield(ton) | | |
|---|---|---|---|---|---|---|---|
| | | 2016 | 2017 | 2018 | 2016 | 2017 | 2018 |
| 人参 | Ginseng | 7335 | 7904 | 9801 | 31434 | 30088 | 36103 |
| 甘草 | Licorice | 2 | 18 | 26 | 0 | 8 | 32 |
| 枸杞 | Chinese Wolfberry | 74 | 96 | 111 | 64 | 84 | 139 |

| 指　标 | Item | 产量（吨）Yield(ton) | | |
|---|---|---|---|---|
| | | 2016 | 2017 | 2018 |
| 食用菌 | Edible Fungus | 28598 | 28997 | 68807 |
| #黑木耳 | Black Fungus | 19421 | 19993 | 47440 |
| 香菇 | Mushrooms | 551 | 570 | 1721 |
| 蘑菇类 | Mushroom | 6996 | 7080 | 16167 |

注：本表2016、2017年数据为根据第三次全国农业普查修正数据。
Note: Data of 2016-2017 in this table were revised according to the result of the Third National Agricultural Census.

# 11－5 历年农林牧渔业总产值和指数

## Gross Output Value and Index of Agriculture Forestry, Animal Husbandry and Fishery over the Years

| 年份 Year | 农林牧渔总产值（亿元） Gross Output Value of Agriculture, Forestry, Animal Husbandry and Fishery（100million yuan） | | | | | 指数（1949=100） Indices of Agriculture, Forestry Animal Husbandry and Fishery（1949=100） | | | | |
|---|---|---|---|---|---|---|---|---|---|---|
| | 总产值 Total | 农业 Farming | 林业 Forestry | 牧业 Animal Husbandry | 渔业 Fishery | 总产值 Total | 农业 Farming | 林业 Forestry | 牧业 Animal Husbandry | 渔业 Fishery |
| 1978 | 37.78 | 32.23 | 0.87 | 4.61 | 0.08 | 289.2 | 293.8 | 4225.7 | 190.9 | 288.6 |
| 1979 | 42.02 | 34.99 | 1.13 | 5.80 | 0.08 | 279.5 | 276.4 | 4703.3 | 214.0 | 234.6 |
| 1980 | 47.47 | 35.56 | 2.47 | 9.39 | 0.05 | 290.8 | 277.8 | 7851.3 | 241.3 | 246.5 |
| 1981 | 56.89 | 44.81 | 0.20 | 9.97 | 0.15 | 311.2 | 299.8 | 8486.6 | 245.4 | 383.6 |
| 1982 | 60.58 | 48.95 | 2.54 | 8.83 | 0.26 | 329.2 | 314.6 | 9022.4 | 268.9 | 449.8 |
| 1983 | 78.11 | 65.42 | 2.10 | 10.28 | 0.31 | 425.2 | 433.4 | 9070.9 | 260.1 | 521.4 |
| 1984 | 88.99 | 72.81 | 3.55 | 12.23 | 0.39 | 469.7 | 476.3 | 10585.0 | 291.1 | 625.1 |
| 1985 | 85.89 | 63.91 | 3.32 | 18.12 | 0.55 | 432.2 | 407.4 | 10760.2 | 385.1 | 862.8 |
| 1986 | 98.43 | 76.07 | 2.94 | 18.58 | 0.84 | 451.0 | 433.8 | 9360.2 | 382.2 | 1104.9 |
| 1987 | 120.81 | 93.14 | 2.93 | 23.45 | 1.28 | 516.1 | 515.4 | 8891.9 | 374.1 | 1333.3 |
| 1988 | 140.91 | 106.41 | 2.84 | 29.50 | 2.17 | 543.8 | 534.9 | 8928.8 | 429.9 | 1719.5 |
| 1989 | 133.79 | 91.52 | 3.46 | 36.25 | 2.56 | 480.4 | 447.8 | 8914.9 | 469.5 | 1920.4 |
| 1990 | 189.09 | 140.67 | 4.19 | 41.42 | 2.81 | 608.4 | 599.8 | 7682.6 | 497.2 | 2108.7 |
| 1991 | 188.38 | 135.74 | 4.42 | 45.16 | 3.06 | 605.1 | 580.1 | 7781.2 | 540.9 | 2336.9 |
| 1992 | 204.39 | 146.00 | 5.10 | 50.02 | 3.27 | 622.8 | 588.1 | 7782.7 | 586.1 | 2458.2 |
| 1993 | 243.95 | 174.63 | 5.10 | 60.35 | 3.86 | 685.2 | 640.8 | 7547.9 | 671.8 | 2859.0 |
| 1994 | 405.48 | 270.81 | 8.54 | 120.14 | 5.99 | 755.3 | 664.3 | 7994.5 | 876.6 | 3061.3 |
| 1995 | 490.28 | 301.44 | 8.28 | 173.32 | 7.24 | 800.2 | 646.9 | 7421.2 | 1117.0 | 3229.4 |
| 1996 | 581.04 | 363.68 | 7.57 | 201.99 | 7.80 | 953.2 | 760.9 | 7010.5 | 1382.8 | 3544.5 |
| 1997 | 565.54 | 315.45 | 7.99 | 233.39 | 8.71 | 932.8 | 656.4 | 7564.2 | 1616.7 | 3869.7 |
| 1998 | 666.48 | 394.86 | 8.08 | 254.11 | 9.43 | 1080.0 | 825.4 | 7870.2 | 1680.4 | 4150.2 |
| 1999 | 675.30 | 388.40 | 10.45 | 266.84 | 9.61 | 1101.0 | 818.1 | 9993.9 | 1766.7 | 4231.6 |
| 2000 | 609.37 | 320.27 | 11.38 | 268.72 | 9.00 | 1039.4 | 705.2 | 10243.8 | 1869.8 | 4150.2 |
| 2001 | 691.83 | 405.40 | 13.83 | 263.24 | 9.36 | 1195.7 | 787.1 | 12742.2 | 2194.6 | 6184.6 |
| 2002 | 734.21 | 410.22 | 33.91 | 271.13 | 10.83 | 1352.8 | 892.0 | 29981.7 | 2276.1 | 7242.5 |
| 2003 | 792.14 | 438.34 | 33.77 | 298.44 | 13.56 | 1438.0 | 936.4 | 30731.3 | 2471.5 | 7649.4 |
| 2004 | 940.67 | 486.23 | 32.85 | 399.06 | 13.44 | 1551.6 | 1015.3 | 28232.8 | 2666.8 | 7974.9 |
| 2005 | 1050.49 | 518.13 | 39.90 | 467.59 | 14.87 | 1733.1 | 1077.8 | 33110.5 | 3151.9 | 8777.2 |
| 2006 | 1111.49 | 586.52 | 44.35 | 449.20 | 17.48 | 1760.8 | 1160.9 | 32482.6 | 2963.6 | 10005.1 |
| 2007 | 1329.16 | 627.08 | 47.69 | 621.01 | 18.39 | 1782.4 | 1137.3 | 29134.1 | 3152.3 | 10589.9 |
| 2008 | 1542.77 | 715.78 | 52.52 | 735.85 | 21.52 | 1961.1 | 1309.7 | 28153.9 | 3335.8 | 11770.4 |
| 2009 | 1619.53 | 726.02 | 55.01 | 770.90 | 21.92 | 2064.6 | 1284.6 | 31199.1 | 3687.7 | 13175.7 |
| 2010 | 1688.90 | 791.33 | 62.38 | 758.93 | 23.14 | 2138.9 | 1365.5 | 32727.9 | 3704.5 | 13265.4 |
| 2011 | 2029.86 | 910.43 | 73.03 | 958.64 | 27.76 | 2249.1 | 1464.7 | 34673.3 | 3799.8 | 13953.1 |
| 2012 | 2181.92 | 1017.33 | 85.55 | 985.75 | 29.78 | 2381.3 | 1532.2 | 35734.9 | 4070.7 | 14534.1 |
| 2013 | 2276.40 | 1075.44 | 83.63 | 1021.62 | 31.32 | 2465.1 | 1624.2 | 37993.0 | 4103.2 | 14969.5 |
| 2014 | 2302.04 | 1118.55 | 87.01 | 995.65 | 33.43 | 2566.7 | 1730.8 | 39513.6 | 4153.1 | 16938.5 |
| 2015 | 2292.97 | 1114.70 | 87.42 | 990.92 | 31.77 | 2677.0 | 1812.8 | 43635.9 | 4291.5 | 17399.0 |
| 2016 | 2167.89 | 948.98 | 72.64 | 1033.40 | 40.25 | 2761.9 | 1859.2 | 36982.4 | 4492.2 | 21875.1 |
| 2017 | 2064.29 | 895.83 | 69.38 | 982.37 | 41.72 | 2851.2 | 1989.3 | 34987.0 | 4514.9 | 22602.4 |
| 2018 | 2184.34 | 992.96 | 73.28 | 1001.64 | 39.02 | 2913.7 | 2044.1 | 32288.4 | 4638.1 | 21635.2 |

注：本表绝对数按当年价格计算，指数按可比价格。2003年起总产值包括农林牧渔专业及辅助性活动产值。2007-2017年数据为根据第三次全国农业普查修正数据。

Note: Data in value terms in this table are calculated at current prices,while the indices are calculated at constant prices, since 2003,gross output value includes the services in support of agriculture,forestry,aninmal husbandry and fishery.Date of 2007-2017in this table were revised according to the result of the Third National Agriculture Censns.

# 11－6 农林牧渔业分项产值

## Output Value of Subentries of Agricultural and Forestry and Animal Husbandry and Fishery

单位：万元 unit: 10000yuan

| 指 标 | Item | 2017 | 2018 | 2018年为2017年的%(按可比价计算) 2018 as Precentage of 2017 (calculated at constant price) |
|---|---|---|---|---|
| **农林牧渔业总产值** | **Gross output value of agriculture , Forestry, Animal Husbandry and fishery** | **20642909** | **21843430** | **102.2** |
| 一、农业产值 | Total Value of Agriculture Production | 8958325 | 9929593 | 102.8 |
| （一）谷物及其他作物 | Cereals and other Crops | 7626955 | 7759637 | 93.2 |
| （二）蔬菜园艺作物 | Vegetable Horticultural Crops | 961974 | 1427104 | 157.0 |
| （三）水果、坚果、饮料作物 | Fruit, Nuts, Beverage Crops | 240558 | 509169 | 159.6 |
| （四）中药材 | Traditional Chinese Medicinal Materials | 128838 | 233683 | 158.5 |
| 二、林业产值 | Forestry Output Value | 693822 | 732781 | 92.3 |
| （一）林木的培育和种植 | Cultivation and Cultivation of Forest Trees | 347519 | 339988 | 84.7 |
| （二）竹木采运 | Wood Harvesting | 115091 | 123270 | 98.4 |
| （三）林产品 | Forest Product | 231212 | 269523 | 100.7 |
| 三、牧业产值 | Animal Husbandry Output Value | 9823659 | 10016431 | 102.7 |
| （一）牲畜饲养 | Livestock Breeding | 3439017 | 4061459 | 110.6 |
| （二）猪的饲养 | Swine Rearing | 3349579 | 2432577 | 92.9 |
| （三）家禽饲养 | Poultry Rearing | 2891863 | 3276663 | 103.0 |
| （四）狩猎和捕捉动物 | Hunting and Catching Animals | | | |
| （五）其他畜牧业 | Other Animal Husbandry | 143200 | 245730 | 137.3 |
| 四、渔业产值 | Fishery Output Value | 417245 | 390244 | 95.7 |
| 五、农林牧渔专业及辅助性活动产值 | Output Value of Professional and Support Services for agriculture forestry,animal husbandary and fishery | 749858 | 774381 | 101.2 |

注：本表2017年数据为根据第三次全国农业普查修正数据。
Note: Data of 2017 in this table were revised according to the result of the Third National Agricultural Census.

# 11－7　农林牧渔业中间消耗

# Intermediate Consumption of Agriculture,Forestry,Animal Husbandry and Fishery

单位：万元　　　　unit: 10000 yuan

| 项　　目 | Item | 2017 | 2018 |
|---|---|---|---|
| **农林牧渔业中间消耗总计** | **Total of Intermediate Consumption of Agriculture, Forestry, Animal Husbandry and Fishery** | **9265828** | **9795470** |
| 农业中间消耗 | Intermediate Consumption of Agriculture | 3538159 | 3947980 |
| 中间物质消耗 | Intermediate Substance Consumption | 3164954 | 3547738 |
| 对非物质生产部门劳务支出 | Labor Expenses for the Non Material Production Department | 373204 | 400242 |
| 林业中间消耗 | Forest Intermediate Consumption | 270336 | 287223 |
| 中间物质消耗 | Intermediate Substance Consumption | 220423 | 203563 |
| 对非物质生产部门劳务支出 | Labor Expenses for the Non Material Production Department | 49913 | 83660 |
| 牧业中间消耗 | Animal Husbandry Intermediate Consumption | 4969564 | 5075603 |
| 中间物质消耗 | Intermediate Substance Consumption | 4796806 | 4848494 |
| 对非物质生产部门劳务支出 | Labor Expenses for the Non Material Production Department | 172758 | 227109 |
| 渔业中间消耗 | Intermediate Consumption of Fishery | 161402 | 151184 |
| 中间物质消耗 | Intermediate Substance Consumption | 137706 | 121121 |
| 对非物质生产部门劳务支出 | Labor Expenses for the Non Material Production Department | 23696 | 30063 |
| 农林牧渔专业及辅助性活动中间消耗 | Intermediate Cunsumption of Professional and Support Services for Agriculture Forestry,Animal Husbandary and Fishery | 326367 | 333480 |
| 中间物质消耗 | Intermediate Substance Consumption | 206966 | 213793 |
| 对非物质生产部门劳务支出 | Labor Expenses for the Non Material Production Department | 119401 | 119687 |

注：本表2017年数据为根据第三次全国农业普查修正数据。
Note: Data of 2017 in this table were revised according to the result of the Third National Agricultural Census.

# 11－8 农作物播种面积

## Crop Sown Area of Farm Crops

单位：千公顷　　unit: 1000ha

| 年 份<br>Year | 农作物总播种面积<br>Total Sown Area of Crops | 粮食播种面积<br>Grain Sown Area | 谷物<br>Grain | #稻谷<br>Rice | #玉米<br>Corn | #高粱<br>Sorghum | 大豆<br>Soybean | 薯类<br>Tuber | #马铃薯<br>Potato | 油料<br>Oil Bearing Crops |
|---|---|---|---|---|---|---|---|---|---|---|
| 1978 | 4053.1 | 3603.1 | 3019.1 | 278.1 | 1520.1 | 281.9 | 584.4 | | | 106.2 |
| 1979 | 4060.5 | 3600.1 | 3023.5 | 260.5 | 1595.6 | 281.9 | 576.5 | | | 118.9 |
| 1980 | 4057.0 | 3524.3 | 2967.8 | 252.5 | 1681.9 | 234.0 | 556.5 | | | 186.3 |
| 1981 | 4074.8 | 3509.3 | 2904.0 | 253.7 | 1551.3 | 275.5 | 605.3 | | | 232.3 |
| 1982 | 4065.6 | 3555.2 | 2968.2 | 260.4 | 1605.5 | 313.1 | 587.0 | | | 192.5 |
| 1983 | 4069.6 | 3586.5 | 3086.7 | 266.4 | 1714.9 | 302.7 | 499.7 | | | 175.3 |
| 1984 | 4079.8 | 3501.7 | 3104.6 | 284.7 | 1854.8 | 276.2 | 397.1 | | | 288.1 |
| 1985 | 4063.9 | 3283.5 | 2805.3 | 322.5 | 1679.6 | 199.8 | 478.1 | | | 437.4 |
| 1986 | 4036.8 | 3469.5 | 2980.4 | 348.5 | 1989.9 | 163.9 | 489.1 | | | 272.8 |
| 1987 | 4036.9 | 3485.7 | 2999.6 | 367.5 | 2122.2 | 135.4 | 486.1 | | | 241.4 |
| 1988 | 4035.2 | 3422.5 | 2877.6 | 379.6 | 1987.3 | 152.5 | 544.9 | | | 248.7 |
| 1989 | 4021.4 | 3430.9 | 2893.6 | 389.7 | 1983.1 | 150.3 | 537.3 | | | 232.7 |
| 1990 | 4039.8 | 3525.9 | 3062.1 | 418.4 | 2219.1 | 124.3 | 463.8 | | | 200.9 |
| 1991 | 4065.9 | 3542.0 | 3110.8 | 433.4 | 2280.1 | 107.5 | 431.2 | | | 187.5 |
| 1992 | 4048.7 | 3536.9 | 3099.4 | 442.4 | 2234.0 | 118.3 | 437.5 | | | 154.1 |
| 1993 | 4050.7 | 3526.7 | 2832.1 | 427.7 | 2039.0 | 140.6 | 543.6 | | | 153.0 |
| 1994 | 4059.6 | 3566.7 | 2870.1 | 416.5 | 2100.2 | 159.9 | 504.9 | | | 154.0 |
| 1995 | 4059.8 | 3576.9 | 3051.3 | 424.1 | 2344.1 | 128.4 | 378.6 | | | 151.0 |
| 1996 | 4063.0 | 3624.5 | 3198.5 | 434.1 | 2481.3 | 150.3 | 296.1 | | | 119.0 |
| 1997 | 4067.4 | 3592.1 | 3133.1 | 453.1 | 2454.2 | 111.5 | 309.6 | | | 112.4 |
| 1998 | 4061.6 | 3567.2 | 3104.7 | 459.0 | 2421.3 | 99.9 | 304.3 | | | 121.9 |
| 1999 | 4064.3 | 3513.4 | 3074.6 | 465.2 | 2375.5 | 113.6 | 278.3 | | | 165.8 |
| 2000 | 4065.6 | 3357.1 | 2567.2 | 483.9 | 1821.1 | 121.8 | 538.9 | 123.4 | | 271.9 |
| 2001 | 4045.7 | 3357.2 | 2614.2 | 465.4 | 1927.2 | 99.0 | 476.8 | 112.5 | | 234.0 |
| 2002 | 4687.7 | 4037.6 | 3385.5 | 666.1 | 2579.5 | 90.0 | 415.0 | | | 257.8 |
| 2003 | 4717.1 | 4013.8 | 3318.5 | 541.0 | 2627.2 | 95.2 | 430.0 | | | 301.8 |
| 2004 | 4904.0 | 4312.1 | 3562.0 | 600.1 | 2901.5 | 53.6 | 525.9 | | | 222.1 |
| 2005 | 4953.1 | 4294.5 | 3554.4 | 654.0 | 2775.2 | 85.2 | 504.8 | | | 288.5 |
| 2006 | 4984.6 | 4325.5 | 3582.0 | 664.0 | 2805.9 | 80.2 | 448.4 | | | 287.8 |
| 2007 | 5036.0 | 4472.9 | 3780.3 | 671.5 | 2885.4 | 155.9 | 429.5 | 98.9 | 92.7 | 248.3 |
| 2008 | 5077.8 | 4555.3 | 3830.6 | 665.5 | 2987.6 | 136.4 | 461.4 | 92.3 | 87.5 | 221.3 |
| 2009 | 5091.1 | 4560.9 | 3842.7 | 667.5 | 3029.5 | 95.2 | 462.6 | 105.3 | 97.5 | 258.5 |
| 2010 | 5258.9 | 4676.7 | 4038.1 | 680.2 | 3214.9 | 99.3 | 399.2 | 82.5 | 78.6 | 329.3 |
| 2011 | 5297.2 | 4766.4 | 4185.6 | 697.7 | 3340.2 | 98.3 | 328.7 | 77.7 | 72.5 | 271.8 |
| 2012 | 5432.0 | 4891.3 | 4425.3 | 711.6 | 3534.2 | 130.1 | 257.2 | 70.5 | 65.1 | 301.8 |
| 2013 | 5632.9 | 5132.1 | 4695.9 | 739.4 | 3808.2 | 117.8 | 240.6 | 68.9 | 63.4 | 319.7 |
| 2014 | 5890.5 | 5411.7 | 4979.4 | 757.0 | 4062.7 | 118.9 | 242.8 | 68.2 | 60.9 | 314.3 |
| 2015 | 5997.9 | 5534.1 | 5165.1 | 778.8 | 4251.1 | 95.3 | 181.9 | 65.3 | 61.1 | 324.3 |
| 2016 | 6063.3 | 5542.4 | 5193.3 | 800.2 | 4242.0 | 105.7 | 187.5 | 61.3 | 59.1 | 390.0 |
| 2017 | 6086.2 | 5543.9 | 5152.9 | 820.8 | 4164.0 | 117.7 | 220.2 | 62.1 | 60.1 | 408.7 |
| 2018 | 6080.9 | 5599.7 | 5209.9 | 839.7 | 4231.5 | 107.1 | 279.2 | 46.3 | 44.3 | 280.8 |

注：2007-2017年数据为根据第三次全国农业普查修正数据。
Note: Data of 2007-2017 were revised according to the result of the Third National Agricultural Census.

# 11－9 主要农产品产量

## Main Farm Output

单位：万吨 unit: 10000 tons

| 年份 Year | 粮食 Grain | | | | | | |
|---|---|---|---|---|---|---|---|
| | | 谷物 Grain | #稻谷 Unhusked Rice | #小麦 Wheat | #玉米 Corn | 豆类 Beans | 薯类 Tuber |
| 1978 | 914.70 | | 121.15 | 19.89 | 489.49 | | |
| 1980 | 859.60 | | 107.40 | 16.80 | 506.90 | | |
| 1985 | 1225.26 | | 183.66 | 10.33 | 793.13 | | |
| 1990 | 2046.52 | | 289.42 | 12.75 | 1529.55 | | |
| 1995 | 1992.40 | 1867.90 | 296.90 | 19.10 | 1478.50 | 89.70 | 34.80 |
| 1996 | 2326.60 | 2211.90 | 347.40 | 20.60 | 1753.40 | 74.90 | 39.80 |
| 1997 | 1808.30 | 1707.20 | 376.20 | 13.00 | 1260.30 | 73.70 | 27.40 |
| 1998 | 2506.00 | 2368.60 | 385.50 | 10.60 | 1924.70 | 88.10 | 49.30 |
| 1999 | 2305.60 | 2184.20 | 405.90 | 16.10 | 1692.60 | 74.20 | 47.20 |
| 2000 | 1638.00 | 1448.30 | 374.80 | 16.30 | 993.20 | 140.60 | 49.10 |
| 2001 | 1953.40 | 1775.57 | 371.20 | 11.58 | 1328.40 | 134.18 | 43.65 |
| 2002 | 2214.80 | 1988.12 | 370.00 | 7.94 | 1540.00 | 184.96 | 41.72 |
| 2003 | 2259.60 | 2015.60 | 318.20 | 6.00 | 1615.30 | 191.10 | 52.90 |
| 2004 | 2510.00 | 2285.36 | 437.62 | 3.37 | 1810.00 | 166.91 | 57.73 |
| 2005 | 2581.21 | 2371.48 | 478.00 | 2.68 | 1815.00 | 152.83 | 75.89 |
| 2006 | 2720.00 | 2531.00 | 493.00 | 3.00 | 1984.00 | 150.00 | 39.00 |
| 2007 | 2437.99 | 2320.23 | 501.24 | 1.61 | 1779.98 | 93.40 | 24.37 |
| 2008 | 2896.41 | 2760.01 | 584.94 | 1.94 | 2129.39 | 108.17 | 28.23 |
| 2009 | 2479.35 | 2346.14 | 510.48 | 1.13 | 1804.22 | 103.88 | 29.33 |
| 2010 | 2790.72 | 2611.43 | 574.14 | 1.46 | 1994.67 | 109.99 | 69.31 |
| 2011 | 3231.79 | 3076.01 | 629.26 | 1.64 | 2392.76 | 106.50 | 49.28 |
| 2012 | 3450.21 | 3332.33 | 539.90 | 1.26 | 2714.99 | 56.31 | 61.57 |
| 2013 | 3763.30 | 3659.91 | 573.09 | | 2980.93 | 61.94 | 41.45 |
| 2014 | 3800.06 | 3703.56 | 595.39 | 1.56 | 3004.17 | 54.89 | 41.61 |
| 2015 | 3974.10 | 3879.27 | 644.26 | 0.14 | 3138.77 | 50.25 | 44.58 |
| 2016 | 4150.70 | 4054.15 | 670.45 | 0.15 | 3286.28 | 55.00 | 41.55 |
| 2017 | 4154.00 | 4043.97 | 684.43 | 0.15 | 3250.78 | 67.08 | 42.95 |
| 2018 | 3632.74 | 3533.81 | 646.32 | 0.04 | 2799.88 | 62.75 | 36.18 |

注：薯类为折粮数据；2007-2017年数据为根据全国第三次农业普查修正数据。

Note: The output of tubers are converted into that of grain.Data from 2007to 2017 were revised according to the result of the Third National Agricultural Census.

单位：万吨

11－9 续表 Continued

unit: 10000 tons

| 年份 Year | 油料 Oil Bearing Crops | 麻类 Fiber Crops | 甜菜 Beet | 烟叶 Tobacco | 人参 Ginseng | 蔬菜 Vegetables | 园林水果 Fruits |
|---|---|---|---|---|---|---|---|
| 1978 | 12.29 | 1.26 | 45.13 | 2.48 | 0.16 | 351.04 | 5.65 |
| 1980 | 26.60 | 1.56 | 117.66 | 1.54 | 0.22 | 302.94 | 4.45 |
| 1985 | 48.36 | 1.27 | 87.69 | 3.79 | 0.52 | 329.29 | 6.59 |
| 1990 | 46.74 | 0.38 | 116.40 | 5.41 | 1.92 | 450.16 | 13.33 |
| 1995 | 25.55 | 0.25 | 83.64 | 3.07 | 1.35 | 530.55 | 27.97 |
| 1996 | 21.70 | 0.18 | 70.21 | 5.79 | 1.41 | 587.59 | 31.06 |
| 1997 | 15.93 | 0.10 | 32.90 | 7.21 | 1.30 | 642.43 | 37.49 |
| 1998 | 21.28 | 0.05 | 55.56 | 4.26 | 1.37 | 736.87 | 45.54 |
| 1999 | 31.40 | 0.10 | 25.80 | 4.90 | 1.50 | 822.60 | 49.60 |
| 2000 | 38.96 | 0.12 | 44.39 | 5.99 | 1.65 | 836.43 | 48.62 |
| 2001 | 34.34 | 0.33 | 69.44 | 4.88 | 2.02 | 777.84 | 200.79 |
| 2002 | 46.12 | 0.83 | 76.18 | 5.13 | 1.99 | 859.44 | 80.27 |
| 2003 | 57.13 | 0.37 | 7.02 | 5.01 | 2.51 | 881.01 | 59.38 |
| 2004 | 38.10 | 0.30 | 3.55 | 5.40 | 2.51 | 699.89 | 68.30 |
| 2005 | 54.45 | 0.61 | 7.35 | 5.97 | 3.21 | 832.56 | 66.20 |
| 2006 | 58.37 | 0.12 | 11.08 | 7.04 | 2.87 | 814.00 | 67.95 |
| 2007 | 29.30 | 0.05 | 4.77 | 2.85 | 3.13 | 968.57 | 59.58 |
| 2008 | 54.03 | 0.25 | 22.07 | 5.72 | 3.58 | 886.63 | 53.94 |
| 2009 | 53.63 | 0.05 | 5.75 | 5.45 | 2.75 | 872.72 | 47.45 |
| 2010 | 76.53 | 0.02 | 6.41 | 5.55 | 2.82 | 792.95 | 44.71 |
| 2011 | 77.14 | 0.02 | 12.83 | 5.19 | 3.69 | 599.01 | 37.91 |
| 2012 | 91.40 | 0.01 | 15.75 | 5.46 | 3.28 | 536.59 | 34.03 |
| 2013 | 97.12 | 0.00 | 4.45 | 3.81 | 3.22 | 482.89 | 31.70 |
| 2014 | 101.14 | 0.00 | 4.35 | 3.18 | 2.89 | 422.08 | 27.70 |
| 2015 | 92.08 | 0.00 | 0.85 | 2.45 | 2.70 | 380.23 | 22.84 |
| 2016 | 109.30 | 0.00 | 0.88 | 2.05 | 3.14 | 348.01 | 17.26 |
| 2017 | 128.48 | 0.01 | 2.59 | 1.79 | 3.01 | 356.64 | 17.19 |
| 2018 | 87.53 |  | 2.52 | 2.72 | 3.61 | 438.15 | 24.32 |

# 11－10　主要畜牧业产品产量和大牲畜饲养量

## Output of Major Animal Husbandary Products and Number of Large Livestock

| 年 份 Year | 大牲畜年底头数(万头) Number of large livestock (10000heads) | 肉类 (万吨) Meat (10000tons) | 猪肉 Pork | 牛肉 Beef | 羊肉 Mutton | 奶类 (万吨) Milk (10000tons) | 牛奶 Cow Milk | 禽蛋 (万吨) Poultry Eggs (10000 tons) |
|---|---|---|---|---|---|---|---|---|
| 1978 | 231.62 | 15.64 | 15.13 | 0.34 | 0.17 | 2.02 | | |
| 1979 | 234.27 | 21.30 | | | | 2.78 | | |
| 1980 | 236.76 | 24.57 | 23.63 | 0.76 | 0.18 | 3.07 | | |
| 1981 | 231.83 | 25.11 | | | | 3.10 | | |
| 1982 | 234.44 | 28.29 | | | | 3.47 | | |
| 1983 | 245.71 | 26.33 | | | | 3.82 | | |
| 1984 | 279.59 | 26.22 | | | | 4.91 | | |
| 1985 | 294.59 | 32.02 | 28.53 | 1.08 | 0.31 | 7.43 | | |
| 1986 | 284.89 | 37.46 | | | | 8.01 | | |
| 1987 | 274.52 | 38.09 | | | | 8.52 | | |
| 1988 | 281.90 | 41.02 | | | | 9.47 | | |
| 1989 | 292.17 | 45.07 | | | | 11.06 | | |
| 1990 | 309.07 | 51.79 | 38.94 | 3.63 | 0.81 | 12.11 | | |
| 1991 | 318.55 | 56.97 | | | | 12.66 | | |
| 1992 | 341.12 | 64.04 | | | | 11.32 | | |
| 1993 | 359.26 | 76.66 | | | | 9.80 | | |
| 1994 | 424.03 | 101.00 | 61.75 | 11.62 | 1.40 | 10.89 | | |
| 1995 | 498.66 | 134.60 | 77.30 | 17.49 | 1.87 | 11.32 | | |
| 1996 | 572.20 | 184.50 | 102.52 | 25.74 | 2.59 | 8.63 | | |
| 1997 | 602.96 | 211.50 | 115.00 | 32.00 | 3.00 | 9.89 | | |
| 1998 | 494.80 | 223.71 | 117.20 | 28.30 | 2.60 | 13.35 | | |
| 1999 | 522.10 | 236.40 | 121.50 | 31.30 | 3.10 | 14.54 | | |
| 2000 | 539.80 | 247.90 | 127.10 | 33.50 | 3.20 | 15.00 | | |
| 2001 | 551.00 | 258.20 | 134.00 | 35.20 | 3.40 | 16.44 | | |
| 2002 | 560.39 | 263.50 | 134.90 | 37.00 | 3.50 | 18.89 | | |
| 2003 | 599.41 | 275.00 | 135.10 | 46.20 | 3.80 | 23.28 | | |
| 2004 | 615.20 | 288.00 | 143.00 | 49.00 | 4.00 | 26.00 | | |
| 2005 | 634.94 | 310.00 | 158.00 | 51.00 | 4.20 | 30.00 | | |
| 2006 | 571.09 | 237.54 | 109.39 | 45.02 | 4.13 | 32.24 | | |
| 2007 | 585.86 | 230.88 | 96.10 | 46.49 | 4.41 | 32.95 | | |
| 2008 | 483.95 | 222.91 | 111.16 | 38.13 | 3.52 | 27.10 | | |
| 2009 | 474.98 | 226.90 | 112.12 | 38.96 | 3.67 | 30.34 | | |
| 2010 | 437.63 | 235.85 | 118.37 | 39.35 | 3.86 | 30.78 | | |
| 2011 | 393.11 | 239.75 | 120.12 | 38.57 | 3.95 | 31.63 | | |
| 2012 | 381.50 | 255.60 | 130.29 | 39.03 | 4.14 | 34.13 | | |
| 2013 | 371.53 | 258.51 | 133.39 | 38.19 | 4.31 | 33.20 | | |
| 2014 | 352.86 | 256.06 | 136.93 | 38.09 | 4.58 | 34.15 | 33.62 | 110.71 |
| 2015 | 355.72 | 255.07 | 132.27 | 37.68 | 4.89 | 36.20 | 35.68 | 122.38 |
| 2016 | 327.61 | 255.47 | 126.59 | 37.21 | 4.92 | 36.56 | 36.04 | 132.46 |
| 2017 | 342.05 | 256.13 | 136.14 | 38.03 | 4.87 | 34.41 | 33.98 | 120.98 |
| 2018 | 330.70 | 253.60 | 126.99 | 40.66 | 4.62 | 39.01 | 38.83 | 117.11 |

注：2007-2017年数据为根据全国第三次农业普查修正数据。

Note: Data of 2007-2017 were revised according to the result of the Third National Agricultural Censes.

# 11－11 主要农作物播种面积和产量

## Main Crop Acreage and Yield

| 项　　目 | Item | 2016 | | | 2017 | | | 2018 | | |
|---|---|---|---|---|---|---|---|---|---|---|
| | | 播种面积（千公顷）Total Sown Area (1000 ha) | 总产量（万吨）Output (10000 tons) | 单产（公斤/公顷）Yield Per Unit Area (kg/ha) | 播种面积（千公顷）Total Sown Area (1000 ha) | 总产量（万吨）Output (10000 tons) | 单产（公斤/公顷）Yield Per Unit Area (kg/ha) | 播种面积（千公顷）Total Sown Area (1000 ha) | 总产量（万吨）Output (10000 tons) | 单产（公斤/公顷）Yield Per Unit Area (kg/ha) |
| 粮食作物合计 | Total of Grain Crops | 5542.40 | 4150.70 | 7489.00 | 5543.90 | 4154.00 | 7492.90 | 5599.72 | 3632.74 | 6487.36 |
| 谷物 | Cereal | 5193.30 | 4054.15 | 7806.50 | 5152.90 | 4043.97 | 7847.90 | 5209.85 | 3533.81 | 6782.94 |
| # 稻谷 | Rice | 800.20 | 670.45 | 8378.50 | 820.80 | 684.43 | 8338.60 | 839.71 | 646.32 | 7696.94 |
| 小麦 | Wheat | 0.40 | 0.15 | 3750.00 | 0.40 | 0.15 | 3750.00 | 1.20 | 0.04 | 333.33 |
| 玉米 | Corn | 4242.00 | 3286.28 | 7747.00 | 4164.00 | 3250.78 | 7806.90 | 4231.47 | 2799.88 | 6616.80 |
| 高粱 | Grain Sorghum | 105.70 | 76.19 | 7208.10 | 117.70 | 85.75 | 7285.50 | 107.12 | 75.25 | 7024.83 |
| 豆类 | Beans | 287.90 | 55.00 | 1910.40 | 328.97 | 67.08 | 2039.10 | 343.52 | 62.75 | 1826.68 |
| #大豆 | Soy | 187.50 | 37.34 | 1991.50 | 220.20 | 50.16 | 2277.90 | 279.24 | 55.14 | 1974.65 |
| 薯类 | Tuber | 61.30 | 41.55 | 6778.10 | 62.10 | 42.95 | 6916.30 | 46.34 | 36.18 | 7807.51 |
| #马铃薯 | Potato | 59.10 | 39.98 | 6764.80 | 60.10 | 41.70 | 6938.40 | 44.33 | 35.33 | 7969.77 |
| 油料 | Oil－bearing Crops | 390.04 | 109.30 | 2603.13 | 408.67 | 128.48 | 3095.16 | 280.79 | 87.53 | 3117.13 |
| #葵花籽 | Sunflower Seeds | 98.75 | 16.24 | 1644.10 | 52.28 | 11.91 | 2278.70 | 28.73 | 6.02 | 2093.87 |
| 烟叶 | Tobacco Crops | 7.51 | 2.05 | 2729.12 | 6.24 | 1.79 | 2868.76 | 9.89 | 2.72 | 2750.86 |
| #烤烟 | Flue－cured Tobacco | 4.33 | 1.09 | 2514.60 | 2.97 | 0.78 | 2632.35 | 6.08 | 1.54 | 2532.59 |
| 人参 | Ginseng | 7.33 | 3.14 | 4285.65 | 7.90 | 3.01 | 3806.49 | 9.80 | 3.61 | 3683.55 |
| 蔬菜 | Vegetables | 80.57 | 348.01 | 42530.62 | 82.84 | 356.64 | 42433.30 | 110.90 | 438.15 | 39510.36 |
| 瓜果类水果 | Fruits | 21.11 | 70.97 | 33614.18 | 22.11 | 72.32 | 32710.65 | 40.49 | 122.47 | 30246.75 |

注：1.粮食作物及相关指标播种面积和产量为抽样调查数；2.此表薯类为折粮产量；
3.此表蔬菜产量含食用菌；4.此表2016、2017年数据为根据第三次全国农业普查修正数据。

Note：①The grain crop, corn, rice sown area and yield are from the sample survey .
② Potato yields in this table are converted in to those of grain. ③ Vegatable yields include edible fungus in this table.
④Data of 2016–2017 in this table were revised according to the result of the Third National Agricultural Census.

# 11－12 林业、渔业和其他畜牧业生产情况

## Output of Forestry,Fishery and Other Livestock Production

| 项　　目 | Item | 2016 | 2017 | 2018 |
|---|---|---|---|---|
| 造林面积（千公顷） | Area of Afforestation(1000ha) | 88.65 | 80.84 | 48.26 |
| # 用材林 | Commercial Forest | 39.44 | 26.03 | 16.06 |
| 经济林 | Economic Forest | 8.56 | 7.43 | 3.84 |
| 防护林 | Shelter Forest | 40.56 | 47.23 | 28.31 |
| 零星植树（万株） | Surrounding Tree of Planting(10000plants) | 926.40 | 825.15 | 443.45 |
| 年末果园面积（千公顷） | Area of Orchards at Year-end(1000ha) | 10.50 | 10.34 | 11.69 |
| 水产品产量（吨） | Output of Aquatic Products(ton) | 200683 | 220350 | 234090 |
| # 养殖产量 | Output of Cultured | 181174 | 201046 | 214790 |
| 养殖面积（千公顷） | Areas of Cultured(1000ha) | 318.85 | 250.70 | 325.49 |
| 园林水果产量（吨） | Output of Fruits(ton) | 172599 | 171939 | 243175 |
| 年末实有水果面积（千公顷） | Actual Area of Fruits at Year-end (1000ha) | 18.10 | 18.61 | 24.28 |
| 羊奶（吨） | Goat's Milk(ton) | 5254 | 4288 | 1845 |
| 绵羊毛（吨） | Sheep Wool(ton) | 15645 | 16347 | 11430 |
| # 细羊毛 | Fine Wool(ton) | 8011 | 8434 | 4728 |
| 蚕茧产量（吨） | Output of Silkworm Cocoons(ton) | 3255 | 3281 | 3598 |
| 蜂蜜产量（吨） | Honey(ton) | 15171 | 10784 | 11498 |
| 鹿茸产量（公斤） | Pilose Amtler(kg) | 355828 | 434555 | 409219 |

注：1.本表2016、2017水果总产量和年末果园面积为根据第三次全国农业普查修正数据；2.造林面积为人工造林面积。

Note：1.Output of Fruits and Areas of Orchards at year-end of 2016 and 2017 were revised according to the Third National Agricultural Census.
2.Afforestation area is artificial afforestation area.

# 11－13　畜牧业生产情况
## Livestock Production

| 项　　目 | Item | 2016 | 2017 | 2018 |
|---|---|---|---|---|
| 猪年末头数(万头) | Hogs (year–end)(10000 heads) | 919.23 | 911.10 | 870.40 |
| #能繁殖母猪 | Fertile Female Hogs | 106.95 | 102.91 | 94.10 |
| 牛年末头数（万头） | Gattle and Buffaloes (year–end) (10000 heads) | 322.61 | 337.56 | 325.29 |
| #奶牛 | #Cows | 9.08 | 14.00 | 15.10 |
| 羊年末只数(万只) | Sheep and Goats (year – end) (10000 heads) | 448.52 | 399.85 | 396.59 |
| #山羊 | Goats | 53.74 | 51.99 | 54.28 |
| #绵羊 | Sheep | 394.78 | 347.86 | 342.31 |
| 家禽年末只数(万只) | Poultry (year–end) (10000 heads) | 17483.90 | 15845.96 | 16233.38 |
| 马年末匹数（万头） | Horses (year–end) (10000 heads) | 2.70 | 2.43 | 2.80 |
| 驴年末头数（万头） | Donkeys (year–end) (10000 heads) | 2.06 | 1.86 | 2.33 |
| 骡年末头数（万头） | Mules (year–end)(10000 heads) | 0.23 | 0.21 | 0.27 |
| 鹿年末只数(万只) | Deer (year – end) (10000 heads) | 63.50 | 54.90 | 45.41 |
| 肉猪出栏头数(万头) | Slaughtered Fattened Hogs (10000 heads) | 1570.08 | 1691.71 | 1570.42 |
| 牛出栏头数(万头) | Slaughtered Cattle and Buffaloes (10000 heads) | 242.03 | 233.60 | 249.56 |
| 羊出栏只数(万只) | Slaughtered Sheep and Goats (10000 heads) | 412.31 | 406.67 | 383.02 |
| 家禽出栏只数（万只） | Slaughtered Poultry (10000 heads) | 48098.82 | 42818.44 | 45062.26 |

注：2016年、2017年数据是根据第三次农业普查修正数据。

Note：Data of 2016–2017 were revised according to the result of the Third National Agricultural Census.

## 11－14 农业事业机构和气象台站
## Agricultural Institution and Meteorological Station

单位：个 (unit)

| 指　　标 | Item | 2016 | 2017 | 2018 |
| --- | --- | --- | --- | --- |
| 农业技术推广站 | Agricultural Technology Spreading Stations | 747 | 738 | 735 |
| 畜牧兽医站 | Veterinary Stations | 673 | 663 | 657 |
| 气象台、站 | Meterological Observatories and Stations | 65 | 65 | 65 |
| 气 象 台 | Meterological Observatories | 11 | 11 | 11 |
| 气 象 站 | Weather Stations | 54 | 54 | 54 |

## 11－15 农业自然灾害受灾情况
## Agricultural Natural Disaster Situation

| 指　　标 | Item | 2016 | 2017 | 2018 |
| --- | --- | --- | --- | --- |
| **受灾面积(万公顷)** | **Disaster Areas (10000ha)** | **74.8** | **128.8** | **133.3** |
| #旱　灾 | Drought | 52.4 | 62.5 | 109.9 |
| 洪涝灾 | Flood | 7.1 | 44.9 | 1.7 |
| 风雹灾 | Wind and Hail | 6.1 | 13.3 | 16.3 |
| **绝收面积(万公顷)** | **Areas Affected(10000ha)** | **9.0** | **11.7** | **13.5** |
| #旱　灾 | Drought | 5.2 | 2.0 | 10.7 |
| 洪涝灾 | Flood | 0.9 | 8.3 | 0.1 |
| 风雹灾 | Wind and Hail | 0.8 | 0.8 | 1.7 |
| 受灾人口(万人) | Disaster Population(10000persons) | 259.8 | 385 | 386 |
| 转移安置人口(人) | Population Arranged(person) | 52069 | 513535 | 30484 |
| 倒损房屋(间) | Houses Damaged and Collapsed(room) | 19978 | 146365 | 24865 |
| 其中：倒塌房屋 | Houses Collapsed | 1070 | 5864 | 22 |
| 直接经济损失(亿元) | Direct Economic Losses (100million yuan) | 98.8 | 398.1 | 89.3 |

注：原“损毁房屋（间）”更改为“倒损房屋（间）”。
Note: The coverage of houses damaged is changed into houses damaged and collapsed.

# 11－16 商品粮基地县基本情况（2018年）
## Basic Conditions for Commodity Grain County（2018）

| 市、县 City，County | | 乡村人口（人）Pural (Persone) | 耕地面积（公顷）Area of Cultivated Land (ha) | 农林牧渔业总产值（现价、万元）Total Value of AFAF (Current price) (10000 yuan) | 粮食播种面积（公顷）Grain Grops Sown Area (ha) | 粮食总产量（吨）Output of Grain (ton) | 每公顷粮食产量（公斤）Output of Grain per Hectare(kg) |
|---|---|---|---|---|---|---|---|
| 农安县 | Nong' an | 867981 | 377319 | 1752153 | 373953 | 2574557 | 6885 |
| 榆树市 | Yushu | 1010378 | 390851 | 1505634 | 385320 | 2853025 | 7404 |
| 德惠市 | Dehui | 659400 | 205430 | 1277232 | 210986 | 1299369 | 6159 |
| 永吉县 | Yongji | 279423 | 68820 | 193471 | 86493 | 473927 | 5479 |
| 蛟河市 | Jiaohe | 244511 | 115743 | 388081 | 111493 | 597599 | 5360 |
| 桦甸市 | Huadian | 208831 | 98349 | 531980 | 113187 | 620325 | 5481 |
| 舒兰市 | Shulan | 438759 | 134067 | 741564 | 134067 | 913939 | 6817 |
| 磐石市 | Panshi | 325956 | 105736 | 539372 | 112647 | 676269 | 6003 |
| 梨树县 | Lishu | 475151 | 261818 | 1172803 | 252968 | 2083356 | 8236 |
| 伊通满族自治县 | Yitong | 340066 | 130499 | 693993 | 129042 | 989608 | 7669 |
| 公主岭市 | Gongzhuling | 783037 | 315673 | 1320452 | 311789 | 2508137 | 8044 |
| 双辽市 | Shuangliao | 230298 | 182188 | 619891 | 168198 | 1087397 | 6465 |
| 东丰县 | Dongfeng | 263231 | 130579 | 344241 | 129487 | 820563 | 6337 |
| 东辽县 | Dongliao | 261925 | 92919 | 286797 | 102607 | 589506 | 5745 |
| 通化县 | Tonghua | 148695 | 31878 | 136420 | 28473 | 156208 | 5486 |
| 辉南县 | Huinan | 179208 | 74805 | 316811 | 80260 | 549665 | 6849 |
| 梅河口市 | Meihekou | 326047 | 103733 | 376055 | 99067 | 557547 | 5628 |
| 前郭尔罗斯蒙古族自治县 | Qianguo | 432020 | 308006 | 962943 | 257667 | 1972541 | 7655 |
| 长岭县 | Changling | 487132 | 332569 | 904888 | 265960 | 1673035 | 6291 |
| 扶余市 | Fuyu | 593855 | 320119 | 915411 | 248507 | 1963290 | 7900 |
| 镇赉县 | Zhenlai | 157108 | 195593 | 529117 | 177953 | 1232656 | 6927 |
| 洮南市 | Taonan | 260422 | 229871 | 487357 | 180300 | 967643 | 5367 |
| 大安市 | Da' an | 226617 | 128150 | 360698 | 125820 | 896128 | 7122 |
| 敦化市 | Dunhua | 205367 | 171330 | 327780 | 146460 | 530837 | 3624 |

注：乡村人口为公安年报数。
Note: The agricultural population is annual statistical data from security department.

# 第十二篇

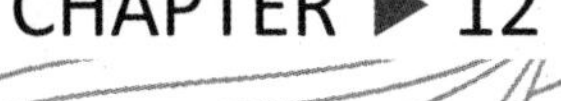


# 工　业

***INDUSTRY***

资料整理人员：

张志刚　韩　檬

# 12－1 规模以上工业企业主要指标（2018年）

单位：万元

| 项目 | Item | 企业单位数(个) Number of Enterprises (unit) | #亏损企业 Loss－making Enterprises |
|---|---|---|---|
| **总计** | **Total** | **5963** | **1084** |
| 在总计中:1国有企业 | State-owned Enterprises | 42 | 22 |
| 2集体企业 | Collective-owned Enterprises | 30 | 4 |
| 3股份合作制企业 | Cooperative Enterprises | 8 | 2 |
| 4股份制企业 | Share-holding Enterprises | 5459 | 966 |
| 5外商及港澳台投资企业 | Enterprises with funds from Hong Kong,Macao,Taiwan and Foreign Countries | 307 | 72 |
| 6其它企业 | Others | 117 | 18 |
| 在总计中:亏损企业 | Loss | 1084 | 1084 |
| 在总计中:国有控股企业 | State-holding | 356 | 125 |
| 其中:亏损企业 | Loss | 125 | 125 |
| 其中:中央企业 | Central Enterprises | 30 | 30 |
| 在总计中:新建企业 | Newly-built Enterprises | 19 | 2 |
| 在总计中:大中型工业 | Large and medium-sized Enterprises | 560 | 144 |
| 其中:国有控股企业 | State-holding | 158 | 71 |
| 其中:亏损企业 | Loss | 71 | 71 |
| 在总计中:1国有控股 | State-holding | 356 | 125 |
| 2集体控股 | Collective-holding | 113 | 23 |
| 3私人控股 | Private-holding | 4968 | 817 |
| 4港澳台商控股 | Hong Kong,Macao and Taiwan-holding | 55 | 18 |
| 5外商控股 | Foreign-holding | 154 | 41 |
| 6其他 | Others | 317 | 60 |
| 在总计中:轻工业 | Light Industry | 2686 | 430 |
| 重工业 | Heavy Industry | 3277 | 654 |
| 在总计中:大型企业 | Large-sized Enterprises | 100 | 24 |
| 中型企业 | Medium-sized Enterprises | 460 | 120 |
| 小型企业 | Small-sized Enterprises | 4779 | 876 |
| 微型企业 | Mini-sized Enterprises | 624 | 64 |
| 在总计中:中央企业 | Central Enterprises | 95 | 30 |
| 地方企业 | Local Enterprises | 5868 | 1054 |
| 在总计中:民营工业 | Private industry | 5292 | 888 |
| 在总计中:非公有工业 | Non state-owned industry | 5177 | 876 |

注：12-1表至12-7表数据是快报数据。
Note: Data in 12-1to 12-7 are preliminary accouting figures.

# Main Indicators of Industrial Enterprises above Designated Size（2018）

unit: 10000 yuan

| 产成品 Finished Goods | 资产总计 Total Assets | 流动资产合计 Total Current Assets | 应收帐款 Account Receivable | 负债合计 Total Liabilities |
|---|---|---|---|---|
| **6493178** | **179679509** | **83718463** | **15333972** | **101263919** |
| 2562673 | 48168886 | 27657005 | 1461990 | 26175371 |
| 9436 | 262430 | 197994 | 54682 | 143399 |
| 16900 | 1108915 | 191171 | 45714 | 1109590 |
| 3308245 | 108076536 | 44865256 | 10172844 | 61559185 |
| 560743 | 17034546 | 10032604 | 3614655 | 10465638 |
| 35180 | 5028196 | 774432 | -15914 | 1810737 |
| 990984 | 36382013 | 11638253 | 2085685 | 26830946 |
| 3320909 | 97039508 | 45350815 | 5318203 | 56939369 |
| 311134 | 19343888 | 4834562 | 730058 | 13614498 |
| 141077 | 9690360 | 1826195 | 176004 | 5656316 |
| 6037 | 542964 | 94156 | 28953 | 155319 |
| 4324500 | 132023257 | 62237948 | 9967871 | 74909624 |
| 3127907 | 88287437 | 42376607 | 4628966 | 50485994 |
| 264963 | 16710718 | 4201508 | 603587 | 11022049 |
| 3320909 | 97039508 | 45350815 | 5318203 | 56939369 |
| 153791 | 5936389 | 2321940 | 447547 | 1850151 |
| 2178144 | 51165580 | 23185396 | 5362388 | 26932377 |
| 129854 | 3908094 | 1518848 | 443741 | 3219655 |
| 285348 | 7939819 | 5308050 | 2142575 | 4502664 |
| 425132 | 13690120 | 6033414 | 1619517 | 7819704 |
| 1845428 | 40962620 | 19855518 | 3835531 | 19802435 |
| 4647750 | 138716889 | 63862945 | 11498441 | 81461484 |
| 3330379 | 99578292 | 48170274 | 6401369 | 53893928 |
| 994121 | 32444965 | 14067673 | 3566502 | 19013696 |
| 2105906 | 45261088 | 20640604 | 5149438 | 24783126 |
| 62772 | 2395164 | 839911 | 216662 | 1571169 |
| 2848628 | 72274395 | 35698633 | 3547415 | 39504047 |
| 3644550 | 107405113 | 48019830 | 11786557 | 61759872 |
| 2656978 | 68377951 | 29550936 | 6765889 | 35738841 |
| 2593346 | 63013492 | 30012294 | 7948704 | 34654696 |

单位：万元

12－1 续表 1

| 项　　目 | Item | 所有者权益合计 Total Owners' Equities | 主营业务收入 Revenue from Principal Business |
|---|---|---|---|
| **总计** | **Total** | **78415590** | **136375231** |
| 在总计中:1国有企业 | State-owned Enterprises | 21993515 | 53786436 |
| 2集体企业 | Collective-owned Enterprises | 119031 | 235855 |
| 3股份合作制企业 | Cooperative Enterprises | -675 | 78565 |
| 4股份制企业 | Share-holding Enterprises | 46517351 | 63272811 |
| 5外商及港澳台投资企业 | Enterprises with funds from Hong Kong,Macao,Taiwan and Foreign Countries | 6568908 | 17374911 |
| 6其它企业 | Others | 3217459 | 1626653 |
| 在总计中:亏损企业 | Loss | 9551067 | 12437217 |
| 在总计中:国有控股企业 | State-holding | 40100139 | 85480909 |
| 其中:亏损企业 | Loss | 5729390 | 6978366 |
| 其中:中央企业 | Central Enterprises | 4034044 | 3815364 |
| 在总计中:新建企业 | Newly-built Enterprises | 387645 | 185963 |
| 在总计中:大中型工业 | Large and medium-sized Enterprises | 57113633 | 110267419 |
| 其中:国有控股企业 | State-holding | 37801443 | 82316121 |
| 其中:亏损企业 | Loss | 5688669 | 6573004 |
| 在总计中:1国有控股 | State-holding | 40100139 | 85480909 |
| 2集体控股 | Collective-holding | 4086238 | 2390512 |
| 3私人控股 | Private-holding | 24233203 | 28032008 |
| 4港澳台商控股 | Hong Kong,Macao and Taiwan-holding | 688439 | 2111670 |
| 5外商控股 | Foreign-holding | 3437155 | 8957396 |
| 6其他 | Others | 5870416 | 9402736 |
| 在总计中:轻工业 | Light Industry | 21160185 | 24942854 |
| 重工业 | Heavy Industry | 57255405 | 111432378 |
| 在总计中:大型企业 | Large-sized Enterprises | 43682364 | 92334394 |
| 中型企业 | Medium-sized Enterprises | 13431269 | 17933025 |
| 小型企业 | Small-sized Enterprises | 20477962 | 24968067 |
| 微型企业 | Mini-sized Enterprises | 823995 | 1139745 |
| 在总计中:中央企业 | Central Enterprises | 32770348 | 72022968 |
| 地方企业 | Local Enterprises | 45645241 | 64352264 |
| 在总计中:民营工业 | Private industry | 32639110 | 36276913 |
| 在总计中:非公有工业 | Non state-owned industry | 28358796 | 39101074 |

continued

unit: 10000 yuan

| 主营业务成本 Cost of Principal Business | 销售费用 Selling Cost | 管理费用 Management Cost | 财务费用 Financial Cost | 利息支出 Interest Expense |
|---:|---:|---:|---:|---:|
| **110830187** | **6591489** | **7030877** | **1455518** | **1423718** |
| 43788075 | 2862824 | 2411219 | -132913 | 68626 |
| 200371 | 4696 | 22748 | 248 | 286 |
| 69000 | 1543 | 15229 | 97069 | 96723 |
| 51102139 | 3054074 | 3436646 | 1299113 | 1124106 |
| 14109823 | 641830 | 1039363 | 154705 | 131429 |
| 1560781 | 26521 | 105673 | 37297 | 2550 |
| 12055733 | 467896 | 1007013 | 780395 | 638101 |
| 70167942 | 3545563 | 4026255 | 497120 | 665291 |
| 6932875 | 225788 | 498729 | 378754 | 349096 |
| 3872420 | 124237 | 220421 | 123863 | 100953 |
| 151957 | 7578 | 5031 | 6521 | 6506 |
| 89288368 | 5437453 | 5605965 | 809676 | 899131 |
| 67572135 | 3450168 | 3881626 | 279504 | 446256 |
| 6512937 | 216508 | 455686 | 247930 | 219888 |
| 70167942 | 3545563 | 4026255 | 497120 | 665291 |
| 1753832 | 263495 | 171843 | 29728 | 24252 |
| 22710396 | 1662115 | 1504994 | 618987 | 473062 |
| 1780702 | 176714 | 123025 | 91648 | 84775 |
| 7224179 | 292448 | 605661 | 47905 | 17473 |
| 7193137 | 651154 | 599100 | 170130 | 158867 |
| 18009626 | 2702104 | 1379750 | 450917 | 384839 |
| 92820561 | 3889385 | 5651127 | 1004602 | 1038879 |
| 74898830 | 4213397 | 4444810 | 403921 | 525616 |
| 14389537 | 1224056 | 1161155 | 405756 | 373514 |
| 20688586 | 1138063 | 1377437 | 610476 | 499654 |
| 853234 | 15973 | 47476 | 35366 | 24934 |
| 58777036 | 3160263 | 3274962 | 97807 | 278939 |
| 52053151 | 3431226 | 3755915 | 1357712 | 1144780 |
| 28730028 | 2427150 | 2067295 | 906640 | 732407 |
| 31715277 | 2131277 | 2233679 | 758540 | 575310 |

单位：万元

12－1 续表 2

| 项　　目 | Item | 利润总额<br>Total Profits | 亏损企业<br>亏损总额<br>Total Loss |
|---|---|---|---|
| **总计** | **Total** | **8170439** | **2230995** |
| 在总计中:1国有企业 | State-owned Enterprises | 4119348 | 125540 |
| 2集体企业 | Collective-owned Enterprises | 9766 | 763 |
| 3股份合作制企业 | Cooperative Enterprises | -117224 | 117879 |
| 4股份制企业 | Share-holding Enterprises | 3237715 | 1297419 |
| 5外商及港澳台投资企业 | Enterprises with funds from Hong Kong,Macao,Taiwan and Foreign Countries | 1375370 | 220247 |
| 6其它企业 | Others | -454536 | 469147 |
| 在总计中:亏损企业 | Loss | -2230995 | 2230995 |
| 在总计中:国有控股企业 | State-holding | 4478571 | 1356585 |
| 其中:亏损企业 | Loss | -1356585 | 1356585 |
| 其中:中央企业 | Central Enterprises | -875343 | 875343 |
| 在总计中:新建企业 | Newly-built Enterprises | 14844 | 103 |
| 在总计中:大中型工业 | Large and medium-sized Enterprises | 6888595 | 1628228 |
| 其中:国有控股企业 | State-holding | 4485834 | 1126100 |
| 其中:亏损企业 | Loss | -1126100 | 1126100 |
| 在总计中:1国有控股 | State-holding | 4478571 | 1356585 |
| 2集体控股 | Collective-holding | 281387 | 20562 |
| 3私人控股 | Private-holding | 1667750 | 556288 |
| 4港澳台商控股 | Hong Kong,Macao and Taiwan-holding | -38895 | 158903 |
| 5外商控股 | Foreign-holding | 765987 | 46016 |
| 6其他 | Others | 1015639 | 92641 |
| 在总计中:轻工业 | Light Industry | 1922094 | 382912 |
| 重工业 | Heavy Industry | 6248345 | 1848083 |
| 在总计中:大型企业 | Large-sized Enterprises | 5844204 | 1145244 |
| 中型企业 | Medium-sized Enterprises | 1044391 | 482984 |
| 小型企业 | Small-sized Enterprises | 1222462 | 584605 |
| 微型企业 | Mini-sized Enterprises | 59382 | 18163 |
| 在总计中:中央企业 | Central Enterprises | 4091518 | 875343 |
| 地方企业 | Local Enterprises | 4078921 | 1355652 |
| 在总计中:民营工业 | Private industry | 2515250 | 780988 |
| 在总计中:非公有工业 | Non state-owned industry | 2394842 | 761207 |

continued

unit: 10000 yuan

| 全部从业人员年平均人数（人）Annual Average Employed (person) | 资产负债率（%）Assets-liability Ratio(%) | 主营业务收入利润率（%）Profit margin of principle business（%） | 人均年主营业务收入 Annual revenue of principle business per capita |
|---|---|---|---|
| **1069303** | **56.4** | **6.0** | **127.5** |
| 162087 | 54.3 | 7.7 | 331.8 |
| 4263 | 54.6 | 4.1 | 55.3 |
| 3010 | 100.1 | -149.2 | 26.1 |
| 765290 | 57.0 | 5.1 | 82.7 |
| 102347 | 61.4 | 7.9 | 169.8 |
| 32306 | 36.0 | -27.9 | 50.4 |
| 238868 | 73.7 | -17.9 | 52.1 |
| 439837 | 58.7 | 5.2 | 194.3 |
| 142888 | 70.4 | -19.4 | 48.8 |
| 54610 | 58.4 | -22.9 | 69.9 |
| 1435 | 28.6 | 8.0 | 129.6 |
| 680948 | 56.7 | 6.3 | 161.9 |
| 406834 | 57.2 | 5.5 | 202.3 |
| 133813 | 66.0 | -17.1 | 49.1 |
| 439837 | 58.7 | 5.2 | 194.3 |
| 26658 | 31.2 | 11.8 | 89.7 |
| 451895 | 52.6 | 6.0 | 62.0 |
| 15988 | 82.4 | -1.8 | 132.1 |
| 52766 | 56.7 | 8.6 | 169.8 |
| 82159 | 57.1 | 10.8 | 114.4 |
| 322159 | 48.3 | 7.7 | 77.4 |
| 747144 | 58.7 | 5.6 | 149.1 |
| 469240 | 56.1 | 6.3 | 196.8 |
| 211708 | 58.6 | 5.8 | 84.7 |
| 373441 | 54.8 | 5.0 | 66.9 |
| 14914 | 65.6 | 5.2 | 76.4 |
| 268842 | 54.7 | 5.7 | 267.9 |
| 800461 | 57.5 | 6.3 | 80.4 |
| 535588 | 52.3 | 6.9 | 67.7 |
| 520649 | 55.0 | 6.1 | 75.1 |

# 12－2　按行业分规模以上工业企业主要指标（2018年）

单位：万元

| 项　目 | Iten | 企业单位数(个) Number of Enterprises (unit) | #亏损企业 Loss－making Enterprises |
|---|---|---|---|
| **总计** | **Total** | **5963** | **1084** |
| 煤炭开采和洗选业 | Mining and Washing of Coal | 47 | 13 |
| 石油和天然气开采业 | Extraction of Petroleum and Natural Gas | 29 | 24 |
| 黑色金属矿采选业 | Mining and Processing of Ferrous Metal Ores | 67 | 18 |
| 有色金属矿采选业 | Mining and Processing of Non-ferrous Metal Ores | 46 | 14 |
| 非金属矿采选业 | Mining and Processing of Nonmetal Ores | 67 | 7 |
| 开采辅助活动 | Support Activities for Mining | 19 | 3 |
| 其他采矿业 | Mining of Other Ores | 1 | |
| 农副食品加工业 | Processing of Food from Agricultural Products | 1177 | 138 |
| 食品制造业 | Manufacture of Food | 246 | 56 |
| 酒、饮料和精制茶制造业 | Manufacture of Liquor,Beverages and Refined Tea | 233 | 50 |
| 烟草制品业 | Manufacture of Tobacco | 5 | |
| 纺织业 | Manufacture of Textile | 40 | 8 |
| 纺织服装、服饰业 | Manufacture of Textile and Apparel | 69 | 16 |
| 皮革、毛皮、羽毛及其制品和制鞋业 | Manufacture of Leather,Fur,Feathers and Related Products and Footwear | 10 | 1 |
| 木材加工和木、竹、藤、棕、草制品业 | Processing of Timber，Manufacture of Wood，Bamboo，Rattan，Palm and Straw Products | 281 | 45 |
| 家具制造业 | Manufacture of Furniture | 80 | 13 |
| 造纸和纸制品业 | Manufacture of Paper and Paper Products | 82 | 19 |
| 印刷和记录媒介复制业 | Printing，Reproduction of Recording Media | 56 | 12 |
| 文教、工美、体育和娱乐用品制造业 | Manufacture of Calture Education ,Art,Sports and Entertainment Activities | 30 | 4 |
| 石油、煤炭及其他燃料加工业 | Processing of Petroleum,Coal and other fuel | 38 | 12 |
| 化学原料和化学制品制造业 | Manufacture of Raw Chemical Materials and Chemical Products | 353 | 83 |
| 医药制造业 | Manufacture of Medicines | 334 | 65 |
| 化学纤维制造业 | Manufacture of Chemical Fibers | 7 | 2 |
| 橡胶和塑料制品业 | Manufacture of Rubber and Plastic Products | 198 | 27 |
| 非金属矿物制品业 | Manufacture of Non-metallic Mineral Products | 559 | 95 |
| 黑色金属冶炼和压延加工业 | Smelting and Pressing of Ferrous Metals | 42 | 10 |
| 有色金属冶炼和压延加工业 | Smelting and Pressing of Non- ferrous Metals | 30 | 8 |
| 金属制品业 | Manufacture of Metal Products | 199 | 34 |
| 通用设备制造业 | Manufacture of General Purpose Machinery | 207 | 36 |
| 专用设备制造业 | Manufacture of Special Purpose Machinery | 234 | 36 |
| 汽车制造业 | Manufacture of Automobiles | 553 | 73 |
| 铁路、船舶、航空航天和其他运输设备制造业 | Manufacture of Railway,Ship,Aerospace and Other Transport Equipment | 49 | 4 |
| 电气机械和器材制造业 | Manufacture of Electrical Machinery and Apparatus | 140 | 24 |
| 计算机、通信和其他电子设备制造业 | Manufacture of Computer,Communication and Other Electronic Equipment | 37 | 4 |
| 仪器仪表制造业 | Manufacture of Measuring Instrument | 28 | 5 |
| 其他制造业 | Other Manufacture | 20 | 3 |
| 废弃资源综合利用业 | Waste Resources Utilization | 19 | 4 |
| 金属制品、机械和设备修理业 | Repair of Metal Products,Machinery and Equipment | 6 | 2 |
| 电力、热力生产和供应业 | Production and Supply of Electric Power and Heat Power | 268 | 98 |
| 燃气生产和供应业 | Production and Supply of Gas | 37 | 7 |
| 水的生产和供应业 | Production and Supply of Water | 20 | 11 |

# Main Indicators of Industrial Enterprises above Designated Size by Industrial Sector (2018)

unit: 10000 yuan

| 产成品 Finished Goods | 资产总计 Total Assets | 流动资产合计 Total Current Assets | 应收帐款 Account Receivable | 负债合计 Total Liabilities |
|---|---|---|---|---|
| **6493178** | **179679509** | **83718463** | **15333972** | **101263919** |
| 37362 | 3175725 | 877234 | 148845 | 2872031 |
| 28633 | 5161725 | 985601 | 27820 | 2091917 |
| 22848 | 1643930 | 340199 | 38790 | 1044808 |
| 33708 | 2160119 | 491487 | 105941 | 1733515 |
| 8499 | 198278 | 65633 | 17633 | 82152 |
| 6896 | 1273624 | 355119 | 127260 | 821016 |
| 30 | 172 | 170 | 94 | 172 |
| 577905 | 9992202 | 5049114 | 777867 | 6121727 |
| 141215 | 3038144 | 1480531 | 274304 | 1589192 |
| 190984 | 3608215 | 1426368 | 169663 | 2070363 |
| 45882 | 1555778 | 1167297 | 48776 | 718443 |
| 39255 | 993763 | 342705 | 221936 | 442626 |
| 52952 | 734431 | 405696 | 124784 | 369532 |
| 15903 | 47860 | 27524 | 5075 | 34768 |
| 109061 | 1876459 | 1023748 | 131118 | 1085719 |
| 19277 | 350795 | 130422 | 27584 | 198108 |
| 23250 | 830931 | 322653 | 84920 | 524469 |
| 14266 | 1028919 | 192380 | 66178 | 308912 |
| 8645 | 116232 | 65009 | 11599 | 60060 |
| 47290 | 957457 | 328426 | 15858 | 612815 |
| 353399 | 8972719 | 3493793 | 510112 | 5274960 |
| 533704 | 14712127 | 7379041 | 1550244 | 5062356 |
| 55999 | 1348916 | 560693 | 55958 | 1005733 |
| 84875 | 1670497 | 784474 | 265451 | 846929 |
| 185391 | 6603826 | 3466408 | 1004631 | 3701254 |
| 138515 | 7806621 | 1590077 | 128654 | 6158716 |
| 47612 | 2466648 | 689949 | 138027 | 1307659 |
| 102969 | 1702924 | 950912 | 246103 | 953349 |
| 122719 | 2204921 | 1241295 | 445330 | 1260264 |
| 120188 | 1781151 | 916590 | 262159 | 1022005 |
| 3097982 | 59653035 | 36267690 | 5165341 | 31395921 |
| 78662 | 6274047 | 4747989 | 1765445 | 4090512 |
| 69325 | 1519630 | 662900 | 230944 | 633375 |
| 38000 | 1093685 | 721642 | 151434 | 474816 |
| 19142 | 342154 | 200710 | 40998 | 119874 |
| 4643 | 118086 | 58095 | 22783 | 39711 |
| 1053 | 168091 | 55108 | 8890 | 50282 |
| 176 | 61925 | 23708 | 16279 | 50836 |
| 7188 | 20313135 | 4183690 | 841436 | 13793724 |
| 7523 | 1228718 | 312017 | 46618 | 727244 |
| 258 | 891892 | 334366 | 11092 | 512056 |

单位：万元

12－2 续表 1

| 项 目 | Iten | 所有者权益合计<br>Total Owners' Equities | 主营业务收入<br>Revenue from Principal Business |
|---|---|---|---|
| **总计** | **Total** | **78415590** | **136375231** |
| 煤炭开采和洗选业 | Mining and Washing of Coal | 303694 | 544248 |
| 石油和天然气开采业 | Extraction of Petroleum and Natural Gas | 3069808 | 1434845 |
| 黑色金属矿采选业 | Mining and Processing of Ferrous Metal Ores | 599122 | 314841 |
| 有色金属矿采选业 | Mining and Processing of Non-ferrous Metal Ores | 426604 | 449438 |
| 非金属矿采选业 | Mining and Processing of Nonmetal Ores | 116127 | 62413 |
| 开采辅助活动 | Support Activities for Mining | 452607 | 767744 |
| 其他采矿业 | Mining of Other Ores | | |
| 农副食品加工业 | Processing of Food from Agricultural Products | 3870475 | 8452629 |
| 食品制造业 | Manufacture of Food | 1448952 | 1495152 |
| 酒、饮料和精制茶制造业 | Manufacture of Liquor,Beverages and Refined Tea | 1537852 | 2241639 |
| 烟草制品业 | Manufacture of Tobacco | 837335 | 1479673 |
| 纺织业 | Manufacture of Textile | 551137 | 1327231 |
| 纺织服装、服饰业 | Manufacture of Textile and Apparel | 364899 | 469367 |
| 皮革、毛皮、羽毛及其制品和制鞋业 | Manufacture of Leather,Fur,Feathers and Related Products and Footwear | 13092 | 16714 |
| 木材加工和木、竹、藤、棕、草制品业 | Processing of Timber, Manufacture of Wood, Bamboo, Rattan, Palm and Straw Products | 790740 | 885217 |
| 家具制造业 | Manufacture of Furniture | 152687 | 146619 |
| 造纸和纸制品业 | Manufacture of Paper and Paper Products | 306462 | 521653 |
| 印刷和记录媒介复制业 | Printing, Reproduction of Recording Media | 720007 | 215233 |
| 文教、工美、体育和娱乐用品制造业 | Manufacture of Calture Education ,Art,Sports and Entertainment Activities | 56172 | 85542 |
| 石油、煤炭及其他燃料加工业 | Processing of Petroleum,Coal and other fuel | 344642 | 969035 |
| 化学原料和化学制品制造业 | Manufacture of Raw Chemical Materials and Chemical Products | 3697759 | 9286830 |
| 医药制造业 | Manufacture of Medicines | 9649771 | 5840326 |
| 化学纤维制造业 | Manufacture of Chemical Fibers | 343183 | 716301 |
| 橡胶和塑料制品业 | Manufacture of Rubber and Plastic Products | 823568 | 1420982 |
| 非金属矿物制品业 | Manufacture of Non-metallic Mineral Products | 2902572 | 2885185 |
| 黑色金属冶炼和压延加工业 | Smelting and Pressing of Ferrous Metals | 1647905 | 5549439 |
| 有色金属冶炼和压延加工业 | Smelting and Pressing of Non- ferrous Metals | 1158989 | 943545 |
| 金属制品业 | Manufacture of Metal Products | 749576 | 1154192 |
| 通用设备制造业 | Manufacture of General Purpose Machinery | 944657 | 1024727 |
| 专用设备制造业 | Manufacture of Special Purpose Machinery | 759146 | 819992 |
| 汽车制造业 | Manufacture of Automobiles | 28257114 | 69679470 |
| 铁路、船舶、航空航天和其他运输设备制造业 | Manufacture of Railway,Ship,Aerospace and Other Transport Equipment | 2183535 | 4104653 |
| 电气机械和器材制造业 | Manufacture of Electrical Machinery and Apparatus | 886255 | 619337 |
| 计算机、通信和其他电子设备制造业 | Manufacture of Computer,Communication and Other Electronic Equipment | 618869 | 633062 |
| 仪器仪表制造业 | Manufacture of Measuring Instrument | 222280 | 121755 |
| 其他制造业 | Other Manufacture | 78376 | 61057 |
| 废弃资源综合利用业 | Waste Resources Utilization | 117809 | 153561 |
| 金属制品、机械和设备修理业 | Repair of Metal Products,Machinery and Equipment | 11089 | 35609 |
| 电力、热力生产和供应业 | Production and Supply of Electric Power and Heat Power | 6519412 | 8813203 |
| 燃气生产和供应业 | Production and Supply of Gas | 501474 | 440818 |
| 水的生产和供应业 | Production and Supply of Water | 379836 | 191956 |

continued

unit: 10000 yuan

| 主营业务成本 Cost of Principal Business | 销售费用 Selling Cost | 管理费用 Management Cost | 财务费用 Financial Cost | 利息支出 Interest Expense |
|---|---|---|---|---|
| **110830187** | **6591489** | **7030877** | **1455518** | **1423718** |
| 428309 | 17401 | 128472 | 48085 | 42450 |
| 1403411 | 22901 | 105093 | 43898 | 6000 |
| 294191 | 2487 | 40468 | 20804 | 18082 |
| 283325 | 4206 | 56313 | 111826 | 108563 |
| 50040 | 1759 | 4281 | 958 | 791 |
| 742894 | 1076 | 53412 | 4706 | 6893 |
| | | | | |
| 7608164 | 303577 | 279489 | 180995 | 139692 |
| 1143629 | 110611 | 75636 | 33507 | 26816 |
| 1799039 | 134020 | 114010 | 43848 | 37746 |
| 525944 | 32285 | 107291 | 12281 | 13811 |
| 1190871 | 27112 | 44033 | 6752 | 2074 |
| 376959 | 9129 | 30350 | 5989 | 5076 |
| 14932 | 544 | 684 | 530 | 110 |
| 739797 | 36170 | 43481 | 16756 | 14530 |
| 124767 | 5177 | 8253 | 4246 | 3741 |
| 479543 | 16527 | 28733 | 11146 | 6803 |
| 183880 | 4148 | 15655 | 10516 | 10583 |
| 74260 | 3086 | 4316 | 1769 | 1085 |
| 898696 | 6248 | 27886 | 11872 | 5769 |
| 7395742 | 153525 | 496173 | 106726 | 78739 |
| 2162159 | 1982620 | 543035 | 73472 | 79376 |
| 656747 | 16888 | 25625 | 37179 | 36847 |
| 1247955 | 28242 | 64409 | 20362 | 12800 |
| 2137721 | 98805 | 197972 | 89359 | 81228 |
| 4808042 | 86537 | 172252 | 158942 | 133655 |
| 951345 | 23498 | 26532 | 58440 | 44725 |
| 1046165 | 18177 | 55423 | 25276 | 22553 |
| 824412 | 41289 | 106319 | 18602 | 13674 |
| 656635 | 32111 | 73424 | 15079 | 12636 |
| 56887456 | 3159309 | 3341356 | -111505 | 83725 |
| 3249261 | 99886 | 396160 | 4174 | 8783 |
| 503189 | 19037 | 55384 | 13897 | 7651 |
| 504665 | 16105 | 61933 | 4425 | 8214 |
| 92305 | 5723 | 15924 | 1250 | 1558 |
| 53232 | 985 | 2689 | 902 | 776 |
| 141088 | 1091 | 5365 | 784 | 377 |
| 33597 | 676 | 4359 | 508 | 228 |
| 8631886 | 7762 | 144647 | 351345 | 331261 |
| 327791 | 44708 | 31148 | 12132 | 10462 |
| 156142 | 16050 | 42896 | 3688 | 3837 |

单位：万元

12－2 续表 2

| 项　目 | Iten | 利润总额 Total Profits | 亏损企业亏损总额 Total Loss |
|---|---|---|---|
| **总计** | **Total** | **8170439** | **2230995** |
| 煤炭开采和洗选业 | Mining and Washing of Coal | –14653 | 34720 |
| 石油和天然气开采业 | Extraction of Petroleum and Natural Gas | –493287 | 493464 |
| 黑色金属矿采选业 | Mining and Processing of Ferrous Metal Ores | –44383 | 52892 |
| 有色金属矿采选业 | Mining and Processing of Non–ferrous Metal Ores | –15661 | 140349 |
| 非金属矿采选业 | Mining and Processing of Nonmetal Ores | 3251 | 1009 |
| 开采辅助活动 | Support Activities for Mining | –41975 | 57908 |
| 其他采矿业 | Mining of Other Ores | | |
| 农副食品加工业 | Processing of Food from Agricultural Products | 134809 | 172052 |
| 食品制造业 | Manufacture of Food | 123659 | 60726 |
| 酒、饮料和精制茶制造业 | Manufacture of Liquor,Beverages and Refined Tea | 116037 | 23358 |
| 烟草制品业 | Manufacture of Tobacco | 23894 | |
| 纺织业 | Manufacture of Textile | 66244 | 1772 |
| 纺织服装、服饰业 | Manufacture of Textile and Apparel | 54657 | 8457 |
| 皮革、毛皮、羽毛及其制品和制鞋业 | Manufacture of Leather,Fur,Feathers and Related Products and Footwear | 94 | 334 |
| 木材加工和木、竹、藤、棕、草制品业 | Processing of Timber，Manufacture of Wood，Bamboo，Rattan，Palm and Straw Products | 35080 | 12926 |
| 家具制造业 | Manufacture of Furniture | 4961 | 3208 |
| 造纸和纸制品业 | Manufacture of Paper and Paper Products | –6165 | 19316 |
| 印刷和记录媒介复制业 | Printing，Reproduction of Recording Media | 29058 | 2871 |
| 文教、工美、体育和娱乐用品制造业 | Manufacture of Calture Education ,Art,Sports and Entertainment Activities | 2337 | 916 |
| 石油、煤炭及其他燃料加工业 | Processing of Petroleum,Coal and other fuel | –16645 | 32905 |
| 化学原料和化学制品制造业 | Manufacture of Raw Chemical Materials and Chemical Products | 229329 | 137969 |
| 医药制造业 | Manufacture of Medicines | 1295722 | 48693 |
| 化学纤维制造业 | Manufacture of Chemical Fibers | –1282 | 2080 |
| 橡胶和塑料制品业 | Manufacture of Rubber and Plastic Products | 61257 | 23440 |
| 非金属矿物制品业 | Manufacture of Non–metallic Mineral Products | 364105 | 51338 |
| 黑色金属冶炼和压延加工业 | Smelting and Pressing of Ferrous Metals | 314741 | 28020 |
| 有色金属冶炼和压延加工业 | Smelting and Pressing of Non– ferrous Metals | –135221 | 142121 |
| 金属制品业 | Manufacture of Metal Products | 5524 | 31169 |
| 通用设备制造业 | Manufacture of General Purpose Machinery | 31997 | 18122 |
| 专用设备制造业 | Manufacture of Special Purpose Machinery | 42019 | 28412 |
| 汽车制造业 | Manufacture of Automobiles | 5652308 | 147447 |
| 铁路、船舶、航空航天和其他运输设备制造业 | Manufacture of Railway,Ship,Aerospace and Other Transport Equipment | 335378 | 801 |
| 电气机械和器材制造业 | Manufacture of Electrical Machinery and Apparatus | 29763 | 17596 |
| 计算机、通信和其他电子设备制造业 | Manufacture of Computer,Communication and Other Electronic Equipment | 55408 | 1166 |
| 仪器仪表制造业 | Manufacture of Measuring Instrument | 18780 | 993 |
| 其他制造业 | Other Manufacture | 3651 | 244 |
| 废弃资源综合利用业 | Waste Resources Utilization | 7465 | 461 |
| 金属制品、机械和设备修理业 | Repair of Metal Products,Machinery and Equipment | –773 | 1043 |
| 电力、热力生产和供应业 | Production and Supply of Electric Power and Heat Power | –114315 | 402611 |
| 燃气生产和供应业 | Production and Supply of Gas | 30339 | 6603 |
| 水的生产和供应业 | Production and Supply of Water | –17066 | 21487 |

continued

unit: 10000 yuan

| 全部从业人员年平均人数（人）Annual Average Employed (person) | 资产负债率（%）Assets-liability Ratio(%) | 主营业务收入利润率（%）Profit margin of principle business（%） | 人均年主营业务收入 Annual revenue of principle business per capita |
|---:|---:|---:|---:|
| **1069303** | **56.4** | **6.0** | **127.5** |
| 49387 | 90.4 | -2.7 | 11.0 |
| 29558 | 40.5 | -34.4 | 48.5 |
| 7240 | 63.6 | -14.1 | 43.5 |
| 11689 | 80.3 | -3.5 | 38.4 |
| 2410 | 41.4 | 5.2 | 25.9 |
| 18565 | 64.5 | -5.5 | 41.4 |
| 2 | 100.1 | | |
| 85208 | 61.3 | 1.6 | 99.2 |
| 26901 | 52.3 | 8.3 | 55.6 |
| 25901 | 57.4 | 5.2 | 86.5 |
| 4271 | 46.2 | 1.6 | 346.4 |
| 35393 | 44.5 | 5.0 | 37.5 |
| 16920 | 50.3 | 11.6 | 27.7 |
| 894 | 72.6 | 0.6 | 18.7 |
| 29945 | 57.9 | 4.0 | 29.6 |
| 5407 | 56.5 | 3.4 | 27.1 |
| 8566 | 63.1 | -1.2 | 60.9 |
| 4527 | 30.0 | 13.5 | 47.5 |
| 3144 | 51.7 | 2.7 | 27.2 |
| 6306 | 64.0 | -1.7 | 153.7 |
| 56926 | 58.8 | 2.5 | 163.1 |
| 65995 | 34.4 | 22.2 | 88.5 |
| 8245 | 74.6 | -0.2 | 86.9 |
| 19127 | 50.7 | 4.3 | 74.3 |
| 46230 | 56.0 | 12.6 | 62.4 |
| 26833 | 78.9 | 5.7 | 206.8 |
| 5514 | 53.0 | -14.3 | 171.1 |
| 16344 | 56.0 | 0.5 | 70.6 |
| 19122 | 57.2 | 3.1 | 53.6 |
| 19823 | 57.4 | 5.1 | 41.4 |
| 259871 | 52.6 | 8.1 | 268.1 |
| 22890 | 65.2 | 8.2 | 179.3 |
| 10744 | 41.7 | 4.8 | 57.6 |
| 8612 | 43.4 | 8.8 | 73.5 |
| 3313 | 35.0 | 15.4 | 36.8 |
| 760 | 33.6 | 6.0 | 80.3 |
| 1700 | 29.9 | 4.9 | 90.3 |
| 932 | 82.1 | -2.2 | 38.2 |
| 87484 | 67.9 | -1.3 | 100.7 |
| 7021 | 59.2 | 6.9 | 62.8 |
| 9583 | 57.4 | -8.9 | 20.0 |

# 12－3 按行业分大中型工业企业主要指标（2018年）

单位：万元

| 项 目 | Item | 企业单位数(个) Number of Enterprises (unit) | #亏损企业 Loss－making Enterprises |
|---|---|---|---|
| **总计** | **Total** | **560** | **144** |
| 煤炭开采和洗选业 | Mining and Washing of Coal | 17 | 8 |
| 石油和天然气开采业 | Extraction of Petroleum and Natural Gas | 5 | 5 |
| 黑色金属矿采选业 | Mining and Processing of Ferrous Metal Ores | 9 | 5 |
| 有色金属矿采选业 | Mining and Processing of Non-ferrous Metal Ores | 10 | 3 |
| 非金属矿采选业 | Mining and Processing of Nonmetal Ores | | |
| 开采辅助活动 | Support Activities for Mining | 5 | 1 |
| 其他采矿业 | Mining of Other Ores | | |
| 农副食品加工业 | Processing of Food from Agricultural Products | 39 | 7 |
| 食品制造业 | Manufacture of Food | 12 | 2 |
| 酒、饮料和精制茶制造业 | Manufacture of Liquor,Beverages and Refined Tea | 19 | 2 |
| 烟草制品业 | Manufacture of Tobacco | 3 | |
| 纺织业 | Manufacture of Textile | 7 | 1 |
| 纺织服装、服饰业 | Manufacture of Textile and Apparel | 14 | 7 |
| 皮革、毛皮、羽毛及其制品和制鞋业 | Manufacture of Leather,Fur,Feathers and Related Products and Footwear | | |
| 木材加工和木、竹、藤、棕、草制品业 | Processing of Timber，Manufacture of Wood，Bamboo，Rattan，Palm and Straw Products | 26 | 5 |
| 家具制造业 | Manufacture of Furniture | 1 | 1 |
| 造纸和纸制品业 | Manufacture of Paper and Paper Products | 5 | 3 |
| 印刷和记录媒介复制业 | Printing，Reproduction of Recording Media | 4 | 1 |
| 文教、工美、体育和娱乐用品制造业 | Manufacture of Calture Education ,Art,Sports and Entertainment Activities | 2 | 1 |
| 石油、煤炭及其他燃料加工业 | Processing of Petroleum,Coal and other fuel | 7 | 4 |
| 化学原料和化学制品制造业 | Manufacture of Raw Chemical Materials and Chemical Products | 23 | 8 |
| 医药制造业 | Manufacture of Medicines | 54 | 3 |
| 化学纤维制造业 | Manufacture of Chemical Fibers | 1 | 1 |
| 橡胶和塑料制品业 | Manufacture of Rubber and Plastic Products | 12 | 1 |
| 非金属矿物制品业 | Manufacture of Non-metallic Mineral Products | 29 | 9 |
| 黑色金属冶炼和压延加工业 | Smelting and Pressing of Ferrous Metals | 7 | 1 |
| 有色金属冶炼和压延加工业 | Smelting and Pressing of Non- ferrous Metals | 6 | 3 |
| 金属制品业 | Manufacture of Metal Products | 9 | 5 |
| 通用设备制造业 | Manufacture of General Purpose Machinery | 15 | 4 |
| 专用设备制造业 | Manufacture of Special Purpose Machinery | 10 | 3 |
| 汽车制造业 | Manufacture of Automobiles | 104 | 10 |
| 铁路、船舶、航空航天和其他运输设备制造业 | Manufacture of Railway,Ship,Aerospace and Other Transport Equipment | 12 | |
| 电气机械和器材制造业 | Manufacture of Electrical Machinery and Apparatus | 6 | 1 |
| 计算机、通信和其他电子设备制造业 | Manufacture of Computer,Communication and Other Electronic Equipment | 8 | |
| 仪器仪表制造业 | Manufacture of Measuring Instrument | 3 | |
| 其他制造业 | Other Manufacture | | |
| 废弃资源综合利用业 | Waste Resources Utilization | 1 | |
| 金属制品、机械和设备修理业 | Repair of Metal Products,Machinery and Equipment | 1 | |
| 电力、热力生产和供应业 | Production and Supply of Electric Power and Heat Power | 59 | 29 |
| 燃气生产和供应业 | Production and Supply of Gas | 6 | 2 |
| 水的生产和供应业 | Production and Supply of Water | 9 | 8 |

## Main Indicators of Large and Medium-sized Industrial Enterprises by Industrial Sector (2018)

unit: 10000 yuan

| 产成品 Finished Goods | 资产总计 Total Assets | 流动资产合计 Total Current Assets | 应收帐款 Account Receivable | 负债合计 Total Liabilities |
|---|---|---|---|---|
| **4324500** | **132023257** | **62237948** | **9967871** | **74909624** |
| 33557 | 2956943 | 776355 | 122589 | 2610619 |
| 27236 | 4789012 | 722330 | 12974 | 1781699 |
| 15275 | 842313 | 173705 | 2864 | 589062 |
| 5205 | 650144 | 193302 | 62899 | 357766 |
| 5867 | 1039859 | 331581 | 123362 | 805396 |
| 161116 | 3811048 | 1946922 | 326018 | 3045436 |
| 10034 | 1170213 | 654157 | 130764 | 802529 |
| 116541 | 1970515 | 936399 | 109329 | 1260222 |
| 39991 | 1424636 | 1112185 | 47849 | 589108 |
| 30269 | 854823 | 271839 | 200046 | 389756 |
| 27083 | 352029 | 203036 | 86221 | 205905 |
| 51781 | 1028580 | 557749 | 64889 | 585880 |
| 148 | 51442 | 15281 | 352 | 44305 |
| 9171 | 508973 | 163802 | 34392 | 342985 |
| 2173 | 733005 | 30710 | 8859 | 191860 |
| 1080 | 31355 | 14742 | 6308 | 15108 |
| 34199 | 450316 | 192170 | 25309 | 422851 |
| 203270 | 5922990 | 1999051 | 162452 | 3692120 |
| 205992 | 10266875 | 4948903 | 994511 | 2893072 |
| 52046 | 1254644 | 537062 | 46821 | 982670 |
| 35737 | 651550 | 338149 | 129629 | 346047 |
| 34209 | 2196782 | 1324416 | 279931 | 1257667 |
| 100808 | 7456936 | 1369190 | 65723 | 5990125 |
| 31149 | 2254959 | 548070 | 112442 | 1189887 |
| 45391 | 532173 | 344310 | 87767 | 361920 |
| 64700 | 897691 | 543787 | 180843 | 545620 |
| 44783 | 324914 | 208192 | 51929 | 292176 |
| 2842262 | 55106119 | 33658071 | 4202443 | 28996100 |
| 45085 | 5990400 | 4545156 | 1678991 | 3931472 |
| 15354 | 617275 | 158378 | 57024 | 155769 |
| 23315 | 843160 | 575153 | 110860 | 386254 |
| 8223 | 228356 | 123898 | 24748 | 78889 |
|  | 53210 | 14206 | 4629 | 35024 |
|  | 33668 | 9641 | 9590 | 27562 |
| 124 | 13096773 | 2197651 | 371523 | 8725745 |
| 1258 | 863314 | 188535 | 20668 | 513413 |
| 72 | 766264 | 309864 | 10326 | 467607 |

单位：万元

12-3 续表 1

| 项　目 | Item | 所有者权益合计 Total Owners' Equities | 主营业务收入 Revenue from Principal Business |
|---|---|---|---|
| **总计** | **Total** | **57113633** | **110267419** |
| 煤炭开采和洗选业 | Mining and Washing of Coal | 346324 | 471177 |
| 石油和天然气开采业 | Extraction of Petroleum and Natural Gas | 3007313 | 1376716 |
| 黑色金属矿采选业 | Mining and Processing of Ferrous Metal Ores | 253252 | 232183 |
| 有色金属矿采选业 | Mining and Processing of Non-ferrous Metal Ores | 292378 | 299545 |
| 非金属矿采选业 | Mining and Processing of Nonmetal Ores | | |
| 开采辅助活动 | Support Activities for Mining | 234463 | 741215 |
| 其他采矿业 | Mining of Other Ores | | |
| 农副食品加工业 | Processing of Food from Agricultural Products | 765612 | 3181654 |
| 食品制造业 | Manufacture of Food | 367684 | 481167 |
| 酒、饮料和精制茶制造业 | Manufacture of Liquor,Beverages and Refined Tea | 710293 | 1558160 |
| 烟草制品业 | Manufacture of Tobacco | 835528 | 1210349 |
| 纺织业 | Manufacture of Textile | 465067 | 1216995 |
| 纺织服装、服饰业 | Manufacture of Textile and Apparel | 146123 | 259554 |
| 皮革、毛皮、羽毛及其制品和制鞋业 | Manufacture of Leather,Fur,Feathers and Related Products and Footwear | | |
| 木材加工和木、竹、藤、棕、草制品业 | Processing of Timber，Manufacture of Wood，Bamboo，Rattan，Palm and Straw Products | 442700 | 420300 |
| 家具制造业 | Manufacture of Furniture | 7137 | 7815 |
| 造纸和纸制品业 | Manufacture of Paper and Paper Products | 165988 | 226094 |
| 印刷和记录媒介复制业 | Printing，Reproduction of Recording Media | 541145 | 40396 |
| 文教、工美、体育和娱乐用品制造业 | Manufacture of Calture Education ,Art,Sports and Entertainment Activities | 16247 | 21445 |
| 石油、煤炭及其他燃料加工业 | Processing of Petroleum,Coal and other fuel | 27465 | 699681 |
| 化学原料和化学制品制造业 | Manufacture of Raw Chemical Materials and Chemical Products | 2230870 | 7277895 |
| 医药制造业 | Manufacture of Medicines | 7373803 | 4015687 |
| 化学纤维制造业 | Manufacture of Chemical Fibers | 271975 | 701320 |
| 橡胶和塑料制品业 | Manufacture of Rubber and Plastic Products | 305503 | 559480 |
| 非金属矿物制品业 | Manufacture of Non-metallic Mineral Products | 939115 | 842568 |
| 黑色金属冶炼和压延加工业 | Smelting and Pressing of Ferrous Metals | 1466811 | 4883173 |
| 有色金属冶炼和压延加工业 | Smelting and Pressing of Non- ferrous Metals | 1065072 | 833939 |
| 金属制品业 | Manufacture of Metal Products | 170253 | 336692 |
| 通用设备制造业 | Manufacture of General Purpose Machinery | 352072 | 276219 |
| 专用设备制造业 | Manufacture of Special Purpose Machinery | 32738 | 118836 |
| 汽车制造业 | Manufacture of Automobiles | 26110019 | 65792816 |
| 铁路、船舶、航空航天和其他运输设备制造业 | Manufacture of Railway,Ship,Aerospace and Other Transport Equipment | 2058928 | 3848294 |
| 电气机械和器材制造业 | Manufacture of Electrical Machinery and Apparatus | 461505 | 72717 |
| 计算机、通信和其他电子设备制造业 | Manufacture of Computer,Communication and Other Electronic Equipment | 456906 | 446717 |
| 仪器仪表制造业 | Manufacture of Measuring Instrument | 149467 | 48173 |
| 其他制造业 | Other Manufacture | | |
| 废弃资源综合利用业 | Waste Resources Utilization | 18186 | 80558 |
| 金属制品、机械和设备修理业 | Repair of Metal Products,Machinery and Equipment | 6106 | 23164 |
| 电力、热力生产和供应业 | Production and Supply of Electric Power and Heat Power | 4371028 | 7219453 |
| 燃气生产和供应业 | Production and Supply of Gas | 349901 | 275280 |
| 水的生产和供应业 | Production and Supply of Water | 298657 | 169993 |

continued

unit: 10000 yuan

| 主营业务成本 Cost of Principal Business | 销售费用 Selling Cost | 管理费用 Management Cost | 财务费用 Financial Cost | 利息支出 Interest Expense |
|---|---|---|---|---|
| **89288368** | **5437453** | **5605965** | **809676** | **899131** |
| 360424 | 15665 | 124941 | 46857 | 41314 |
| 1347915 | 21751 | 96536 | 35318 | 1264 |
| 228573 | 1430 | 24173 | 13359 | 11100 |
| 167680 | 1711 | 29834 | 5158 | 3250 |
| 721288 | 716 | 52121 | 4536 | 6751 |
| 2880610 | 154658 | 129376 | 105001 | 85955 |
| 379722 | 56224 | 14190 | 17902 | 17307 |
| 1257389 | 98857 | 71374 | 28972 | 26501 |
| 407454 | 32188 | 90902 | 12365 | 13810 |
| 1094405 | 24916 | 39220 | 5099 | 898 |
| 190369 | 5306 | 20692 | 4388 | 3638 |
| 332916 | 24379 | 27356 | 7243 | 6892 |
| 6645 | 767 | 1681 | 2080 | 2080 |
| 211658 | 10380 | 17793 | 7155 | 3814 |
| 37234 | 1123 | 2929 | 8083 | 8076 |
| 19060 | 867 | 1040 | 230 | 399 |
| 657640 | 1665 | 11613 | 6585 | 1684 |
| 5661005 | 76256 | 391323 | 81963 | 64688 |
| 1284304 | 1486367 | 365747 | 35744 | 47036 |
| 646488 | 16588 | 22173 | 36730 | 36730 |
| 486586 | 7099 | 33189 | 8732 | 4406 |
| 433797 | 19265 | 76757 | 32015 | 29070 |
| 4176220 | 79215 | 160344 | 155423 | 131848 |
| 852390 | 21856 | 22536 | 56685 | 43390 |
| 305387 | 5057 | 23557 | 10094 | 9861 |
| 200698 | 15818 | 49025 | 9310 | 8581 |
| 109007 | 4668 | 11297 | 3828 | 3784 |
| 53629115 | 3083031 | 3089040 | -149879 | 59201 |
| 3021199 | 96022 | 383374 | 3253 | 8100 |
| 53399 | 5808 | 9525 | 3299 | 2099 |
| 356076 | 10897 | 45431 | 4040 | 7801 |
| 32581 | 2633 | 7443 | 969 | 1061 |
| 78830 | 56 | 2259 | 258 | 347 |
| 23174 |  | 1308 | 428 |  |
| 7298392 | 3400 | 96696 | 194402 | 195181 |
| 198521 | 35259 | 19405 | 9016 | 7844 |
| 140220 | 15558 | 39768 | 3037 | 3369 |

单位：万元

12－3 续表 2

| 项目 | Item | 利润总额<br>Total Profits | 亏损企业<br>亏损总额<br>Total Loss |
|---|---|---|---|
| **总计** | **Total** | **6888595** | **1628228** |
| 煤炭开采和洗选业 | Mining and Washing of Coal | -13365 | 31504 |
| 石油和天然气开采业 | Extraction of Petroleum and Natural Gas | -475125 | 475125 |
| 黑色金属矿采选业 | Mining and Processing of Ferrous Metal Ores | -35605 | 37179 |
| 有色金属矿采选业 | Mining and Processing of Non-ferrous Metal Ores | 94975 | 5198 |
| 非金属矿采选业 | Mining and Processing of Nonmetal Ores | | |
| 开采辅助活动 | Support Activities for Mining | -44918 | 57389 |
| 其他采矿业 | Mining of Other Ores | | |
| 农副食品加工业 | Processing of Food from Agricultural Products | -64966 | 140165 |
| 食品制造业 | Manufacture of Food | 8942 | 37011 |
| 酒、饮料和精制茶制造业 | Manufacture of Liquor,Beverages and Refined Tea | 98147 | 1317 |
| 烟草制品业 | Manufacture of Tobacco | 23062 | |
| 纺织业 | Manufacture of Textile | 60750 | 967 |
| 纺织服装、服饰业 | Manufacture of Textile and Apparel | 46869 | 6397 |
| 皮革、毛皮、羽毛及其制品和制鞋业 | Manufacture of Leather,Fur,Feathers and Related Products and Footwear | | |
| 木材加工和木、竹、藤、棕、草制品业 | Processing of Timber，Manufacture of Wood，Bamboo，Rattan，Palm and Straw Products | 17940 | 3667 |
| 家具制造业 | Manufacture of Furniture | -1563 | 1563 |
| 造纸和纸制品业 | Manufacture of Paper and Paper Products | -14349 | 17624 |
| 印刷和记录媒介复制业 | Printing，Reproduction of Recording Media | 19172 | 868 |
| 文教、工美、体育和娱乐用品制造业 | Manufacture of Calture Education ,Art,Sports and Entertainment Activities | 499 | 481 |
| 石油、煤炭及其他燃料加工业 | Processing of Petroleum,Coal and other fuel | -21963 | 22011 |
| 化学原料和化学制品制造业 | Manufacture of Raw Chemical Materials and Chemical Products | 161724 | 104459 |
| 医药制造业 | Manufacture of Medicines | 1032144 | 7598 |
| 化学纤维制造业 | Manufacture of Chemical Fibers | -1732 | 1732 |
| 橡胶和塑料制品业 | Manufacture of Rubber and Plastic Products | 26203 | 9379 |
| 非金属矿物制品业 | Manufacture of Non-metallic Mineral Products | 276862 | 15387 |
| 黑色金属冶炼和压延加工业 | Smelting and Pressing of Ferrous Metals | 302998 | 23722 |
| 有色金属冶炼和压延加工业 | Smelting and Pressing of Non- ferrous Metals | -138213 | 141232 |
| 金属制品业 | Manufacture of Metal Products | -7149 | 14704 |
| 通用设备制造业 | Manufacture of General Purpose Machinery | -55 | 10471 |
| 专用设备制造业 | Manufacture of Special Purpose Machinery | -14981 | 18908 |
| 汽车制造业 | Manufacture of Automobiles | 5373525 | 124181 |
| 铁路、船舶、航空航天和其他运输设备制造业 | Manufacture of Railway,Ship,Aerospace and Other Transport Equipment | 325271 | |
| 电气机械和器材制造业 | Manufacture of Electrical Machinery and Apparatus | 6051 | 2938 |
| 计算机、通信和其他电子设备制造业 | Manufacture of Computer,Communication and Other Electronic Equipment | 38196 | |
| 仪器仪表制造业 | Manufacture of Measuring Instrument | 10103 | |
| 其他制造业 | Other Manufacture | | |
| 废弃资源综合利用业 | Waste Resources Utilization | 2029 | |
| 金属制品、机械和设备修理业 | Repair of Metal Products,Machinery and Equipment | 188 | |
| 电力、热力生产和供应业 | Production and Supply of Electric Power and Heat Power | -197396 | 289069 |
| 燃气生产和供应业 | Production and Supply of Gas | 15452 | 4771 |
| 水的生产和供应业 | Production and Supply of Water | -21128 | 21211 |

continued

unit: 10000 yuan

| 全部从业人员<br>年平均人数<br>（人）<br>Annual Average<br>Employed<br>(person) | 资产负债率<br>（%）<br>Assets-liability<br>Ratio(%) | 主营业务收入利润率<br>（%）<br>Profit margin of<br>principle business<br>（%） | 人均年主营业务收入<br>Annual revenue of<br>principle<br>business per capita |
|---:|---:|---:|---:|
| **680948** | **56.7** | **6.3** | **161.9** |
| 43180 | 88.3 | -2.8 | 10.9 |
| 27305 | 37.2 | -34.5 | 50.4 |
| 3881 | 69.9 | -15.3 | 59.8 |
| 6469 | 55.0 | 31.7 | 46.3 |
| 16706 | 77.5 | -6.1 | 44.4 |
| 26220 | 79.9 | -2.0 | 121.3 |
| 8786 | 68.6 | 1.9 | 54.8 |
| 12000 | 64.0 | 6.3 | 129.8 |
| 3517 | 41.4 | 1.9 | 344.1 |
| 32643 | 45.6 | 5.0 | 37.3 |
| 10692 | 58.5 | 18.1 | 24.3 |
| 10789 | 57.0 | 4.3 | 39.0 |
| 491 | 86.1 | -20.0 | 15.9 |
| 2901 | 67.4 | -6.4 | 77.9 |
| 1277 | 26.2 | 47.5 | 31.6 |
| 833 | 48.2 | 2.3 | 25.7 |
| 4467 | 93.9 | -3.1 | 156.6 |
| 35242 | 62.3 | 2.2 | 206.5 |
| 38265 | 28.2 | 25.7 | 104.9 |
| 7981 | 78.3 | -0.3 | 87.9 |
| 6662 | 53.1 | 4.7 | 84.0 |
| 11757 | 57.3 | 32.9 | 71.7 |
| 24105 | 80.3 | 6.2 | 202.6 |
| 3917 | 52.8 | -16.6 | 212.9 |
| 4318 | 68.0 | -2.1 | 78.0 |
| 6679 | 60.8 |  | 41.4 |
| 3532 | 89.9 | -12.6 | 33.6 |
| 214125 | 52.6 | 8.2 | 307.3 |
| 20165 | 65.6 | 8.5 | 190.8 |
| 1298 | 25.2 | 8.3 | 56.0 |
| 5865 | 45.8 | 8.6 | 76.2 |
| 1577 | 34.5 | 21.0 | 30.5 |
| 358 | 65.8 | 2.5 | 225.0 |
| 598 | 81.9 | 0.8 | 38.7 |
| 69713 | 66.6 | -2.7 | 103.6 |
| 4513 | 59.5 | 5.6 | 61.0 |
| 8121 | 61.0 | -12.4 | 20.9 |

# 12－4　按行业分国有及国有控股工业企业主要指标（2018年）

单位：万元

| 项　　目 | Item | 企业单位数(个) Number of Enterprises (unit) | #亏损企业 Loss－making Enterprises |
|---|---|---|---|
| **总计** | **Total** | **356** | **125** |
| 煤炭开采和洗选业 | Mining and Washing of Coal | 10 | 7 |
| 石油和天然气开采业 | Extraction of Petroleum and Natural Gas | 6 | 5 |
| 黑色金属矿采选业 | Mining and Processing of Ferrous Metal Ores | 5 | 3 |
| 有色金属矿采选业 | Mining and Processing of Non-ferrous Metal Ores | 7 | 2 |
| 非金属矿采选业 | Mining and Processing of Nonmetal Ores | 2 | |
| 开采辅助活动 | Support Activities for Mining | 2 | 1 |
| 其他采矿业 | Mining of Other Ores | | |
| 农副食品加工业 | Processing of Food from Agricultural Products | 15 | 2 |
| 食品制造业 | Manufacture of Food | 2 | 1 |
| 酒、饮料和精制茶制造业 | Manufacture of Liquor,Beverages and Refined Tea | 7 | 1 |
| 烟草制品业 | Manufacture of Tobacco | 5 | |
| 纺织业 | Manufacture of Textile | | |
| 纺织服装、服饰业 | Manufacture of Textile and Apparel | 2 | 1 |
| 皮革、毛皮、羽毛及其制品和制鞋业 | Manufacture of Leather,Fur,Feathers and Related Products and Footwear | | |
| 木材加工和木、竹、藤、棕、草制品业 | Processing of Timber，Manufacture of Wood，Bamboo，Rattan，Palm and Straw Products | 15 | 7 |
| 家具制造业 | Manufacture of Furniture | 1 | |
| 造纸和纸制品业 | Manufacture of Paper and Paper Products | 1 | |
| 印刷和记录媒介复制业 | Printing，Reproduction of Recording Media | 1 | 1 |
| 文教、工美、体育和娱乐用品制造业 | Manufacture of Calture Education ,Art,Sports and Entertainment Activities | 1 | |
| 石油、煤炭及其他燃料加工业 | Processing of Petroleum,Coal and other fuel | 1 | |
| 化学原料和化学制品制造业 | Manufacture of Raw Chemical Materials and Chemical Products | 7 | 3 |
| 医药制造业 | Manufacture of Medicines | 15 | 5 |
| 化学纤维制造业 | Manufacture of Chemical Fibers | 1 | 1 |
| 橡胶和塑料制品业 | Manufacture of Rubber and Plastic Products | 7 | 2 |
| 非金属矿物制品业 | Manufacture of Non-metallic Mineral Products | 21 | 7 |
| 黑色金属冶炼和压延加工业 | Smelting and Pressing of Ferrous Metals | 6 | 2 |
| 有色金属冶炼和压延加工业 | Smelting and Pressing of Non- ferrous Metals | 3 | 1 |
| 金属制品业 | Manufacture of Metal Products | 4 | 2 |
| 通用设备制造业 | Manufacture of General Purpose Machinery | 9 | 4 |
| 专用设备制造业 | Manufacture of Special Purpose Machinery | 7 | 4 |
| 汽车制造业 | Manufacture of Automobiles | 25 | 4 |
| 铁路、船舶、航空航天和其他运输设备制造业 | Manufacture of Railway,Ship,Aerospace and Other Transport Equipment | 5 | |
| 电气机械和器材制造业 | Manufacture of Electrical Machinery and Apparatus | 2 | |
| 计算机、通信和其他电子设备制造业 | Manufacture of Computer,Communication and Other Electronic Equipment | 8 | |
| 仪器仪表制造业 | Manufacture of Measuring Instrument | 3 | |
| 其他制造业 | Other Manufacture | | |
| 废弃资源综合利用业 | Waste Resources Utilization | 1 | |
| 金属制品、机械和设备修理业 | Repair of Metal Products,Machinery and Equipment | | |
| 电力、热力生产和供应业 | Production and Supply of Electric Power and Heat Power | 130 | 47 |
| 燃气生产和供应业 | Production and Supply of Gas | 6 | 2 |
| 水的生产和供应业 | Production and Supply of Water | 13 | 10 |

# The main Indicators of State-owned and State holding Industrial Enterprises in the Industry (2018)

unit: 10000 yuan

| 产成品 Finished Goods | 资产总计 Total Assets | 流动资产合计 Total Current Assets | 应收帐款 Account Receivable | 负债合计 Total Liabilities |
|---|---|---|---|---|
| **3320909** | **97039508** | **45350815** | **5318203** | **56939369** |
| 18104 | 2192455 | 448021 | 108069 | 2050587 |
| 24714 | 4631825 | 687956 | 7025 | 1629562 |
| 5072 | 832800 | 34754 | 1531 | 696798 |
| 19200 | 1529245 | 315963 | 100497 | 1329155 |
| 483 | 10024 | 1440 | 277 | 2155 |
| 3569 | 927248 | 249329 | 80604 | 703804 |
| 79040 | 695325 | 475596 | 21014 | 524636 |
| 7623 | 474910 | 299093 | 72749 | 448353 |
| 54349 | 1007406 | 575187 | 77269 | 718538 |
| 45882 | 1555778 | 1167297 | 48776 | 718443 |
| 5645 | 136493 | 53373 | 24663 | 31910 |
| 36343 | 944059 | 531444 | 39686 | 587791 |
| 472 | 1892 | 1680 | 927 | 693 |
|  | 354715 | 111697 | 31539 | 219537 |
| 1575 | 34065 | 2775 | 142 | 30754 |
| 655 | 4388 | 3790 | 169 | 1698 |
|  | 35872 | 23269 | 9897 | 1297 |
| 118989 | 3045941 | 1097699 | 48471 | 1241348 |
| 23226 | 607737 | 284236 | 75264 | 200405 |
| 52046 | 1254644 | 537062 | 46821 | 982670 |
| 2199 | 21118 | 13648 | 6061 | 9295 |
| 26066 | 2076439 | 1081655 | 326617 | 1255210 |
| 21853 | 2476884 | 317590 | 43372 | 2113735 |
| 4342 | 384267 | 231037 | 7655 | 266402 |
| 38645 | 386954 | 262051 | 44608 | 207765 |
| 53089 | 706120 | 424933 | 142617 | 485816 |
| 49217 | 228609 | 160489 | 41902 | 227937 |
| 2558325 | 46343860 | 27925426 | 1584194 | 24317352 |
| 33990 | 5810276 | 4416863 | 1617542 | 3854415 |
| 4005 | 44395 | 41820 | 11803 | 42619 |
| 21460 | 348454 | 257603 | 69082 | 126835 |
| 5368 | 136688 | 82423 | 20246 | 24532 |
|  | 53210 | 14206 | 4629 | 35024 |
| 1696 | 16142687 | 2720794 | 572951 | 10920173 |
| 3507 | 758276 | 181776 | 18675 | 440139 |
| 163 | 844453 | 316844 | 10860 | 491987 |

单位：万元

12－4 续表 1

| 项目 | Item | 所有者权益合计 Total Owners' Equities | 主营业务收入 Revenue from Principal Business |
|---|---|---|---|
| **总计** | **Total** | **40100140** | **85480909** |
| 煤炭开采和洗选业 | Mining and Washing of Coal | 141868 | 408452 |
| 石油和天然气开采业 | Extraction of Petroleum and Natural Gas | 3002263 | 1308516 |
| 黑色金属矿采选业 | Mining and Processing of Ferrous Metal Ores | 136002 | 129225 |
| 有色金属矿采选业 | Mining and Processing of Non-ferrous Metal Ores | 200090 | 276084 |
| 非金属矿采选业 | Mining and Processing of Nonmetal Ores | 7868 | 1105 |
| 开采辅助活动 | Support Activities for Mining | 223444 | 679438 |
| 其他采矿业 | Mining of Other Ores | | |
| 农副食品加工业 | Processing of Food from Agricultural Products | 170689 | 741394 |
| 食品制造业 | Manufacture of Food | 26557 | 196802 |
| 酒、饮料和精制茶制造业 | Manufacture of Liquor,Beverages and Refined Tea | 288868 | 657282 |
| 烟草制品业 | Manufacture of Tobacco | 837335 | 1479673 |
| 纺织业 | Manufacture of Textile | | |
| 纺织服装、服饰业 | Manufacture of Textile and Apparel | 104583 | 36910 |
| 皮革、毛皮、羽毛及其制品和制鞋业 | Manufacture of Leather,Fur,Feathers and Related Products and Footwear | | |
| 木材加工和木、竹、藤、棕、草制品业 | Processing of Timber，Manufacture of Wood, Bamboo，Rattan，Palm and Straw Products | 356268 | 248302 |
| 家具制造业 | Manufacture of Furniture | 1199 | 3107 |
| 造纸和纸制品业 | Manufacture of Paper and Paper Products | 135178 | 115347 |
| 印刷和记录媒介复制业 | Printing，Reproduction of Recording Media | 3310 | 5943 |
| 文教、工美、体育和娱乐用品制造业 | Manufacture of Calture Education ,Art,Sports and Entertainment Activities | 2691 | 5075 |
| 石油、煤炭及其他燃料加工业 | Processing of Petroleum,Coal and other fuel | 34575 | 28464 |
| 化学原料和化学制品制造业 | Manufacture of Raw Chemical Materials and Chemical Products | 1804593 | 6184781 |
| 医药制造业 | Manufacture of Medicines | 407332 | 529490 |
| 化学纤维制造业 | Manufacture of Chemical Fibers | 271975 | 701320 |
| 橡胶和塑料制品业 | Manufacture of Rubber and Plastic Products | 11823 | 32754 |
| 非金属矿物制品业 | Manufacture of Non-metallic Mineral Products | 821229 | 610937 |
| 黑色金属冶炼和压延加工业 | Smelting and Pressing of Ferrous Metals | 363149 | 1862718 |
| 有色金属冶炼和压延加工业 | Smelting and Pressing of Non- ferrous Metals | 117864 | 661441 |
| 金属制品业 | Manufacture of Metal Products | 179189 | 162309 |
| 通用设备制造业 | Manufacture of General Purpose Machinery | 220304 | 196279 |
| 专用设备制造业 | Manufacture of Special Purpose Machinery | 672 | 95889 |
| 汽车制造业 | Manufacture of Automobiles | 22026508 | 55631889 |
| 铁路、船舶、航空航天和其他运输设备制造业 | Manufacture of Railway,Ship,Aerospace and Other Transport Equipment | 1955862 | 3717776 |
| 电气机械和器材制造业 | Manufacture of Electrical Machinery and Apparatus | 1776 | 39626 |
| 计算机、通信和其他电子设备制造业 | Manufacture of Computer,Communication and Other Electronic Equipment | 221618 | 263246 |
| 仪器仪表制造业 | Manufacture of Measuring Instrument | 112156 | 40414 |
| 其他制造业 | Other Manufacture | | |
| 废弃资源综合利用业 | Waste Resources Utilization | 18186 | 80558 |
| 金属制品、机械和设备修理业 | Repair of Metal Products,Machinery and Equipment | | |
| 电力、热力生产和供应业 | Production and Supply of Electric Power and Heat Power | 5222513 | 7944665 |
| 燃气生产和供应业 | Production and Supply of Gas | 318138 | 225813 |
| 水的生产和供应业 | Production and Supply of Water | 352466 | 177886 |

continued

unit: 10000 yuan

| 主营业务成本 Cost of Principal Business | 销售费用 Selling Cost | 管理费用 Management Cost | 财务费用 Financial Cost | 利息支出 Interest Expense |
|---|---|---|---|---|
| **70167942** | **3545563** | **4026255** | **497120** | **665291** |
| 320459 | 10643 | 114300 | 42411 | 37176 |
| 1291951 | 19844 | 93410 | 23552 | |
| 134730 | 1368 | 25910 | 15129 | 11270 |
| 172692 | 2335 | 35472 | 100894 | 99898 |
| 1004 | 41 | 39 | 8 | |
| 666893 | 91 | 46433 | 4264 | 6481 |
| 676354 | 18902 | 19984 | 11420 | 7244 |
| 185633 | 17416 | 4942 | 17098 | 15896 |
| 584430 | 6799 | 22908 | 13240 | 10402 |
| 525944 | 32285 | 107291 | 12281 | 13811 |
| 31509 | 1646 | 5611 | 1074 | 1047 |
| 181200 | 18316 | 24282 | 4452 | 6381 |
| 2797 | 2 | 23 | 1 | 1 |
| 99000 | 6325 | 10282 | 3430 | |
| 5100 | 507 | 1457 | 660 | 660 |
| 4694 | 85 | 317 | −1 | |
| 22816 | 463 | 466 | −43 | |
| 4708039 | 37530 | 315742 | 12855 | 14938 |
| 98730 | 214299 | 63437 | 1396 | 1855 |
| 646488 | 16588 | 22173 | 36730 | 36730 |
| 28389 | 930 | 2380 | 191 | |
| 466321 | 34590 | 68850 | 34171 | 37519 |
| 1691293 | 19885 | 23330 | 33818 | 24702 |
| 643673 | 11168 | 6024 | 5671 | 6605 |
| 134188 | 3545 | 16872 | 1812 | 1779 |
| 145598 | 9001 | 40068 | 7991 | 7276 |
| 90496 | 3965 | 9745 | 2705 | 2928 |
| 45092129 | 2904081 | 2395565 | −171108 | 37710 |
| 2928113 | 93375 | 368324 | 2313 | 7485 |
| 34790 | 832 | 2446 | 1205 | 1139 |
| 212678 | 7173 | 25983 | −1246 | 387 |
| 27245 | 2170 | 6915 | −287 | 36 |
| 78830 | 56 | 2259 | 258 | 347 |
| 7921900 | 3441 | 85261 | 268619 | 263112 |
| 165129 | 30032 | 16161 | 6868 | 6910 |
| 146710 | 15837 | 41596 | 3291 | 3566 |

12－4 续表 2

单位：万元

| 项目 | Item | 利润总额<br>Total Profits | 亏损企业<br>亏损总额<br>Total Loss |
|---|---|---|---|
| **总计** | **Total** | **4478571** | **1356585** |
| 煤炭开采和洗选业 | Mining and Washing of Coal | -12759 | 28080 |
| 石油和天然气开采业 | Extraction of Petroleum and Natural Gas | -469640 | 469699 |
| 黑色金属矿采选业 | Mining and Processing of Ferrous Metal Ores | -49184 | 49515 |
| 有色金属矿采选业 | Mining and Processing of Non-ferrous Metal Ores | -53406 | 118499 |
| 非金属矿采选业 | Mining and Processing of Nonmetal Ores | 13 | |
| 开采辅助活动 | Support Activities for Mining | -47203 | 57389 |
| 其他采矿业 | Mining of Other Ores | | |
| 农副食品加工业 | Processing of Food from Agricultural Products | 22718 | 5357 |
| 食品制造业 | Manufacture of Food | -35204 | 36890 |
| 酒、饮料和精制茶制造业 | Manufacture of Liquor,Beverages and Refined Tea | 36484 | 85 |
| 烟草制品业 | Manufacture of Tobacco | 23894 | |
| 纺织业 | Manufacture of Textile | | |
| 纺织服装、服饰业 | Manufacture of Textile and Apparel | -2092 | 3456 |
| 皮革、毛皮、羽毛及其制品和制鞋业 | Manufacture of Leather,Fur,Feathers and Related Products and Footwear | | |
| 木材加工和木、竹、藤、棕、草制品业 | Processing of Timber, Manufacture of Wood, Bamboo, Rattan, Palm and Straw Products | 9191 | 5372 |
| 家具制造业 | Manufacture of Furniture | 283 | |
| 造纸和纸制品业 | Manufacture of Paper and Paper Products | 1232 | |
| 印刷和记录媒介复制业 | Printing, Reproduction of Recording Media | -868 | 868 |
| 文教、工美、体育和娱乐用品制造业 | Manufacture of Calture Education ,Art,Sports and Entertainment Activities | 119 | |
| 石油、煤炭及其他燃料加工业 | Processing of Petroleum,Coal and other fuel | 5267 | |
| 化学原料和化学制品制造业 | Manufacture of Raw Chemical Materials and Chemical Products | 214728 | 24731 |
| 医药制造业 | Manufacture of Medicines | 175117 | 7977 |
| 化学纤维制造业 | Manufacture of Chemical Fibers | -1732 | 1732 |
| 橡胶和塑料制品业 | Manufacture of Rubber and Plastic Products | 743 | 230 |
| 非金属矿物制品业 | Manufacture of Non-metallic Mineral Products | 21227 | 7369 |
| 黑色金属冶炼和压延加工业 | Smelting and Pressing of Ferrous Metals | 52606 | 1146 |
| 有色金属冶炼和压延加工业 | Smelting and Pressing of Non- ferrous Metals | 271 | 537 |
| 金属制品业 | Manufacture of Metal Products | 4208 | 1773 |
| 通用设备制造业 | Manufacture of General Purpose Machinery | -7352 | 10846 |
| 专用设备制造业 | Manufacture of Special Purpose Machinery | -15582 | 17057 |
| 汽车制造业 | Manufacture of Automobiles | 4445282 | 115016 |
| 铁路、船舶、航空航天和其他运输设备制造业 | Manufacture of Railway,Ship,Aerospace and Other Transport Equipment | 305933 | |
| 电气机械和器材制造业 | Manufacture of Electrical Machinery and Apparatus | 284 | |
| 计算机、通信和其他电子设备制造业 | Manufacture of Computer,Communication and Other Electronic Equipment | 25985 | |
| 仪器仪表制造业 | Manufacture of Measuring Instrument | 5560 | |
| 其他制造业 | Other Manufacture | | |
| 废弃资源综合利用业 | Waste Resources Utilization | 2029 | |
| 金属制品、机械和设备修理业 | Repair of Metal Products,Machinery and Equipment | | |
| 电力、热力生产和供应业 | Production and Supply of Electric Power and Heat Power | -170494 | 366791 |
| 燃气生产和供应业 | Production and Supply of Gas | 10869 | 4771 |
| 水的生产和供应业 | Production and Supply of Water | -19952 | 21402 |

continued

unit: 10000 yuan

| 全部从业人员年平均人数（人）Annual Average Employed (person) | 资产负债率（%）Assets-liability Ratio(%) | 主营业务收入利润率（%）Profit margin of principle business（%） | 人均年主营业务收入 Annual revenue of principle business per capita |
|---:|---:|---:|---:|
| **439837** | **58.7** | **5.2** | **194.3** |
| 41801 | 93.5 | -3.1 | 9.8 |
| 25978 | 35.2 | -35.9 | 50.4 |
| 3029 | 83.7 | -38.1 | 42.7 |
| 6852 | 86.9 | -19.3 | 40.3 |
| 70 | 21.5 | 1.2 | 15.8 |
| 15429 | 75.9 | -7.0 | 44.0 |
| 2922 | 75.5 | 3.1 | 253.7 |
| 2191 | 94.4 | -17.9 | 89.8 |
| 3655 | 71.3 | 5.6 | 179.8 |
| 4271 | 46.2 | 1.6 | 346.4 |
| 705 | 23.4 | -5.7 | 52.4 |
| 7413 | 62.3 | 3.7 | 33.5 |
| 50 | 36.6 | 9.1 | 62.1 |
| 746 | 61.9 | 1.1 | 154.6 |
| 365 | 90.3 | -14.6 | 16.3 |
| 127 | 38.7 | 2.3 | 40.0 |
| 65 | 3.6 | 18.5 | 437.9 |
| 28318 | 40.8 | 3.5 | 218.4 |
| 5909 | 33.0 | 33.1 | 89.6 |
| 7981 | 78.3 | -0.3 | 87.9 |
| 523 | 44.0 | 2.3 | 62.6 |
| 6550 | 60.5 | 3.5 | 93.3 |
| 9381 | 85.3 | 2.8 | 198.6 |
| 799 | 69.3 |  | 827.8 |
| 2648 | 53.7 | 2.6 | 61.3 |
| 4714 | 68.8 | -3.8 | 41.6 |
| 3088 | 99.7 | -16.3 | 31.1 |
| 144945 | 52.5 | 8.0 | 383.8 |
| 16994 | 66.3 | 8.2 | 218.8 |
| 186 | 96.0 | 0.7 | 213.0 |
| 3374 | 36.4 | 9.9 | 78.0 |
| 1203 | 17.9 | 13.8 | 33.6 |
| 358 | 65.8 | 2.5 | 225.0 |
| 74674 | 67.6 | -2.2 | 106.4 |
| 3547 | 58.0 | 4.8 | 63.7 |
| 8976 | 58.3 | -11.2 | 19.8 |

# 12－5　按行业分私营工业企业主要指标（2018年）

单位：万元

| 项　　目 | Item | 企业单位数(个) Number of Enterprises (unit) | #亏损企业 Loss－making Enterprises |
|---|---|---|---|
| **总计** | **Total** | **4968** | **817** |
| 煤炭开采和洗选业 | Mining and Washing of Coal | 35 | 5 |
| 石油和天然气开采业 | Extraction of Petroleum and Natural Gas | 15 | 11 |
| 黑色金属矿采选业 | Mining and Processing of Ferrous Metal Ores | 58 | 13 |
| 有色金属矿采选业 | Mining and Processing of Non-ferrous Metal Ores | 36 | 10 |
| 非金属矿采选业 | Mining and Processing of Nonmetal Ores | 61 | 5 |
| 开采辅助活动 | Support Activities for Mining | 14 | 2 |
| 其他采矿业 | Mining of Other Ores | 1 | |
| 农副食品加工业 | Processing of Food from Agricultural Products | 1097 | 126 |
| 食品制造业 | Manufacture of Food | 219 | 46 |
| 酒、饮料和精制茶制造业 | Manufacture of Liquor,Beverages and Refined Tea | 195 | 37 |
| 烟草制品业 | Manufacture of Tobacco | | |
| 纺织业 | Manufacture of Textile | 31 | 6 |
| 纺织服装、服饰业 | Manufacture of Textile and Apparel | 59 | 12 |
| 皮革、毛皮、羽毛及其制品和制鞋业 | Manufacture of Leather,Fur,Feathers and Related Products and Footwear | 10 | 1 |
| 木材加工和木、竹、藤、棕、草制品业 | Processing of Timber，Manufacture of Wood，Bamboo，Rattan，Palm and Straw Products | 245 | 35 |
| 家具制造业 | Manufacture of Furniture | 74 | 12 |
| 造纸和纸制品业 | Manufacture of Paper and Paper Products | 79 | 18 |
| 印刷和记录媒介复制业 | Printing，Reproduction of Recording Media | 44 | 8 |
| 文教、工美、体育和娱乐用品制造业 | Manufacture of Calture Education ,Art,Sports and Entertainment Activities | 28 | 4 |
| 石油、煤炭及其他燃料加工业 | Processing of Petroleum,Coal and other fuel | 33 | 10 |
| 化学原料和化学制品制造业 | Manufacture of Raw Chemical Materials and Chemical Products | 294 | 65 |
| 医药制造业 | Manufacture of Medicines | 268 | 55 |
| 化学纤维制造业 | Manufacture of Chemical Fibers | 6 | 1 |
| 橡胶和塑料制品业 | Manufacture of Rubber and Plastic Products | 172 | 23 |
| 非金属矿物制品业 | Manufacture of Non-metallic Mineral Products | 500 | 81 |
| 黑色金属冶炼和压延加工业 | Smelting and Pressing of Ferrous Metals | 30 | 5 |
| 有色金属冶炼和压延加工业 | Smelting and Pressing of Non- ferrous Metals | 22 | 6 |
| 金属制品业 | Manufacture of Metal Products | 180 | 28 |
| 通用设备制造业 | Manufacture of General Purpose Machinery | 174 | 24 |
| 专用设备制造业 | Manufacture of Special Purpose Machinery | 210 | 26 |
| 汽车制造业 | Manufacture of Automobiles | 380 | 56 |
| 铁路、船舶、航空航天和其他运输设备制造业 | Manufacture of Railway,Ship,Aerospace and Other Transport Equipment | 36 | 4 |
| 电气机械和器材制造业 | Manufacture of Electrical Machinery and Apparatus | 124 | 17 |
| 计算机、通信和其他电子设备制造业 | Manufacture of Computer,Communication and Other Electronic Equipment | 25 | 4 |
| 仪器仪表制造业 | Manufacture of Measuring Instrument | 21 | 4 |
| 其他制造业 | Other Manufacture | 20 | 3 |
| 废弃资源综合利用业 | Waste Resources Utilization | 17 | 4 |
| 金属制品、机械和设备修理业 | Repair of Metal Products,Machinery and Equipment | 4 | 1 |
| 电力、热力生产和供应业 | Production and Supply of Electric Power and Heat Power | 120 | 44 |
| 燃气生产和供应业 | Production and Supply of Gas | 25 | 4 |
| 水的生产和供应业 | Production and Supply of Water | 6 | 1 |

## Main Indicators of Private Industrial Enterprises by Industrial Sector (2018)

unit: 10000 yuan

| 产成品 Finished Goods | 资产总计 Total Assets | 流动资产合计 Total Current Assets | 应收帐款 Account Receivable | 负债合计 Total Liabilities |
|---|---|---|---|---|
| **2178144** | **51165580** | **23185396** | **5362388** | **26932377** |
| 19024 | 950975 | 426919 | 40776 | 806774 |
| 1323 | 283621 | 204015 | 11418 | 211178 |
| 15387 | 788076 | 296202 | 34180 | 340855 |
| 13644 | 442345 | 135187 | 3060 | 273116 |
| 7566 | 181439 | 61315 | 16027 | 76891 |
| 1749 | 227050 | 35383 | 13948 | 38239 |
| 30 | 172 | 170 | 94 | 172 |
| 357020 | 6086755 | 2969493 | 533387 | 2932673 |
| 108942 | 2130835 | 942163 | 169250 | 904189 |
| 110704 | 1717733 | 569404 | 53505 | 825469 |
| 33359 | 927673 | 303469 | 207464 | 419264 |
| 44409 | 514878 | 301424 | 92600 | 300463 |
| 15903 | 47860 | 27524 | 5075 | 34768 |
| 54320 | 768338 | 401961 | 68254 | 421472 |
| 15747 | 315381 | 118331 | 24454 | 174303 |
| 22869 | 434409 | 195063 | 51956 | 271502 |
| 9370 | 868783 | 96001 | 24705 | 242791 |
| 7944 | 99828 | 50605 | 10607 | 47413 |
| 12190 | 643482 | 147845 | -8751 | 396145 |
| 144518 | 3579967 | 1341617 | 313642 | 2462601 |
| 386245 | 8416955 | 4774696 | 1025931 | 3765328 |
| 3953 | 94271 | 23631 | 9136 | 23063 |
| 52113 | 1019496 | 474757 | 143466 | 496728 |
| 149962 | 3863184 | 2078317 | 518527 | 2066220 |
| 54451 | 1279337 | 392854 | 35407 | 1121574 |
| 31961 | 1543583 | 179272 | 35251 | 753484 |
| 44033 | 1131350 | 565834 | 143858 | 573170 |
| 39674 | 1157113 | 580345 | 217302 | 582976 |
| 59708 | 1343537 | 648798 | 195328 | 673242 |
| 248062 | 4021076 | 2261329 | 746173 | 2206518 |
| 16018 | 296488 | 199112 | 84337 | 155854 |
| 60140 | 1338116 | 538029 | 187873 | 466149 |
| 11437 | 691003 | 426794 | 74135 | 334934 |
| 9362 | 73132 | 44337 | 11699 | 37076 |
| 4643 | 118086 | 58095 | 22783 | 39711 |
| 1053 | 105683 | 36958 | 2386 | 12450 |
| 176 | 9515 | 8281 | 3627 | 7721 |
| 5491 | 3312157 | 1161267 | 219567 | 2240753 |
| 3561 | 299695 | 91491 | 19737 | 176290 |
| 84 | 42203 | 17110 | 216 | 18859 |

单位：万元

12－5 续表 1

| 项 目 | Item | 所有者权益合计 Total Owners' Equities | 主营业务收入 Revenue from Principal Business |
|---|---|---|---|
| **总计** | **Total** | **24233203** | **28032008** |
| 煤炭开采和洗选业 | Mining and Washing of Coal | 144202 | 134036 |
| 石油和天然气开采业 | Extraction of Petroleum and Natural Gas | 72444 | 35588 |
| 黑色金属矿采选业 | Mining and Processing of Ferrous Metal Ores | 447221 | 172641 |
| 有色金属矿采选业 | Mining and Processing of Non-ferrous Metal Ores | 169229 | 98620 |
| 非金属矿采选业 | Mining and Processing of Nonmetal Ores | 104549 | 59669 |
| 开采辅助活动 | Support Activities for Mining | 188811 | 33977 |
| 其他采矿业 | Mining of Other Ores | | |
| 农副食品加工业 | Processing of Food from Agricultural Products | 3154081 | 5247431 |
| 食品制造业 | Manufacture of Food | 1226646 | 875924 |
| 酒、饮料和精制茶制造业 | Manufacture of Liquor,Beverages and Refined Tea | 892264 | 1103675 |
| 烟草制品业 | Manufacture of Tobacco | | |
| 纺织业 | Manufacture of Textile | 508409 | 1250480 |
| 纺织服装、服饰业 | Manufacture of Textile and Apparel | 214415 | 381345 |
| 皮革、毛皮、羽毛及其制品和制鞋业 | Manufacture of Leather,Fur,Feathers and Related Products and Footwear | 13092 | 16714 |
| 木材加工和木、竹、藤、棕、草制品业 | Processing of Timber，Manufacture of Wood，Bamboo，Rattan，Palm and Straw Products | 346866 | 474154 |
| 家具制造业 | Manufacture of Furniture | 141078 | 135904 |
| 造纸和纸制品业 | Manufacture of Paper and Paper Products | 162907 | 386504 |
| 印刷和记录媒介复制业 | Printing，Reproduction of Recording Media | 625992 | 139223 |
| 文教、工美、体育和娱乐用品制造业 | Manufacture of Calture Education ,Art,Sports and Entertainment Activities | 52415 | 78252 |
| 石油、煤炭及其他燃料加工业 | Processing of Petroleum,Coal and other fuel | 247338 | 491118 |
| 化学原料和化学制品制造业 | Manufacture of Raw Chemical Materials and Chemical Products | 1117366 | 1489250 |
| 医药制造业 | Manufacture of Medicines | 4651627 | 3456728 |
| 化学纤维制造业 | Manufacture of Chemical Fibers | 71208 | 14982 |
| 橡胶和塑料制品业 | Manufacture of Rubber and Plastic Products | 522769 | 846465 |
| 非金属矿物制品业 | Manufacture of Non-metallic Mineral Products | 1796964 | 2057627 |
| 黑色金属冶炼和压延加工业 | Smelting and Pressing of Ferrous Metals | 157763 | 1711593 |
| 有色金属冶炼和压延加工业 | Smelting and Pressing of Non- ferrous Metals | 790099 | 124672 |
| 金属制品业 | Manufacture of Metal Products | 558180 | 808437 |
| 通用设备制造业 | Manufacture of General Purpose Machinery | 574137 | 677807 |
| 专用设备制造业 | Manufacture of Special Purpose Machinery | 670296 | 619094 |
| 汽车制造业 | Manufacture of Automobiles | 1814558 | 2985288 |
| 铁路、船舶、航空航天和其他运输设备制造业 | Manufacture of Railway,Ship,Aerospace and Other Transport Equipment | 140633 | 268385 |
| 电气机械和器材制造业 | Manufacture of Electrical Machinery and Apparatus | 871967 | 513658 |
| 计算机、通信和其他电子设备制造业 | Manufacture of Computer,Communication and Other Electronic Equipment | 356069 | 334010 |
| 仪器仪表制造业 | Manufacture of Measuring Instrument | 36056 | 59164 |
| 其他制造业 | Other Manufacture | 78376 | 61057 |
| 废弃资源综合利用业 | Waste Resources Utilization | 93233 | 63378 |
| 金属制品、机械和设备修理业 | Repair of Metal Products,Machinery and Equipment | 1793 | 1924 |
| 电力、热力生产和供应业 | Production and Supply of Electric Power and Heat Power | 1071404 | 702670 |
| 燃气生产和供应业 | Production and Supply of Gas | 123405 | 109138 |
| 水的生产和供应业 | Production and Supply of Water | 23344 | 11431 |

continued

unit: 10000 yuan

| 主营业务成本 Cost of Principal Business | 销售费用 Selling Cost | 管理费用 Management Cost | 财务费用 Financial Cost | 利息支出 Interest Expense |
|---|---|---|---|---|
| **22710396** | **1662115** | **1504994** | **618987** | **473062** |
| 106559 | 6612 | 13562 | 4517 | 4155 |
| 33360 | 949 | 3985 | 6305 | 3077 |
| 147911 | 1077 | 13705 | 5624 | 6754 |
| 61838 | 1338 | 14765 | 8651 | 8665 |
| 47667 | 1687 | 4137 | 914 | 755 |
| 27439 | 769 | 2222 | 361 | 401 |
| | | | | |
| 4684429 | 157663 | 156671 | 93318 | 66782 |
| 645484 | 46551 | 52345 | 12506 | 7381 |
| 884934 | 62830 | 48086 | 23068 | 20218 |
| | | | | |
| 1124865 | 25643 | 40731 | 6583 | 1839 |
| 305439 | 5642 | 17717 | 4127 | 3732 |
| 14932 | 544 | 684 | 530 | 110 |
| 413176 | 11252 | 15511 | 10442 | 7771 |
| 115862 | 4896 | 7469 | 4068 | 3712 |
| 357172 | 9867 | 17825 | 7231 | 6333 |
| 122655 | 3072 | 7634 | 9777 | 9634 |
| 68115 | 2967 | 3848 | 1557 | 873 |
| 448095 | 4337 | 16306 | 8565 | 4394 |
| 1322944 | 54155 | 80856 | 62822 | 43172 |
| 1653009 | 1013109 | 301491 | 66909 | 58756 |
| 10259 | 301 | 3452 | 449 | 117 |
| 747432 | 19424 | 31486 | 12269 | 8455 |
| 1492252 | 59704 | 112469 | 47290 | 37286 |
| 1586543 | 9871 | 59339 | 7228 | 1929 |
| 181507 | 2900 | 9366 | 50035 | 38120 |
| 738780 | 11815 | 30673 | 17427 | 15310 |
| 563597 | 22206 | 46178 | 7886 | 4558 |
| 482373 | 24229 | 52555 | 10414 | 7733 |
| 2587363 | 54284 | 180159 | 42553 | 30051 |
| 220469 | 3107 | 20578 | 1745 | 1109 |
| 421319 | 16981 | 42320 | 11190 | 6244 |
| 262726 | 8419 | 33052 | 5609 | 7751 |
| 50279 | 2309 | 5286 | 625 | 497 |
| 53232 | 985 | 2689 | 902 | 776 |
| 54317 | 1035 | 2605 | 541 | 30 |
| 1498 | 676 | 231 | 34 | 182 |
| 577292 | 3912 | 43435 | 62066 | 52180 |
| 85652 | 4784 | 8954 | 2468 | 1951 |
| 7623 | 213 | 618 | 381 | 271 |

单位：万元

12－5 续表 2

| 项目 | Item | 利润总额 Total Profits | 亏损企业亏损总额 Total Loss |
|---|---|---|---|
| **总计** | **Total** | **1667750** | **556288** |
| 煤炭开采和洗选业 | Mining and Washing of Coal | -358 | 5103 |
| 石油和天然气开采业 | Extraction of Petroleum and Natural Gas | -10727 | 10846 |
| 黑色金属矿采选业 | Mining and Processing of Ferrous Metal Ores | 4148 | 3348 |
| 有色金属矿采选业 | Mining and Processing of Non-ferrous Metal Ores | 16644 | 17775 |
| 非金属矿采选业 | Mining and Processing of Nonmetal Ores | 3195 | 982 |
| 开采辅助活动 | Support Activities for Mining | 3013 | 519 |
| 其他采矿业 | Mining of Other Ores | | |
| 农副食品加工业 | Processing of Food from Agricultural Products | 188754 | 28650 |
| 食品制造业 | Manufacture of Food | 115361 | 12210 |
| 酒、饮料和精制茶制造业 | Manufacture of Liquor,Beverages and Refined Tea | 59747 | 13309 |
| 烟草制品业 | Manufacture of Tobacco | | |
| 纺织业 | Manufacture of Textile | 60647 | 1719 |
| 纺织服装、服饰业 | Manufacture of Textile and Apparel | 57058 | 4222 |
| 皮革、毛皮、羽毛及其制品和制鞋业 | Manufacture of Leather,Fur,Feathers and Related Products and Footwear | 94 | 334 |
| 木材加工和木、竹、藤、棕、草制品业 | Processing of Timber，Manufacture of Wood，Bamboo，Rattan，Palm and Straw Products | 20126 | 6827 |
| 家具制造业 | Manufacture of Furniture | 4518 | 2955 |
| 造纸和纸制品业 | Manufacture of Paper and Paper Products | -3429 | 15311 |
| 印刷和记录媒介复制业 | Printing，Reproduction of Recording Media | 22581 | 1099 |
| 文教、工美、体育和娱乐用品制造业 | Manufacture of Calture Education ,Art,Sports and Entertainment Activities | 1860 | 916 |
| 石油、煤炭及其他燃料加工业 | Processing of Petroleum,Coal and other fuel | -12724 | 17273 |
| 化学原料和化学制品制造业 | Manufacture of Raw Chemical Materials and Chemical Products | -31936 | 91229 |
| 医药制造业 | Manufacture of Medicines | 473269 | 34966 |
| 化学纤维制造业 | Manufacture of Chemical Fibers | 449 | 348 |
| 橡胶和塑料制品业 | Manufacture of Rubber and Plastic Products | 34640 | 13023 |
| 非金属矿物制品业 | Manufacture of Non-metallic Mineral Products | 340655 | 38496 |
| 黑色金属冶炼和压延加工业 | Smelting and Pressing of Ferrous Metals | 76928 | 1183 |
| 有色金属冶炼和压延加工业 | Smelting and Pressing of Non- ferrous Metals | -139348 | 141550 |
| 金属制品业 | Manufacture of Metal Products | 6827 | 22210 |
| 通用设备制造业 | Manufacture of General Purpose Machinery | 37129 | 3780 |
| 专用设备制造业 | Manufacture of Special Purpose Machinery | 53624 | 6058 |
| 汽车制造业 | Manufacture of Automobiles | 152143 | 20527 |
| 铁路、船舶、航空航天和其他运输设备制造业 | Manufacture of Railway,Ship,Aerospace and Other Transport Equipment | 21161 | 801 |
| 电气机械和器材制造业 | Manufacture of Electrical Machinery and Apparatus | 24119 | 11909 |
| 计算机、通信和其他电子设备制造业 | Manufacture of Computer,Communication and Other Electronic Equipment | 26285 | 1166 |
| 仪器仪表制造业 | Manufacture of Measuring Instrument | 1494 | 895 |
| 其他制造业 | Other Manufacture | 3651 | 244 |
| 废弃资源综合利用业 | Waste Resources Utilization | 3918 | 461 |
| 金属制品、机械和设备修理业 | Repair of Metal Products,Machinery and Equipment | 74 | 7 |
| 电力、热力生产和供应业 | Production and Supply of Electric Power and Heat Power | 40890 | 23149 |
| 燃气生产和供应业 | Production and Supply of Gas | 8749 | 803 |
| 水的生产和供应业 | Production and Supply of Water | 2521 | 84 |

continued

unit: 10000 yuan

| 全部从业人员年平均人数（人）Annual Average Employed (person) | 资产负债率（%）Assets-liability Ratio(%) | 主营业务收入利润率（%）Profit margin of principle business（%） | 人均年主营业务收入 Annual revenue of principle business per capita |
|---:|---:|---:|---:|
| **451895** | **1.5** | **52.6** | **62.0** |
| 7385 | | 84.8 | 18.1 |
| 1278 | -0.4 | 74.5 | 27.8 |
| 3701 | 0.3 | 43.3 | 46.6 |
| 3901 | 2.1 | 61.7 | 25.3 |
| 2195 | 1.4 | 42.4 | 27.2 |
| 1834 | 0.4 | 16.8 | 18.5 |
| 2 | | 100.1 | |
| 64837 | 2.3 | 48.2 | 80.9 |
| 18073 | 4.5 | 42.4 | 48.5 |
| 14653 | 2.3 | 48.1 | 75.3 |
| | | | |
| 33992 | 6.9 | 45.2 | 36.8 |
| 14154 | 9.8 | 58.4 | 26.9 |
| 894 | 0.2 | 72.6 | 18.7 |
| 19778 | 1.1 | 54.9 | 24.0 |
| 4956 | 1.2 | 55.3 | 27.4 |
| 7231 | -0.5 | 62.5 | 53.5 |
| 2787 | 2.4 | 27.9 | 50.0 |
| 2975 | 1.7 | 47.5 | 26.3 |
| 4480 | -1.6 | 61.6 | 109.6 |
| 20813 | -0.5 | 68.8 | 71.6 |
| 42787 | 4.2 | 44.7 | 80.8 |
| 264 | 0.1 | 24.5 | 56.7 |
| 12698 | 2.6 | 48.7 | 66.7 |
| 35731 | 6.5 | 53.5 | 57.6 |
| 9748 | 1.7 | 87.7 | 175.6 |
| 2757 | -3.9 | 48.8 | 45.2 |
| 12189 | 0.4 | 50.7 | 66.3 |
| 11700 | 2.1 | 50.4 | 57.9 |
| 15455 | 3.3 | 50.1 | 40.1 |
| 44254 | 0.5 | 54.9 | 67.5 |
| 4727 | 0.6 | 52.6 | 56.8 |
| 8681 | 1.7 | 34.8 | 59.2 |
| 4602 | 2.8 | 48.5 | 72.6 |
| 1267 | 0.8 | 50.7 | 46.7 |
| 760 | 3.6 | 33.6 | 80.3 |
| 1247 | 3.0 | 11.8 | 50.8 |
| 104 | 0.3 | 81.2 | 18.5 |
| 10485 | 0.4 | 67.7 | 67.0 |
| 2070 | 1.2 | 58.8 | 52.7 |
| 450 | 0.5 | 44.7 | 25.4 |

# 12－6 按行业分外商投资和港澳台商投资工业企业主要指标（2018年）

单位：万元

| 项　　目 | Item | 企业单位数(个) Number of Enterprises (unit) | #亏损企业 Loss－making Enterprises |
|---|---|---|---|
| **总计** | **Total** | **307** | **72** |
| 煤炭开采和洗选业 | Mining and Washing of Coal | | |
| 石油和天然气开采业 | Extraction of Petroleum and Natural Gas | 1 | 1 |
| 黑色金属矿采选业 | Mining and Processing of Ferrous Metal Ores | | |
| 有色金属矿采选业 | Mining and Processing of Non-ferrous Metal Ores | 1 | |
| 非金属矿采选业 | Mining and Processing of Nonmetal Ores | 2 | 1 |
| 开采辅助活动 | Support Activities for Mining | | |
| 其他采矿业 | Mining of Other Ores | | |
| 农副食品加工业 | Processing of Food from Agricultural Products | 26 | 8 |
| 食品制造业 | Manufacture of Food | 10 | 4 |
| 酒、饮料和精制茶制造业 | Manufacture of Liquor,Beverages and Refined Tea | 22 | 10 |
| 烟草制品业 | Manufacture of Tobacco | | |
| 纺织业 | Manufacture of Textile | 4 | 2 |
| 纺织服装、服饰业 | Manufacture of Textile and Apparel | 2 | 1 |
| 皮革、毛皮、羽毛及其制品和制鞋业 | Manufacture of Leather,Fur,Feathers and Related Products and Footwear | | |
| 木材加工和木、竹、藤、棕、草制品业 | Processing of Timber，Manufacture of Wood，Bamboo，Rattan，Palm and Straw Products | 13 | 2 |
| 家具制造业 | Manufacture of Furniture | 3 | 1 |
| 造纸和纸制品业 | Manufacture of Paper and Paper Products | | |
| 印刷和记录媒介复制业 | Printing，Reproduction of Recording Media | 1 | |
| 文教、工美、体育和娱乐用品制造业 | Manufacture of Calture Education ,Art,Sports and Entertainment Activities | 1 | |
| 石油、煤炭及其他燃料加工业 | Processing of Petroleum,Coal and other fuel | 2 | |
| 化学原料和化学制品制造业 | Manufacture of Raw Chemical Materials and Chemical Products | 21 | 6 |
| 医药制造业 | Manufacture of Medicines | 25 | 6 |
| 化学纤维制造业 | Manufacture of Chemical Fibers | | |
| 橡胶和塑料制品业 | Manufacture of Rubber and Plastic Products | 7 | 1 |
| 非金属矿物制品业 | Manufacture of Non-metallic Mineral Products | 7 | 1 |
| 黑色金属冶炼和压延加工业 | Smelting and Pressing of Ferrous Metals | 5 | 2 |
| 有色金属冶炼和压延加工业 | Smelting and Pressing of Non- ferrous Metals | 2 | 1 |
| 金属制品业 | Manufacture of Metal Products | 5 | 2 |
| 通用设备制造业 | Manufacture of General Purpose Machinery | 6 | 1 |
| 专用设备制造业 | Manufacture of Special Purpose Machinery | 9 | 1 |
| 汽车制造业 | Manufacture of Automobiles | 103 | 11 |
| 铁路、船舶、航空航天和其他运输设备制造业 | Manufacture of Railway,Ship,Aerospace and Other Transport Equipment | 3 | |
| 电气机械和器材制造业 | Manufacture of Electrical Machinery and Apparatus | 7 | 2 |
| 计算机、通信和其他电子设备制造业 | Manufacture of Computer,Communication and Other Electronic Equipment | 2 | |
| 仪器仪表制造业 | Manufacture of Measuring Instrument | 1 | 1 |
| 其他制造业 | Other Manufacture | | |
| 废弃资源综合利用业 | Waste Resources Utilization | 1 | |
| 金属制品、机械和设备修理业 | Repair of Metal Products,Machinery and Equipment | | |
| 电力、热力生产和供应业 | Production and Supply of Electric Power and Heat Power | 13 | 6 |
| 燃气生产和供应业 | Production and Supply of Gas | 3 | 1 |
| 水的生产和供应业 | Production and Supply of Water | | |

# The Main Indicators of Industrial Enterprises by Foreign Investment and Hongkong、Macao and Taiwan Investment by Industrial Sector（2018）

unit: 10000 yuan

| 产成品 Finished Goods | 资产总计 Total Assets | 流动资产合计 Total Current Assets | 应收帐款 Account Receivable | 负债合计 Total Liabilities |
|---|---|---|---|---|
| **560743** | **17034546** | **10032604** | **3614655** | **10465638** |
| | 43662 | 38392 | 393 | 54311 |
| | 110635 | 19793 | | 64278 |
| 148 | 5664 | 2234 | 175 | 4185 |
| 127998 | 2396486 | 1029902 | 178953 | 2227976 |
| 16164 | 539442 | 333147 | 40928 | 252482 |
| 49438 | 1049465 | 298822 | 38090 | 696842 |
| 1096 | 18105 | 7292 | 1172 | 6135 |
| 635 | 24310 | 13023 | 3288 | 16931 |
| 17501 | 135734 | 89539 | 12900 | 70099 |
| 1068 | 8897 | 4766 | 641 | 5351 |
| 1206 | 31767 | 24459 | 14869 | 1347 |
| | 13981 | 8893 | 145 | 7235 |
| 1577 | 44930 | 17213 | 7706 | 20009 |
| 68289 | 1471030 | 722333 | 123549 | 1077782 |
| 16971 | 856543 | 525819 | 89168 | 360469 |
| 12352 | 410471 | 191866 | 87367 | 238381 |
| 3551 | 74506 | 25074 | 5590 | 35508 |
| 13667 | 162881 | 105291 | 24117 | 75589 |
| 7201 | 499105 | 257703 | 92746 | 275942 |
| 13717 | 95403 | 74247 | 33172 | 89508 |
| 4281 | 108443 | 93764 | 49696 | 50366 |
| 4259 | 103321 | 75086 | 20633 | 58104 |
| 190163 | 7801847 | 5639302 | 2587871 | 4158688 |
| 6 | 152276 | 146946 | 111432 | 97815 |
| 4289 | 84334 | 57061 | 21829 | 51023 |
| 4867 | 38969 | 36457 | 9863 | 8480 |
| | 3608 | 2735 | 517 | 611 |
| | 9198 | 3944 | 1875 | 2808 |
| | 630267 | 156775 | 53373 | 385252 |
| 301 | 109267 | 30726 | 2599 | 72133 |

单位：万元

12－6 续表 1

| 项　　目 | Item | 所有者权益合计 Total Owners' Equities | 主营业务收入 Revenue from Principal Business |
|---|---|---|---|
| **总计** | **Total** | **6568908** | **17374911** |
| 煤炭开采和洗选业 | Mining and Washing of Coal | | |
| 石油和天然气开采业 | Extraction of Petroleum and Natural Gas | −10649 | 5412 |
| 黑色金属矿采选业 | Mining and Processing of Ferrous Metal Ores | | |
| 有色金属矿采选业 | Mining and Processing of Non-ferrous Metal Ores | 46358 | 52720 |
| 非金属矿采选业 | Mining and Processing of Nonmetal Ores | 1480 | 951 |
| 开采辅助活动 | Support Activities for Mining | | |
| 其他采矿业 | Mining of Other Ores | | |
| 农副食品加工业 | Processing of Food from Agricultural Products | 168509 | 1840774 |
| 食品制造业 | Manufacture of Food | 286960 | 137918 |
| 酒、饮料和精制茶制造业 | Manufacture of Liquor,Beverages and Refined Tea | 352623 | 686120 |
| 烟草制品业 | Manufacture of Tobacco | | |
| 纺织业 | Manufacture of Textile | 11970 | 7538 |
| 纺织服装、服饰业 | Manufacture of Textile and Apparel | 7379 | 21650 |
| 皮革、毛皮、羽毛及其制品和制鞋业 | Manufacture of Leather,Fur,Feathers and Related Products and Footwear | | |
| 木材加工和木、竹、藤、棕、草制品业 | Processing of Timber，Manufacture of Wood，Bamboo，Rattan，Palm and Straw Products | 65635 | 146035 |
| 家具制造业 | Manufacture of Furniture | 3546 | 4228 |
| 造纸和纸制品业 | Manufacture of Paper and Paper Products | | |
| 印刷和记录媒介复制业 | Printing，Reproduction of Recording Media | 30419 | 15633 |
| 文教、工美、体育和娱乐用品制造业 | Manufacture of Calture Education ,Art,Sports and Entertainment Activities | 6746 | 4967 |
| 石油、煤炭及其他燃料加工业 | Processing of Petroleum,Coal and other fuel | 24921 | 34496 |
| 化学原料和化学制品制造业 | Manufacture of Raw Chemical Materials and Chemical Products | 393248 | 807640 |
| 医药制造业 | Manufacture of Medicines | 496073 | 453264 |
| 化学纤维制造业 | Manufacture of Chemical Fibers | | |
| 橡胶和塑料制品业 | Manufacture of Rubber and Plastic Products | 172090 | 394255 |
| 非金属矿物制品业 | Manufacture of Non-metallic Mineral Products | 38999 | 30622 |
| 黑色金属冶炼和压延加工业 | Smelting and Pressing of Ferrous Metals | 87292 | 287861 |
| 有色金属冶炼和压延加工业 | Smelting and Pressing of Non- ferrous Metals | 223162 | 109831 |
| 金属制品业 | Manufacture of Metal Products | 5895 | 140845 |
| 通用设备制造业 | Manufacture of General Purpose Machinery | 58078 | 62012 |
| 专用设备制造业 | Manufacture of Special Purpose Machinery | 45217 | 68896 |
| 汽车制造业 | Manufacture of Automobiles | 3643159 | 11672709 |
| 铁路、船舶、航空航天和其他运输设备制造业 | Manufacture of Railway,Ship,Aerospace and Other Transport Equipment | 54461 | 70076 |
| 电气机械和器材制造业 | Manufacture of Electrical Machinery and Apparatus | 33311 | 45441 |
| 计算机、通信和其他电子设备制造业 | Manufacture of Computer,Communication and Other Electronic Equipment | 30489 | 38890 |
| 仪器仪表制造业 | Manufacture of Measuring Instrument | 2997 | 6100 |
| 其他制造业 | Other Manufacture | | |
| 废弃资源综合利用业 | Waste Resources Utilization | 6390 | 9625 |
| 金属制品、机械和设备修理业 | Repair of Metal Products,Machinery and Equipment | | |
| 电力、热力生产和供应业 | Production and Supply of Electric Power and Heat Power | 245015 | 149062 |
| 燃气生产和供应业 | Production and Supply of Gas | 37134 | 69341 |
| 水的生产和供应业 | Production and Supply of Water | | |

continued

unit: 10000 yuan

| 主营业务成本 Cost of Principal Business | 销售费用 Selling Cost | 管理费用 Management Cost | 财务费用 Financial Cost | 利息支出 Interest Expense |
|---|---|---|---|---|
| **14109823** | **641830** | **1039363** | **154705** | **131429** |
| 4736 | 111 | 1020 | 1614 | 1614 |
| 29484 | 15 | 2255 | -1 | |
| 791 | 31 | 63 | 37 | 36 |
| 1673214 | 119461 | 100775 | 75828 | 59069 |
| 120637 | 8822 | 8200 | 1764 | 1129 |
| 513515 | 62904 | 40454 | 17950 | 17545 |
| 6691 | 104 | 474 | -61 | |
| 19189 | 963 | 634 | 794 | 254 |
| 131234 | 6502 | 3062 | 2118 | 143 |
| 3651 | 92 | 479 | 47 | 27 |
| 11547 | 80 | 1406 | -38 | |
| 3057 | 477 | 686 | 628 | |
| 29454 | 651 | 1581 | 759 | 787 |
| 623551 | 57296 | 55563 | 18766 | 16931 |
| 127823 | 176297 | 34363 | 4847 | 5288 |
| 347317 | 6290 | 24545 | 6148 | 3661 |
| 26387 | 895 | 2034 | 138 | 142 |
| 272649 | 3658 | 4669 | 1022 | 264 |
| 80332 | 9345 | 7522 | 2311 | |
| 133441 | 1849 | 3453 | 2580 | 2284 |
| 45290 | 6581 | 8481 | 311 | 59 |
| 57040 | 1941 | 5899 | 1382 | 1433 |
| 9536997 | 167946 | 704855 | 237 | 7430 |
| 49802 | 2427 | 8725 | -837 | |
| 28725 | 1018 | 7836 | 1199 | 279 |
| 36003 | 402 | 695 | -316 | 17 |
| 5477 | 6 | 620 | | |
| 7941 | | 501 | -16 | |
| 132449 | 379 | 2887 | 13754 | 11497 |
| 51401 | 5289 | 5625 | 1740 | 1540 |

12－6 续表 2

单位：万元

| 项　　目 | Item | 利润总额<br>Total Profits | 亏损企业<br>亏损总额<br>Total Loss |
|---|---|---|---|
| **总计** | **Total** | **1375370** | **220247** |
| 煤炭开采和洗选业 | Mining and Washing of Coal | | |
| 石油和天然气开采业 | Extraction of Petroleum and Natural Gas | -2156 | 2156 |
| 黑色金属矿采选业 | Mining and Processing of Ferrous Metal Ores | | |
| 有色金属矿采选业 | Mining and Processing of Non-ferrous Metal Ores | 25178 | |
| 非金属矿采选业 | Mining and Processing of Nonmetal Ores | 10 | 19 |
| 开采辅助活动 | Support Activities for Mining | | |
| 其他采矿业 | Mining of Other Ores | | |
| 农副食品加工业 | Processing of Food from Agricultural Products | -117127 | 137200 |
| 食品制造业 | Manufacture of Food | -1070 | 10133 |
| 酒、饮料和精制茶制造业 | Manufacture of Liquor,Beverages and Refined Tea | 36483 | 8882 |
| 烟草制品业 | Manufacture of Tobacco | | |
| 纺织业 | Manufacture of Textile | 288 | 52 |
| 纺织服装、服饰业 | Manufacture of Textile and Apparel | -68 | 68 |
| 皮革、毛皮、羽毛及其制品和制鞋业 | Manufacture of Leather,Fur,Feathers and Related Products and Footwear | | |
| 木材加工和木、竹、藤、棕、草制品业 | Processing of Timber, Manufacture of Wood, Bamboo, Rattan, Palm and Straw Products | 3519 | 653 |
| 家具制造业 | Manufacture of Furniture | -120 | 253 |
| 造纸和纸制品业 | Manufacture of Paper and Paper Products | | |
| 印刷和记录媒介复制业 | Printing, Reproduction of Recording Media | 2443 | |
| 文教、工美、体育和娱乐用品制造业 | Manufacture of Calture Education ,Art,Sports and Entertainment Activities | 119 | |
| 石油、煤炭及其他燃料加工业 | Processing of Petroleum,Coal and other fuel | 3326 | |
| 化学原料和化学制品制造业 | Manufacture of Raw Chemical Materials and Chemical Products | 47805 | 6145 |
| 医药制造业 | Manufacture of Medicines | 126170 | 7061 |
| 化学纤维制造业 | Manufacture of Chemical Fibers | | |
| 橡胶和塑料制品业 | Manufacture of Rubber and Plastic Products | 8213 | 9379 |
| 非金属矿物制品业 | Manufacture of Non-metallic Mineral Products | 1460 | 37 |
| 黑色金属冶炼和压延加工业 | Smelting and Pressing of Ferrous Metals | 5996 | 1969 |
| 有色金属冶炼和压延加工业 | Smelting and Pressing of Non- ferrous Metals | -34 | 34 |
| 金属制品业 | Manufacture of Metal Products | -383 | 1779 |
| 通用设备制造业 | Manufacture of General Purpose Machinery | 1405 | 92 |
| 专用设备制造业 | Manufacture of Special Purpose Machinery | 2600 | 1438 |
| 汽车制造业 | Manufacture of Automobiles | 1203358 | 13147 |
| 铁路、船舶、航空航天和其他运输设备制造业 | Manufacture of Railway,Ship,Aerospace and Other Transport Equipment | 9092 | |
| 电气机械和器材制造业 | Manufacture of Electrical Machinery and Apparatus | 6466 | 4135 |
| 计算机、通信和其他电子设备制造业 | Manufacture of Computer,Communication and Other Electronic Equipment | 1896 | |
| 仪器仪表制造业 | Manufacture of Measuring Instrument | -98 | 98 |
| 其他制造业 | Other Manufacture | | |
| 废弃资源综合利用业 | Waste Resources Utilization | 1519 | |
| 金属制品、机械和设备修理业 | Repair of Metal Products,Machinery and Equipment | | |
| 电力、热力生产和供应业 | Production and Supply of Electric Power and Heat Power | 4876 | 14490 |
| 燃气生产和供应业 | Production and Supply of Gas | 4205 | 1029 |
| 水的生产和供应业 | Production and Supply of Water | | |

continued

unit: 10000 yuan

| 全部从业人员年平均人数（人）Annual Average Employed (person) | 资产负债率（%）Assets-liability Ratio(%) | 主营业务收入利润率（%）Profit margin of principle business（%） | 人均年主营业务收入 Annual revenue of principle business per capita |
|---:|---:|---:|---:|
| **102347** | **61.4** | **7.9** | **169.8** |
| 98 | 124.4 | -39.8 | 55.2 |
| 457 | 58.1 | 47.8 | 115.4 |
| 80 | 73.9 | 1.9 | 11.9 |
| 14745 | 93.0 | -6.4 | 124.8 |
| 1508 | 46.8 | -0.8 | 91.5 |
| 6713 | 66.4 | 5.3 | 102.2 |
| 362 | 33.9 | 3.8 | 20.8 |
| 601 | 69.6 | -0.3 | 36.0 |
| 3018 | 51.6 | 2.4 | 48.4 |
| 234 | 60.1 | -2.8 | 18.1 |
| 142 | 4.2 | 15.6 | 110.1 |
| 219 | 51.7 | 2.4 | 22.7 |
| 162 | 44.5 | 9.6 | 212.9 |
| 3449 | 73.3 | 5.9 | 234.2 |
| 3957 | 42.1 | 27.8 | 114.5 |
| 3445 | 58.1 | 2.1 | 114.4 |
| 235 | 47.7 | 4.8 | 130.3 |
| 743 | 46.4 | 2.1 | 387.4 |
| 1462 | 55.3 | | 75.1 |
| 538 | 93.8 | -0.3 | 261.8 |
| 478 | 46.4 | 2.3 | 129.7 |
| 564 | 56.2 | 3.8 | 122.2 |
| 54831 | 53.3 | 10.3 | 212.9 |
| 693 | 64.2 | 13.0 | 101.1 |
| 1324 | 60.5 | 14.2 | 34.3 |
| 93 | 21.8 | 4.9 | 418.2 |
| 156 | 16.9 | -1.6 | 39.1 |
| 95 | 30.5 | 15.8 | 101.3 |
| 1067 | 61.1 | 3.3 | 139.7 |
| 878 | 66.0 | 6.1 | 79.0 |

# 12－7 按行业分集体工业企业主要指标（2018年）

单位：万元

| 项目 | Item | 企业单位数(个) Number of Enterprises (unit) | #亏损企业 Loss－making Enterprises |
|---|---|---|---|
| **总计** | **Total** | **30** | **4** |
| 煤炭开采和洗选业 | Mining and Washing of Coal | | |
| 石油和天然气开采业 | Extraction of Petroleum and Natural Gas | | |
| 黑色金属矿采选业 | Mining and Processing of Ferrous Metal Ores | 2 | 1 |
| 有色金属矿采选业 | Mining and Processing of Non-ferrous Metal Ores | | |
| 非金属矿采选业 | Mining and Processing of Nonmetal Ores | 1 | |
| 开采辅助活动 | Support Activities for Mining | 1 | |
| 其他采矿业 | Mining of Other Ores | | |
| 农副食品加工业 | Processing of Food from Agricultural Products | 2 | |
| 食品制造业 | Manufacture of Food | 1 | |
| 酒、饮料和精制茶制造业 | Manufacture of Liquor,Beverages and Refined Tea | | |
| 烟草制品业 | Manufacture of Tobacco | | |
| 纺织业 | Manufacture of Textile | | |
| 纺织服装、服饰业 | Manufacture of Textile and Apparel | 2 | |
| 皮革、毛皮、羽毛及其制品和制鞋业 | Manufacture of Leather,Fur,Feathers and Related Products and Footwear | | |
| 木材加工和木、竹、藤、棕、草制品业 | Processing of Timber, Manufacture of Wood, Bamboo, Rattan, Palm and Straw Products | 4 | |
| 家具制造业 | Manufacture of Furniture | | |
| 造纸和纸制品业 | Manufacture of Paper and Paper Products | | |
| 印刷和记录媒介复制业 | Printing, Reproduction of Recording Media | 2 | |
| 文教、工美、体育和娱乐用品制造业 | Manufacture of Calture Education ,Art,Sports and Entertainment Activities | | |
| 石油、煤炭及其他燃料加工业 | Processing of Petroleum,Coal and other fuel | | |
| 化学原料和化学制品制造业 | Manufacture of Raw Chemical Materials and Chemical Products | 5 | 1 |
| 医药制造业 | Manufacture of Medicines | 1 | |
| 化学纤维制造业 | Manufacture of Chemical Fibers | | |
| 橡胶和塑料制品业 | Manufacture of Rubber and Plastic Products | 1 | |
| 非金属矿物制品业 | Manufacture of Non-metallic Mineral Products | 3 | 1 |
| 黑色金属冶炼和压延加工业 | Smelting and Pressing of Ferrous Metals | | |
| 有色金属冶炼和压延加工业 | Smelting and Pressing of Non- ferrous Metals | | |
| 金属制品业 | Manufacture of Metal Products | | |
| 通用设备制造业 | Manufacture of General Purpose Machinery | 3 | 1 |
| 专用设备制造业 | Manufacture of Special Purpose Machinery | | |
| 汽车制造业 | Manufacture of Automobiles | 2 | |
| 铁路、船舶、航空航天和其他运输设备制造业 | Manufacture of Railway,Ship,Aerospace and Other Transport Equipment | | |
| 电气机械和器材制造业 | Manufacture of Electrical Machinery and Apparatus | | |
| 计算机、通信和其他电子设备制造业 | Manufacture of Computer,Communication and Other Electronic Equipment | | |
| 仪器仪表制造业 | Manufacture of Measuring Instrument | | |
| 其他制造业 | Other Manufacture | | |
| 废弃资源综合利用业 | Waste Resources Utilization | | |
| 金属制品、机械和设备修理业 | Repair of Metal Products,Machinery and Equipment | | |
| 电力、热力生产和供应业 | Production and Supply of Electric Power and Heat Power | | |
| 燃气生产和供应业 | Production and Supply of Gas | | |
| 水的生产和供应业 | Production and Supply of Water | | |

## Main Indicators of Collective Industrial Enterprises by Industrial Sector (2018)

unit: 10000 yuan

| 产成品 Finished Goods | 资产总计 Total Assets | 流动资产合计 Total Current Assets | 应收帐款 Account Receivable | 负债合计 Total Liabilities |
|---|---|---|---|---|
| **9436** | **262430** | **197994** | **54682** | **143399** |
| 353 | 5599 | 4512 | 1132 | 1383 |
|  | 2054 | 958 | 310 | 514 |
| 1578 | 78580 | 69513 | 32709 | 77355 |
| 164 | 14002 | 1430 | 313 | 755 |
| 18 | 5350 | 2179 | 21 | 3434 |
| 2 | 8778 | 3903 | 112 | 2421 |
| 356 | 11619 | 1991 | 501 | 1684 |
| 12 | 30110 | 28474 | 10930 | 12444 |
| 5368 | 81520 | 70374 | 4632 | 23610 |
| 20 | 503 | 24 |  | 462 |
| 541 | 9157 | 4889 | 1824 | 11605 |
| 799 | 7555 | 6253 | 1188 | 5137 |
| 226 | 7604 | 3495 | 1011 | 2595 |

12－7 续表 1

单位：万元

| 项　　目 | Item | 所有者权益合计 Total Owners' Equities | 主营业务收入 Revenue from Principal Business |
|---|---|---|---|
| **总计** | **Total** | **119031** | **235855** |
| 煤炭开采和洗选业 | Mining and Washing of Coal | | |
| 石油和天然气开采业 | Extraction of Petroleum and Natural Gas | | |
| 黑色金属矿采选业 | Mining and Processing of Ferrous Metal Ores | 4216 | 4336 |
| 有色金属矿采选业 | Mining and Processing of Non-ferrous Metal Ores | | |
| 非金属矿采选业 | Mining and Processing of Nonmetal Ores | 1540 | 774 |
| 开采辅助活动 | Support Activities for Mining | 1225 | 53665 |
| 其他采矿业 | Mining of Other Ores | | |
| 农副食品加工业 | Processing of Food from Agricultural Products | 13247 | 6025 |
| 食品制造业 | Manufacture of Food | 1916 | 1202 |
| 酒、饮料和精制茶制造业 | Manufacture of Liquor,Beverages and Refined Tea | | |
| 烟草制品业 | Manufacture of Tobacco | | |
| 纺织业 | Manufacture of Textile | | |
| 纺织服装、服饰业 | Manufacture of Textile and Apparel | 6357 | 4852 |
| 皮革、毛皮、羽毛及其制品和制鞋业 | Manufacture of Leather,Fur,Feathers and Related Products and Footwear | | |
| 木材加工和木、竹、藤、棕、草制品业 | Processing of Timber，Manufacture of Wood，Bamboo，Rattan，Palm and Straw Products | 9935 | 2987 |
| 家具制造业 | Manufacture of Furniture | | |
| 造纸和纸制品业 | Manufacture of Paper and Paper Products | | |
| 印刷和记录媒介复制业 | Printing，Reproduction of Recording Media | 17666 | 7751 |
| 文教、工美、体育和娱乐用品制造业 | Manufacture of Calture Education ,Art,Sports and Entertainment Activities | | |
| 石油、煤炭及其他燃料加工业 | Processing of Petroleum,Coal and other fuel | | |
| 化学原料和化学制品制造业 | Manufacture of Raw Chemical Materials and Chemical Products | 57910 | 142666 |
| 医药制造业 | Manufacture of Medicines | 41 | 66 |
| 化学纤维制造业 | Manufacture of Chemical Fibers | | |
| 橡胶和塑料制品业 | Manufacture of Rubber and Plastic Products | | |
| 非金属矿物制品业 | Manufacture of Non-metallic Mineral Products | -2448 | 3654 |
| 黑色金属冶炼和压延加工业 | Smelting and Pressing of Ferrous Metals | | |
| 有色金属冶炼和压延加工业 | Smelting and Pressing of Non- ferrous Metals | | |
| 金属制品业 | Manufacture of Metal Products | | |
| 通用设备制造业 | Manufacture of General Purpose Machinery | 2418 | 2075 |
| 专用设备制造业 | Manufacture of Special Purpose Machinery | | |
| 汽车制造业 | Manufacture of Automobiles | 5009 | 5802 |
| 铁路、船舶、航空航天和其他运输设备制造业 | Manufacture of Railway,Ship,Aerospace and Other Transport Equipment | | |
| 电气机械和器材制造业 | Manufacture of Electrical Machinery and Apparatus | | |
| 计算机、通信和其他电子设备制造业 | Manufacture of Computer,Communication and Other Electronic Equipment | | |
| 仪器仪表制造业 | Manufacture of Measuring Instrument | | |
| 其他制造业 | Other Manufacture | | |
| 废弃资源综合利用业 | Waste Resources Utilization | | |
| 金属制品、机械和设备修理业 | Repair of Metal Products,Machinery and Equipment | | |
| 电力、热力生产和供应业 | Production and Supply of Electric Power and Heat Power | | |
| 燃气生产和供应业 | Production and Supply of Gas | | |
| 水的生产和供应业 | Production and Supply of Water | | |

continued

unit: 10000 yuan

| 主营业务成本 Cost of Principal Business | 销售费用 Selling Cost | 管理费用 Management Cost | 财务费用 Financial Cost | 利息支出 Interest Expense |
|---|---|---|---|---|
| **200371** | **4696** | **22748** | **248** | **286** |
| 4120 | 40 | 224 | 35 | 35 |
| 668 | | 35 | | |
| 47986 | 199 | 4747 | 69 | |
| 5185 | 21 | 65 | 9 | 9 |
| 1059 | 32 | 43 | 1 | 1 |
| 3912 | 110 | 723 | 47 | 38 |
| 2921 | 4 | 46 | 8 | 8 |
| 6259 | 20 | 1238 | -136 | |
| 118589 | 4133 | 13672 | 134 | 137 |
| 33 | | 31 | | |
| 3164 | 2 | 840 | 24 | 1 |
| 1632 | 14 | 678 | 41 | 41 |
| 4845 | 122 | 406 | 17 | 18 |

单位：万元

12－7 续表 2

| 项　　目 | Item | 利润总额<br>Total Profits | 亏损企业<br>亏损总额<br>Total Loss |
|---|---|---|---|
| **总计** | **Total** | **9766** | **763** |
| 煤炭开采和洗选业 | Mining and Washing of Coal | | |
| 石油和天然气开采业 | Extraction of Petroleum and Natural Gas | | |
| 黑色金属矿采选业 | Mining and Processing of Ferrous Metal Ores | 49 | 29 |
| 有色金属矿采选业 | Mining and Processing of Non-ferrous Metal Ores | | |
| 非金属矿采选业 | Mining and Processing of Nonmetal Ores | 44 | |
| 开采辅助活动 | Support Activities for Mining | 2179 | |
| 其他采矿业 | Mining of Other Ores | | |
| 农副食品加工业 | Processing of Food from Agricultural Products | 731 | |
| 食品制造业 | Manufacture of Food | 65 | |
| 酒、饮料和精制茶制造业 | Manufacture of Liquor,Beverages and Refined Tea | | |
| 烟草制品业 | Manufacture of Tobacco | | |
| 纺织业 | Manufacture of Textile | | |
| 纺织服装、服饰业 | Manufacture of Textile and Apparel | 28 | |
| 皮革、毛皮、羽毛及其制品和制鞋业 | Manufacture of Leather,Fur,Feathers and Related Products and Footwear | | |
| 木材加工和木、竹、藤、棕、草制品业 | Processing of Timber，Manufacture of Wood，Bamboo，Rattan，Palm and Straw Products | 7 | |
| 家具制造业 | Manufacture of Furniture | | |
| 造纸和纸制品业 | Manufacture of Paper and Paper Products | | |
| 印刷和记录媒介复制业 | Printing，Reproduction of Recording Media | 276 | |
| 文教、工美、体育和娱乐用品制造业 | Manufacture of Calture Education ,Art,Sports and Entertainment Activities | | |
| 石油、煤炭及其他燃料加工业 | Processing of Petroleum,Coal and other fuel | | |
| 化学原料和化学制品制造业 | Manufacture of Raw Chemical Materials and Chemical Products | 6207 | 249 |
| 医药制造业 | Manufacture of Medicines | 1 | |
| 化学纤维制造业 | Manufacture of Chemical Fibers | | |
| 橡胶和塑料制品业 | Manufacture of Rubber and Plastic Products | | |
| 非金属矿物制品业 | Manufacture of Non-metallic Mineral Products | -399 | 482 |
| 黑色金属冶炼和压延加工业 | Smelting and Pressing of Ferrous Metals | | |
| 有色金属冶炼和压延加工业 | Smelting and Pressing of Non- ferrous Metals | | |
| 金属制品业 | Manufacture of Metal Products | | |
| 通用设备制造业 | Manufacture of General Purpose Machinery | 147 | 2 |
| 专用设备制造业 | Manufacture of Special Purpose Machinery | | |
| 汽车制造业 | Manufacture of Automobiles | 433 | |
| 铁路、船舶、航空航天和其他运输设备制造业 | Manufacture of Railway,Ship,Aerospace and Other Transport Equipment | | |
| 电气机械和器材制造业 | Manufacture of Electrical Machinery and Apparatus | | |
| 计算机、通信和其他电子设备制造业 | Manufacture of Computer,Communication and Other Electronic Equipment | | |
| 仪器仪表制造业 | Manufacture of Measuring Instrument | | |
| 其他制造业 | Other Manufacture | | |
| 废弃资源综合利用业 | Waste Resources Utilization | | |
| 金属制品、机械和设备修理业 | Repair of Metal Products,Machinery and Equipment | | |
| 电力、热力生产和供应业 | Production and Supply of Electric Power and Heat Power | | |
| 燃气生产和供应业 | Production and Supply of Gas | | |
| 水的生产和供应业 | Production and Supply of Water | | |

continued

unit: 10000 yuan

| 全部从业人员年平均人数（人）Annual Average Employed (person) | 资产负债率（%）Assets-liability Ratio(%) | 主营业务收入利润率（%）Profit margin of principle business（%） | 人均年主营业务收入 Annual revenue of principle business per capita |
|---|---|---|---|
| **4263** | **54.6** | **4.1** | **55.3** |
| 112 | 24.7 | 1.1 | 38.7 |
| 108 | 25.0 | 5.7 | 7.2 |
| 935 | 98.4 | 4.1 | 57.4 |
| 254 | 5.4 | 12.1 | 23.7 |
| 180 | 64.2 | 5.4 | 6.7 |
| 418 | 27.6 | 0.6 | 11.6 |
| 52 | 14.5 | 0.2 | 57.4 |
| 204 | 41.3 | 3.6 | 38.0 |
| 1138 | 29.0 | 4.4 | 125.4 |
| 6 | 91.8 | 1.5 | 10.9 |
| 516 | 126.7 | -10.9 | 7.1 |
| 134 | 68.0 | 7.1 | 15.5 |
| 206 | 34.1 | 7.5 | 28.2 |

# 12－8 工业企业产品产量
## Output of Industrial Enterprises Major Products

| 项　　目 | Item | 2016 | 2017 | 2018 |
|---|---|---|---|---|
| 原煤（吨） | Coal (ton) | 16431486 | 16353188 | 15177074 |
| 无烟煤（吨） | Anthracite(ton) | 840000 | 1300000 | 1170357 |
| 烟煤（吨） | Bituminous Coal(ton) | 9311671 | 9259128 | 8589208 |
| 一般烟煤 | General Bituminous Coal | 9311671 | 9259128 | 8589208 |
| 褐煤（吨） | Wood Coal(ton) | 6279815 | 5794060 | 5417509 |
| 洗煤（吨） | Washed Coal(ton) | 7037229 | 6943995 | 4267496 |
| #洗精煤 | Cleaned Coal | 3793873 | 3520978 | 411497 |
| 天然原油（吨） | Crude Petroleum Oil(ton) | 6107034 | 4209378 | 3878080 |
| 天然气（万立方米） | Natural Gas(10000 cu.m) | 197658 | 185799 | 184285 |
| 铁矿石原矿（吨） | Iron Ore(ton) | 18352721 | 15599460 | 4316403 |
| 铜金属含量（吨） | Copper Content(ton) | 15277 | 12240 | 16102 |
| 铅金属含量（吨） | Lead Metal Content(ton) | 9073 | 8346 | 2494 |
| 锌金属含量（吨） | Zinc Content(ton) | 5826 | 6689 | 9567 |
| 稀有稀土金属矿（吨） | Rare Earth Metal Ore (ton) | 9045 | 8226 | 6637 |
| 钼精矿折合量（折纯钼45%）（吨） | Molybdenum in Quantity(ton) | 9045 | 8226 | 6637 |
| 石灰石（吨） | Limestone (ton) | 13008249 | 8288807 | 729273 |
| 建筑用天然石料（吨）（立方米） | Natual Stone for Building (ton)(cu.m) | 289606 | 312378 | 2191 |
| 小麦粉（吨） | Wheat Flour(ton) | | | |
| 大米（吨） | Rice(ton) | 12350198 | 12447051 | 2999453 |
| 饲料（吨） | Feed(ton) | 7659534 | 8210980 | 5110585 |
| #配合饲料（吨） | Compound Feed(ton) | 3404825 | 3719638 | 2149842 |
| 混合饲料（吨） | Mixed Feed(ton) | 3148492 | 3200111 | 1594939 |
| 精制食用植物油（吨） | Refined Edible Vegetable Oil(ton) | 551409 | 419490 | 298642 |
| 鲜、冷藏肉（吨） | Fresh, Chilled Meat(ton) | 1689175 | 1439863 | 685834 |
| 冻肉（吨） | Frozen Meat (ton) | 3147 | 63400 | 90656 |
| 冷冻水产品（吨） | Frozen Aquatic Products (ton) | | 144331 | 39482 |
| 膨化食品（吨） | Puffed Foods (ton) | | 1774 | |
| 速冻食品（吨） | Quick Frozen Foods (ton) | 253225 | 255796 | 68162 |
| 速冻米面食品（吨） | Frozen Rice food(ton) | 154675 | 146526 | 18802 |
| 方便面（吨） | Instant Noodles(ton) | 76518 | 72015 | 4900 |
| 乳制品（吨） | Dairy(ton) | 167224 | 161543 | 170516 |
| #液体乳（吨） | Liquid Milk(ton) | 123945 | 114740 | 161325 |
| 固体及半固体乳制品（吨） | Solid and Semi-solid Dairy Products (ton) | 43279 | 46803 | 9192 |
| 乳粉（吨） | Milk Powder(ton) | 43279 | 46803 | 9192 |
| 罐头（吨） | Canned Foods(ton) | 14805 | 18740 | 93 |
| 酱油（吨） | Soy Sauce(ton) | 76479 | 67256 | 63523 |
| 营养、保健食品（吨） | Nutrition and Health Foods (ton) | 6702 | 6114 | 18684 |
| 冷冻饮品（吨） | Frozen Drinks(ton) | 312951 | 325367 | 61111 |
| 食品添加剂（吨） | Food Additives(ton) | 6357 | 4592 | 3834 |
| 饲料添加剂（吨） | Feed Additives (ton) | 72481 | 113648 | 11416 |
| 发酵酒精（折96度，商品量）（千升） | Fermentation Alcohol(Thousands Litres) | 1708962 | 2005561 | 1641408 |
| 饮料酒（千升） | Potable Spirit(Thousands Litres) | 2374734 | 1992760 | 1140674 |
| #白酒（折65度，商品量）（千升） | Chinese Liquor(Thousands Litres) | 781675 | 777787 | 193901 |
| 啤酒（千升） | Beer(Thousands Litres) | 1370823 | 1095943 | 921728 |
| 葡萄酒（千升） | Wine(Thousands Litres) | 197868 | 98804 | 21393 |
| 果酒及配制酒（千升） | Fruit Wine and Liquor Preparation (thousard litres) | 902 | 1703 | 960 |
| 软饮料（吨） | Soft Drink(ton) | 9219910 | 9422867 | 5702205 |
| #碳酸饮料类（汽水）（吨） | Carbonated Drink (soft drink)(ton) | 644758 | 367404 | 363317 |
| 包装饮用水类（吨） | Packaged Water(ton) | 7648904 | 8120461 | 4758821 |

12－8 续表 1 continued

| 项 目 | Item | 2016 | 2017 | 2018 |
|---|---|---|---|---|
| 果汁和蔬菜汁饮料类（吨） | Fruit and Vegetable Juice Drinks(ton) | 449612 | 372531 | 119345 |
| 卷烟(万支） | Cigarette(10000) | 5456761 | 5300599 | 5162846 |
| 纱（吨） | Yarn(ton) | 30633 | 38961 | 22578 |
| 棉纱（吨） | Cotton Yarn(ton) | 7295 | 13994 | 7456 |
| 棉混纺纱（吨） | Blended Yarn(ton) | 12488 | 12695 | 1618 |
| 化学纤维纱（吨） | Chemical Fiber Yarn(ton) | 14106 | 12272 | 13504 |
| 布（万米） | Cloth(10000 meters) | 3000 | 3273 | 3275 |
| #棉布（万米） | Cotton(10000 meters) | 3000 | 3273 | 3275 |
| 棉混纺布（万米） | Blended Yarn(10000 meters) | | | |
| 毛机织物（呢绒）（万米） | Wool Fabrics(10000 meters) | 1278 | 1116 | 490 |
| 亚麻布（含亚麻≥55%）（万米） | Linen(10000 meters) | | | |
| 无纺布（无纺织物）（吨） | Non-woven(ton) | 983 | 861 | 711 |
| 服装（万件） | Clothing(10000 pieces) | 22772 | 21028 | 5402 |
| 梭织服装（万件） | Woven Garments(10000 pieces) | 5478 | 6746 | 2464 |
| 西服套装（万件） | Suits(10000 pieces) | 30 | 66 | 57 |
| 衬衫（万件） | Shirt(10000 pieces) | 77 | 693 | 685 |
| 针织服装（万件） | Knitwear(10000 pieces) | 17294 | 14282 | 2938 |
| 轻革（平方米） | Light Leather(sq.m) | 753464 | 848728 | 104892 |
| 皮革鞋靴（万双） | Leather Footwear(10000 pairs) | 148 | 83 | |
| 人造板（立方米） | Wood-based Panels(cu.m) | 6968966 | 6137119 | 634661 |
| #胶合板（立方米） | Plywood(cu.m) | 914604 | 861560 | 120858 |
| 纤维板（立方米） | Fiberboard(cu.m) | 716306 | 230385 | 9393 |
| 刨花板（立方米） | Particleboard(cu.m) | 837889 | 185506 | 104020 |
| 人造板表面装饰板（立方米） | Plywood Cladding(cu.m) | 2789857 | 3190331 | 5022 |
| 细木工板（立方米） | Core-board (cu.m) | 46675 | 64106 | 54662 |
| 实木木地板（立方米） | Solid Wood Flooring(cu.m) | 10331893 | 8274074 | 1810890 |
| 复合木地板（立方米） | Laminate Flooring(cu.m) | 28984633 | 26468356 | 8532513 |
| 家具（件） | Furniture(set) | 3177149 | 2940978 | 510837 |
| #木质家具（件） | Wood Furniture (set) | 2384547 | 2265783 | 460121 |
| 金属家具（件） | Metal Furniture (set) | 45407 | 46327 | 634 |
| 软体家具（件） | Upholstered Furniture (set) | 156305 | 153687 | 13822 |
| 纸浆（原生浆及废纸浆）（吨） | Pulp(ton) | 23097 | 12585 | 8751 |
| 机制纸及纸板（外购原纸加工除外）（吨） | Machine-made Paper and Paperboard (ton) | 751479 | 617262 | 647611 |
| 涂布类印刷用纸（吨） | Coated Printing Paper | 269145 | 268540 | 234018 |
| 卫生用纸原纸（吨） | Sanitary Paper Base Paper | | | |
| 包装用纸及纸板（吨） | Packaging Paper and Paperboard (ton) | 6063 | | |
| 箱纸板（吨） | Linerboard | 6063 | | |
| 纸制品（吨） | Paper Products(ton) | 781493 | 701020 | 291422 |
| #瓦楞纸箱 | Corrugated Container | 557675 | 474214 | 274901 |
| 单色印刷品（令） | Monochrome Printing(ream) | 62729 | 45004 | |
| 多色印刷品（对开色令） | Multi-color Print(ream) | 3333555 | 2956046 | 2013125 |
| 原油加工量（吨） | Crude Oil Processing Volume (ton) | 10355081 | 10174782 | 9193725 |
| 汽油（吨） | Gasoline(ton) | 2113070 | 2211622 | 2053742 |
| 柴油（吨） | Diesel Oil(ton) | 3496499 | 3178744 | 2835979 |
| 燃料油（吨） | Fuel Oil(ton) | 281600 | 286790 | 277978 |

12－8 续表 2 continued

| 项 目 | Item | 2016 | 2017 | 2018 |
|---|---|---|---|---|
| 石脑油 | Naphtha | 929808 | 901897 | 845021 |
| 液化石油气（吨） | Liquefied Petroleum Gas(ton) | 484575 | 443884 | 366860 |
| 石油焦（吨） | Petroleum Coke(ton) | 209292 | 192162 | 175848 |
| 焦炭（吨） | Coke(ton) | 3148335 | 3136762 | 297924 |
| #机焦 | Machine-processed Coke | 3148335 | 3136762 | 297924 |
| 硫酸（折100%）（吨） | Sulfuric Acid(ton) | 331970 | 868786 | 797838 |
| 盐酸（氯化氢,含量31%）（吨） | Hydrochloric Acid(ton) | 29232 | 38477 | 37267 |
| 浓硝酸（折100%）（吨） | Concentrated Nitric Acid(ton) | 12766 | 9412 | 22546 |
| 磷酸（含量85%）（吨） | Phosphoric Acid (85% vol)(ton) | 30120 | 17655 | |
| 烧碱（折100%）（吨） | Caustic Soda(ton) | 22147 | 22115 | 21674 |
| #离子膜法烧碱（折100%）（吨） | Ion-exchange Membrane Caustic Soda(ton) | 22147 | 22115 | 21674 |
| 乙烯（吨） | Ethylene(ton) | 807360 | 854257 | 766823 |
| 纯苯（吨） | Benzene(ton) | 267892 | 267214 | 235544 |
| 精甲醇（吨） | Refined Methanol(ton) | 9890 | 9188 | 23903 |
| 合成氨（无水氨）（吨） | Synthesis Ammonia(ton) | 347667 | 432016 | 461582 |
| 农用氮、磷、钾化学肥料总计（折纯）（吨） | Agricultural Nitrogen, Phosphorus and Potassium Fertilizers Total(ton) | 158710 | 688131 | 164342 |
| 氮肥（折含N100%）（吨） | Nitrogenous Fertilizer(ton) | 69056 | 611247 | 164342 |
| #尿素（折含N100%）（吨） | Urea(ton) | 51805 | 85510 | 39516 |
| 磷肥（折五氧化二磷100%） | Phosphate | 80559 | 57798 | |
| 化学农药原药（折有效成分100%）（吨） | Chemical Pesticides(ton) | 21336 | 21378 | 16660 |
| 涂料（吨） | Paint(ton) | 129940 | 136497 | 71853 |
| 初级形态的塑料（吨） | Primary Plastic(ton) | 1244347 | 1314672 | 1170518 |
| 高密度聚乙烯树酯（HDPE）（吨） | High Density Polyethylene Resin(ton) | 266659 | 284268 | 242233 |
| 线性低密度聚乙烯树酯（LLDPE）（吨） | Linear Low Density Polyethylene Resin(ton) | 254425 | 256632 | 229823 |
| 聚氯乙烯树脂（吨） | PVC Resin(ton) | | | |
| ABS树脂（吨） | ABS Resin(ton) | 603193 | 601845 | 549785 |
| 合成橡胶（吨） | Synthetic Rubber(ton) | 171528 | 218600 | 132058 |
| 合成纤维单体（吨） | Synthetic Fiber Monomers(ton) | 454400 | 426217 | 438876 |
| 化学试剂（吨） | Chemical Reagents(ton) | 10518 | 10696 | 82 |
| 合成洗涤剂（吨） | Synthetic Detergent(ton) | 279112 | 211235 | 153959 |
| #合成洗衣粉（吨） | Synthetic Detergent Powder(ton) | 123530 | 80693 | 48437 |
| 化学药品原药（吨） | Chemical Medicines(ton) | 8229 | 8449 | 8338 |
| 中成药（吨） | Traditional Chinese Medicine (ton) | 391040 | 252012 | 110043 |
| 兽用药品（吨） | Veterinary Drugs (ton) | 272 | 280 | 266 |
| 化学纤维用浆粕（吨） | Chemical Fiber Pulp(ton) | | | |
| 化学纤维（吨） | Chemical Fiber(ton) | 353461 | 359351 | 369199 |
| #人造纤维（纤维素纤维）（吨） | Man-made Fibers(ton) | 32187 | 56565 | 133497 |
| # 粘胶短纤维（吨） | Viscose Staple Fibre(ton) | | 5443 | 73826 |

12－8 续表 3 continued

| 项 目 | Item | 2016 | 2017 | 2018 |
|---|---|---|---|---|
| 粘胶纤维长丝（吨） | Viscose Filament(ton) | 32187 | 51122 | 59671 |
| 合成纤维（吨） | Synthetic Fiber(ton) | 321274 | 302546 | 233722 |
| 涤纶纤维（吨） | Polyester Fiber(ton) | 35891 | 15512 | |
| 腈纶纤维（吨） | Acrylic Fiber(ton) | 285383 | 287034 | 233722 |
| 橡胶轮胎外胎（条） | Rubber Tire(piece) | 3536540 | 3697374 | 3169507 |
| #子午线轮胎外胎（条） | Radial Tire | 3536540 | 3697374 | 3169507 |
| 塑料制品（吨） | Plastic Products(ton) | 947003 | 945412 | 340359 |
| #塑料薄膜（吨） | Plastic Film(ton) | 218401 | 211333 | 89321 |
| #农用薄膜（吨） | Agricultural Film(ton) | 215891 | 191241 | 44225 |
| 泡沫塑料（吨） | Foam(ton) | 11753 | 13888 | 12675 |
| 塑料人造革、合成革（吨） | Plastic Artificial Leather, Synthetic Leather(ton) | 3245 | 2476 | 1719 |
| 日用塑料制品（吨） | Household Plastic Products(ton) | 34452 | 33467 | 9075 |
| 硅酸盐水泥熟料（吨） | Portland Cement Clinker(ton) | 25574429 | 22078413 | 12439567 |
| #窑外分解窑水泥熟料（吨） | Precal-cining Cement Clinker(ton) | 23823609 | 20426920 | 12050191 |
| 水泥（吨） | Cement(ton) | 38875019 | 33122627 | 15044814 |
| #强度等级42.5水泥（含R型）（吨） | Strength Grade 42.5 Cement(ton) | 18456966 | 16308596 | 4738757 |
| 商品混凝土（立方米） | Commercial Concrete (cu.m) | 8643195 | 11433169 | 4887190 |
| 水泥混凝土排水管（千米） | Concrete Drainage Pipes(km) | 1933 | 1553 | 596 |
| 水泥混凝土电杆（根） | Cement Concrete Pole(piece) | 25908 | 31676 | 40891 |
| 预应力混凝土桩（米） | Prestressed Concrete Piles(meter) | 11889608 | 8356082 | 1138140 |
| 砖（万块） | Brick(10000 piece) | 1169979 | 1246947 | 136119 |
| 瓦（万片） | Tile(10000 piece) | 514710 | 366701 | 37872 |
| 天然大理石建筑板材（平方米） | Natural Marble Building Boards(sq.m) | | | |
| 天然花岗石建筑板材（平方米） | Natural Granite Building Boards(sq.m) | 12850472 | 13940163 | |
| 沥青和改性沥青防水卷材（平方米） | Asphalt and Modified Bitumen Membrane(sq.m) | 5960000 | 11222695 | 6399824 |
| 平板玻璃（重量箱） | Plate Glass(box) | 8630000 | 8580227 | 11091704 |
| 钢化玻璃（平方米） | Armoured Glass(sq.m) | 2802779 | | |
| 夹层玻璃（平方米） | Laminated Glass(sq.m) | 177023 | 229351 | |
| 中空玻璃（平方米） | Insulating Glass (sq.m) | 49274 | 52770 | 77970 |
| 日用玻璃制品（吨） | Household Glass Products (ton) | 39206 | 57856 | 2915 |
| 玻璃包装容器（吨） | Glass Containers(ton) | 507159 | 573361 | 104812 |
| 玻璃纤维纱（吨） | Glass Fiber Yarn (ton) | 2850 | | |
| 耐火材料制品（吨） | Fire-resisting Materials (ton) | 303519 | 371299 | 40164 |
| 石墨及炭素制品（吨） | Graphite and Carbon Products(ton) | 317602 | 324185 | 148271 |
| 生铁（吨） | Pig Iron(ton) | 8476399 | 9064836 | 11622296 |
| 粗钢（吨） | Crude Steel(ton) | 8320262 | 9106766 | 12045771 |
| 铸铁件（吨） | Iron Casting(ton) | 557436 | 628868 | 279289 |
| 铸钢件（吨） | Steel Casting(ton) | 7163 | 10344 | 2676 |
| 钢材（吨） | Rolled Steel(ton) | 9613869 | 10280094 | 13008498 |
| 大型型钢（吨） | Heavy Section(ton) | 69780 | 40444 | 61215 |
| 中小型型钢（吨） | Medium,Small Section(ton) | 45785 | 45900 | |
| 棒材（吨） | Bar(ton) | 384091 | 112144 | 397531 |
| 钢筋（吨） | Steel Bar(ton) | 982759 | 1224032 | 2623304 |
| 线材（盘条）（吨） | Wire Rod(ton) | 1605384 | 1477627 | 1684383 |
| 中板（吨） | Medium Board (ton) | 1758 | 1275 | 2583 |
| 热轧薄板（吨） | Hot Pressed Sheet (ton) | 14236 | 19366 | 30619 |
| 冷轧薄板（吨） | Cold Rolled Sheet(ton) | 87427 | 116941 | 97779 |
| 中厚宽钢带（吨） | Medium Wide Steel Belt(ton) | 3888419 | 5494823 | 6755275 |
| 热轧薄宽钢带（吨） | Hot-rolled Thin Wide Steel Belt(ton) | 409221 | 409783 | 566527 |
| 热轧窄钢带（吨） | Hot-rolled Narrow Steel Belt(ton) | 993657 | 10707 | |

12－8 续表 4 continued

| 项 目 | Item | 2016 | 2017 | 2018 |
|---|---|---|---|---|
| 冷轧窄钢带（吨） | Cold-rolled Narrow Steel Belt(ton) | 125605 | 27232 | |
| 无缝钢管（吨） | Seamless Steel Pipe(ton) | 412554 | 485280 | 216935 |
| 焊接钢管（吨） | Welded Steel Pipe(ton) | 588866 | 613944 | 549377 |
| 其他钢材（吨） | Other Steel (ton) | | | |
| 用外购国产钢材再加工生产的钢材（吨） | Domestically Produced Steel Used for Re-processing Production Steel(ton) | 895153 | 986981 | 263697 |
| 用进口钢材再加工生产钢材（吨） | Re-processing of Imported Steel Preducts (ton) | 72385 | 97438 | 193237 |
| 用外购钢材再加工生产钢材（吨） | Steel Processing Production of Steel (ton) | 967537 | 1084419 | 70460 |
| 铁合金（吨） | Ferroalloy(ton) | 276597 | 151826 | 79059 |
| 十种有色金属（吨） | Ten Kind of Ferrous Metals (ton) | 1609 | 125549 | 125986 |
| 镁（吨） | Magnesium(ton) | 1609 | 1585 | |
| 黄金（千克） | Gold(kg) | 5993 | 7564 | 2620 |
| 铝材（吨） | Aluminum Product(ton) | 158969 | 168419 | 86571 |
| 钢结构（吨） | Steel Structure (ton) | 106558 | 104409 | 5842 |
| 金属门窗及类似制品（吨） | Metal Doors,Windows and related Products(ton) | 74882 | 42336 | 17224 |
| 金属切削工具（万件） | Metal Cutting Tools(10000 piece) | 732 | 712 | 677 |
| 锻件（吨） | Forging Piece(ton) | 10747 | 14755 | 15387 |
| 工业锅炉（蒸发量吨） | Industrial Boiler(Evaporation ton) | 11676 | 11153 | 24490 |
| 发动机（千瓦） | Engine(kw) | 275363376 | 325693857 | 331999131 |
| 其中：汽车用发动机（千瓦） | Automotive Engine | 275363376 | 325693857 | 331999131 |
| 金属切削机床（台） | Metal Cutting Machine Tool | 344 | | |
| 电焊机（台） | Electric Welding Machine | 39517 | 32540 | 4656 |
| 起重机（吨） | Crane(ton) | 133403 | 136501 | 1502 |
| 输送机械（输送机和提升机）（吨） | Transportation Machinery(ton) | 30936 | 29510 | 35301 |
| 泵（台） | Pump(set) | 68487 | 70751 | 18378 |
| 气体压缩机（台） | Gas Compressor(set) | 25124 | 32055 | 10869 |
| #制冷设备用压缩机（台） | Compressors for Refrigerating | 12939 | 17784 | 3060 |
| 非制冷设备用压缩机（台） | Compressors not for Refrigerating | 12185 | 14271 | 7809 |
| 阀门（吨） | Valve(ton) | 688 | 627 | 669 |
| 滚动轴承（万套） | Antifriction Bearing(10000 set) | 13114 | 12720 | 380 |
| 齿轮（吨） | Gear(ton) | 4366 | 4988 | 3611 |
| 风机（台） | Exhaust Fan(set) | 31720 | 34311 | 774 |
| 气体分离及液化设备（台） | Gas Separation and Liquefaction Equipment (set) | 1276 | 1749 | 1989 |
| 衡器（秤）（台） | Weighting Instrument | 4480 | 4757 | |
| 包装专用设备（台） | Special Equipment for Packaging | 4350 | 4350 | 4458 |
| 矿山专用设备（吨） | Mine Equipment(ton) | 61016 | 58197 | 16518 |
| 石油钻井设备（台（套）） | Oil Drilling Equipment(set) | | 1506 | 3724 |
| 金属冶炼设备（吨） | Metal Smelting Equipment(ton) | 8773 | 47032 | 25111 |
| 炼油、化工生产专用设备（吨） | Refining and Chemical Production Equipment(ton) | 39625 | | |
| 模具（套） | Mold(set) | 679289 | 635388 | 34256 |
| 农产品初加工机械（台） | Primary Processing Mechinery for Agriculture Products (set) | 155 | 202 | |
| 印刷专用设备（吨） | Special Printing Equipment (ton) | 89 | 44 | 45 |
| 电子工业专用设备 | Special Equipment for Electronic Industry | 1048 | 1110 | |
| 大型拖拉机（台） | Large Tractor(unit) | 791 | 510 | |
| 中型拖拉机（台） | Medium-sized Tractors(unit) | 1033 | 2250 | 94 |
| 小型拖拉机（台） | Small Tractors(unit) | 7515 | 4139 | |
| 机械化农业及园艺机具（台） | Mechanization of Agriculture and Horticulture (set) | 42081 | 45866 | 4701 |
| 其中：土壤耕整机械（台） | Soil Tillage Machine (set) | 1591 | 2936 | 471 |

12－8　续表　5　continued

| 项　　目 | Item | 2016 | 2017 | 2018 |
| --- | --- | --- | --- | --- |
| 种植施肥机械（台） | Planting and Fertilizing Machine (set) | 1799 | 2227 | 384 |
| 收获机械（台） | Harvesting Manchinery(unit) | 10771 | 6787 | 625 |
| #谷物收获机械（台） | Grain Harvesting Manchinery(unit) | 3870 | 3435 | 103 |
| 玉米收获机械（台） | Maize Harvester(unit) | 6901 | 2282 | 522 |
| 收获后处理机械（台） | Post Harvest Processing Machinery(unit) | 27702 | 33140 | 2868 |
| 环境污染防治专用设备（台、套） | Pollution Prevention Special Equipment(unit) | 1638 | 1870 | 16 |
| #大气污染防治设备（台） | Air Pollution Control Equipment (unit) | 1638 | 1870 | 16 |
| 水质污染防治设备（台、套） | Water Pollution Control Equipment(unit) | | | |
| 汽车（辆） | Motor Vehicle(coach) | 2606907 | 2897749 | 2814991 |
| #基本型乘用车（轿车）（辆） | Car(coach) | 1829543 | 1861634 | 1812608 |
| 1升<排量≤1.6升（辆） | 1 Litre < Displacement ≤ 1.6 Litres(coach) | 1320272 | 1335925 | 1191606 |
| 1.6升<排量≤2.0升（辆） | 1.6Litres < Displacement ≤ 2.0 Litres(coach) | 419389 | 440170 | 557687 |
| 2.0升<排量≤2.5升（辆） | 2.0 Litres< Displacement ≤ 2.5 Litres(coach) | 89882 | 85427 | 62672 |
| 多功能乘用车（MPV）（辆） | Multi-Purpose Vehicle(coach) | 56095 | 64385 | 40366 |
| 运动型多用途乘用车（SUV）（辆） | Sports Utility Vehicle(coach) | 455755 | 561396 | 625570 |
| 客车（辆） | Bus(coach) | 19522 | 7969 | 4487 |
| 大型客车（车长>10米）（辆） | Large Bus(coach) | 336 | 89 | 91 |
| 中型客车（7米<车长≤10米）（辆） | Medium Bus(coach) | 236 | 2281 | 2953 |
| 轻型客车（车长≤7米）（辆） | Light Bus(coach) | 18950 | 5599 | 1443 |
| 载货汽车（辆） | Lorry(coach) | 121869 | 161029 | 328435 |
| 改装汽车（辆） | Modified Car(coach) | 22873 | 20109 | 5876 |
| 动车组（辆） | High Speed Rail Train(coach) | 976 | 640 | 816 |
| 铁路客车（辆） | Railway Passenger Train(coach) | 202 | 222 | 260 |
| 城市轨道车辆（辆） | Urban Rail Vehicle (set) | 1313 | 2280 | 2029 |
| 发电机组（发电设备）（千瓦） | Generating Set (kw) | 158 | 62 | 55 |
| 风力发电机组 | Wind Turbine Generator | | | |
| 交流电动机（千瓦） | Alternating Current Generator | | | |
| 变压器（千伏安） | Transformer(KVA) | 7959142 | 9465992 | 10442592 |
| #电力变压器(额定容量≥8000kVA，电压≥500kV)（千伏安） | Power Transformer(KVA) | 1655040 | 1312655 | 1007845 |
| 电力电容器（千乏） | Power Capacitor(kilovar) | 7729 | | |
| 高压开关板（面） | High-voltage Switch Board(piece) | 2085 | 8488 | 4899 |
| 低压开关板（面） | Low-voltage Switch Board(piece) | 299955 | 357858 | 17251 |
| 高压开关设备（11万伏以上）（台） | High-voltage Switchgear(set) | 5908 | 6153 | 5118 |
| 通信及电子网络用电缆（对千米） | Communications and Electronic Networks Used Cable | 64800 | 73699 | 698 |
| 电力电缆（千米） | Power Cable(km) | 590162 | 343435 | 186129 |
| 绝缘制品（吨） | Insulation Products(ton) | 15300 | 22958 | 1075 |
| 灯具及照明装置（套、台、个） | Lamps and Lighting Fittings(set) | 867034 | 947385 | 429374 |
| 半导体分立器件（万只） | Semiconductor Discrete Devices(set) | 431661 | 442619 | 403805 |
| 光电子器件（万只、片、套） | Optoelectronic Devices(set) | 128500 | 131576 | 67278 |
| 电子元件（万支） | Eletronic Component (10000 sets) | 172 | 222 | 28 |
| 工业自动调节仪表与控制系统（台、套） | Automatically Adjusting Industrial Instrumentation and Control Systems | 228684 | 40983 | 22863 |
| 电工仪器仪表（台） | Electric Instruments(set) | 1992 | | |
| 分析仪器及装置（台、套） | Analytical Instruments and Devices(set) | 1210 | 1091 | 969 |
| 试验机（台） | Testing Machine(set) | 161 | | |
| 环境监测专用仪器仪表（台） | Environ ment Monitoring Special Instrumentation(set) | 5456 | 5062 | 9173 |
| 汽车仪器仪表（台） | Automotive Instrumentation(set) | 558819 | 594623 | 12789 |
| 光学仪器（台、个） | Optical Instrument(set) | 395363 | 1212623 | 1051253 |
| 眼镜成镜（副） | Spectacle Lens (set) | 2060000 | 2260000 | 2303710 |
| 发电量（万千瓦小时） | Generating Capacity(10000 kw.h) | 7390462 | 7453644 | 8229201 |
| #火力发电量 | Thermal Power Capacity | 5783608 | 5969353 | 6712199 |
| 水力发电量 | Hydraulic Power Capacity | 786588 | 647238 | 585187 |
| 风力发电量 | Wind Power Capacity | 811209 | 823288 | 847281 |
| 煤气生产量（万立方米） | Gas Production(10000 cu.m) | 1130033 | 1235690 | 1424712 |
| 自来水生产量（万立方米） | Tap Water Production(10000 cu.m) | 74773 | 73217 | 69177 |

# 12－9 各地区主要工业产品产量（2018年）
## Output of Major Industrial Products by Region（2018）

| 地 区 | Region | 原煤（万吨）Coal (10000tons) | 天然原油（万吨）Crude Oil (10000tons) | 原油加工（万吨）Crude Oil Processing Volume (10000 tons) | 发电量(亿千瓦小时) Electricity (100 million kw.h) | 汽车（万辆）Motor Vehicle (10000 sen) | 轿车（万辆）Car (Coach) | 水泥（万吨）Cement (10000tons) | 粗钢（万吨）Crude Steel (10000tons) | 钢材（万吨）Steel (10000tons) |
|---|---|---|---|---|---|---|---|---|---|---|
| 长 春 | Changchun | 323.82 | 3.01 | 64.12 | 261.12 | 276.85 | 181.26 | 373.61 | | 18.55 |
| 吉 林 | Jilin | 18.91 | | 812.32 | 125.42 | 4.65 | | 383.26 | 510.50 | 568.42 |
| 四 平 | Siping | | 8.66 | | 106.50 | | | 277.65 | | 130.47 |
| 辽 源 | Liaoyuan | 517.31 | | | 33.99 | | | 18.57 | 282.70 | 163.93 |
| 通 化 | Tonghua | 13.25 | | | 31.10 | | | 112.48 | 411.38 | 419.48 |
| 白 山 | Baishan | 117.04 | | | 43.00 | | | 96.00 | | |
| 松 原 | Songyuan | | 322.21 | 42.93 | 56.24 | | | 129.20 | | |
| 白 城 | Baicheng | | 52.21 | | 120.56 | | | 15.78 | | |
| 延 边 | Yanbian | 527.38 | 1.72 | | 44.99 | | | 97.93 | | |

| 地 区 | Region | 焦炭（万吨）Coke (10000 tons) | 机制纸及纸板(万吨) Machinemade Paper and Paperboard (10000 tons) | 化学纤维（万吨）Chemical Fibers (10000 tons) | 乙烯（万吨）Ethylene (10000 tons) | 合成氨（万吨）Synthetic Ammonia (10000 tons) | 农用化肥（万吨）Chemical Fertilizer (10000 tons) | 中成药（万吨）Traditional Chinese Medicine (10000 tons) | 实木地板(万立方米) Solid Wood Flooring (10000 du.m) | 服装（万件）Garments (10000 pieces) |
|---|---|---|---|---|---|---|---|---|---|---|
| 长 春 | Changchun | | | 0.02 | | | | 1.07 | 107.56 | 814.00 |
| 吉 林 | Jilin | 121.01 | 22.90 | 36.76 | 76.68 | 26.58 | 11.00 | 0.22 | 11.87 | 68.00 |
| 四 平 | Siping | | | | | | | 1.18 | | 13.40 |
| 辽 源 | Liaoyuan | | 2.84 | | | | | 0.03 | | |
| 通 化 | Tonghua | 168.31 | 3.33 | 0.14 | | 2.20 | 0.44 | 3.74 | | 65.00 |
| 白 山 | Baishan | 8.60 | 35.69 | | | | | 0.36 | 30.14 | 53.70 |
| 松 原 | Songyuan | | | | | 17.38 | 3.51 | 0.02 | | |
| 白 城 | Baicheng | | | | | | 1.48 | 0.18 | | 480.60 |
| 延 边 | Yanbian | | | | | | | 3.54 | 31.52 | 3907.20 |

# 第十三篇 13

CHAPTER ▶ 13

# 建筑业

# *CONSTRUCTION*

资料整理人员：

王　辉

# 13－1　历年建筑业企业主要指标

## Main Indicators on Construction Enterprises Over the Years

| 年　份 Year | 建筑业企业增加值(亿元) Total Value-added of Construction Enterprises (100 million yuan) | 资产合计（亿元）Total Assets (100 million yuan) | 利润总额（亿元）Total Profits (100 million yuan) | 税金总额（亿元）Total Tax (100 million yuan) | 按总产值计算劳动生产率（元/人）Overall Labor Productivity by Gross Output Value (yuan/person) | 房屋建筑面积（万平方米）Floor Space of Building Construction (10 000 sq.m) 施工面积 Under Construction | 竣工面积 Completed |
|---|---|---|---|---|---|---|---|
| 1978 | | | | | | 388 | 194 |
| 1979 | | | | | | 560 | 280 |
| 1980 | | | 0.34 | | | 673 | 329 |
| 1981 | | | 0.76 | | | 643 | 312 |
| 1982 | | | 0.54 | | | 726 | 342 |
| 1983 | | | 0.80 | | | 872 | 479 |
| 1984 | | | 0.64 | | | 886 | 503 |
| 1985 | | | 0.69 | | | 970 | 508 |
| 1986 | | | 0.83 | | | 989 | 493 |
| 1987 | | | 1.04 | | | 1007 | 538 |
| 1988 | | | 1.65 | | | 1135 | 629 |
| 1989 | | | 1.31 | | | 1041 | 584 |
| 1990 | | | 0.78 | | | 913 | 546 |
| 1991 | | | 1.30 | | | 1121 | 645 |
| 1992 | | | 1.85 | | | 1446 | 866 |
| 1993 | 27.85 | 96.15 | 2.53 | 3.52 | 23739 | 1685 | 995 |
| 1994 | 35.37 | 117.35 | 1.49 | 3.60 | 23759 | 1526 | 916 |
| 1995 | 39.05 | 150.59 | 0.62 | 3.88 | 29820 | 1311 | 755 |
| 1996 | 46.27 | 169.31 | −0.73 | 4.25 | 35488 | 1345 | 803 |
| 1997 | 44.31 | 184.94 | 1.15 | 4.37 | 38556 | 1290 | 826 |
| 1998 | 41.00 | 187.96 | −1.65 | 4.69 | 42695 | 1290 | 814 |
| 1999 | 47.77 | 201.87 | 0.07 | 5.34 | 47832 | 1447 | 929 |
| 2000 | 64.83 | 252.92 | 1.73 | 7.09 | 61177 | 2209 | 1440 |
| 2001 | 65.15 | 323.16 | 3.69 | 9.97 | 70159 | 2474 | 1716 |
| 2002 | 75.18 | 383.14 | 2.44 | 11.29 | 69734 | 2476 | 1597 |
| 2003 | 62.33 | 405.14 | 2.35 | 14.63 | 76978 | 2532 | 1629 |
| 2004 | 76.25 | 461.69 | 4.24 | 13.52 | 96414 | 2823 | 1750 |
| 2005 | 91.97 | 490.03 | 2.47 | 18.67 | 109612 | 3166 | 1745 |
| 2006 | 106.77 | 525.68 | 7.52 | 21.66 | 128476 | 3638 | 1933 |
| 2007 | 304.00 | 519.78 | 10.27 | 22.56 | 128949 | 4586 | 2543 |
| 2008 | 377.65 | 663.52 | 41.25 | 37.16 | 140431 | 5436 | 3378 |
| 2009 | 487.32 | 652.23 | 38.56 | 39.34 | 158801 | 5369 | 3956 |
| 2010 | 583.87 | 895.92 | 46.18 | 45.86 | 170784 | 5901 | 4273 |
| 2011 | 693.53 | 1128.60 | 88.93 | 57.39 | 244299 | 7447 | 4195 |
| 2012 | 794.29 | 1943.52 | 73.61 | 68.12 | 313780 | 11321 | 6034 |
| 2013 | 824.88 | 2065.64 | 89.10 | 73.28 | 390827 | 12519 | 6344 |
| 2014 | 891.40 | 2086.41 | 109.15 | 87.28 | 311540 | 13993 | 7372 |
| 2015 | 927.06 | 2415.25 | 98.85 | 73.14 | 250282 | 12237 | 5603 |
| 2016 | 960.90 | 2553.62 | 91.92 | 64.60 | 283854 | 10634 | 5211 |
| 2017 | 964.00 | 2540.65 | 90.48 | 31.68 | 356333 | 9336 | 3834 |
| 2018 | 1002.00 | 2758.68 | 88.10 | 26.85 | 393540 | 8504 | 3132 |

注：1.自2002年起，建筑业增加值核算口径有所调整。
2.从2004年第一次全国经济普查开始，建筑业增加值按新核算方法核算。

Note:a) Since 2002, the statistical coverage of value added of construction have been adjusted.
b) New accounting methods were applied since 2004, the First Economic Census,in calculating the value-added of the construction industry.

# 13－2 建筑施工企业生产情况（2018年）

| 项　　目 | Item | 按经济类型分 Grouped by Type of Economy | | |
|---|---|---|---|---|
| | | 总计 Total | 内资企业 Domestic Funded | 国有 State-owned |
| 企业个数（个） | Number of Enterprises(unit) | 2704 | 2699 | 33 |
| 建筑业总产值（万元） | Gross Output Value (10000 yuan) | 21836324 | 21776372 | 3554034 |
| 1.建筑工程 | Construction Engineering | 17890421 | 17834073 | 2855084 |
| 2.安装工程 | Installation Engineering | 2494303 | 2494303 | 546470 |
| 3.其他产值 | Other | 1451600 | 1447997 | 152481 |
| 竣工产值(万元) | Output Value of Building Completed(10000 yuan) | 13168165 | 13142895 | 1523353 |
| 房屋建筑施工面积(平方米) | Floor Space of Buildings under Construction(sq.m) | 85042497 | 84847808 | 10345101 |
| # 本年新开工 | #New Starting This Year | 44592253 | 44573243 | 3015515 |
| 年末自有施工机械设备净值(万元) | Net Value of Machinery and Equipment Owned at Year end (10000 yuan) | 557825 | 553855 | 97520 |
| 年末自有施工机械设备总台数(台) | Number of Machinery and Equipment Owned at Year end (set) | 62914 | 62334 | 15598 |
| 年末自有施工机械设备总功率(千瓦) | Total Power of Machinery and Equipment Owned at Year end (KW) | 2544783 | 2514187 | 483007 |

## Production Situation of Construction Enterprises（2018）

| 按经济类型分 Grouped by Type of Economy | | | | |
|---|---|---|---|---|
| 集体 Collective-owned | 股份合作企业 Joint Venture | 私营企业 Private Enterprises | 港澳台商投资企业 Funded from Hong Kong Macao and Taiwan | 外商投资企业 Foreign Funded |
| 30 | 80 | 1797 | 4 | 1 |
| 995742 | 1559133 | 11116924 | 58925 | 1027 |
| 618770 | 1274124 | 9305345 | 55322 | 1027 |
| 353117 | 137822 | 1294940 | | |
| 23854 | 147187 | 516640 | 3604 | |
| 644484 | 1165719 | 6536714 | 25270 | |
| 2673142 | 7502378 | 35430278 | 194689 | |
| 1456612 | 3571233 | 20308888 | 19010 | |
| 15499 | 45979 | 306400 | 3970 | |
| 2148 | 2073 | 36092 | 580 | |
| 63297 | 101542 | 1095430 | 30596 | |

13－2 续表

| 项 目 | Item | 按行业类别分 Grouped by Sector | | |
|---|---|---|---|---|
| | | 房屋建筑业 Construction of Buildings | 土木工程建筑业 Civil Engineering | 建筑安装业 Construction Installaton |
| 企业个数（个） | Number of Enterprises(unit) | 1116 | 748 | 507 |
| 建筑业总产值（万元） | Gross Output Value (10000 yuan) | 11824393 | 6681245 | 2582142 |
| 1.建筑工程 | Construction Engineering | 10682724 | 5477500 | 1279092 |
| 2.安装工程 | Installation Engineering | 609238 | 585948 | 1082010 |
| 3.其他产值 | Other | 532431 | 617797 | 221040 |
| 竣工产值(万元) | Output Value of Building Completed(10000 yuan) | 7274602 | 3386889 | 1879742 |
| 房屋建筑施工面积(平方米) | Floor Space of Buildings under Construction(sq.m) | 72071711 | 509096 | 658615 |
| # 本年新开工 | #New Starting This Year | 38820341 | 138503 | 382015 |
| 年末自有施工机械设备净值(万元) | Net Value of Machinery and Equipment Owned at Year end (10000 yuan) | 227409 | 278103 | 37374 |
| 年末自有施工机械设备总台数(台) | Number of Machinery and Equipment Owned at Year end (set) | 30277 | 2103 | 708 |
| 年末自有施工机械设备总功率(千瓦) | Total Power of Machinery and Equipment Owned at Year end (KW) | 1020073 | 87612 | 19122 |

continued

| 建筑装饰业 Building Decoration and Other Constructions | 按隶属关系分 Grouped by Subordinate Relationship | | |
|---|---|---|---|
| | 中央 National | 省级 Province | 地市 City |
| 248 | 26 | 91 | 428 |
| 463618 | 1986337 | 1795178 | 3258509 |
| 347895 | 1477411 | 1616889 | 2721344 |
| 72645 | 457258 | 122238 | 369449 |
| 43078 | 51668 | 56051 | 167716 |
| 395123 | 810892 | 737831 | 2527661 |
| 1117626 | 2040369 | 9109015 | 15889518 |
| 405153 | 283623 | 3086192 | 7627765 |
| 4576 | 71619 | 67477 | 64504 |
| 1064 | 11310 | 3755 | 7995 |
| 376858 | 346999 | 126666 | 260382 |

# 13－3 建筑施工企业财务状况（2018年）

单位: 万元

| 项目 | Item | 按经济类型分 Grouped by Type of Economy 总计 Total | 内资企业 Domestic Funded | 国有 State-owned |
|---|---|---|---|---|
| 资产合计 | Total Assets | 27586801 | 27316157 | 588094 |
| 流动资产合计 | Total Current Assets | 15550546 | 15352301 | 455557 |
| 长期负债合计 | Total Long-term Liabilities | 757527 | 753798 | 22240 |
| 负债合计 | Total Liabilities | 17468946 | 17266972 | 482173 |
| 所有者权益合计 | Total Owners Equities | 10117854 | 10049185 | 105921 |
| 工程结算收入 | Project Settlement Income | 19779974 | 19710520 | 465546 |
| 工程结算成本 | Project Settlement Cost | 17723075 | 17662422 | 425747 |
| 工程结算税金及附加 | Project Settlement Taxes and Other Charges | 256339 | 256219 | 5894 |
| 管理费用 | Management Expenses | 695751 | 688841 | 24288 |
| 财务费用 | Financial Expense | 162644 | 160132 | 3348 |
| 营业利润 | Operating Profit | 874321 | 874147 | 192 |
| 营业外支出 | Non-business Expenditure | 34380 | 33698 | 906 |
| 利润总额 | Total Profits | 881047 | 881366 | 5221 |
| 应交所得税 | Income Tax Payable | 299362 | 298749 | 1596 |
| 应收工程款 | Accounts Receivable | 9597504 | 9497203 | 236579 |

## Building Construction Company Financial Position（2018）

unit:10000 yuan

| | | | | | 按行业类别分 Grouped by Sector | | | |
|---|---|---|---|---|---|---|---|---|
| 集 体 Collctive-owned | 股份合作企业 Stock Cooperation | 私营企业 Private Enterprises | 港澳台商投资企业 Funded from Hong Kong Macao and Taiwan | 外商投资企业 Foreign Funded | 房屋建筑业 Building Construction | 土木工程建筑业 Civil Engineering | 建筑安装业 Construction Installaton | 建筑装饰业 Building Decoration and Other Constructions |
| 191299 | 8333 | 8371581 | 264452 | 6192 | 12435535 | 11285060 | 2852653 | 1013553 |
| 153072 | 4704 | 3981732 | 194398 | 3847 | 7804126 | 5515074 | 1734505 | 496842 |
| 267 | 0 | 164361 | 1867 | 1862 | 245191 | 486554 | 11779 | 14003 |
| 154056 | 4704 | 4613399 | 196265 | 5709 | 8512185 | 6576193 | 1816571 | 563997 |
| 37244 | 3630 | 3758182 | 68187 | 483 | 3923350 | 4708866 | 1036082 | 449556 |
| 158397 | 2883 | 5981926 | 63726 | 5729 | 10712240 | 6120184 | 2055565 | 891987 |
| 141917 | 2395 | 5207469 | 55333 | 5321 | 9743511 | 5410263 | 1829028 | 740274 |
| 1166 | 72 | 80295 | 103 | 17 | 159813 | 66261 | 16306 | 13959 |
| 15676 | 407 | 232537 | 6700 | 210 | 225611 | 275882 | 122027 | 72231 |
| -17 | 11 | 74178 | 2347 | 165 | 75247 | 70707 | 9286 | 7404 |
| 1418 | -1 | 338751 | 158 | 16 | 472076 | 280171 | 73080 | 48995 |
| 3196 | 2 | 11196 | 682 | 0 | 12300 | 15137 | 4908 | 2035 |
| -752 | -3 | 339790 | -336 | 16 | 468719 | 286940 | 74970 | 50417 |
| 1611 | 12 | 91105 | 470 | 143 | 171278 | 81523 | 32848 | 13713 |
| 79506 | 3342 | 2880658 | 95205 | 5096 | 4880933 | 3093904 | 1351341 | 271326 |

13－3 续表

| 项目 | Item | 按隶属关系分 | | |
| --- | --- | --- | --- | --- |
| | | 中央 National | 地方 Local | 其他 Others |
| 资产合计 | Total Assets | 1890831 | 4163819 | 21532151 |
| 流动资产合计 | Total Current Assets | 1484593 | 2057849 | 12008105 |
| 长期负债合计 | Total Long-term Liabilities | 103413 | 139461 | 514653 |
| 负债合计 | Total Liabilities | 1589092 | 2297837 | 13582018 |
| 所有者权益合计 | Total Owners Equities | 301739 | 1865982 | 7950133 |
| 工程结算收入 | Project Settlement Income | 1699631 | 2343100 | 15737243 |
| 工程结算成本 | Project Settlement Cost | 1568324 | 2156866 | 13997885 |
| 工程结算税金及附加 | Project Settlement Taxes and Other Charges | 6958 | 29871 | 219509 |
| 管理费用 | Management Expenses | 69857 | 78441 | 547453 |
| 财务费用 | Financial Expense | 9433 | 17205 | 136006 |
| 营业利润 | Operating Profit | 20836 | 67650 | 785835 |
| 营业外支出 | Non-business Expenditure | 1503 | 3681 | 29196 |
| 利润总额 | Total Profits | 26384 | 70789 | 783873 |
| 应交所得税 | Income Tax Payable | 7534 | 40617 | 251211 |
| 应收工程款 | Accounts Receivable | 546217 | 1164823 | 7886465 |

continued

| 按企业资质登记分组 | | | | | | | |
|---|---|---|---|---|---|---|---|
| 施工总承包 Construction General Contract | | | | 专业承包 Specialized Contraction | | | |
| 特级 Special Grade | 一级 First Grade | 二级 Second Grade | 三级 Third Grade | | 一级 First Grade | 二级 Second Grade | 三级 Third Grade |
| 1115874 | 7842298 | 7617444 | 7629892 | 3211869 | 733549 | 1062110 | 1388870 |
| 897288 | 5042050 | 4609742 | 3494136 | 1431108 | 375438 | 493946 | 559357 |
| 15495 | 252674 | 226257 | 224760 | 37491 | 14631 | 8550 | 14297 |
| 912783 | 5619687 | 5156689 | 4083893 | 1612018 | 393789 | 521096 | 681286 |
| 203091 | 2222610 | 2460754 | 3545999 | 1599850 | 339761 | 541014 | 707584 |
| 922783 | 6141695 | 5627056 | 4713857 | 2273021 | 507861 | 918051 | 818830 |
| 887606 | 5682874 | 5066322 | 4079322 | 1922310 | 439424 | 782372 | 676194 |
| 3625 | 48083 | 85997 | 90676 | 27176 | 3658 | 12949 | 9869 |
| 21252 | 128598 | 170058 | 173139 | 192866 | 38611 | 83690 | 68783 |
| 3654 | 53476 | 58136 | 31299 | 15337 | 2024 | 5975 | 7288 |
| 10858 | 187132 | 243347 | 324945 | 105540 | 18476 | 35760 | 49960 |
| 1183 | 8388 | 4426 | 17082 | 2968 | 532 | 784 | 1616 |
| 10044 | 190475 | 248244 | 320932 | 109136 | 18277 | 37593 | 51598 |
| 12624 | 81735 | 98718 | 73982 | 30900 | 5931 | 12006 | 12371 |
| 491750 | 2897292 | 2900997 | 2133487 | 1121936 | 302735 | 367204 | 447319 |

# 13－4　各地区建筑业基本情况（2018年）

## Basic Situation of Construction by Region（2018）

单位：万元　　　　unit：10000 yuan

| 地　区 | Region | 企业单位数（个）Number of Enterprises | 有工作量的建筑企业个数(个) Enterprises with Projects | 签订的合同额 Contract Amount Value | #上年结转合同额 Value of Contracts Signed in Last Year | 建筑业总产值 Value of Construction output | 建筑工程 Construction Engineering |
|---|---|---|---|---|---|---|---|
| **总　计** | **Total** | **2704** | **2322** | **37440860** | **16096159** | **21836324** | **17890421** |
| 长　春 | Changchun | 1262 | 1085 | 25008915 | 11886016 | 13389239 | 10970359 |
| 吉　林 | Jilin | 423 | 358 | 5222551 | 1967348 | 3335018 | 2530742 |
| 四　平 | Siping | 144 | 131 | 1138196 | 470157 | 663424 | 562366 |
| 辽　源 | Liaoyuan | 109 | 91 | 581502 | 245403 | 368101 | 332509 |
| 通　化 | Tonghua | 179 | 165 | 1447994 | 258567 | 1353844 | 1114756 |
| 白　山 | Baishan | 114 | 103 | 544088 | 226324 | 325806 | 299836 |
| 松　原 | Songyuan | 154 | 128 | 986799 | 133568 | 824868 | 646277 |
| 白　城 | Baicheng | 83 | 68 | 881780 | 245670 | 486253 | 418975 |
| 延　边 | Yanbian | 236 | 193 | 1629035 | 663106 | 1089772 | 1014601 |

| 地　区 | Region | 安装工程 Installation Engineering | 其他产值 Other | 竣工产值 Output Value of Building | 房屋建筑施工面积（平方米）Floor Space of Building under Construction(sq.m) | 其中：本年新开工 New Starting This Year |
|---|---|---|---|---|---|---|
| **总　计** | **Total** | **2494303** | **1451600** | **13168165** | **8504250** | **4459225** |
| 长　春 | Changchun | 1403245 | 1015634 | 7389740 | 5773036 | 2848595 |
| 吉　林 | Jilin | 620017 | 184259 | 1878786 | 854382 | 478208 |
| 四　平 | Siping | 70761 | 30298 | 440547 | 322870 | 168686 |
| 辽　源 | Liaoyuan | 21901 | 13691 | 180417 | 109183 | 91694 |
| 通　化 | Tonghua | 109804 | 129284 | 1172721 | 324453 | 263268 |
| 白　山 | Baishan | 6690 | 19280 | 215515 | 125234 | 66801 |
| 松　原 | Songyuan | 156382 | 22209 | 742123 | 277195 | 185539 |
| 白　城 | Baicheng | 64988 | 2290 | 402199 | 150311 | 100611 |
| 延　边 | Yanbian | 40515 | 34656 | 746119 | 567586 | 255825 |

# 13－5　各地区的建筑业企业房屋竣工价值（2018年）
## Value of Buildings Completed of Constuction Enterprises by Region（2018）

单位：万元　　unit：10000 yuan

| 地　区 | Region | 合 计 Total | 住宅 Residential | 商业及服务用房 Houses for Business Use | 办公用 Office Buildings | 科研、教育、医疗用房屋 Scientific Research Educution Medical Use | 厂房及建筑物 Factory Buildings |
|---|---|---|---|---|---|---|---|
| **总　计** | **Total** | **5329812** | **3342514** | **274464** | **423175** | **147580** | **753500** |
| 长　春 | Changchun | 2934723 | 1679961 | 139055 | 282853 | 82101 | 449657 |
| 吉　林 | Jilin | 813241 | 595896 | 24146 | 29331 | 10731 | 111506 |
| 四　平 | Siping | 191790 | 123880 | 12452 | 20869 | 5481 | 25704 |
| 辽　源 | Liaoyuan | 65750 | 36090 | 851 | 5301 | 9341 | 10853 |
| 通　化 | Tonghua | 333001 | 273049 | 8379 | 22531 | 116 | 20217 |
| 白　山 | Baishan | 77231 | 33745 | 361 | 12077 | 18425 | 11570 |
| 松　原 | Songyuan | 372805 | 240408 | 27661 | 10271 | 7361 | 77165 |
| 白　城 | Baicheng | 174536 | 150277 | 4920 | 4775 | 2300 | 2553 |
| 延　边 | Yanbian | 366735 | 209208 | 56640 | 35167 | 11725 | 44275 |

# 13－6　各地区建筑企业财务情况（2018年）
## Financial Situation of Construction Enterprises by Region（2018）

单位：万元　　unit：10000 yuan

| 地　区 | Region | 资产合计 Total Assets | 营业收入 Operating Revenue | 营业成本 Operating Costs | 营业税金及附加 Taxes and other Charges on Principal Business | 管理费用 Management Expenses | 营业利润 Operating Profit | 利润总额 Total Profits | 应付职工薪酬（本年贷方累计发生额） Employee Benefits Payable（the total amount of credit this year） |
|---|---|---|---|---|---|---|---|---|---|
| **总　计** | **Total** | **27586801** | **20168217** | **18060677** | **268497** | **695751** | **874321** | **881047** | **1494615** |
| 长　春 | Changchun | 17044394 | 12523148 | 11347241 | 119108 | 404595 | 504183 | 511770 | 929638 |
| 吉　林 | Jilin | 2966475 | 2554981 | 2301844 | 28003 | 95981 | 79390 | 81871 | 221974 |
| 四　平 | Siping | 711085 | 714348 | 621129 | 19043 | 30393 | 41306 | 40879 | 47131 |
| 辽　源 | Liaoyuan | 1345981 | 454773 | 352712 | 6764 | 15324 | 66011 | 66687 | 52920 |
| 通　化 | Tonghua | 1311240 | 1083775 | 974299 | 21282 | 36400 | 42415 | 41826 | 76287 |
| 白　山 | Baishan | 740396 | 382399 | 346041 | 4284 | 15500 | 12162 | 13065 | 22181 |
| 松　原 | Songyuan | 1011779 | 825775 | 707424 | 26828 | 28961 | 40381 | 36933 | 57005 |
| 白　城 | Baicheng | 647635 | 604064 | 519262 | 12944 | 30644 | 32870 | 33623 | 25484 |
| 延　边 | Yanbian | 1807817 | 1024955 | 890725 | 30241 | 37953 | 55605 | 54393 | 61997 |

# 第十四篇 14

CHAPTER ▶ 14

# 交通运输和邮电通信业

# *TRANSPORTATION，POSTAL AND TELECOMMUNICATIONS SERVICES*

资料整理人员：

于　迪

# 14－1 历年交通运输基本情况

## Basic Conditions of Transportation

| 年 份 Year | 铁路里程（公里）Length of Railways (km) | 公路里程（公里）Length of Highways (km) | 客运量（万人）Passenger Traffic (10000 persons) | #铁路 Railways | #公路 Highways | #水运 Waterways | 货运量（万吨）Freight Traffic (10000 tons) | #铁路 Railways | #公路 Highways | #水运 Waterways |
|---|---|---|---|---|---|---|---|---|---|---|
| 1978 | 4283 | 23836 | 11876 | 7790 | 4080 | 3 | 10666 | 5048 | 5602 | 16 |
| 1979 | 3474 | 23545 | 12476 | 8080 | 4390 | 4 | 11480 | 6235 | 5228 | 17 |
| 1980 | 3467 | 23545 | 13205 | 8380 | 4819 | 5 | 9249 | 5169 | 4071 | 9 |
| 1981 | 3470 | 24026 | 14216 | 8959 | 5250 | 5 | 9023 | 5191 | 3821 | 11 |
| 1982 | 3471 | 24047 | 15539 | 9583 | 5948 | 7 | 9913 | 5436 | 4464 | 13 |
| 1983 | 3382 | 24114 | 16530 | 9917 | 6605 | 7 | 10167 | 5645 | 4511 | 11 |
| 1984 | 3389 | 24271 | 17869 | 10203 | 7657 | 7 | 10812 | 5459 | 5339 | 14 |
| 1985 | 3390 | 24271 | 17181 | 9432 | 7744 | 4 | 11680 | 5762 | 5902 | 16 |
| 1986 | 3383 | 24625 | 19299 | 9145 | 10142 | 5 | 18047 | 5662 | 12369 | 16 |
| 1987 | 3393 | 24688 | 21783 | 9399 | 12369 | 6 | 21172 | 5842 | 15311 | 19 |
| 1988 | 3389 | 24966 | 26641 | 10139 | 16483 | 7 | 22218 | 6213 | 15980 | 25 |
| 1989 | 3389 | 25326 | 21403 | 9421 | 11956 | 14 | 20589 | 6493 | 14076 | 20 |
| 1990 | 3373 | 26468 | 18731 | 7810 | 10889 | 17 | 23149 | 6122 | 17005 | 22 |
| 1991 | 3374 | 27110 | 19259 | 7408 | 11810 | 20 | 23591 | 6317 | 17253 | 21 |
| 1992 | 3374 | 27192 | 21447 | 7630 | 13770 | 22 | 24055 | 6516 | 17519 | 20 |
| 1993 | 3374 | 28374 | 18668 | 7973 | 10657 | 13 | 23497 | 6844 | 16629 | 24 |
| 1994 | 3388 | 29581 | 20717 | 8305 | 12311 | 64 | 25885 | 6531 | 19286 | 68 |
| 1995 | 3381 | 31321 | 21367 | 7894 | 13371 | 48 | 26655 | 6123 | 20477 | 55 |
| 1996 | 3480 | 32098 | 20620 | 6781 | 13728 | 52 | 27604 | 6154 | 21394 | 56 |
| 1997 | 3480 | 33075 | 20502 | 5578 | 14821 | 47 | 27251 | 6152 | 21020 | 79 |
| 1998 | 3375 | 33812 | 22026 | 5499 | 16431 | 46 | 28116 | 5829 | 22221 | 66 |
| 1999 | 3378 | 34516 | 23203 | 5734 | 17352 | 60 | 32130 | 5753 | 22261 | 58 |
| 2000 | 3376 | 35216 | 23339 | 5040 | 18170 | 62 | 33018 | 5461 | 23640 | 46 |
| 2001 | 3376 | 39747 | 24378 | 5232 | 19001 | 70 | 32787 | 5399 | 23649 | 60 |
| 2002 | 3376 | 41095 | 24925 | 4860 | 19904 | 78 | 34066 | 5556 | 24777 | 79 |
| 2003 | 3475 | 44007 | 24513 | 4232 | 20112 | 87 | 34670 | 5910 | 25211 | 72 |
| 2004 | 3475 | 47255 | 27192 | 4687 | 22293 | 108 | 36516 | 6385 | 26659 | 75 |
| 2005 | 3475 | 50308 | 27724 | 4618 | 22870 | 113 | 37369 | 6474 | 27441 | 87 |
| 2006 | 3475 | 84444 | 29050 | 4590 | 24198 | 115 | 38829 | 6107 | 28965 | 89 |
| 2007 | 3475 | 85445 | 31651 | 4855 | 26506 | 116 | 41560 | 6199 | 31573 | 84 |
| 2008 | 3589 | 87099 | 56225 | 5320 | 50511 | 198 | 34373 | 7118 | 23558 | 125 |
| 2009 | 3766 | 88430 | 58823 | 5687 | 52723 | 170 | 38646 | 7164 | 27032 | 261 |
| 2010 | 3877 | 90437 | 64782 | 5770 | 58577 | 139 | 44977 | 7674 | 33013 | 226 |
| 2011 | 3840 | 91754 | 68498 | 6138 | 61830 | 219 | 51531 | 7505 | 39308 | 268 |
| 2012 | 4223 | 93208 | 73037 | 6261 | 66175 | 241 | 59335 | 6922 | 47130 | 331 |
| 2013 | 4222 | 94218 | 34562 | 6628 | 27403 | 116 | 49470 | 6202 | 38063 | 232 |
| 2014 | 4346 | 96041 | 35465 | 6935 | 27866 | 203 | 53023 | 5761 | 41830 | 407 |
| 2015 | 4877 | 97326 | 36895 | 7158 | 29013 | 188 | 47900 | 4071 | 38708 | 193 |
| 2016 | 4877 | 102484 | 35490 | 7566 | 27186 | 156 | 49721 | 3669 | 40777 | 339 |
| 2017 | 4869 | 103896 | 33687 | 7662 | 25203 | 123 | 54289 | 4790 | 44728 | 78 |
| 2018 | 4877 | 105399 | 32734 | 8446 | 23372 | 139 | 57650 | 5370 | 46520 | 22 |

注：铁路里程数据、1996年及以后的铁路运量数据根据中国铁路沈阳局集团有限公司提供的数据进行了部分修订。

Note：Data of the Length of Railways,Freight Traffic since 1996 are partly revised according to the data provided by China Railway Shenyang Bureau Group Co.

# 14－2 历年旅客周转量和货物周转量

## Passenger–Kilometers and Freight Ton–Kilometers

| 年 份 Year | 旅客周转量（百万人公里）Passenger – Kilometers (million passenger–km) | #铁路 Railways | #公路 Highways | #水运 Waterways | 货物周转量（百万吨公里）Freight Ton – Kilometers (million ton–km) | #铁路 Railways | #公路 Highways | #水运 Waterways |
|---|---|---|---|---|---|---|---|---|
| 1978 | 7802 | 6514 | 1286 | 1.77 | 25782 | 25042 | 687 | 53.36 |
| 1979 | 8181 | 6812 | 1366 | 2.43 | | | 655 | 54.30 |
| 1980 | 8429 | 6946 | 1480 | 3.12 | 24558 | 23967 | 562 | 28.98 |
| 1981 | 9169 | 7555 | 1611 | 3.28 | 24663 | 24009 | 613 | 41.61 |
| 1982 | 9947 | 8085 | 1859 | 3.19 | 28038 | 27212 | 778 | 48.10 |
| 1983 | 10931 | 8857 | 2071 | 3.14 | 31576 | 30747 | 790 | 39.08 |
| 1984 | 12392 | 9817 | 2572 | 2.99 | 31882 | 30726 | 1095 | 60.46 |
| 1985 | 13464 | 10671 | 2791 | 2.28 | 34316 | 33077 | 1160 | 78.89 |
| 1986 | 15113 | 11209 | 3901 | 2.55 | 38130 | 33556 | 4491 | 82.58 |
| 1987 | 16753 | 12259 | 4491 | 2.68 | 42257 | 35992 | 6162 | 103.01 |
| 1988 | 18773 | 13976 | 4794 | 2.90 | 43373 | 36865 | 6370 | 137.89 |
| 1989 | 17649 | 12968 | 4675 | 5.94 | 46623 | 39838 | 6658 | 127.22 |
| 1990 | 14788 | 10430 | 4350 | 7.49 | 43471 | 37858 | 5480 | 132.74 |
| 1991 | 15511 | 10625 | 4878 | 8.32 | 45028 | 38760 | 6148 | 119.96 |
| 1992 | 17352 | 11721 | 5623 | 8.56 | 46776 | 40599 | 6087 | 90.05 |
| 1993 | 17171 | 12812 | 4352 | 6.85 | 47980 | 41146 | 6731 | 102.76 |
| 1994 | 17809 | 13059 | 4733 | 16.29 | 49471 | 41350 | 8000 | 121.80 |
| 1995 | 17711 | 12552 | 5148 | 10.52 | 49731 | 42023 | 7600 | 107.26 |
| 1996 | 16821 | 11398 | 5411 | 11.44 | 50188 | 42230 | 7850 | 107.66 |
| 1997 | 17609 | 11717 | 5882 | 10.28 | 52070 | 44132 | 7827 | 110.64 |
| 1998 | 18409 | 11616 | 6786 | 7.25 | 59094 | 38543 | 7872 | 69.12 |
| 1999 | 19683 | 12347 | 7329 | 7.09 | 61781 | 40971 | 8128 | 70.68 |
| 2000 | 20667 | 12952 | 7679 | 5.89 | 61204 | 40621 | 8564 | 26.57 |
| 2001 | 21223 | 13263 | 7951 | 9.12 | 61394 | 41372 | 8601 | 35.81 |
| 2002 | 23232 | 13274 | 8417 | 7.00 | 61552 | 40916 | 9294 | 30.00 |
| 2003 | 21249 | 11505 | 8442 | 8.11 | 62017 | 42255 | 9057 | 21.29 |
| 2004 | 25615 | 14680 | 9002 | 11.79 | 69865 | 49934 | 9593 | 13.00 |
| 2005 | 26603 | 15185 | 9280 | 9.00 | 70780 | 50623 | 9875 | 43.00 |
| 2006 | 28063 | 16262 | 10024 | 9.20 | 72212 | 50464 | 10625 | 48.94 |
| 2007 | 32247 | 18184 | 11249 | 13.52 | 76403 | 52988 | 12400 | 57.07 |
| 2008 | 43235 | 19120 | 21293 | 43.05 | 126314 | 59118 | 56358 | 123.14 |
| 2009 | 45600 | 19771 | 22858 | 26.59 | 128119 | 56788 | 59621 | 141.86 |
| 2010 | 51131 | 20593 | 26958 | 20.05 | 139194 | 59590 | 68314 | 126.92 |
| 2011 | 55188 | 22894 | 28653 | 28.65 | 157965 | 63320 | 81600 | 121.44 |
| 2012 | 57232 | 22914 | 30676 | 32.54 | 172878 | 61855 | 97406 | 108.32 |
| 2013 | 45517 | 24476 | 16870 | 24.90 | 181356 | 57730 | 110000 | 134.23 |
| 2014 | 47266 | 25095 | 17327 | 24.83 | 186154 | 50981 | 119078 | 138.16 |
| 2015 | 48358 | 25222 | 17782 | 27.49 | 157931 | 37116 | 105122 | 59.13 |
| 2016 | 48657 | 26233 | 16872 | 21.50 | 163084 | 39124 | 108477 | 62.00 |
| 2017 | 48446 | 26221 | 16299 | 16.56 | 177864 | 48083 | 115159 | 20.47 |
| 2018 | 49268 | 27333 | 15377 | 17.83 | 188650 | 51359 | 118923 | 20.14 |

注：铁路货物周转量2004年及以后数据根据中国铁路沈阳局集团有限公司提供的数据进行了部分修订。

Note: Data of Freight Ton–kilometers since 2004 are partly revised according to the data provided by China Railway Shenyang Bureau Group Co.

## 14－3　交通运输里程
## Length of Transportation Routes

单位：公里　　　　unit：km

| 项　　目 | Item | 2016 | 2017 | 2018 |
|---|---|---|---|---|
| 一、铁路 | Railways | | | |
| 正线延展里程 | Extention Length of the Track Lines | 6476 | 6889 | 6921 |
| 营业里程 | Length of Railways in Operation | 4877 | 4869 | 4877 |
| 二、公路通车里程 | Length of Highways | 102484 | 103896 | 105399 |
| 等级路 | Expressway and Class I to IV Highways | 97158 | 98908 | 100599 |
| 高速公路 | Express way | 3113 | 3119 | 3298 |
| 一级 | First Class | 2081 | 2154 | 2163 |
| 二级 | Second Class | 9432 | 9498 | 9642 |
| 三级 | Third Class | 9107 | 9148 | 9165 |
| 四级 | Fourth Class | 73425 | 74989 | 76330 |
| 等外路 | Highways Below Class IV | 5326 | 4988 | 4799 |
| 三、内河通航里程 | Length of Navigable Inland Waterways | 1621 | 1621 | 1621 |

注：根据中国铁路沈阳局集团有限公司提供的数据，铁路里程口径有调整。
Note：The statistical coverage of length of railways is adjusted according to the data provided by China Railway Shenyang Bureau Group Co.

## 14－4　客运量及旅客周转量
## Passenger Traffic and Passenger－kilometers

| 项　　目 | Item | 客运量（万人）Passenger Traffic (10000 persons) | | | 旅客周转量（万人公里）Passenger－kilometers (10000 passenger－km) | | |
|---|---|---|---|---|---|---|---|
| | | 2016 | 2017 | 2018 | 2016 | 2017 | 2018 |
| **全社会总计** | **Total** | **35490** | **33687** | **32734** | **4865680** | **4844616** | **4926826** |
| 铁　路 | Railways | 7566 | 7662 | 8446 | 2623334 | 2622108 | 2733326 |
| 公　路 | Highways | 27186 | 25203 | 23372 | 1687249 | 1629859 | 1537688 |
| 水　运 | Waterways | 156 | 123 | 139 | 2150 | 1656 | 1783 |
| 民　航 | Civil Aviation | 582 | 699 | 777 | 552947 | 590993 | 654029 |

## 14－5　货运量及货物周转量

## Freight Transport Quantity and Freight Ton-Kilometers

| 项　　目 | Item | 货运量（万吨） Freight Traffic (10000 tons) | | | 货物周转量（万吨公里） Freight Ton－kilometeters (10000 ton-km) | | |
|---|---|---|---|---|---|---|---|
| | | 2016 | 2017 | 2018 | 2016 | 2017 | 2018 |
| **全社会总计** | **Total** | **49721** | **54289** | **57650** | **16308390** | **17786395** | **18865044** |
| 铁路 | Railways | 3669 | 4790 | 5370 | 3912379 | 4808333 | 5135901 |
| # 地方铁路 | Local Railways | 265 | 300 | 242 | 16661 | 18172 | 15098 |
| 公路 | Highways | 40777 | 44728 | 46520 | 10847715 | 11515948 | 11892270 |
| 民航 | Civil Aviation | 3.44 | 3.52 | 3.03 | 6026 | 6041 | 4821 |
| 管道 | Pipelines | 4933 | 4690 | 5735 | 1536078 | 1454026 | 1830038 |
| 水运 | Waterways | 339 | 78 | 22 | 6192 | 2047 | 2014 |

## 14－6　各地区公路客货运输量

## Passenger and Freight Traffic by Region

| 地　　区 | Region | 客运量（万人） Passenger Traffic (10000 Persons) | | 旅客周转量（万人公里） Passenger－kilometers (10000 passenger－km) | | 货运量（万吨） Freight Traffic (10000 tons) | | 货物周转量（万吨公里） Freight ton－kilometeters (10000 ton－km) | |
|---|---|---|---|---|---|---|---|---|---|
| | | 2017 | 2018 | 2017 | 2018 | 2017 | 2018 | 2017 | 2018 |
| **全　省** | **Total** | **25203** | **23372** | **1629859** | **1537688** | **44728** | **46520** | **11515948** | **11892270** |
| 长春 | Changchun | 6592 | 6115 | 426236 | 402027 | 11948 | 12423 | 3080951 | 3181087 |
| 吉林 | Jilin | 3559 | 3301 | 216288 | 203933 | 5975 | 6216 | 1707820 | 1763266 |
| 四平 | Siping | 3084 | 2858 | 178050 | 167954 | 8789 | 9139 | 2662896 | 2749323 |
| 辽源 | Liaoyuan | 875 | 811 | 71899 | 67723 | 1932 | 2007 | 455597 | 470390 |
| 通化 | Tonghua | 2326 | 2151 | 169038 | 159464 | 2407 | 2498 | 510203 | 527506 |
| 白山 | Baishan | 1626 | 1506 | 99417 | 93730 | 1164 | 1211 | 291606 | 301138 |
| 松原 | Songyuan | 2632 | 2433 | 148050 | 139553 | 6712 | 6980 | 1916847 | 1979104 |
| 白城 | Baicheng | 1381 | 1288 | 93552 | 88474 | 1669 | 1743 | 269928 | 279171 |
| 延边 | Yanbian | 2136 | 1981 | 208931 | 197412 | 4056 | 4224 | 609300 | 630168 |
| 长白山管委会 | Changbai Mountain Management Committee | 992 | 928 | 18398 | 17418 | 76 | 79 | 10800 | 11117 |

## 14－7 民用汽车拥有量
## Possession of Civil Vehicles

单位：辆　　unit：coach

| 项　目 | Item | 2016 | 2017 | 2018 |
|---|---|---|---|---|
| **民用汽车合计** | **Total** | **3556006** | **3890084** | **4234420** |
| 载客汽车 | Passenger Vehicles | 3092738 | 3440590 | 3753886 |
| # 大型 | Large | 36900 | 34555 | 35903 |
| 轿车 | car | 2097633 | 2322504 | 2534630 |
| 载货汽车 | Trucks | 419125 | 412875 | 445711 |
| # 普通载货汽车 | Ordinary Truck | 212631 | 204938 | 216666 |
| 其他汽车 | Others | 44143 | 36619 | 34823 |
| **在合计中** | **In Total** | | | |
| **私人汽车** | **Private Vehicles** | **3176063** | **3516074** | **3823390** |
| 载客汽车 | Passenger Vehicles | 2839182 | 3188491 | 3480403 |
| # 大型 | Large | 4610 | 4085 | 4131 |
| 轿车 | car | 1963074 | 2189085 | 2388629 |
| 载货汽车 | Trucks | 304801 | 303013 | 321164 |
| # 普通载货汽车 | Ordinary Truck | 179010 | 176061 | 186313 |
| 其他汽车 | Other Special Purpose Vehicles | 32080 | 24570 | 21823 |

## 14－8 各地区民用汽车拥有量（2018年）
## Possession of Civil Vehicles by Region（2018）

单位：辆　　unit：coach

| 地　区 | Region | 民用汽车 Civil Vehicles | # 私人 Private | 载客汽车 Passenger Vehicles | # 私人 Private | 载货汽车 Trucks | # 私人 Private |
|---|---|---|---|---|---|---|---|
| 长　春 | Changchun | 1719963 | 1546392 | 1564931 | 1442940 | 140603 | 94259 |
| 吉　林 | Jilin | 582945 | 529329 | 523147 | 488226 | 55755 | 38855 |
| 四　平 | Siping | 392988 | 354645 | 322398 | 306355 | 67766 | 46120 |
| 辽　源 | Liaoyuan | 142306 | 130995 | 124183 | 117199 | 17231 | 13279 |
| 通　化 | Tonghua | 234079 | 211901 | 205100 | 190111 | 25723 | 19255 |
| 白　山 | Baishan | 134423 | 118389 | 115690 | 104747 | 17546 | 12929 |
| 松　原 | Songyuan | 427144 | 393073 | 369043 | 347927 | 54709 | 43740 |
| 白　城 | Baicheng | 271817 | 252889 | 240000 | 225543 | 29389 | 25506 |
| 延　边 | Yanbian | 304395 | 274059 | 266980 | 247189 | 35201 | 25765 |

注：各地区相加不等于全省总计。
Note：The sum of the regions is not equal with the whole province.

# 14－9 民用车辆拥有量分组（2018年）
# Civil Vehicles Possession by Group（2018）

单位：辆　　　　unit：coach

| 项　　目 | Item | 总计 Total | #个人 Individual | #营运 Working | #非营运 Non－Working | #校车 School Bus |
|---|---|---|---|---|---|---|
| **合计** | **Total** | **6582121** | **4898801** | **539217** | **4819303** | **6176** |
| **汽车** | **Vehicles** | **4234420** | **3823390** | **459482** | **3768762** | **6176** |
| 载客汽车 | Passenger Vehicles | 3753886 | 3480403 | 107910 | 3639800 | 6176 |
| 大型 | Large | 35903 | 4131 | 22850 | 7952 | 5101 |
| 中型 | Medium | 14361 | 4770 | 3530 | 9762 | 1069 |
| 小型 | Small | 3663685 | 3432798 | 81524 | 3582155 | 6 |
| 微型 | Mini car | 39937 | 38704 | 6 | 39931 | |
| 轿车 | Car | 2534630 | 2388629 | 80112 | 2454518 | |
| 载货汽车 | Trucks | 445711 | 321164 | 334766 | 110945 | |
| 重型 | Heavy | 147371 | 73073 | 139761 | 7610 | |
| 中型 | Medium | 19580 | 14763 | 17309 | 2271 | |
| 轻型 | Light | 278354 | 232969 | 177547 | 100807 | |
| 微型 | Mini | 406 | 359 | 149 | 257 | |
| 普通载货 | General | 216666 | 186313 | 133430 | 83236 | |
| **摩托车** | **Motorcycles** | **1063243** | **1058182** | **14236** | **1049007** | |
| 普通 | Ordinary | 1048697 | 1043715 | 14227 | 1034470 | |
| 轻型 | Light | 14546 | 14467 | 9 | 14537 | |
| **拖拉机** | **Tractor** | **1217425** | | | | |
| **挂车** | **Trailers** | **66172** | **16901** | **65306** | **866** | |
| **其他类型车** | **Others** | **861** | **328** | **193** | **668** | |

# 14－10 历年邮电通信业务情况

## Postal and Telecommunication Services over the Years

| 年份<br>Year | 邮电业务总量（万元）<br>Business Volume of Post and Telecommunications (10 000 yuan) | 邮政业务总量<br>Business Volume of Post | 电信业务总量<br>Business Volume of Telecommunications | 函件（万件）<br>Number of Letters (10 000 pcs) | 本地电话用户（万户）<br>Subscribers of Local Telephone (10 000 subscribers) | 移动电话用户（万户）<br>Subscribers of Mobile Telephone (10 000 subscribers) | 本地电话局用交换机容量（门）<br>Capacity of Local Telephone Exchanges (line) | 长途光缆线路长度（公里）<br>Length of Optical Cable Lines (km) | 电话普及率（含移动）（部/百人）<br>Popularization Rate of Telephone (sets/100 persons) |
|---|---|---|---|---|---|---|---|---|---|
| 1978 | 3853 | | | 7478 | 4.4 | | | | 0.2 |
| 1979 | 3999 | | | 8167 | 4.8 | | | | 0.2 |
| 1980 | 4055 | | | 8333 | 5.0 | | | | 0.2 |
| 1981 | 6057 | | | 8309 | 5.4 | | | | 0.2 |
| 1982 | 6293 | | | 8237 | 5.9 | | | | 0.3 |
| 1983 | 6779 | | | 8646 | 6.4 | | | | 0.3 |
| 1984 | 7517 | | | 9953 | 7.2 | | | | 0.3 |
| 1985 | 8886 | | | 12114 | 8.1 | | 185556 | | 0.4 |
| 1986 | 9503 | | | 13278 | 9.3 | | 200493 | | 0.4 |
| 1987 | 10540 | | | 13933 | 10.7 | | 233586 | | 0.5 |
| 1988 | 13539 | | | 16269 | 13.3 | | 266321 | | 0.6 |
| 1989 | 17046 | | | 16545 | 16.8 | | 335172 | | 0.7 |
| 1990 | 41556 | | | 15805 | 20.3 | | 391408 | | 0.8 |
| 1991 | 51394 | | | 13151 | 25.0 | | 465565 | | 1.0 |
| 1992 | 70063 | | | 12369 | 33.0 | | 564261 | | 1.3 |
| 1993 | 106797 | | | 13831 | 49.9 | | 896393 | | 2.0 |
| 1994 | 155114 | | | 15416 | 75.9 | | 1791260 | | 3.0 |
| 1995 | 212153 | | | 15333 | 107.8 | | 2501105 | | 4.2 |
| 1996 | 290041 | | | 14045 | 137.6 | | 3189912 | 3793 | 5.3 |
| 1997 | 375102 | | | 11518 | 164.5 | | 3551886 | 4493 | 6.3 |
| 1998 | 538459 | | | 10405 | 192.6 | | 3656308 | 4702 | 7.4 |
| 1999 | 839500 | 85500 | 754000 | 9838 | 223.0 | 110.0 | 4060000 | 5086 | 12.7 |
| 2000 | 1163500 | 91500 | 1072000 | 9500 | 260.0 | 203.3 | 5560000 | 5461 | 17.6 |
| 2001 | 929592 | 91900 | 837692 | 10900 | 423.2 | 339.9 | 5652500 | 12785 | 24.0 |
| 2002 | 1163966 | 100300 | 1063666 | 16086 | 478.5 | 461.3 | 6053000 | 12722 | 36.5 |
| 2003 | 1546608 | 112900 | 1433708 | 17200 | 598.0 | 633.2 | 8410000 | 16044 | 45.5 |
| 2004 | 2133256 | 112800 | 2020456 | 7154 | 664.7 | 763.8 | 9956871 | 18668 | 46.4 |
| 2005 | 2858444 | 133100 | 2725344 | 6300 | 768.6 | 915.7 | 10379611 | 19197 | 63.0 |
| 2006 | 3382254 | 155600 | 3226654 | 6200 | 733.7 | 1137.8 | 11320000 | 19805 | 69.5 |
| 2007 | 4131841 | 165800 | 3966041 | 6600 | 745.5 | 1311.1 | 7039352 | 19834 | 74.9 |
| 2008 | 4559978 | 177600 | 4382378 | 6937 | 621.6 | 1441.2 | 5707271 | 16275 | 77.7 |
| 2009 | 5329996 | 211700 | 5118296 | 8088 | 581.3 | 1574.2 | 5690608 | 20161 | 78.9 |
| 2010 | 6539520 | 249600 | 6289920 | 9319 | 595.2 | 1805.4 | 8370000 | 21801 | 87.6 |
| 2011 | 2385540 | 183600 | 2201940 | 6579 | 579.3 | 2004.1 | 7974000 | 21843 | 94.1 |
| 2012 | 2627968 | 223000 | 2404968 | 5006 | 578.8 | 2257.0 | 9167000 | 22704 | 103.2 |
| 2013 | 2772764 | 258400 | 2514364 | 4373 | 579.0 | 2372.1 | 9038000 | 23431 | 107.4 |
| 2014 | 3281861 | 306600 | 2975261 | 3034 | 574.8 | 2612.3 | 8857000 | 23544 | 118.0 |
| 2015 | 3894776 | 361300 | 3533476 | 1923 | 572.3 | 2604.1 | 5912000 | 23877 | 115.5 |
| 2016 | 5752169 | 460300 | 5291869 | 1523 | 520.3 | 2654.8 | 4893000 | 23396 | 115.3 |
| 2017 | 5577487 | 577900 | 4999587 | 1717 | 497.6 | 2868.8 | 4133966 | 23444 | 123.2 |
| 2018 | 11504357 | 726398 | 10777959 | 1297 | 477.9 | 3001.1 | 3216977 | 33747 | 128.0 |

# 14－11　邮电业务总量

## Business Volume of Postal and Telecommunication Services

| 项　　目 | Item | 2016 | 2017 | 2018 |
| --- | --- | --- | --- | --- |
| 包裹（万件） | Package(10000 pcs) | 62 | 53 | 34 |
| 特快专递（万件） | Express Mail Services(10000 pcs) | 1268 | 1522 | 1638 |
| 订销报纸期发数（万份） | Issue of Newspapers(10000 pcs) | 113 | 113 | 114 |
| 订销杂志期发数（万份） | Issue of Magazines(10000 pcs) | 49 | 47 | 53 |
| 邮政储蓄平均余额（亿元） | Postal Deposits Balance(100 million yuan) | 890 | 1034 | 1086 |
| 集邮业务（万枚） | Stamps for Collection(10000 pcs) | 3598 | 3520 | 3018 |
| 移动电话用户（万户） | Mobile Telephone Subscribers(10000 subscribers) | 2655 | 2869 | 3001 |
| #4G移动电话用户（万户） | 4G mobile phone users(10000 subscribers) | 1394 | 1878 | 2130 |
| 互联网络宽带接入用户（万户） | Internet Broad Band Users(10000 subscribers) | 440.0 | 501.5 | 588.2 |
| #手机上网用户 | Mobile Internet user | 1923.3 | 2195.0 | 2328.9 |
| 固定互联网光纤宽带接入端口（万个） | Fixed Optical Fiber Broad Band Subscribers Port of Internet (10000 unit) | 952.5 | 1390.3 | 1275.9 |
| 固定互联网光纤宽带接入用户（万户） | Fixed Optical Fiber Broad Band Subscribers of Internet(10000 Subscribers) | 377.3 | 426.6 | 520.6 |
| 移动互联网接入流量（亿G） | Flow Accessed to Mobile Internet (100 million G) | 3.56 | 6.54 | 13.56 |
| 邮政局、所（处） | Postal and Postal Offices(unit) | 1002 | 1002 | 1005 |
| # 农村 | #Rural | 718 | 727 | 722 |
| 邮路长度（公里） | Length of Postal Routes(km) | 154622 | 189038 | 186120 |
| # 铁路邮路 | #Railway Routes | 6396 | 3454 | 2996 |
| 航空邮路 | Aviation Routes | 84486 | 145878 | 145878 |
| 汽车邮路 | Highway Routes | 63653 | 39689 | 37246 |
| 本地网中继光缆线路长度（公里） | Local Network Length of Optical Cable Lines(km) | 137648 | 139910 | 553192 |
| 火车邮箱（辆） | Railway Postal Boxes(coach) | 12 | 6 | 6 |
| 邮政汽车（辆） | Postal Vehicles(coach) | 1652 | 1814 | 1931 |

# 第十五篇

15

CHAPTER ▶ 15

# 批发零售贸易和餐饮业

# *WHOLESALE, RETAIL TRADE AND CATERING SERVICES*

资料整理人员：

钟炽慧

# 15－1 历年社会消费品零售总额

## Total Retail Sales of Consumer Goods

单位：万元　　　　unit：10000 yuan

| 年 份 Year | 社会消费品零售总额 Total Retail Sales of Consumer Goods | 按城乡分 Grouped by Urban and Rural | | 按行业分 Grouped by Sector | | |
|---|---|---|---|---|---|---|
| | | 城 镇 Urban | 乡 村 Rural | 批发零售贸易业 Wholesale and Retail Trades | 住宿和餐饮业 Hotels and Catering Services | 其他行业 Others |
| 1978 | 385620 | 291514 | 94106 | 346032 | 15854 | 23734 |
| 1979 | 453079 | 316707 | 136372 | 388943 | 18937 | 45199 |
| 1980 | 528330 | 377198 | 151132 | 438715 | 24509 | 65106 |
| 1981 | 592590 | 430405 | 162185 | 481611 | 29934 | 81045 |
| 1982 | 670226 | 490219 | 180007 | 531540 | 38307 | 100379 |
| 1983 | 755406 | 555884 | 199522 | 589343 | 46380 | 119683 |
| 1984 | 914002 | 662759 | 251243 | 711368 | 52394 | 150240 |
| 1985 | 1119958 | 843468 | 276490 | 862671 | 65462 | 191825 |
| 1986 | 1278126 | 979384 | 298742 | 972965 | 71948 | 233213 |
| 1987 | 1454974 | 1131042 | 323932 | 1086680 | 81881 | 286413 |
| 1988 | 1808111 | 1441649 | 366462 | 1344761 | 104819 | 358531 |
| 1989 | 1982953 | 1592980 | 389973 | 1479969 | 112779 | 390205 |
| 1990 | 1989470 | 1607039 | 382431 | 1478528 | 108295 | 402647 |
| 1991 | 2236919 | 1840771 | 396148 | 1666612 | 117840 | 452467 |
| 1992 | 2614745 | 2199504 | 415241 | 1924394 | 143653 | 546698 |
| 1993 | 3343703 | 2863910 | 479793 | 2424135 | 205796 | 713772 |
| 1994 | 4075974 | 3489145 | 586829 | 2835541 | 311446 | 928987 |
| 1995 | 4948232 | 4291301 | 656931 | 3352296 | 393027 | 1202909 |
| 1996 | 5710259 | 4851313 | 858946 | 3702892 | 588976 | 1418391 |
| 1997 | 6363939 | 5443801 | 920138 | 4051446 | 583022 | 1729471 |
| 1998 | 6990899 | 6070339 | 920560 | 4380291 | 637065 | 1973543 |
| 1999 | 7543181 | 5980241 | 1562940 | 6468115 | 750146 | 324920 |
| 2000 | 8335214 | 6702331 | 1632883 | 6934171 | 1015132 | 385911 |
| 2001 | 9318770 | 7604115 | 1714655 | 7782754 | 1230265 | 305751 |
| 2002 | 10362472 | 8642210 | 1720262 | 8628310 | 1458547 | 275615 |
| 2003 | 11409082 | 9583657 | 1825425 | 9778923 | 1573420 | 56739 |
| 2004 | 12869444 | 10870650 | 1998794 | 11403545 | 1415677 | 50222 |
| 2005 | 14608055 | 12418366 | 2189689 | 12662653 | 1897789 | 47613 |
| 2006 | 16758413 | 14315479 | 2442934 | 14400797 | 2300776 | 56840 |
| 2007 | 19992025 | 17058728 | 2933297 | 17178073 | 2768516 | 45437 |
| 2008 | 24842571 | 21360896 | 3481675 | 21279062 | 3546703 | 16806 |
| 2009 | 29573297 | 25285381 | 4287916 | 26981555 | 2560746 | 30996 |
| 2010 | 35049165 | 31071747 | 3977418 | 31521763 | 3496402 | 31000 |
| 2011 | 41198175 | 36738161 | 4460014 | 37280303 | 3880872 | 37000 |
| 2012 | 47729404 | 42361521 | 5367883 | 42227134 | 5502270 | |
| 2013 | 54264253 | 48067966 | 6196287 | 48038108 | 6226146 | |
| 2014 | 60808998 | 53853046 | 6955952 | 54004584 | 6804414 | |
| 2015 | 66464584 | 58701719 | 7762866 | 58836807 | 7627778 | |
| 2016 | 73104224 | 65545134 | 7559090 | 64089000 | 9015223 | |
| 2017 | 78557539 | 70437658 | 8119882 | 68517938 | 10039601 | |
| 2018 | 75203692 | 66801966 | 8401726 | 65054998 | 10148694 | |

## 15－2　社会消费品零售总额
## Total Retail Sales of Consumer Goods

单位：万元　　　　unit：10000 yuan

| 项　　目 | Item | 2016 | 2017 | 2018 |
|---|---|---|---|---|
| **社会消费品零售总额** | **Total Retail Sales of Consumer Goods** | **73104224** | **78557539** | **75203692** |
| 一、按销售地区分 | Grouped by Region | | | |
| 城镇的零售额 | Urban Retail Sales | 65545134 | 70437658 | 66801966 |
| 乡村的零售额 | Rural Retail Sales | 7559090 | 8119882 | 8401726 |
| 二、按行业分 | Grouped by Sector | | | |
| 批发、零售贸易业 | Wholesale and Retail Trades | 64089000 | 68517938 | 65054998 |
| 限额以上 | Above Designated Size | 25876476 | 26965911 | 19084197 |
| 限额以下及个体户 | Under Designated Size and Individual | 38212524 | 41552027 | 45970801 |
| 住宿和餐饮业 | Hotels and Catering Services | 9015223 | 10039601 | 10148694 |
| 星级（限额以上）企业 | Above Designated Size | 1723039 | 1590669 | 687984 |
| 星级以外（限额以下）企业和个体户 | Below Designated Size and Individual | 7292184 | 8448932 | 9460710 |

## 15－3　各地区社会消费品零售总额
## Total Retail Sales of Consumer Goods by Region

单位：亿元　　　　unit：100 million yuan

| 地　区 | Region | 2012 | 2013 | 2014 | 2015 | 2016 | 2017 | 2018 |
|---|---|---|---|---|---|---|---|---|
| 长　春 | Changchun | 1739.64 | 1970.04 | 2217.55 | 2409.29 | 2650.28 | 2922.75 | 3003.57 |
| 吉　林 | Jilin | 935.64 | 1066.68 | 1197.11 | 1313.23 | 1446.51 | 1534.77 | 1367.10 |
| 四　平 | Siping | 394.79 | 449.98 | 503.82 | 551.48 | 605.83 | 649.25 | 585.37 |
| 辽　源 | Liaoyuan | 147.23 | 167.55 | 189.05 | 206.74 | 226.19 | 239.18 | 239.74 |
| 通　化 | Tonghua | 339.37 | 388.92 | 439.74 | 483.28 | 532.37 | 560.14 | 432.42 |
| 白　山 | Baishan | 190.28 | 217.62 | 244.21 | 266.19 | 292.74 | 310.38 | 294.38 |
| 松　原 | Songyuan | 453.08 | 514.80 | 556.46 | 610.03 | 669.21 | 705.77 | 714.39 |
| 白　城 | Baicheng | 221.45 | 251.46 | 283.88 | 310.49 | 340.24 | 356.50 | 330.65 |
| 延　边 | Yanbian | 351.45 | 399.38 | 449.08 | 481.30 | 531.2 | 560.01 | 534.70 |

# 15－4 各地区限额以上批发零售贸易企业按商品类别分社会消费品零售总额（2018年）

## Total Retail Sales of Social Consumer Goods by Category of Enterprises above Designated Size（2018）

单位：万元　　　　unit：(10000 yuan)

| 地 区 | Region | 社会消费品零售总额 Total Retail Sales of Consumer Goods | 食品类 Food | 粮油、肉禽蛋 Grain,Oil, Meat,Poultry and Eggs | 其他食品类 Other Food | 烟、酒、茶、饮料 Tobacco, Liquor,Tea and Beverages | 衣着类 Clothing | 针、纺织品 Knitwear and Textiles | 服装鞋帽类 Clothing, Shoes and Hats | 用品类 Articles |
|---|---|---|---|---|---|---|---|---|---|---|
| **全 省** | **Total** | **19084197** | **2320164** | **630911** | **1198853** | **490400** | **2840670** | **399037** | **2441633** | **10226710** |
| 长 春 | Changchun | 12035799 | 1436357 | 357354 | 820215 | 258788 | 1800962 | 269008 | 1531954 | 7337940 |
| 吉 林 | Jilin | 1761619 | 222751 | 69574 | 97723 | 55454 | 193642 | 16168 | 177474 | 823858 |
| 四 平 | Siping | 1409700 | 112291 | 47942 | 38888 | 25462 | 447530 | 73556 | 373973 | 407638 |
| 辽 源 | Liaoyuan | 322428 | 29377 | 9175 | 10905 | 9297 | 58488 | 4343 | 54146 | 144520 |
| 通 化 | Tonghua | 855608 | 124272 | 22114 | 63388 | 38769 | 86556 | 9556 | 77000 | 431769 |
| 白 山 | Baishan | 294710 | 64426 | 8687 | 17888 | 37851 | 23115 | 2392 | 20722 | 72161 |
| 松 原 | Songyuan | 767646 | 144477 | 86705 | 35564 | 22208 | 35460 | 6133 | 29327 | 281173 |
| 白 城 | Baicheng | 437510 | 40945 | 11188 | 17390 | 12368 | 45249 | 4698 | 40551 | 153064 |
| 延 边 | Yanbian | 1192044 | 143536 | 17129 | 96853 | 29555 | 149485 | 13183 | 136302 | 572840 |
| 长白山管委会 | Changbai Mountain Management Committee | 7134 | 1733 | 1044 | 41 | 648 | 183 |  | 183 | 1748 |

| 地 区 | Region | #日用品 Atricles for Daily Use | #生活电器 Household Appliances | #文化体育娱乐 Culture and Sports Articles | #化妆品 Cosmetics | #金银珠宝 Jewelry | #中西药品 Traditional Chinese and Western Medicines | #书报杂志 Newspaper and Magazines | #建筑材料 Construction Material | 燃料类 Fuel |
|---|---|---|---|---|---|---|---|---|---|---|
| **全 省** | **Total** | **586474** | **1338266** | **316486** | **224398** | **588291** | **792188** | **95508** | **565997** | **3696652** |
| 长 春 | Changchun | 423924 | 821505 | 201004 | 163180 | 418129 | 527884 | 44055 | 488894 | 1460541 |
| 吉 林 | Jilin | 23670 | 111468 | 22722 | 23968 | 52043 | 38846 | 14239 | 10264 | 521367 |
| 四 平 | Siping | 37212 | 146703 | 23496 | 4496 | 26384 | 26782 | 8715 | 7316 | 442242 |
| 辽 源 | Liaoyuan | 6244 | 22782 | 1444 | 3375 | 9230 | 2433 | 2725 | 123 | 90043 |
| 通 化 | Tonghua | 23436 | 59855 | 14673 | 7858 | 23849 | 58100 | 8506 | 23360 | 213011 |
| 白 山 | Baishan | 4614 | 24390 | 2590 | 4921 | 8853 | 12438 | 2366 | 796 | 135008 |
| 松 原 | Songyuan | 10029 | 37816 | 14377 | 3749 | 4268 | 27512 | 5550 | 4802 | 306536 |
| 白 城 | Baicheng | 9745 | 34265 | 5160 | 2953 | 20553 | 20832 | 3393 | 12020 | 198252 |
| 延 边 | Yanbian | 47364 | 79073 | 31021 | 9897 | 24445 | 77361 | 5959 | 18423 | 326183 |
| 长白山管委会 | Changbai Mountain Management Committee | 238 | 410 |  |  | 537 |  |  |  | 3470 |

# 15－5 城乡个体工商户基本情况

## Basic Statistics on Urban and Rural Individual Economy

| 行业 | Item | 户数（户）Households (subscribers) | | 从业人数（人）Employees (person) | | 注册资本（出资金额）(万元) Registered Capital (10000 yuan) | |
|---|---|---|---|---|---|---|---|
| | | 2017 | 2018 | 2017 | 2018 | 2017 | 2018 |
| **合计** | **Total** | **1610101** | **1727728** | **4606885** | **4758514** | **14795567** | **22178727** |
| **按城乡分** | **Grouped by Urban and Rural** | | | | | | |
| 城镇 | Urban | 935078 | 906602 | 2529029 | 2427586 | 5865208 | 7285319 |
| 乡村 | Rural | 675023 | 821126 | 2077856 | 2330928 | 8930359 | 14893408 |
| **按行业分** | **Grouped by Sector** | | | | | | |
| 农林牧渔业 | Agriculture,Forestry,Animal Husbandry and Fishrey | 109434 | 108493 | 260000 | 265713 | 3256038 | 4126291 |
| 采矿业 | Mining | 902 | 850 | 4067 | 3705 | 38913 | 36193 |
| 制造业 | Manufacturing | 66441 | 69308 | 185465 | 193021 | 861191 | 1328206 |
| 电力、热力、燃气及水的生产和供应业 | Production and Supply for Electricity Heat，Gas and Water | 322 | 318 | 1154 | 1003 | 12427 | 12625 |
| 建筑业 | Construction | 5941 | 7009 | 29557 | 35593 | 101011 | 136653 |
| 交通运输、仓储和邮政业 | Transport,Storage and Post | 102495 | 131061 | 335844 | 371861 | 881637 | 1140038 |
| 信息传输、软件和信息技术服务业 | Information Transmission,Computer Service and Software | 5517 | 5502 | 11377 | 11402 | 66035 | 129399 |
| 批发和零售业 | Wholesale and Retail Trades | 859970 | 891956 | 2464127 | 2464649 | 5875178 | 10271451 |
| 住宿和餐饮业 | Hotels and Catering Services | 223957 | 251745 | 606825 | 673361 | 1889487 | 2179843 |
| 房地产业 | Real Estate | 1589 | 2465 | 3773 | 6796 | 10914 | 16152 |
| 租赁和商务服务业 | Leasing and Business Services | 21324 | 18841 | 44613 | 40352 | 213747 | 233003 |
| 居民服务、修理和其他服务业 | Services to Households and Other Services | 181765 | 187875 | 581374 | 537195 | 1259660 | 2055828 |
| 卫生和社会工作 | Health、Solial Security and Social Welfare | 9713 | 10686 | 27296 | 27621 | 112594 | 144241 |
| 文化、体育和娱乐业 | Culture,Sports and Entertainment | 6101 | 11923 | 17580 | 30255 | 130528 | 179862 |
| 其他行业 | Others | 14630 | 29696 | 33833 | 95987 | 86206 | 188943 |

# 15-6 城乡私营企业基本情况

## Basic Statistics on Urban and Rural Private Enterprises

| 行业 | Item | 户数(户) Household (subscribers) | | 雇工人数(人) Employee (person) | | 投资人数(人) Investors (person) | | 注册资本(出资金额)(万元) Registered Capital (10000 yuan) | |
|---|---|---|---|---|---|---|---|---|---|
| | | 2017 | 2018 | 2017 | 2018 | 2017 | 2018 | 2017 | 2018 |
| **合 计** | **Total** | **343144** | **396071** | **2073020** | **2260848** | **588662** | **661740** | **218735559** | **278668658** |
| **按经济类型分** | **Crouped by Ownership** | | | | | | | | |
| 独资企业 | Foreign Funded | 26001 | 28556 | 138708 | 154613 | 25558 | 28039 | 3898757 | 3955953 |
| 合伙企业 | Partnership Enterprises | 1585 | 1995 | 10147 | 13086 | 9098 | 11690 | 9286052 | 12221150 |
| 有限责任公司 | Limited liability Corporation | 313138 | 362983 | 1880832 | 2048550 | 544374 | 612237 | 198578035 | 254399712 |
| 股份有限公司 | Joint Stock Corporations | 2420 | 2537 | 43333 | 44599 | 9632 | 9774 | 6972716 | 8091843 |
| **按行业分** | **Grouped by Sector** | | | | | | | | |
| 农林牧渔业 | Farming,Forestry,Animal Husbandry and Fishrey | 19603 | 22002 | 109225 | 126060 | 31262 | 34144 | 9539018 | 11148216 |
| 采矿业 | Mining | 1761 | 1836 | 26124 | 26443 | 3309 | 3417 | 1777699 | 2244499 |
| 制造业 | Manfacturing | 34293 | 36903 | 353107 | 367104 | 68183 | 71100 | 21762405 | 29949679 |
| 电力、热力、燃气及水的生产和供应业 | Production and Supply for Elec-tricity Heat, Gas and Water | 2387 | 2563 | 21006 | 21464 | 5113 | 5227 | 3296330 | 4304601 |
| 建筑业 | Constuction | 25134 | 31063 | 355959 | 375807 | 43527 | 51005 | 28633759 | 44203816 |
| 交通运输、仓储和邮政业 | Transport,Storage and Post | 12676 | 14538 | 69755 | 74976 | 20234 | 22832 | 7660924 | 9534643 |
| 信息传输、软件和信息技术服务业 | Information、Transmission Computer Service and Software | 15744 | 18961 | 62350 | 72822 | 25956 | 31045 | 9381930 | 10649067 |
| 批发和零售业 | Wholesale and Retail Trade | 121320 | 136857 | 523070 | 563626 | 190096 | 209816 | 36059425 | 44648487 |
| 住宿和餐饮业 | Hotels and Catering Services | 4786 | 5516 | 31433 | 34587 | 8252 | 9513 | 1634811 | 2047487 |
| 房地产业 | Real Estate | 12615 | 13737 | 81682 | 83787 | 23771 | 25357 | 14099085 | 12012112 |
| 租赁和商务服务业 | Leasing and Business Services | 47422 | 47043 | 197865 | 188963 | 82805 | 80108 | 44411562 | 47102572 |
| 居民服务、修理和其他服务业 | Household Services and Other Services | 9271 | 12000 | 45551 | 56900 | 15298 | 20074 | 2411547 | 9211820 |
| 卫生和社会工作 | Health、Social Security and Social Welfare | 1078 | 1458 | 12875 | 16784 | 1801 | 2393 | 1241354 | 2201179 |
| 文化、体育和娱乐业 | Culture Sports and Entertainment | 4120 | 14110 | 17858 | 61022 | 7003 | 23522 | 1484456 | 6375405 |
| 其他行业 | Others | 30934 | 37484 | 165160 | 190503 | 62052 | 72187 | 35341256 | 43035075 |

# 第十六篇

CHAPTER ▶ 16

# 教育、科技和文化事业

# *EDUCATION, SCIENCE AND TECHNOLOGY AND CULTURE*

资料整理人员：

张 蕾　李 闯

# 16－1 历年教育基本情况
## Basic Statistics on Education

| 年 份 Year | 在校学生数（万人） Student Enrollment（10000 persons） | | | | 专任教师数（人） Number of Full－time Teachers（person） | | | |
|---|---|---|---|---|---|---|---|---|
| | 普通高等学校 Regular Institutions of Higher Education | 中等学校 Secondary Schools | #普通中学 Regular Secondary Schools | 小学 Primary Schools | 普通高等学校 Regular Institutions of Higher Education | 中等学校 Secondary Schools | #普通中学 Regular Secondary Schools | 小学 Primary Schools |
| 1978 | 3.00 | 209.10 | 205.95 | 342.97 | 7221 | 101705 | 96732 | 124978 |
| 1979 | 3.57 | 196.57 | 192.26 | 350.41 | 7931 | 106588 | 100814 | 133875 |
| 1980 | 3.80 | 189.29 | 183.14 | 355.29 | 8468 | 103427 | 96189 | 133402 |
| 1981 | 4.65 | 173.87 | 169.21 | 349.30 | 8641 | 100443 | 93508 | 134664 |
| 1982 | 4.14 | 165.14 | 156.42 | 330.98 | 9670 | 98244 | 89129 | 133796 |
| 1983 | 4.54 | 156.39 | 143.60 | 306.12 | 10570 | 95818 | 84399 | 129288 |
| 1984 | 5.10 | 158.24 | 141.89 | 300.88 | 10956 | 94443 | 81494 | 132786 |
| 1985 | 5.95 | 158.47 | 138.70 | 299.81 | 12443 | 96294 | 82201 | 134515 |
| 1986 | 6.55 | 154.42 | 133.77 | 306.90 | 13580 | 97188 | 82108 | 137499 |
| 1987 | 6.87 | 154.49 | 133.45 | 299.39 | 13752 | 99868 | 83609 | 142040 |
| 1988 | 7.29 | 152.31 | 129.77 | 291.02 | 14707 | 102334 | 84897 | 144864 |
| 1989 | 7.31 | 141.80 | 120.18 | 283.42 | 14726 | 102626 | 85211 | 147118 |
| 1990 | 7.28 | 140.41 | 119.57 | 276.12 | 14791 | 101692 | 84492 | 145952 |
| 1991 | 7.25 | 145.32 | 124.02 | 267.24 | 14664 | 104064 | 86460 | 147729 |
| 1992 | 7.57 | 152.36 | 129.80 | 259.95 | 14706 | 104489 | 86962 | 146337 |
| 1993 | 8.63 | 152.95 | 129.46 | 257.35 | 14864 | 105149 | 87622 | 147678 |
| 1994 | 9.52 | 151.47 | 126.64 | 264.19 | 14956 | 106326 | 88238 | 150242 |
| 1995 | 10.08 | 155.18 | 128.74 | 269.03 | 15024 | 107533 | 88908 | 152734 |
| 1996 | 10.50 | 156.82 | 128.71 | 274.91 | 15497 | 109883 | 91241 | 153537 |
| 1997 | 11.02 | 158.49 | 129.00 | 280.07 | 15610 | 110514 | 92019 | 149396 |
| 1998 | 11.79 | 158.35 | 127.89 | 274.27 | 15531 | 110651 | 92482 | 151758 |
| 1999 | 13.96 | 162.14 | 133.68 | 260.38 | 15166 | 108245 | 90943 | 152052 |
| 2000 | 17.53 | 167.75 | 143.12 | 241.59 | 17476 | 106110 | 90007 | 150291 |
| 2001 | 21.78 | 169.18 | 148.81 | 221.01 | 18194 | 103631 | 88921 | 145092 |
| 2002 | 26.47 | 173.36 | 155.20 | 202.22 | 19975 | 104834 | 91291 | 144586 |
| 2003 | 31.95 | 177.38 | 157.76 | 183.31 | 21824 | 109079 | 92338 | 141363 |
| 2004 | 36.22 | 180.51 | 159.96 | 174.14 | 25011 | 110318 | 93056 | 140904 |
| 2005 | 40.73 | 176.43 | 154.74 | 162.52 | 28129 | 111590 | 94248 | 137675 |
| 2006 | 43.51 | 174.81 | 149.01 | 155.60 | 29918 | 113603 | 94619 | 134450 |
| 2007 | 47.02 | 170.55 | 144.68 | 153.67 | 31667 | 113703 | 94464 | 131475 |
| 2008 | 50.41 | 167.32 | 139.46 | 150.07 | 32539 | 114192 | 94202 | 129118 |
| 2009 | 53.10 | 166.88 | 133.76 | 146.11 | 33239 | 115160 | 95614 | 128301 |
| 2010 | 54.44 | 159.03 | 128.84 | 144.46 | 33982 | 114622 | 94666 | 124502 |
| 2011 | 56.28 | 149.63 | 122.41 | 143.92 | 35647 | 123544 | 104417 | 111487 |
| 2012 | 57.89 | 140.22 | 116.96 | 142.37 | 37022 | 124482 | 105467 | 108035 |
| 2013 | 59.95 | 129.08 | 109.79 | 136.19 | 38003 | 124565 | 106386 | 103035 |
| 2014 | 61.82 | 118.87 | 103.83 | 126.89 | 38549 | 125464 | 107839 | 100146 |
| 2015 | 63.27 | 113.60 | 100.15 | 127.98 | 39152 | 122988 | 106636 | 96841 |
| 2016 | 64.23 | 113.83 | 100.81 | 126.42 | 39823 | 122262 | 107627 | 95884 |
| 2017 | 64.39 | 116.43 | 103.21 | 122.82 | 40097 | 122130 | 108581 | 94305 |
| 2018 | 65.83 | 119.00 | 106.87 | 120.19 | 40328 | 125054 | 111537 | 91550 |

# 16－2　各级各类教育基本情况（2018年）

## Basic Statistics on Education by Level and Type（2018）

| 学校类别 | Item | 学校数(所) Number of Schools (unit) | 教职工数(人) Teachers and Staff (person) 合计 Total | 其中：专任教师 Fill－time Teachers | 毕业生数（人）Graduates (person) | 招生数（人）New Students Enrollment (person) | 在校学生数（人）Students Enrollment (person) |
|---|---|---|---|---|---|---|---|
| 一、研究生 | Postgraduate | 21 | | | 18263 | 24189 | 68806 |
| 科研机构 | Scientific Research Insitutions | 2 | | | 43 | 51 | 194 |
| 普通高校 | Regular Institutions of Higher Education | 19 | | | 18220 | 24138 | 68612 |
| #地方所属 | Local-owned | 17 | | | 7730 | 10401 | 28526 |
| 二、高等教育 | Higher Education | 75 | 65423 | 41527 | 213032 | 243546 | 771432 |
| 普通高校 | Regular Institutions of Higher Education | 62 | 63479 | 40328 | 166174 | 187482 | 658327 |
| #地方属 | Local-owned | 60 | 49933 | 33931 | 152211 | 173376 | 600897 |
| 成人高等学校 | Adult Institutions | 13 | 1944 | 1199 | 52730 | 57037 | 119019 |
| #地方属 | Local-owned | 13 | 1944 | 1199 | 46858 | 56064 | 113105 |
| 三、高中阶段教育 | Senior Secondary Education | 508 | 61429 | 49394 | 174775 | 164196 | 529391 |
| 普通高中教育 | Regular Senior Secondary Education | 248 | 43846 | 35976 | 133057 | 129106 | 408494 |
| 中等职业教育 | Vocational Secondary Education | 260 | 17583 | 13418 | 41718 | 35090 | 120897 |
| 中等技术学校 | Technical Secondary Schools | 42 | 4312 | 3367 | 10774 | 8603 | 33222 |
| 中等师范学校 | Teacher Training Schools | 1 | | | 13 | 77 | 173 |
| 成人中等专业学校 | Specialized Secondary Schools for Adults | 74 | 4364 | 3588 | 1732 | 1467 | 3166 |
| 职业高中 | Vocational Senior Secondary Schools | 143 | 8488 | 6172 | 21919 | 17807 | 62087 |
| 其他机构（不计校数） | Others (Regardless of number of school) | 20 | 419 | 291 | 3281 | 3539 | 9783 |
| 附设中职班（不计校数） | Secondary Vocational School(Regardless of number of school) | 33 | | | 3999 | 3597 | 12466 |
| 四、初中阶段教育 | Junior Secondary Education | 1175 | 91995 | 75660 | 179914 | 224225 | 660635 |
| 普通初中 | Regular Junior Secondary Schools | 1170 | 91880 | 75561 | 179809 | 224117 | 660238 |
| 职业初中 | Junior Secondary Vocational Schools | 5 | 115 | 99 | 105 | 108 | 397 |
| 五、小学教育 | Pimary Education | 3871 | 107802 | 91550 | 226423 | 201272 | 1201872 |
| 普通小学 | Regular Primary Education | 3871 | 107802 | 91550 | 226423 | 201272 | 1201872 |
| 六、特殊教育 | Special Education | 50 | 1937 | 1662 | 1094 | 1867 | 9649 |
| 七、工读学校 | Correctional Work-Study Schools | 3 | 110 | 46 | 119 | 60 | 154 |
| 八、幼儿园 | Kindergartens | 3617 | 54973 | 28503 | 181923 | 186688 | 419246 |

# 16－3 各级各类成人学校基本情况

单位：人

| 项　　目 | Item | 招生数New<br>2017 |
|---|---|---|
| **一、成人高等学校** | **Higher Education Schools for Adults** | **3560** |
| 成人本科 | Regular College for Adults | 1535 |
| 成人专科 | Junior College for Adults | 2025 |
| 广播电视大学 | Radio and TV Universities | 83 |
| 职工高等学校 | Schools of Higher Education for Staff and Workers | 2518 |
| 农民高等学校 | Schools of Higher Education for Peasants | 346 |
| 管理干部学院 | College for Management Cadres | 246 |
| 教育学院 | Pedagogical Colleges | 367 |
| **二、成人中专学校** | **Secondary Schools for Adults** | **1423** |
| **三、成人技术培训学校** | **Technical Training Schools for Adults** | |
| **四、成人中小学** | **Primary Schools for Adults** | |
| 职工中学 | The middle School | |
| 农民中学 | Secondary Schools for Peasants | |
| 职工小学 | The Primary School | |
| 农民小学 | Primary School for Peasants | |
| 其中：扫盲班 | Literacy Classes | |

## Student Enrollment in Adult Schools by Level and Type

unit：person

| Students Enrollment | 在校生数 Students Enrollment | | 毕业生数 Graduates | |
|---|---|---|---|---|
| 2018 | 2017 | 2018 | 2017 | 2018 |
| **4690** | **7429** | **8392** | **5948** | **3709** |
| 990 | 3083 | 2570 | 1635 | 1488 |
| 3700 | 4346 | 5822 | 4313 | 2221 |
| 95 | 255 | 178 | 697 | 172 |
| 2072 | 5217 | 4687 | 2954 | 2603 |
| 441 | 673 | 787 | 444 | 327 |
| 435 | 528 | 681 | 507 | 282 |
| 1647 | 756 | 2059 | 1346 | 325 |
| **1467** | **3518** | **3166** | **1561** | **1732** |
| | **266991** | **109742** | **165705** | **91569** |
| | **5140** | **2554** | **4363** | **1777** |
| | | | | |
| | 1500 | | 1500 | |
| | | | | |
| | 3640 | 2554 | 2863 | 1777 |
| | 3640 | 2554 | 2863 | 1777 |

# 16－4 高等学校分学科研究生情况
## Basic Statistics on Postgraduates in Institution of Higher Education by Field of Study

单位：人 unit：person

| 指 标 | Item | 研究生合计 Total Postgraduates | | | 博士学位 Doctor | | | 硕士学位 Master | | |
|---|---|---|---|---|---|---|---|---|---|---|
| | | 2016 | 2017 | 2018 | 2016 | 2017 | 2018 | 2016 | 2017 | 2018 |
| **招生数** | **New Students Enrollment** | | | | | | | | | |
| **总计** | **Total** | **19680** | **23095** | **24189** | **2254** | **2418** | **2658** | **17426** | **20677** | **21531** |
| 哲 学 | Philosophy | 167 | 166 | 162 | 36 | 41 | 43 | 131 | 125 | 119 |
| 经济学 | Economics | 820 | 825 | 754 | 134 | 146 | 125 | 686 | 679 | 629 |
| 法 学 | Law | 1945 | 2007 | 1962 | 257 | 282 | 255 | 1688 | 1725 | 1707 |
| 教育学 | Education | 1988 | 3463 | 3566 | 69 | 72 | 133 | 1919 | 3391 | 3433 |
| 文 学 | Literature | 1333 | 1285 | 1352 | 116 | 121 | 129 | 1217 | 1164 | 1223 |
| 历史学 | History | 391 | 388 | 451 | 78 | 79 | 104 | 313 | 309 | 347 |
| 理 学 | Science | 2491 | 2675 | 3006 | 499 | 519 | 632 | 1992 | 2156 | 2374 |
| 工 学 | Engineering | 4450 | 5182 | 5372 | 501 | 543 | 637 | 3949 | 4639 | 4735 |
| 农 学 | Agriculture | 961 | 1088 | 1215 | 93 | 95 | 116 | 868 | 993 | 1099 |
| 医 学 | Medicine | 2506 | 2645 | 2764 | 313 | 378 | 332 | 2193 | 2267 | 2432 |
| 军事学 | Military | | | | | | | | | |
| 管理学 | Management | 1729 | 2453 | 2611 | 141 | 125 | 136 | 1588 | 2328 | 2475 |
| 艺术学 | Art | 899 | 918 | 974 | 17 | 17 | 16 | 882 | 901 | 958 |
| #学术型学位 | Academic Degree | 11742 | 12186 | 12433 | 2227 | 2389 | 2568 | 9515 | 9797 | 9865 |
| #专业学位 | Professional Degree | 7938 | 10909 | 11756 | 27 | 29 | 90 | 7911 | 10880 | 11666 |
| **在校学生数** | **Students Enrollment** | | | | | | | | | |
| **总计** | **Total** | **59981** | **63454** | **68806** | **10172** | **10476** | **10991** | **49809** | **52978** | **57815** |
| 哲 学 | Philosophy | 574 | 579 | 563 | 184 | 189 | 198 | 390 | 390 | 365 |
| 经济学 | Economics | 2472 | 2566 | 2499 | 790 | 789 | 781 | 1682 | 1777 | 1718 |
| 法 学 | Law | 6076 | 6220 | 6316 | 1128 | 1193 | 1209 | 4948 | 5027 | 5107 |
| 教育学 | Education | 6410 | 6992 | 8725 | 204 | 209 | 274 | 6206 | 6783 | 8451 |
| 文 学 | Literature | 3815 | 3811 | 3934 | 556 | 555 | 583 | 3259 | 3256 | 3351 |
| 历史学 | History | 1389 | 1338 | 1364 | 367 | 373 | 398 | 1022 | 965 | 966 |
| 理 学 | Science | 7445 | 7774 | 8392 | 2000 | 2013 | 2176 | 5445 | 5761 | 6216 |
| 工 学 | Engineering | 14093 | 15109 | 15994 | 2500 | 2540 | 2695 | 11593 | 12569 | 13299 |
| 农 学 | Agriculture | 2429 | 2727 | 3112 | 390 | 416 | 435 | 2039 | 2311 | 2677 |
| 医 学 | Medicine | 7462 | 8046 | 8454 | 1295 | 1442 | 1487 | 6167 | 6604 | 6967 |
| 军事学 | Military | 3 | 2 | 2 | | | | 3 | 2 | 2 |
| 管理学 | Management | 5285 | 5660 | 6667 | 707 | 705 | 705 | 4578 | 4955 | 5962 |
| 艺术学 | Art | 2528 | 2630 | 2784 | 51 | 52 | 50 | 2477 | 2578 | 2734 |
| #学术型学位 | Academic Degree | 38476 | 39065 | 39692 | 10130 | 10413 | 10845 | 28346 | 28652 | 28847 |
| #专业学位 | Professional Degree | 21505 | 24389 | 29114 | 42 | 63 | 146 | 21463 | 24326 | 28968 |
| 预计毕业生数 | Expected Graduate | 22326 | 21876 | 22816 | 5719 | 5821 | 5918 | 16607 | 16055 | 16898 |
| 毕业生数 | Graduate | 17479 | 18717 | 18263 | 1696 | 1798 | 1853 | 15783 | 16919 | 16410 |

# 16－5　高等学校研究生情况

## Basic Statistics on Postgraduates in Institutions of Higher Education

单位：人　　　　　　　　　　　　　　　　unit：person

| 指　　标 | Item | 研究生合计 Total Postgraduates | | | 博士学位 Doctor | | | 硕士学位 Master | | |
|---|---|---|---|---|---|---|---|---|---|---|
| | | 2016 | 2017 | 2018 | 2016 | 2017 | 2018 | 2016 | 2017 | 2018 |
| 毕业生数 | Graduates | 17479 | 18717 | 18263 | 1696 | 1798 | 1853 | 15783 | 16919 | 16410 |
| 招生数 | New Student Enrollment | 19680 | 23095 | 24189 | 2254 | 2418 | 2658 | 17426 | 20677 | 21531 |
| 在学研究生数 | Number of Postgraduate Enrollment | 59981 | 63454 | 68806 | 10172 | 10476 | 10991 | 49809 | 52978 | 57815 |
| 毕业班学生数 | Students in Graduating Class | 22326 | 21876 | 22816 | 5719 | 5821 | 5918 | 16607 | 16055 | 16898 |

# 16－6　幼儿园基本情况

## Basic Statistics on Kindergartens

| 指　　标 | Item | 2015 | 2016 | 2017 | 2018 |
|---|---|---|---|---|---|
| 园数(所) | Number of Kindergartens(unit) | 4174 | 4133 | 4053 | 3617 |
| 在园幼儿数（万人） | Students Enrollment(10000 person) | 46 | 46 | 46 | 42 |
| 教职工数（人） | Teachers and Staff(person) | 50183 | 53141 | 55084 | 54973 |
| #专任教师数 | Number of Full-time Teachers | 28399 | 29631 | 30026 | 28503 |

# 16－7 特殊教育基本情况
## Basic Statistics on Special Education

| 指　　标 | Item | 2015 | 2016 | 2017 | 2018 |
|---|---|---|---|---|---|
| 学校数(所) | Number of Schools(unit) | 47 | 49 | 50 | 50 |
| 招生数（人） | New Students Enrollment(person) | 953 | 1338 | 1466 | 1867 |
| 在校学生数（人） | Students Enrollment(person) | 6015 | 7484 | 8797 | 9649 |
| 毕业生数（人） | Graduates(person) | 592 | 684 | 780 | 1094 |
| 教职工数（人） | Teachers and Staff(person) | 1773 | 1837 | 1869 | 1937 |
| # 专任教师数 | Number of Full-time Teachers | 1463 | 1552 | 1595 | 1662 |

# 16－8 小学净入学率
## Net Primary School Enrollment Ratio

| 指　　标 | Item | 2015 | 2016 | 2017 | 2018 |
|---|---|---|---|---|---|
| 校内外学龄人口数(万人) | Number of School-age Population in and out of School(10000 person) | 123.89 | 123.44 | 120.34 | 118.04 |
| 在校学龄人口数（万人） | School Age Population(10000 person) | 123.62 | 123.20 | 120.16 | 118.00 |
| 净入学率（%） | Net Emollment Ratio(%) | 99.78 | 99.81 | 99.85 | 99.97 |
| #其中：女 | Female | 99.79 | 99.79 | 99.86 | 99.97 |

## 16－9 普通高等教育普通本科在校学生数
## General Higher Education Undergraduate Students

单位：人　　　　unit：person

| 项目 | Item | 招生 New Students Enrollment | | | 在校生 Students Enrollment | | | 毕业生 Graduates | | |
|---|---|---|---|---|---|---|---|---|---|---|
| | | 2016 | 2017 | 2018 | 2016 | 2017 | 2018 | 2016 | 2017 | 2018 |
| **总计** | **Total** | **121472** | **122501** | **125698** | **475665** | **478823** | **486973** | **113696** | **114984** | **113143** |
| 哲学 | Philosophy | 71 | 66 | 68 | 265 | 258 | 263 | 64 | 69 | 59 |
| 经济学 | Economics | 6801 | 6575 | 6502 | 26759 | 26381 | 26224 | 6683 | 6514 | 6396 |
| 法学 | Law | 3594 | 3610 | 3747 | 13985 | 13866 | 14048 | 3532 | 3596 | 3422 |
| 教育学 | Education | 5341 | 5228 | 5427 | 19935 | 19923 | 20355 | 5181 | 4863 | 4824 |
| 文学 | Literature | 11848 | 11917 | 11966 | 46606 | 46409 | 47075 | 12773 | 11828 | 11013 |
| #外语 | Foreign Language | 7011 | 7108 | 7164 | 28046 | 27650 | 28102 | 7765 | 7249 | 6462 |
| 历史学 | History | 626 | 648 | 696 | 2539 | 2527 | 2580 | 622 | 651 | 597 |
| 理学 | Science | 8567 | 8044 | 8137 | 32608 | 32420 | 32539 | 7712 | 7455 | 7584 |
| 工学 | Engineering | 39697 | 41666 | 43363 | 154411 | 158048 | 163681 | 35806 | 36533 | 36472 |
| 农学 | Agriculture | 2949 | 3084 | 3103 | 11728 | 11907 | 11847 | 2655 | 2630 | 2894 |
| 医学 | Medicine | 7414 | 7465 | 8196 | 29628 | 30670 | 32295 | 5621 | 6721 | 6350 |
| 管理学 | Management | 19191 | 19258 | 19129 | 75401 | 75126 | 75115 | 19278 | 19343 | 18417 |
| 艺术学 | Art | 15373 | 14940 | 15364 | 61800 | 61288 | 60951 | 13769 | 14781 | 15115 |
| 总计中：师范生 | Normal university student | 11565 | 12268 | 11844 | 45080 | 49666 | 48280 | 11843 | 12550 | 11568 |

## 16－10 普通高等教育分科专任教师数（2018年）
## Numbers of Full Time Teacher by Field of Study in Regular Higher Educational Institutions（2018）

单位：人　　　　unit：person

| 项目 | Item | 合计 Total | 正高级 Senior Title | 副高级 Sub-Senior Title | 中级 Middle Title | 初级 Junior Title | 无职称 No Rank |
|---|---|---|---|---|---|---|---|
| **总计** | **Total** | **41527** | **6816** | **13767** | **15168** | **4747** | **1029** |
| #女 | Female | 23204 | 3020 | 7535 | 9090 | 2936 | 623 |
| 哲学 | Philosophy | 1318 | 230 | 370 | 518 | 169 | 31 |
| 经济学 | Economics | 1887 | 351 | 701 | 544 | 244 | 47 |
| 法学 | Law | 1955 | 261 | 575 | 727 | 339 | 53 |
| 教育学 | Education | 3723 | 397 | 1237 | 1468 | 547 | 74 |
| #体育 | Sports | 1868 | 168 | 638 | 803 | 232 | 27 |
| 文学 | Literature | 6065 | 730 | 1971 | 2588 | 638 | 138 |
| #外语 | Foreign Language | 3870 | 424 | 1226 | 1778 | 382 | 60 |
| 历史学 | History | 494 | 125 | 139 | 191 | 28 | 11 |
| 理学 | Science | 5144 | 1136 | 1815 | 1680 | 352 | 161 |
| 工学 | Engineering | 10573 | 1934 | 3639 | 3680 | 1065 | 255 |
| #计算机 | Computer | 2254 | 267 | 794 | 915 | 237 | 41 |
| 农学 | Agriculture | 1180 | 291 | 410 | 385 | 78 | 16 |
| #林学 | Forestry | 152 | 30 | 42 | 63 | 15 | 2 |
| 医学 | Medicine | 2681 | 553 | 866 | 848 | 289 | 125 |
| 管理学 | Management | 3037 | 495 | 1084 | 1067 | 347 | 44 |
| 艺术 | Art | 3470 | 313 | 960 | 1472 | 651 | 74 |

## 16－11 各级学校生师比
## Student–teacher Ratio by Level of School

（教师人数=1） (Number of Teachers=1)

| 指 标 | Item | 2015 | 2016 | 2017 | 2018 |
|---|---|---|---|---|---|
| **普通高校** | **Institutions of Higher Education** | | | | |
| 专任教师数 | Number of Full–lime Teachers | 39152 | 39823 | 40097 | 40328 |
| 生师比 | Student–faculty Ratios | 17.74 | 17.05 | 17.84 | 17.98 |
| **中等学校** | **Secondary School** | | | | |
| 专任教师数 | Full–time Number | 122988 | 122262 | 122130 | 125054 |
| 生师比 | Student–faculty Ratios | 10.35 | 9.31 | 9.68 | 10.81 |
| **小学** | **Primary School** | | | | |
| 专任教师数 | Full–time Number | 96841 | 95884 | 94305 | 91550 |
| 生师比 | Student–faculty Rations | 11.63 | 11.53 | 11.33 | 11.27 |

## 16－12 平均每万人口在校学生数
## Student Enrollment per 10000 Population

| 指 标 | Item | 2015 | 2016 | 2017 | 2018 |
|---|---|---|---|---|---|
| 各级学校在校生数占全省人口比重(%) | Students as Percentage of Total Population(%) | 13.8 | 13.6 | 13.6 | 13.6 |
| 平均每万人口中（人） | Per 10000 Population(person) | | | | |
| 高等学校 | Institutions of Higher Education | 317 | 305 | 304 | 313 |
| 高中阶段 | Senior Secondary | 211 | 204 | 210 | 208 |
| 初中阶段 | Junior Secondary | 216 | 220 | 226 | 243 |
| 小 学 | Primary Secondary | 465 | 459 | 449 | 442 |
| 幼儿园 | Kindergartens | 169 | 168 | 167 | 154 |

## 16－13 职业技术培训机构情况（2018年）
## Vocational Technical Training Institutions（2018）

单位：人　　unit：person

| 项　目 | Item | 学校数(所) School of Number(unit) | 教职工数 Teachers and staff | #专任教师 Number of Full-time teachers | 结业学生数 Graduates | 注册学生数 Number of Registered students |
|---|---|---|---|---|---|---|
| **总　计** | **Total** | **1418** | **7370** | **4633** | **91569** | **109742** |
| **职工技术培训学校(机构)** | **Staff technical training school(Institution)** | **40** | **1620** | **891** | **10152** | **11210** |
| 教育部门办 | Education Department | 29 | 1342 | 759 | 8075 | 8633 |
| 其他部门办 | other | 11 | 278 | 132 | 2077 | 2577 |
| 民办 | Private | | | | | |
| 中外合作办 | Sino-foreign Cooperative | | | | | |
| **农村成人文化技术培训学校(机构)** | **Rural Adult Cultural and technical training school(Institution)** | **569** | **1663** | **582** | **32301** | **34383** |
| 教育部门办 | Education Department | 568 | 1627 | 546 | 30301 | 32383 |
| #县办 | County | 7 | 121 | 83 | 1227 | 1227 |
| 乡办 | Township | 95 | 436 | 171 | 17905 | 19273 |
| 村办 | Village | 466 | 1070 | 292 | 11169 | 11883 |
| 其他部门办 | Other | 1 | 36 | 36 | 2000 | 2000 |
| 民办 | Private | | | | | |
| 中外合作办 | Sino-foreign Cooperative | | | | | |
| **其他培训机构(含社会培训机构)** | **Other training Institutions** | **809** | **4087** | **3160** | **49116** | **64149** |
| 教育部门办 | Education Department | | | | | |
| 其他部门办 | Other | 78 | 560 | 220 | 1728 | 1728 |
| 民办 | Private | 731 | 3527 | 2940 | 47388 | 62421 |
| 中外合作办 | Sino-foreign Cooperative | | | | | |

## 16－14 中等职业学校(机构)情况（2018年）
## Secondary Vocational School(Institutions)（2018）

单位：个　　unit：unit

| 项　目 | Item | 总计 Total | 中央部门 Central Department | 地方 local | | | 民办 Private | 中外合作办 Sino-foreign Cooperative |
|---|---|---|---|---|---|---|---|---|
| | | | | 教育部门 Education Department | 其他部门 Other | 地方企业 Local Enterprises | | |
| 中等职业学校 | Secondary vocational school | 260 | | 161 | 32 | 1 | 66 | |
| 普通中等专业学校 | General secondary vocational school | 43 | | 28 | 11 | | 4 | |
| 成人中等专业学校 | Adult secondary specialized school | 74 | | 61 | 12 | 1 | | |
| 职业高中学校 | Vocational high school | 143 | | 72 | 9 | | 62 | |
| 其他中职机构&(不计校数) | Other vocational Institutions | 20 | | 15 | 3 | | 2 | |
| 附设中职班(不计校数) | Secondary Vocational school (Excluding the number of schools) | 33 | | 24 | 3 | | 6 | |

注：中等职业学校未含技工学校数据(相关表同)。
Note: Secondary Vocational school has not included the data of technical school(The same applies to the relevant tables following).

# 16－15　中等职业学校分学科学生情况（2018年）
## Students in Secondary Vocational School by Subject（2018）

单位：人　　unit：person

| 项　目 | Item | 毕业生数 Graduates | #获得职业资格证书 Obtain professional qualification certificate | 招生数 New student Enrollment | 在校学生数 Students Enrollment |
|---|---|---|---|---|---|
| **总　计** | **Total** | **41718** | **20633** | **35090** | **120897** |
| 农林牧渔类 | Agriculture、Forestry、Animal、Husbandry and Fishery | 7281 | 2994 | 6103 | 15931 |
| 资源环境类 | Resource Environment | 203 | 76 | 96 | 188 |
| 能源与新能源类 | Energy and New Energy | 43 | 8 | 13 | 102 |
| 土木水利类 | Civil Engineering Water Conservancy | 1218 | 647 | 877 | 3922 |
| 加工制造类 | Manufacturing | 5421 | 3759 | 3724 | 14455 |
| 石油化工类 | Petroleum Chemical Industry | 93 | 93 | 28 | 230 |
| 轻纺食品类 | Textile Food | 42 | 39 | 70 | 183 |
| 交通运输类 | Transportation | 5766 | 3277 | 4472 | 16905 |
| 信息技术类 | Information Technology | 3597 | 1656 | 3907 | 13955 |
| 医药卫生类 | Medical Science | 6441 | 2548 | 5582 | 19012 |
| 休闲保健类 | Leisure Health | 454 | 62 | 103 | 1011 |
| 财经商贸类 | Finance and Trade | 2380 | 1096 | 1878 | 7311 |
| 旅游服务类 | Tourism Service | 1874 | 1018 | 1607 | 5286 |
| 文化艺术类 | Culture and Art | 1164 | 419 | 1049 | 3924 |
| 体育与健身 | Sports and Fitness | 493 | 451 | 542 | 1752 |
| 教育类 | Education | 4787 | 2348 | 4181 | 14842 |
| 司法服务类 | Judicial Service | | | | |
| 公共管理与服务类 | Public Management and Service | 443 | 124 | 671 | 1531 |
| 其他 | Other | 18 | 18 | 187 | 357 |

# 16－16 科技事业发展情况
## Development of Science and Technology

| 指标 | Item | 2012年 | 2013年 | 2014年 | 2015年 | 2016年 | 2017年 | 2018年 |
|---|---|---|---|---|---|---|---|---|
| **研究与实验发展(R&D)活动** | **R&D Activities** | | | | | | | |
| 研究与实验发展折合全时人员（人年） | Full-time Equivalent of R&D Personnel(man-year) | 49961 | 44607 | 49774 | 49276 | 48252 | 45530 | 36375.7 |
| 研究与实验发展经费支出（万元） | Expenditure on R&D(10000 yuan) | 1098010 | 1182863 | 1307243 | 1414089 | 1396668 | 1280073 | 1150255.3 |
| 研究与实验发展经费支出占地区生产总值比重（%） | R&D Expenditure as GDP Proportion(%) | 0.92 | 0.91 | 0.95 | 1.01 | 0.95 | 0.86 | 0.76 |
| **技术成果** | **Technological Achievement and Natioral Awards** | | | | | | | |
| 科技成果总数（项） | Number of Achievements in Science and Technology(Item) | 606 | 680 | 696 | 816 | 717 | 600 | 674 |
| #应用技术成果（项） | Application of Technology Results(Item) | 480 | 577 | 592 | 639 | 588 | 527 | 602 |
| **国家奖励** | **National awards** | | | | | | | |
| #国家自然科学奖（项） | State Natural Science Award(Item) | 2 | 3 | 5 | 3 | 1 | 1 | |
| 国家技术发明奖（项） | State Technological Invention Award(Item) | 1 | 1 | 2 | 1 | 1 | | |
| 国家科技进步奖（项） | Number of National Scientific and Technological Progress Prizes Awarded(Item) | 1 | 2 | 2 | 6 | 2 | 5 | 4 |
| **技术市场成交额（亿元）** | **Technical Market(100 million yuan)** | **25.1** | **34.7** | **28.2** | **26.4** | **115.4** | **219.8** | **341.9** |
| **科技服务** | **Technology Services** | | | | | | | |
| 气象观测站点(气象台站总数)（个） | Meteorological Observation Site(unit) | 56 | 55 | 55 | 55 | 54 | 54 | 54 |
| 地震台站（个） | Seismic Stations(unit) | 18 | 37 | 37 | 37 | 37 | 37 | 37 |
| **质量监督** | **Quality Supervision** | | | | | | | |
| 产品质量检验机构（个） | Product Quality Inspection Agency(unit) | 750 | 807 | 823 | 85 | 859 | 915 | 1016 |
| 监督抽查产品（种） | Quality Checks of Products(kind) | 35 | 35 | 30 | 33 | 35 | 37 | 39 |
| 监督抽查产品（批次） | Supervision and Checking of Products(batch) | 755 | 725 | 625 | 668 | 726 | 690 | 807 |
| **专利** | **Patents** | | | | | | | |
| 专利申请受理量（件） | Number of Patents Application Accepted(piece) | 9171 | 10751 | 11933 | 14800 | 18922 | 20450 | 27034 |
| 专利申请授权量（件） | Number of Patents Application Granted(piece) | 5923 | 6219 | 6696 | 8878 | 9995 | 11090 | 13885 |

注：2015年产品质量检验机构统计口径有变更，2014年以前为全省口径数据，2015年仅为吉林省质量技术监督局所掌握数据。
Note: The statistical coverage of the reporting system of the quality supervision and inspection department changed in 2015.Data of 2014 and previous years are figures of the whole province.Since 2015,the data are only those surveyed by Administration of quality supervision and inspection of Jilin province.

# 16－17 全部规模以上工业企业限额以上R&D项目情况（2018年）

## Industrial Enterprises R&D Projects Situation （2018）

| 项 目 | Item | 全部科技项目数(项) All the Technology Projects (Item) | 参加科技项目人员(人) Project Personnel for S&T (person) | 本年度项目经费内部支出(万元) Annual Project Internal Expenditures (10000yuan) |
|---|---|---|---|---|
| **总计** | **Total** | **4510** | **51713** | **1272989.4** |
| **一、按项目来源分组** | **Grouped by Projects (topic) Source** | | | |
| 本企业自选项目 | Self-selected Projects | 3747 | 44682 | 1091771.4 |
| 政府部门科技项目 | Goverment Department Technical Projects | 271 | 3130 | 65651.8 |
| 其他企业（单位）委托项目 | Enterprises Entrust Technological Projects | 304 | 2044 | 80310.4 |
| 境外项目 | Foreign Projects | 107 | 1117 | 16512.7 |
| 其他项目 | Others | 81 | 740 | 18743.1 |
| **二、项目开展形式** | Grouped by Carrying Out Methods | | | |
| 自主完成 | Indepently Completed | 3630 | 41673 | 905598.6 |
| 与境内研究机构合作 | Cooperated with Domestic Research Institution | 260 | 3050 | 127025.2 |
| 与境内高等院校合作 | Cooperated with Domestic Universities | 228 | 2854 | 52811.0 |
| 与境内其他企业或单位合作 | Cooperated with Domestic Other Enteprises or Institution | 245 | 3459 | 146602.3 |
| 与境外机构合作 | Cooperated with Foreign Institution | 30 | 209 | 8775.1 |
| 委托其他企业或单位合作 | Entrusted other Enterprises or Cooperated with other Institution | 75 | | 19219.4 |
| 其他形式 | Others | 42 | 468 | 12957.8 |
| **三、按项目活动类型分组** | **Grouped by Projects (topic) Activities Types** | | | |
| 基础研究 | Basic Research | 6 | 22 | 964.7 |
| 应用研究 | Applied Research | 151 | 1911 | 46593.5 |
| 试验发展 | Experimental Development | | 19779 | 500660.9 |
| **四、按项目成果形式分组** | **Grouped by Projects Results** | | | |
| 论文或专著 | Papers or Monographs | 37 | 947 | 3838.2 |
| 带有技术、工艺参数的图纸、技术标准、操作规范 | Technology Drawing of the Parameters,Technical Standard,Practices | 634 | 5958 | 158633.2 |
| 自主研制的新产品原型或样机、样件、样品、配方、新装置 | Independently Developed New Product or Prototype Sample,recipes,new devices | 1074 | 13814 | 453757.2 |

16－17 续表 continued

| 项 目 | Item | 全部科技项目数（项）All the Technology Projects (Item) | 参加科技项目人员（人）Project Personnel for S&T (person) | 本年度项目经费内部支出（万元）Annual Project Internal Expenditures (10000yuan) |
|---|---|---|---|---|
| 自主开发的新技术或新工艺、新工法、新服务 | Independently Developed New Technique or New Process,New Method,New Service | 967 | 10564 | 308509.1 |
| 对已有产品、工艺等实现突破性变革 | Breakthrough Reform to Existing Product,Process, Regular Reform to Existing Product,Process | 258 | 4015 | 57203.0 |
| 对已有产品、工艺等进行一般性改进 | Regular Reform to Existing Product,Process | 384 | 3906 | 60915.7 |
| 新产品、新工艺等推广 | Promotion of New Product or New Process | 165 | 1442 | 31113.2 |
| 发明专利 | Patents for Inventions | 112 | 2198 | 64473.9 |
| 实用新型专利或外观设计专利 | Utility Model Patert or Design Patent | 393 | 2894 | 61083.7 |
| 基础软件 | Basic Software | 2 | 13 | 57.5 |
| 中间件或新算法 | Middlewere or New Algorithm | 2 | 43 | 347.2 |
| 应用软件 | Application Software | 59 | 1624 | 15824.3 |
| 软件著作权 | Software Copyright | 77 | 1049 | 10600.0 |
| 其他 | Others | 346 | 3246 | 46633.2 |
| **五、按项目技术经济目标分组** | **Grouped by Projects Technical and Economic Target** | | | |
| 科学原理的探索、发现 | Scientific Principles of Exploration、Discovery | 33 | 253 | 3759.2 |
| 技术原理的研究 | Technical Principles Research | 438 | 5148 | 93858.5 |
| 开发全新产品 | Development of New Products | 1771 | 19219 | 550250.9 |
| 增加产品功能或提高性能 | Add Product Features or Improve Performance | 1251 | 15276 | 390833.1 |
| 提高劳动生产率 | Increase Labor Productivity | 290 | 2644 | 79015.2 |
| 减少能源消耗或提高能源使用效率 | Reduce Energy Consumption or Improve Energy Efficiency in the use | 152 | 1727 | 41733.8 |
| 节约原材料 | Conservation of Raw Materials | 92 | 1210 | 20614.3 |
| 减少环境污染 | Reduce Environmental Pollution | 70 | 793 | 21514.3 |
| 其他 | Others | 413 | 5443 | 71409.4 |

## 16－18 工业企业R&D人员情况（2018年）

| 项 目 | Item | 研究与试验发展(R&D)人员（人）Research and Development (R&D) Personnel(person) |
|---|---|---|
| **总计** | **Total** | **18216** |
| **一、按企业规模分组** | **Group by Size of Enterprises** | |
| 大 型 | Large-sized Enterprise | 10108 |
| 中 型 | Medium-sized Enterprise | 4249 |
| 小 型 | Small-sized Enterprise | 2055 |
| 微 型 | Mini-sized Enterprise | 1804 |
| **二、按隶属关系分组** | **Group by Administration** | |
| 中 央 | National | 6514 |
| 地 方 | City | 11702 |
| **三、按登记注册类型分组** | **Grouped by Status Registration** | |
| 内资企业 | Domestic Funded | 15377 |
| 港、澳、台商投资企业 | Enterprises with Funds from Hong Kong,Macao and Taiwan | 705 |
| 外商投资企业 | Foreign Funded Enterprises | 2134 |
| **四、按新国民经济行业大类分组** | **Grouping by National Economy Industry** | |
| 采矿业 | Mining | 24 |
| 制造业 | Manufacturing | 17511 |
| 电力、热力、燃气及水的生产和供应业 | Production and Supply of Electricity，Gas and Water | 681 |
| **五、按企业控股情况分组** | **Grouping by Enterprises Share Holding Situation** | |
| 国有控股 | State-owned Holding | 7745 |
| 集体控股 | Collective Holding | 542 |
| 私人控股 | Private Holding | 5638 |
| 港澳台商控股 | Hong Kong, Macao and Taiwan Funded Holding | 493 |
| 外商控股 | Foreign Holdings | 1382 |
| 其 他 | Others | 2416 |
| **六、按地区分组** | **Grouped by Region** | |
| 长 春 | Changchun | 12566 |
| 吉 林 | Jilin | 2199 |
| 四 平 | Siping | 393 |
| 辽 源 | Liaoyuan | 352 |
| 通 化 | Tonghua | 1382 |
| 白 山 | Baishan | 275 |
| 松 原 | Songyuan | 106 |
| 白 城 | Baicheng | 209 |
| 延 边 | Yanbian | 734 |

注：按企业规模分组包含部分规模以下小型工业企业数据（下同）。
Note:Contains some below designated size small industrial enterprises data.(the same below)

## Industrial Enterprises R&D Human Resource Situation（2018）

| 其中： | | | | 其中 |
|---|---|---|---|---|
| #本年度参加项目人员 Personnel Involved in the Project This Year | #科技管理和服务人员 S&T Management and Service Personnel | #女性 Female | #研究人员 Researchers | 全时人员 Full-time Personnel |
| **16656** | **1560** | **4477** | **6267** | **14999** |
| 9396 | 712 | 2222 | 3398 | 8675 |
| 3802 | 447 | 1186 | 1599 | 3322 |
| 1839 | 216 | 616 | 683 | 1611 |
| 1619 | 185 | 453 | 587 | 1391 |
| 6021 | 493 | 1363 | 1705 | 5645 |
| 10635 | 1067 | 3114 | 4562 | 9354 |
| 14094 | 1283 | 3889 | 4835 | 12474 |
| 620 | 85 | 156 | 323 | 609 |
| 1942 | 192 | 432 | 1109 | 1916 |
| 24 | | 5 | 13 | 22 |
| 15966 | 1545 | 4275 | 5915 | 14526 |
| 666 | 15 | 197 | 339 | 451 |
| 7156 | 589 | 1644 | 2199 | 6631 |
| 512 | 30 | 270 | 212 | 446 |
| 5086 | 552 | 1629 | 1940 | 4260 |
| 469 | 24 | 148 | 216 | 409 |
| 1203 | 179 | 269 | 624 | 1239 |
| 2230 | 186 | 517 | 1076 | 2014 |
| 11522 | 1044 | 2741 | 4266 | 10724 |
| 2032 | 167 | 587 | 775 | 1748 |
| 350 | 43 | 124 | 117 | 305 |
| 294 | 58 | 96 | 91 | 256 |
| 1259 | 123 | 622 | 527 | 1041 |
| 244 | 31 | 90 | 93 | 131 |
| 98 | 8 | 18 | 39 | 80 |
| 187 | 22 | 51 | 47 | 150 |
| 670 | 64 | 148 | 312 | 564 |

16－18 续表

| 项　　目 | Item | 非全时人员 Part-time Personnel |
| --- | --- | --- |
| **总计** | **Total** | **3217** |
| **一、按企业规模分组** | **Group by Size of Enterprises** | |
| 大 型 | Large-sized Enterprise | 1433 |
| 中 型 | Medium-sized Enterprise | 927 |
| 小 型 | Small-sized Enterprise | 444 |
| 微 型 | Mini-sized Enterprise | 413 |
| **二、按隶属关系分组** | **Group by Administration** | |
| 中 央 | National | 869 |
| 地 方 | City | 2348 |
| **三、按登记注册类型分组** | **Grouped by Status Registration** | |
| 内资企业 | Domestic Funded | 2903 |
| 港、澳、台商投资企业 | Enterprises with Funds from Hong Kong,Macao and Taiwan | 96 |
| 外商投资企业 | Foreign Funded Enterprises | 218 |
| **四、按新国民经济行业大类分组** | **Grouping by National Economy Industry** | |
| 采矿业 | Mining | 2 |
| 制造业 | Manufacturing | 2985 |
| 电力、热力、燃气及水的生产和供应业 | Production and Supply of Electricity，Gas and Water | 230 |
| **五、按企业控股情况分组** | **Grouping by Enterprises Share Holding Situation** | |
| 国有控股 | State-owned Holding | 1114 |
| 集体控股 | Collective Holding | 96 |
| 私人控股 | Private Holding | 1378 |
| 港澳台商控股 | Hong Kong, Macao and Taiwan Funded Holding | 84 |
| 外商控股 | Foreign Holdings | 143 |
| 其 他 | Others | 402 |
| **六、按地区分组** | **Grouped by Region** | |
| 长 春 | Changchun | 1842 |
| 吉 林 | Jilin | 451 |
| 四 平 | Siping | 88 |
| 辽 源 | Liaoyuan | 96 |
| 通 化 | Tonghua | 341 |
| 白 山 | Baishan | 144 |
| 松 原 | Songyuan | 26 |
| 白 城 | Baicheng | 59 |
| 延 边 | Yanbian | 170 |

contiued

| R&D人员折合全时当量（人年）<br>Full-time Equivalent of R&D Personnel (person-year) | | 其中 | | |
|---|---|---|---|---|
| | #研究人员<br>Researchers | 基础研究<br>Basic Research | 应用研究人员<br>Applied Researchers | 试验发展人员<br>Personnel of Experimental Development |
| **11124** | **3926** | **25** | **1197** | **9903** |
| | | | | |
| 6699 | 2343 | 2 | 1004 | 5693 |
| 2280 | 865 | 22 | 117 | 2141 |
| 1134 | 376 | | 31 | 1104 |
| 1011 | 341 | 1 | 45 | 965 |
| | | | | |
| 4007 | 1048 | | 626 | 3381 |
| 7118 | 2878 | 24 | 571 | 6522 |
| | | | | |
| 9245 | 2955 | 25 | 1151 | 8069 |
| 264 | 115 | | 38 | 226 |
| 1616 | 855 | | 7 | 1609 |
| | | | | |
| 7 | 4 | | | 7 |
| 10961 | 3848 | 25 | 1171 | 9765 |
| 157 | 75 | | 26 | 131 |
| | | | | |
| 4631 | 1325 | | 668 | 3963 |
| 322 | 127 | | 7 | 315 |
| 3321 | 1159 | 25 | 83 | 3214 |
| 331 | 141 | | 39 | 292 |
| 932 | 445 | | 7 | 924 |
| 1587 | 729 | | 392 | 1195 |
| | | | | |
| 7773 | 2681 | 1 | 688 | 7085 |
| 1432 | 538 | | 408 | 1024 |
| 219 | 73 | | 8 | 211 |
| 223 | 38 | | 46 | 178 |
| 729 | 269 | 22 | 1 | 707 |
| 101 | 40 | 2 | 24 | 74 |
| 46 | 15 | | 0 | 46 |
| 80 | 22 | | | 80 |
| 520 | 250 | | 21 | 499 |

# 16－19 工业企业R&D经费情况（2018年）

单位：万元

| 项　　目 | Item | R&D经费内部支出合计 R&D Internal Expenditures | 经常费支出 Ordinary Expenditure |
|---|---|---|---|
| **总计** | **Total** | **575015** | **525605** |
| **一、按企业规模分组** | **Group by Size of Enterprises** | | |
| 大 型 | Large-sized Enterprise | 400234 | 371117 |
| 中 型 | Medium-sized Enterprise | 102853 | 86763 |
| 小 型 | Small-sized Enterprise | 45324 | 43621 |
| 微 型 | Mini-sized Enterprise | 26603 | 24104 |
| **二、按隶属关系分组** | **Group by Administration** | | |
| 中 央 | National | 206915 | 193198 |
| 地 方 | City | 368100 | 332407 |
| **三、按登记注册类型分组** | **Grouped by Status Registration** | | |
| 内资企业 | Domestic Funded | 459348 | 424498 |
| 港、澳、台商投资企业 | Enterprises with Funds from Hong Kong,Macao and Taiwan | 34523 | 23719 |
| 外商投资企业 | Foreign Funded Enterprises | 81143 | 77388 |
| **四、按新国民经济行业大类分组** | **Grouping by National Economy Industry** | | |
| 采矿业 | Mining | 406 | 372 |
| 制造业 | Manufacturing | 573637 | 524260 |
| 电力、热力、燃气及水的生产和供应业 | Production and Supply of Electricity，Gas and Water | 973 | 973 |
| **五、按企业控股情况分组** | **Grouping by Enterprises Share Holding Situation** | | |
| 国有控股 | State-owned Holding | 257031 | 238920 |
| 集体控股 | Collective Holding | 12766 | 8897 |
| 私人控股 | Private Holding | 121221 | 113525 |
| 港澳台商控股 | Hong Kong, Macao and Taiwan Funded Holding | 16648 | 16452 |
| 外商控股 | Foreign Holdings | 55311 | 48817 |
| 其 他 | Others | 112038 | 98994 |
| **六、按地区分组** | **Grouped by Region** | | |
| 长 春 | Changchun | 390258 | 353512 |
| 吉 林 | Jilin | 108366 | 103773 |
| 四 平 | Siping | 6708 | 5973 |
| 辽 源 | Liaoyuan | 5091 | 4753 |
| 通 化 | Tonghua | 37238 | 32642 |
| 白 山 | Baishan | 9287 | 8245 |
| 松 原 | Songyuan | 3043 | 3043 |
| 白 城 | Baicheng | 3031 | 2729 |
| 延 边 | Yanbian | 11993 | 10936 |

## Industrial Enterprises R&D Expenditure Situation（2018）

unit: 10000 yuan

| #人员劳务费 Labor Costs | 资产性支出 Assets Expenditure | 土建工程支出 Civil Works Expenditures | 仪器设备支出 Instrument and Equipment Expenditures | 政府资金 Government Funds |
|---|---|---|---|---|
| **196261** | **49410** | **7760** | **41650** | **21824** |
| 146909 | 29117 | 7592 | 21525 | 9370 |
| 28290 | 16091 | 137 | 15953 | 8516 |
| 11558 | 1704 | 25 | 1679 | 2456 |
| 9503 | 2499 | 6 | 2493 | 1483 |
| 89487 | 13717 | 7513 | 6205 | 5592 |
| 106774 | 35693 | 248 | 35445 | 16232 |
| 149511 | 34851 | 7718 | 27133 | 21247 |
| 5680 | 10804 | 42 | 10762 | 463 |
| 41070 | 3755 | | 3755 | 115 |
| 72 | 33 | 1 | 32 | 20 |
| 196006 | 49377 | 7759 | 41618 | 21804 |
| 183 | | | | |
| 102302 | 18111 | 7607 | 10504 | 8637 |
| 2503 | 3869 | 3 | 3866 | 1621 |
| 33712 | 7697 | 84 | 7613 | 8894 |
| 3411 | 196 | 2 | 194 | 468 |
| 24679 | 6495 | | 6495 | 70 |
| 29654 | 13043 | 65 | 12978 | 2135 |
| 159057 | 36746 | 7556 | 29190 | 10908 |
| 16949 | 4593 | 94 | 4499 | 5486 |
| 1775 | 736 | 37 | 699 | 247 |
| 2006 | 338 | 10 | 328 | 152 |
| 8537 | 4596 | 15 | 4581 | 1908 |
| 1882 | 1042 | 46 | 996 | 322 |
| 633 | | | | |
| 1542 | 302 | 2 | 300 | 98 |
| 3882 | 1057 | | 1057 | 2703 |

16－19 续表

单位：万元

| 项　　目 | Item | 企业资金 Enterprise Funds | 国外资金 Foreign Funds |
|---|---|---|---|
| **总计** | **Total** | **549658** | **563** |
| **一、按企业规模分组** | **Group by Size of Enterprises** | | |
| 大 型 | Large-sized Enterprise | 390596 | |
| 中 型 | Medium-sized Enterprise | 92509 | 186 |
| 小 型 | Small-sized Enterprise | 41622 | 377 |
| 微 型 | Mini-sized Enterprise | 24931 | |
| **二、按隶属关系分组** | **Group by Administration** | | |
| 中 央 | National | 201182 | |
| 地 方 | City | 348476 | 563 |
| **三、按登记注册类型分组** | **Grouped by Status Registration** | | |
| 内资企业 | Domestic Funded | 434568 | 563 |
| 港、澳、台商投资企业 | Enterprises with Funds from Hong Kong,Macao and Taiwan | 34061 | |
| 外商投资企业 | Foreign Funded Enterprises | 81028 | |
| **四、按新国民经济行业大类分组** | **Grouping by National Economy Industry** | | |
| 采矿业 | Mining | 386 | |
| 制造业 | Manufacturing | 548299 | 563 |
| 电力、热力、燃气及水的生产和供应业 | Production and Supply of Electricity，Gas and Water | 973 | |
| **五、按企业控股情况分组** | **Grouping by Enterprises Share Holding Situation** | | |
| 国有控股 | State-owned Holding | 247661 | 345 |
| 集体控股 | Collective Holding | 11145 | |
| 私人控股 | Private Holding | 110424 | 219 |
| 港澳台商控股 | Hong Kong, Macao and Taiwan Funded Holding | 16180 | |
| 外商控股 | Foreign Holdings | 54489 | |
| 其 他 | Others | 109758 | |
| **六、按地区分组** | **Grouped by Region** | | |
| 长 春 | Changchun | 378108 | 345 |
| 吉 林 | Jilin | 102496 | |
| 四 平 | Siping | 6288 | 33 |
| 辽 源 | Liaoyuan | 4938 | |
| 通 化 | Tonghua | 33643 | 186 |
| 白 山 | Baishan | 8920 | |
| 松 原 | Songyuan | 3043 | |
| 白 城 | Baicheng | 2933 | |
| 延 边 | Yanbian | 9290 | |

contiued

unit: 10000 yuan

| 其他资金<br>Others | R&D经费外部支出合计<br>R&D Exterior Expenditures | #对境内研究机构支出<br>Expenditure on domestic Research Institutions | #对境内高等学校支出<br>Expenditure on Domestic Colleges and Universities |
|---|---|---|---|
| **2970** | **139265** | **21340** | **4141** |
| | | | |
| 267 | 114418 | 11889 | 3137 |
| 1643 | 17138 | 5289 | 753 |
| 869 | 6369 | 4058 | 177 |
| 190 | 1340 | 105 | 74 |
| | | | |
| 141 | 49590 | 3156 | 2378 |
| 2829 | 89675 | 18185 | 1762 |
| | | | |
| 2970 | 78751 | 19339 | 4097 |
| | 139 | 85 | 25 |
| | 60375 | 1916 | 18 |
| | | | |
| | 12 | | |
| 2970 | 139105 | 21320 | 4072 |
| | 148 | 20 | 69 |
| | | | |
| 389 | 52972 | 5860 | 2438 |
| | 3819 | 3627 | 179 |
| 1684 | 16419 | 6236 | 1015 |
| | 120 | 85 | 25 |
| 752 | 59747 | 1349 | 5 |
| 145 | 6188 | 4183 | 479 |
| | | | |
| 897 | 115052 | 8294 | 2402 |
| 385 | 1429 | 590 | 423 |
| 141 | 459 | 249 | 113 |
| | 98 | 95 | 3 |
| 1502 | 7036 | 2201 | 133 |
| 45 | 1037 | 525 | 494 |
| | 3373 | 3373 | |
| | 2475 | 2463 | 9 |
| | 8308 | 3552 | 564 |

# 16－20 工业企业办研究机构情况（2018年）

| 项　　目 | Item | 机构数（个）Number of Institutions (Unit) | 机构人员（人）Agency Personnel (Person) |
|---|---|---|---|
| **总计** | **Total** | **181** | **13140** |
| **一、按企业规模分组** | **Group by Size of Enterprises** | | |
| 大 型 | Large-sized Enterprise | 56 | 9179 |
| 中 型 | Medium-sized Enterprise | 45 | 2241 |
| 小 型 | Small-sized Enterprise | 43 | 1068 |
| 微 型 | Mini-sized Enterprise | 37 | 652 |
| **二、按隶属关系分组** | **Group by Administration** | | |
| 中 央 | National | 19 | 5187 |
| 地 方 | City | 162 | 7953 |
| **三、按登记注册类型分组** | **Grouped by Status Registration** | | |
| 内资企业 | Domestic Funded | 171 | 12328 |
| 港、澳、台商投资企业 | Enterprises with Funds from Hong Kong,Macao and Taiwan | 7 | 444 |
| 外商投资企业 | Foreign Funded Enterprises | 3 | 368 |
| **四、按新国民经济行业大类分组** | **Grouping by National Economy Industry** | | |
| 采矿业 | Mining | 15 | 1668 |
| 制造业 | Manufacturing | 166 | 11472 |
| 电力、热力、燃气及水的生产和供应业 | Production and Supply of Electricity，Gas and Water | | |
| **五、按企业控股情况分组** | **Grouping by Enterprises Share Holding Situation** | | |
| 国有控股 | State-owned Holding | 46 | 6901 |
| 集体控股 | Collective Holding | 11 | 339 |
| 私人控股 | Private Holding | 98 | 4391 |
| 港澳台商控股 | Hong Kong, Macao and Taiwan Funded Holding | 6 | 245 |
| 外商控股 | Foreign Holdings | 2 | 303 |
| 其 他 | Others | 18 | 961 |
| **六、按地区分组** | **Grouped by Region** | | |
| 长 春 | Changchun | 67 | 5598 |
| 吉 林 | Jilin | 33 | 3417 |
| 四 平 | Siping | 12 | 446 |
| 辽 源 | Liaoyuan | 17 | 209 |
| 通 化 | Tonghua | 17 | 990 |
| 白 山 | Baishan | 9 | 110 |
| 松 原 | Songyuan | 5 | 1578 |
| 白 城 | Baicheng | 4 | 118 |
| 延 边 | Yanbian | 17 | 674 |

## The Situation of Research Institutions of Industrial Enterprises（2018）

| #博士毕业 PHD Graduate | #硕士毕业 Master Graduate | 机构内部开展科技活动经费支出(万元) Expenditure of Situation Inner Develop Technology Activities (10000yuan) | #仪器设备原价 Equipment Original Cost | #进口 Import |
|---|---|---|---|---|
| **279** | **2366** | **572155** | **414011** | **100910** |
| 151 | 1999 | 495856 | 324625 | 98343 |
| 73 | 217 | 50872 | 65358 | 1108 |
| 33 | 94 | 16815 | 17099 | 1037 |
| 22 | 56 | 8611 | 6929 | 422 |
| 92 | 1362 | 317158 | 156809 | 26298 |
| 187 | 1004 | 254997 | 257202 | 74613 |
| 273 | 2239 | 535868 | 378783 | 90011 |
| 1 | 49 | 11758 | 14318 | |
| 5 | 78 | 24530 | 20911 | 10899 |
| 16 | 216 | 31169 | 29653 | 20480 |
| 263 | 2150 | 540986 | 384358 | 80430 |
| 125 | 1735 | 414588 | 229479 | 55731 |
| 6 | 18 | 2800 | 3754 | 66 |
| 122 | 404 | 97896 | 93710 | 32743 |
| 1 | 36 | 4691 | 3674 | 90 |
| | 10 | 29521 | 29279 | 1525 |
| 25 | 163 | 22659 | 54116 | 10756 |
| 115 | 1507 | 346217 | 224018 | 14559 |
| 66 | 409 | 160298 | 113891 | 59058 |
| 5 | 40 | 5651 | 11290 | 90 |
| 5 | 18 | 4197 | 3161 | 120 |
| 36 | 70 | 17106 | 16620 | 426 |
| 17 | 34 | 938 | 844 | 103 |
| 16 | 215 | 30989 | 29150 | 20360 |
| 9 | 18 | 1050 | 781 | 292 |
| 10 | 55 | 5708 | 14257 | 5902 |

# 16－21 工业企业自主知识产权保护情况（2018年）

| 项　　目 | Item | 专利申请数（件）Number of Patent Applications(piece) | #发明专利 Invention Patents |
|---|---|---|---|
| **总计** | **Total** | **3333** | **1314** |
| **一、按企业规模分组** | **Group by Size of Enterprises** | | |
| 大 型 | Large-sized Enterprise | 1828 | 706 |
| 中 型 | Medium-sized Enterprise | 507 | 174 |
| 小 型 | Small-sized Enterprise | 491 | 211 |
| 微 型 | Mini-sized Enterprise | 507 | 223 |
| **二、按隶属关系分组** | **Group by Administration** | | |
| 中 央 | National | 1456 | 530 |
| 地 方 | City | 1877 | 784 |
| **三、按登记注册类型分组** | **Grouped by Status Registration** | | |
| 内资企业 | Domestic Funded | 3030 | 1242 |
| 港、澳、台商投资企业 | Enterprises with Funds from Hong Kong,Macao and Taiwan | 66 | 15 |
| 外商投资企业 | Foreign Funded Enterprises | 237 | 57 |
| **四、按新国民经济行业大类分组** | **Grouping by National Economy Industry** | | |
| 采矿业 | Mining | 28 | 8 |
| 制造业 | Manufacturing | 3153 | 1202 |
| 电力、热力、燃气及水的生产和供应业 | Production and Supply of Electricity，Gas and Water | 152 | 104 |
| **五、按企业控股情况分组** | **Grouping by Enterprises Share Holding Situation** | | |
| 国有控股 | State-owned Holding | 1636 | 600 |
| 集体控股 | Collective Holding | 43 | 12 |
| 私人控股 | Private Holding | 1135 | 524 |
| 港澳台商控股 | Hong Kong, Macao and Taiwan Funded Holding | 40 | 7 |
| 外商控股 | Foreign Holdings | 105 | 32 |
| 其 他 | Others | 374 | 139 |
| **六、按地区分组** | **Grouped by Region** | | |
| 长 春 | Changchun | 2575 | 936 |
| 吉 林 | Jilin | 308 | 137 |
| 四 平 | Siping | 63 | 43 |
| 辽 源 | Liaoyuan | 94 | 28 |
| 通 化 | Tonghua | 110 | 56 |
| 白 山 | Baishan | 10 | 10 |
| 松 原 | Songyuan | 26 | 6 |
| 白 城 | Baicheng | 45 | 29 |
| 延 边 | Yanbian | 102 | 69 |

## Industrial Interprise Independent Intellectual Property Rights Protection（2018）

| #PCT专利 PCT Patent | 有效发明专利数（件） Inventions (piece) | #已被实施 Implemented | #境外授权 Authorized by Foreign Countries | 发表科技论文(篇) S&T Thesis Issued（piece） | 拥有注册商标数(件) Number of Registered Trademarks (pieces) | #境外注册 Overseas Registration | 形成国家或行业标准数(项) Formation of National or Industry Standard Digital (item） |
|---|---|---|---|---|---|---|---|
| **123** | **4612** | **3026** | **39** | **736** | **3875** | **100** | **118** |
| | | | | | | | |
| 6 | 2440 | 1864 | 23 | 558 | 1720 | 43 | 35 |
| 55 | 795 | 397 | 6 | 92 | 1043 | 51 | 24 |
| 31 | 772 | 435 | 6 | 63 | 845 | 5 | 46 |
| 31 | 605 | 330 | 4 | 23 | 267 | 1 | 13 |
| | | | | | | | |
| 17 | 1854 | 1581 | 27 | 375 | 421 | 8 | 30 |
| 106 | 2758 | 1445 | 12 | 361 | 3454 | 92 | 88 |
| | | | | | | | |
| 118 | 4091 | 2833 | 39 | 707 | 3852 | 100 | 112 |
| | 66 | 47 | | 24 | 2 | | 3 |
| 5 | 455 | 146 | | 5 | 21 | | 3 |
| | | | | | | | |
| | 2 | | | 222 | | | |
| 113 | 4443 | 2860 | 38 | 438 | 3875 | 100 | 118 |
| 10 | 167 | 166 | 1 | 76 | | | |
| | | | | | | | |
| 36 | 2154 | 1796 | 28 | 632 | 675 | 11 | 39 |
| 13 | 96 | 75 | | 2 | 107 | | 2 |
| 57 | 1622 | 821 | 10 | 44 | 2891 | 71 | 66 |
| | 42 | 23 | | 23 | 1 | | |
| 5 | 289 | 59 | | 1 | 18 | | 1 |
| 12 | 409 | 252 | 1 | 34 | 183 | 18 | 10 |
| | | | | | | | |
| 82 | 3150 | 2110 | 35 | 248 | 862 | 27 | 55 |
| 16 | 554 | 434 | 2 | 137 | 461 | 7 | 27 |
| 6 | 79 | 60 | | 7 | 154 | | 12 |
| 8 | 84 | 40 | | 95 | 286 | 1 | 3 |
| | 304 | 111 | 1 | 105 | 1707 | 57 | 10 |
| | 60 | 18 | | 13 | 54 | | 4 |
| | 2 | | | 119 | | | |
| | 59 | 34 | 1 | 1 | 52 | | 3 |
| 11 | 320 | 219 | | 11 | 299 | 8 | 4 |

# 16－22 工业企业新产品开发和经费支出情况

## Expenditures for New Product Development and Funding of Industrial Enterprises

单位：万元 unit: 10000 yuan

| 项目 | Item | 2017 | | 2018 | |
|---|---|---|---|---|---|
| | | 新产品开发项目数 Number of New Products Development Pprojects | 新产品开发经费支出 Expenditure on New Products Development | 新产品开发项目数 Number of New Products Development Pprojects | 新产品开发经费支出 Expenditure on New Products Development |
| **总计** | **Total** | **2791** | **1171236** | **2842** | **1078717** |
| **一、按企业规模分组** | **Group by Size of Enterprises** | | | | |
| 大 型 | Large-sized Enterprise | 1074 | 914999 | 734 | 812331 |
| 中 型 | Medium-sized Enterprise | 685 | 147829 | 914 | 146026 |
| 小 型 | Small-sized Enterprise | 1020 | 107343 | 734 | 78645 |
| 微 型 | Mini-sized Enterprise | 12 | 1066 | 460 | 41715 |
| **二、按隶属关系分组** | **Group by Administration** | | | | |
| 中 央 | National | 685 | 603395 | 478 | 527872 |
| 地 方 | City | 2106 | 567841 | 2364 | 550845 |
| **三、按登记注册类型分组** | **Grouped by Status Registration** | | | | |
| 内资企业 | Domestic Funded | 2375 | 1056940 | 2429 | 937337 |
| 港、澳、台商投资企业 | Enterprises with Funds from Hong Kong,Macao and Taiwan | 63 | 15106 | 56 | 18741 |
| 外商投资企业 | Foreign Funded Enterprises | 353 | 99190 | 357 | 122638 |
| **四、按新国民经济行业大类分组** | **Grouping by National Economy Industry** | | | | |
| 采矿业 | Mining | 4 | 348 | 12 | 4999 |
| 制造业 | Manufacturing | 2770 | 1170206 | 2824 | 1073028 |
| 电力、热力、燃气及水的生产和供应业 | Production and Supply of Electricity，Gas and Water | 17 | 682 | 6 | 690 |
| **五、按企业控股情况分组** | **Grouping by Enterprises Share Holding Situation** | | | | |
| 国有控股 | State-owned Holding | 951 | 782811 | 777 | 692479 |
| 集体控股 | Collective Holding | 120 | 25436 | 72 | 17742 |
| 私人控股 | Private Holding | 1174 | 178588 | 1371 | 187920 |
| 港澳台商控股 | Hong Kong, Macao and Taiwan Funded Holding | 26 | 16049 | 42 | 13229 |
| 外商控股 | Foreign Holdings | 166 | 58303 | 164 | 86673 |
| 其 他 | Others | 354 | 110049 | 416 | 80674 |
| **六、按地区分组** | **Grouped by Region** | | | | |
| 长 春 | Changchun | 1761 | 817907 | 1693 | 767768 |
| 吉 林 | Jilin | 377 | 229994 | 442 | 170417 |
| 四 平 | Siping | 160 | 17064 | 133 | 13084 |
| 辽 源 | Liaoyuan | 70 | 18917 | 75 | 16688 |
| 通 化 | Tonghua | 221 | 44702 | 304 | 69459 |
| 白 山 | Baishan | 35 | 8417 | 34 | 8905 |
| 松 原 | Songyuan | 19 | 3641 | 32 | 7243 |
| 白 城 | Baicheng | 38 | 9303 | 40 | 8362 |
| 延 边 | Yanbian | 110 | 21291 | 89 | 16791 |

# 16－23　工业企业技术获取和技术改造情况

## Industrial Enterprises Technology Acquiring and Technology Transforming Situation

单位：万元　　unit: 10000 yuan

| 项　目 | Item | 2017 | | | 2018 | | |
|---|---|---|---|---|---|---|---|
| | | 引进国外技术经费支出 Expenditure for Import Foreign Technology | 购买国内技术经费支出 Expenditures for Inner Technology | 技术改造经费支出 Expenditures for Technical Renovation | 引进国外技术经费支出 Expenditure for Import Foreign Technology | 购买国内技术经费支出 Expenditures for Inner Technology | 技术改造经费支出 Expenditures for Technical Renovation |
| **总计** | **Total** | **52282** | **325** | **262979** | **4465** | **48162** | **253802** |
| **一、按企业规模分组** | **Group by Size of Enterprises** | | | | | | |
| 大　型 | Large-sized Enterprise | 51694 | 50 | 226642 | 4443 | 44508 | 237409 |
| 中　型 | Medium-sized Enterprise | 588 | 120 | 29354 | | 3359 | 9219 |
| 小　型 | Small-sized Enterprise | | 155 | 6983 | 23 | 285 | 5780 |
| 微　型 | Mini-sized Enterprise | | | | | 10 | 1394 |
| **二、按隶属关系分组** | **Group by Administration** | | | | | | |
| 中　央 | National | 51010 | | 202397 | 4337 | 44169 | 180104 |
| 地　方 | City | 1272 | 325 | 60582 | 128 | 3993 | 73699 |
| **三、按登记注册类型分组** | **Grouped by Status Registration** | | | | | | |
| 内资企业 | Domestic Funded | 52282 | 275 | 257588 | 4465 | 47082 | 250605 |
| 港、澳、台商投资企业 | Enterprises with Funds from Hong Kong,Macao and Taiwan | | 50 | 5391 | | 1070 | 177 |
| 外商投资企业 | Foreign Funded Enterprises | | | | | 10 | 3020 |
| **四、按新国民经济行业大类分组** | **Grouping by National Economy Industry** | | | | | | |
| 采矿业 | Mining | | | | | | 282 |
| 制造业 | Manufacturing | 52282 | 322 | 246455 | 4465 | 48162 | 247260 |
| 电力、热力、燃气及水的生产和供应业 | Production and Supply of Electricity, Gas and Water | | 3 | 16524 | | | 6260 |
| **五、按企业控股情况分组** | **Grouping by Enterprises Share Holding Situation** | | | | | | |
| 国有控股 | State-owned Holding | 52282 | 170 | 223249 | 4443 | 44508 | 218548 |
| 集体控股 | Collective Holding | | | 196 | | | 101 |
| 私人控股 | Private Holding | | 105 | 34307 | 23 | 65 | 30611 |
| 港澳台商控股 | Hong Kong, Macao and Taiwan Funded Holding | | 50 | 5000 | | 860 | 177 |
| 外商控股 | Foreign Holdings | | | | | | 3000 |
| 其　他 | Others | | | 227 | | 2729 | 1365 |
| **六、按地区分组** | **Grouped by Region** | | | | | | |
| 长　春 | Changchun | 51010 | 105 | 204331 | 4337 | 44404 | 140068 |
| 吉　林 | Jilin | 685 | | 19360 | 23 | 860 | 51963 |
| 四　平 | Siping | | | 2670 | | 10 | 3545 |
| 辽　源 | Liaoyuan | | | 20361 | | 10 | 16236 |
| 通　化 | Tonghua | | | 15407 | | | 40298 |
| 白　山 | Baishan | | | 162 | | 30 | 30 |
| 松　原 | Songyuan | | | | | | |
| 白　城 | Baicheng | 588 | 220 | 620 | 106 | 2848 | 1536 |
| 延　边 | Yanbian | | | 68 | | | 126 |

## 16－24 群众文化事业基本情况
## Basic Statistics on Mass Culture

| 指　　标 | Item | 2015 | 2016 | 2017 | 2018 |
|---|---|---|---|---|---|
| **机构数（个）** | **Number of Institutions(unit)** | **979** | **979** | **980** | **980** |
| 群众艺术馆 | Mass Art Centers | 14 | 14 | 14 | 14 |
| 文化馆 | Cultural Centers | 64 | 64 | 65 | 65 |
| 文化站 | Cultural Stations | 901 | 901 | 901 | 901 |
| **从业人员数（人）** | **Employment(person)** | **4534** | **6739** | **4359** | **4405** |
| **文化活动情况** | **Cultural Activities** | | | | |
| 举办展览（次） | Number of Exhibitions(time) | 1781 | 1658 | 1801 | 1873 |
| 组织文艺活动（次） | Organization of Artistic Activities(time) | 14977 | 14892 | 15196 | 15267 |
| 举办训练班（班） | Training Courses(class) | 8096 | 12640 | 14650 | 16055 |

## 16－25 公共图书馆、博物馆和文物保护单位基本情况
## Basic Statistics on Public Libraries, Museums and Cultural Relic Agencies

| 指　　标 | Item | 单位 unit | 2015 | 2016 | 2017 | 2018 |
|---|---|---|---|---|---|---|
| **公共图书馆** | **Public Libraries** | | | | | |
| 单位数 | Institutions | 个 unit | 66 | 66 | 66 | 66 |
| 从业人员数 | Number of Empolyed Persons | 人 person | 1628 | 1620 | 1600 | 1556 |
| 藏书 | Collections | 万册/件 10000volume/pcs | 1768 | 1862 | 1973 | 2052 |
| 阅览室座席 | Seating Capacity of Reading Rooms | 千个 1000seats | 19 | 21 | 21 | 22 |
| 建筑面积 | Floor Space of Public Buildings | 千平方米 1000sq.m | 272 | 278 | 288 | 288 |
| # 阅览室 | Reading Room | 千平方米 1000sq.m | 81 | 82 | 88 | 90 |
| 书库 | Stack Rooms | 千平方米 1000sq.m | 46 | 48 | 46 | 48 |
| 借阅人次 | Total Number of Circulation | 万人次 10000 person-times | 353 | 357 | 434 | 416 |
| 借阅册次 | Number of Books Borrowed by Reader | 万册次 10000 volume-times | 748 | 737 | 766 | 757 |
| **博物馆** | **Museums** | | | | | |
| 单位数 | Institutions | 个 unit | 76 | 77 | 107 | 107 |
| 从业人员数 | Number of Empolyed Persons | 人 person | 1127 | 1218 | 1583 | 1548 |
| 文物藏品 | Number of Collections | 万件 10000pcs | 42 | 44 | 63 | 62 |
| 举办展览 | Number of Exhibitions | 次 time | 381 | 352 | 451 | 559 |
| 参观人次 | Number of Visitors | 千人次 1000 person-times | 9491 | 9428 | 11284 | 10408 |
| **文物保护单位** | **Agencies of Historical Relics Preservation** | | | | | |
| 单位数 | Institutions | 个 unit | 52 | 52 | 52 | 52 |
| 从业人员 | Number of Person Empolyed | 人 person | 138 | 164 | 180 | 177 |
| 藏品 | Number of Collections | 万件 10000pcs | 0.5 | 0.5 | 0.5 | 0.5 |

## 16－26 电影事业基本情况
## Basic Statistics on Film

| 指　　标 | Item | 2017 | 2018 |
|---|---|---|---|
| 全年农村公益电影放映场次（万场） | Number of Rural Non-profit Film shows(10000 times) | 11.2 | 11.8 |
| 电影制片厂(个) | Number of Film Studios (unit) | 1 | 1 |
| 电影发行放映管理机构(个) | Film Administrations(unit) | 52 | 52 |
| 专业电影放映单位(个) | Film Projection Institutions(unit) | 716 | 726 |
| 电影院（个） | Cinemas(unit) | 183 | 193 |
| 农村电影放映队（个） | Rural Film Projection Teams(unit) | 533 | 533 |
| 电影放映从业人员（人） | Personnel for Film(person) | 5000 | 5200 |
| 放映场次合计（千场） | Number of Shows(1000 times) | 1598 | 1813 |
| 观众人次（千人次） | Number of Spectators(1000 person-times) | 16940 | 27006 |

## 16－27 图书出版
## Books Published

| 指　　标 | Item | 种类（种）Number of Publications(kind) | | | 总印数（万册）Total Printed Copies(10000 copies) | | |
|---|---|---|---|---|---|---|---|
| | | 2016 | 2017 | 2018 | 2016 | 2017 | 2018 |
| **总计** | **Total** | **26923** | **28397** | **27824** | **23923** | **27652** | **23733** |
| 书籍 | Books | 26923 | 28397 | 27824 | 23923 | 27652 | 23733 |

## 16－28 期刊出版
## Magazines Published

| 指标 | Item | 种类（种） Number of Publications(kind) | | | 总印数（万册） Total Printed Copies (10000 copies) | | | 总印张（万印张） Printed Sheets (10000 sheets) | | |
|---|---|---|---|---|---|---|---|---|---|---|
| | | 2016 | 2017 | 2018 | 2016 | 2017 | 2018 | 2016 | 2017 | 2018 |
| **总计** | **Total** | **237** | **238** | **238** | **7731** | **7437** | **5688** | **36269** | **34521** | **26977** |
| 综合 | General Books | 3 | 3 | 3 | 36 | 39 | 35 | 259 | 275 | 244 |
| 哲学、社会科学 | Philosophy and Social Sciences | 62 | 62 | 62 | 1597 | 1513 | 1317 | 7416 | 7050 | 6232 |
| 自然科学、技术 | Natural Sciences and Technology | 102 | 101 | 102 | 378 | 342 | 298 | 3624 | 2970 | 2765 |
| 文化、教育 | Culture and Education | 43 | 45 | 45 | 1174 | 1122 | 933 | 4508 | 4362 | 3677 |
| 文学、艺术 | Literature and Arts | 27 | 27 | 26 | 4546 | 4421 | 3104 | 20461 | 19864 | 14058 |
| 少年儿童读物 | Children Books | 7 | 7 | 6 | 481 | 469 | 372 | 2041 | 1882 | 1501 |
| 画刊 | Illustrated Periodical | 1 | 1 | 1 | 11 | 10 | 7 | 84 | 74 | 57 |

## 16－29 报纸出版
## Newspapers Published

| 指标 | Item | 种类（种） Number of Publications(kind) | | | 总印数（万份） Total Printed Copies (10000 copies) | | | 总印张（千印张） Printed Sheets (1000 sheets) | | |
|---|---|---|---|---|---|---|---|---|---|---|
| | | 2016 | 2017 | 2018 | 2016 | 2017 | 2018 | 2016 | 2017 | 2018 |
| **总计** | **Total** | **51** | **51** | **51** | **78857** | **76453** | **69801** | **2046263** | **1774673** | **1454380** |
| 综合报 | General Newspapers | 22 | 22 | 22 | 32885 | 29817 | 25678 | 1292595 | 999600 | 803195 |
| 专业报 | Specialized Newspapers | 17 | 17 | 17 | 44067 | 44771 | 42352 | 713257 | 737301 | 613634 |
| 省级报纸合计 | Total Newspapers of Provincial Level | 24 | 24 | 24 | 59559 | 59147 | 53625 | 1541593 | 1328467 | 1049212 |
| 综合报 | General Newspapers | 4 | 4 | 4 | 17048 | 15676 | 12630 | 828046 | 580168 | 420395 |
| 专业报 | Specialized Newspapers | 12 | 12 | 12 | 41025 | 41929 | 39465 | 685532 | 720035 | 596966 |
| 市级报纸合计 | Total Newspapers of Municipal Level | 27 | 27 | 27 | 19298 | 17306 | 16176 | 504670 | 446206 | 405168 |
| 综合报 | General Newspapers | 18 | 18 | 18 | 15837 | 14141 | 13048 | 464549 | 419432 | 382800 |
| 专业报 | Specialized Newspapers | 5 | 5 | 5 | 3042 | 2842 | 2886 | 27726 | 17265 | 16668 |

# 16－30 工会基本情况

## Basic Statistics on Trade Union

| 指　标 | Item | 2015 | 2016 | 2017 | 2018 |
|---|---|---|---|---|---|
| 基层工会组织数（个） | Number of Grassroot Trade Unions (unit) | 27429 | 27767 | 28077 | 26582 |
| 职工人数（万人） | Staff and Workers(10000 persons) | 345 | 344 | 345 | 337 |
| #女职工人数 | Female Workers | 126 | 126 | 129 | 127 |
| 会员人数（万人） | Membership(10000 persons) | 337 | 336 | 336 | 325 |
| #女会员人数 | Female Members | 124 | 124 | 127 | 124 |
| 女职工工作委员会（个） | Female Worker's Committee(unit) | 27055 | 27449 | 27785 | 24217 |
| 建立工会经费审查组织（个） | Investigating Expenses of Trade Union Organizations(unit) | 10102 | 8995 | 7788 | 9063 |
| 建立职工代表大会制度的单位（个） | Staff and Worker's Congress Regulation (unit) | 22536 | 23151 | 22335 | 20219 |
| 实行厂务公开的单位（个） | Opening Service Unit(unit) | 22146 | 21492 | 20597 | 19142 |
| 建立工会劳动保护监督检查委员会（个） | Labor Protective Supervising and Investigating Committee(unit) | 10805 | 11387 | 11049 | 10826 |
| 建立工会劳动法律监督组织（个） | Labor Law Supervising Organizations (unit) | 5736 | 6436 | 6882 | 6885 |
| 建立劳动争议调解委员会的单位（个） | Labor Dispute Mediating Commission (unit) | 8607 | 8226 | 7928 | 7636 |
| 建有职工技协组织（个） | Organization for Staff and Workers (unit) | 1677 | 1128 | 833 | 574 |

17

# 第十七篇

CHAPTER ▶ 17

# 体育、卫生和其他事业

## *SPORTS, PUBLIC HEALTH AND OTHERS*

资料整理人员：

张　蕾

## 17－1 体委系统体育工作者
## Personnel of Physical Culture and Sports Commissions

单位：人 unit：person

| 项　　目 | Item | 2015 | 2016 | 2017 | 2018 |
|---|---|---|---|---|---|
| **合计** | **Total** | **4268** | **4199** | **4146** | **4099** |
| 专职教练员 | Full-time Coaches | 810 | 801 | 784 | 786 |
| 运动员 | Athletes | 675 | 700 | 655 | 482 |
| 管理干部 | Administrative Cadre | 834 | 867 | 826 | 805 |
| 文化教师 | Full-time Teachers | 419 | 417 | 482 | 455 |
| 科技人员 | Scientific and Technical Personnel | 49 | 52 | 45 | 43 |
| 医务人员 | Medical Personnel | 32 | 33 | 29 | 30 |
| 公务员 | Civil Servants | 580 | 498 | 537 | 542 |
| 公勤人员 | Logistics Workers | 323 | 311 | 296 | 276 |
| 其他 | Others | 546 | 520 | 492 | 680 |

## 17－2 运动员获奖情况
## Players Awards

单位：次 （unit：time）

| 项　　目 | Item | 获得金牌 Gold | | | 获得银牌 Silver | | | 获得铜牌 Bronze | | |
|---|---|---|---|---|---|---|---|---|---|---|
| | | 2016 | 2017 | 2018 | 2016 | 2017 | 2018 | 2016 | 2017 | 2018 |
| 全国比赛 | National Competitions | 67 | 36 | 86 | 91 | 19 | 97 | 78 | 29 | 105 |
| 竞技体育在世界大赛中 | Sports in the World Series | 15 | 1 | 17 | 4 | 2 | 6 | 8 | | 11 |

# 17－3 裁判员、运动员发展人数

## Athletes and Referees in Grades by Type of Sports

单位：人 unit：person

| 指　　标 | Item | 2015 | 2016 | 2017 | 2018 |
|---|---|---|---|---|---|
| **等级裁判员合计** | **Number of Referees in Grades** | **1480** | **225** | **177** | **80** |
| 一级裁判员 | First Grade Referees | 828 | | | |
| 二级裁判员 | Second Grade Referees | 652 | 225 | 177 | 80 |
| **等级运动员合计** | **Number of Athletes in Grades** | **904** | **1015** | **815** | **957** |
| 国际级运动健将 | International Master of Sports | 2 | 1 | 1 | 6 |
| 发展国家运动健将 | National Master of Sports | 34 | 57 | 42 | 40 |
| 一级运动员 | First Grade Athletes | 247 | 244 | 198 | 315 |
| 二级运动员 | Second Grade Athletes | 621 | 713 | 617 | 596 |

# 17-4 历年卫生事业基本情况

## Basic Statistics on Health

| 年份 Year | 卫生机构数（个）Number of Health Institutions (unit) | #医院、卫生院 Hospitals and Health Centers | 卫生机构床位数（万张）Number of Beds in Health Institutions (10000 beds) | #医院、卫生院 Hospitals and Health Centers | 卫生技术人员数（万人）Medical Technical Personnel (10000 persons) | 执业（助理）医师 Certified (Assistant) Doctors | 每万人口 Per10000persons 床位数（张）Number of Beds(bed) | 医生数（人）Number of Doctors (person) |
|---|---|---|---|---|---|---|---|---|
| 1978 | 3889 | 1220 | 6.27 | 5.80 | 7.36 | 3.03 | 29.2 | 14.1 |
| 1979 | 4263 | 1227 | 6.57 | 5.97 | 8.19 | 3.15 | 30.1 | 14.5 |
| 1980 | 4274 | 1249 | 6.71 | 6.06 | 8.57 | 3.45 | 30.4 | 15.6 |
| 1981 | 4565 | 1251 | 6.84 | 6.17 | 9.44 | 3.60 | 30.7 | 16.1 |
| 1982 | 4494 | 1268 | 7.20 | 6.49 | 9.70 | 3.66 | 31.9 | 16.2 |
| 1983 | 4540 | 1266 | 7.38 | 6.61 | 9.99 | 3.77 | 32.5 | 16.7 |
| 1984 | 4557 | 1275 | 7.69 | 6.83 | 10.35 | 3.90 | 33.6 | 17.1 |
| 1985 | 4568 | 1269 | 7.88 | 6.97 | 10.54 | 3.98 | 34.3 | 17.3 |
| 1986 | 4539 | 1268 | 8.23 | 7.30 | 10.79 | 4.01 | 35.5 | 17.3 |
| 1987 | 4566 | 1281 | 8.65 | 7.61 | 11.04 | 4.11 | 37.0 | 17.6 |
| 1988 | 4447 | 1272 | 8.93 | 7.82 | 11.34 | 4.60 | 37.9 | 19.5 |
| 1989 | 4425 | 1290 | 9.07 | 7.95 | 11.70 | 4.79 | 37.8 | 20.0 |
| 1990 | 4407 | 1299 | 9.21 | 8.06 | 12.00 | 5.03 | 37.8 | 20.6 |
| 1991 | 4369 | 1295 | 9.27 | 8.14 | 12.43 | 5.13 | 37.7 | 20.8 |
| 1992 | 4189 | 1290 | 9.49 | 8.40 | 12.77 | 5.15 | 38.3 | 20.8 |
| 1993 | 4006 | 1306 | 9.65 | 8.58 | 12.91 | 5.26 | 38.7 | 21.0 |
| 1994 | 3920 | 1341 | 9.47 | 8.45 | 13.23 | 5.39 | 37.7 | 21.3 |
| 1995 | 3891 | 1310 | 9.66 | 8.41 | 13.42 | 5.61 | 37.9 | 22.0 |
| 1996 | 3720 | 1327 | 9.49 | 8.41 | 13.42 | 5.56 | 36.8 | 21.6 |
| 1997 | 3663 | 1329 | 9.50 | 8.44 | 13.51 | 5.63 | 36.5 | 21.6 |
| 1998 | 3832 | 1324 | 9.32 | 8.33 | 13.56 | 5.89 | 35.8 | 22.6 |
| 1999 | 3912 | 1314 | 9.21 | 8.27 | 13.71 | 6.15 | 35.2 | 23.5 |
| 2000 | 3323 | 1293 | 8.93 | 8.05 | 13.20 | 5.97 | 34.0 | 22.7 |
| 2001 | 7417 | 1299 | 9.15 | 8.25 | 13.37 | 6.17 | 34.7 | 23.4 |
| 2002 | 2080 | 1432 | 8.51 | 7.97 | 11.63 | 4.21 | 32.1 | 19.3 |
| 2003 | 7695 | 1431 | 8.61 | 8.18 | 12.86 | 4.76 | 32.4 | 21.5 |
| 2004 | 8219 | 1425 | 8.64 | 8.11 | 12.87 | 5.83 | 32.5 | 21.9 |
| 2005 | 8755 | 1380 | 8.77 | 8.21 | 12.57 | 5.64 | 32.3 | 18.5 |
| 2006 | 9696 | 1386 | 9.09 | 8.55 | 12.85 | 5.91 | 33.4 | 21.7 |
| 2007 | 9683 | 1388 | 9.44 | 8.92 | 12.58 | 5.70 | 34.6 | 20.9 |
| 2008 | 9659 | 1370 | 9.93 | 9.35 | 12.79 | 5.75 | 36.3 | 21.1 |
| 2009 | 9565 | 1361 | 10.83 | 10.07 | 13.10 | 5.87 | 39.6 | 21.4 |
| 2010 | 9532 | 1346 | 11.51 | 10.65 | 13.84 | 6.21 | 41.9 | 22.6 |
| 2011 | 8178 | 1329 | 12.14 | 9.54 | 13.91 | 5.96 | 44.2 | 21.7 |
| 2012 | 19729 | 1345 | 12.81 | 11.87 | 14.41 | 6.15 | 46.6 | 22.4 |
| 2013 | 19913 | 1351 | 13.32 | 12.41 | 14.60 | 6.20 | 48.4 | 22.5 |
| 2014 | 19891 | 1355 | 14.11 | 13.20 | 15.14 | 6.32 | 51.3 | 23.0 |
| 2015 | 20619 | 1391 | 14.47 | 13.54 | 15.91 | 6.73 | 52.6 | 24.4 |
| 2016 | 20828 | 1436 | 15.12 | 14.23 | 16.65 | 6.96 | 55.3 | 25.5 |
| 2017 | 20827 | 1434 | 15.36 | 14.46 | 16.81 | 7.06 | 56.5 | 26.0 |
| 2018 | 22648 | 1557 | 16.67 | 15.82 | 18.33 | 7.69 | 61.7 | 28.4 |

# 17－5 卫生机构、床位、技术人员情况（2018年）

单位：人

| 项　　目 | Item | 卫生机构（个）Number of Health Institutions (unit) | 卫生机构实有床位（张）Number of Bed in Health Institutions (Bed) | 卫生技术人员 Health teachnical Personnel | 执业（助理）医师 Certified (Assistant) Doctors | 执业医师 Certified Doctors |
|---|---|---|---|---|---|---|
| **总 计** | **Total** | **22648** | **166743** | **183327** | **76910** | **67221** |
| 一、医 院 | Hospital | 779 | 140134 | 118365 | 44056 | 41058 |
| 综合医院 | General Hospital | 416 | 93356 | 80155 | 30065 | 28166 |
| 中医医院 | Traditional Chinese Medicine Hospital | 108 | 17553 | 17402 | 6908 | 6428 |
| 中西医结合医院 | Synthetical Hospital | 10 | 1985 | 2083 | 819 | 762 |
| 民族医院 | National Hospital | 3 | 244 | 155 | 70 | 69 |
| 专科医院 | Specialized Hospital | 237 | 26736 | 18482 | 6174 | 5615 |
| 二、基层医疗卫生机构 | Basic Medical Institutions | 21330 | 21626 | 52515 | 27598 | 21561 |
| 社区卫生服务中心(站) | Community Health Service Centers(stations) | 375 | 3385 | 7370 | 2987 | 2492 |
| 乡镇卫生院 | Health Center of Township | 777 | 18015 | 18786 | 8457 | 5823 |
| 中心卫生院 | Central Health Center | 205 | 7658 | 7775 | 3522 | 2561 |
| 乡卫生院 | Health Center of Township | 572 | 10357 | 11011 | 4935 | 3262 |
| 村卫生室 | Village Health Clinic | 9898 |  | 1941 | 1707 | 745 |
| 门诊部 | Clinics | 929 | 196 | 7041 | 4034 | 3317 |
| 三、专业公共卫生机构 | Professional Public Health Institutions | 408 | 2891 | 11441 | 4834 | 4240 |
| 疾病预防控制中心 | Disease Precaution and Control Centre | 66 |  | 3425 | 1716 | 1460 |
| 专科疾病防治所(站、中心) | Special Disease Prevention and Cure Hospital | 50 | 370 | 814 | 408 | 350 |
| 妇幼保健院(所、站) | Maternity and Child Health Care Centre | 70 | 1954 | 4767 | 2271 | 2029 |
| 卫生监督所(中心) | Health Supervision Stations | 44 |  | 1124 |  |  |

注：各项相加不等于总计。
Note: The subentry figures do not add up to the total.

# Health Institution, Beds, Teachnical Pevsonnel（2018）

unit：person

| 注册护士 Registered Nurses | 药师（士）Pharmacists（Person） | 技师（士）Technicians（Person） | 检验师（士）Examiner（Person） | 其他 Other | 见习医师 Trainee Doctors | 其他技术人员 Other Technical Personnel |
|---|---|---|---|---|---|---|
| **76140** | **8139** | **9184** | **6045** | **12957** | **1822** | **9819** |
| 57393 | 5548 | 6463 | 4009 | 4908 | 1307 | 6114 |
| 39568 | 3411 | 4356 | 2721 | 2758 | 756 | 3703 |
| 7298 | 1239 | 967 | 557 | 990 | 299 | 825 |
| 970 | 107 | 112 | 70 | 75 | 33 | 78 |
| 47 | 19 | 7 | 5 | 12 | 4 | 5 |
| 9448 | 770 | 1017 | 654 | 1073 | 215 | 1499 |
| 15809 | 2242 | 1439 | 891 | 5427 | 402 | 2275 |
| 3042 | 454 | 331 | 232 | 556 | 88 | 592 |
| 5192 | 1137 | 893 | 548 | 3107 | 245 | 1326 |
| 2272 | 486 | 416 | 249 | 1079 | 90 | 425 |
| 2920 | 651 | 477 | 299 | 2028 | 155 | 901 |
| 234 | | | | | | |
| 2637 | 123 | 159 | 86 | 88 | 32 | 99 |
| 2647 | 319 | 1184 | 1055 | 2457 | 97 | 1086 |
| 331 | 61 | 587 | 560 | 730 | 63 | 302 |
| 171 | 48 | 87 | 68 | 100 | 3 | 71 |
| 1607 | 166 | 326 | 248 | 397 | 31 | 401 |
| | | | | 1124 | | 46 |

## 17－6　各地区卫生机构情况（2018年）

## Basic Statistics on Health Institutions by Region（2018）

单位: 个　　　　　　　　　　　　　　　　　　　　　　　　（unit）

| 地　　区 | Region | 卫生机构 Number of Health Institutions | 医院 Hospital | 卫生院 Health Center | 妇幼机构 Maternity and Child Care Centers | 疾病控制机构 Disease Control Center |
|---|---|---|---|---|---|---|
| **全　省** | **Total** | **22648** | **779** | **778** | **70** | **66** |
| 长　春 | Changchun | 5137 | 186 | 134 | 13 | 14 |
| 吉　林 | Jilin | 3840 | 172 | 97 | 11 | 11 |
| 四　平 | Siping | 2095 | 78 | 100 | 7 | 4 |
| 辽　源 | Liaoyuan | 975 | 33 | 42 | 3 | 3 |
| 通　化 | Tonghua | 1970 | 72 | 90 | 8 | 6 |
| 白　山 | Baishan | 1273 | 40 | 61 | 7 | 6 |
| 松　原 | Songyuan | 3077 | 77 | 88 | 6 | 6 |
| 白　城 | Baicheng | 1878 | 43 | 93 | 6 | 6 |
| 延　边 | Yanbian | 2403 | 78 | 73 | 9 | 10 |

注：卫生机构包含乡卫生室。
Note: Health Institutions include Township clinic.

## 17－7　各地区卫生床位、人员情况（2018年）

## Beds and Employed Personnel by Region（2018）

单位: 张、人　　　　　　　　　　　　　　　　　　　　unit：bed，person

| 地　　区 | Region | 卫生机构实有床位 Health Institutions Beds | 医院床位 Hospital Beds | 卫生技术人员 Medical Technical Personnel | 执业(助理)医师 Certified (Assistants) Physicians | 注册护士 Registered Nurses |
|---|---|---|---|---|---|---|
| **全　省** | **Total** | **166743** | **140134** | **183327** | **76910** | **76140** |
| 长　春 | Changchun | 53154 | 48228 | 56552 | 24470 | 23682 |
| 吉　林 | Jilin | 30960 | 26193 | 33108 | 13368 | 14950 |
| 四　平 | Siping | 19126 | 15932 | 18994 | 7564 | 8014 |
| 辽　源 | Liaoyuan | 7048 | 5330 | 7546 | 3036 | 3306 |
| 通　化 | Tonghua | 14602 | 10895 | 13617 | 6035 | 5119 |
| 白　山 | Baishan | 10134 | 7912 | 9250 | 3715 | 3835 |
| 松　原 | Songyuan | 10791 | 9085 | 16410 | 6700 | 6159 |
| 白　城 | Baicheng | 8927 | 6562 | 11144 | 4977 | 4045 |
| 延　边 | Yanbian | 12001 | 9997 | 16706 | 7045 | 7030 |

注：医院床位数为实际营业数。
Note:the number of hospital beds is actual operating figures.

## 17－8 各地区医疗卫生机构住院服务情况（2018年）
## Medical and Health Institutions in Various Regions of Hospital（2018）

| 项目 | Item | 入院人数(万人) Admission Number (10000 Persons) | 出院人数(万人) Discharge Number (10000 Persons) | 住院病人手术人次(万人次) Number of Patients hospitalized (10000 Persons /time) | 死亡率(%) Death Rate (%) | 病床工作日(日) Bed working day(day) | 每百门急诊入院人数(人) Number of Admission Per hundred out patient and Emergency Department (person) | 居民年住院率（%） Residents Annual Hospitalization Rate(%) |
|---|---|---|---|---|---|---|---|---|
| **全　省** | **Total** | **403.77** | **401.65** | **79.35** | **0.97** | **277.6** | **5.75** | **15.48** |
| 长　春 | Changchun | 150.18 | 149.25 | 35.75 | 0.80 | 293.3 | 5.63 | 19.99 |
| 吉　林 | Jilin | 70.30 | 70.35 | 16.99 | 1.31 | 279.2 | 5.86 | 17.00 |
| 四　平 | Siping | 40.88 | 40.22 | 5.05 | 0.79 | 243.6 | 6.77 | 12.80 |
| 辽　源 | Liaoyuan | 19.53 | 19.48 | 2.37 | 0.94 | 353.6 | 8.52 | 16.66 |
| 通　化 | Tonghua | 30.06 | 30.02 | 6.08 | 1.09 | 269.3 | 5.14 | 13.92 |
| 白　山 | Baishan | 16.61 | 16.47 | 1.90 | 0.91 | 245.3 | 6.98 | 14.07 |
| 松　原 | Songyuan | 28.86 | 28.71 | 5.23 | 0.66 | 262.8 | 6.42 | 10.49 |
| 白　城 | Baicheng | 20.97 | 20.80 | 1.71 | 1.25 | 271.9 | 7.14 | 11.04 |
| 延　边 | Yanbian | 26.37 | 26.35 | 4.27 | 1.30 | 262.5 | 3.50 | 12.64 |

注：居民年住院率为入院人数除以当地人口数。表中使用的人口数为公安厅统计结果。
Note: Resident' s annual Rate of hospitalization for admission are admission number divided by the number of local population.

## 17－9 医疗机构运营情况（2018年）
## Operation of Medial Institutions（2018）

| 项目 | Item | 合计 Total | 医院 Hospitals | 卫生院 Health centers | 门诊部 out-patient Department | 妇幼保健院 Mother and Child Health Care Hospital | 专科疾病防治院 Specialist Disease Prevention and treatment Institute |
|---|---|---|---|---|---|---|---|
| **门诊服务** | **Outpatient Service** | | | | | | |
| 诊疗人次（万人次） | Person(10000 person/time) | 11020.27 | 5454.08 | 1038.55 | 217.70 | 169.15 | 20.18 |
| #门诊 | Outpatient | 9329.44 | 4788.63 | 976.68 | 189.86 | 163.24 | 19.96 |
| #急诊 | Emergency Treatment | 579.48 | 533.76 | 22.60 | | 1.72 | |
| **住院服务** | **Admission service** | | | | | | |
| 入院人数（万人） | Admission Number(10000 person) | 403.77 | 371.71 | 23.26 | 0.23 | 4.05 | 0.74 |
| 住院病人手术人次（万人） | Patient Operation(10000 person) | 79.35 | 78.31 | | | 1.00 | |
| 每百门急诊的入院人数（人） | Number of Admissions Per hundred outpatient and Emergency Department(person) | 5.75 | 6.98 | 2.33 | | 2.45 | 3.70 |
| **床位利用** | **Bed utilization** | | | | | | |
| 平均床位周转率（次） | Average Bed turnover Rate(time) | 26.0 | 28.2 | 14.4 | | 23.4 | 8.2 |
| 平均床位工作日（日） | Average Bed working days(Day) | 254.2 | 277.6 | 117.5 | | 140.1 | 245.6 |
| **床位使用率(%)** | **Bed Utilization(%)** | **69.64** | **76.06** | **32.18** | | **38.39** | **67.30** |
| 出院者平均住院日（日） | Average length of hospital stay(day) | 9.2 | 9.3 | 6.5 | | 5.9 | 31.8 |

# 17－10 残疾人事业基本情况
## Basic Information of Person with Disabilities

| 项　　目 | Item | 2017 | 2018 |
|---|---|---|---|
| **视力残疾康复** | **Rehabilitation of Visual Disability** | | |
| 盲人白内障复明手术（例） | Cataractsurgery for Blind People(case) | 34 | 4 |
| 低视力者配用助视器（人） | Low-sighted People Use a Visual Aid(person) | 3950 | 3281 |
| 盲人定向行走训练（人） | Blind Directed Walking Training (person) | 554 | 402 |
| **聋儿康复** | **Rehabilitation for Deaf Children** | | |
| 聋儿康复训练（人） | Rehabilitation Training for the Deaf(person) | 61 | 54 |
| 家长支持性服务（人） | Parent Support Services(person) | 44 | 61 |
| **精神病防治康复** | **Mental Rehabilitation** | | |
| 孤独症儿童康复训练数（人） | Number of Rehabilitation Training for Autistic Children(person) | 395 | 417 |
| **肢体残疾康复** | **Physical Disability Rehabilitation** | | |
| 肢体残疾儿童康复训练（人） | Physical Handicapped Child Rehabilitation Training(person) | 402 | 426 |
| **智力残疾康复** | **Rehabilitation of Intellectual Disability** | | |
| 智力残疾儿童康复训练数（人） | Rehabilitation Traning for Children with Mental Disabilities(person) | 463 | 338 |
| **辅助器具配置** | **Accessory Appliance Configuration** | | |
| 未入学适龄残疾儿童少年（人） | Unenrolled Children with Disabilities(person) | 1960 | 1960 |
| 按比例就业（人） | Scale Employment(person) | 5159 | 6124 |
| 集中就业（人） | Concentrated Employment(person) | 5236 | 5631 |
| 个体就业（人） | Individual Employment(person) | 22517 | 21783 |
| 就业（人） | Employment(person) | 194770 | 201192 |
| 保健按摩员培训（人） | Health Massager Training (person) | 680 | 445 |
| 医疗按摩员培训（人） | Medical Massager Training(person) | 465 | 未开展 |
| 本年扶持贫困残疾人（人次） | Supporting Poor People with Disabilities This Year (person time) | 23346 | 18703 |
| 全省残疾人总数（万人） | Total Number of Disabled Persons in the Province(10000 person) | 193 | 193 |
| 残疾人工作者（人） | Disabled Worker(person) | 3012 | 2970 |
| 残疾人来信（件） | Letter from Disablea Persons (piece) | 523 | 85 |
| 个人访（人次） | Personal Visit (person time) | 1974 | 1846 |
| 集体访（批次） | Collective Visit (batch) | 47 | 38 |
| 集体访（人次） | Collective Visit (person time) | 720 | 556 |

## 17－11 律师、调解工作基本情况
## Basic Statistics on Lawyers and Mediation

| 项　　目 | Item | 2016 | 2017 | 2018 |
|---|---|---|---|---|
| **律师工作** | **Lawyers** | | | |
| 律师机构（处） | Law Offices(unit) | 724 | 503 | 532 |
| # 律师（人） | # Full-time Lawyers(person) | 4432 | 4809 | 5002 |
| 聘请担任常年法律顾问单位（处） | Number of Units with Permanent Legal Advisors(unit) | 3653 | 5470 | 5251 |
| 民事代理（件） | Agent of Civil Cases(piece) | 16179 | 34965 | 32666 |
| 刑事辩护、代理（件） | Defender of Criminal Cases(piece) | 2957 | 8736 | 11694 |
| 非诉讼法律事务（件） | Agent of Non-litigious Legal Affairs(piece) | 613 | 4072 | 2272 |
| 解答法律咨询（件） | Agent of Legal Advisory Services(piece) | 803 | 17360 | |
| 代写法律事务文书（件） | Agent of Legal Documents Written on Behalf of Clients(piece) | 378 | 9122 | |
| 办理各类法律事务件数（件） | Handled various legal affairs (piece) | | | 72265 |
| 咨询和代书（件） | Consultation and proxy (pieces) | | | 9505 |
| 仲裁业务（件） | Arbitration business(piece) | | | 554 |
| **人民调解工作** | **People' s Mediation Work** | | | |
| 专职司法助理员（人） | Full-time Judical Assistants(person) | 2033 | | |
| 人民调解委员会（个） | People' s Mediation Committees(unit) | 15021 | 15071 | 14717 |
| 调解人员（人） | Mediators(person) | 67064 | 65299 | 62186 |
| 调解民间纠纷（件） | Civil Disputes Mediated(piece) | 232904 | 218278 | 215314 |
| 司法所工作人员（人） | Staff of the Judicial Office(person) | | 2130 | 4675 |

## 17－12 婚姻登记情况
## Basic Statistics on Marriage Registrations and Divorces

| 项　　目 | Item | 2016 | 2017 | 2018 |
|---|---|---|---|---|
| 结婚登记(万对） | Marriage Registration(10000 couple) | 22 | 22 | 18.2 |
| #涉外、港澳台、华侨及出国人员结婚登记(对) | Foreign、Hongkong、Macao and Taiwan、overseas chinese and overseas personnel to getmarried(couple) | 756 | 762 | 769 |
| 离婚登记（万对） | Divorce Registration(10000 couple) | 12 | 12 | 11.4 |
| #涉外、港澳台、华侨及出国人员离婚登记(对) | Foreign、Hongkong、Macao and Taiwan、overseas chinese and overseas personnel to Divorce(couple) | 107 | 114 | 124 |

## 17－13　公证工作基本情况
## Basic Statistics on Notarization

| 项　目 | Item | 2016 | 2017 | 2018 |
|---|---|---|---|---|
| **公证机构和人员** | **Institutions and Personnel** | | | |
| **公证处（个）** | **Nortarial Offices(unit)** | **70** | **70** | **73** |
| **公证人员（人）** | **Nortarial Personel(person)** | **745** | **791** | **862** |
| #公 证 员 | # Notaries | 368 | 367 | 376 |
| 助理公证员 | Assistant Notaries | 377 | 275 | 308 |
| **办理公证（项目）总计（件）** | **Notarized Documents(piece)** | **497510** | **479892** | **492162** |
| 国内公证合计 | Domestic Justice Total | 314306 | 317568 | 333761 |
| 涉外公证合计 | International Justice Total | 181350 | 102300 | 157611 |
| 涉台、港、澳公证合计 | Relate to Taiwan、Hongkong and Macao Notarization Summation | 1854 | 60024 | 790 |
| 涉台公证合计 | Relate to Taiwan Notarization Summation | 804 | 11116 | 360 |
| 涉港澳公证合计 | Relate to Hongkong and Macao Notarization Summation | 1050 | 48908 | 430 |

## 17－14　社会救助情况（2018年）
## Basic Statistics on Social Relief（2018）

| 项　目 | Item | 数量 |
|---|---|---|
| 城乡最低生活保障人数（万人） | Urban and Rural Residents Receiving Minimum Living Allowance (10000 person) | 111.19 |
| 其中：城市最低生活保障人数（万人） | The Number of Urban Residents Receiving Minimum Living Allowance (10000 person) | 51.39 |
| 农村最低生活保障人数（万人） | The Number of Rural Residents Receiving Minimum Living Allowance (10000 person) | 59.8 |
| 特困人员救助供养人数（万人） | Number of Exceptional Poverty with Relief and Livelihood Guaranteed (10000 person) | 8.7 |
| 城乡医疗救助人次数（万人次） | The Number of Urban and Rural Medical Assistance People (10000 person pertimes) | 226.3 |

# 17－15 火灾情况
## The Fire Situation

| 项目 | Item | 单位 unit | 2012 | 2013 | 2014 | 2015 | 2016 | 2017 | 2018 |
|---|---|---|---|---|---|---|---|---|---|
| 火灾数 | Number of Fire | 起Case | 5657 | 12489 | 13237 | 10760 | 9813 | 8187 | 6796 |
| 城市 | City | 起Case | 1944 | 3860 | 3288 | 2666 | 2858 | 2670 | 2422 |
| 农村 | Rural | 起Case | 2476 | 6072 | 7204 | 6558 | 4936 | 3618 | 2788 |
| 其他 | Other | 起Case | 1237 | 2557 | 2745 | 1516 | 2019 | 1899 | 1586 |
| 死亡人数 | Number of deaths | 人Person | 3 | 138 | 19 | 13 | 28 | 28 | 20 |
| 城市 | City | 人Person | 2 | 128 | 9 | 5 | 8 | 11 | 5 |
| 农村 | Rural | 人Person | 1 | 10 | 8 | 7 | 14 | 5 | 11 |
| 其他 | Other | | | | 2 | 1 | 6 | 12 | 4 |
| 受伤人数 | Number of Injured | 人Person | 1 | 85 | 30 | 5 | 6 | 8 | 3 |
| 城市 | City | 人Person | | 84 | 12 | 5 | | 2 | 0 |
| 农村 | Rural | 人Person | 1 | 1 | 14 | | 3 | 1 | 1 |
| 其他 | Other | | | | 4 | | 3 | 5 | 2 |
| 损失金额 | Amount of Loss | 万元10000 Yuan | 2725 | 24355 | 5418 | 6584 | 7570 | 5292 | 4885 |
| 城市 | City | 万元10000 Yuan | 899 | 2248 | 3411 | 2992 | 2509 | 1205 | 1071 |
| 农村 | Rural | 万元10000 Yuan | 636 | 2144 | 1836 | 3153 | 2981 | 2402 | 2354 |
| 其他 | Other | 万元10000 Yuan | 1190 | 19963 | 171 | 439 | 2079 | 1685 | 1460 |

注：结案中含上年旧存（以下各表同）。
Note: Data of cases settled include cases turned over from previous year (The same applies to the tables following).

# 17－16 交通事故情况
## Traffic Accident Situation

| 项目 | Item | 单位 unit | 2012 | 2013 | 2014 | 2015 | 2016 | 2017 | 2018 |
|---|---|---|---|---|---|---|---|---|---|
| **交通事故数** | **Number of Traffic Accidents** | **起Case** | **2817** | **2456** | **2792** | **2801** | **6541** | **7833** | **7548** |
| 城市 | City | 起Case | 1309 | 1131 | 1392 | 1429 | 3105 | 4030 | 4564 |
| 农村 | Rural | 起Case | 1508 | 1325 | 1400 | 1372 | 3436 | 3803 | 2984 |
| 机动车 | Motor Vehicle | 起Case | 2761 | 2407 | 2727 | 2695 | 6317 | 7242 | 6654 |
| 汽车 | Automobile | 起Case | 2134 | 1831 | 2177 | 2127 | 5109 | 5642 | 4898 |
| 摩托车 | Motorcycle | 起Case | 509 | 490 | 500 | 517 | 1085 | 1434 | 1496 |
| 拖拉机 | Tractor | 起Case | 42 | 36 | 25 | 37 | 79 | 95 | 123 |
| 其他 | Other | 起Case | 76 | 50 | 25 | 14 | 44 | 71 | 137 |
| 非机动车 | Non-motor Vechicles | 起Case | 40 | 38 | 57 | 62 | 194 | 439 | 391 |
| # 自行车 | Bicycle | 起Case | 19 | 13 | 10 | 21 | 38 | 240 | 178 |
| 行人、乘车人 | Pedestrian,Passenger | 起Case | 11 | 9 | 8 | 13 | 28 | 67 | 498 |
| 其他 | Other | 起Case | 5 | 1 | 5 | 4 | 2 | 1 | 5 |
| **死亡人数** | **Number of deaths** | **人Person** | **1388** | **1345** | **1323** | **1308** | **2704** | **2480** | **1366** |
| 城市 | City | 人Person | 450 | 422 | 428 | 465 | 773 | 713 | 529 |
| 农村 | Rural | 人Person | 938 | 923 | 895 | 843 | 1931 | 1767 | 837 |
| **受伤人数** | **Number of Injured** | **人Person** | **2764** | **2310** | **2688** | **2721** | **6645** | **8060** | **8913** |
| 城市 | City | 人Person | 1180 | 1088 | 1336 | 1315 | 2977 | 4082 | 4659 |
| 农村 | Rural | 人Person | 1584 | 1222 | 1352 | 1406 | 3668 | 3978 | 4254 |
| **损失金额** | **Amount of Loss** | **万元10000 Yuan** | **3117** | **3118** | **3447** | **3207** | **6053** | **5733** | **4245** |
| 城市 | City | 万元10000 Yuan | 1503 | 1585 | 1628 | 1191 | 2643 | 3053 | 2493 |
| 农村 | Rural | 万元10000 Yuan | 1614 | 1533 | 1819 | 2016 | 3410 | 2680 | 1752 |

## 17－17 人民法院审理刑事一审案件收结案情况
## First Trial Criminal Cases Accepted and Concluded by Courts

单位: 件 (case)

| 项 目 | Item | 收案 Cases Accepted 2016 | 2017 | 2018 | 结案 Cases Concluded 2016 | 2017 | 2018 |
|---|---|---|---|---|---|---|---|
| **合计** | **Total** | **24131** | **23009** | **26042** | **25386** | **22945** | **24182** |
| 危害公共安全罪 | Crimes of Endangering Public Security | 4740 | 5980 | 8419 | 4961 | 5974 | 8098 |
| 破坏社会主义市场经济秩序罪 | Crimes of Disrupting the Order of the Socialist Market Economy | 2244 | 1141 | 1388 | 2309 | 1106 | 1252 |
| 侵犯公民人身权利民主权利罪 | Crimes of Infringing upon Citizens' Right of the Person and Democratic Rights | 3562 | 3458 | 3753 | 3800 | 3511 | 3448 |
| 侵犯财产罪 | Crimes of Property Violation | 7961 | 7421 | 6522 | 8213 | 7384 | 6070 |
| 妨害社会管理秩序罪 | Crimes of Obstructing Administration of Public Order | 4801 | 4237 | 5388 | 5076 | 4205 | 4847 |
| 危害国防利益罪 | Crimes of Impairing the Interests of National Defence | 14 | 7 | 17 | 13 | 8 | 16 |
| 贪污贿赂罪 | Crimes of Corruption and Bribery | 650 | 574 | 484 | 848 | 576 | 361 |
| 渎职罪 | Crimes of Dereliction of Duty | 157 | 190 | 71 | 166 | 179 | 90 |
| 其他 | Others | 2 | 1 | | | 2 | |
| 合计中含自诉案件 | Private Prosecution of Total | 285 | 287 | 240 | 306 | 286 | 204 |

注：结案中含上年旧存（以下各表同）。
Note: Data of cases settled include cases turned over from previous year (The same applies to the tables following).

## 17－18 人民法院审理婚姻家庭、继承一审案件收结案情况（2018年）
## First Trial Civil Cases of Marriages, Family Affairs and Inheritance Accepted and Concluded by Courts（2018）

单位: 件 (case)

| 项目 | Item | 收案 Cases Accepted | 结案 Cases Concluded | 调解 Mediation | 判决 Judgement | 驳回 Reject | 撤诉 Withdrawal | 其他 Other |
|---|---|---|---|---|---|---|---|---|
| **合计** | **Total** | **32508** | **30630** | **11811** | **9529** | **1197** | **6556** | **1537** |
| 婚姻家庭 | Marriages and Family Affairs | 27905 | 26278 | 8415 | 9031 | 1087 | 6263 | 1482 |
| 离婚 | Divorce | 21774 | 20574 | 6086 | 7291 | 858 | 5067 | 1272 |
| 离婚后财产纠纷 | Property Disputes after Divorce | 1029 | 915 | 274 | 314 | 53 | 217 | 57 |
| 同居关系纠纷 | Cohabitation Disputes | 470 | 452 | 148 | 135 | 23 | 114 | 32 |
| 抚养纠纷 | Upbringing Disputes | 3054 | 2870 | 1547 | 702 | 86 | 461 | 74 |
| 赡养纠纷 | Support Disputes | 874 | 813 | 200 | 302 | 14 | 269 | 28 |
| 扶养纠纷 | Fostering Disputes | 80 | 74 | 40 | 19 | 2 | 12 | 13 |
| 其他 | Others | 571 | 534 | 109 | 251 | 48 | 113 | 13 |
| 继承 | Inheritance | 4611 | 4346 | 3390 | 491 | 112 | 295 | 58 |
| 法定继承 | Legal Inheritance | 1245 | 1226 | 1069 | 75 | 24 | 55 | 3 |
| 遗嘱继承 | Testament Inheritance | 88 | 82 | 42 | 21 | 4 | 14 | 1 |
| 其他 | Others | 3278 | 3038 | 2279 | 395 | 84 | 226 | 54 |

## 17－19 人民法院审理合同、无因管理、不当得利纠纷一审案件收结案情况（2018年）

## First Trial Cases of Dispuctes of Contract, Unjust Enrichment and Negotiorum Gestio Affairs Accepted and Concluded by Courts（2018）

单位: 件 (case)

| 项目 | Item | 收案 Cases Accepted | 结案 Cases Concluded | 调解 Mediation | 判决 Judgement | 驳回 Reject | 撤诉 Withdrawal | 其他 Other |
|---|---|---|---|---|---|---|---|---|
| **合计** | **Total** | **139283** | **127383** | **26347** | **52933** | **12661** | **29203** | **6239** |
| 借款合同 | Loan Contracts | 62179 | 57129 | 13511 | 26227 | 6051 | 8450 | 2890 |
| 买卖合同 | Trade Contracts | 19998 | 18407 | 3999 | 7873 | 1664 | 4327 | 544 |
| 追偿权纠纷 | Recourse Right Disputes | 3127 | 2782 | 426 | 1352 | 438 | 440 | 126 |
| 租赁合同 | Lease Contracts | 4294 | 3769 | 593 | 1460 | 305 | 1264 | 147 |
| 劳务合同 | Labor Contracts | 4603 | 4154 | 1247 | 1521 | 301 | 933 | 152 |
| 房屋买卖合同 | Housing Contracts | 8196 | 7390 | 2234 | 2764 | 495 | 1586 | 311 |
| 供用动力合同 | Labor Contracts | 1930 | 1871 | 139 | 489 | 380 | 829 | 34 |
| 建设工程合同 | Construction Contracts | 4768 | 4052 | 767 | 1974 | 436 | 723 | 152 |
| 农村承包合同 | Rural Contracts | 1478 | 1405 | 143 | 663 | 160 | 396 | 43 |
| 承揽合同 | Contracts for Work | 1336 | 1235 | 258 | 527 | 105 | 296 | 49 |
| 服务合同 | Service Contracts | 12102 | 11486 | 459 | 2130 | 868 | 7048 | 981 |
| 运输合同 | Transport Contracts | 622 | 554 | 139 | 237 | 36 | 131 | 11 |
| 不当得利纠纷 | Unjust Enrichment Disputes | 1496 | 1348 | 210 | 525 | 183 | 344 | 86 |
| 无因管理纠纷 | Negotiorum Gestio Disputes | 24 | 25 | 3 | 10 | 3 | 9 | 0 |
| 其他 | Others | 13130 | 11776 | 2219 | 5181 | 1236 | 2427 | 713 |

## 17－20 人民法院审理权属、侵权纠纷及其他民事一审案件收结案情况（2018年）

## First Trial Cases of Disputes of Right, Infringement of Right and Other Civil Affairs Accepted and Concluded by Courts（2018）

单位: 件 (case)

| 项目 | Item | 收案 Cases Accepted | 结案 Cases Concluded | 调解 Mediation | 判决 Judgement | 驳回 Reject | 撤诉 Withdrawal | 其他 Other |
|---|---|---|---|---|---|---|---|---|
| **合计** | **Total** | **43643** | **39742** | **7109** | **20590** | **2846** | **7845** | **1352** |
| 人格权纠纷 | Personality Disputes | 4218 | 3847 | 745 | 1945 | 201 | 877 | 79 |
| 物权纠纷 | Property Rights Disputes | 8262 | 7571 | 846 | 3145 | 1018 | 2265 | 297 |
| 知识产权与竞争纠纷 | Intellectual Property Rights and Competition Disputes | 1322 | 1152 | 311 | 409 | 16 | 404 | 12 |
| 劳动争议 | Labor Disputes | 10051 | 9231 | 2759 | 4065 | 554 | 1261 | 592 |
| 票据、证券、股票纠纷 | Bills,Securities,Shares Disputes | 2536 | 2197 | 196 | 1345 | 156 | 424 | 76 |
| 侵权责任纠纷 | Tort Liability Disputes | 15535 | 14238 | 2241 | 8760 | 648 | 2369 | 220 |
| 特殊程序 | Special Procedures | 1715 | 1502 | 10 | 919 | 253 | 244 | 76 |
| 其他 | Others | 4 | 4 | 1 | 2 |  | 1 |  |

# 第十八篇

CHAPTER ▶ 18

# 市(州)和县(市)概况

## GENERAL SURVEY OF CITY（STATE）AND COUNTY（CITY）

资料整理人员：

刘　豪　沈永生　张海超　任秀玲　亢伶俐　许　赓

吴　璇　张志刚　钟炽慧　张　蕾　郝立军

# 18－1 城市社会经济基本情况（2018年）

| 指 标 | Item | 长春市 Changchun<br>全市 Total |
|---|---|---|
| **一、土地面积及水资源** | **Land Area and Water Resources** | |
| 行政区域土地面积（平方公里） | Administrative Area Land Area(sq.km) | 20594 |
| 其中：居住用地面积 | Residential land area | 189.82 |
| 公共管理与公共服务用地面积 | The Area of Public Administration and Public Service Land | 52.89 |
| 工业用地面积 | Industrial Land Area | 132.99 |
| 水资源总量（万立方米） | Total Amount of Water Resources（10000 cu.m） | 343000 |
| **二、人口与就业** | **Population and Employment** | |
| 年末户籍人口（万人） | Household Registered Population at Year-end | 751.29 |
| 户籍人口城镇化率（%） | Proportion of Urban Household Registered Population | 49.41 |
| 从业人员期末人数(城镇) (万人) | Number of employees at Year-end (urban)(10000 persons) | 1184062 |
| 第一产业(农、林、牧、渔业) | Primary Industry (Agriculture, Forestry, Animal Husbandry and Fishery) | 8312 |
| 第二产业 | Secondary Industry | 499572 |
| (1)采矿业 | Mining | 1125 |
| (2)制造业 | Manufacturing | 334134 |
| (3)电力、热力、燃气及水的生产和供应业 | Production and Supply of Electricity,Heat,Gas and Water | 56602 |
| (4)建筑业 | Construction | 107711 |
| 第三产业 | Tertiary Industry | 676178 |
| (1)批发和零售业 | Wholesale and Retail Trades | 66589 |
| (2)交通运输、仓储及邮政业 | Transportation, Storage and Post | 49202 |
| (3)住宿和餐饮业 | Hotels and Catering Services | 13731 |
| (4)信息传输、软件和信息技术服务业 | Information Transmission, Computer Services and Software | 34599 |
| (5)金融业 | Financial Intermediation | 56351 |
| (6)房地产业 | Real Estate | 40656 |
| (7)租赁和商业服务业 | Leasing and Business Services | 40045 |
| (8)科学研究和技术服务业 | Scientific Research and Technical Services | 43525 |
| (9)水利、环境和公共设施管理业 | Management of Water Conservancy, Environment and Public Facilities | 30263 |
| (10)居民服务、修理和其他服务业 | Neighborhood Service Repair and other Services | 10887 |
| (11)教育 | Education | 126907 |
| (12)卫生和社会工作 | Health and Social Work | 64477 |
| (13)文化、体育和娱乐业 | Culture, Sports and Entertainment | 16951 |
| (14)公共管理、社会保障和社会组织 | Public Management, Social Security and Social Organizations | 81995 |
| (15)国际组织 | International Organization | |
| 城镇私营和个体从业人员(人) | Urban Private and Individual Employees（person） | 1485549 |
| 城镇登记失业人员数(人) | Urban Registered Unemployed Persons（person） | 69130 |
| 城镇登记失业率（%） | Unemployment Rate in Urban Area(%) | 3.42 |

## Basic Statistics Urban Social and Economical Indicators（2018）

| | 吉林市 Jilin | | 四平市 Siping | | 辽源市 Liaoyuan | |
|---|---|---|---|---|---|---|
| 市区 District | 全市 Total | 市区 District | 全市 Total | 市区 District | 全市 Total | 市区 District |
| 6991 | 27711 | 3774 | 14382 | 1650 | 5140 | 432 |
| 151.3 | 104 | 59 | 53.39 | 21.51 | 34.14 | 27.6 |
| 48.91 | 17 | 11 | 8.17 | 4.81 | 2.95 | 1.86 |
| 123.86 | 65 | 56 | 26.78 | 16.33 | 13.77 | 8.81 |
| | 966900 | | 162100 | | 71500 | |
| | | | | | | |
| 441.52 | 413.52 | 179.8 | 319.29 | 67.79 | 117.24 | 45.06 |
| | 52.93 | | 36.67 | | 50.32 | |
| 1068682 | 341815 | 231607 | 163389 | 64579 | 89039 | 59963 |
| 3015 | 9542 | 366 | 3618 | 843 | 1991 | 119 |
| 474991 | 127944 | 103615 | 28153 | 15629 | 32010 | 29555 |
| 1125 | 7125 | | 696 | 696 | 15922 | 15922 |
| 316967 | 88778 | 77834 | 16997 | 8063 | 10091 | 7963 |
| 53281 | 10417 | 7820 | 5532 | 3484 | 2722 | 2523 |
| 103618 | 21624 | 17961 | 4928 | 3386 | 3275 | 3147 |
| 590676 | 204329 | 127626 | 131618 | 48107 | 55038 | 30289 |
| 62774 | 8138 | 6481 | 5347 | 2645 | 2027 | 1357 |
| 45622 | 9826 | 6793 | 6157 | 3368 | 2730 | 1991 |
| 13412 | 2380 | 2189 | 716 | 440 | 199 | 150 |
| 33281 | 4859 | 4480 | 3082 | 2205 | 1516 | 1211 |
| 51550 | 11790 | 8940 | 7393 | 3421 | 4555 | 3256 |
| 39184 | 5371 | 4136 | 2351 | 1422 | 1515 | 1202 |
| 38705 | 2505 | 2012 | 699 | 539 | 586 | 570 |
| 41418 | 5622 | 3598 | 3914 | 1692 | 1459 | 937 |
| 25267 | 6406 | 1991 | 6542 | 3651 | 2581 | 1289 |
| 10717 | 370 | 152 | 577 | 145 | 169 | 85 |
| 94618 | 53134 | 28914 | 37149 | 10152 | 13588 | 5326 |
| 54586 | 32834 | 20533 | 23472 | 8941 | 7588 | 3969 |
| 15616 | 3146 | 2185 | 2265 | 920 | 1075 | 605 |
| 63926 | 57948 | 35222 | 31954 | 8566 | 15450 | 8341 |
| | | | | | | |
| 1312107 | 520041 | 348644 | 274160 | 122144 | 150866 | 98195 |
| 45944 | 34893 | 23013 | 8735 | 1594 | 11787 | 7788 |
| | 3.47 | 3.56 | 3.44 | 2.52 | 3.02 | 3.02 |

18－1 续表 1

| 指　　标 | Item | 长春市 Changchun<br>全市 Total |
| --- | --- | --- |
| **三、综合经济** | **Comprehensive Economy** | |
| (一) 财政（万元） | Finance（10000 Yuan） | |
| 地方一般公共预算支出 | General Public Budget Expenditure | 8943429 |
| 文化体育与传媒支出 | Culture, Sports and Media Expenses | 148557 |
| 城乡社区事务支出 | Urban and Rural Community Affairs | 1655815 |
| 交通运输支出 | Transportation Expenses | 333889 |
| 住房保障支出 | Housing Security Expenses | 194649 |
| (二)金融（万元） | Finance（10000 yuan） | |
| 年末金融机构人民币各项存款余额 | Deposits of Banking System | 114756661 |
| 其中：住户存款余额 | Deposits of Household | 49932387 |
| 年末金融机构人民币各项贷款余额 | Loans of Banking System | 114630491 |
| **四、规模以上工业法人企业** | **Industrial Enterprisers Above Designated Size** | |
| 企业个数（个） | Number of Industrial Enterprises | 1632 |
| (1)内资企业 | Domestic Investment Enterprises | 1466 |
| 其中：国有企业 | State-owned Enterprises | 12 |
| 私营企业 | Private Enterprises | 818 |
| (2)港、澳、台商投资企业 | Fundsfrom Hong Kong, Macao and Taiwan | 32 |
| (3)外商投资企业 | Foreign Investment | 134 |
| **五、交通运输、通讯与能源** | **Transport,Post,Telecommunication and Power** | |
| (一)交通运输 | Transport | |
| 公路客运量（全社会）（万人） | Highway Passenger Traffic (Whole Society)(10000 persons) | 6115 |
| 公路货运量（全社会）（万吨） | Highway Freight Traffic (Whole Society)(10000 tons) | 12423 |
| 水运客运量（全社会）（万人） | Waterway Passenger Traffic (Whole Society)(10000 persons) | 24.9 |
| 水运货运量（全社会）（万吨） | Waterway Freight (Whole Society)(10000 tons) | |
| 民用航空客运量（万人） | Civil Aviation Passenger Traffic(10000 persons) | 652.81 |
| 民用航空货邮运量（吨） | Civil Aviation Cargo Traffic(ton) | 65446 |
| 境内公路总里程（公里） | Length of Highways | 24135 |
| 其中：高速公路里程 | Expressway | 388 |
| (二)邮电通信 | Post and Telecommunications | |
| 年末邮政局(所)数（处） | Number of Postal Offices at Year-end (unit) | 205 |
| 邮政业务收入（万元） | Revenue of Postal Services (10000 yuan) | 317327 |
| 电信业务收入（万元） | Revenue of Telecommunication (10000 yuan) | 741443 |
| 固定电话年末用户数（万户） | Fixed Telepbone Users at Year-end (10000 subscribers) | 157.75 |
| 移动电话年末用户数（万户） | Mobile Phone Users at Year-end (10000 subscribers) | 1039.87 |
| 其中：3G以上移动电话用户 | 3G Mobile Phone Users | 883.47 |
| 互联网宽带接入用户数（万户） | Internet Broadband Access Users(10000 subscribers) | 197.01 |
| (三)能源电力 | Energy Power | |

continued

| | 吉林市 Jilin | | 四平市 Siping | | 辽源市 Liaoyuan | |
|---|---|---|---|---|---|---|
| 市区 District | 全市 Total | 市区 District | 全市 Total | 市区 District | 全市 Total | 市区 District |
| | | | | | | |
| 6820978 | 4119428 | 2159377 | 2904321 | 674802 | 1212277 | 495271 |
| 132578 | 70596 | 47462 | 28826 | 8909 | 14638 | 6978 |
| 1522128 | 333612 | 218948 | 237230 | 32993 | 50957 | 27749 |
| 293222 | 115970 | 62337 | 52374 | 5022 | 56355 | 8468 |
| 135808 | 146412 | 78450 | 123386 | 36371 | 56814 | 9330 |
| | | | | | | |
| 105162687 | 26800216 | 18414540 | 14263499 | 5171267 | 5577810 | 3163918 |
| 41990711 | 19994033 | 13414192 | 10752973 | 3651829 | 4532714 | 2506212 |
| 107908473 | 20997949 | 14923689 | 9492838 | 3858619 | 4433749 | 2526690 |
| | | | | | | |
| 1194 | 1077 | 475 | 598 | 220 | 304 | 154 |
| 1036 | 1052 | 455 | 580 | 212 | 298 | 149 |
| 9 | 9 | 7 | 3 | 2 | | |
| 579 | 743 | 289 | 305 | 43 | 227 | 96 |
| 30 | 7 | 5 | 13 | 8 | 3 | 2 |
| 128 | 18 | 15 | 5 | | 3 | 3 |
| | | | | | | |
| | 3301 | | 2858 | | 811 | |
| | 6216 | | 9139 | | 2007 | |
| | 54.34 | | 1.48 | | | |
| | | | | | | |
| | 15398 | | 10843 | | 4957 | |
| | 475 | | 384 | | 156 | |
| 86 | 143 | 56 | 111 | 21 | 49 | 8 |
| | 95498 | | 56295 | | 24823 | |
| | 276440 | | 164178 | | 64617 | |
| | 57.86 | | 31.48 | | 20.61 | |
| | 465.61 | | 321.17 | | 119.58 | |
| | 381.04 | | 248.32 | | 89.83 | |
| | 101.42 | | 59.03 | | 22.81 | |

| 指　　标 | Item | 长春市 Changchun<br>全市 Total |
|---|---|---|
| 全社会用电量（万千瓦时） | Total Electricity Consumption(million kw.h) | 2431044 |
| 其中：工业用电 | Industrial Electricity | 1271096 |
| 城乡居民生活用电 | Urban and Rural Residents Electricity Consamption | 394071 |
| **六、贸易、外经与旅游** | **Trade, Foreign Economic and Tourism** | |
| (一)贸易(快报数） | Trade | |
| 限额以上批发零售贸易业商品销售总额（万元) | Total Sales Value of Enterprises above Designated Size of Wholesale and Retail Trade (10000 yuan) | 22988184 |
| 限额以上批发零售企业数（法人数)(个） | Number of Enterprises above Designated Size of Wholesale and Retail Trade(unit) | 1389 |
| 其中：零售业 | Retail Trades | 852 |
| (二)外经 | Foreign Economic | |
| 货物进口额（海关数)（万美元） | Total Imports (By Custom)(USD10000) | 9020601 |
| 货物出口额（海关数）（万美元） | Total Exports (By Custom)(USD10000) | 1525382 |
| (三)旅游 | Tourism | |
| 入境游客人数（含一日游游客）（人） | Number of International Tourists (One Day Visitors)(persons) | 456147 |
| 其中：外国人 | Foreigners | 350455 |
| 港、澳、台同胞 | From Hong Kong, Macao and Taiwan | 105692 |
| 国际旅游（外汇）收入（万美元） | Foreign Exchange Earnings from Tourism(USD10000) | 30061 |
| **七、固定资产投资** | **Fixed Asset Investment** | |
| (一)固定资产投资 | Fixed Asset Investment | |
| 房地产开发投资 | Investment for Real Estate Development | 7786345 |
| (二)房地产 | Real Estate | |
| 商品房销售面积（万平方米） | Floor Space of Commercialized Buildings Sold (10000sq.m) | 1288.44 |
| 其中：住宅 | Residence | 1116.08 |
| 其中：别墅、高档公寓 | Villas,High-grade Apartments | 30.76 |
| 商品房销售额（万元） | Total Sale of Commercialized Buildings Sold (10000yuan) | 10623430 |
| 其中：住宅 | Residence | 9031185 |
| 其中：别墅、高档公寓 | Villas,High-grade Apartments | 376770 |
| **八、教育、科技、文化与卫生** | **Education, Science and Technology, Culture and Health** | |
| (一)教育 | Education | |
| 普通高等学校数（所） | Regular Institutions of Higher Education(unit) | 40 |
| 普通高等学校专任教师数（人） | The Number of Full-time Teachers in Higher Education(person) | 27488 |
| 普通本专科在校学生数（人） | The Number of Student in College(person) | 447156 |
| 幼儿园数（所） | Kindergraten(unit) | 754 |

continued

| | 吉林市 Jilin | | 四平市 Siping | | 辽源市 Liaoyuan | |
|---|---|---|---|---|---|---|
| 市区 District | 全市 Total | 市区 District | 全市 Total | 市区 District | 全市 Total | 市区 District |
| | 1538218 | | 649565 | | 324735 | |
| | 1132385 | | 352736 | | 232532 | |
| | 187815 | | 125751 | | 49472 | |
| 22495549 | 3787111 | 3295959 | 1896983 | 910466 | 689946 | 384194 |
| 1278 | 544 | 326 | 217 | 63 | 70 | 51 |
| 795 | 398 | 255 | 165 | 54 | 60 | 46 |
| | 214964 | | 32990 | | 27396 | |
| | 585448 | | 20185 | | 131171 | |
| | 131392 | | 10818 | | 3831 | |
| | 77710 | | 10818 | | 3358 | |
| | 53682 | | | | 473 | |
| | 4619 | | 312 | | 155 | |
| 7397254 | 1119451 | 790995 | 526086 | 261865 | 211163 | 64346 |
| 1175.49 | 277.3 | 227.3 | 68.53 | 25.48 | 17.6 | 15.83 |
| 1018.11 | 252.34 | 206.43 | 64.38 | 24.04 | 17.05 | 15.29 |
| 30.76 | 2.66 | 2.66 | | | | |
| 10229178 | 1713602 | 1544923 | 244725 | 104639 | 75252 | 68036 |
| 8708772 | 1499705 | 1352130 | 212502 | 88718 | 70709 | 63931 |
| 376770 | 29619 | 29619 | | | | |
| | 8 | | 4 | | 1 | |
| | 5682 | | 2461 | | 325 | |
| | 104764 | | 38092 | | 5749 | |
| 552 | 778 | 379 | 435 | 126 | 219 | 92 |

| 指 标 | Item | 长春市 Changchun 全市 Total |
|---|---|---|
| 幼儿园专任教师数（人） | Full-time Teachers in Kindergarten | 9895 |
| 幼儿园在园幼儿数（人） | Number of Enrollment Children in Kindergarten | 111315 |
| (二)科技 | Science and Technology | |
| 专利申请数（件） | Number of Patent Applications | 19900 |
| 专利授权数（件） | Number of Patent Grants | 10268 |
| 其中：发明 | Inventions | 2416 |
| (三)文化 | Culture | |
| 体育场馆数（个） | Stadium Number(unit) | 79 |
| 剧场、影剧院数（个） | Theater Number(unit) | 25 |
| 公共图书馆数（个） | Number of Public Library | 13 |
| 公共图书馆图书总藏量（万册） | Total Storage Quantity of Public Library Books(10000 Volume) | 548.96 |
| 博物馆数（个） | Number of Museums | 27 |
| (四)卫生 | Health | |
| 医疗卫生机构数（个） | Number of Health Care Institutions | 5137 |
| 医疗卫生机构床位数（张） | Number of Beds in Heacth Care Institutions | 53154 |
| 卫生技术人员数（人） | Number of Medical Technical Personnel | 56552 |
| **九、社会保障** | **Social Insurance** | |
| 城镇职工基本养老保险参保人数（人） | Town Workers Basic Endowment Insurance Insured Number (person) | 2412833 |
| 城乡居民社会养老保险参保人数（人） | Urban and Rural Residents Society Endowment Insurance Insured Number (person) | 1941472 |
| 城镇职工基本医疗保险参保人数（人） | Town Workers Basic Health Care Insurance Insured Number (person) | 1615777 |
| 城乡居民基本医疗保险参保人数（人） | Urban and Rural Residats Basic Health Care Insurance Insured Number (person) | 5857688 |
| 失业保险参保人数（人） | Unemployment Insurance(person) | 995212 |
| 工伤保险参保人数（人） | Number of Insurance for Work-Related Injury Insurance(person) | 1434121 |
| 生育保险参保人数（人） | Number of Maternity Insurance(person) | 1163872 |
| 提供住宿的养老服务机构数（个） | Number of Social Welfare Institutions with Accommodations | 325 |
| 提供住宿的养老服务机构床位数（张） | Beds of Social Welfare Institutions with Accommodations | 36678 |
| 不提供住宿的社区服务机构数（个） | Number of Social Welfare Institutions with out Accommodations | 451 |
| 城市居民最低生活保障人数（人） | Urban Residents Minimum Living Security(person) | 72636 |
| **十、公共管理** | **Public Management** | |
| (一)事故 | Accident | |
| 交通事故死亡人数（人） | Traffic Accident Death Toll(person) | 485 |
| 交通事故直接财产损失（万元） | Traffic Accident Direct Property Loss(10000 yuan) | 1873 |
| 火灾事故死亡人数（人） | Death Toll from Fire Accident(person) | 2 |
| 火灾事故直接财产损失（万元） | Fire Accident Direct Property Loss(10000 yuan) | 1485 |

continued

| | 吉林市 Jilin | | 四平市 Siping | | 辽源市 Liaoyuan | |
|---|---|---|---|---|---|---|
| 市区 District | 全市 Total | 市区 District | 全市 Total | 市区 District | 全市 Total | 市区 District |
| 7970 | 4313 | 2239 | 2517 | 877 | 1465 | 717 |
| 83746 | 78794 | 40655 | 43851 | 11433 | 21598 | 9761 |
| | | | | | | |
| | 2693 | | 1287 | | 358 | |
| | 1237 | | 652 | | 205 | |
| | 235 | | 49 | | 14 | |
| | | | | | | |
| 67 | 242 | 111 | 16 | 8 | 2 | |
| 13 | 7 | 4 | 2 | 1 | 5 | 1 |
| 10 | 10 | 10 | 5 | 1 | 3 | 1 |
| 508.93 | 328.48 | 29.03 | 68.46 | 44.58 | 44.58 | 28.74 |
| 22 | 16 | 10 | 6 | 2 | 7 | 3 |
| | | | | | | |
| 3410 | 3840 | 1694 | 2095 | 530 | 975 | 333 |
| 41185 | 30960 | 19085 | 19126 | 7239 | 7048 | 3761 |
| 44871 | 33108 | 21460 | 18994 | 6921 | 7546 | 4402 |
| | | | | | | |
| 1986803 | 1315392 | 836098 | 759644 | 327930 | 331998 | 218661 |
| 432553 | 1059693 | 260207 | 981362 | 67330 | 332588 | 34452 |
| 1356169 | 946391 | 610216 | 563108 | 242278 | 264006 | 185905 |
| 2045185 | 3169913 | 1288815 | 2558409 | 386089 | 956435 | 309513 |
| 833549 | 426083 | 305663 | 238906 | 115346 | 74170 | 45155 |
| 1207806 | 818867 | 568151 | 320188 | 130183 | 205075 | 133750 |
| 943862 | 552044 | 382649 | 285131 | 110126 | 156111 | 101693 |
| 220 | 281 | 141 | 106 | 16 | 79 | 30 |
| 28799 | 26097 | 13923 | 12955 | 2749 | 8151 | 3934 |
| 406 | 348 | 215 | 238 | 93 | 56 | 30 |
| 50686 | 76447 | 37983 | 37413 | 17924 | 49123 | 33776 |
| | | | | | | |
| | | | | | | |
| 306 | 148 | 62 | 206 | 49 | 50 | 21 |
| 1491 | 173 | 89 | 525 | 134 | 42 | 15 |
| | 2 | | 4 | | | |
| 285 | 589 | 182 | 401 | 32 | 153 | 23 |

| 指　　标 | Item | 长春市 Changchun 全市 Total |
|---|---|---|
| (二)社会治安 | Public Security | |
| 刑事案件立案数（起） | Number of Criminal Case Registered (unit) | 26938 |
| 刑事罪犯人数（人） | Number of Criminal Offenders | 7552 |
| 其中：青少年人数(年龄14-25周岁) | Number of Teenagers (Age 14-25 years old) | 1254 |
| **十一、市政公用事业** | **Municipal Utility** | |
| (一)生活设施 | Living Facility | |
| 售水量（万吨） | The Sale of Water(10000 tons) | |
| 供气总量(人工煤气、天然气)（万立方米） | Total Gas Supply (Artificial Gas, Natural Gas)(10000 cu.m) | |
| 其中：家庭用量 | Household Usage | |
| 液化石油气供气总量（吨） | Liquefied Petroleum Gas Supply(ton) | |
| 其中：家庭用量 | Household Usage | |
| (二)公共交通 | Public Transportation | |
| 年末实有公共汽(电)车营运车辆数（辆） | Number of Public Bus and Trolley Bus under Operation at Year-end | |
| 公共汽(电)车客运总量（万人次） | Passengers Transported by Public Bus and Trolley Bus | |
| 年末实有出租汽车运营车数（辆） | Number of Taxi under Operation at Year-end (unit) | |
| 轨道交通运营线路总长度（公里） | Subways, Light Rail Length under Operation (km) | 118 |
| 轨道交通客运总量（万人次） | Passengers Transported by Subways,Light Rails(10000 person-times) | 14200 |
| **十二、环境保护** | **Environmental Protection** | |
| 工业废气排放量（万立方米） | Industrial Emissions(10000 cu.m) | 34691581.14 |
| 一般工业固体废物综合利用率（%） | General Industrial Solid Waste Comprehensive Utilization(%) | 83.44 |
| 污水处理率(%) | Treatment Rate of Urban Waste Water(%) | 93.16 |
| 污水处理厂集中处理率(%) | Centralized Treatment Rate of Sewage Treatment Plant(%) | 93.05 |
| 空气质量优良天数比例(%） | Ratio of Days of Air Quality Equal to or Above Grade Ⅱ（%） | 90.4 |

continued

| | 吉林市<br>Jilin | | 四平市<br>Siping | | 辽源市<br>Liaoyuan | |
|---|---|---|---|---|---|---|
| 市区<br>District | 全市<br>Total | 市区<br>District | 全市<br>Total | 市区<br>District | 全市<br>Total | 市区<br>District |
| 22512 | 12927 | 7844 | 5396 | 3676 | 2694 | 1640 |
| 3837 | 5112 | 2253 | 2583 | 449 | 1428 | 697 |
| 701 | 520 | 220 | 341 | 82 | 163 | 93 |
| | | | | | | |
| 25603.2 | | 8179 | | 1890.54 | | 3340.91 |
| 69986.12 | | 57838 | | 5615.99 | | 2985 |
| 19166.4 | | 4838 | | 2778 | | 120.76 |
| 46594 | | 42515 | | 890 | | 750 |
| 6618 | | 903 | | 760 | | 320 |
| | | | | | | |
| 4872 | | 1552 | | 376 | | 407 |
| 66855 | | 25036.4 | | 5024.8 | | 4802.3 |
| 18534 | | 5259 | | 2976 | | 1201 |
| 118 | | | | | | |
| 14199.9 | | | | | | |
| | | | | | | |
| | 33924576 | | 9305272.5 | | 4230541.33 | |
| | 35.39 | | 37.8 | | 98.55 | |
| | 97.15 | | 84.91 | | 86.85 | |
| | 97.15 | | 85.91 | | 86.85 | |
| | 84 | | 81.8 | | 86.8 | |

| 指　　标 | Item | 通化市 Tonghua |
|---|---|---|
| | | 全市 Total |
| **一、土地面积及水资源** | **Land Area and Water Resources** | |
| 行政区域土地面积（平方公里） | Administrative Area Land Area(sq.km) | 15612 |
| 其中：居住用地面积 | Residential land area | 44.45 |
| 公共管理与公共服务用地面积 | The Area of Public Administration and Public Service Land | 7.02 |
| 工业用地面积 | Industrial Land Area | 12.43 |
| 水资源总量（万立方米） | Total Amount of Water Resources（10000 cu.m） | 524200 |
| **二、人口与就业** | **Population and Employment** | |
| 年末户籍人口（万人） | Household Registered Population at Year-end | 215.94 |
| 户籍人口城镇化率（%） | Proportion of Urban Household Registered Population | 51.6 |
| 从业人员期末人数(城镇) (万人) | Number of employees at Year-end (urban)(10000 persons) | 171021 |
| 第一产业(农、林、牧、渔业) | Primary Industry (Agriculture, Forestry, Animal Husbandry and Fishery) | 3992 |
| 第二产业 | Secondary Industry | 53148 |
| (1)采矿业 | Mining | 445 |
| (2)制造业 | Manufacturing | 34568 |
| (3)电力、热力、燃气及水的生产和供应业 | Production and Supply of Electricity,Heat,Gas and Water | 5622 |
| (4)建筑业 | Construction | 12513 |
| 第三产业 | Tertiary Industry | 113881 |
| (1)批发和零售业 | Wholesale and Retail Trades | 4857 |
| (2)交通运输、仓储及邮政业 | Transportation, Storage and Post | 5727 |
| (3)住宿和餐饮业 | Hotels and Catering Services | 1085 |
| (4)信息传输、软件和信息技术服务业 | Information Transmission, Computer Services and Software | 3402 |
| (5)金融业 | Financial Intermediation | 7948 |
| (6)房地产业 | Real Estate | 3163 |
| (7)租赁和商业服务业 | Leasing and Business Services | 2484 |
| (8)科学研究和技术服务业 | Scientific Research and Technical Services | 3594 |
| (9)水利、环境和公共设施管理业 | Management of Water Conservancy, Environment and Public Facilities | 4593 |
| (10)居民服务、修理和其他服务业 | Neighborhood Service Repair and other Services | 811 |
| (11)教育 | Education | 23591 |
| (12)卫生和社会工作 | Health and Social Work | 15343 |
| (13)文化、体育和娱乐业 | Culture, Sports and Entertainment | 2171 |
| (14)公共管理、社会保障和社会组织 | Public Management, Social Security and Social Organizations | 35112 |
| (15)国际组织 | International Organization | |
| 城镇私营和个体从业人员(人) | Urban Private and Individual Employees（person） | 225367 |
| 城镇登记失业人员数(人) | Urban Registered Unemployed Persons（person） | 6650 |
| 城镇登记失业率（%） | Unemployment Rate in Urban Area(%) | 3.87 |

continued

| | 白山市 Baishan | | 松原市 Songyuan | | 白城市 Baicheng | |
|---|---|---|---|---|---|---|
| 市区 District | 全市 Total | 市区 District | 全市 Total | 市区 District | 全市 Total | 市区 District |
| 746 | 17505 | 2729 | 21089 | 1250 | 25759 | 2578 |
| 18.17 | 32.03 | 20.55 | 30.74 | 15.77 | 48.96 | 12.15 |
| 4.5 | 4.48 | 2.49 | 7.75 | 3.66 | 10.25 | 4.59 |
| 8.42 | 7.84 | 6.75 | 11.31 | 6.8 | 23.54 | 11.63 |
| | 1012000 | | 112800 | | 256000 | |
| | | | | | | |
| 43.38 | 118.1 | 53.16 | 275 | 56.4 | 189.91 | 48.58 |
| | 74.2 | | 39.2 | | 44.02 | |
| 66796 | 144866 | 79329 | 208013 | 97449 | 181326 | 91563 |
| 41 | 17787 | 4573 | 15396 | 16 | 15643 | 8411 |
| 22578 | 37777 | 27732 | 77733 | 57129 | 29876 | 14516 |
| 6 | 15547 | 14986 | 43167 | 42128 | 44 | 44 |
| 14690 | 11615 | 5890 | 19818 | 7622 | 16094 | 7996 |
| 3063 | 4817 | 2500 | 4479 | 1584 | 4402 | 2153 |
| 4819 | 5798 | 4356 | 10269 | 5795 | 9336 | 4323 |
| 44177 | 89302 | 47024 | 114884 | 40304 | 135807 | 68636 |
| 2260 | 2409 | 1844 | 6772 | 3706 | 5520 | 3858 |
| 3165 | 3650 | 2545 | 5419 | 1681 | 3685 | 1147 |
| 561 | 602 | 360 | 1624 | 334 | 902 | 615 |
| 2224 | 2137 | 1765 | 2277 | 2216 | 1936 | 1581 |
| 4609 | 7475 | 5710 | 6756 | 4038 | 8701 | 8242 |
| 1656 | 1334 | 937 | 1775 | 638 | 1817 | 1025 |
| 1515 | 11924 | 6200 | 1545 | 316 | 3853 | 944 |
| 1436 | 2251 | 1394 | 2349 | 677 | 6212 | 4572 |
| 1538 | 3848 | 1758 | 3329 | 885 | 6371 | 3430 |
| 511 | 195 | 166 | 233 | 40 | 4436 | 4302 |
| 7119 | 15792 | 6582 | 27807 | 6801 | 30177 | 13528 |
| 5060 | 9210 | 4722 | 15060 | 4798 | 14499 | 7400 |
| 1035 | 2730 | 704 | 2075 | 760 | 2309 | 1606 |
| 11488 | 25745 | 12337 | 37863 | 13414 | 45389 | 16386 |
| | | | | | | |
| 112043 | 288987 | 103930 | 622147 | 252221 | 234186 | 108184 |
| 1415 | 11987 | 6864 | 12270 | 5569 | 12822 | 4538 |
| 4.08 | 3.73 | 3.83 | 3.13 | 3.07 | 3.73 | 3.53 |

| 指　　标 | Item | 通化市 Tonghua 全市 Total |
|---|---|---|
| **三、综合经济** | **Comprehensive Economy** | |
| (一）财政（万元） | Finance（10000 Yuan） | |
| 地方一般公共预算支出 | General Public Budget Expenditure | 2485978 |
| 文化体育与传媒支出 | Culture, Sports and Media Expenses | 43448 |
| 城乡社区事务支出 | Urban and Rural Community Affairs | 252199 |
| 交通运输支出 | Transportation Expenses | 87734 |
| 住房保障支出 | Housing Security Expenses | 102560 |
| (二)金融（万元） | Finance（10000 yuan） | |
| 年末金融机构人民币各项存款余额 | Deposits of Banking System | 12691925 |
| 其中：住户存款余额 | Deposits of Household | 9502783 |
| 年末金融机构人民币各项贷款余额 | Loans of Banking System | 8475197 |
| **四、规模以上工业法人企业** | **Industrial Enterprisers Above Designated Size** | |
| 企业个数（个） | Number of Industrial Enterprises | 553 |
| (1)内资企业 | Domestic Investment Enterprises | 536 |
| 其中：国有企业 | State-owned Enterprises | 4 |
| 私营企业 | Private Enterprises | 260 |
| (2)港、澳、台商投资企业 | Fundsfrom Hong Kong, Macao and Taiwan | 3 |
| (3)外商投资企业 | Foreign Investment | 14 |
| **五、交通运输、通讯与能源** | **Transport,Post,Telecommunication and Power** | |
| (一)交通运输 | Transport | |
| 公路客运量（全社会）（万人） | Highway Passenger Traffic (Whole Society)(10000 persons) | 2151 |
| 公路货运量（全社会）（万吨） | Highway Freight Traffic (Whole Society)(10000 tons) | 2498 |
| 水运客运量（全社会）（万人） | Waterway Passenger Traffic (Whole Society)(10000 persons) | 32.54 |
| 水运货运量（全社会）（万吨） | Waterway Freight (Whole Society)(10000 tons) | |
| 民用航空客运量（万人） | Civil Aviation Passenger Traffic(10000 persons) | 5.87 |
| 民用航空货邮运量（吨） | Civil Aviation Cargo Traffic(ton) | 350 |
| 境内公路总里程（公里） | Length of Highways | 7564 |
| 其中：高速公路里程 | Expressway | 437 |
| (二)邮电通信 | Post and Telecommunications | |
| 年末邮政局(所)数（处） | Number of Postal Offices at Year-end (unit) | 115 |
| 邮政业务收入（万元） | Revenue of Postal Services (10000 yuan) | 52077 |
| 电信业务收入（万元） | Revenue of Telecommunication (10000 yuan) | 123940 |
| 固定电话年末用户数（万户） | Fixed Telephone Users at Year-end (10000 subscribers) | 43.57 |
| 移动电话年末用户数（万户） | Mobile Phone Users at Year-end (10000 subscribers) | 210.78 |
| 其中：3G以上移动电话用户 | 3G Mobile Phone Users | 170.69 |
| 互联网宽带接入用户数（万户） | Internet Broadband Access Users(10000 subscribers) | 48.51 |
| (三)能源电力 | Energy Power | |

continued

| 市区<br>District | 白山市<br>Baishan 全市<br>Total | 白山市<br>Baishan 市区<br>District | 松原市<br>Songyuan 全市<br>Total | 松原市<br>Songyuan 市区<br>District | 白城市<br>Baicheng 全市<br>Total | 白城市<br>Baicheng 市区<br>District |
|---|---|---|---|---|---|---|
| 660802 | 1915758 | 740758 | 2676698 | 714676 | 2708541 | 770610 |
| 16399 | 33122 | 9432 | 31584 | 9734 | 28519 | 8291 |
| 47353 | 187839 | 52059 | 175571 | 80889 | 215656 | 100252 |
| 13775 | 83322 | 21217 | 222476 | 39820 | 247821 | 32727 |
| 27118 | 106061 | 65880 | 105753 | 23026 | 137363 | 30781 |
| 4072572 | 7331280 | 3724977 | 12259577 | 4776047 | 8302250 | 3341803 |
| 2808965 | 5222504 | 2689328 | 8164490 | 3169047 | 5145989 | 1981917 |
| 3320290 | 4848436 | 2943421 | 8841236 | 2827045 | 7475034 | 2700596 |
| 117 | 360 | 129 | 593 | 163 | 349 | 104 |
| 115 | 345 | 127 | 584 | 158 | 333 | 97 |
| 2 | 2 | 1 | 6 | 3 | 1 | 1 |
| 19 | 131 | 29 | 277 | 45 | 121 | 27 |
| 0 | 6 | 1 | 4 | 1 | 6 | 3 |
| 2 | 9 | 1 | 5 | 4 | 10 | 4 |
| | 1506 | | 2433 | | 1288 | |
| | 1211 | | 6980 | | 1743 | |
| | 6.68 | | 17.07 | | 0.31 | |
| | 4.33 | | | | 17.4 | |
| | 27.24 | | 15.95 | | 5.68 | |
| | 1959 | | 55 | | 98 | |
| | 6910 | | 13179 | | 11902 | |
| | 261 | | 364 | | 334 | |
| 20 | 62 | 9 | 96 | 38 | 87 | 20 |
| | 35352 | | 35800 | | 30217 | |
| | 72036 | | 133908 | | 106121 | |
| | 31.98 | | 33.06 | | 25.89 | |
| | 124.94 | | 311.38 | | 204.17 | |
| | 98.69 | | 201.46 | | 158.24 | |
| | 28.15 | | 44.49 | | 35.68 | |

18－1 续表 7

| 指　　标 | Item | 通化市 Tonghua<br>全市 Total |
|---|---|---|
| 全社会用电量（万千瓦时） | Total Electricity Consumption(million kw.h) | 561751 |
| 其中：工业用电 | Industrial Electricity | 370563 |
| 城乡居民生活用电 | Urban and Rural Residents Electricity Consamption | 95873 |
| **六、贸易、外经与旅游** | **Trade, Foreign Economic and Tourism** | |
| (一)贸易(快报数) | Trade | |
| 限额以上批发零售贸易业商品销售总额（万元） | Total Sales Value of Enterprises above Designated Size of Wholesale and Retail Trade (10000 yuan) | 2009857 |
| 限额以上批发零售企业数（法人数)(个） | Number of Enterprises above Designated Size of Wholesale and Retail Trade(unit) | 226 |
| 其中：零售业 | Retail Trades | 162 |
| (二)外经 | Foreign Economic | |
| 货物进口额（海关数)（万美元） | Total Imports (By Custom)(USD10000) | 229216 |
| 货物出口额（海关数）（万美元） | Total Exports (By Custom)(USD10000) | 116281 |
| (三)旅游 | Tourism | |
| 入境游客人数（含一日游游客）（人） | Number of International Tourists (One Day Visitors)(persons) | 195600 |
| 其中：外国人 | Foreigners | 190250 |
| 港、澳、台同胞 | From Hong Kong, Macao and Taiwan | 5350 |
| 国际旅游（外汇）收入（万美元） | Foreign Exchange Earnings from Tourism(USD10000) | 4110 |
| **七、固定资产投资** | **Fixed Asset Investment** | |
| (一)固定资产投资 | Fixed Asset Investment | |
| 房地产开发投资 | Investment for Real Estate Development | 655178 |
| (二)房地产 | Real Estate | |
| 商品房销售面积（万平方米） | Floor Space of Commercialized Buildings Sold (10000sq.m) | 164.34 |
| 其中：住宅 | Residence | 143.28 |
| 其中：别墅、高档公寓 | Villas,High-grade Apartments | |
| 商品房销售额（万元） | Total Sale of Commercialized Buildings Sold (10000yuan) | 809605 |
| 其中：住宅 | Residence | 685307 |
| 其中：别墅、高档公寓 | Villas,High-grade Apartments | |
| **八、教育、科技、文化与卫生** | **Education, Science and Technology, Culture and Health** | |
| (一)教育 | Education | |
| 普通高等学校数（所） | Regular Institutions of Higher Education(unit) | 1 |
| 普通高等学校专任教师数（人） | The Number of Full-time Teachers in Higher Education(person) | 753 |
| 普通本专科在校学生数（人） | The Number of Student in College(person) | 12801 |
| 幼儿园数（所） | Kindergraten(unit) | 330 |

continued

| 市区<br>District | 白山市 Baishan 全市<br>Total | 白山市 Baishan 市区<br>District | 松原市 Songyuan 全市<br>Total | 松原市 Songyuan 市区<br>District | 白城市 Baicheng 全市<br>Total | 白城市 Baicheng 市区<br>District |
|---|---|---|---|---|---|---|
| | 317211 | | 575695 | | 475436 | |
| | 185019 | | 329595 | | 252503 | |
| | 67271 | | 98314 | | 88682 | |
| | | | | | | |
| | | | | | | |
| 1567075 | 397278 | 363431 | 1311920 | 880106 | 883483 | 503146 |
| 85 | 62 | 27 | 122 | 50 | 68 | 21 |
| 65 | 58 | 25 | 92 | 39 | 50 | 18 |
| | | | | | | |
| | 43612 | | 3455 | | 18165 | |
| | 121775 | | 115614 | | 50772 | |
| | | | | | | |
| | 55200 | | 27000 | | 5750 | |
| | 43260 | | 13317 | | 2509 | |
| | 11940 | | 13683 | | 3241 | |
| | 2500 | | 1400 | | 215 | |
| | | | | | | |
| | | | | | | |
| 136471 | 75415 | 41210 | 473759 | 230177 | 308505 | 181017 |
| | | | | | | |
| 43.11 | 57.52 | 20.06 | 52.76 | 14.88 | 14.99 | 4.99 |
| 38.91 | 52.82 | 19.07 | 48.55 | 13.66 | 11.27 | 4.26 |
| | | | 0.43 | 0.43 | 0.22 | 0.08 |
| 204847 | 187263 | 70107 | 182060 | 72971 | 50591 | 27420 |
| 181884 | 161040 | 65209 | 159590 | 63471 | 34730 | 20395 |
| | | | 1842 | 1842 | 1266 | 676 |
| | | | | | | |
| | | | | | | |
| | 1 | | 1 | | 3 | |
| | 247 | | 355 | | 1069 | |
| | 1214 | | 3278 | | 20613 | |
| 63 | 197 | 71 | 373 | 106 | 231 | 90 |

| 指 标 | Item | 通化市 Tonghua 全市 Total |
|---|---|---|
| 幼儿园专任教师数（人） | Full-time Teachers in Kindergarten | 2286 |
| 幼儿园在园幼儿数（人） | Number of Enrollment Children in Kindergarten | 41298 |
| (二)科技 | Science and Technology | |
| 专利申请数（件） | Number of Patent Applications | 682 |
| 专利授权数（件） | Number of Patent Grants | 347 |
| 其中：发明 | Inventions | 54 |
| (三)文化 | Culture | |
| 体育场馆数（个） | Stadium Number(unit) | 28 |
| 剧场、影剧院数（个） | Theater Number(unit) | 4 |
| 公共图书馆数（个） | Number of Public Library | 8 |
| 公共图书馆图书总藏量（万册） | Total Storage Quantity of Public Library Books(10000 Volume) | 98.72 |
| 博物馆数（个） | Number of Museums | 10 |
| (四)卫生 | Health | |
| 医疗卫生机构数（个） | Number of Health Care Institutions | 1970 |
| 医疗卫生机构床位数（张） | Number of Beds in Heacth Care Institutions | 14602 |
| 卫生技术人员数（人） | Number of Medical Technical Personnel | 13617 |
| **九、社会保障** | **Social Insurance** | |
| 城镇职工基本养老保险参保人数（人） | Town Workers Basic Endowment Insurance Insured Number (person) | 688003 |
| 城乡居民社会养老保险参保人数（人） | Urban and Rural Residents Society Endowment Insurance Insured Number (person) | 540572 |
| 城镇职工基本医疗保险参保人数（人） | Town Workers Basic Health Care Insurance Insured Number (person) | 483378 |
| 城乡居民基本医疗保险参保人数（人） | Urban and Rural Residats Basic Health Care Insurance Insured Number (person) | 1758116 |
| 失业保险参保人数（人） | Unemployment Insurance(person) | 180388 |
| 工伤保险参保人数（人） | Number of Insurance for Work-Related Injury Insurance(person) | 305988 |
| 生育保险参保人数（人） | Number of Maternity Insurance(person) | 272022 |
| 提供住宿的养老服务机构数（个） | Number of Social Welfare Institutions with Accommodations | 148 |
| 提供住宿的养老服务机构床位数（张） | Beds of Social Welfare Institutions with Accommodations | 9326 |
| 不提供住宿的社区服务机构数（个） | Number of Social Welfare Institutions with out Accommodations | 181 |
| 城市居民最低生活保障人数（人） | Urban Residents Minimum Living Security(person) | 55879 |
| **十、公共管理** | **Public Management** | |
| (一)事故 | Accident | |
| 交通事故死亡人数（人） | Traffic Accident Death Toll(person) | 103 |
| 交通事故直接财产损失（万元） | Traffic Accident Direct Property Loss(10000 yuan) | 268 |
| 火灾事故死亡人数（人） | Death Toll from Fire Accident(person) | 1 |
| 火灾事故直接财产损失（万元） | Fire Accident Direct Property Loss(10000 yuan) | 259 |

continued

| | 白山市 Baishan | | 松原市 Songyuan | | 白城市 Baicheng | |
|---|---|---|---|---|---|---|
| 市区 District | 全市 Total | 市区 District | 全市 Total | 市区 District | 全市 Total | 市区 District |
| 497 | 1118 | 536 | 2245 | 870 | 1691 | 744 |
| 7648 | 17324 | 6975 | 35679 | 12815 | 27771 | 9571 |
| | | | | | | |
| | 295 | | 573 | | 476 | |
| | 115 | | 277 | | 289 | |
| | 21 | | 8 | | 19 | |
| | | | | | | |
| 12 | 19 | 8 | 6 | 2 | 17 | 4 |
| | 2 | 1 | 12 | 5 | 5 | 3 |
| 4 | 7 | 2 | 5 | 1 | 6 | 2 |
| 47.21 | 99.55 | 30.03 | 90.08 | 32.83 | 57.67 | 31.97 |
| 4 | 14 | 7 | 7 | 1 | 6 | 2 |
| | | | | | | |
| 304 | 1273 | 483 | 3077 | 755 | 1878 | 644 |
| 5466 | 10134 | 5178 | 10791 | 3822 | 8927 | 3146 |
| 3780 | 9250 | 4488 | 16410 | 6819 | 11144 | 4526 |
| | | | | | | |
| 277250 | 490011 | 143854 | 471446 | 219068 | 450237 | 161950 |
| 36741 | 179820 | 36470 | 907840 | 127111 | 531970 | 83640 |
| 193114 | 429762 | 137096 | 404043 | 222891 | 213459 | 91060 |
| 243931 | 909820 | 225718 | 2181812 | 382779 | 554447 | 273777 |
| 94477 | 129324 | 36633 | 174792 | 106929 | 140210 | 72646 |
| 166217 | 295011 | 84370 | 345470 | 209073 | 246690 | 63000 |
| 111303 | 235234 | 80090 | 315143 | 142451 | 280310 | 64060 |
| 32 | 69 | 41 | 85 | 19 | 106 | 26 |
| 2467 | 5117 | 3163 | 5592 | 1425 | 5568 | 1879 |
| 54 | 141 | 73 | 137 | 60 | 115 | 61 |
| 17017 | 71012 | 35928 | 31600 | 17250 | 54800 | 16248 |
| | | | | | | |
| | | | | | | |
| 25 | 61 | 12 | 155 | 45 | 94 | 19 |
| 72 | 180 | 83 | 211 | 81 | 62 | 6 |
| 1 | 2 | 1 | 6 | 1 | 3 | |
| 58 | 608 | 343 | 231 | 4 | 169 | 34 |

| 指　　标 | Item | 通化市 Tonghua 全市 Total |
|---|---|---|
| (二)社会治安 | Public Security | |
| 刑事案件立案数（起） | Number of Criminal Case Registered (unit) | 5424 |
| 刑事罪犯人数（人） | Number of Criminal Offenders | 2763 |
| 其中：青少年人数(年龄14–25周岁) | Number of Teenagers (Age 14–25 years old) | 305 |
| **十一、市政公用事业** | **Municipal Utility** | |
| (一)生活设施 | Living Facility | |
| 售水量（万吨） | The Sale of Water(10000 tons) | |
| 供气总量(人工煤气、天然气)（万立方米） | Total Gas Supply (Artificial Gas, Natural Gas)(10000 cu.m) | |
| 其中：家庭用量 | Household Usage | |
| 液化石油气供气总量（吨） | Liquefied Petroleum Gas Supply(ton) | |
| 其中：家庭用量 | Household Usage | |
| (二)公共交通 | Public Transportation | |
| 年末实有公共汽(电)车营运车辆数（辆） | Number of Public Bus and Trolley Bus under Operation at Year–end | |
| 公共汽(电)车客运总量（万人次） | Passengers Transported by Public Bus and Trolley Bus | |
| 年末实有出租汽车运营车数（辆） | Number of Taxi under Operation at Year–end (unit) | |
| 轨道交通运营线路总长度（公里） | Subways, Light Rail Length under Operation (km) | |
| 轨道交通客运总量（万人次） | Passengers Transported by Subways,Light Rails(10000 person–times) | |
| **十二、环境保护** | **Environmental Protection** | |
| 工业废气排放量（万立方米） | Industrial Emissions(10000 cu.m) | 10415677.05 |
| 一般工业固体废物综合利用率（%） | General Industrial Solid Waste Comprehensive Utilization(%) | 72.53 |
| 污水处理率(%) | Treatment Rate of Urban Waste Water(%) | 95.12 |
| 污水处理厂集中处理率(%) | Centralized Treatment Rate of Sewage Treatment Plant(%) | 95.12 |
| 空气质量优良天数比例(%) | Ratio of Days of Air Quality Equal to or Above Grade Ⅱ（%） | 93 |

continued

| 市区<br>District | 白山市<br>Baishan<br>全市<br>Total | 白山市<br>Baishan<br>市区<br>District | 松原市<br>Songyuan<br>全市<br>Total | 松原市<br>Songyuan<br>市区<br>District | 白城市<br>Baicheng<br>全市<br>Total | 白城市<br>Baicheng<br>市区<br>District |
|---|---|---|---|---|---|---|
| 1831 | 2950 | 1275 | 6461 | 2517 | 3153 | 992 |
| 592 | 1089 | 355 | 2670 | 960 | 1882 | 491 |
| 80 | 120 | 32 | 302 | 160 | 212 | 67 |
| | | | | | | |
| 2031.32 | | 1596 | | 3087.49 | | 1011 |
| 5425.74 | | 1826 | | 10180 | | 1951 |
| 2600 | | 381 | | 2912 | | 80 |
| 2100 | | 2600 | | 4100 | | 2701 |
| 1500 | | 2239 | | 2300 | | 2680 |
| | | | | | | |
| 323 | | 436 | | 386 | | 276 |
| 7699.5 | | 4860.5 | | 7600 | | 1004 |
| 1502 | | 1402 | | 2177 | | 1815 |
| | | | | | | |
| | 3272121.43 | | 2876336.4 | | 4957268.48 | |
| | 58.23 | | 76.63 | | 77.94 | |
| | 85.14 | | 96.75 | | 94.17 | |
| | 85.14 | | 96.75 | | 94.17 | |
| | 95.9 | | 92 | | 96.6 | |

# 18－2 各市县生产总值（2018年）
## Gross Domestic Product by City and County（2018）

单位:万元　　unit:10000 yuan

| 市、县 City, County | | 各市县生产总值 Gross Domestic Product by City and County | 第一产业 Primary Industry | 第二产业 Secondary Industry | 第三产业 Tertiary Industry | 人均生产总值（元） Per Capita CDP(yuan) |
|---|---|---|---|---|---|---|
| **长春市** | **Changchun** | **71757117** | **3019020** | **35116820** | **33621277** | **95663** |
| 榆树市 | Yushu | 4563436 | 790075 | 1276019 | 2497342 | 37019 |
| 德惠市 | Dehui | 5122969 | 652263 | 1958041 | 2512665 | 58056 |
| 农安县 | Nong' an | 4988503 | 909095 | 1438316 | 2641092 | 44261 |
| **吉林市** | **Jilin** | **22102386** | **1472037** | **7631617** | **12998732** | **53331** |
| 桦甸市 | Huadian | 1753905 | 277725 | 631215 | 844965 | 41268 |
| 蛟河市 | Jiaohe | 1585915 | 215539 | 549433 | 820943 | 37404 |
| 磐石市 | Panshi | 2206915 | 278822 | 748923 | 1179170 | 43442 |
| 舒兰市 | Shulan | 1762715 | 383948 | 432385 | 946382 | 28878 |
| 永吉县 | Yongji | 909875 | 99708 | 311502 | 498665 | 27693 |
| **四平市** | **Siping** | **9443242** | **2045328** | **2633365** | **4764549** | **29556** |
| 公主岭市 | Gongzhuling | 4015255 | 694639 | 1501705 | 1818911 | 38884 |
| 梨树县 | Lishu | 1924619 | 649350 | 321436 | 953833 | 31603 |
| 伊通满族自治县 | Yitong | 1114053 | 335533 | 104056 | 674464 | 24809 |
| 双辽市 | Shuangliao | 978009 | 316173 | 246892 | 414944 | 25656 |
| **辽源市** | **Liaoyuan** | **6216011** | **360741** | **3025656** | **2829614** | **52861** |
| 东丰县 | Dongfeng | 1825820 | 188573 | 978964 | 658283 | 47203 |
| 东辽县 | Dongliao | 1238597 | 151273 | 630541 | 456783 | 36818 |
| **通化市** | **Tonghua** | **8293000** | **707423** | **3211993** | **4373584** | **38296** |
| 梅河口市 | Meihekou | 3723287 | 190407 | 1604689 | 1928191 | 62802 |
| 集安市 | Ji' an | 774698 | 59054 | 97741 | 617903 | 36542 |
| 通化县 | Tonghua | 1087780 | 72924 | 480901 | 533955 | 45931 |
| 辉南县 | Huinan | 849210 | 166535 | 265747 | 416928 | 25830 |
| 柳河县 | Liuhe | 604237 | 160674 | 144112 | 299451 | 16782 |

注：各市县相加不等于地区数。
Note: The sum of data by city and county is not equal to the region.

单位: 万元

18－2 续表 continued

| 市、县 City, County | | 各市县生产总值 Gross Domestic Product by City and County | 第一产业 Primary Industry | 第二产业 Secondary Industry | 第三产业 Tertiary Industry | 人均生产总值（元） Per Capita CDP(yuan) |
|---|---|---|---|---|---|---|
| **白山市** | **Baishan** | **6617099** | **531360** | **2984879** | **3100860** | **55694** |
| 临江市 | Linjiang | 867859 | 69491 | 426922 | 371446 | 55858 |
| 抚松县 | Fusong | 1529299 | 198237 | 570996 | 760066 | 53844 |
| 靖宇县 | Jingyu | 640384 | 61099 | 294942 | 284343 | 47271 |
| 长白朝鲜族自治县 | Changbai | 454121 | 46372 | 200868 | 206881 | 57867 |
| **松原市** | **Songyuan** | **13736009** | **1781081** | **3901642** | **8053286** | **49912** |
| 长岭县 | Changling | 2495271 | 495218 | 614502 | 1385551 | 39510 |
| 前郭尔罗斯蒙古族自治县 | Qianguo | 2900179 | 519584 | 627084 | 1753511 | 50632 |
| 乾安县 | Qian' an | 1576268 | 162436 | 760503 | 653329 | 57874 |
| 扶余市 | Fuyu | 2959187 | 492195 | 645371 | 1821621 | 41628 |
| **白城市** | **Baicheng** | **6065061** | **1172739** | **1997957** | **2894365** | **31849** |
| 洮南市 | Taonan | 1078331 | 251441 | 288107 | 538783 | 26230 |
| 大安市 | Da' an | 1197260 | 201779 | 513989 | 481492 | 31227 |
| 镇赉县 | Zhenlai | 1132464 | 287611 | 382226 | 462627 | 42606 |
| 通榆县 | Tongyu | 1039012 | 204840 | 229997 | 604175 | 29092 |
| **延边朝鲜族自治州** | **Yanbian** | **7095002** | **517330** | **2031469** | **4546203** | **33883** |
| 延吉市 | Yanji | 3184913 | 38916 | 1036047 | 2109950 | 57754 |
| 图们市 | Tumen | 232226 | 10839 | 68330 | 153057 | 20808 |
| 敦化市 | Dunhua | 1239904 | 173505 | 305848 | 760551 | 27046 |
| 珲春市 | Hunchun | 937005 | 52899 | 453837 | 430269 | 40987 |
| 龙井市 | Longjing | 278717 | 32815 | 40585 | 205317 | 17934 |
| 和龙市 | Helong | 248000 | 40880 | 55690 | 151430 | 14623 |
| 汪清县 | Wangqing | 501285 | 111484 | 62999 | 326802 | 22756 |
| 安图县 | Antu | 512313 | 57160 | 63852 | 391301 | 25798 |

# 18－3 各市县生产总值指数（2018年）

## Gross Domestic Product and Indices by City and County（2018）

单位: %

| 市、县 City，County | | 各市县生产总值 Gross Domestic Product by City and County | 第一产业 Primary Industry | 第二产业 Secondary Industry | 第三产业 Tertiary Industry | 人均生产总值（元） Per Capita CDP(yuan) |
|---|---|---|---|---|---|---|
| **长春市** | **Changchun** | **107.2** | **101.7** | **107.3** | **107.8** | **107.4** |
| 榆树市 | Yushu | 104.0 | 101.5 | 104.2 | 104.9 | 104.5 |
| 德惠市 | Dehiu | 107.0 | 101.8 | 108.0 | 108.1 | 111.2 |
| 农安县 | Nong' an | 104.0 | 101.8 | 105.3 | 104.3 | 105.0 |
| **吉林市** | **Jilin** | **102.4** | **101.7** | **103.9** | **101.2** | **103.5** |
| 桦甸市 | Huadian | 97.4 | 101.5 | 96.6 | 96.4 | 98.9 |
| 蛟河市 | Jiaohe | 101.7 | 101.6 | 100.9 | 102.7 | 103.1 |
| 磐石市 | Panshi | 105.2 | 101.9 | 110.3 | 101.7 | 106.7 |
| 舒兰市 | Shulan | 99.5 | 101.9 | 99.2 | 98.2 | 101.2 |
| 永吉县 | Yongji | 102.3 | 101.5 | 103.4 | 102.0 | 103.6 |
| **四平市** | **Siping** | **104.6** | **101.3** | **106.3** | **105.3** | **105.4** |
| 公主岭市 | Gongzhuling | 106.0 | 101.3 | 105.1 | 109.5 | 106.7 |
| 梨树县 | Lishu | 105.5 | 100.4 | 106.3 | 111.0 | 109.5 |
| 伊通满族自治县 | Yitong | 104.5 | 100.4 | 109.8 | 104.2 | 105.3 |
| 双辽市 | Shuangliao | 104.6 | 100.3 | 112.2 | 96.6 | 101.5 |
| **辽源市** | **Liaoyuan** | **100.3** | **101.8** | **99.5** | **101.3** | **101.4** |
| 东丰县 | Dongfeng | 106.5 | 100.5 | 112.3 | 101.9 | 107.6 |
| 东辽县 | Dongliao | 105.4 | 104.0 | 105.9 | 105.1 | 106.5 |
| **通化市** | **Tonghua** | **103.4** | **102.0** | **105.3** | **101.9** | **104.3** |
| 梅河口市 | Meihekou | 107.5 | 101.1 | 110.2 | 106.0 | 108.4 |
| 集安市 | Ji' an | 102.2 | 102.9 | 92.5 | 103.9 | 103.2 |
| 通化县 | Tonghua | 94.4 | 102.7 | 94.2 | 93.5 | 95.2 |
| 辉南县 | Huinan | 100.9 | 102.9 | 97.4 | 102.2 | 102.2 |
| 柳河县 | Liuhe | 100.2 | 89.1 | 105.4 | 105.2 | 101.0 |

单位: %

18 -3 续表 continued

| 市、县 City, County | | 各市县生产总值 Gross Domestic Product by City and County | 第一产业 Primary Industry | 第二产业 Secondary Industry | 第三产业 Tertiary Industry | 人均生产总值(元) Per Capita CDP(yuan) |
|---|---|---|---|---|---|---|
| **白山市** | **Baishan** | **104.0** | **102.2** | **104.2** | **104.1** | **105.5** |
| 临江市 | Linjiang | 107.8 | 102.0 | 110.7 | 105.0 | 109.8 |
| 抚松县 | Fusong | 104.5 | 102.4 | 104.6 | 104.9 | 105.8 |
| 靖宇县 | Jingyu | 105.1 | 102.1 | 106.3 | 104.0 | 106.4 |
| 长白朝鲜族自治县 | Changbai | 103.1 | 102.1 | 101.5 | 105.2 | 104.4 |
| **松原市** | **Songyuan** | **104.1** | **102.3** | **103.9** | **105.2** | **104.8** |
| 长岭县 | Changling | 102.4 | 102.4 | 100.3 | 104.2 | 102.8 |
| 前郭尔罗斯蒙古族自治县 | Qianguo | 104.0 | 102.4 | 103.0 | 105.6 | 104.7 |
| 乾安县 | Qian' an | 103.7 | 102.0 | 102.0 | 108.0 | 104.3 |
| 扶余市 | Fuyu | 103.8 | 102.2 | 103.3 | 105.1 | 104.7 |
| **白城市** | **Baicheng** | **102.1** | **102.4** | **105.0** | **98.8** | **103.0** |
| 洮南市 | Taonan | 102.7 | 101.9 | 101.4 | 104.6 | 103.9 |
| 大安市 | Da' an | 102.7 | 102.3 | 102.9 | 102.7 | 103.7 |
| 镇赉县 | Zhenlai | 101.4 | 102.2 | 108.1 | 93.5 | 102.8 |
| 通榆县 | Tongyu | 103.5 | 102.3 | 106.9 | 101.5 | 104.1 |
| **延边朝鲜族自治州** | **Yanbian** | **102.7** | **102.2** | **103.7** | **101.7** | **103.5** |
| 延吉市 | Yanji | 103.5 | 102.1 | 104.7 | 102.7 | 102.8 |
| 图们市 | Tumen | 103.0 | 102.0 | 105.5 | 100.2 | 105.6 |
| 敦化市 | Dunhua | 103.9 | 102.2 | 108.7 | 99.2 | 105.0 |
| 珲春市 | Hunchun | 99.7 | 102.9 | 100.4 | 97.7 | 99.7 |
| 龙井市 | Longjing | 101.5 | 102.0 | 97.5 | 104.0 | 103.7 |
| 和龙市 | Helong | 102.6 | 101.9 | 103.7 | 100.7 | 105.0 |
| 汪清县 | Wangqing | 101.8 | 102.3 | 93.2 | 110.8 | 103.3 |
| 安图县 | Antu | 103.1 | 102.0 | 100.8 | 104.5 | 104.5 |

## 18－4 各市县户数和人口数（2018年末）

## Households and Population by City and County（end of 2018）

| 市、县 | City, County | 总户数（万户）Total Households (10000 households) | 按城乡分(万人) Grouped by Urban and Rural (10000 persons) 乡村人口 Rural Population | 城镇人口 Urban Population | 总人口（万人）Population (10000 persons) | 按性别分(万人) Grouped by Sex（10000 Persons） 男 Male | 女 Female |
|---|---|---|---|---|---|---|---|
| **全 省** | **Total** | **1025.51** | **1324.75** | **1284.20** | **2608.94** | **1311.05** | **1297.90** |
| **长春市** | **Changchun** | **281.96** | **380.09** | **371.20** | **751.29** | **376.70** | **374.59** |
| 市辖区 | Municipal District | 174.88 | 126.32 | 315.21 | 441.53 | 218.39 | 223.13 |
| 南关区 | Nanguan | 29.78 | 5.83 | 68.61 | 74.44 | 36.13 | 38.30 |
| 宽城区 | Kuancheng | 26.66 | 21.98 | 43.21 | 65.19 | 32.29 | 32.90 |
| 朝阳区 | Chaoyang | 28.66 | 4.55 | 70.20 | 74.75 | 36.34 | 38.41 |
| 二道区 | Erdao | 23.44 | 15.01 | 42.93 | 57.94 | 28.54 | 29.39 |
| 绿园区 | Lvyuan | 26.61 | 3.88 | 61.52 | 65.40 | 32.30 | 33.11 |
| 双阳区 | Shuangyang | 14.42 | 26.99 | 9.69 | 36.68 | 18.55 | 18.13 |
| 九台区 | Jiutai | 25.31 | 48.08 | 19.05 | 67.13 | 34.25 | 32.88 |
| 农安县 | Nong' an | 36.26 | 86.80 | 19.22 | 106.02 | 54.33 | 51.69 |
| 榆树市 | Yushu | 43.68 | 101.03 | 21.93 | 122.96 | 62.96 | 60.01 |
| 德惠市 | Dehui | 27.14 | 65.94 | 14.84 | 80.78 | 41.02 | 39.76 |
| **吉林市** | **Jilin** | **157.46** | **194.63** | **218.89** | **413.52** | **207.33** | **206.20** |
| 市辖区 | Municipal District | 70.03 | 44.88 | 134.92 | 179.80 | 88.39 | 91.42 |
| 昌邑区 | Changyi | 24.04 | 11.67 | 49.18 | 60.85 | 29.90 | 30.96 |
| 龙潭区 | Longtan | 17.02 | 14.52 | 29.27 | 43.79 | 21.70 | 22.09 |
| 船营区 | Chuanying | 17.50 | 9.80 | 36.18 | 45.98 | 22.54 | 23.44 |
| 丰满区 | Fengman | 11.47 | 8.89 | 20.29 | 29.18 | 14.25 | 14.93 |
| 永吉县 | Yongji | 13.66 | 27.95 | 10.02 | 37.97 | 19.24 | 18.72 |
| 蛟河市 | Jiaohe | 14.37 | 24.45 | 17.73 | 42.18 | 21.39 | 20.79 |
| 桦甸市 | Huadian | 16.44 | 20.88 | 21.27 | 42.15 | 21.42 | 20.73 |
| 舒兰市 | Shulan | 24.72 | 43.88 | 16.90 | 60.78 | 30.97 | 29.80 |
| 磐石市 | Panshi | 18.24 | 32.59 | 18.05 | 50.64 | 25.91 | 24.73 |
| **四平市** | **Siping** | **124.51** | **202.20** | **117.08** | **319.28** | **161.48** | **157.81** |
| 市辖区 | Municipal District | 30.71 | 19.35 | 48.44 | 67.79 | 33.62 | 34.17 |
| 铁西区 | Tiexi | 15.72 | 11.06 | 24.78 | 35.84 | 17.74 | 18.10 |
| 铁东区 | Tiedong | 14.99 | 8.29 | 23.66 | 31.95 | 15.88 | 16.08 |
| 梨树县 | Lishu | 23.61 | 47.51 | 16.75 | 64.26 | 32.96 | 31.31 |
| 伊通满族自治县 | Yitong | 16.29 | 34.01 | 10.85 | 44.86 | 22.95 | 21.91 |
| 公主岭市 | Gongzhuling | 37.56 | 78.30 | 24.82 | 103.12 | 52.13 | 50.99 |
| 双辽市 | Shuangliao | 16.34 | 23.03 | 16.22 | 39.25 | 19.82 | 19.43 |
| **辽源市** | **Liaoyuan** | **45.22** | **58.25** | **58.99** | **117.24** | **59.41** | **57.83** |
| 市辖区 | Municipal District | 19.80 | 5.73 | 39.33 | 45.06 | 22.28 | 22.78 |
| 龙山区 | Longshan | 12.28 | 3.90 | 25.95 | 29.85 | 14.64 | 15.21 |
| 西安区 | Xi' an | 7.52 | 1.83 | 13.38 | 15.21 | 7.64 | 7.57 |
| 东丰县 | Dongfeng | 13.20 | 26.33 | 12.28 | 38.61 | 19.80 | 18.81 |
| 东辽县 | Dongliao | 12.22 | 26.19 | 7.38 | 33.57 | 17.33 | 16.24 |

注：表内数据为公安部门户籍人口数。表内数据四舍五入。

Note:Data were obtained from the annual reports of the public security department.Data were rounded.

18－4 续表 continued

| 市、县 | City, County | 总户数（万户）Total Households (10000 households) | 按城乡分(万人) Grouped by Urban and Rural (10000 persons) | | 总人口（万人）Population (10000 persons) | 按性别分(万人) Grouped by Sex（10000 Persons） | |
|---|---|---|---|---|---|---|---|
| | | | 乡村人口 Rural Population | 城镇人口 Urban Population | | 男 Male | 女 Female |
| **通化市** | **Tonghua** | **85.70** | **104.30** | **111.64** | **215.94** | **109.26** | **106.68** |
| 市辖区 | Municipal District | 17.84 | 2.30 | 41.08 | 43.38 | 21.38 | 22.00 |
| 东昌区 | Dongchang | 12.47 | 1.07 | 30.53 | 31.60 | 15.51 | 16.09 |
| 二道江区 | Erdaojiang | 5.37 | 1.23 | 10.55 | 11.78 | 5.87 | 5.91 |
| 通化县 | Tonghua | 9.90 | 14.87 | 8.74 | 23.61 | 12.02 | 11.59 |
| 辉南县 | Huinan | 12.93 | 17.92 | 14.81 | 32.73 | 16.66 | 16.07 |
| 柳河县 | Liuhe | 13.22 | 24.29 | 11.62 | 35.91 | 18.48 | 17.43 |
| 梅河口 | Meihekou | 23.33 | 32.60 | 26.54 | 59.14 | 30.01 | 29.14 |
| 集安市 | Ji' an | 8.48 | 12.32 | 8.85 | 21.17 | 10.72 | 10.45 |
| **白山市** | **Baishan** | **56.68** | **30.41** | **87.69** | **118.10** | **59.47** | **58.63** |
| 市辖区 | Municipal District | 25.40 | 9.16 | 44.00 | 53.16 | 26.71 | 26.45 |
| 浑江区 | Hunjiang | 15.16 | 4.48 | 28.15 | 32.63 | 16.24 | 16.39 |
| 江源区 | Jiangyuan | 10.24 | 4.68 | 15.85 | 20.53 | 10.46 | 10.07 |
| 抚松县 | Fusong | 13.04 | 7.38 | 20.84 | 28.22 | 14.20 | 14.02 |
| 靖宇县 | Jingyu | 7.12 | 5.63 | 7.87 | 13.50 | 6.89 | 6.61 |
| 长白朝鲜族自治县 | Changbai | 3.92 | 3.13 | 4.67 | 7.80 | 3.91 | 3.88 |
| 临江市 | Linjiang | 7.20 | 5.11 | 10.31 | 15.42 | 7.76 | 7.66 |
| **松原市** | **Songyuan** | **106.73** | **184.54** | **90.46** | **275.00** | **138.44** | **136.56** |
| 市辖区 | Municipal District | 24.23 | 14.20 | 42.21 | 56.41 | 27.95 | 28.46 |
| 宁江区 | Ningjiang | 24.23 | 14.20 | 42.21 | 56.41 | 27.95 | 28.46 |
| 前郭尔罗斯蒙古族自治县 | Qianguo | 23.23 | 43.20 | 14.05 | 57.25 | 28.82 | 28.42 |
| 长岭县 | Changling | 23.31 | 48.71 | 14.40 | 63.11 | 32.34 | 30.78 |
| 乾安县 | Qian' an | 12.11 | 19.04 | 8.14 | 27.18 | 13.66 | 13.52 |
| 扶余市 | Fuyu | 23.85 | 59.39 | 11.66 | 71.05 | 35.67 | 35.38 |
| **白城市** | **Baicheng** | **86.07** | **106.32** | **83.59** | **189.91** | **95.56** | **94.35** |
| 市辖区 | Municipal District | 22.10 | 17.96 | 30.62 | 48.58 | 24.07 | 24.51 |
| 洮北区 | Taobei | 22.10 | 17.96 | 30.62 | 48.58 | 24.07 | 24.51 |
| 镇赉县 | Zhenlai | 12.63 | 15.71 | 10.75 | 26.46 | 13.38 | 13.08 |
| 通榆县 | Tongyu | 15.25 | 23.95 | 11.71 | 35.66 | 17.95 | 17.70 |
| 洮南市 | Taonan | 18.27 | 26.04 | 14.97 | 41.01 | 20.75 | 20.27 |
| 大安市 | Da' an | 17.82 | 22.66 | 15.54 | 38.20 | 19.40 | 18.80 |
| **延边朝鲜族自治州** | **Yanbian** | **81.18** | **64.00** | **144.66** | **208.66** | **103.40** | **105.26** |
| 延吉市 | Yanji | 21.02 | 7.72 | 47.56 | 55.28 | 26.65 | 28.63 |
| 图们市 | Tumen | 4.49 | 1.92 | 9.12 | 11.04 | 5.41 | 5.63 |
| 敦化市 | Dunhua | 17.22 | 20.54 | 25.13 | 45.67 | 22.91 | 22.76 |
| 珲春市 | Hunchun | 7.74 | 4.90 | 17.95 | 22.85 | 11.36 | 11.49 |
| 龙井市 | Longjing | 6.26 | 5.23 | 10.17 | 15.40 | 7.62 | 7.79 |
| 和龙市 | Helong | 6.86 | 6.32 | 10.46 | 16.78 | 8.47 | 8.30 |
| 汪清县 | Wangqing | 9.84 | 9.36 | 12.53 | 21.89 | 11.01 | 10.89 |
| 安图县 | Antu | 7.75 | 8.01 | 11.74 | 19.75 | 9.97 | 9.77 |

# 18－5 各市县分年龄人口情况（2018年末）

## Age Composition of Population by City and County（end of 2018）

单位：万人 unit:10000 persons

| 市、县 | City, County | 总人口 Total Population | 18岁以下 Age0-17 | 18-34岁 Age18-34 | 35-60岁 Age35-60 | 60岁以上 Age Over 60 |
|---|---|---|---|---|---|---|
| **全 省** | **Total** | **2608.94** | **372.15** | **542.54** | **1128.97** | **565.29** |
| **长春市** | **Changchun** | **751.29** | **113.19** | **165.61** | **313.45** | **159.04** |
| 市辖区 | Municipal District | 441.53 | 67.43 | 94.24 | 185.73 | 94.13 |
| 南关区 | Nanguan | 74.44 | 11.72 | 15.99 | 30.92 | 15.81 |
| 宽城区 | Kuancheng | 65.19 | 10.04 | 14.46 | 27.11 | 13.57 |
| 朝阳区 | Chaoyang | 74.75 | 12.22 | 15.46 | 31.43 | 15.63 |
| 二道区 | Erdao | 57.94 | 9.01 | 12.46 | 24.72 | 11.74 |
| 绿园区 | Lvyuan | 65.40 | 9.57 | 13.73 | 27.58 | 14.53 |
| 双阳区 | Shuangyang | 36.68 | 5.34 | 7.71 | 15.58 | 8.05 |
| 九台区 | Jiutai | 67.13 | 9.52 | 14.43 | 28.40 | 14.79 |
| 农安县 | Nong ' an | 106.02 | 15.70 | 24.89 | 42.91 | 22.52 |
| 榆树市 | Yushu | 122.96 | 17.87 | 26.92 | 52.34 | 25.83 |
| 德惠市 | Dehui | 80.78 | 12.18 | 19.56 | 32.47 | 16.57 |
| **吉林市** | **Jilin** | **413.52** | **53.36** | **79.54** | **183.60** | **97.02** |
| 市辖区 | Municipal District | 179.80 | 21.37 | 32.79 | 79.95 | 45.70 |
| 昌邑区 | Changyi | 60.85 | 6.88 | 10.77 | 27.17 | 16.03 |
| 龙潭区 | Longtan | 43.79 | 4.81 | 8.01 | 19.67 | 11.30 |
| 船营区 | Chuanying | 45.98 | 5.79 | 8.28 | 20.25 | 11.65 |
| 丰满区 | Fengman | 29.18 | 3.88 | 5.72 | 12.86 | 6.72 |
| 永吉县 | Yongji | 37.97 | 4.95 | 7.82 | 16.63 | 8.57 |
| 蛟河市 | Jiaohe | 42.18 | 5.70 | 7.95 | 18.66 | 9.88 |
| 桦甸市 | Huadian | 42.15 | 6.31 | 8.76 | 18.55 | 8.53 |
| 舒兰市 | Shulan | 60.78 | 8.15 | 11.77 | 27.68 | 13.17 |
| 磐石市 | Panshi | 50.64 | 6.89 | 10.45 | 22.13 | 11.17 |
| **四平市** | **Siping** | **319.28** | **48.63** | **67.30** | **133.70** | **69.66** |
| 市辖区 | Municipal District | 67.79 | 8.74 | 13.51 | 29.66 | 15.88 |
| 铁西区 | Tiexi | 35.84 | 4.82 | 7.13 | 15.62 | 8.27 |
| 铁东区 | Tiedong | 31.95 | 3.92 | 6.38 | 14.04 | 7.61 |
| 梨树县 | Lishu | 64.26 | 10.68 | 13.96 | 26.13 | 13.49 |
| 伊通满族自治县 | Yitong | 44.86 | 6.71 | 8.65 | 19.49 | 10.00 |
| 公主岭市 | Gongzhuling | 103.12 | 16.31 | 23.33 | 41.09 | 22.39 |
| 双辽市 | Shuangliao | 39.25 | 6.19 | 7.84 | 17.33 | 7.90 |
| **辽源市** | **Liaoyuan** | **117.24** | **15.40** | **22.63** | **53.51** | **25.69** |
| 市辖区 | Municipal District | 45.06 | 5.21 | 8.37 | 20.65 | 10.82 |
| 龙山区 | Longshan | 29.85 | 3.95 | 5.62 | 13.49 | 6.78 |
| 西安区 | Xi′ an | 15.21 | 1.26 | 2.75 | 7.16 | 4.04 |

注：表内数据为公安部门户籍人口数。表内数据四舍五入。
Note:Data were obtained from the annual reports of the public security department.Data were rounded.

18－5 续表 continued

| 市、县 | City, County | 总人口 Total Population | 18岁以下 Age0-17 | 18-34岁 Age18-34 | 35-60岁 Age35-60 | 60岁以上 Age Over 60 |
|---|---|---|---|---|---|---|
| 东丰县 | Dongfeng | 38.61 | 5.50 | 7.56 | 17.83 | 7.71 |
| 东辽县 | Dongliao | 33.57 | 4.68 | 6.70 | 15.03 | 7.16 |
| **通化市** | **Tonghua** | **215.94** | **29.24** | **42.48** | **96.14** | **48.08** |
| 市辖区 | Municipal District | 43.38 | 4.94 | 7.61 | 19.95 | 10.88 |
| 东昌区 | Dongchang | 31.60 | 3.78 | 5.63 | 14.40 | 7.78 |
| 二道江区 | Erdaojiang | 11.78 | 1.15 | 1.97 | 5.56 | 3.10 |
| 通化县 | Tonghua | 23.61 | 3.22 | 4.79 | 10.50 | 5.10 |
| 辉南县 | Huinan | 32.73 | 4.71 | 6.10 | 14.69 | 7.23 |
| 柳河县 | Liuhe | 35.91 | 5.37 | 7.76 | 15.38 | 7.40 |
| 梅河口 | Meihekou | 59.14 | 8.37 | 12.28 | 25.87 | 12.63 |
| 集安市 | Ji' an | 21.17 | 2.64 | 3.94 | 9.75 | 4.84 |
| **白山市** | **Baishan** | **118.10** | **15.46** | **22.45** | **53.58** | **26.61** |
| 市辖区 | Municipal District | 53.16 | 6.45 | 9.90 | 24.45 | 12.36 |
| 浑江区 | Hunjiang | 32.63 | 4.13 | 6.21 | 15.01 | 7.28 |
| 江源区 | Jiangyuan | 20.53 | 2.32 | 3.69 | 9.44 | 5.08 |
| 抚松县 | Fusong | 28.22 | 4.07 | 5.41 | 12.56 | 6.18 |
| 靖宇县 | Jingyu | 13.50 | 2.15 | 2.81 | 5.89 | 2.65 |
| 长白朝鲜族自治县 | Changbai | 7.80 | 0.95 | 1.42 | 3.63 | 1.79 |
| 临江市 | Linjiang | 15.42 | 1.84 | 2.91 | 7.06 | 3.62 |
| **松原市** | **Songyuan** | **275.00** | **45.27** | **63.80** | **114.44** | **51.48** |
| 市辖区 | Municipal District | 56.41 | 8.50 | 11.71 | 24.77 | 11.42 |
| 宁江区 | Ningjiang | 56.41 | 8.50 | 11.71 | 24.77 | 11.42 |
| 前郭尔罗斯蒙古族自治县 | Qianguo | 57.25 | 9.79 | 13.29 | 24.46 | 9.71 |
| 长岭县 | Changling | 63.11 | 10.70 | 15.77 | 25.44 | 11.21 |
| 乾安县 | Qian' an | 27.18 | 3.85 | 6.08 | 12.02 | 5.24 |
| 扶余市 | Fuyu | 71.05 | 12.44 | 16.95 | 27.75 | 13.91 |
| **白城市** | **Baicheng** | **189.91** | **25.43** | **37.66** | **86.77** | **40.05** |
| 市辖区 | Municipal District | 48.58 | 6.44 | 9.56 | 21.97 | 10.60 |
| 洮北区 | Taobei | 48.58 | 6.44 | 9.56 | 21.97 | 10.60 |
| 镇赉县 | Zhenlai | 26.46 | 3.42 | 5.05 | 12.23 | 5.77 |
| 通榆县 | Tongyu | 35.66 | 5.31 | 7.36 | 16.22 | 6.77 |
| 洮南市 | Taonan | 41.01 | 5.83 | 8.45 | 18.46 | 8.28 |
| 大安市 | Da' an | 38.20 | 4.43 | 7.24 | 17.90 | 8.63 |
| **延边朝鲜族自治州** | **Yanbian** | **208.66** | **26.17** | **41.07** | **93.77** | **47.65** |
| 延吉市 | Yanji | 55.28 | 7.72 | 11.23 | 24.69 | 11.64 |
| 图们市 | Tumen | 11.04 | 0.94 | 2.03 | 5.03 | 3.04 |
| 敦化市 | Dunhua | 45.67 | 6.16 | 8.75 | 20.54 | 10.21 |
| 珲春市 | Hunchun | 22.85 | 3.07 | 4.81 | 10.29 | 4.68 |
| 龙井市 | Longjing | 15.40 | 1.40 | 2.79 | 6.92 | 4.30 |
| 和龙市 | Helong | 16.78 | 1.67 | 3.20 | 7.60 | 4.31 |
| 汪清县 | Wangqing | 21.89 | 2.49 | 4.19 | 10.09 | 5.12 |
| 安图县 | Antu | 19.75 | 2.71 | 4.07 | 8.62 | 4.36 |

# 18－6 各市县人口自然变动情况（2018年末）

## Basic Statistics on Natural Population Changes by City and County（end of 2018）

单位：人 unit:person

| 市、县 | City, County | 年平均人口 Annual Average Population | 出生 Birth | | 死亡 Death | | 自然增长 Natural Growth | |
|---|---|---|---|---|---|---|---|---|
| | | | 人数 Number of Birth | 出生率（‰）Birth Rate（‰） | 人数 Number of Death | 死亡率（‰）Death Rate（‰） | 人数 Numberof Natural Growth | 自然增长率（‰）Natural Growth Rate(‰) |
| **全　省** | **Total** | **26123656** | **167265** | **6.40** | **126044** | **4.82** | **41221** | **1.58** |
| **长春市** | **Changchun** | **7501054** | **56284** | **7.50** | **35561** | **4.74** | **20723** | **2.76** |
| 市辖区 | Municipal District | 4399155 | 39483 | 8.98 | 25938 | 5.90 | 13545 | 3.08 |
| 南关区 | Nanguan | 734547 | 8513 | 11.59 | 4943 | 6.73 | 3570 | 4.86 |
| 宽城区 | Kuancheng | 648677 | 5913 | 9.12 | 3866 | 5.96 | 2047 | 3.16 |
| 朝阳区 | Chaoyang | 741528 | 7649 | 10.32 | 4541 | 6.12 | 3108 | 4.20 |
| 二道区 | Erdao | 578462 | 5414 | 9.36 | 3472 | 6.00 | 1942 | 3.36 |
| 绿园区 | Lvyuan | 655855 | 6112 | 9.32 | 4608 | 7.03 | 1504 | 2.29 |
| 双阳区 | Shuangyang | 367513 | 2162 | 5.88 | 1526 | 4.15 | 636 | 1.73 |
| 九台区 | Jiutai | 672575 | 3720 | 5.53 | 2982 | 4.43 | 738 | 1.10 |
| 农安县 | Nong' an | 1060906 | 6043 | 5.70 | 2428 | 2.29 | 3615 | 3.41 |
| 榆树市 | Yushu | 1232722 | 6180 | 5.01 | 5345 | 4.34 | 835 | 0.67 |
| 德惠市 | Dehui | 808271 | 4578 | 5.66 | 1850 | 2.29 | 2728 | 3.37 |
| **吉林市** | **Jilin** | **4144364** | **24274** | **5.86** | **17498** | **4.22** | **6776** | **1.64** |
| 市辖区 | Municipal District | 1798106 | 11467 | 6.38 | 8319 | 4.63 | 3148 | 1.75 |
| 昌邑区 | Changyi | 608936 | 3780 | 6.21 | 2890 | 4.75 | 890 | 1.46 |
| 龙潭区 | Longtan | 440774 | 2232 | 5.06 | 2187 | 4.96 | 45 | 0.10 |
| 船营区 | Chuanying | 460003 | 3004 | 6.53 | 2064 | 4.49 | 940 | 2.04 |
| 丰满区 | Fengman | 288393 | 2451 | 8.50 | 1178 | 4.08 | 1273 | 4.42 |
| 永吉县 | Yongji | 380540 | 2236 | 5.88 | 1617 | 4.25 | 619 | 1.63 |
| 蛟河市 | Jiaohe | 423592 | 2288 | 5.40 | 1825 | 4.31 | 463 | 1.09 |
| 桦甸市 | Huadian | 423712 | 2418 | 5.71 | 1880 | 4.44 | 538 | 1.27 |
| 舒兰市 | Shulan | 610402 | 3119 | 5.11 | 2194 | 3.59 | 925 | 1.52 |
| 磐石市 | Panshi | 508014 | 2746 | 5.41 | 1663 | 3.27 | 1083 | 2.14 |
| **四平市** | **Siping** | **3198415** | **17884** | **5.59** | **13721** | **4.29** | **4163** | **1.30** |
| 市辖区 | Municipal District | 679289 | 3919 | 5.77 | 2959 | 4.36 | 960 | 1.41 |
| 铁西区 | Tiexi | 358779 | 2203 | 6.14 | 1510 | 4.21 | 693 | 1.93 |
| 铁东区 | Tiedong | 320510 | 1716 | 5.35 | 1449 | 4.52 | 267 | 0.83 |
| 梨树县 | Lishu | 644289 | 3542 | 5.50 | 3494 | 5.42 | 48 | 0.08 |
| 伊通满族自治县 | Yitong | 449061 | 2295 | 5.11 | 1579 | 3.52 | 716 | 1.59 |
| 公主岭市 | Gongzhuling | 1032625 | 5928 | 5.74 | 4058 | 3.93 | 1870 | 1.81 |
| 双辽市 | Shuangliao | 393151 | 2200 | 5.60 | 1631 | 4.15 | 569 | 1.45 |
| **辽源市** | **Liaoyuan** | **1175924** | **6832** | **5.81** | **7133** | **6.07** | **–301** | **–0.26** |
| 市辖区 | Municipal District | 452718 | 2586 | 5.71 | 3907 | 8.63 | –1321 | –2.92 |
| 龙山区 | Longshan | 298645 | 1947 | 6.52 | 2142 | 7.17 | –195 | –0.65 |
| 西安区 | Xi' an | 154073 | 639 | 4.15 | 1765 | 11.46 | –1126 | –7.31 |
| 东丰县 | Dongfeng | 386799 | 2175 | 5.62 | 1513 | 3.91 | 662 | 1.71 |
| 东辽县 | Dongliao | 336407 | 2071 | 6.16 | 1713 | 5.09 | 358 | 1.07 |
| **通化市** | **Tonghua** | **2165474** | **13711** | **6.33** | **11033** | **5.09** | **2678** | **1.24** |

注：表内数据为公安部门户籍人口数。表内数据四舍五入。
Note:Data were obtained from the annual reports of the public security department.Data were rounded.

18－6 续表 continued

单位: 人 unit:person

| 市、县 | City, County | 年平均人口 Annual Average Population | 出生 Birth 人数 Number of Birth | 出生率（‰）Birth Rate（‰） | 死亡 Death 人数 Number of Death | 死亡率（‰）Death Rate（‰） | 自然增长 Natural Growth 人数 Numberof Natural Growth | 自然增长率（‰）Natural Growth Rate(‰) |
|---|---|---|---|---|---|---|---|---|
| 市辖区 | Municipal District | 434948 | 2655 | 6.10 | 2166 | 4.98 | 489 | 1.12 |
| 东昌区 | Dongchang | 315761 | 2155 | 6.82 | 1397 | 4.42 | 758 | 2.40 |
| 二道江区 | Erdaojiang | 119188 | 500 | 4.20 | 769 | 6.45 | −269 | −2.25 |
| 通化县 | Tonghua | 236831 | 1640 | 6.92 | 1563 | 6.60 | 77 | 0.32 |
| 辉南县 | Huinan | 328774 | 1667 | 5.07 | 1364 | 4.15 | 303 | 0.92 |
| 柳河县 | Liuhe | 360056 | 2462 | 6.84 | 1936 | 5.38 | 526 | 1.46 |
| 梅河口 | Meihekou | 592863 | 3841 | 6.48 | 2994 | 5.05 | 847 | 1.43 |
| 集安市 | Ji' an | 212004 | 1446 | 6.82 | 1010 | 4.76 | 436 | 2.06 |
| **白山市** | **Baishan** | **1188111** | **7057** | **5.94** | **7739** | **6.51** | **−682** | **−0.57** |
| 市辖区 | Municipal District | 534764 | 2858 | 5.34 | 2974 | 5.56 | −116 | −0.22 |
| 浑江区 | Hunjiang | 326627 | 2019 | 6.18 | 1527 | 4.68 | 492 | 1.50 |
| 江源区 | Jiangyuan | 208137 | 839 | 4.03 | 1447 | 6.95 | −608 | −2.92 |
| 抚松县 | Fusong | 284030 | 1936 | 6.82 | 2298 | 8.09 | −362 | −1.27 |
| 靖宇县 | Jingyu | 135471 | 1021 | 7.54 | 550 | 4.06 | 471 | 3.48 |
| 长白朝鲜族自治县 | Changbai | 78477 | 415 | 5.29 | 533 | 6.79 | −118 | −1.50 |
| 临江市 | Linjiang | 155369 | 827 | 5.32 | 1384 | 8.91 | −557 | −3.59 |
| **松原市** | **Songyuan** | **2752065** | **16162** | **5.87** | **8385** | **3.05** | **7777** | **2.82** |
| 市辖区 | Municipal District | 564485 | 3759 | 6.66 | 1792 | 3.17 | 1967 | 3.49 |
| 宁江区 | Ningjiang | 564485 | 3759 | 6.66 | 1792 | 3.17 | 1967 | 3.49 |
| 前郭尔罗斯蒙古族自治县 | Qianguo | 572798 | 3724 | 6.50 | 1909 | 3.33 | 1815 | 3.17 |
| 长岭县 | Changling | 631550 | 3738 | 5.92 | 1577 | 2.50 | 2161 | 3.42 |
| 乾安县 | Qian' an | 272362 | 1591 | 5.84 | 951 | 3.49 | 640 | 2.35 |
| 扶余市 | Fuyu | 710871 | 3350 | 4.71 | 2156 | 3.03 | 1194 | 1.68 |
| **白城市** | **Baicheng** | **1904257** | **10314** | **5.42** | **8965** | **4.71** | **1349** | **0.71** |
| 市辖区 | Municipal District | 486802 | 2993 | 6.15 | 2537 | 5.21 | 456 | 0.94 |
| 洮北区 | Taobei | 486802 | 2993 | 6.15 | 2537 | 5.21 | 456 | 0.94 |
| 镇赉县 | Zhenlai | 265792 | 1340 | 5.04 | 1399 | 5.26 | −59 | −0.22 |
| 通榆县 | Tongyu | 357119 | 2065 | 5.78 | 1974 | 5.53 | 91 | 0.25 |
| 洮南市 | Taonan | 411127 | 2109 | 5.13 | 1706 | 4.15 | 403 | 0.98 |
| 大安市 | Da' an | 383418 | 1807 | 4.71 | 1349 | 3.52 | 458 | 1.19 |
| **延边朝鲜族自治州** | **Yanbian** | **2093995** | **14747** | **7.04** | **16009** | **7.65** | **−1262** | **−0.61** |
| 延吉市 | Yanji | 551464 | 4492 | 8.15 | 3459 | 6.27 | 1033 | 1.88 |
| 图们市 | Tumen | 111604 | 564 | 5.05 | 1072 | 9.61 | −508 | −4.56 |
| 敦化市 | Dunhua | 458435 | 3145 | 6.86 | 3032 | 6.61 | 113 | 0.25 |
| 珲春市 | Hunchun | 228609 | 1960 | 8.57 | 1921 | 8.40 | 39 | 0.17 |
| 龙井市 | Longjing | 155412 | 898 | 5.78 | 1565 | 10.07 | −667 | −4.29 |
| 和龙市 | Helong | 169600 | 872 | 5.14 | 1719 | 10.14 | −847 | −5.00 |
| 汪清县 | Wangqing | 220287 | 1366 | 6.20 | 1896 | 8.61 | −530 | −2.41 |
| 安图县 | Antu | 198585 | 1450 | 7.30 | 1345 | 6.77 | 105 | 0.53 |

# 18－7 各市县城镇非私营单位就业人员数（2018年）

单位: 人

| 市、县 | City，County | 单位就业人员合计 Employed Persons | 国有经济 State-owned | 集体经济 Collective-owned |
|---|---|---|---|---|
| **全　省** | **Total** | **2793233** | **1369223** | **37114** |
| **长 春 市** | **Changchun** | **1184062** | **391321** | **13338** |
| 市　区 | Municipal District | 1068682 | 309983 | 11285 |
| 农 安 县 | Nong' an | 40121 | 26895 | 572 |
| 榆 树 市 | Yushu | 37626 | 28567 | 449 |
| 德 惠 市 | Dehui | 37633 | 25876 | 1032 |
| **吉 林 市** | **Jilin** | **341815** | **178824** | **3384** |
| 市　区 | Municipal District | 231607 | 100676 | 2341 |
| 永 吉 县 | Yongji | 14742 | 9375 | 710 |
| 蛟 河 市 | Jiaohe | 21237 | 17990 | 57 |
| 桦 甸 市 | Huadian | 25306 | 15143 | 111 |
| 舒 兰 市 | Shulan | 23781 | 19092 | 130 |
| 磐 石 市 | Panshi | 25142 | 16548 | 35 |
| **四 平 市** | **Siping** | **163389** | **114884** | **3947** |
| 市　区 | Municipal District | 64579 | 40361 | 58 |
| 梨 树 县 | Lishu | 26339 | 20419 | 688 |
| 伊通满族自治县 | Yitong | 15424 | 12632 | 747 |
| 公 主 岭 市 | Gongzhuling | 37632 | 25389 | 2030 |
| 双 辽 市 | Shuangliao | 19415 | 16083 | 424 |
| **辽 源 市** | **Liaoyuan** | **89039** | **53057** | **1046** |
| 市　区 | Municipal District | 59963 | 27305 | 81 |
| 东 丰 县 | Dongfeng | 16608 | 15243 | 473 |
| 东 辽 县 | Dongliao | 12468 | 10509 | 492 |
| **通 化 市** | **Tonghua** | **171021** | **102177** | **3622** |
| 市　区 | Municipal District | 66796 | 35780 | 1680 |
| 通 化 县 | Tonghua | 18633 | 9641 | 278 |
| 辉 南 县 | Huinan | 18315 | 13110 | 896 |
| 柳 河 县 | Liuhe | 14362 | 11384 | 67 |
| 梅 河 口 市 | Meihekou | 36720 | 22433 | 241 |
| 集 安 市 | Ji' an | 16195 | 9829 | 460 |

注：各地区相加不等于全省总计。
Note:The sum of data by every city is not equal to the total.

## Non-Private Sector Workers in Cities and Counties（2018）

unit:person

| 其他单位合计 Others | 内资 Domestic Funds | 港澳台投资 Funds from Hongkong Macao and Taiwan | 外商投资 Foreign Funded |
|---|---|---|---|
| **1386896** | **1267443** | **32389** | **87064** |
| **779403** | **692431** | **21859** | **65113** |
| 747414 | 666141 | 21402 | 59871 |
| 12654 | 11345 | 192 | 1117 |
| 8610 | 6421 | 265 | 1924 |
| 10725 | 8524 | | 2201 |
| **159607** | **151250** | **4248** | **4109** |
| 128590 | 120808 | 3810 | 3972 |
| 4657 | 4520 | | 137 |
| 3190 | 3190 | | |
| 10052 | 10052 | | |
| 4559 | 4559 | | |
| 8559 | 8121 | 438 | |
| **44558** | **39785** | **1740** | **3033** |
| 24160 | 22259 | 553 | 1348 |
| 5232 | 5232 | | |
| 2045 | 2045 | | |
| 10213 | 7341 | 1187 | 1685 |
| 2908 | 2908 | | |
| **34936** | **32288** | **992** | **1656** |
| 32577 | 30483 | 438 | 1656 |
| 892 | 383 | 509 | |
| 1467 | 1422 | 45 | |
| **65222** | **62425** | **218** | **2579** |
| 29336 | 27848 | | 1488 |
| 8714 | 8192 | 35 | 487 |
| 4309 | 4183 | 82 | 44 |
| 2911 | 2911 | | |
| 14046 | 13385 | 101 | 560 |
| 5906 | 5906 | | |

18－7 续表

单位: 人

| 市、县 | City, County | 单位就业人员合计 Employed Persons | 国有经济 State-owned | 集体经济 Collective-owned |
|---|---|---|---|---|
| **白山市** | **Baishan** | **144866** | **93766** | **2110** |
| 市　区 | Municipal District | 79329 | 42953 | 887 |
| 抚松县 | Fusong | 28598 | 20660 | 454 |
| 靖宇县 | Jingyu | 11009 | 9169 | 301 |
| 长白朝鲜族自治县 | Changbai | 9466 | 8586 | 147 |
| 临江市 | Linjiang | 16464 | 12398 | 321 |
| **松原市** | **Songyuan** | **208013** | **118603** | **5460** |
| 市　区 | Municipal District | 97449 | 30090 | 2476 |
| 前郭尔罗斯蒙古族自治县 | Qianguo | 47984 | 39682 | 2316 |
| 长岭县 | Changling | 22382 | 20684 | |
| 乾安县 | Qian' an | 13628 | 12207 | |
| 扶余市 | Fuyu | 26570 | 15940 | 668 |
| **白城市** | **Baicheng** | **181326** | **125318** | **3118** |
| 市　区 | Municipal District | 91563 | 59285 | 2638 |
| 镇赉县 | Zhenlai | 21655 | 17652 | 51 |
| 通榆县 | Tongyu | 23088 | 17569 | 338 |
| 洮南市 | Taonan | 20014 | 15504 | 60 |
| 大安市 | Da' an | 25006 | 15308 | 31 |
| **延边朝鲜族自治州** | **Yanbian** | **234113** | **119387** | **879** |
| 延吉市 | Yanji | 86360 | 38492 | 209 |
| 图们市 | Tumen | 7504 | 5844 | 70 |
| 敦化市 | Dunhua | 43360 | 20976 | 87 |
| 珲春市 | Hunchun | 36402 | 13522 | 448 |
| 龙井市 | Longjing | 9187 | 8663 | 19 |
| 和龙市 | Helong | 15757 | 8104 | 12 |
| 汪清县 | Wangqing | 22721 | 14102 | 32 |
| 安图县 | Antu | 12822 | 9684 | 2 |

continued

unit:person

| 其他单位合计 Others | 内资 Domestic Funds | 港澳台投资 Funds from Hongkong Macao and Taiwan | 外商投资 Foreign Funded |
|---|---|---|---|
| **48990** | **47376** | **354** | **1260** |
| 35489 | 34643 | 3 | 843 |
| 7484 | 6727 | 340 | 417 |
| 1539 | 1539 | | |
| 733 | 722 | 11 | |
| 3745 | 3745 | | |
| **83950** | **82287** | **380** | **1283** |
| 64883 | 63316 | 284 | 1283 |
| 5986 | 5986 | | |
| 1698 | 1640 | 58 | |
| 1421 | 1383 | 38 | |
| 9962 | 9962 | | |
| **52890** | **49902** | **1004** | **1984** |
| 29640 | 27202 | 959 | 1479 |
| 3952 | 3952 | | |
| 5181 | 5103 | | 78 |
| 4450 | 4322 | | 128 |
| 9667 | 9323 | 45 | 299 |
| **113847** | **106206** | **1594** | **6047** |
| 47659 | 42547 | 1389 | 3723 |
| 1590 | 1443 | | 147 |
| 22297 | 21876 | 205 | 216 |
| 22432 | 20740 | | 1692 |
| 505 | 502 | | 3 |
| 7641 | 7580 | | 61 |
| 8587 | 8587 | | |
| 3136 | 2931 | | 205 |

# 18－8　各市县城镇非私营单位从业人员工资（2018年）

## Wage of Employed Persons in Urban Non-Private Units by Cities and Counties（2018）

| 市、县 | City, County | 单位就业人员工资总额(万元) Total Wage Bill of Employed Persons (10000 yuan) | 在岗职工工资 Wages of Staff and Workers | 其他就业人员工资总额 Others | 单位就业人员平均工资（元） Average Wage of Employed Persons (yuan) | #在岗职工平均工资 Average Wages of Staff and Workers |
|---|---|---|---|---|---|---|
| **全　省** | **Total** | **19286193** | **18766886** | **519307** | **68533** | **70309** |
| **长春市** | **Changchun** | **9439440** | **9145988** | **293451** | **78919** | **80425** |
| 市　区 | Municipal District | 8805068 | 8525615 | 279453 | 81440 | 82957 |
| 农安县 | Nong' an | 225761 | 221036 | 4724 | 57323 | 58774 |
| 榆树市 | Yushu | 215546 | 210710 | 4836 | 57044 | 58233 |
| 德惠市 | Dehui | 193066 | 188628 | 4438 | 51142 | 52837 |
| **吉林市** | **Jilin** | **2278100** | **2256943** | **21157** | **65961** | **66592** |
| 市　区 | Municipal District | 1647634 | 1630143 | 17492 | 70221 | 70917 |
| 永吉县 | Yongji | 88588 | 87732 | 856 | 59559 | 60651 |
| 蛟河市 | Jiaohe | 118753 | 118705 | 48 | 55180 | 55237 |
| 桦甸市 | Huadian | 150281 | 149452 | 829 | 59873 | 60346 |
| 舒兰市 | Shulan | 131287 | 129902 | 1386 | 54863 | 56028 |
| 磐石市 | Panshi | 141557 | 141011 | 547 | 55925 | 56066 |
| **四平市** | **Siping** | **988346** | **972073** | **16272** | **59998** | **61008** |
| 市　区 | Municipal District | 418828 | 405930 | 12898 | 63954 | 65993 |
| 梨树县 | Lishu | 142963 | 141391 | 1572 | 53388 | 54165 |
| 伊通满族自治县 | Yitong | 91792 | 91011 | 781 | 59788 | 60893 |
| 公主岭市 | Gongzhuling | 225882 | 225074 | 808 | 60008 | 60196 |
| 双辽市 | Shuangliao | 108881 | 108667 | 213 | 55928 | 56060 |
| **辽源市** | **Liaoyuan** | **495648** | **487594** | **8054** | **56244** | **57948** |
| 市　区 | Municipal District | 320641 | 314444 | 6197 | 54228 | 56157 |
| 东丰县 | Dongfeng | 96726 | 96482 | 244 | 58392 | 58517 |
| 东辽县 | Dongliao | 78281 | 76668 | 1613 | 62972 | 65742 |
| **通化市** | **Tonghua** | **968423** | **945199** | **23224** | **56635** | **58342** |
| 市　区 | Municipal District | 412540 | 401946 | 10594 | 60679 | 62717 |
| 通化县 | Tonghua | 100261 | 99918 | 343 | 54608 | 54729 |
| 辉南县 | Huinan | 96919 | 94755 | 2164 | 52880 | 54369 |
| 柳河县 | Liuhe | 77790 | 72975 | 4815 | 55260 | 60430 |
| 梅河口市 | Meihekou | 198695 | 195507 | 3188 | 54573 | 55333 |
| 集安市 | Ji' an | 82218 | 80098 | 2120 | 51928 | 54022 |

注：工资总额各地区相加不等于全省数据。
Note: The sum of wage in the region is not equal to the province.

18－8 续表 continued

| 市、县 | City，County | 单位就业人员工资总额（万元）Total Wage Bill of Employed Persons (10000 yuan) | 在岗职工工资 Wages of Staff and Workers | 其他就业人员工资总额 Others | 单位就业人员平均工资(元) Average Wage of Employed Persons (yuan) | #在岗职工平均工资 Average Wages of Staff and Workers |
|---|---|---|---|---|---|---|
| **白山市** | **Baishan** | **766563** | **727568** | **38994** | **52055** | **55846** |
| 市区 | Municipal District | 417922 | 400397 | 17525 | 51924 | 54990 |
| 抚松县 | Fusong | 154325 | 146507 | 7818 | 52222 | 55068 |
| 靖宇县 | Jingyu | 57451 | 53545 | 3906 | 51591 | 58347 |
| 长白朝鲜族自治县 | Changbai | 54436 | 51443 | 2993 | 57326 | 65142 |
| 临江市 | Linjiang | 82428 | 75676 | 6752 | 49688 | 54881 |
| **松原市** | **Songyuan** | **1294450** | **1272093** | **22358** | **61835** | **63227** |
| 市区 | Municipal District | 697225 | 683710 | 13515 | 70866 | 73351 |
| 前郭尔罗斯蒙古族自治县 | Qianguo | 252239 | 250316 | 1923 | 52286 | 52490 |
| 长岭县 | Changling | 142147 | 141949 | 198 | 63413 | 63663 |
| 乾安县 | Qian' an | 74339 | 73527 | 812 | 54393 | 54773 |
| 扶余市 | Fuyu | 128500 | 122590 | 5909 | 48259 | 49888 |
| **白城市** | **Baicheng** | **905799** | **875975** | **29824** | **49982** | **52514** |
| 市区 | Municipal District | 465186 | 455206 | 9980 | 50998 | 51523 |
| 镇赉县 | Zhenglai | 105395 | 104035 | 1360 | 48346 | 48951 |
| 通榆县 | Tongyu | 113525 | 108964 | 4561 | 49380 | 54324 |
| 洮南市 | Taonan | 88986 | 83039 | 5947 | 44627 | 47779 |
| 大安市 | Da' an | 132707 | 124731 | 7976 | 52499 | 63103 |
| **延边朝鲜族自治州** | **Yanbian** | **1423077** | **1359008** | **64069** | **60948** | **64037** |
| 延吉市 | Yanji | 607694 | 563357 | 44337 | 71115 | 76509 |
| 图们市 | Tumen | 45301 | 45301 | | 60354 | 60354 |
| 敦化市 | Dunhua | 234481 | 229119 | 5362 | 52890 | 55414 |
| 珲春市 | Hunchun | 197128 | 192707 | 4421 | 54869 | 55754 |
| 龙井市 | Longjing | 61672 | 61161 | 511 | 67291 | 68535 |
| 和龙市 | Helong | 85901 | 83211 | 2690 | 55395 | 56614 |
| 汪清县 | Wangqing | 114171 | 107991 | 6180 | 50406 | 57420 |
| 安图县 | Antu | 76729 | 76161 | 568 | 59250 | 59762 |

# 18－9 各市县固定资产投资（不含农户）（2018年）

## City and County of Investment in Fixed Assets (Exduding Rural)（2018）

单位：% unit:%

| 市、县 | City, County | 增速 Growth Rate |
|---|---|---|
| **全　省** | **Total** | **1.6** |
| **长春市** | **Changchun** | **6.7** |
| 市　区 | District | 8.8 |
| 农安县 | Nong' an | -35.7 |
| 榆树市 | Yushu | 13.4 |
| 德惠市 | Dehui | 13.6 |
| **吉林市** | **Jilin** | **4.7** |
| 市　区 | District | 1.6 |
| 永吉县 | Yongji | 16.1 |
| 蛟河市 | Jiaohe | 9.0 |
| 桦甸市 | Huadian | 7.4 |
| 舒兰市 | Shulan | 13.2 |
| 磐石市 | Panshi | 7.3 |
| **四平市** | **Siping** | **-34.6** |
| 市　区 | District | -66.0 |
| 梨树县 | Lishu | -29.9 |
| 伊通满族自治县 | Yitong | -24.5 |
| 公主岭市 | Gongzhuling | 8.1 |
| 双辽市 | Shuangliao | -28.5 |
| **辽源市** | **Liaoyuan** | **3.2** |
| 市　区 | District | 1.9 |
| 东丰县 | Dongfeng | 4.7 |
| 东辽县 | Dongliao | 3.7 |
| **通化市** | **Tonghua** | **7.8** |
| 市　区 | District | -6.1 |
| 通化县 | Tonghua | 10.6 |
| 辉南县 | Huinan | 11.9 |

18－9 续表

单位：%  unit:%

| 市、县 | City, County | 增速<br>Growth Rate |
|---|---|---|
| 柳 河 县 | Liuhe | 11.8 |
| 梅河口市 | Meihekou | 10.1 |
| 集 安 市 | ji' an | 25.1 |
| **白 山 市** | **Baishan** | **4.0** |
| 市　　区 | District | 5.4 |
| 抚 松 县 | Fusong | 1.1 |
| 靖 宇 县 | Jingyu | 5.3 |
| 长白朝鲜族自治县 | Changbai | 5.0 |
| 临 江 市 | Linjiang | 6.6 |
| **松 原 市** | **Songyuan** | **5.0** |
| 市　　区 | District | 2.1 |
| 前郭尔罗斯蒙古族自治县 | Qianguo | 5.7 |
| 长 岭 县 | Changling | 5.7 |
| 乾 安 县 | Qian' an | 5.3 |
| 扶 余 县 | Fuyu | 5.2 |
| **白 城 市** | **Baicheng** | **5.1** |
| 市　　区 | District | 13.5 |
| 镇 赉 县 | Zhenlai | -17.5 |
| 通 榆 县 | Tongyu | 6.8 |
| 洮 南 市 | Taonan | 8.2 |
| 大 安 市 | Da' an | 7.8 |
| **延边朝鲜族自治州** | **Yanbian** | **-0.6** |
| 延 吉 市 | Yanji | 4.6 |
| 图 们 市 | Tumen | 6.0 |
| 敦 化 市 | Dunhua | 5.4 |
| 珲 春 市 | Hunchun | -28.8 |
| 龙 井 市 | Longjing | 6.0 |
| 和 龙 市 | Helong | 6.0 |
| 汪 清 县 | Wangqing | 5.5 |
| 安 图 县 | Antu | 19.4 |
| 长白山管委会 | Changbaishan | -14.0 |

# 18－10 各市县地方公共财政收入（2018年）

## Local Public Finance Revenue in Cities and Counties（2018）

单位: 万元 unit:10000 yuan

| 市、县 City, County | | 地方公共财政收入 Local Government Revenue | 税收收入 Tax revenue | #增值税 Value-added Tax | #企业所得税 Corporate Income Tax | #个人所得税 Individual Income Tax | #城市维护建设税 Urban Maintenance and Construction tax | #耕地占用税 Farmland Occupancx Tax | #非税收入 Non Tax Revenue |
|---|---|---|---|---|---|---|---|---|---|
| **长春市** | **Changchun** | **4780141** | **3700562** | **1026293** | **627103** | **189809** | **397747** | **92224** | **1079579** |
| 市本级 | District | 3756999 | 2932693 | 838386 | 509157 | 136356 | 374582 | 45352 | 824306 |
| 榆树市 | Yushu | 67492 | 45565 | 9636 | 3999 | 1452 | 2678 | 1626 | 21927 |
| 德惠市 | Dehui | 77381 | 54274 | 15293 | 5745 | 1007 | 3725 | 3581 | 23107 |
| 农安县 | Nong' an | 88537 | 67626 | 18051 | 5222 | 2168 | 3966 | 5335 | 20911 |
| **吉林市** | **Jilin** | **1042758** | **769436** | **263110** | **60091** | **31671** | **93598** | **10247** | **273322** |
| 市本级 | District | 556400 | 400580 | 118150 | 26009 | 14893 | 46896 | 4573 | 155820 |
| 桦甸市 | Huadian | 47969 | 35043 | 10093 | 4015 | 1690 | 2904 | 176 | 12926 |
| 蛟河市 | Jiaohe | 40730 | 28237 | 11303 | 2508 | 1145 | 3054 | 121 | 12493 |
| 舒兰市 | Shulan | 47953 | 18880 | 4464 | 1261 | 771 | 1258 | 286 | 29073 |
| 磐石市 | Panshi | 67531 | 52131 | 18524 | 9408 | 2518 | 4444 | 782 | 15400 |
| 永吉县 | Yongji | 32596 | 25177 | 7872 | 3024 | 975 | 1308 | 37 | 7419 |
| **四平市** | **Siping** | **428151** | **279653** | **87588** | **23155** | **11124** | **33057** | **14065** | **148498** |
| 市本级 | District | 169760 | 99831 | 35146 | 5663 | 5448 | 19965 | 35 | 69929 |
| 公主岭市 | Gongzhuling | 114183 | 83985 | 22446 | 9982 | 2786 | 5505 | 6664 | 30198 |
| 双辽市 | Shuangliao | 40033 | 18421 | 6131 | 954 | 804 | 1738 | 756 | 21612 |
| 梨树县 | Lishu | 40777 | 27032 | 8275 | 2657 | 1121 | 1519 | 5247 | 13745 |
| 伊通满族自治县 | Yitong | 29848 | 18511 | 6085 | 1312 | 694 | 1629 | 693 | 11337 |
| **辽源市** | **Liaoyuan** | **178365** | **107933** | **33396** | **10729** | **5585** | **9888** | **4181** | **70432** |
| 市本级 | District | 90944 | 51485 | 18487 | 4327 | 3004 | 8002 | 151 | 39459 |
| 东丰县 | Dongfeng | 38420 | 22779 | 5235 | 2547 | 760 | 954 | 1198 | 15641 |
| 东辽县 | Dongliao | 26418 | 12940 | 4004 | 2303 | 632 | 932 | 906 | 13478 |
| **通化市** | **Tonghua** | **552514** | **375430** | **113811** | **40141** | **13469** | **30448** | **20916** | **177084** |
| 市本级 | District | 111842 | 71836 | 36465 | 5990 | 2729 | 10755 | 1012 | 40006 |
| 梅河口市 | Meihekou | 190538 | 126836 | 33851 | 18296 | 3916 | 8431 | 10908 | 63702 |
| 集安市 | Ji' an | 37144 | 22361 | 5772 | 1706 | 1061 | 1597 | 2289 | 14783 |
| 通化县 | Tonghua | 42559 | 26078 | 6938 | 6083 | 1965 | 1138 | 600 | 16481 |
| 辉南县 | Huinan | 44375 | 29458 | 8476 | 3059 | 774 | 1634 | 1566 | 14917 |
| 柳河县 | Liuhe | 46977 | 25622 | 7198 | 1884 | 814 | 1767 | 788 | 21355 |

注：各市、县相加不等于地区数。
Note:The sum of data by every city and county is not equal to the total.

单位: 万元

18－10 续表 continued

unit:10000 yuan

| 市、县 City，County | | 地方公共财政收入 Local Government Revenue | 税收收入 Tax Revenue | #增值税 Value-added Tax | #企业所得税 Corporate Income Tax | #个人所得税 Individual Income Tax | #城市维护建设税 Urban Maintenance and Construction tax | #耕地占用税 Farmland Occupancx Tax | #非税收入 Non Tax Revenue |
|---|---|---|---|---|---|---|---|---|---|
| **白山市** | **Baishan** | **227240** | **154179** | **51410** | **16375** | **12554** | **14206** | **3838** | **73061** |
| 市本级 | District | 79347 | 52551 | 18876 | 3767 | 8377 | 6433 | 451 | 26796 |
| 临江市 | Linjiang | 23161 | 15047 | 4558 | 2145 | 632 | 1293 | 569 | 8114 |
| 抚松县 | Fusong | 39560 | 27040 | 9517 | 3247 | 1136 | 2015 | 1959 | 12520 |
| 靖宇县 | Jingyu | 22277 | 15365 | 4984 | 3093 | 607 | 967 | 193 | 6912 |
| 长白朝鲜族自治县 | Changbai | 15751 | 8072 | 1753 | 2447 | 329 | 358 | 16 | 7679 |
| **松原市** | **Songyuan** | **450646** | **275274** | **73675** | **14332** | **9851** | **22947** | **13747** | **175372** |
| 市本级 | District | 145766 | 97944 | 28648 | 5230 | 4098 | 12033 | 452 | 47822 |
| 长岭县 | Changling | 46919 | 25230 | 6742 | 1935 | 844 | 1712 | 1355 | 21689 |
| 前郭尔罗斯蒙古族自治县 | Qianguo | 91749 | 60897 | 15339 | 3350 | 1616 | 5182 | 4535 | 30852 |
| 乾安县 | Qian' an | 75650 | 32872 | 8547 | 1012 | 637 | 2188 | 715 | 42788 |
| 扶余市 | Fuyu | 48757 | 25262 | 5591 | 1037 | 742 | 1832 | 6598 | 23495 |
| **白城市** | **Baicheng** | **410891** | **208276** | **56169** | **20126** | **9862** | **16635** | **11052** | **202615** |
| 市本级 | District | 135936 | 82897 | 21656 | 8407 | 3417 | 7538 | 7076 | 53039 |
| 洮南市 | Taonan | 59595 | 25753 | 8693 | 2602 | 1715 | 2605 | 331 | 33842 |
| 大安市 | Da' an | 73785 | 39317 | 11762 | 3328 | 1417 | 3058 | 368 | 34468 |
| 镇赉县 | Zhenlai | 51222 | 29465 | 6425 | 3093 | 1104 | 1432 | 198 | 21757 |
| 通榆县 | Tongyu | 69039 | 16443 | 4603 | 1270 | 771 | 1000 | 2804 | 52596 |
| **延边朝鲜族自治州** | **Yanbian** | **593469** | **377324** | **110321** | **38854** | **17406** | **55123** | **12546** | **216145** |
| 州本级 | District | 63768 | | | | | | | 63768 |
| 延吉市 | Yanji | 252120 | 197017 | 55793 | 18711 | 8528 | 41310 | 6656 | 55103 |
| 图们市 | Tumen | 14735 | 9290 | 3069 | 908 | 518 | 783 | 1 | 5445 |
| 敦化市 | Dunhua | 78243 | 52540 | 17286 | 6231 | 3323 | 5086 | 1537 | 25703 |
| 龙井市 | Longjing | 19242 | 11296 | 3142 | 1074 | 548 | 716 | | 7946 |
| 珲春市 | Hunchun | 78105 | 56812 | 16301 | 7401 | 2044 | 4183 | 1388 | 21293 |
| 和龙市 | Helong | 19304 | 12159 | 4464 | 1353 | 564 | 1100 | 86 | 7145 |
| 汪清县 | Wangqing | 38935 | 22996 | 5158 | 1633 | 1202 | 1031 | 1840 | 15939 |
| 安图县 | Antu | 29017 | 15214 | 5108 | 1543 | 679 | 914 | 1038 | 13803 |

# 18－11　各市县公共财政支出（2018年）

## Local Government Expenditure by City and County（2018）

单位: 万元　　unit:10000 yuan

| 市、县 City, County | | 财政支出 Covernment Expenditure | #一般公共服务 General Public Services | #公共安全 Public Safety | #教育 Education | #科学技术 Science and Technology | #社会保障和就业 Social Security and Employment | #医疗卫生与计划生育 Health and Family Planning | #节能保护 Energy Saving and Environmental Protection | #农林水事务 Angriculture, Forestry, Water Affairs |
|---|---|---|---|---|---|---|---|---|---|---|
| **长春市** | **Changchun** | **8943429** | **976238** | **424751** | **1272697** | **121743** | **1228688** | **726496** | **186041** | **974845** |
| 市本级 | District | 4384456 | 424187 | 335019 | 401772 | 113527 | 470245 | 282555 | 77062 | 131007 |
| 榆树市 | Yushu | 776387 | 37753 | 20806 | 111307 | 53 | 165595 | 79126 | 27767 | 230113 |
| 德惠市 | Dehui | 591219 | 30166 | 16876 | 100370 | 308 | 129177 | 68272 | 6610 | 148807 |
| 农安县 | Nong' an | 754845 | 27266 | 24955 | 166087 | 456 | 116447 | 69578 | 8928 | 212776 |
| **吉林市** | **Jilin** | **4119428** | **313666** | **189167** | **629735** | **20098** | **1009187** | **406268** | **82615** | **517262** |
| 市本级 | District | 1581414 | 124824 | 122165 | 194031 | 16829 | 495515 | 142002 | 21707 | 41399 |
| 桦甸市 | Huadian | 378337 | 17150 | 12174 | 58183 | 164 | 90096 | 38644 | 6009 | 74242 |
| 蛟河市 | Jiaohe | 376656 | 24876 | 11739 | 62039 | 484 | 74917 | 32790 | 18619 | 74939 |
| 舒兰市 | Shulan | 494422 | 27651 | 13003 | 91806 | 1333 | 82510 | 53921 | 11468 | 106388 |
| 磐石市 | Panshi | 385530 | 26127 | 12028 | 79971 | 448 | 69752 | 39647 | 10016 | 76091 |
| 永吉县 | Yongji | 325106 | 22792 | 10134 | 40001 | 250 | 73197 | 30790 | 3853 | 68128 |
| **四平市** | **Siping** | **2904321** | **174503** | **106925** | **372201** | **5216** | **640174** | **266167** | **129980** | **613974** |
| 市本级 | District | 502906 | 51479 | 43138 | 33106 | 3606 | 180213 | 36112 | 19145 | 38671 |
| 公主岭市 | Gongzhuling | 798199 | 40616 | 23990 | 90496 | 585 | 166720 | 75096 | 53072 | 209089 |
| 双辽市 | Shuangliao | 414035 | 18326 | 8836 | 63920 | 208 | 72130 | 38595 | 6390 | 110415 |
| 梨树县 | Lishu | 609097 | 27304 | 16581 | 70127 | 341 | 112955 | 64150 | 40043 | 143312 |
| 伊通满族自治县 | Yitong | 408188 | 23018 | 12636 | 62322 | 255 | 61041 | 32710 | 5517 | 101161 |
| **辽源市** | **Liaoyuan** | **1212277** | **79148** | **50277** | **169310** | **3396** | **297222** | **111667** | **45401** | **192704** |
| 市本级 | District | 384476 | 31619 | 31355 | 46196 | 1459 | 127237 | 29664 | 16547 | 11898 |
| 东丰县 | Dongfeng | 345000 | 18281 | 8785 | 50717 | 332 | 75358 | 35676 | 6597 | 82913 |
| 东辽县 | Dongliao | 372006 | 17061 | 8706 | 52784 | 1139 | 51361 | 33032 | 21115 | 89076 |
| **通化市** | **Tonghua** | **2485978** | **202120** | **98275** | **304060** | **40403** | **580515** | **209658** | **36780** | **333782** |
| 市本级 | District | 476475 | 49150 | 33926 | 45466 | 14106 | 149589 | 29503 | 7541 | 18277 |
| 梅河口市 | Meihekou | 616469 | 40504 | 20895 | 64017 | 10619 | 128620 | 53558 | 5394 | 77445 |
| 集安市 | Ji' an | 283068 | 23000 | 10529 | 37543 | 2155 | 62545 | 19559 | 3545 | 36635 |
| 通化县 | Tonghua | 275587 | 20114 | 8707 | 43253 | 5180 | 61796 | 30325 | 5528 | 48665 |
| 辉南县 | Huinan | 332875 | 22661 | 10748 | 44275 | 2968 | 69471 | 24036 | 7339 | 65801 |
| 柳河县 | Liuhe | 317177 | 19948 | 9577 | 38971 | 1113 | 73823 | 33189 | 5592 | 75186 |

注：各市、县相加不等于地区数。
Note:The sum of data by every city and county is not equal to the total.

18－11 续表 continued

单位: 万元 unit:10000 yuan

| 市、县 | City, County | 财政支出 Covernment Expenditure | #一般公共服务 General Public Services | #公共安全 Public Safety | #教育 Education | #科学技术 Science and Technology | #社会保障和就业 Social Security and Employment | #医疗卫生与计划生育 Health and Family Planning | #节能保护 Energy Saving and Environmental Protection | #农林水事务 Angriculture, Forestry, Water Affairs |
|---|---|---|---|---|---|---|---|---|---|---|
| **白山市** | **Baishan** | **1915758** | **132244** | **80637** | **195476** | **5148** | **479575** | **127557** | **72238** | **248890** |
| 市本级 | District | 330889 | 36420 | 28596 | 23003 | 2027 | 94449 | 17185 | 9916 | 14810 |
| 临江市 | Linjiang | 311400 | 14410 | 9905 | 28803 | 856 | 70712 | 19014 | 10039 | 47717 |
| 抚松县 | Fusong | 377573 | 21258 | 11975 | 48854 | 979 | 100630 | 25118 | 11208 | 51065 |
| 靖宇县 | Jingyu | 237888 | 17411 | 7933 | 26551 | 418 | 44858 | 15205 | 5652 | 62207 |
| 长白朝鲜族自治县 | Changbai | 248139 | 19847 | 12366 | 20533 | 716 | 50525 | 13252 | 12334 | 34524 |
| **松原市** | **Songyuan** | **2676698** | **172841** | **93125** | **353325** | **1966** | **415541** | **226986** | **60934** | **659242** |
| 市本级 | District | 551691 | 69857 | 36804 | 53871 | 938 | 61692 | 34882 | 22516 | 81662 |
| 长岭县 | Changling | 551332 | 28462 | 15378 | 84218 | 199 | 62731 | 55608 | 9978 | 149847 |
| 前郭尔罗斯蒙古族自治县 | Qianguo | 538395 | 28202 | 12020 | 80703 | 249 | 92316 | 48210 | 7492 | 144878 |
| 乾安县 | Qian' an | 342201 | 18558 | 11430 | 37800 | 228 | 59057 | 26693 | 4986 | 97578 |
| 扶余市 | Fuyu | 530094 | 21136 | 16403 | 63010 | 167 | 84982 | 43022 | 8124 | 159712 |
| **白城市** | **Baicheng** | **2708541** | **152103** | **76320** | **284414** | **12740** | **453948** | **192153** | **75855** | **677284** |
| 市本级 | District | 495714 | 44337 | 29673 | 25503 | 4386 | 107235 | 22178 | 44630 | 37046 |
| 洮南市 | Taonan | 535364 | 24130 | 12146 | 48070 | 6610 | 79375 | 42374 | 8531 | 164383 |
| 大安市 | Da' an | 433779 | 21442 | 11512 | 57518 | 467 | 111789 | 39297 | 4137 | 104829 |
| 镇赉县 | Zhenlai | 379670 | 25349 | 10952 | 47615 | 211 | 50082 | 24835 | 4166 | 120315 |
| 通榆县 | Tongyu | 589118 | 20506 | 10695 | 61037 | 414 | 54842 | 38118 | 12765 | 166214 |
| **延边朝鲜族自治州** | **Yanbian** | **3846503** | **268200** | **145597** | **373774** | **21257** | **757204** | **227429** | **248381** | **680921** |
| 州本级 | District | 583950 | 39543 | 26792 | 35811 | 1983 | 50013 | 33376 | 174992 | 103987 |
| 延吉市 | Yanji | 627516 | 43851 | 28016 | 80725 | 8229 | 143307 | 39859 | 7143 | 35966 |
| 图们市 | Tumen | 234070 | 18177 | 9686 | 19933 | 235 | 54789 | 13871 | 5309 | 40955 |
| 敦化市 | Dunhua | 585153 | 38511 | 15058 | 71601 | 8720 | 132069 | 30397 | 17160 | 131489 |
| 龙井市 | Longjing | 267778 | 16760 | 8804 | 18220 | 269 | 82037 | 15950 | 3755 | 48613 |
| 珲春市 | Hunchun | 338280 | 32523 | 18984 | 40444 | 398 | 66066 | 30326 | 3901 | 38493 |
| 和龙市 | Helong | 324231 | 20677 | 12050 | 31285 | 620 | 80180 | 19658 | 12601 | 80700 |
| 汪清县 | Wangqing | 468094 | 36546 | 15860 | 42270 | 458 | 84090 | 25560 | 20727 | 132715 |
| 安图县 | Antu | 417431 | 21612 | 10347 | 33485 | 345 | 64653 | 18432 | 2793 | 68003 |

## 18－12 各市县农村基层组织和乡村建设情况（2018年）
## The Situation of Rural Primary Organizations and Rural Construction in the Cities and Counties（2018）

| 市、县 City，County | | 乡政府（个）Township Governments (unit) | 镇政府（个）Town Governments (unit) | 乡村户数（户）Number of Rural Households (household) | 乡村人口（人）Rural Population (person) | 村民委员会（个）Number of Villager's Committees(unit) | #自来水受益村 Tap Water Benefit Village | #通有线电视村 Cable TV Village | #通宽带村 Broadband Village |
|---|---|---|---|---|---|---|---|---|---|
| **全　　省** | **Total** | **182** | **426** | **4262205** | **14606284** | **9303** | **6856** | **9026** | **9136** |
| **长春市** | **Changchun** | **30** | **57** | **1143571** | **4122028** | **1667** | **919** | **1558** | **1619** |
| 市　区 | District | 7 | 21 | 385415 | 1307394 | 611 | 285 | 569 | 569 |
| 农安县 | Nong' an | 10 | 11 | 263895 | 992847 | 377 | 266 | 310 | 371 |
| 榆树市 | Yushu | 9 | 15 | 309602 | 1095797 | 383 | 210 | 383 | 383 |
| 德惠市 | Dehui | 4 | 10 | 184659 | 725990 | 296 | 158 | 296 | 296 |
| **吉林市** | **Jilin** | **20** | **56** | **595117** | **2145916** | **1385** | **1133** | **1311** | **1322** |
| 市　区 | District | 7 | 13 | 178671 | 603074 | 372 | 288 | 357 | 353 |
| 永吉县 | Yongji | 2 | 6 | 72670 | 262203 | 123 | 103 | 123 | 116 |
| 蛟河市 | Jiaohe | 2 | 8 | 80504 | 278091 | 256 | 195 | 256 | 256 |
| 桦甸市 | Huadian | 3 | 6 | 62072 | 228754 | 156 | 156 | 156 | 156 |
| 舒兰市 | Shulan | 5 | 10 | 120853 | 447838 | 210 | 155 | 172 | 173 |
| 磐石市 | Panshi | 1 | 13 | 80347 | 325956 | 268 | 236 | 247 | 268 |
| **四平市** | **Siping** | **17** | **56** | **622402** | **2165724** | **1159** | **637** | **1136** | **1159** |
| 市　区 | District | 2 | 3 | 51554 | 164461 | 74 | 30 | 74 | 74 |
| 梨树县 | Lishu | 6 | 15 | 182607 | 625097 | 304 | 210 | 304 | 304 |
| 伊通满族自治县 | Yitong | 3 | 12 | 105212 | 368851 | 187 | 157 | 187 | 187 |
| 公主岭市 | Gongzhuling | 2 | 18 | 199021 | 716438 | 404 | 173 | 381 | 404 |
| 双辽市 | Shuangliao | 4 | 8 | 84008 | 290877 | 190 | 67 | 190 | 190 |
| **辽源市** | **Liaoyuan** | **7** | **23** | **199282** | **662509** | **518** | **241** | **516** | **518** |
| 市　区 | District | 1 | 2 | 28728 | 94543 | 56 | 36 | 56 | 56 |
| 东丰县 | Dongfeng | 2 | 12 | 87471 | 298307 | 229 | 140 | 229 | 229 |
| 东辽县 | Dongliao | 4 | 9 | 83083 | 269659 | 233 | 65 | 231 | 233 |
| **通化市** | **Tonghua** | **17** | **61** | **369817** | **1214981** | **988** | **885** | **988** | **988** |
| 市　区 | District | 3 | 4 | 23698 | 67037 | 37 | 37 | 37 | 37 |
| 通化县 | Tonghua | 5 | 10 | 57685 | 164307 | 159 | 152 | 159 | 159 |
| 辉南县 | Huinan | 1 | 10 | 67093 | 220158 | 143 | 135 | 143 | 143 |
| 柳河县 | Liuhe | 3 | 12 | 71184 | 259381 | 219 | 211 | 219 | 219 |

注：全省村委会个数包含13个未报表空壳村。

Note: The number of village's committees contains 13 villages whose data is null.

18－12 续表 continued

| 市、县 City，County | | 乡政府（个）Township Governments (unit) | 镇政府（个）Town Governments (unit) | 乡村户数（户）Number of Rural Households (household) | 乡村人口（人）Rural Population (person) | 村民委员会（个）Number of Villager's Committees(unit) | #自来水受益村 Tap water benefit Village | #通有线电视村 Cable TV Village | #通宽带村 broadband Village |
|---|---|---|---|---|---|---|---|---|---|
| 梅河口市 | Meihekou | 3 | 16 | 99052 | 346779 | 303 | 226 | 303 | 303 |
| 集安市 | Ji'an | 2 | 9 | 51105 | 157319 | 127 | 124 | 127 | 127 |
| **白山市** | **Baishan** | **6** | **41** | **129980** | **386272** | **507** | **505** | **478** | **499** |
| 市区 | District | 0 | 10 | 40252 | 121751 | 115 | 115 | 104 | 113 |
| 抚松县 | Fusong | 3 | 11 | 35188 | 106486 | 134 | 133 | 131 | 130 |
| 靖宇县 | Jingyu | 1 | 7 | 24314 | 68678 | 111 | 110 | 96 | 110 |
| 长白朝鲜族自治县 | Changbai | 1 | 7 | 10847 | 30904 | 77 | 77 | 77 | 77 |
| 临江市 | Linjiang | 1 | 6 | 19379 | 58453 | 70 | 70 | 70 | 69 |
| **松原市** | **Songyuan** | **35** | **43** | **580687** | **2046189** | **1117** | **615** | **1112** | **1089** |
| 市区 | District | 3 | 4 | 65354 | 212308 | 112 | 105 | 112 | 112 |
| 前郭尔罗斯蒙古族自治县 | Qianguo | 13 | 9 | 133350 | 442304 | 234 | 135 | 234 | 210 |
| 长岭县 | Changling | 10 | 12 | 153822 | 526238 | 232 | 4 | 232 | 228 |
| 乾安县 | Qian'an | 4 | 6 | 62710 | 218630 | 164 | 164 | 159 | 164 |
| 扶余市 | Fuyu | 5 | 12 | 165451 | 646709 | 375 | 207 | 375 | 375 |
| **白城市** | **Baicheng** | **35** | **38** | **393529** | **1174750** | **912** | **877** | **879** | **893** |
| 市区 | District | 5 | 7 | 78258 | 238408 | 162 | 135 | 162 | 162 |
| 镇赉县 | Zhenlai | 4 | 7 | 62935 | 168507 | 141 | 141 | 141 | 141 |
| 通榆县 | Tongyu | 8 | 8 | 81701 | 252094 | 174 | 172 | 147 | 161 |
| 洮南市 | Taonan | 10 | 6 | 90810 | 272155 | 212 | 212 | 212 | 212 |
| 大安市 | Da'an | 8 | 10 | 79825 | 243586 | 223 | 217 | 217 | 217 |
| **延边朝鲜族自治州** | **Yanbian** | **15** | **51** | **227820** | **687915** | **1050** | **1044** | **1048** | **1049** |
| 延吉市 | Yanji | 0 | 4 | 24503 | 70288 | 54 | 54 | 54 | 54 |
| 图们市 | Tumen | 0 | 4 | 5454 | 15259 | 50 | 50 | 50 | 50 |
| 敦化市 | Dunhua | 5 | 11 | 66025 | 214887 | 303 | 298 | 303 | 303 |
| 珲春市 | Hunchun | 5 | 4 | 26712 | 78321 | 121 | 120 | 121 | 121 |
| 龙井市 | Longjing | 2 | 5 | 18879 | 56854 | 65 | 65 | 65 | 65 |
| 和龙市 | Helong | 0 | 8 | 25651 | 70690 | 76 | 76 | 76 | 76 |
| 汪清县 | Wangqing | 1 | 8 | 32235 | 87953 | 200 | 200 | 200 | 200 |
| 安图县 | Antu | 2 | 7 | 28361 | 93663 | 181 | 181 | 179 | 180 |

# 18－13 各市县农林牧渔总产值（2018年）

# Output Value of Agriculture,Forestry,Animal Husbandry and Fishery by City and County（2018）

单位：万元　　unit: 10000yuan

| 市、县 City，County | | 农林牧渔业总产值 Total | 农业 Farming | 林业 Forestry | 牧业 Animal Husbandry | 渔业 Fishery | 农林牧渔业总产值指数 Indices |
|---|---|---|---|---|---|---|---|
| **全　省** | **Total** | **21843429** | **9929592** | **732782** | **10016430** | **390245** | **102.5** |
| **长春市** | **Changchun** | **5817186** | **2098343** | **48145** | **3419898** | **53675** | **102.3** |
| 市　区 | District | 1282167 | 476785 | 6554 | 730707 | 19315 | 103.8 |
| 农安县 | Nong' an | 1752153 | 589744 | 20822 | 1076962 | 12098 | 102.1 |
| 榆树市 | Yushu | 1505634 | 659191 | 10961 | 772780 | 10782 | 101.6 |
| 德惠市 | Dehui | 1277232 | 372623 | 9808 | 839449 | 11480 | 101.8 |
| **吉林市** | **Jilin** | **2815450** | **1069683** | **124489** | **1423573** | **64587** | **102.1** |
| 市　区 | District | 420982 | 177182 | 12472 | 180858 | 18729 | 102.9 |
| 永吉县 | Yongji | 193471 | 84439 | 15760 | 73022 | 4726 | 102.0 |
| 蛟河市 | Jiaohe | 388081 | 194378 | 24834 | 157656 | 7159 | 102.5 |
| 桦甸市 | Huadian | 531980 | 180853 | 32634 | 284922 | 8275 | 101.6 |
| 舒兰市 | Shulan | 741564 | 219041 | 31784 | 449357 | 13857 | 102.0 |
| 磐石市 | Panshi | 539372 | 213790 | 7005 | 277758 | 11841 | 101.8 |
| **四平市** | **Siping** | **3900558** | **1477548** | **90331** | **2211879** | **13801** | **102.2** |
| 市　区 | District | 93419 | 43871 | 320 | 42599 | 2422 | 59.7 |
| 梨树县 | Lishu | 1172803 | 501905 | 56476 | 580930 | 1783 | 105.1 |
| 伊通满族自治县 | Yitong | 693993 | 159935 | 2441 | 512000 | 2894 | 106.5 |
| 公主岭市 | Gongzhuling | 1320452 | 546375 | 15152 | 710029 | 4413 | 101.6 |
| 双辽市 | Shuangliao | 619891 | 225462 | 15942 | 366321 | 2289 | 104.5 |
| **辽源市** | **Liaoyuan** | **671954** | **301077** | **10572** | **341114** | **5385** | **102.3** |
| 市　区 | District | 40917 | 15927 | 109 | 22045 | 874 | 98.6 |
| 东丰县 | Dongfeng | 344241 | 169032 | 5706 | 163407 | 2822 | 100.2 |
| 东辽县 | Dongliao | 286797 | 116118 | 4757 | 155663 | 1689 | 105.4 |
| **通化市** | **Tonghua** | **1349077** | **654372** | **92743** | **471078** | **38906** | **102.0** |
| 市　区 | District | 61593 | 21105 | 3265 | 35104 | 515 | 103.3 |
| 通化县 | Tonghua | 136420 | 62926 | 18338 | 45995 | 6885 | 102.6 |
| 辉南县 | Huinan | 316811 | 173755 | 7300 | 112466 | 5925 | 103.8 |
| 柳河县 | Liuhe | 347985 | 158439 | 51533 | 103355 | 4733 | 101.1 |
| 梅河口市 | Meihekou | 376055 | 173793 | 3917 | 149485 | 12152 | 100.6 |

注：因四平市辽河农垦区撤并，对四平市市区、梨树县、双辽市农林牧渔业总产值指数有影响。

Note: Due to the revocation of the Liaohe Agricultural Reclamation District in Siping the indices of municipal district of Siping, Lishu county,Shuangliao city were influnced.

18－13 续表 continued

单位：万元 unit: 10000yuan

| 市、县 City，County | | 农林牧渔业总产值 Total | 农业 Farming | 林业 Forestry | 牧业 Animal Husbandry | 渔业 Fishery | 农林牧渔业总产值指数 Indices |
|---|---|---|---|---|---|---|---|
| 集安市 | Ji' an | 110213 | 64354 | 8390 | 24673 | 8696 | 102.9 |
| **白山市** | **Baishan** | **942590** | **531575** | **148311** | **222303** | **25459** | **102.3** |
| 市区 | District | 283799 | 112355 | 67829 | 85924 | 10537 | 102.0 |
| 抚松县 | Fusong | 342381 | 235050 | 37123 | 61184 | 6289 | 102.7 |
| 靖宇县 | Jingyu | 112434 | 56712 | 10649 | 38278 | 3967 | 103.0 |
| 长白朝鲜族自治县 | Changbai | 79653 | 54005 | 10837 | 13008 | 822 | 101.9 |
| 临江市 | Linjiang | 124323 | 73453 | 21873 | 23909 | 3844 | 101.8 |
| **松原市** | **Songyuan** | **3279826** | **1915684** | **53339** | **1114101** | **91396** | **103.3** |
| 市区 | District | 198974 | 137247 | 7926 | 37280 | 10226 | 103.4 |
| 前郭尔罗斯蒙古族自治县 | Qianguo | 962943 | 537947 | 16468 | 334709 | 40037 | 103.1 |
| 长岭县 | Changling | 904888 | 535696 | 9873 | 338704 | 3387 | 103.5 |
| 乾安县 | Qian' an | 297610 | 187336 | 3728 | 83850 | 10749 | 102.3 |
| 扶余市 | Fuyu | 915411 | 517458 | 15344 | 319558 | 26997 | 103.6 |
| **白城市** | **Baicheng** | **2120884** | **1357641** | **70546** | **528178** | **80324** | **103.6** |
| 市区 | District | 386326 | 308784 | 10447 | 61679 | 539 | 102.4 |
| 镇赉县 | Zhenlai | 529117 | 313702 | 23290 | 136936 | 37066 | 102.9 |
| 通榆县 | Tongyu | 357386 | 238040 | 11171 | 84320 | 7823 | 101.2 |
| 洮南市 | Taonan | 487357 | 280471 | 11739 | 151689 | 11786 | 105.1 |
| 大安市 | Da' an | 360698 | 216644 | 13899 | 93554 | 23110 | 106.5 |
| **延边朝鲜族自治州** | **Yanbian** | **945904** | **523669** | **94306** | **284306** | **16712** | **102.4** |
| 延吉市 | Yanji | 73672 | 46986 | 3288 | 17783 | 366 | 102.2 |
| 图们市 | Tumen | 19887 | 10821 | 1737 | 6856 | 136 | 102.3 |
| 敦化市 | Dunhua | 327780 | 161005 | 11672 | 133344 | 9119 | 102.3 |
| 珲春市 | Hunchun | 94589 | 57434 | 7933 | 24229 | 3384 | 102.9 |
| 龙井市 | Longjing | 59052 | 29241 | 1959 | 26634 | 180 | 102.2 |
| 和龙市 | Helong | 74601 | 31820 | 13277 | 27830 | 481 | 102.2 |
| 汪清县 | Wangqing | 194039 | 110880 | 48428 | 30311 | 1575 | 102.7 |
| 安图县 | Antu | 102284 | 75482 | 6012 | 17319 | 1471 | 102.3 |

# 18－14 各市县主要农业机械拥有量（2018年）
## Possession of Major Agricultural Machinery by City and County（2018）

| 市、县 City，County | 农业机械总动力（万千瓦）Total Power of Agricultural Machinery (10000kw) | 大中型农用拖拉机（混合台）Large and Medium Tractors Towing Farm Machinery (unit) | 农用小型拖拉机（台）Small Farm Machinery (unit) | 大中型机引农具（部）Large and Medium Tractors Towing Farm Machinery (unit) | 农用排灌动力机械（台）Irrigating Machinery (unit) | 联合收割机（台）Combine Harvester (unoit) | 移动水稻插秧机（台）Mobile Rice Transplanter (unit) | 粮食加工机械（台）Machine of Grain Processing (unit) |
|---|---|---|---|---|---|---|---|---|
| **全　省 Total** | **3462.39** | **315946** | **901479** | **122258** | **465546** | **91073** | **90630** | **122278** |
| **长春市 Changchun** | **751.15** | **75482** | **138560** | **26370** | **81499** | **19648** | **19751** | **29662** |
| 市　区 District | 187.61 | 16192 | 40559 | 6640 | 28311 | 4794 | 4550 | 7771 |
| 农安县 Nong' an | 192.78 | 15857 | 53866 | 5960 | 9919 | 4084 | 1087 | 5610 |
| 榆树市 Yushu | 224.91 | 30176 | 22500 | 7280 | 15760 | 7024 | 9493 | 8920 |
| 德惠市 Dehui | 145.85 | 13257 | 21635 | 6490 | 27509 | 3746 | 4621 | 7361 |
| **吉林市 Jilin** | **410.28** | **22563** | **196917** | **3626** | **67155** | **13074** | **15140** | **22381** |
| 市　区 District | 80.92 | 4250 | 37684 | 1333 | 8502 | 1748 | 2653 | 8975 |
| 永吉县 Yongji | 48.19 | 2174 | 21066 | 300 | 5545 | 1564 | 1268 | 3681 |
| 蛟河市 Jiaohe | 61.52 | 5688 | 22986 | 248 | 12071 | 2152 | 911 | 2703 |
| 桦甸市 Huadian | 49.33 | 1577 | 27901 | 250 | 1497 | 2388 | 341 | 2302 |
| 舒兰市 Shulan | 114.63 | 6721 | 47253 | 1000 | 34100 | 2560 | 8732 | 2320 |
| 磐石市 Panshi | 55.69 | 2153 | 40027 | 495 | 5440 | 2662 | 1235 | 2400 |
| **四平市 Siping** | **419.50** | **37577** | **69992** | **16563** | **68715** | **13318** | **5930** | **11306** |
| 市　区 District | 11.30 | 747 | 848 | 460 | 4756 | 216 | 3 | 473 |
| 梨树县 Lishu | 123.19 | 11455 | 12143 | 6643 | 27475 | 2983 | 1308 | 73 |
| 伊通满族自治县 Yitong | 82.64 | 6145 | 16950 | 3000 | 19182 | 3153 | 3247 | 1300 |
| 公主岭市 Gongzhuling | 52.27 | 5249 | 9296 | 900 | 4170 | 1701 | 355 | 1255 |
| 双辽市 Shuangliao | 150.10 | 13981 | 30755 | 5560 | 13132 | 5265 | 1017 | 8205 |
| **辽源市 Liaoyuan** | **137.95** | **7723** | **45841** | **946** | **34040** | **2657** | **807** | **5638** |
| 市　区 District | 3.82 | 59 | 2930 |  | 600 | 2 |  | 372 |
| 东丰县 Dongfeng | 71.63 | 5844 | 17522 | 946 | 22549 | 1716 | 670 | 3078 |
| 东辽县 Dongliao | 62.50 | 1820 | 25389 |  | 10891 | 939 | 137 | 2188 |
| **通化市 Tonghua** | **181.48** | **16957** | **65978** | **43069** | **29431** | **6086** | **3707** | **10680** |
| 市　区 District | 5.54 | 188 | 829 |  | 2208 | 30 | 7 | 446 |
| 通化县 Tonghua | 19.65 | 1309 | 6602 | 160 | 2150 | 237 | 104 | 3782 |
| 辉南县 Huinan | 38.18 | 3353 | 18966 |  | 4170 | 1602 | 770 | 1496 |
| 柳河县 Liuhe | 43.46 | 3501 | 19928 | 4830 | 6060 | 1868 | 1088 | 1840 |
| 梅河口市 Meihekou | 14.12 | 636 | 3846 | 190 | 5315 | 83 | 19 | 2025 |

18－14 续表 continued

| 市、县 City, County | | 农业机械总动力（万千瓦）Total Power of Agricultural Machinery (10000kw) | 大中型农用拖拉机（混合台）Large and Medium Tractors Towing Farm Machinery (unit) | 农用小型拖拉机（台）Small Farm Machinery (unit) | 大中型机引农具（部）Large and Medium Tractors Towing Farm Machinery (unit) | 农用排灌动力机械（台）Irrigating Machinery (unit) | 联合收割机（台）Combine Harvester (unoit) | 移动水稻插秧机（台）Mobile Rice Transplanter (unit) | 粮食加工机械（台）Machine of Grain Processing (unit) |
|---|---|---|---|---|---|---|---|---|---|
| 集安市 | Ji' an | 60.53 | 7970 | 15807 | 37889 | 9528 | 2266 | 1719 | 1091 |
| **白山市** | **Baishan** | **25.88** | **2490** | **2637** | **230** | **3423** | **145** | **5** | **4234** |
| 市区 | District | 7.39 | 155 | 456 | 6 | 2030 | 21 | 2 | 1966 |
| 抚松县 | Fusong | 3.84 | 530 | 710 | 120 | 45 | 39 | | 610 |
| 靖宇县 | Jingyu | 6.89 | 1273 | 625 | 24 | 146 | 37 | 3 | 215 |
| 长白朝鲜族自治县 | Changbai | 1.89 | 236 | 62 | 14 | 277 | 9 | | 345 |
| 临江市 | Linjiang | 5.87 | 296 | 784 | 66 | 925 | 39 | | 1098 |
| **松原市** | **Songyuan** | **716.16** | **63538** | **204556** | **19728** | **67315** | **16584** | **15104** | **19216** |
| 市区 | District | 91.36 | 9496 | 16510 | 5320 | 13548 | 1752 | 1459 | 1459 |
| 前郭尔罗斯蒙古族自治县 | Qianguo | 176.63 | 11502 | 50821 | 6100 | 15100 | 6256 | 9600 | 3992 |
| 长岭县 | Changling | 179.44 | 14357 | 65803 | 3695 | 9410 | 3610 | 135 | 2182 |
| 乾安县 | Qian' an | 117.49 | 13266 | 30016 | 4613 | 6751 | 2329 | 167 | 1580 |
| 扶余市 | Fuyu | 151.23 | 14917 | 41406 | | 22506 | 2637 | 3743 | 10003 |
| **白城市** | **Baicheng** | **565.60** | **45174** | **128435** | **11341** | **106499** | **13247** | **23880** | **13881** |
| 市区 | District | 139.86 | 10125 | 23560 | 2006 | 34189 | 5254 | 3035 | 2550 |
| 镇赉县 | Zhenlai | 110.87 | 11803 | 19157 | 1031 | 19585 | 2478 | 14920 | 1906 |
| 通榆县 | Tongyu | 128.84 | 10646 | 35322 | 4219 | 16580 | 1258 | 58 | 5596 |
| 洮南市 | Taonan | 104.41 | 7253 | 28088 | 1960 | 23960 | 2309 | 2704 | 2365 |
| 大安市 | Da' an | 81.62 | 5347 | 22308 | 2125 | 12185 | 1948 | 3163 | 1464 |
| **延边朝鲜族自治州** | **Yanbian** | **254.40** | **44442** | **48563** | **385** | **7469** | **6314** | **6306** | **5280** |
| 延吉市 | Yanji | 13.96 | 2351 | 3224 | | 676 | 333 | 615 | 308 |
| 图们市 | Tumen | 8.85 | 1881 | 1242 | 15 | 124 | 351 | 167 | 226 |
| 敦化市 | Dunhua | 96.09 | 13135 | 22940 | 275 | 3133 | 1992 | 529 | 2367 |
| 珲春市 | Hunchun | 26.06 | 4193 | 5950 | 95 | 73 | 990 | 1437 | 213 |
| 龙井市 | Longjing | 19.73 | 3063 | 3830 | | 137 | 740 | 1013 | 512 |
| 和龙市 | Helong | 22.13 | 3543 | 4378 | | 37 | 827 | 1500 | 702 |
| 汪清县 | Wangqing | 38.11 | 9738 | 2361 | | 2664 | 538 | 625 | 716 |
| 安图县 | Antu | 29.46 | 6538 | 4638 | | 625 | 543 | 420 | 236 |

# 18－15 各市县农业现代化水平（2018年）

# Agricultural Modernizing Level of the City and County（2018）

| 市、县 City，County | | 机耕面积（千公顷）Area of Machinery Cultivated Land (1000ha) | 机播面积（千公顷）Area of Machinery Sowed Land (1000ha) | 农村用电量（千千瓦小时）Electrical Consumption in Rual (1000kwh) | 有效灌溉面积（千公顷）Effective Irrigated Area (1000ha) | 配套机电井（眼）Electrical Machinery of Well (unit) | 化肥施用量（实物量）（吨）Consumption of Chemical Fertilizer (ton) | #氮肥 Nitrogenous Fertilizers | #磷肥 Phosphate Fertilizer |
|---|---|---|---|---|---|---|---|---|---|
| **全　省** | **Total** | **4935.61** | **5448.79** | **5485387** | **1922.22** | **194225** | **4239649** | **1397899** | **393387** |
| **长春市** | **Changchun** | **953.86** | **1174.68** | **1407397** | **252.80** | **30546** | **983540** | **333506** | **93114** |
| 市　区 | District | 236.55 | 278.97 | 725674 | 90.04 | 10684 | 262179 | 81558 | 18184 |
| 农安县 | Nong' an | 308.99 | 352.10 | 216110 | 49.25 | 5185 | 274415 | 73985 | 23005 |
| 榆树市 | Yushu | 243.99 | 358.92 | 245039 | 53.85 | 8199 | 316587 | 118028 | 35570 |
| 德惠市 | Dehui | 164.33 | 184.69 | 220574 | 59.66 | 6478 | 130359 | 59935 | 16355 |
| **吉林市** | **Jilin** | **667.75** | **590.11** | **561756** | **161.70** | **9526** | **594918** | **208055** | **48343** |
| 市　区 | District | 98.74 | 82.53 | 194695 | 39.39 | 4222 | 108189 | 47865 | 9090 |
| 永吉县 | Yongji | 84.06 | 78.56 | 75740 | 31.32 | 2577 | 71421 | 19409 | 6132 |
| 蛟河市 | Jiaohe | 107.00 | 99.25 | 76782 | 15.48 | 392 | 106525 | 35935 | 15329 |
| 桦甸市 | Huadian | 118.86 | 106.18 | 54341 | 8.76 | 397 | 98192 | 41927 | 3672 |
| 舒兰市 | Shulan | 141.17 | 122.46 | 90037 | 40.86 | 1309 | 111025 | 30594 | 11664 |
| 磐石市 | Panshi | 117.93 | 101.15 | 70161 | 25.89 | 629 | 99566 | 32325 | 2456 |
| **四平市** | **Siping** | **669.34** | **857.93** | **670316** | **202.92** | **20023** | **688034** | **114813** | **20134** |
| 市　区 | District | 27.02 | 25.91 | 146004 | 19.30 | 513 | 20246 | 3993 | 537 |
| 梨树县 | Lishu | 171.59 | 246.24 | 157873 | 59.57 | 3017 | 205179 | 22999 | 3534 |
| 伊通满族自治县 | Yitong | 92.42 | 159.87 | 24811 | 14.57 | 1695 | 111413 | 2990 | 1466 |
| 公主岭市 | Gongzhuling | 118.14 | 110.09 | 239675 | 31.89 | 5043 | 250337 | 37718 | 6117 |
| 双辽市 | Shuangliao | 260.18 | 315.83 | 101953 | 77.59 | 9755 | 100859 | 47113 | 8480 |
| **辽源市** | **Liaoyuan** | **231.45** | **218.74** | **168978** | **23.02** | **5596** | **191187** | **36737** | **10928** |
| 市　区 | District | 9.70 | 7.60 | 11571 | 0.46 | 170 | 12812 | 3506 | 806 |
| 东丰县 | Dongfeng | 125.31 | 112.04 | 110922 | 18.00 | 4600 | 114417 | 26681 | 7463 |
| 东辽县 | Dongliao | 96.44 | 99.10 | 46485 | 4.56 | 826 | 63958 | 6550 | 2659 |
| **通化市** | **Tonghua** | **305.05** | **217.92** | **336494** | **102.36** | **1815** | **270132** | **109314** | **28632** |
| 市　区 | District | 4.02 | 1.30 | 40538 | 1.47 | 84 | 6291 | 4425 | 308 |
| 通化县 | Tonghua | 28.65 | 14.20 | 40098 | 5.86 | 44 | 18491 | 8272 | 1217 |
| 辉南县 | Huinan | 82.60 | 55.00 | 49594 | 38.20 | 145 | 56071 | 25575 | 3452 |
| 柳河县 | Liuhe | 78.54 | 55.40 | 68186 | 19.47 | 368 | 71291 | 27257 | 9689 |
| 梅河口市 | Meihekou | 17.28 | 3.98 | 85810 | 32.95 | 1047 | 102792 | 36564 | 12156 |

18－15 续表 continued

| 市、县 City，County | | 机耕面积（千公顷）Area of Machinery Cultivated Land (1000ha) | 机播面积（千公顷）Area of Machinery Sowed Land (1000ha) | 农村用电量（千千瓦小时）Electrical Consumption in Rual (1000kwh) | 有效灌溉面积（千公顷）Effective Irrigated Area (1000ha) | 配套机电井（眼）Electrical Machinery of Well (unit) | 化肥施用量（实物量）（吨）Consumption of Chemical Fertilizer (ton) | #氮肥 Nitrogenous Fertilizers | #磷肥 Phosphate Fertilizer |
|---|---|---|---|---|---|---|---|---|---|
| 集安市 | Ji' an | 93.96 | 88.04 | 52268 | 4.41 | 127 | 15196 | 7221 | 1810 |
| **白山市** | **Baishan** | **38.37** | **19.97** | **104852** | **2.24** | **460** | **35047** | **15860** | **1016** |
| 市区 | District | 6.94 | 3.56 | 40991 | 0.61 | 170 | 10629 | 5986 | 399 |
| 抚松县 | Fusong | 12.45 | 7.92 | 22667 | 0.29 | 123 | 9699 | 2940 | 152 |
| 靖宇县 | Jingyu | 9.44 | 5.09 | 18180 | 0.44 | 94 | 6361 | 2514 | 82 |
| 长白朝鲜族自治县 | Changbai | 3.37 | 1.55 | 7868 | 0.56 | 6 | 2081 | 1076 | 22 |
| 临江市 | Linjiang | 6.16 | 1.87 | 15146 | 0.34 | 67 | 6277 | 3344 | 361 |
| **松原市** | **Songyuan** | **1059.17** | **1253.50** | **671662** | **528.62** | **65045** | **793902** | **314492** | **120858** |
| 市区 | District | 71.38 | 80.25 | 80021 | 33.02 | 4092 | 51857 | 18728 | 7326 |
| 前郭尔罗斯蒙古族自治县 | Qianguo | 333.69 | 367.00 | 182312 | 136.87 | 16080 | 173988 | 64451 | 28248 |
| 长岭县 | Changling | 213.16 | 286.65 | 221488 | 134.55 | 22187 | 269928 | 120945 | 57943 |
| 乾安县 | Qian' an | 117.97 | 158.98 | 62130 | 111.92 | 10776 | 117860 | 33720 | 6100 |
| 扶余市 | Fuyu | 322.97 | 360.61 | 125711 | 112.26 | 11910 | 180269 | 76648 | 21241 |
| **白城市** | **Baicheng** | **707.10** | **796.47** | **443924** | **577.04** | **59930** | **522150** | **211758** | **53305** |
| 市区 | District | 111.00 | 136.29 | 49393 | 105.08 | 16696 | 81431 | 38987 | 8058 |
| 镇赉县 | Zhenlai | 146.82 | 170.62 | 135910 | 131.90 | 8596 | 105534 | 37879 | 7655 |
| 通榆县 | Tongyu | 181.36 | 200.16 | 57221 | 125.07 | 18337 | 109111 | 37814 | 15012 |
| 洮南市 | Taonan | 167.45 | 167.93 | 122450 | 102.01 | 5494 | 130410 | 52286 | 14480 |
| 大安市 | Da' an | 100.47 | 121.47 | 78950 | 112.98 | 10807 | 95664 | 44792 | 8100 |
| **延边朝鲜族自治州** | **Yanbian** | **303.52** | **319.48** | **1120008** | **71.52** | **1284** | **160739** | **53364** | **17057** |
| 延吉市 | Yanji | 15.84 | 17.51 | 280798 | 5.86 | 236 | 9539 | 3431 | 1204 |
| 图们市 | Tumen | 7.78 | 8.60 | 62054 | 1.95 | 35 | 8008 | 2318 | 568 |
| 敦化市 | Dunhua | 131.90 | 128.91 | 302299 | 16.10 | 531 | 51938 | 16242 | 6837 |
| 珲春市 | Hunchun | 20.96 | 26.00 | 106344 | 12.29 | 161 | 17257 | 6225 | 1922 |
| 龙井市 | Longjing | 19.20 | 26.47 | 86395 | 6.22 | 147 | 20482 | 5106 | 997 |
| 和龙市 | Helong | 52.55 | 53.17 | 121935 | 13.64 | 44 | 12687 | 7959 | 698 |
| 汪清县 | Wangqing | 31.88 | 29.96 | 121631 | 11.73 | 64 | 27340 | 8248 | 3226 |
| 安图县 | Antu | 23.40 | 28.86 | 38552 | 3.73 | 66 | 13488 | 3835 | 1605 |

# 18－16 各市县总播种面积和产量（2018年）

# Total Sown Areas and Output of Major Farm Crops by City and County（2018）

| 市、县 | City, County | 总播种面积（公顷）Total Sown Area (ha) | 粮食 Grain Crops 播种面积 Sown Area（公顷）(ha) | 总产量 Output（吨）(ton) | #稻谷 Rice 播种面积 Sown Area（公顷）(ha) | 总产量 Output（吨）(ton) | #玉米 Corn 播种面积 Sown Area（公顷）(ha) | 总产量 Output（吨）(ton) |
|---|---|---|---|---|---|---|---|---|
| **长春市** | **Changchun** | **1323600** | **1271288** | **8646621** | **179247** | **1421410** | **1044281** | **6973529** |
| 南关区 | Nanguan | 25 | 25 | 93 | | | 10 | 65 |
| 宽城区 | Kuancheng | 3961 | 3021 | 21622 | 95 | 945 | 2919 | 20661 |
| 朝阳区 | Chaoyang | 9047 | 8240 | 56262 | 1250 | 7762 | 6990 | 48500 |
| 二道区 | Erdao | 1144 | 1098 | 6852 | 11 | 68 | 1082 | 6770 |
| 绿园区 | Lvyuan | 8983 | 5162 | 39271 | 573 | 3920 | 4505 | 34998 |
| 双阳区 | Shuangyang | 88775 | 86234 | 558703 | 14283 | 103144 | 69488 | 446772 |
| 九台区 | Jiutai | 171392 | 168109 | 1088726 | 20617 | 155791 | 143213 | 909413 |
| 净月潭旅游开发区 | Jingyue Tan Tourism Development Zone | 7660 | 7420 | 35171 | 273 | 2002 | 7076 | 32986 |
| 经济开发区 | Economic Development Zone | 1841 | 1789 | 10294 | | | 1789 | 10294 |
| 高新开发区 | Gaoxin Development Zone | 8759 | 8606 | 20403 | 708 | 3702 | 7887 | 16543 |
| 汽车产业开发区 | Automotive Industry Development Zone | 2005 | 1962 | 13734 | 191 | 1648 | 1731 | 11872 |
| 莲花山生态旅游度假区 | Lianhuashan | 9414 | 9362 | 68297 | 562 | 4103 | 8458 | 62515 |
| 农安县 | Nong' an | 402566 | 373953 | 2574557 | 15319 | 105977 | 338299 | 2349102 |
| 榆树市 | Yushu | 390487 | 385321 | 2853025 | 76767 | 656389 | 291366 | 2117849 |
| 德惠市 | Dehui | 217541 | 210986 | 1299369 | 48600 | 375959 | 159470 | 905189 |
| **吉林市** | **Jilin** | **675819** | **659533** | **3901524** | **137633** | **987272** | **491802** | **2829267** |
| 昌邑区 | Changyi | 31350 | 30876 | 209569 | 14051 | 102508 | 16644 | 106640 |
| 龙潭区 | Longtan | 30671 | 29764 | 189543 | 9616 | 70078 | 19832 | 118545 |
| 船营区 | Chuanying | 23144 | 22427 | 116379 | 4812 | 28786 | 17574 | 87494 |
| 丰满区 | Fengman | 11593 | 10406 | 58792 | 1479 | 8822 | 8476 | 49243 |
| 高新区 | Gaoxin | 5418 | 5284 | 25409 | 1958 | 13391 | 3326 | 12018 |
| 开发区 | Kaifaqu | 2985 | 2889 | 19310 | 634 | 3946 | 2255 | 15364 |
| 中新食品区 | Zhongxin food area | 11273 | 11131 | 50609 | 6265 | 22374 | 4854 | 27818 |
| 永吉县 | Yongji | 75956 | 75360 | 423390 | 17565 | 121970 | 56228 | 296643 |
| 蛟河市 | Jiaohe | 114981 | 111492 | 597501 | 8621 | 60544 | 90873 | 505851 |
| 桦甸市 | Huadian | 117062 | 113190 | 620500 | 7510 | 52297 | 101115 | 558205 |
| 舒兰市 | Shulan | 135336 | 134067 | 914024 | 47602 | 380404 | 78742 | 508883 |
| 磐石市 | Panshi | 116050 | 112647 | 676498 | 17520 | 122152 | 91883 | 542563 |
| **四平市** | **Siping** | **931910** | **889630** | **6850493** | **50371** | **401619** | **803951** | **6328215** |
| 铁西区 | Tiexi | 9063 | 8412 | 62942 | 26 | 195 | 8242 | 62402 |
| 铁东区 | Tiedong | 19616 | 19216 | 119303 | 135 | 737 | 18703 | 117302 |
| 梨树县 | Lishu | 268554 | 252969 | 2083354 | 9341 | 74626 | 232865 | 1978939 |
| 伊通满族自治县 | Yitong | 130414 | 129045 | 989500 | 5136 | 39967 | 122596 | 943636 |
| 公主岭市 | Gongzhuling | 322075 | 311790 | 2507996 | 10802 | 88860 | 291987 | 2373721 |
| 双辽市 | Shuangliao | 182188 | 168198 | 1087397 | 24932 | 197234 | 129557 | 852215 |
| **辽源市** | **Liaoyuan** | **247470** | **243526** | **1476000** | **20763** | **146751** | **218819** | **1314512** |
| 龙山区 | Longshan | 5360 | 4993 | 28818 | 188 | 1195 | 4799 | 27585 |

注：薯类及马铃薯产量为折粮产量。
Note: Output of Tubers and Potatoes are converted in to those of Grain.

18－16 续表 1 continued

| 市、县 City, County | | 总播种面积（公顷）Total Sown Area (ha) | 粮食 Grain Crops | | | | | |
|---|---|---|---|---|---|---|---|---|
| | | | 播种面积 Sown Area（公顷）(ha) | 总产量 Output（吨）(ton) | #稻谷 Rice | | #玉米 Corn | |
| | | | | | 播种面积 Sown Area（公顷）(ha) | 总产量 Output（吨）(ton) | 播种面积 Sown Area（公顷）(ha) | 总产量 Output（吨）(ton) |
| 西安区 | Xi,an | 5259 | 5088 | 29421 | 288 | 1830 | 4800 | 27591 |
| 民营经济开发区 | Private Elonomic Development Zone | 1451 | 1346 | 7760 | 39 | 248 | 1300 | 7472 |
| 东丰县 | Dongfeng | 131547 | 129491 | 820500 | 16739 | 120433 | 111161 | 692120 |
| 东辽县 | Dongliao | 103853 | 102608 | 589500 | 3508 | 23045 | 96760 | 559744 |
| **通化市** | **Tonghua** | **337758** | **312989** | **1903007** | **93528** | **679546** | **208416** | **1190559** |
| 东昌区 | Dongchang | 2358 | 1244 | 6972 | 24 | 184 | 1102 | 6421 |
| 二道江区 | Erdaojiang | 2354 | 1928 | 11551 | 184 | 1462 | 1506 | 9223 |
| 通化经济开发区 | Tonghua Economic Development Zone | 359 | 293 | 1896 | 22 | 171 | 242 | 1614 |
| 通化县 | Tonghua | 33391 | 28470 | 156141 | 4630 | 29967 | 19069 | 117969 |
| 辉南县 | Huinan | 86422 | 80267 | 549500 | 33703 | 264470 | 45358 | 279761 |
| 柳河县 | Liuhe | 94241 | 88778 | 550519 | 23095 | 154639 | 63712 | 388224 |
| 梅河口市 | Meihekou | 101979 | 99069 | 557500 | 29572 | 213522 | 67922 | 336662 |
| 集安市 | Ji' an | 16653 | 12944 | 68928 | 2296 | 15130 | 9508 | 50685 |
| **白山市** | **Baishan** | **71855** | **58877** | **271743** | **788** | **5281** | **38396** | **224714** |
| 八道江区 | Badaojiang | 6660 | 5238 | 27868 | 265 | 1690 | 3773 | 23553 |
| 江源区 | Jiangyuan | 5766 | 5060 | 27012 | | | 3726 | 23814 |
| 抚松县 | Fusong | 22291 | 19313 | 88312 | | | 12932 | 75428 |
| 靖宇县 | Jingyu | 19454 | 15717 | 69483 | 32 | 224 | 9858 | 56126 |
| 长白朝鲜族自治县 | Changbai | 6299 | 4315 | 17281 | 234 | 1548 | 2724 | 12627 |
| 临江市 | Linjiang | 11384 | 9233 | 41787 | 257 | 1819 | 5383 | 33165 |
| **松原市** | **Songyuan** | **1207626** | **990675** | **7017591** | **127435** | **1087436** | **774661** | **5546085** |
| 宁江区 | Ningjiang | 82411 | 65104 | 496496 | 18086 | 156433 | 42708 | 327014 |
| 前郭尔罗斯蒙古族自治县 | Qianguo | 328170 | 257670 | 1972495 | 75471 | 675788 | 162525 | 1174709 |
| 长岭县 | Changling | 297471 | 265960 | 1673000 | 4846 | 30669 | 225548 | 1526218 |
| 乾安县 | Qian' an | 163023 | 153432 | 912100 | 3179 | 19142 | 134436 | 825208 |
| 扶余市 | Fuyu | 336552 | 248509 | 1963500 | 25853 | 205403 | 209444 | 1692935 |
| **白城市** | **Baicheng** | **911019** | **821487** | **4788510** | **193657** | **1514787** | **447765** | **2537330** |
| 洮北区 | Taobei | 155616 | 129491 | 966500 | 51655 | 438230 | 61997 | 442981 |
| 镇赉县 | Zhenlai | 185399 | 177951 | 1232500 | 97096 | 724995 | 64707 | 417135 |
| 通榆县 | Tongyu | 224207 | 207922 | 726010 | 854 | 4858 | 111388 | 366950 |
| 洮南市 | Taonan | 198720 | 180302 | 967500 | 23343 | 186144 | 127742 | 729111 |
| 大安市 | Da' an | 147077 | 125821 | 896000 | 20709 | 160559 | 81932 | 581153 |
| **延边朝鲜族自治州** | **Yanbian** | **373829** | **351702** | **1472553** | **36284** | **219082** | **203357** | **1051075** |
| 延吉市 | Yanji | 17865 | 16376 | 89574 | 2594 | 17019 | 12173 | 69798 |
| 图们市 | Tumen | 10705 | 10277 | 51940 | 937 | 5150 | 8179 | 44964 |
| 敦化市 | Dunhua | 150901 | 146459 | 530837 | 5195 | 31080 | 76072 | 379440 |
| 珲春市 | Hunchun | 36145 | 32750 | 163441 | 8971 | 55920 | 18893 | 99529 |
| 龙井市 | Longjing | 28227 | 27840 | 141917 | 4784 | 29574 | 20969 | 109654 |
| 和龙市 | Helong | 30798 | 29568 | 132500 | 7159 | 37564 | 19316 | 90676 |
| 汪清县 | Wangqing | 62354 | 57731 | 235844 | 4557 | 29226 | 30808 | 165047 |
| 安图县 | Antu | 36833 | 30700 | 126500 | 2086 | 13550 | 16948 | 91967 |

| 市、县 City，County | | #大 豆 Soybean | | #薯 类 Tuber | | #马铃薯 Potato | |
|---|---|---|---|---|---|---|---|
| | | 播种面积 Sown Area （公顷）(ha) | 总产量 Output （吨）(ton) | 播种面积 Sown Area （公顷）(ha) | 总产量 Output （吨）(ton) | 播种面积 Sown Area （公顷）(ha) | 总产量 Output （吨）(ton) |
| **长春市** | **Changchun** | **21552** | **54403** | **16886** | **141042** | **16313** | **137547** |
| 南关区 | Nanguan | 15 | 28 | | | | |
| 宽城区 | Kuancheng | 7 | 16 | | | | |
| 朝阳区 | Chaoyang | | | | | | |
| 二道区 | Erdao | 5 | 14 | | | | |
| 绿园区 | Lvyuan | 10 | 11 | 74 | 1712 | 74 | 1712 |
| 双阳区 | Shuangyang | 1726 | 4042 | 672 | 4197 | 672 | 4197 |
| 九台区 | Jiutai | 1733 | 4815 | 2320 | 18022 | 2320 | 18022 |
| 净月潭旅游开发区 | Jingyue Tan Tourism Development Zone | 71 | 183 | | | | |
| 经济开发区 | Economic Development Zone | | | | | | |
| 高新开发区 | Gaoxin Development Zone | | | 11 | 792 | 11 | 792 |
| 汽车产业开发区 | Automotive Industry Development Zone | | | 40 | 1068 | 40 | 1068 |
| 莲花山生态旅游度假区 | Lianhuashan | 253 | 652 | 67 | 4601 | 67 | 4601 |
| 农安县 | Nong' an | 7799 | 20425 | 6361 | 59796 | 5794 | 56316 |
| 榆树市 | Yushu | 9593 | 23563 | 5214 | 41224 | 5214 | 41224 |
| 德惠市 | Dehui | 339 | 653 | 2125 | 16169 | 2120 | 16154 |
| **吉林市** | **Jilin** | **25163** | **59503** | **3392** | **22734** | **3007** | **21165** |
| 昌邑区 | Changyi | 181 | 421 | | | | |
| 龙潭区 | Longtan | 264 | 743 | | | | |
| 船营区 | Chuanying | 41 | 99 | | | | |
| 丰满区 | Fengman | 448 | 727 | | | | |
| 高新区 | Gaoxin | | | | | | |
| 开发区 | Kaifaqu | | | | | | |
| 中新食品区 | New food area | | | 12 | 2087 | 12 | 2087 |
| 永吉县 | Yongji | 1192 | 3087 | 188 | 7581 | 188 | 7581 |
| 蛟河市 | Jiaohe | 10917 | 26529 | 678 | 18518 | 480 | 14516 |
| 桦甸市 | Huadian | 3539 | 6117 | 549 | 15678 | 487 | 15140 |
| 舒兰市 | Shulan | 6361 | 16297 | 1113 | 40416 | 1113 | 40416 |
| 磐石市 | Panshi | 2220 | 5483 | 852 | 29392 | 727 | 26085 |
| **四平市** | **Siping** | **21968** | **46387** | **5979** | **45898** | **5692** | **45336** |
| 铁西区 | Tiexi | 139 | 321 | | | | |
| 铁东区 | Tiedong | 240 | 353 | | | | |
| 梨树县 | Lishu | 7805 | 12005 | 2148 | 13191 | 2080 | 13047 |
| 伊通满族自治县 | Yitong | 815 | 2097 | 332 | 2563 | 332 | 2563 |
| 公主岭市 | Gongzhuling | 5411 | 13496 | 3107 | 28917 | 3107 | 28917 |
| 双辽市 | Shuangliao | 7558 | 18115 | 392 | 1228 | 173 | 808 |
| **辽源市** | **Liaoyuan** | **2436** | **5676** | **1397** | **8795** | **1317** | **8475** |
| 龙山区 | Longshan | | | 6 | 38 | 5 | 36 |

18－16　续表 3　continued

| 市、县 City，County | | #大　豆 Soybean | | #薯　类 Tuber | | #马铃薯 Potato | |
|---|---|---|---|---|---|---|---|
| | | 播种面积 Sown Area （公顷）(ha) | 总产量 Output （吨）(ton) | 播种面积 Sown Area （公顷）(ha) | 总产量 Output （吨）(ton) | 播种面积 Sown Area （公顷）(ha) | 总产量 Output （吨）(ton) |
| 西安区 | Xi,an | | | | | | |
| 民营经济开发区 | Private Economic Development Zone | 1 | 2 | 6 | 38 | 6 | 38 |
| 东丰县 | Dongfeng | 761 | 1899 | 768 | 5849 | 725 | 5653 |
| 东辽县 | Dongliao | 1674 | 3775 | 616 | 2871 | 580 | 2747 |
| **通化市** | **Tonghua** | **7914** | **15213** | **2923** | **17119** | **2448** | **15262** |
| 东昌区 | Dongchang | 98 | 304 | 18 | 63 | 17 | 59 |
| 二道江区 | Erdaojiang | 177 | 509 | 22 | 74 | 17 | 66 |
| 通化经济开发区 | Tonghua Economic Development Zone | 18 | 65 | 11 | 46 | 7 | 34 |
| 通化县 | Tonghua | 4226 | 6701 | 452 | 1365 | 400 | 1265 |
| 辉南县 | Huinan | 685 | 1788 | 521 | 3481 | 360 | 2638 |
| 柳河县 | Liuhe | 1258 | 3061 | 714 | 4595 | 624 | 4225 |
| 梅河口市 | Meihekou | 765 | 1680 | 777 | 5553 | 700 | 5370 |
| 集安市 | Ji' an | 687 | 1105 | 408 | 1942 | 322 | 1604 |
| **白山市** | **Baishan** | **18111** | **37171** | **851** | **3366** | **703** | **2959** |
| 八道江区 | Badaojiang | 1146 | 2423 | 51 | 200 | 48 | 194 |
| 江源区 | Jiangyuan | 1283 | 2906 | 52 | 292 | 52 | 292 |
| 抚松县 | Fusong | 6120 | 12014 | 109 | 574 | 104 | 550 |
| 靖宇县 | Jingyu | 5091 | 11375 | 258 | 987 | 198 | 786 |
| 长白朝鲜族自治县 | Changbai | 1094 | 2246 | 234 | 823 | 187 | 713 |
| 临江市 | Linjiang | 3378 | 6207 | 147 | 490 | 113 | 424 |
| **松原市** | **Songyuan** | **40157** | **76731** | **8525** | **83889** | **8476** | **83641** |
| 宁江区 | Ningjiang | 3123 | 6764 | 276 | 1803 | 269 | 1772 |
| 前郭尔罗斯蒙古族自治县 | Qianguo | 5169 | 13015 | 683 | 6437 | 647 | 6230 |
| 长岭县 | Changling | 20268 | 31523 | 2972 | 29594 | 2967 | 29584 |
| 乾安县 | Qian' an | 2698 | 4076 | 280 | 2248 | 280 | 2248 |
| 扶余市 | Fuyu | 8898 | 21354 | 4314 | 43807 | 4314 | 43807 |
| **白城市** | **Baicheng** | **33437** | **64818** | **4232** | **30251** | **4227** | **30242** |
| 洮北区 | Taobei | 2084 | 5937 | 2193 | 15174 | 2193 | 15174 |
| 镇赉县 | Zhenlai | 3385 | 8869 | 833 | 6157 | 833 | 6157 |
| 通榆县 | Tongyu | 10493 | 22160 | 140 | 1295 | 140 | 1295 |
| 洮南市 | Taonan | 14719 | 22340 | 479 | 3149 | 473 | 3140 |
| 大安市 | Da' an | 2757 | 5511 | 587 | 4476 | 587 | 4476 |
| **延边朝鲜族自治州** | **Yanbian** | **108502** | **191523** | **2159** | **8696** | **2149** | **8677** |
| 延吉市 | Yanji | 1467 | 2220 | 139 | 536 | 137 | 532 |
| 图们市 | Tumen | 1133 | 1705 | 23 | 104 | 20 | 97 |
| 敦化市 | Dunhua | 64410 | 118287 | 593 | 1858 | 593 | 1858 |
| 珲春市 | Hunchun | 4533 | 6918 | 353 | 1075 | 353 | 1075 |
| 龙井市 | Longjing | 1930 | 2037 | 93 | 464 | 93 | 464 |
| 和龙市 | Helong | 2991 | 3837 | 102 | 423 | 102 | 423 |
| 汪清县 | Wangqing | 21921 | 40647 | 239 | 781 | 233 | 772 |
| 安图县 | Antu | 10115 | 15871 | 616 | 3456 | 616 | 3456 |

18－16 续表 4 continued

| 市、县 City，County | | 油料 Oil-bearing | | 甜菜 Beetroots | | 烟叶 Tobacco | |
|---|---|---|---|---|---|---|---|
| | | 播种面积 Sown Area（公顷）(ha) | 总产量 Output（吨）(ton) | 播种面积 Sown Area（公顷）(ha) | 总产量 Output（吨）(ton) | 播种面积 Sown Area（公顷）(ha) | 总产量 Output（吨）(ton) |
| **长春市** | **Changchun** | **22914** | **78305** | **10** | **333** | **1582** | **4536** |
| 南关区 | Nanguan | | | | | | |
| 宽城区 | Kuancheng | | | | | | |
| 朝阳区 | Chaoyang | | | | | | |
| 二道区 | Erdao | | | | | | |
| 绿园区 | Lvyuan | | | | | | |
| 双阳区 | Shuangyang | | | | | | |
| 九台区 | Jiutai | 9 | 36 | | | 90 | 138 |
| 净月潭旅游开发区 | Jingyue Tan Tourism Development Zone | | | | | | |
| 经济开发区 | Economic Development Zone | | | | | | |
| 高新开发区 | Gaoxin Development Zone | | | | | | |
| 汽车产业开发区 | Automotive Industry Development Zone | | | | | | |
| 莲花山生态旅游度假区 | Lianhuashan | | | | | | |
| 农安县 | Nong' an | 18727 | 65104 | 10 | 333 | 538 | 1725 |
| 榆树市 | Yushu | 1729 | 6798 | | | 433 | 1318 |
| 德惠市 | Dehui | 2449 | 6367 | | | 521 | 1355 |
| **吉林市** | **Jilin** | **1482** | **3219** | | | **1444** | **4566** |
| 昌邑区 | Changyi | | | | | | |
| 龙潭区 | Longtan | | | | | | |
| 船营区 | Chuanying | 20 | 33 | | | | |
| 丰满区 | Fengman | | | | | | |
| 高新区 | Gaoxin | | | | | | |
| 开发区 | Kaifaqu | | | | | | |
| 中新食品区 | Zhongxin food area | | | | | | |
| 永吉县 | Yongji | 100 | 146 | | | | |
| 蛟河市 | Jiaohe | 156 | 274 | | | 1378 | 4409 |
| 桦甸市 | Huadian | 1102 | 2282 | | | 40 | 99 |
| 舒兰市 | Shulan | | | | | | |
| 磐石市 | Panshi | 104 | 484 | | | 26 | 58 |
| **四平市** | **Siping** | **13891** | **50116** | | | | |
| 铁西区 | Tiexi | | | | | | |
| 铁东区 | Tiedong | | | | | | |
| 梨树县 | Lishu | 3560 | 13897 | | | | |
| 伊通满族自治县 | Yitong | | | | | | |
| 公主岭市 | Gongzhuling | 31 | 112 | | | | |
| 双辽市 | Shuangliao | 10300 | 36107 | | | | |
| **辽源市** | **Liaoyuan** | **34** | **38** | | | | |
| 龙山区 | Longshan | | | | | | |

| 市、县 City，County | | 油 料 Oil-bearing | | 甜 菜 Beetroots | | 烟 叶 Tobacco | |
|---|---|---|---|---|---|---|---|
| | | 播种面积 Sown Area （公顷）(ha) | 总产量 Output （吨）(ton) | 播种面积 Sown Area （公顷）(ha) | 总产量 Output （吨）(ton) | 播种面积 Sown Area （公顷）(ha) | 总产量 Output （吨）(ton) |
| 西安区 | Xi,an | | | | | | |
| 民营经济开发区 | Private Economic Development Zone | | | | | | |
| 东丰县 | Dongfeng | 14 | 28 | | | | |
| 东辽县 | Dongliao | 20 | 10 | | | | |
| **通化市** | **Tonghua** | **1036** | **2537** | | | **2661** | **8048** |
| 东昌区 | Dongchang | 9 | 38 | | | | |
| 二道江区 | Erdaojiang | 8 | 21 | | | 2 | 4 |
| 通化经济开发区 | Tonghua Economic Development Zone | 1 | 4 | | | | |
| 通化县 | Tonghua | 89 | 284 | | | 234 | 508 |
| 辉南县 | Huinan | 153 | 508 | | | 1133 | 3363 |
| 柳河县 | Liuhe | 426 | 1319 | | | 1270 | 4106 |
| 梅河口市 | Meihekou | 2 | 8 | | | 21 | 66 |
| 集安市 | Ji' an | 348 | 355 | | | 1 | 1 |
| **白山市** | **Baishan** | **1963** | **5837** | | | **246** | **587** |
| 八道江区 | Badaojiang | 7 | 15 | | | | |
| 江源区 | Jiangyuan | 185 | 816 | | | 6 | 21 |
| 抚松县 | Fusong | 481 | 773 | | | 37 | 50 |
| 靖宇县 | Jingyu | 1015 | 3440 | | | | |
| 长白朝鲜族自治县 | Changbai | 51 | 136 | | | 24 | 79 |
| 临江市 | Linjiang | 224 | 657 | | | 179 | 437 |
| **松原市** | **Songyuan** | **179326** | **559135** | **355** | **17180** | **118** | **283** |
| 宁江区 | Ningjiang | 13209 | 45949 | | | | |
| 前郭尔罗斯蒙古族自治县 | Qianguo | 58839 | 177994 | 255 | 14000 | | |
| 长岭县 | Changling | 20220 | 72004 | | | | |
| 乾安县 | Qian' an | 3806 | 9372 | 100 | 3180 | | |
| 扶余市 | Fuyu | 83252 | 253816 | | | 118 | 283 |
| **白城市** | **Baicheng** | **57240** | **172360** | **274** | **7730** | **1971** | **4944** |
| 洮北区 | Taobei | 20517 | 76186 | | | 396 | 1266 |
| 镇赉县 | Zhenlai | 3963 | 15206 | | | 525 | 1100 |
| 通榆县 | Tongyu | 8861 | 15999 | 151 | 2660 | | |
| 洮南市 | Taonan | 11756 | 32752 | 78 | 2920 | | |
| 大安市 | Da' an | 12143 | 32217 | 45 | 2150 | 1050 | 2578 |
| **延边朝鲜族自治州** | **Yanbian** | **2906** | **3717** | | | **1864** | **4231** |
| 延吉市 | Yanji | | | | | 47 | 158 |
| 图们市 | Tumen | 17 | 33 | | | 16 | 40 |
| 敦化市 | Dunhua | 51 | 153 | | | 714 | 1785 |
| 珲春市 | Hunchun | 167 | 356 | | | 3 | 8 |
| 龙井市 | Longjing | | | | | 37 | 72 |
| 和龙市 | Helong | | | | | 318 | 665 |
| 汪清县 | Wangqing | 72 | 119 | | | 698 | 1410 |
| 安图县 | Antu | 2599 | 3056 | | | 31 | 93 |

18－16 续表 6 continued

| 市、县 City，County | | 人参 Garden Ginseng | | 蔬菜 Vegetables | | 瓜果类 Melon class | | 葵花籽 Sunflower Seed | |
|---|---|---|---|---|---|---|---|---|---|
| | | 播种面积 Sown Area （公顷） (ha) | 总产量 Output （吨） (ton) | 播种面积 Sown Area （公顷） (ha) | 总产量 Output （吨） (ton) | 播种面积 Sown Area （公顷） (ha) | 总产量 Output （吨） (ton) | 播种面积 Sown Area （公顷） (ha) | 总产量 Output （吨） (ton) |
| **长春市** | **Changchun** | | | **22513** | **896212** | **3107** | **82322** | **10403** | **24743** |
| 南关区 | Nanguan | | | | | | | | |
| 宽城区 | Kuancheng | | | 931 | 22294 | 9 | 38 | | |
| 朝阳区 | Chaoyang | | | 699 | 7055 | 88 | 1837 | | |
| 二道区 | Erdao | | | 46 | 1290 | | | | |
| 绿园区 | Lvyuan | | | 3700 | 108640 | 121 | 1239 | | |
| 双阳区 | Shuangyang | | | 1960 | 37309 | 80 | 1817 | | |
| 九台市 | Jiutai | | | 2989 | 107965 | 54 | 3152 | | |
| 净月潭旅游开发区 | Jingyue Tan Tourism Development Zone | | | 207 | 5158 | 33 | 576 | | |
| 经济开发区 | Economic Development Zone | | | 52 | 260 | | | | |
| 高新开发区 | Gaoxin Development Zone | | | 148 | 2175 | 5 | 77 | | |
| 汽车产业开发区 | Automotive Industry Development Zone | | | 43 | 1031 | | | | |
| 莲花山生态旅游度假区 | Lianhuashan | | | 16 | 444 | 36 | 1405 | | |
| 农安县 | Nong' an | | | 6255 | 252470 | 1898 | 49574 | 7900 | 19587 |
| 榆树市 | Yushu | | | 2418 | 164727 | 304 | 12581 | 582 | 189 |
| 德惠市 | Dehui | | | 3049 | 185394 | 479 | 10026 | 1921 | 4967 |
| **吉林市** | **Jilin** | **657** | **497** | **10654** | **471587** | **1236** | **29203** | **110** | **475** |
| 昌邑区 | Changyi | | | 450 | 20677 | 24 | 616 | | |
| 龙潭区 | Longtan | | | 798 | 37588 | 109 | 3625 | | |
| 船营区 | Chuanying | | | 691 | 12544 | 6 | 59 | | |
| 丰满区 | Fengman | | | 1165 | 39111 | 22 | 275 | | |
| 高新区 | Gaoxin | | | 114 | 4850 | 20 | 110 | | |
| 开发区 | Kaifaqu | | | 95 | 4484 | 1 | 30 | | |
| 中新食品区 | Zhongxin food area | | | 140 | 1488 | 2 | 26 | | |
| 永吉县 | Yongji | | | 467 | 9395 | 29 | 372 | | |
| 蛟河市 | Jiaohe | 129 | 72 | 1116 | 63540 | 505 | 4423 | 22 | 43 |
| 桦甸市 | Huadian | 314 | 409 | 2084 | 87100 | 99 | 2631 | 18 | 111 |
| 舒兰市 | Shulan | 32 | 5 | 1167 | 77574 | 70 | 4048 | | |
| 磐石市 | Panshi | 182 | 11 | 2367 | 113236 | 349 | 12988 | 70 | 321 |
| **四平市** | **Siping** | **2** | | **23014** | **1029331** | **4850** | **198382** | **766** | **1390** |
| 铁西区 | Tiexi | | | 632 | 27809 | 12 | 280 | | |
| 铁东区 | Tiedong | | | 316 | 8101 | 74 | 1581 | | |
| 梨树县 | Lishu | | | 10415 | 526083 | 1604 | 70128 | 49 | 35 |
| 伊通满族自治县 | Yitong | 2 | | 936 | 18900 | 38 | 499 | | |
| 公主岭市 | Gongzhuling | | | 8601 | 388579 | 1546 | 69910 | 6 | 18 |
| 双辽市 | Shuangliao | | | 2114 | 59859 | 1576 | 55984 | 711 | 1337 |
| **辽源市** | **Liaoyuan** | **37** | | **2827** | **107793** | **246** | **5534** | **4** | **8** |
| 龙山区 | Longshan | | | 174 | 9099 | 5 | 190 | | |

18－16 续表 7 continued

| 市、县 City，County | | 人参 Garden Ginseng | | 蔬菜 Vegetables | | 瓜果类 Melon class | | 葵花籽 Sunflower Seed | |
|---|---|---|---|---|---|---|---|---|---|
| | | 播种面积 Sown Area （公顷）(ha) | 总产量 Output （吨）(ton) | 播种面积 Sown Area （公顷）(ha) | 总产量 Output （吨）(ton) | 播种面积 Sown Area （公顷）(ha) | 总产量 Output （吨）(ton) | 播种面积 Sown Area （公顷）(ha) | 总产量 Output （吨）(ton) |
| 西安区 | Xi,an | | | 162 | 4145 | 9 | 244 | | |
| 民营经济开发区 | Private Economic Development Zone | | | 104 | 1887 | 1 | 6 | | |
| 东丰县 | Dongfeng | 36 | | 1252 | 40900 | 205 | 4249 | 4 | 8 |
| 东辽县 | Dongliao | 1 | | 1135 | 51762 | 26 | 845 | | |
| **通化市** | **Tonghua** | **2638** | **8916** | **10919** | **371477** | **1632** | **48742** | **401** | **1461** |
| 东昌区 | Dongchang | 257 | 54 | 832 | 29197 | 16 | 461 | 6 | 18 |
| 二道江区 | Erdaojiang | 58 | 318 | 220 | 14725 | 29 | 1218 | 4 | 7 |
| 通化经济开发区 | Tonghua Economic Development Zone | 4 | | 58 | 1715 | 3 | 6 | 1 | 4 |
| 通化县 | Tonghua | 141 | 1288 | 1778 | 59725 | 234 | 10606 | 61 | 161 |
| 辉南县 | Huinan | 81 | 45 | 3332 | 98834 | 920 | 25398 | 140 | 435 |
| 柳河县 | Liuhe | 589 | 994 | 1814 | 59579 | 189 | 4691 | 180 | 818 |
| 梅河口市 | Meihekou | 311 | 87 | 1955 | 80963 | 98 | 2628 | 1 | 1 |
| 集安市 | Ji' an | 1197 | 6130 | 930 | 26739 | 143 | 3734 | 8 | 17 |
| **白山市** | **Baishan** | **3824** | **22704** | **3360** | **169371** | **519** | **10931** | **423** | **1020** |
| 八道江区 | Badaojiang | 127 | 448 | 875 | 49302 | 27 | 933 | 7 | 15 |
| 江源区 | Jiangyuan | 43 | 8 | 367 | 14575 | 41 | 881 | 40 | 139 |
| 抚松县 | Fusong | 1075 | 14351 | 680 | 33214 | 55 | 2075 | 88 | 185 |
| 靖宇县 | Jingyu | 720 | 3438 | 532 | 33962 | 103 | 2473 | 100 | 210 |
| 长白朝鲜族自治县 | Changbai | 1118 | 2305 | 252 | 3523 | 31 | 874 | 20 | 53 |
| 临江市 | Linjiang | 741 | 2155 | 654 | 34795 | 262 | 3695 | 168 | 418 |
| **松原市** | **Songyuan** | | | **20599** | **719963** | **14894** | **489629** | **6538** | **15126** |
| 宁江区 | Ningjiang | | | 3462 | 81165 | 636 | 14968 | | |
| 前郭尔罗斯蒙古族自治县 | Qianguo | | | 6281 | 165979 | 3994 | 140494 | 1001 | 2507 |
| 长岭县 | Changling | | | 4422 | 173997 | 6490 | 211580 | 3310 | 7301 |
| 乾安县 | Qian' an | | | 2374 | 89801 | 3161 | 101941 | 2111 | 5023 |
| 扶余市 | Fuyu | | | 4060 | 209021 | 613 | 20646 | 116 | 295 |
| **白城市** | **Baicheng** | | | **9809** | **365464** | **12139** | **308767** | **9939** | **15707** |
| 洮北区 | Taobei | | | 4620 | 180257 | 390 | 10856 | 2649 | 6754 |
| 镇赉县 | Zhenlai | | | 332 | 12855 | 1435 | 38045 | 135 | 317 |
| 通榆县 | Tongyu | | | 974 | 41061 | 3383 | 58816 | 4577 | 5624 |
| 洮南市 | Taonan | | | 3304 | 98774 | 3111 | 91894 | 428 | 1067 |
| 大安市 | Da' an | | | 579 | 32517 | 3820 | 109156 | 2150 | 1945 |
| **延边朝鲜族自治州** | **Yanbian** | **2643** | **3986** | **7201** | **250342** | **1868** | **51211** | **148** | **231** |
| 延吉市 | Yanji | 18 | 19 | 1321 | 58302 | 49 | 1022 | | |
| 图们市 | Tumen | 20 | | 268 | 5794 | 58 | 1660 | | |
| 敦化市 | Dunhua | 1190 | 476 | 1066 | 56424 | 444 | 8865 | 13 | 32 |
| 珲春市 | Hunchun | 410 | 220 | 1417 | 25293 | 84 | 1600 | 4 | 12 |
| 龙井市 | Longjing | 6 | | 287 | 9885 | 7 | 107 | | |
| 和龙市 | Helong | 13 | 110 | 644 | 29893 | 3 | 30 | | |
| 汪清县 | Wangqing | 199 | 634 | 1269 | 42871 | 110 | 2816 | | |
| 安图县 | Antu | 787 | 2528 | 929 | 21880 | 1113 | 35111 | 131 | 187 |

# 18－17　各市县畜牧业生产情况（2018年）
## Production of Livestock in Various Cities and Counties (2018)

| 市、县 City，County | 年底大牲畜头数（头）Large Animals (head) (year－end) | 猪年末存栏（头）Hogs (head) (year－end) | 羊年底只数（只）Sheep and Goats (head) (year－end) | 肉猪出栏头数（头）Slanghtere Fattened Hogs (head) | 肉类总产量（吨）Output of Meat (ton) | | | | 禽蛋产量（吨）Poultry Eggs (ton) |
|---|---|---|---|---|---|---|---|---|---|
| | | | | | | #猪 Hogs | #牛 Cattles | #羊 Sheeps | |
| **全　省 Total** | **3306935** | **8704012** | **3830181** | **15704179** | **1721628** | **1268852** | **406595** | **46181** | **1171141** |
| **长春市 Changchun** | **1324453** | **2502371** | **486103** | **4593654** | **515528** | **368857** | **142129** | **4542** | **407559** |
| 市　区 District | 370063 | 490503 | 35159 | 1008223 | 111554 | 69055 | 41974 | 525 | 86196 |
| 农安县 Nong' an | 248956 | 756573 | 295000 | 1392266 | 154131 | 117150 | 34017 | 2964 | 182584 |
| 榆树市 Yushu | 459705 | 638279 | 86613 | 1138952 | 140669 | 94512 | 45565 | 592 | 43652 |
| 德惠市 Dehui | 245729 | 617016 | 69331 | 1054213 | 109174 | 88140 | 20573 | 461 | 95127 |
| **吉林市 Jilin** | **303359** | **880163** | **56471** | **2276010** | **246286** | **184594** | **60724** | **968** | **91805** |
| 市　区 District | 27365 | 128809 | 13038 | 397972 | 33608 | 29673 | 3597 | 338 | 31129 |
| 永吉县 Yongji | 15349 | 71800 | 5019 | 292093 | 26458 | 25845 | 528 | 85 | 725 |
| 蛟河市 Jiaohe | 69204 | 73292 | 6655 | 309486 | 33971 | 24616 | 9308 | 47 | 95 |
| 桦甸市 Huadian | 57155 | 54108 | 9535 | 224669 | 31505 | 18570 | 12762 | 173 | 5513 |
| 舒兰市 Shulan | 102594 | 443856 | 8542 | 808425 | 96918 | 68120 | 28648 | 150 | 8958 |
| 磐石市 Panshi | 31692 | 108298 | 13682 | 243365 | 23826 | 17770 | 5881 | 175 | 45385 |
| **四平市 Siping** | **751259** | **2250757** | **632598** | **3645833** | **390831** | **301709** | **80195** | **8927** | **393682** |
| 市　区 District | 15870 | 90890 | 27284 | 81312 | 7861 | 6342 | 1162 | 357 | 13153 |
| 梨树县 Lishu | 164838 | 883523 | 149924 | 1415674 | 139369 | 118647 | 18423 | 2299 | 92870 |
| 伊通满族自治县 Yitong | 294302 | 209847 | 49115 | 355535 | 57174 | 28865 | 27666 | 643 | 106545 |
| 公主岭市 Gongzhuling | 174888 | 741080 | 115064 | 1191394 | 115591 | 97430 | 16539 | 1622 | 126315 |
| 双辽市 Shuangliao | 101361 | 325417 | 291211 | 601918 | 70836 | 50425 | 16405 | 4006 | 54799 |
| **辽源市 Liaoyuan** | **126180** | **184965** | **40154** | **488390** | **62323** | **39980** | **21913** | **430** | **78962** |
| 市　区 District | 5800 | 22957 | 5479 | 47028 | 4822 | 3947 | 757 | 118 | 4665 |
| 东丰县 Dongfeng | 90691 | 84804 | 20069 | 239244 | 30527 | 19354 | 11019 | 154 | 15225 |
| 东辽县 Dongliao | 29689 | 77204 | 14606 | 202118 | 26974 | 16679 | 10137 | 158 | 59072 |
| **通化市 Tonghua** | **108955** | **325147** | **83168** | **714680** | **85130** | **57858** | **26416** | **856** | **24270** |
| 市　区 District | 4767 | 28239 | 4479 | 66921 | 7122 | 5271 | 1698 | 153 | 1692 |
| 通化县 Tonghua | 28463 | 47281 | 22827 | 84370 | 9696 | 7680 | 1862 | 154 | 3470 |
| 辉南县 Huinan | 29300 | 50577 | 16375 | 134539 | 17201 | 9559 | 7470 | 172 | 2353 |
| 柳河县 Liuhe | 22464 | 30762 | 18096 | 133322 | 16493 | 10027 | 6358 | 108 | 2707 |
| 梅河口市 Meihekou | 12557 | 145230 | 9659 | 248730 | 29551 | 21530 | 7858 | 163 | 13413 |
| 集安市 Ji' an | 11404 | 23058 | 11732 | 46798 | 5067 | 3791 | 1170 | 106 | 635 |

| 市、县 City，County | | 年底大牲畜头数（头）Large Animals (head) (year – end) | 猪年末存栏（头）Hogs (head) (year – end) | 羊年底只数（只）Sheep and Goats (head) (year – end) | 肉猪出栏头数（头）Slanghtere Fattened Hogs (head) | 肉类总产量（吨）Output of Meat (ton) | | | | 禽蛋产量（吨）Poultry Eggs (ton) |
|---|---|---|---|---|---|---|---|---|---|---|
| | | | | | | | #猪 Hogs | #牛 Cattles | #羊 Sheeps | |
| **白山市** | **Baishan** | **67511** | **113173** | **36779** | **188970** | **24470** | **15764** | **8086** | **620** | **9632** |
| 市区 | District | 19093 | 32703 | 8936 | 47513 | 6004 | 3896 | 1945 | 163 | 2963 |
| 抚松县 | Fusong | 9707 | 43718 | 4365 | 67478 | 6566 | 5801 | 723 | 42 | 3172 |
| 靖宇县 | Jingyu | 17643 | 15200 | 14743 | 42412 | 6896 | 3478 | 3189 | 229 | 905 |
| 长白朝鲜族自治县 | Changbai | 9218 | 9930 | 2417 | 7801 | 1212 | 640 | 536 | 36 | 1165 |
| 临江市 | Linjiang | 11850 | 11622 | 6318 | 23766 | 3792 | 1949 | 1693 | 150 | 1427 |
| **松原市** | **Songyuan** | **278441** | **1498859** | **1451674** | **2132409** | **228614** | **172423** | **37928** | **18263** | **98762** |
| 市区 | District | 18935 | 84685 | 56091 | 40795 | 6513 | 3004 | 2753 | 756 | 4403 |
| 前郭尔罗斯蒙古族自治县 | Qianguo | 40840 | 244700 | 528976 | 406100 | 50974 | 34400 | 7680 | 8894 | 19654 |
| 长岭县 | Changling | 81345 | 456700 | 486682 | 672400 | 67501 | 52800 | 9959 | 4742 | 27524 |
| 乾安县 | Qian' an | 31738 | 80974 | 212349 | 33014 | 7333 | 2519 | 2333 | 2481 | 8867 |
| 扶余市 | Fuyu | 105583 | 631800 | 167576 | 980100 | 96293 | 79700 | 15203 | 1390 | 38314 |
| **白城市** | **Baicheng** | **126384** | **780930** | **890367** | **1325938** | **117268** | **99346** | **7652** | **10270** | **24659** |
| 市区 | District | 16904 | 37773 | 191699 | 92147 | 9003 | 7210 | 727 | 1066 | 2696 |
| 镇赉县 | Zhenlai | 31344 | 63522 | 97719 | 140992 | 12726 | 10602 | 1177 | 947 | 3975 |
| 通榆县 | Tongyu | 32444 | 25014 | 253866 | 18833 | 7346 | 1539 | 2090 | 3717 | 1656 |
| 洮南市 | Taonan | 34024 | 543235 | 208080 | 866799 | 69795 | 64260 | 2644 | 2891 | 13630 |
| 大安市 | Da' an | 11668 | 111386 | 139003 | 207167 | 18398 | 15735 | 1014 | 1649 | 2702 |
| **延边朝鲜族自治州** | **Yanbian** | **220393** | **167647** | **152867** | **338295** | **51178** | **28321** | **21552** | **1305** | **41810** |
| 延吉市 | Yanji | 7201 | 2475 | 13984 | 40952 | 4493 | 3429 | 944 | 120 | 3867 |
| 图们市 | Tumen | 6875 | 13058 | 6522 | 19723 | 2327 | 1688 | 593 | 46 | 1534 |
| 敦化市 | Dunhua | 80557 | 52599 | 61336 | 110206 | 16836 | 8990 | 7354 | 492 | 19175 |
| 珲春市 | Hunchun | 21954 | 21698 | 7989 | 32973 | 5063 | 2731 | 2261 | 71 | 5700 |
| 龙井市 | Longjing | 20565 | 21668 | 26627 | 37514 | 5446 | 3416 | 1826 | 204 | 1980 |
| 和龙市 | Helong | 20164 | 18700 | 11711 | 40588 | 6326 | 3684 | 2505 | 137 | 2671 |
| 汪清县 | Wangqing | 47066 | 17343 | 14004 | 34276 | 7681 | 2706 | 4822 | 153 | 2352 |
| 安图县 | Antu | 16011 | 20106 | 10694 | 22063 | 3006 | 1677 | 1247 | 82 | 4531 |

# 18－18　各市县规模以上工业企业主要指标（2018年）

单位：万元

| 市、县 | City，County | 企业单位数(个) Number of Enterprises (unit) | #亏损企业 Loss－making Enterprises |
|---|---|---|---|
| **吉 林 省** | **Jilin** | **5963** | **1084** |
| **长 春 市** | **Changchun** | **1632** | **177** |
| 市区（含双阳、九台） | District | 1194 | 146 |
| 农 安 县 | Nong' an | 121 | 7 |
| 九 台 县 | Jiutai | 250 | 12 |
| 榆 树 市 | Yushu | 155 | 15 |
| 德 惠 市 | Dehui | 162 | 9 |
| **吉 林 市** | **Jilin** | **1077** | **294** |
| 市　　区 | District | 475 | 147 |
| 永 吉 县 | Yongji | 67 | 12 |
| 蛟 河 市 | Jiaohe | 125 | 26 |
| 桦 甸 市 | Huadian | 159 | 55 |
| 舒 兰 市 | Shulan | 125 | 14 |
| 磐 石 市 | Panshi | 126 | 40 |
| **四 平 市** | **Siping** | **598** | **106** |
| 市　　区 | District | 220 | 47 |
| 梨 树 县 | Lishu | 65 | 21 |
| 伊通满族自 治 县 | Yitong | 52 | 11 |
| 公主岭市 | Gongzhuling | 203 | 11 |
| 双 辽 市 | Shuangliao | 58 | 16 |
| **辽 源 市** | **Liaoyuan** | **304** | **71** |
| 市　　区 | District | 154 | 29 |
| 东 丰 县 | Dongfeng | 87 | 26 |
| 东 辽 县 | Dongliao | 63 | 16 |
| **通 化 市** | **Tonghua** | **553** | **99** |
| 市　　区 | District | 117 | 35 |
| 通 化 县 | Tonghua | 85 | 19 |
| 辉 南 县 | Huinan | 43 | 13 |
| 柳 河 县 | Liuhe | 87 | 14 |
| 梅河口市 | Meihekou | 190 | 6 |

注：各地区相加不等于全省总计。
Note:The sum of data by every city is not equal to the total.

# Main Indicators of Industrial Enterprises above Designated Size by City and County (2018)

unit: 10000 yuan

| 产成品 Finished Goods | 资产总计 Total Assets | 流动资产合计 Total Current Assets | 应收帐款 Account Receivable | 负债合计 Total Liabilities |
|---|---|---|---|---|
| **6493178** | **179679509** | **83718463** | **15333972** | **101263919** |
| 3795447 | 91961524 | 51067995 | 8776175 | 51085059 |
| 3656494 | 88693369 | 49455877 | 8418741 | 49012072 |
| 38133 | 757535 | 317006 | 95993 | 483643 |
| 100324 | 2376865 | 986880 | 316249 | 1090226 |
| 49744 | 1262750 | 629548 | 95118 | 782619 |
| 51076 | 1247870 | 665563 | 166323 | 806725 |
| **815615** | **23634311** | **8809949** | **1402832** | **15304611** |
| 545333 | 17463682 | 6426072 | 961655 | 11040859 |
| 62486 | 725172 | 260214 | 54545 | 487688 |
| 27682 | 724494 | 321372 | 47987 | 452426 |
| 41280 | 1312531 | 456896 | 81051 | 858734 |
| 55826 | 690128 | 333007 | 77577 | 400326 |
| 83007 | 2718304 | 1012389 | 180016 | 2064579 |
| **310507** | **6791112** | **2892397** | **788213** | **4314686** |
| 134065 | 2667903 | 1328918 | 403890 | 1851209 |
| 33474 | 903838 | 354979 | 75260 | 506578 |
| 12899 | 285516 | 145155 | 29301 | 199012 |
| 105881 | 1734053 | 781379 | 202360 | 886671 |
| 24188 | 1199803 | 281967 | 77401 | 871216 |
| **218965** | **7519336** | **2324070** | **696378** | **4692532** |
| 126596 | 5240671 | 1436485 | 462065 | 3143398 |
| 63616 | 1369801 | 449111 | 67107 | 984150 |
| 28753 | 908864 | 438474 | 167207 | 564984 |
| **454590** | **12602183** | **5646151** | **1051798** | **7029057** |
| 106229 | 5803959 | 2062761 | 420080 | 3469255 |
| 69140 | 1599974 | 657921 | 113866 | 884950 |
| 21732 | 716565 | 376571 | 94684 | 371091 |
| 59086 | 1089909 | 680021 | 73471 | 583025 |
| 116558 | 2589279 | 1423888 | 284473 | 1300068 |

18－18 续表 1

单位：万元

| 市、县 | City，County | 企业单位数(个) Number of Enterprises (unit) | #亏损企业 Loss－making Enterprises |
|---|---|---|---|
| 集安市 | Ji' an | 31 | 12 |
| **白山市** | **Baishan** | **360** | **79** |
| 市区（含江源区） | District | 129 | 25 |
| 抚松县 | Fusong | 86 | 4 |
| 靖宇县 | Jingyu | 56 | 13 |
| 长白朝鲜族自治县 | Changbai | 29 | 11 |
| 江源县 | Jiangyuan | 57 | 6 |
| 临江市 | Linjiang | 60 | 26 |
| **松原市** | **Songyuan** | **593** | **63** |
| 市区 | District | 163 | 27 |
| 前郭尔罗斯蒙古族自治县 | Qianguo | 128 | 11 |
| 长岭县 | Changling | 107 | 17 |
| 乾安县 | Qian' an | 84 | 3 |
| 扶余市 | Fuyu | 111 | 5 |
| **白城市** | **Baicheng** | **349** | **76** |
| 市区 | District | 104 | 22 |
| 镇赉县 | Zhenlai | 58 | 22 |
| 通榆县 | Tongyu | 54 | 6 |
| 洮南市 | Taonan | 61 | 5 |
| 大安市 | Da' an | 72 | 21 |
| **延边朝鲜族自治州** | **Yanbian** | **491** | **118** |
| 延吉市 | Yanji | 83 | 15 |
| 图们市 | Tumen | 31 | 7 |
| 敦化市 | Dunhua | 134 | 20 |
| 珲春市 | Hunchun | 100 | 45 |
| 龙井市 | Longjing | 28 | 9 |
| 和龙市 | Helong | 29 | 4 |
| 汪清县 | Wangqing | 51 | 12 |
| 安图县 | Antu | 35 | 6 |
| 长白山 | Changbaishan | 5 | 1 |

continued

unit: 10000 yuan

| 产成品 Finished Goods | 资产总计 Total Assets | 流动资产合计 Total Current Assets | 应收帐款 Account Receivable | 负债合计 Total Liabilities |
|---|---|---|---|---|
| 81845 | 802497 | 444990 | 65224 | 420669 |
| **173809** | **6358664** | **2328659** | **359964** | **4635141** |
| 63339 | 3760350 | 1237442 | 167754 | 3002551 |
| 50112 | 946815 | 327394 | 49245 | 546891 |
| 31636 | 847384 | 381419 | 77505 | 528419 |
| 10534 | 247896 | 128838 | 22482 | 140414 |
| 16723 | 665215 | 176366 | 14925 | 663243 |
| 18187 | 556219 | 253566 | 42977 | 416866 |
| **174363** | **12849945** | **3342872** | **483916** | **5394333** |
| 101026 | 7928810 | 1718477 | 247948 | 2951850 |
| 10722 | 1283411 | 278357 | 32961 | 736523 |
| 33675 | 1759527 | 909608 | 110263 | 1041068 |
| 3087 | 771450 | 174757 | 38198 | 244313 |
| 25853 | 1106747 | 261673 | 54546 | 420579 |
| **199508** | **6135592** | **2739368** | **986718** | **3628253** |
| 74553 | 2066279 | 934154 | 559146 | 938418 |
| 5485 | 735839 | 301195 | 109006 | 576855 |
| 29850 | 608081 | 239698 | 69115 | 374321 |
| 59492 | 1349193 | 808391 | 87864 | 700510 |
| 30128 | 1376201 | 455930 | 161586 | 1038149 |
| **334394** | **8988868** | **3974042** | **718633** | **4817970** |
| 88363 | 2310932 | 1314486 | 167606 | 1138855 |
| 14304 | 312279 | 135250 | 20677 | 227915 |
| 132189 | 2478980 | 889903 | 183685 | 1005132 |
| 50750 | 2034071 | 980329 | 249908 | 1368722 |
| 7030 | 163883 | 86701 | 6071 | 92368 |
| 20455 | 578283 | 236180 | 31607 | 298337 |
| 13254 | 621985 | 229829 | 46008 | 446542 |
| 8049 | 488455 | 101365 | 13072 | 240100 |
| 882 | 36039 | 20621 | 1510 | 37318 |

单位：万元

18－18　续表　2

| 市、县 | City，County | 所有者权益合计<br>Total Owners' Equities | 主营业务收入<br>Revenue from Principal Business |
|---|---|---|---|
| **吉 林 省** | **Jilin** | **78415590** | **136375231** |
| **长 春 市** | **Changchun** | **40876465** | **91611450** |
| 市区（含双阳、九台） | District | 39681297 | 88303231 |
| 农 安 县 | Nong' an | 273892 | 952773 |
| 九 台 县 | Jiutai | 1286638 | 1417055 |
| 榆 树 市 | Yushu | 480131 | 1066353 |
| 德 惠 市 | Dehui | 441146 | 1289094 |
| **吉 林 市** | **Jilin** | **8329700** | **16191175** |
| 市　　区 | District | 6422822 | 13364202 |
| 永 吉 县 | Yongji | 237484 | 301656 |
| 蛟 河 市 | Jiaohe | 272067 | 314396 |
| 桦 甸 市 | Huadian | 453798 | 375476 |
| 舒 兰 市 | Shulan | 289803 | 452705 |
| 磐 石 市 | Panshi | 653726 | 1382741 |
| **四 平 市** | **Siping** | **2476426** | **4554698** |
| 市　　区 | District | 816693 | 1947414 |
| 梨 树 县 | Lishu | 397260 | 603129 |
| 伊通满族自 治 县 | Yitong | 86503 | 125389 |
| 公主岭市 | Gongzhuling | 847382 | 1457707 |
| 双 辽 市 | Shuangliao | 328587 | 421058 |
| **辽 源 市** | **Liaoyuan** | **2826804** | **3780923** |
| 市　　区 | District | 2097273 | 2400391 |
| 东 丰 县 | Dongfeng | 385650 | 1124438 |
| 东 辽 县 | Dongliao | 343881 | 256094 |
| **通 化 市** | **Tonghua** | **5573125** | **6886577** |
| 市　　区 | District | 2334705 | 2787848 |
| 通 化 县 | Tonghua | 715025 | 484759 |
| 辉 南 县 | Huinan | 345474 | 366900 |
| 柳 河 县 | Liuhe | 506884 | 199656 |
| 梅河口市 | Meihekou | 1289210 | 2776514 |

continued

unit: 10000 yuan

| 主营业务成本 Cost of Principal Business | 销售费用 Selling Cost | 管理费用 Management Cost | 财务费用 Finance Cost | 利息支出 Interest Expense |
|---|---|---|---|---|
| **110830187** | **6591489** | **7030877** | **1455518** | **1423718** |
| **75251046** | **4067113** | **4515286** | **242487** | **428366** |
| 72279163 | 3965158 | 4421145 | 195662 | 393157 |
| 852698 | 10671 | 30299 | 13078 | 7892 |
| 1177832 | 50641 | 76433 | 37170 | 29383 |
| 992241 | 25624 | 33531 | 8285 | 7228 |
| 1126943 | 65660 | 30311 | 25463 | 20089 |
| **12793674** | **560986** | **930392** | **450848** | **407951** |
| 10603153 | 313224 | 756624 | 281259 | 251327 |
| 231944 | 10139 | 32154 | 8681 | 6925 |
| 147880 | 105112 | 20004 | 12924 | 9008 |
| 315284 | 7665 | 34201 | 12747 | 11383 |
| 410925 | 11985 | 16336 | 8478 | 8069 |
| 1084488 | 112861 | 71074 | 126760 | 121240 |
| **3755702** | **198593** | **278018** | **121238** | **81319** |
| 1473670 | 123972 | 156591 | 40653 | 30589 |
| 549607 | 14176 | 23532 | 19746 | 19102 |
| 103317 | 4824 | 8127 | 7022 | 2900 |
| 1244592 | 51212 | 79306 | 26619 | 6745 |
| 384516 | 4409 | 10462 | 27199 | 21984 |
| **3318704** | **148290** | **181953** | **117318** | **86321** |
| 2057975 | 134565 | 138553 | 92062 | 68510 |
| 1047985 | 6963 | 31005 | 10410 | 5904 |
| 212744 | 6762 | 12395 | 14846 | 11907 |
| **4873574** | **818463** | **335493** | **150078** | **121966** |
| 2201118 | 224442 | 118661 | 61664 | 44828 |
| 244797 | 79810 | 51281 | 40326 | 38488 |
| 277317 | 47016 | 18024 | 6092 | 4210 |
| 147490 | 10535 | 22412 | 18309 | 17081 |
| 1823865 | 396597 | 100984 | 14862 | 9665 |

单位：万元

18－18 续表 3

| 市、县 | City，County | 所有者权益合计 Total Owners' Equities | 主营业务收入 Revenue from Principal Business |
|---|---|---|---|
| 集安市 | Ji' an | 381828 | 270899 |
| **白山市** | **Baishan** | **1723522** | **1889994** |
| 市区（含江源区） | District | 757799 | 979167 |
| 抚松县 | Fusong | 399924 | 334976 |
| 靖宇县 | Jingyu | 318965 | 345707 |
| 长白朝鲜族自治县 | Changbai | 107482 | 53184 |
| 江源县 | Jiangyuan | 1972 | 131713 |
| 临江市 | Linjiang | 139352 | 176960 |
| **松原市** | **Songyuan** | **7455612** | **4509798** |
| 市区 | District | 4976959 | 2966758 |
| 前郭尔罗斯蒙古族自治县 | Qianguo | 546888 | 537012 |
| 长岭县 | Changling | 718459 | 362455 |
| 乾安县 | Qian' an | 527137 | 185896 |
| 扶余市 | Fuyu | 686169 | 457676 |
| **白城市** | **Baicheng** | **2507339** | **2315656** |
| 市区 | District | 1127861 | 1113814 |
| 镇赉县 | Zhenlai | 158984 | 274453 |
| 通榆县 | Tongyu | 233759 | 132693 |
| 洮南市 | Taonan | 648683 | 390884 |
| 大安市 | Da' an | 338051 | 403813 |
| **延边朝鲜族自治州** | **Yanbian** | **4170897** | **4263922** |
| 延吉市 | Yanji | 1172077 | 1380432 |
| 图们市 | Tumen | 84363 | 147591 |
| 敦化市 | Dunhua | 1473848 | 745577 |
| 珲春市 | Hunchun | 665349 | 1455310 |
| 龙井市 | Longjing | 71516 | 105526 |
| 和龙市 | Helong | 279945 | 183587 |
| 汪清县 | Wangqing | 175444 | 124635 |
| 安图县 | Antu | 248355 | 121265 |
| 长白山 | Changbaishan | -1279 | 24650 |

continued

unit: 10000 yuan

| 主营业务成本<br>Cost of Principal Business | 销售费用<br>Selling Cost | 管理费用<br>Management Cost | 财务费用<br>Finance Cost | 利息支出<br>Interest Expense |
|---|---|---|---|---|
| 178986 | 60062 | 24130 | 8824 | 7695 |
| **1549034** | **203660** | **144394** | **83251** | **69205** |
| 856646 | 134539 | 86309 | 58991 | 51390 |
| 244526 | 11151 | 18372 | 13070 | 10990 |
| 269013 | 33414 | 16116 | 4330 | 2148 |
| 42498 | 5214 | 5119 | 1608 | 1220 |
| 157019 | 2522 | 9631 | 16807 | 16595 |
| 136352 | 19344 | 18478 | 5252 | 3459 |
| **4217373** | **90815** | **220519** | **83466** | **54242** |
| 2864741 | 56959 | 169096 | 33679 | 8834 |
| 499019 | 14521 | 25048 | 15405 | 14836 |
| 308413 | 7197 | 9212 | 17711 | 15495 |
| 154563 | 3882 | 4185 | 5109 | 4844 |
| 390638 | 8258 | 12978 | 11562 | 10234 |
| **1937483** | **79455** | **95749** | **103459** | **72383** |
| 981218 | 22181 | 39912 | 28324 | 19865 |
| 228341 | 4757 | 8650 | 14253 | 10631 |
| 109919 | 2023 | 2731 | 10938 | 9086 |
| 285395 | 40540 | 24824 | 7066 | 4383 |
| 332610 | 9955 | 19633 | 42878 | 28418 |
| **2992868** | **274220** | **286056** | **98329** | **93181** |
| 676579 | 115797 | 105069 | 24865 | 24895 |
| 139711 | 2773 | 8808 | 917 | 1021 |
| 503333 | 97224 | 78965 | 20409 | 18870 |
| 1252422 | 25432 | 52711 | 31288 | 28038 |
| 79497 | 6322 | 5598 | 1943 | 1467 |
| 156907 | 11076 | 8421 | 6525 | 7553 |
| 99788 | 4392 | 14528 | 7136 | 7054 |
| 84632 | 11205 | 11957 | 5246 | 4284 |
| 25533 | 182 | 976 | 788 | 163 |

单位：万元

18－18 续表 4

| 市、县 | City，County | 利润总额<br>Total Profits | 亏损企业亏损总额<br>Total Loss |
|---|---|---|---|
| **吉林省** | **Jilin** | **8170439** | **2230995** |
| **长春市** | **Changchun** | **6724635** | **430625** |
| 市区（含双阳、九台） | District | 6653987 | 365182 |
| 农安县 | Nong' an | 23372 | 7364 |
| 九台县 | Jiutai | 69987 | 22179 |
| 榆树市 | Yushu | 10660 | 19989 |
| 德惠市 | Dehui | 36615 | 38090 |
| **吉林市** | **Jilin** | **593489** | **483191** |
| 市　区 | District | 548305 | 295185 |
| 永吉县 | Yongji | 24919 | 2347 |
| 蛟河市 | Jiaohe | 30014 | 12872 |
| 桦甸市 | Huadian | 21937 | 11917 |
| 舒兰市 | Shulan | 5838 | 6802 |
| 磐石市 | Panshi | -37524 | 154068 |
| **四平市** | **Siping** | **93557** | **86475** |
| 市　区 | District | 40722 | 34753 |
| 梨树县 | Lishu | 3140 | 16731 |
| 伊通满族自治县 | Yitong | 2733 | 5662 |
| 公主岭市 | Gongzhuling | 52510 | 3697 |
| 双辽市 | Shuangliao | -5548 | 25632 |
| **辽源市** | **Liaoyuan** | **41712** | **156106** |
| 市　区 | District | -25774 | 147144 |
| 东丰县 | Dongfeng | 60227 | 6799 |
| 东辽县 | Dongliao | 7258 | 2163 |
| **通化市** | **Tonghua** | **714248** | **108923** |
| 市　区 | District | 168758 | 31092 |
| 通化县 | Tonghua | 68643 | 44375 |
| 辉南县 | Huinan | 24148 | 7196 |
| 柳河县 | Liuhe | 7987 | 1660 |
| 梅河口市 | Meihekou | 445383 | 4848 |

continued

unit: 10000 yuan

| 全部从业人员年平均人数（人）<br>Annual Average Employed Persons（person） | 资产负债率（%）<br>Assets-liability Ratio（%） | 主营业务收入利润率（%）<br>Profit margin of principle business（%） | 人均年主营业务收入<br>Annual revenue of principle business per capita |
|---:|---:|---:|---:|
| **1069303** | **56.4** | **6.0** | **127.5** |
| **456680** | **55.6** | **7.3** | **200.6** |
| 420406 | 55.3 | 7.5 | 210.0 |
| 8535 | 63.8 | 2.5 | 111.6 |
| 30152 | 45.9 | 4.9 | 47.0 |
| 11220 | 62.0 | 1.0 | 95.0 |
| 16519 | 64.6 | 2.8 | 78.0 |
| **133952** | **64.8** | **3.7** | **120.9** |
| 95153 | 63.2 | 4.1 | 140.4 |
| 4828 | 67.3 | 8.3 | 62.5 |
| 4223 | 62.4 | 9.6 | 74.4 |
| 9213 | 65.4 | 5.8 | 40.8 |
| 6606 | 58.0 | 1.3 | 68.5 |
| 13929 | 76.0 | −2.7 | 99.3 |
| **58666** | **63.5** | **2.1** | **77.6** |
| 23343 | 69.4 | 2.1 | 83.4 |
| 7511 | 56.0 | 0.5 | 80.3 |
| 2585 | 69.7 | 2.2 | 48.5 |
| 21426 | 51.1 | 3.6 | 68.0 |
| 3801 | 72.6 | −1.3 | 110.8 |
| **78250** | **62.4** | **1.1** | **48.3** |
| 64145 | 60.0 | −1.1 | 37.4 |
| 9911 | 71.8 | 5.4 | 113.5 |
| 4194 | 62.2 | 2.8 | 61.1 |
| **72332** | **55.8** | **10.4** | **95.2** |
| 26142 | 59.8 | 6.1 | 106.6 |
| 9149 | 55.3 | 14.2 | 53.0 |
| 3949 | 51.8 | 6.6 | 92.9 |
| 4715 | 53.5 | 4.0 | 42.3 |
| 24025 | 50.2 | 16.0 | 115.6 |

单位：万元

18－18 续表 5

| 市、县 | City，County | 利润总额 Total Profits | 亏损企业亏损总额 Total Loss |
|---|---|---|---|
| 集安市 | Ji' an | –670 | 19754 |
| **白山市** | **Baishan** | **–22891** | **199859** |
| 市区（含江源区） | District | –81761 | 172687 |
| 抚松县 | Fusong | 45878 | 1956 |
| 靖宇县 | Jingyu | 16698 | 7341 |
| 长白朝鲜族自治县 | Changbai | –435 | 4532 |
| 江源县 | Jiangyuan | –76692 | 82355 |
| 临江市 | Linjiang | –3272 | 13344 |
| **松原市** | **Songyuan** | **–456942** | **622284** |
| 市区 | District | –516500 | 579965 |
| 前郭尔罗斯蒙古族自治县 | Qianguo | –15944 | 31807 |
| 长岭县 | Changling | 23672 | 6353 |
| 乾安县 | Qian' an | 18197 | 886 |
| 扶余市 | Fuyu | 33634 | 3273 |
| **白城市** | **Baicheng** | **120157** | **53445** |
| 市区 | District | 51397 | 18629 |
| 镇赉县 | Zhenlai | 26148 | 5950 |
| 通榆县 | Tongyu | 8993 | 2619 |
| 洮南市 | Taonan | 36006 | 1730 |
| 大安市 | Da' an | –2387 | 24516 |
| **延边朝鲜族自治州** | **Yanbian** | **255192** | **86219** |
| 延吉市 | Yanji | 38311 | 16929 |
| 图们市 | Tumen | –7557 | 11679 |
| 敦化市 | Dunhua | 80324 | 27266 |
| 珲春市 | Hunchun | 119716 | 15565 |
| 龙井市 | Longjing | 11995 | 1823 |
| 和龙市 | Helong | 2721 | 2527 |
| 汪清县 | Wangqing | 2008 | 7610 |
| 安图县 | Antu | 7675 | 2820 |
| 长白山 | Changbaishan | –2557 | 3871 |

continued

unit: 10000 yuan

| 全部从业人员年平均人数（人） Annual Average Employed Persons （person） | 资产负债率（%） Assets-liability Ratio（%） | 主营业务收入利润率（%） Profit margin of principle business（%） | 人均年主营业务收入 Annual revenue of principle business per capita |
|---|---|---|---|
| 4352 | 52.4 | –0.3 | 62.2 |
| **50602** | **72.9** | **–1.2** | **37.4** |
| 31731 | 79.8 | –8.4 | 30.9 |
| 8030 | 57.8 | 13.7 | 41.7 |
| 4727 | 62.4 | 4.8 | 73.1 |
| 1104 | 56.6 | –0.8 | 48.2 |
| 9578 | 99.7 | –58.2 | 13.8 |
| 5010 | 74.9 | –1.9 | 35.3 |
| **117689** | **42.0** | **–10.1** | **38.3** |
| 59774 | 37.2 | –17.4 | 49.6 |
| 17453 | 57.4 | –3.0 | 30.8 |
| 9123 | 59.2 | 6.5 | 39.7 |
| 8742 | 31.7 | 9.8 | 21.3 |
| 22597 | 38.0 | 7.4 | 20.3 |
| **30700** | **59.1** | **5.2** | **75.4** |
| 9511 | 45.4 | 4.6 | 117.1 |
| 2860 | 78.4 | 9.5 | 96.0 |
| 3008 | 61.6 | 6.8 | 44.1 |
| 7063 | 51.9 | 9.2 | 55.3 |
| 8258 | 75.4 | –0.6 | 48.9 |
| **66804** | **53.6** | **6.0** | **63.8** |
| 10723 | 49.3 | 2.8 | 128.7 |
| 6264 | 73.0 | –5.1 | 23.6 |
| 17815 | 40.5 | 10.8 | 41.9 |
| 20263 | 67.3 | 8.2 | 71.8 |
| 2126 | 56.4 | 11.4 | 49.6 |
| 3421 | 51.6 | 1.5 | 53.7 |
| 3203 | 71.8 | 1.6 | 38.9 |
| 2989 | 49.2 | 6.3 | 40.6 |
| 382 | 103.5 | –10.4 | 64.5 |

# 18 - 19 各市县社会消费品零售总额（2018年）

## Total Retail Sales of Consumer Goods by City and County（2018）

单位：万元　　unit：10000 yuan

| 市、县 | City, County | 社会消费品零售总额 Total Retair Sales of Consumer Goods | 按销售地区分 Grouped by Region | | 按行业分 Grouped by Sector | |
|---|---|---|---|---|---|---|
| | | | 城镇 Urban | 乡村 Rural | 批发零售贸易业 Wholesale and Retail Trades | 住宿和餐饮业 Hotels and Catering Services |
| **全　省** | **Total** | **75203692** | **66801966** | **8401726** | **65054998** | **10148694** |
| **长 春 市** | **Changchun** | **30035719** | **27790741** | **2244979** | **26445690** | **3590030** |
| 市　区 | District | 25001852 | 24125883 | 875969 | 22673849 | 2328003 |
| 榆 树 市 | Yushu | 1687508 | 1324694 | 362814 | 1036257 | 651252 |
| 德 惠 市 | Dehui | 1691055 | 1327459 | 363597 | 1492452 | 198604 |
| 农 安 县 | Nong' an | 1655303 | 1012705 | 642599 | 1243132 | 412172 |
| **吉 林 市** | **Jilin** | **13671032** | **12245994** | **1425038** | **12121803** | **1549229** |
| 市　区 | District | 10012319 | 9575364 | 436955 | 8903882 | 1108437 |
| 桦 甸 市 | Huadian | 999635 | 714739 | 284896 | 933081 | 66554 |
| 蛟 河 市 | Jiaohe | 870052 | 678641 | 191412 | 744952 | 125100 |
| 舒 兰 市 | Shulan | 473426 | 346649 | 126777 | 394598 | 78828 |
| 磐 石 市 | Panshi | 968234 | 687446 | 280788 | 842085 | 126150 |
| 永 吉 县 | Yongji | 347366 | 243156 | 104210 | 303206 | 44161 |
| **四 平 市** | **Siping** | **5853651** | **4849191** | **1004460** | **5115747** | **737904** |
| 市　区 | District | 1739712 | 1485347 | 254365 | 1476637 | 263075 |
| 公主岭市 | Gongzhuling | 2039494 | 1964979 | 74515 | 1875628 | 163866 |
| 双 辽 市 | Shuangliao | 684986 | 621821 | 63165 | 612014 | 72972 |
| 梨 树 县 | Lishu | 717720 | 423332 | 294388 | 561340 | 156380 |
| 伊通满族自治县 | Yitong | 671739 | 353712 | 318027 | 590129 | 81611 |
| **辽 源 市** | **Liaoyuan** | **2397371** | **2176069** | **221302** | **2125230** | **272141** |
| 市　区 | District | 1553164 | 1542639 | 10524 | 1396208 | 156956 |
| 东 丰 县 | Dongfeng | 596946 | 478144 | 118801 | 513621 | 83324 |
| 东 辽 县 | Dongliao | 247262 | 155285 | 91977 | 215401 | 31861 |
| **通 化 市** | **Tonghua** | **4324233** | **3788020** | **536213** | **3954038** | **370195** |
| 市　区 | District | 930263 | 777277 | 152987 | 854830 | 75433 |
| 梅河口市 | Meihekou | 1457611 | 1371413 | 86197 | 1370192 | 87419 |
| 集安市 | Ji' an | 481090 | 404006 | 77084 | 423033 | 58057 |
| 通化县 | Tonghua | 424222 | 370010 | 54212 | 370686 | 53536 |
| 辉南县 | Huinan | 551448 | 465028 | 86420 | 498456 | 52992 |
| 柳河县 | Liuhe | 479599 | 400286 | 79313 | 436841 | 42759 |

18－19　续表 continued

单位：万元　　　　unit：10000 yuan

| 市、县 | City, County | 社会消费品零售总额<br>Total Retail Sales of Consumer Goods | 按销售地区分 Grouped by Region | | 按行业分 Grouped by Sector | |
|---|---|---|---|---|---|---|
| | | | 城镇<br>Urban | 乡村<br>Rural | 批发零售贸易业<br>Wholesale and Retail Trades | 住宿和餐饮业<br>Hotels and Catering Services |
| **白山市** | **Baishan** | **2943835** | **2647931** | **295904** | **2172580** | **771254** |
| 市　区 | District | 1195442 | 1099869 | 95572 | 966760 | 228682 |
| 临江市 | Linjiang | 413518 | 373706 | 39811 | 266386 | 147132 |
| 抚松县 | Fusong | 605517 | 511357 | 94160 | 378188 | 227329 |
| 靖宇县 | Jingyu | 213073 | 191766 | 21307 | 146424 | 66649 |
| 长白朝鲜族自治县 | Changbai | 123819 | 112068 | 11751 | 87898 | 35921 |
| 江源县 | Jiangjuan | 392468 | 359164 | 33303 | 326926 | 65542 |
| **松原市** | **Songyuan** | **7143866** | **5597016** | **1546850** | **5925730** | **1218136** |
| 市　区 | District | 1802468 | 1621298 | 181171 | 1457276 | 345192 |
| 长岭县 | Changling | 1470381 | 1120431 | 349950 | 1218648 | 251733 |
| 前郭尔罗斯蒙古族自治县 | Qianguo | 1798528 | 1368568 | 429960 | 1454496 | 344032 |
| 乾安县 | Qian' an | 514154 | 359993 | 154161 | 405818 | 108336 |
| 扶余市 | Fuyu | 1558335 | 1126726 | 431609 | 1389492 | 168843 |
| **白城市** | **Baicheng** | **3306511** | **2793576** | **512935** | **2898624** | **407887** |
| 市　区 | District | 1571474 | 1436386 | 135088 | 1406330 | 165144 |
| 洮南市 | Taonan | 470480 | 362480 | 108000 | 401878 | 68602 |
| 大安市 | Da' an | 458329 | 340569 | 117760 | 392106 | 66223 |
| 镇赉县 | Zhenlai | 383763 | 315303 | 68460 | 325534 | 58229 |
| 通榆县 | Tongyu | 422465 | 338838 | 83627 | 372776 | 49689 |
| **延边朝鲜族自治州** | **Yanbian** | **5346956** | **4756395** | **590561** | **4168151** | **1178805** |
| 延吉市 | Yanji | 2543662 | 2368992 | 174670 | 1823408 | 720254 |
| 图们市 | Tumen | 249342 | 223456 | 25886 | 199795 | 49547 |
| 敦化市 | Dunhua | 1219251 | 1077867 | 141384 | 1069827 | 149424 |
| 龙井市 | Longjing | 171604 | 148686 | 22918 | 118442 | 53162 |
| 珲春市 | Hunchun | 480080 | 409397 | 70683 | 417782 | 62298 |
| 和龙市 | Helong | 219873 | 143957 | 75916 | 170195 | 49679 |
| 汪清县 | Wangqing | 271260 | 240681 | 30579 | 218084 | 53176 |
| 安图县 | Antu | 191884 | 143359 | 48525 | 150619 | 41265 |
| 长白山管委会 | Changbaishan | 180518 | 157033 | 23485 | 127406 | 53113 |

注：长白山管委会不含在延边州。
Note: Changbai mountain management committee is not in yanbian autonomous prefecture.

# 18－20 各市县各级各类教育基本情况（2018年）
# Basic Statistics on Education by Type of City and County（2018）

| 市、县 | City，County | 小学 Primary Schools | | | | | | | | | |
|---|---|---|---|---|---|---|---|---|---|---|---|
| | | 学校数（所）Number of Schools (unit) | #乡村 Rural | 毕业生（人）Graduates (person) | #乡村 Rural | 招生数（人）New Student Enrollment (person) | #乡村 Rural | 在校学生数（人）Students Enrollment (person) | #乡村 Rural | 专任教师数（人）Number of Full－time Teachers (person) | #乡村 Rural |
| **全　　省** | **Total** | **3871** | **2822** | **226423** | **54688** | **201272** | **30902** | **1201872** | **230219** | **91550** | **28998** |
| **长春市** | **Changchun** | **1063** | **816** | **68720** | **18489** | **70906** | **10326** | **397178** | **77809** | **25284** | **9073** |
| 市　区 | District | 379 | 205 | 38814 | 4827 | 48814 | 3589 | 252606 | 22137 | 12901 | 1864 |
| 农安县 | Nong' an | 247 | 224 | 10327 | 5029 | 8162 | 2915 | 53695 | 23369 | 4365 | 2642 |
| 榆树市 | Yushu | 275 | 245 | 11048 | 4910 | 7272 | 1919 | 49796 | 17719 | 4952 | 2803 |
| 德惠市 | Dehui | 162 | 142 | 8531 | 3723 | 6658 | 1903 | 41081 | 14584 | 3066 | 1764 |
| **吉林市** | **Jilin** | **553** | **381** | **30392** | **5869** | **28880** | **3416** | **169977** | **25899** | **13549** | **3365** |
| 市　区 | District | 131 | 57 | 12051 | 1100 | 14253 | 752 | 76077 | 5438 | 5121 | 566 |
| 永吉县 | Yongji | 30 | 17 | 2534 | 520 | 2203 | 304 | 13983 | 2141 | 1006 | 190 |
| 蛟河市 | Jiaohe | 99 | 85 | 3449 | 961 | 2526 | 427 | 15903 | 3369 | 1266 | 556 |
| 桦甸市 | Huadian | 93 | 67 | 4064 | 1125 | 3048 | 651 | 19873 | 4994 | 1864 | 684 |
| 舒兰市 | Shulan | 95 | 70 | 4546 | 1346 | 3506 | 725 | 23216 | 5752 | 2210 | 732 |
| 磐石市 | Panshi | 105 | 85 | 3748 | 817 | 3344 | 557 | 20925 | 4205 | 2082 | 637 |
| **四平市** | **Siping** | **828** | **672** | **33504** | **9202** | **24884** | **4992** | **159254** | **37436** | **13090** | **4871** |
| 市　区 | District | 75 | 35 | 4697 | 141 | 4771 | 21 | 25558 | 423 | 2455 | 235 |
| 梨树县 | Lishu | 207 | 170 | 8008 | 2397 | 5186 | 1349 | 35542 | 9927 | 2723 | 1140 |
| 伊通县 | Yitong | 149 | 133 | 3952 | 1936 | 2753 | 988 | 18813 | 7636 | 2090 | 1244 |
| 公主岭市 | Gongzhuling | 226 | 194 | 12571 | 3067 | 9019 | 1565 | 59238 | 12282 | 3511 | 1122 |
| 双辽市 | Shuangliao | 171 | 140 | 4276 | 1661 | 3155 | 1069 | 20103 | 7168 | 2311 | 1130 |
| **辽源市** | **Liaoyuan** | **175** | **122** | **8989** | **2764** | **7654** | **1478** | **44819** | **11020** | **5134** | **2057** |
| 市　区 | District | 36 | 13 | 2911 | 217 | 3391 | 128 | 17740 | 937 | 1452 | 239 |
| 东丰县 | Dongfeng | 120 | 100 | 3326 | 1312 | 2613 | 727 | 15789 | 5303 | 1829 | 837 |
| 东辽县 | Dongliao | 19 | 9 | 2752 | 1235 | 1650 | 623 | 11290 | 4780 | 1853 | 981 |
| **通化市** | **Tonghua** | **199** | **118** | **16593** | **3261** | **14451** | **2343** | **85553** | **15379** | **6116** | **1557** |
| 市　区 | District | 33 | 5 | 2880 | 41 | 3117 | 3 | 16767 | 80 | 1271 | 18 |

18－20 续表 1 continued

| 市、县 | City, County | 小学 Primary Schools 学校数（所）Number of Schools (unit) | # 乡村 Rural | 毕业生（人）Graduates (person) | # 乡村 Rural | 招生数（人）New Student Enrollment (person) | # 乡村 Rural | 在校学生数（人）Students Enrollment (person) | # 乡村 Rural | 专任教师数（人）Number of Full－time Teachers (person) | # 乡村 Rural |
|---|---|---|---|---|---|---|---|---|---|---|---|
| 通化县 | Tonghua | 25 | 18 | 1723 | 492 | 1342 | 230 | 8286 | 1931 | 653 | 279 |
| 辉南县 | Huinan | 48 | 34 | 3015 | 780 | 1966 | 454 | 13216 | 3181 | 1193 | 410 |
| 柳河县 | Liuhe | 22 | 9 | 2990 | 372 | 2587 | 261 | 15645 | 1726 | 1021 | 163 |
| 梅河口市 | Meihekou | 41 | 29 | 4563 | 1222 | 4310 | 1222 | 24668 | 7229 | 1219 | 453 |
| 集安市 | Ji' an | 30 | 23 | 1422 | 354 | 1129 | 173 | 6971 | 1232 | 759 | 234 |
| **白山市** | **Baishan** | **134** | **59** | **8046** | **587** | **7150** | **371** | **41785** | **2609** | **3639** | **350** |
| 市区 | District | 38 | 7 | 3276 | 139 | 3097 | 62 | 17575 | 520 | 1202 | 119 |
| 抚松县 | Fusong | 21 | 2 | 2194 | 202 | 1880 | 104 | 11125 | 779 | 1138 | 41 |
| 靖宇县 | Jingyu | 6 | 1 | 1125 | 136 | 950 | 146 | 5659 | 857 | 428 | 98 |
| 长白县 | Changbai | 27 | 17 | 491 | 32 | 359 | 11 | 2450 | 119 | 416 | 25 |
| 临江市 | Linjiang | 42 | 32 | 960 | 78 | 864 | 48 | 4976 | 334 | 455 | 67 |
| **松原市** | **Songyuan** | **706** | **606** | **28416** | **9592** | **21173** | **5185** | **141348** | **40112** | **10810** | **5085** |
| 市区 | District | 88 | 61 | 7398 | 1125 | 6302 | 680 | 38417 | 4761 | 2286 | 647 |
| 前郭县 | Qianguo | 141 | 118 | 5890 | 2551 | 4310 | 1415 | 29513 | 11078 | 2907 | 1673 |
| 长岭县 | Changling | 230 | 208 | 6738 | 2895 | 4770 | 1496 | 32961 | 11807 | 2366 | 1230 |
| 乾安县 | Qian' an | 61 | 48 | 2114 | 531 | 1652 | 324 | 11334 | 2638 | 1178 | 525 |
| 扶余县 | Fuyu | 186 | 171 | 6276 | 2490 | 4139 | 1270 | 29123 | 9828 | 2073 | 1010 |
| **白城市** | **Baicheng** | **100** | **27** | **16708** | **3761** | **11926** | **2090** | **77396** | **14734** | **7268** | **2015** |
| 市区 | District | 22 | 4 | 4411 | 452 | 3469 | 251 | 22176 | 1928 | 1442 | 208 |
| 镇赉县 | Zhenlai | 16 | 3 | 2250 | 457 | 1616 | 360 | 10983 | 2364 | 1102 | 369 |
| 通榆县 | Tongyu | 13 | 1 | 3804 | 672 | 2540 | 355 | 15328 | 2738 | 1273 | 147 |
| 洮南市 | Taonan | 23 | 10 | 3750 | 1421 | 2704 | 796 | 16823 | 4885 | 1605 | 630 |
| 大安市 | Da' an | 26 | 9 | 2493 | 759 | 1597 | 328 | 12086 | 2819 | 1846 | 661 |
| **延边州** | **Yanbian** | **113** | **21** | **15055** | **1163** | **14248** | **701** | **84562** | **5221** | **6660** | **625** |
| 延吉市 | Yanji | 27 | 6 | 4886 | 48 | 5533 | 23 | 30773 | 216 | 1822 | 59 |
| 图们市 | Tumen | 6 | 0 | 452 | 0 | 396 | 0 | 2428 | 0 | 296 | 0 |
| 敦化市 | Dunhua | 18 | 0 | 3901 | 432 | 2839 | 219 | 18576 | 1710 | 1141 | 76 |
| 珲春市 | Hunchun | 12 | 3 | 1797 | 68 | 1956 | 41 | 11121 | 251 | 887 | 44 |
| 龙井市 | Longjing | 5 | 0 | 589 | 15 | 547 | 11 | 3490 | 125 | 384 | 0 |
| 和龙市 | Helong | 13 | 4 | 720 | 70 | 635 | 25 | 3934 | 205 | 563 | 86 |
| 汪清县 | Wangqing | 19 | 5 | 1287 | 155 | 1041 | 91 | 6692 | 785 | 812 | 136 |
| 安图县 | Antu | 13 | 3 | 1423 | 375 | 1301 | 291 | 7548 | 1929 | 755 | 224 |

18－20 续表 2 continued

| 市、县 | City, County | 普通中学 学校数（所）Number of Schools (unit) | #乡村 Rural | 毕业生（人）Graduates (person) | #乡村 Rural | 招生数（人）New Student Enrollment (person) | #乡村 Rural | 在校学生数（人）Students Enrollment (person) | #乡村 Rural | 专任教师数（人）Number of Full－time Teachers (person) | #乡村 Rural |
|---|---|---|---|---|---|---|---|---|---|---|---|
| **全　省** | **Total** | **1423** | **427** | **314821** | **30290** | **353331** | **38219** | **1069129** | **114887** | **111636** | **19624** |
| **长春市** | **Changchun** | **342** | **112** | **92078** | **10607** | **106020** | **12761** | **318227** | **39111** | **33353** | **5781** |
| 市　区 | District | 196 | 36 | 53548 | 3564 | 61226 | 3961 | 184116 | 12414 | 22211 | 2487 |
| 农安县 | Nong' an | 50 | 24 | 12874 | 3058 | 15692 | 3822 | 46924 | 11765 | 4117 | 1287 |
| 榆树市 | Yushu | 54 | 28 | 14669 | 1798 | 16551 | 2586 | 49613 | 7172 | 3810 | 964 |
| 德惠市 | Dehui | 42 | 24 | 10987 | 2187 | 12551 | 2392 | 37574 | 7760 | 3215 | 1043 |
| **吉林市** | **Jilin** | **185** | **39** | **45494** | **3127** | **48132** | **3636** | **147495** | **11027** | **15239** | **1946** |
| 市　区 | District | 75 | 15 | 19056 | 1015 | 19693 | 1093 | 61322 | 3433 | 6327 | 623 |
| 永吉县 | Yongji | 17 | 3 | 3810 | 188 | 3926 | 260 | 11725 | 765 | 1388 | 197 |
| 蛟河市 | Jiaohe | 23 | 5 | 4639 | 341 | 5319 | 447 | 16705 | 1397 | 2027 | 325 |
| 桦甸市 | Huadian | 18 | 4 | 5795 | 525 | 6243 | 643 | 19071 | 1947 | 1560 | 206 |
| 舒兰市 | Shulan | 27 | 7 | 6340 | 680 | 6925 | 808 | 20812 | 2364 | 1990 | 378 |
| 磐石市 | Panshi | 25 | 5 | 5854 | 378 | 6026 | 385 | 17860 | 1121 | 1947 | 217 |
| **四平市** | **Siping** | **186** | **57** | **40172** | **3914** | **48610** | **5951** | **145520** | **17717** | **12193** | **2083** |
| 市　区 | District | 28 | 1 | 7703 | 13 | 8438 | 15 | 26361 | 46 | 2432 | 33 |
| 梨树县 | Lishu | 47 | 16 | 7910 | 1146 | 9634 | 1780 | 28817 | 4883 | 2416 | 509 |
| 伊通县 | Yitong | 30 | 15 | 6046 | 1370 | 6406 | 1624 | 19814 | 4801 | 1975 | 772 |
| 公主岭市 | Gongzhuling | 51 | 13 | 13755 | 800 | 18707 | 1807 | 53856 | 5794 | 3869 | 505 |
| 双辽市 | Shuangliao | 30 | 12 | 4758 | 585 | 5425 | 725 | 16672 | 2193 | 1501 | 264 |
| **辽源市** | **Liaoyuan** | **61** | **21** | **14587** | **1927** | **14990** | **2003** | **47227** | **6447** | **4510** | **923** |
| 市　区 | District | 17 | 3 | 5451 | 197 | 5336 | 191 | 17411 | 631 | 1655 | 135 |
| 东丰县 | Dongfeng | 25 | 9 | 5191 | 732 | 5450 | 724 | 16831 | 2407 | 1566 | 385 |
| 东辽县 | Dongliao | 19 | 9 | 3945 | 998 | 4204 | 1088 | 12985 | 3409 | 1289 | 403 |
| **通化市** | **Tonghua** | **131** | **33** | **25268** | **1561** | **26880** | **2253** | **81640** | **6690** | **10009** | **1481** |
| 市　区 | District | 19 |  | 4913 |  | 5201 |  | 15680 |  | 1730 |  |

18－20　续表 3　continued

| 市、县 | City，County | 普通中学 学校数（所）Number of Schools (unit) | #乡村 Rural | 毕业生（人）Graduates (person) | #乡村 Rural | 招生数（人）New Student Enrollment (person) | #乡村 Rural | 在校学生数（人）Students Enrollment (person) | #乡村 Rural | 专任教师数（人）Number of Full－time Teachers (person) | #乡村 Rural |
|---|---|---|---|---|---|---|---|---|---|---|---|
| 通化县 | Tonghua | 22 | 7 | 2782 | 266 | 2637 | 298 | 8592 | 1007 | 1337 | 223 |
| 辉南县 | Huinan | 21 | 7 | 4606 | 585 | 4822 | 724 | 14607 | 2141 | 1329 | 276 |
| 柳河县 | Liuhe | 23 | 6 | 3598 | 199 | 4298 | 246 | 12395 | 719 | 1213 | 150 |
| 梅河口市 | Meihekou | 29 | 8 | 6870 | 386 | 7609 | 851 | 23095 | 2407 | 3136 | 560 |
| 集安市 | Ji' an | 17 | 5 | 2499 | 125 | 2313 | 134 | 7271 | 416 | 1264 | 272 |
| **白山市** | **Baishan** | **106** | **20** | **13940** | **406** | **13804** | **407** | **43427** | **1260** | **6902** | **772** |
| 市区 | District | 36 | 3 | 5925 | 41 | 5535 | 43 | 17578 | 128 | 2510 | 103 |
| 抚松县 | Fusong | 26 | 6 | 3815 | 145 | 4040 | 165 | 12911 | 511 | 1952 | 239 |
| 靖宇县 | Jingyu | 16 | 6 | 1461 | 113 | 1651 | 118 | 4835 | 380 | 1062 | 306 |
| 长白县 | Changbai | 12 | 3 | 840 | 49 | 798 | 24 | 2454 | 87 | 437 | 58 |
| 临江市 | Linjiang | 16 | 2 | 1899 | 58 | 1780 | 57 | 5649 | 154 | 941 | 66 |
| **松原市** | **Songyuan** | **149** | **63** | **38547** | **4864** | **45149** | **6393** | **138020** | **18686** | **10862** | **2478** |
| 市区 | District | 27 | 4 | 12661 | 364 | 13786 | 402 | 41880 | 1283 | 2860 | 149 |
| 前郭县 | Qianguo | 35 | 20 | 7386 | 1650 | 8924 | 2420 | 26865 | 6867 | 2453 | 858 |
| 长岭县 | Changling | 38 | 18 | 7318 | 1113 | 9725 | 1680 | 28215 | 4838 | 1906 | 480 |
| 乾安县 | Qian' an | 18 | 8 | 3091 | 493 | 3336 | 436 | 10269 | 1435 | 1053 | 262 |
| 扶余县 | Fuyu | 31 | 13 | 8091 | 1244 | 9378 | 1455 | 30791 | 4263 | 2590 | 729 |
| **白城市** | **Baicheng** | **120** | **45** | **23669** | **2514** | **26362** | **3153** | **77830** | **8862** | **9361** | **2824** |
| 市区 | District | 30 | 8 | 7192 | 420 | 7821 | 470 | 23068 | 1530 | 2187 | 307 |
| 镇赉县 | Zhenlai | 18 | 7 | 3190 | 267 | 3503 | 359 | 10913 | 985 | 1494 | 544 |
| 通榆县 | Tongyu | 24 | 9 | 4659 | 408 | 5882 | 622 | 15783 | 1448 | 2377 | 848 |
| 洮南市 | Taonan | 17 | 7 | 4659 | 710 | 5163 | 979 | 15684 | 2703 | 1469 | 372 |
| 大安市 | Da' an | 31 | 14 | 3969 | 709 | 3993 | 723 | 12382 | 2196 | 1834 | 753 |
| **延边州** | **Yanbian** | **143** | **37** | **21066** | **1370** | **23384** | **1662** | **69743** | **5087** | **9207** | **1336** |
| 延吉市 | Yanji | 24 | 2 | 6774 | 296 | 8102 | 450 | 23655 | 1423 | 2234 | 113 |
| 图们市 | Tumen | 9 |  | 673 |  | 636 |  | 1968 |  | 444 |  |
| 敦化市 | Dunhua | 27 | 8 | 5242 | 414 | 5817 | 598 | 17325 | 1793 | 2113 | 506 |
| 珲春市 | Hunchun | 16 | 3 | 2464 | 38 | 2802 | 41 | 8335 | 94 | 1023 | 36 |
| 龙井市 | Longjing | 14 | 5 | 865 | 38 | 834 | 15 | 2583 | 68 | 618 | 107 |
| 和龙市 | Helong | 17 | 6 | 1102 | 50 | 1019 | 39 | 3097 | 118 | 774 | 122 |
| 汪清县 | Wangqing | 20 | 6 | 1840 | 138 | 1980 | 138 | 6024 | 385 | 978 | 130 |
| 安图县 | Antu | 16 | 7 | 2106 | 396 | 2194 | 381 | 6756 | 1206 | 1023 | 322 |

18－20 续表 4 continued

| 市、县 | City，County | 普通高中 学校数（所） Number of Schools (unit) | #乡村 Rural | 毕业生（人） Graduates (person) | #乡村 Rural | 招生数（人） New Student Enrollment (person) | #乡村 Rural | 在校学生数（人） Students Enrollment (person) | #乡村 Rural | 专任教师数（人） Number of Full－time Teachers (person) | #乡村 Rural |
|---|---|---|---|---|---|---|---|---|---|---|---|
| **全 省** | **Total** | **248** | **11** | **133057** | **998** | **129106** | **2082** | **408494** | **6919** | **35976** | **946** |
| **长春市** | **Changchun** | **71** | **4** | **38750** | **648** | **36943** | **718** | **117599** | **2396** | **10829** | **468** |
| 市 区 | District | 50 | 2 | 22752 | 266 | 21635 | 281 | 69645 | 935 | 7024 | 158 |
| 农安县 | Nong' an | 10 | 2 | 5730 | 382 | 5585 | 437 | 18358 | 1461 | 1716 | 310 |
| 榆树市 | Yushu | 6 |  | 5880 |  | 5560 |  | 16284 |  | 1046 |  |
| 德惠市 | Dehui | 5 |  | 4388 |  | 4163 |  | 13312 |  | 1043 |  |
| **吉林市** | **Jilin** | **39** | **1** | **19786** | **143** | **18006** | **258** | **57102** | **701** | **5386** | **66** |
| 市 区 | District | 20 | 1 | 8813 | 143 | 7392 | 258 | 24450 | 701 | 2681 | 66 |
| 永吉县 | Yongji | 3 |  | 1692 |  | 1567 |  | 4911 |  | 474 |  |
| 蛟河市 | Jiaohe | 4 |  | 1798 |  | 1911 |  | 5874 |  | 459 |  |
| 桦甸市 | Huadian | 3 |  | 2452 |  | 2308 |  | 7049 |  | 552 |  |
| 舒兰市 | Shulan | 5 |  | 2609 |  | 2518 |  | 7834 |  | 590 |  |
| 磐石市 | Panshi | 4 |  | 2422 |  | 2310 |  | 6984 |  | 630 |  |
| **四平市** | **Siping** | **29** | **4** | **16458** | **207** | **16732** | **999** | **53202** | **3518** | **4171** | **332** |
| 市 区 | District | 4 |  | 3515 |  | 3248 |  | 10805 |  | 758 |  |
| 梨树县 | Lishu | 7 |  | 3357 |  | 2687 |  | 9203 |  | 803 |  |
| 伊通县 | Yitong | 6 | 3 | 2521 | 179 | 2510 | 244 | 7947 | 726 | 730 | 234 |
| 公主岭市 | Gongzhuling | 9 | 1 | 5578 | 28 | 6687 | 755 | 20366 | 2792 | 1498 | 98 |
| 双辽市 | Shuangliao | 3 |  | 1487 |  | 1600 |  | 4881 |  | 382 |  |
| **辽源市** | **Liaoyuan** | **8** |  | **6211** |  | **6096** |  | **19290** |  | **1404** |  |
| 市 区 | District | 4 |  | 2710 |  | 2360 |  | 8101 |  | 643 |  |
| 东丰县 | Dongfeng | 2 |  | 1890 |  | 2138 |  | 6304 |  | 396 |  |
| 东辽县 | Dongliao | 2 |  | 1611 |  | 1598 |  | 4885 |  | 365 |  |
| **通化市** | **Tonghua** | **20** |  | **10692** |  | **10425** |  | **32178** |  | **2980** |  |
| 市 区 | District | 6 |  | 2312 |  | 2278 |  | 6982 |  | 807 |  |

18－20 续表 5 continued

| 市、县 | City，County | 普通高中<br>学校数（所）Number of Schools (unit) | #乡村 Rural | 毕业生（人）Graduates (person) | #乡村 Rural | 招生数（人）New Student Enrollment (person) | #乡村 Rural | 在校学生数（人）Students Enrollment (person) | #乡村 Rural | 专任教师数（人）Number of Full－time Teachers (person) | #乡村 Rural |
|---|---|---|---|---|---|---|---|---|---|---|---|
| 通化县 | Tonghua | 2 | | 1156 | | 939 | | 3264 | | 293 | |
| 辉南县 | Huinan | 2 | | 1926 | | 1890 | | 5629 | | 331 | |
| 柳河县 | Liuhe | 2 | | 1349 | | 1415 | | 4274 | | 244 | |
| 梅河口市 | Meihekou | 5 | | 3011 | | 2963 | | 9204 | | 991 | |
| 集安市 | Ji' an | 3 | | 938 | | 940 | | 2825 | | 314 | |
| **白山市** | **Baishan** | **15** | | **6494** | | **5785** | | **18681** | | **1891** | |
| 市区 | District | 6 | | 3001 | | 2323 | | 7842 | | 722 | |
| 抚松县 | Fusong | 4 | | 1726 | | 1838 | | 5785 | | 631 | |
| 靖宇县 | Jingyu | 1 | | 507 | | 509 | | 1513 | | 170 | |
| 长白县 | Changbai | 2 | | 337 | | 313 | | 987 | | 145 | |
| 临江市 | Linjiang | 2 | | 923 | | 802 | | 2554 | | 223 | |
| **松原市** | **Songyuan** | **20** | | **16090** | | **16848** | | **54356** | | **3881** | |
| 市区 | District | 8 | | 6389 | | 5899 | | 18773 | | 1419 | |
| 前郭县 | Qianguo | 4 | | 2374 | | 2875 | | 8538 | | 682 | |
| 长岭县 | Changling | 3 | | 2900 | | 3149 | | 9600 | | 583 | |
| 乾安县 | Qian' an | 2 | | 1131 | | 1309 | | 3874 | | 297 | |
| 扶余县 | Fuyu | 3 | | 3296 | | 3616 | | 13571 | | 900 | |
| **白城市** | **Baicheng** | **17** | **1** | **9631** | | **9785** | | **29675** | | **2459** | **26** |
| 市区 | District | 6 | 1 | 3179 | | 3027 | | 9107 | | 758 | 26 |
| 镇赉县 | Zhenlai | 3 | | 1390 | | 1330 | | 4254 | | 407 | |
| 通榆县 | Tongyu | 3 | | 1710 | | 2078 | | 6059 | | 585 | |
| 洮南市 | Taonan | 2 | | 1765 | | 1719 | | 5350 | | 335 | |
| 大安市 | Da' an | 3 | | 1587 | | 1631 | | 4905 | | 374 | |
| **延边州** | **Yanbian** | **29** | **1** | **8945** | | **8486** | **107** | **26411** | **304** | **2975** | **54** |
| 延吉市 | Yanji | 8 | 1 | 3054 | | 3038 | 107 | 9257 | 304 | 804 | 54 |
| 图们市 | Tumen | 2 | | 310 | | 225 | | 775 | | 148 | |
| 敦化市 | Dunhua | 7 | | 2287 | | 1974 | | 6128 | | 831 | |
| 珲春市 | Hunchun | 2 | | 1002 | | 1032 | | 3144 | | 321 | |
| 龙井市 | Longjing | 2 | | 325 | | 323 | | 1023 | | 191 | |
| 和龙市 | Helong | 2 | | 460 | | 372 | | 1250 | | 170 | |
| 汪清县 | Wangqing | 3 | | 742 | | 693 | | 2288 | | 250 | |
| 安图县 | Antu | 3 | | 765 | | 829 | | 2546 | | 260 | |

# 18－21 县市（卡）社会经济基本情况（2018年）

| 指　　标 | Item | 农安县 Nongan | 榆树市 Yushu |
|---|---|---|---|
| 行政区域面积(平方公里) | The administrative area（sq.km） | 5415 | 4712 |
| 乡个数（个） | Number of Townships（unit） | 10 | 9 |
| 镇个数（个） | Number of Towns（unit） | 12 | 15 |
| 户籍户数（户） | Number of Family Household（household） | 385477 | 436801 |
| 户籍人口（人） | Household Registered Population(person) | 1126472 | 1229647 |
| 第一产业从业人员（人） | Total Employed Persons in Primary Industry (person) | 319267 | 370298 |
| 第二产业从业人员（人） | Total Employed Persons in Secondary Industry (person) | 89116 | 163852 |
| 第三产业从业人员（人） | Total Employed Persons in Tertiary Industry (person) | 98936 | 151698 |
| 地区生产总值（万元） | Gross Regional Product（10000yuan) | 4988503 | 4563436 |
| 年末金融机构各项存款余额（万元） | Balance of deposits in financial institutions at end of the year（10000yuan) | 3680920 | 2886336 |
| #居民人民币储蓄存款余额（万元） | RMB savings deposit of residents （10000yuan) | 3024412 | 2340077 |
| 年末金融机构各项贷款余额（万元） | Balance of loans for financial institutions at year–end（10000yuan) | 2758914 | 2553123 |
| 耕地面积(公顷) | Arable land (ha) | 377319 | 390851 |
| 设施农业占地面积(公顷) | Facility agriculture area (ha） | 129 | 677 |
| 粮食作物播种面积(公顷) | Sown Area of Grain Crops(ha) | 373953 | 385321 |
| #小麦播种面积(公顷) | Sown Area of Wheat(ha) | 20 | 4 |
| 油料作物播种面积(公顷) | Sown Area of Oil–bearing Crops(ha) | 20254 | 1729 |
| 棉花播种面积(公顷) | Sown Area of Cotton (ha） | | |
| 糖料作物播种面积(公顷) | Sown Area of Sugar Crops (ha） | 10 | |
| 粮食总产量（吨） | Total Output of Grain (ton) | 2574500 | 2852994 |
| #小麦产量（吨） | Output of Wheat (ton) | 3.1 | 16 |
| 油料产量（吨） | Output of Oil–bearing Crops (ton) | 65104 | 6798 |
| 棉花产量（吨） | Output of Cotton (ton) | | |
| 糖料产量（吨） | Output of Sugar Crops (ton) | 333 | |
| 水果(不含瓜类水果)产量（吨） | Output of Fruits(Excluding Melons) (ton) | 1726 | 6372 |
| 奶类产量（吨） | Output of Milk(ton) | 25474 | 4512 |
| 水产品产量（吨） | Output of Aquatic Product(ton) | 7630 | 6458 |
| “三品一标”农产品个数（个） | Number of Three kinds and One symbol Agricultural Products（unit） | 53 | 42 |
| “三品一标”农产品基地面积(公顷) | Area of Three kinds and One symbol Agricultural Products Producing Base（ha） | 27120 | 7082 |
| 公路里程（公里） | Length of Highways（km） | 5558 | 6520 |

## Basic Statistics on Social and Economy by County（city）（2018）

| 德惠市 Dehui | 永吉县 Yongji | 蛟河市 Jiaohe | 桦甸市 Huadian | 舒兰市 Shulan | 磐石市 Panshi | 梨树县 Lishu | 伊通满族自治县 Yitong | 公主岭市 Gongzhuling | 双辽市 Shuangliao | 东丰县 Dongfeng |
|---|---|---|---|---|---|---|---|---|---|---|
| 3461 | 2399 | 6370 | 6624.9 | 4559 | 3861 | 3520 | 2527.1 | 4110.6 | 3121 | 2522.3 |
| 4 | 2 | 2 | 3 | 5 | 1 | 6 | 3 | 2 | 4 | 2 |
| 12 | 6 | 8 | 6 | 10 | 13 | 15 | 12 | 18 | 8 | 12 |
| 298303 | 118183 | 143691 | 164452 | 247224 | 182382 | 268314 | 162858 | 375637 | 163443 | 132010 |
| 925600 | 327200 | 421830 | 421509 | 607753 | 506427 | 761900 | 449557 | 1031000 | 392536 | 386661 |
| 205013 | 102173 | 95870 | 103667 | 178555 | 118550 | 255512 | 140211 | 274077 | 130776 | 144333 |
| 79471 | 18606 | 39681 | 23013 | 31249 | 54078 | 27925 | 25021 | 74315 | 22781 | 31600 |
| 114560 | 26929 | 78494 | 59496 | 82604 | 89273 | 44940 | 68955 | 109133 | 89523 | 47270 |
| 5122969 | 909875 | 1585915 | 1753905 | 1762715 | 2206915 | 1924619 | 1114053 | 4015255 | 978009 | 1825821 |
| 3026718 | 1484463.2 | 1618232 | 1609788 | 1964430 | 1719506 | 2133433 | 1383845 | 4201335 | 1374985 | 1399312 |
| 2577187 | 1160185.5 | 1280060 | 1247097 | 1539579 | 1079506 | 1729452 | 1029996 | 3290979 | 377394 | 1190885 |
| 1409981 | 1337296.6 | 932848 | 1104066 | 1959157 | 1478704 | 958692 | 855067 | 2677663 | 1142799 | 763359 |
| 205430 | 68820 | 115742.7 | 98349 | 134067 | 105736 | 261818 | 130499 | 315673 | 182188 | 130579 |
| 925 | 269 | 448 | 448.8 | 871 | 132 | 1608 | 123 | 1307 | 289 | 246 |
| 210986 | 75360 | 111492 | 113190 | 134067 | 112647 | 252969 | 129045 | 311790 | 168198 | 129491 |
|  |  |  |  |  |  | 119 | 4 | 9 | 57 |  |
| 2449 | 100 | 156 | 1102 |  | 104 | 3560 |  | 31 | 10300 | 16 |
|  |  |  |  |  |  |  |  |  |  |  |
|  |  |  |  |  |  |  |  |  |  |  |
| 1299500 | 423390.2 | 597599 | 620500 | 914024 | 676684 | 2083354 | 989500 | 2507995.4 | 1087397 | 820500 |
|  |  |  |  |  |  | 276 | 27 | 36 | 171 |  |
| 6367 | 146 | 274 | 2282 |  | 484 |  |  | 112 | 36107 | 28 |
|  |  |  |  |  |  |  |  |  |  |  |
|  |  |  |  |  |  |  |  |  |  |  |
| 23517 | 4330 | 9911 | 1851 | 7731 | 7268 | 8148 | 2830 | 12059 | 729 | 2892 |
| 19910 | 136 | 20 | 270 | 159 | 326 | 3444 |  | 2065 | 20734 | 757 |
| 6904 | 3320 | 7302 | 4702 | 7547 | 7862 | 1820 | 1821 | 1495 | 802 | 1690 |
| 62 | 39 | 46 | 6 |  |  | 146 | 39 |  | 80 | 93 |
| 9353 | 22659 | 7617 | 1333.3 |  |  |  | 1167 |  | 3929 |  |
| 3856 | 1800 | 2155 | 3088 | 2764 | 2158 | 2488 | 1648 | 3297 | 2084 | 2313 |

18－21 续表 1

| 指　　标 | Item | 农安县 Nongan | 榆树市 Yushu |
|---|---|---|---|
| 固定电话用户（户） | Number of Fixed Telephone Subscribers（unit） | 81491 | 127569 |
| 移动电话用户（户） | Number of Mobile Telephone Subscribers（unit） | 858494 | 926298 |
| 互联网宽带接入用户（户） | Number of Broadband Accessed Users（unit） | 91727 | 114551 |
| 社会消费品零售总额（万元） | Retail Sales of Consumer Goods（10000 yuan） | 1655303.4 | 1687508 |
| 出口总额（万元） | Value of Export（10000 yuan） | 9778.9 | 69255 |
| 普通中学（所） | Regular Secondary School（unit） | 46 | 53 |
| 小学数（所） | Primary School（unit） | 286 | 275 |
| 专利授权数（件） | Number of Patents Grant (piece) | 68 | 70 |
| 公共图书馆图书总藏量（千册） | Total Collection s of Public Libraries(1000 copies) | 135 | 143 |
| 剧场、影剧院个数（个） | Number of Theaters, Music Halls and Cinemas (unit) | 5 | 2 |
| 体育场馆个数（个） | Number of stadium（unit） | 3 | 1 |
| 医疗卫生机构床位数（床） | Number of Beds in medical and health institutions（bed） | 4110 | 2798 |
| 医疗卫生机构技术人员（人） | Technical personnel of medical and health institutions（person） | 4015 | 4774 |
| #执业（助理）医师（人） | Licensed (Assistant) Doctors（person） | 1555 | 2614 |
| 城镇居民人均可支配收入（元） | Per capita disposable income of urban residents（yuan） | 26907 | 24578 |
| 农村居民人均可支配收入（元） | Per capita disposable income of rural residents（yuan） | 14228 | 14301 |
| 农村居民每百户年末家用汽车拥有量（辆） | Automobile Owned per 100 Rural Households at Year-end(unit) | | |
| 各种社会福利收养性单位数（个） | Number of Public Welfare and Adoption Institutions(unit) | 58 | 40 |
| 各种社会福利收养性单位床位数（床） | Number of Beds in Public Welfare and Adoption Institutions(unit) | 4046 | 3206 |
| 城镇职工基本养老保险参保人数（人） | Number of Participants of Urban Employees Basic Pension Insurance(person) | 39395 | 84952 |
| 城乡居民基本养老保险参保人数（人） | Number of Participants of Urban and Rural Residents Basic Pension Insurance(person) | 402150 | 431554 |
| 基本医疗保险参保人数（人） | Number of Participants of Basic Medical Care Insurance(person) | 916657 | 1117025 |
| 城乡居民基本医疗保险参保人数（人） | Number of Participants of Basic Medical Care Insurance for Urban and Rural Residents (person) | 860820 | 1059086 |
| 失业保险参保人数（人） | Number of Participants of Unemployment Insurance(person) | 25832 | 44253 |
| 城镇居民最低生活保障人数（人） | Number of Urban Residents Receiving Minimum Living Allowance(person) | 6915 | 10775 |
| 农村居民最低生活保障人数（人） | Number of Rural Residents Receiving Minimum Living Allowance(person) | 22624 | 21938 |
| 森林面积(公顷) | Forest area(ha) | 21979 | 30736 |
| 自然保护区面积(公顷) | Natural reserve area(ha) | 24900 | |
| 污水处理厂数（座） | Number of sewage disposal plants(unit) | 2 | 2 |
| 垃圾处理站数（个） | Number of garbage disposal stations(unit) | 1 | 1 |

continued

| 德惠市 Dehui | 永吉县 Yongji | 蛟河市 Jiaohe | 桦甸市 Huadian | 舒兰市 Shulan | 磐石市 Panshi | 梨树县 Lishu | 伊通满族自治县 Yitong | 公主岭市 Gongzhuling | 双辽市 Shuangliao | 东丰县 Dongfeng |
|---|---|---|---|---|---|---|---|---|---|---|
| 80250 | 34062 | 32100 | 35174 | 50662 | 54307 | 41800 | 33515 | 225603 | 17509 | 27165 |
| 785564 | 345248 | 405326 | 425428 | 485234 | 473467 | 562800 | 376858 | 586623 | 392519 | 309231 |
| 110508 | 57178 | 74654 | 75516 | 79702 | 67210 | 86300 | 28621 | 54204 | 73164 | 73850 |
| 1691055.4 | 347366.1 | 870052.1 | 999635 | 127347.5 | 968234.4 | 646421 | 671739 | 196506 | 684985.9 | 596945.5 |
| 104441 | 8831.7 | 10859 | 11949.7 | 15935.2 | 7189 |  |  | 313 |  | 52362 |
| 40 | 17 | 23 | 18 | 27 | 25 | 47 | 27 | 51 | 30 | 25 |
| 159 | 30 | 92 | 93 | 95 | 105 | 207 | 149 | 226 | 171 | 120 |
| 91 | 51 | 44 | 25 | 18 | 52 |  |  |  | 7 |  |
| 180.5 | 52.7 | 257 | 689 | 35 | 177 | 82 | 58 | 98 | 45 | 100 |
| 3 | 2 | 2 | 1 | 2 | 3 | 2 | 3 | 11 | 1 | 2 |
| 2 | 1 | 1 | 2 | 2 | 1 | 2 | 2 | 1 | 1 | 1 |
| 2600 | 1417 | 2089 | 2009 | 2562 | 2016 | 2672 | 1615 | 6474 | 1433 | 1921 |
| 2850 | 1912 | 2410 | 2055 | 1794 | 2834 | 2381 | 1080 | 5727 | 2123 | 1318 |
| 1965 | 762 | 985 | 803 | 882 | 1026 | 1170 | 914 | 2296 | 817 | 860 |
| 26600 | 24736 | 22968 | 27676 | 22808 | 25631 | 22975 | 23894 | 28934 | 23106 | 25617 |
| 14320 | 13640 | 14141 | 14269 | 13980 | 14104 | 14058 | 12370 | 14292 | 13041 | 14211 |
| 20 | 22 | 19 | 17 |  | 12 |  | 28 | 15 | 24 |  |
| 17 | 13 | 41 | 14 | 18 | 34 | 15 | 27 | 40 | 17 | 39 |
| 2390 | 2229 | 2340 | 1413 | 1120 | 4406 | 1538 | 1749 | 5887 | 1699 | 1849 |
| 43503 | 22932 | 36911 | 13317 | 44929 | 90901 | 35257 | 19130 | 143870 | 42604 | 46371 |
| 365248 | 168220 | 135584 | 107571 | 214060 | 182643 | 246436 | 150614 |  | 135018 | 191529 |
| 836464 | 227800 | 338017 | 334291 | 222184 | 299938 | 498620 | 345147 | 83213 | 69895 | 342525 |
| 784813 | 227798 | 289933 | 241211 | 141213 | 122381 | 455719 | 320163 |  | 42005 | 276516 |
| 27838 | 17681 | 18851 | 25500 | 18779 | 28045 | 17761 | 12850 | 40800 | 26472 | 17398 |
| 3820 | 5570 | 8473 | 5561 | 13687 | 4050 | 11217 | 3499 | 5278 | 3683 | 9606 |
| 10478 | 9902 | 5105 | 6960 | 15986 | 13277 | 26045 | 10352 | 15122 | 13152 | 19359 |
| 12044 | 103780 | 421177 | 423946 | 142481 | 156756 | 28290 | 62188 | 25174 | 60787 | 82165 |
|  |  | 263654 | 80925 | 9442 | 2630 |  | 25022 |  |  |  |
| 1 | 1 | 1 |  | 1 | 1 | 1 | 1 | 2 | 1 | 1 |
| 1 | 1 | 2 | 1 | 1 | 1 | 5 | 1 | 1 |  |  |

18－21 续表 2

| 指 标 | Item | 东辽县 Dongliao | 通化县 Tonghua |
| --- | --- | --- | --- |
| 行政区域面积(平方公里) | The administrative area（sq.km） | 2173 | 3724.2 |
| 乡个数（个） | Number of Townships（unit） | 4 | 5 |
| 镇个数（个） | Number of Towns（unit） | 9 | 11 |
| 户籍户数（户） | Number of Family Household（household） | 122223 | 99063 |
| 户籍人口（人） | Household Registered Population(person) | 335731 | 236063 |
| 第一产业从业人员（人） | Total Employed Persons in Primary Industry (person) | 91701 | 51709 |
| 第二产业从业人员（人） | Total Employed Persons in Secondary Industry (person) | 35900 | 31801 |
| 第三产业从业人员（人） | Total Employed Persons in Tertiary Industry (person) | 42085 | 13950 |
| 地区生产总值（万元） | Gross Regional Product（10000yuan) | 1238597 | 1087780 |
| 年末金融机构各项存款余额（万元） | Balance of deposits in financial institutions at year–end（10000yuan) | 1014581 | 1182038 |
| #居民人民币储蓄存款余额（万元） | RMB savings deposit of residents （10000yuan) | 835618 | 906385 |
| 年末金融机构各项贷款余额（万元） | Balance of loans for financial institutions at year–end（10000yuan) | 1143700 | 1069345 |
| 耕地面积(公顷) | Arable land (ha) | 92919 | 31878 |
| 设施农业占地面积(公顷) | Facility agriculture area (ha） | 63 | 418 |
| 粮食作物播种面积(公顷) | Sown Area of Grain Crops(ha) | 102608 | 28467 |
| #小麦播种面积(公顷) | Sown Area of Wheat(ha) | | |
| 油料作物播种面积(公顷) | Sown Area of Oil–bearing Crops(ha) | 20 | 89 |
| 棉花播种面积(公顷) | Sown Area of Cotton (ha） | | |
| 糖料作物播种面积(公顷) | Sown Area of Sugar Crops (ha） | | |
| 粮食总产量（吨） | Total Output of Grain (ton) | 589500 | 156140 |
| #小麦产量（吨） | Output of Wheat (ton) | | |
| 油料产量（吨） | Output of Oil–bearing Crops (ton) | 10 | 284 |
| 棉花产量（吨） | Output of Cotton (ton) | | |
| 糖料产量（吨） | Output of Sugar Crops (ton) | | |
| 水果(不含瓜类水果)产量（吨） | Output of Fruits(Excluding Melons) (ton) | 3701 | 2212 |
| 奶类产量（吨） | Output of Milk(ton) | 365 | |
| 水产品产量（吨） | Output of Aquatic Product(ton) | 850 | 4490 |
| “三品一标”农产品个数（个） | Number of Three kinds and One symbol Agricultural Products（unit） | 10 | 49 |
| “三品一标”农产品基地面积(公顷) | Area of Three kinds and One symbol Agricultural Products Producing Base（ha） | 1092.5 | 7235 |
| 公路里程（公里） | Length of Highways（km） | 2015 | 2000 |

continued

| 辉南县 Huinan | 柳河县 Liuhe | 梅河口市 Meihekou | 集安市 Jian | 抚松县 Fusong | 靖宇县 Jingyu | 长白朝鲜族自治县 Changbai | 临江市 Linjiang | 前郭尔罗斯蒙古族自治县 Qianguo | 长岭县 Changling | 乾安县 Qianan |
|---|---|---|---|---|---|---|---|---|---|---|
| 2276 | 3345.8 | 2179 | 3341 | 6159 | 3094.4 | 2506 | 3009 | 6979 | 5736 | 3617 |
| 1 | 3 | 3 | 2 | 3 | 1 | 1 | 1 | 13 | 10 | 4 |
| 10 | 12 | 16 | 9 | 11 | 7 | 7 | 6 | 9 | 12 | 6 |
| 129301 | 132157 | 233266 | 84836 | 130485 | 71189 | 39203 | 72010 | 232270 | 233114 | 121119 |
| 327334 | 359095 | 591494 | 211690 | 282228 | 134939 | 77969 | 154241 | 572492 | 631162 | 271822 |
| 108482 | 102755 | 124427 | 57730 | 53106 | 36987 | 15615 | 29842 | 207706 | 323558 | 127100 |
| 30546 | 23498 | 78573 | 26388 | 21044 | 11910 | 9336 | 23056 | 56892 | 36401 | 22476 |
| 52114 | 45558 | 64675 | 27037 | 77327 | 31265 | 18342 | 36377 | 129733 | 96581 | 59623 |
| 849210 | 604237 | 3723200 | 774698 | 1529299 | 640384 | 454121 | 867859 | 2900179 | 2495271 | 1576268 |
| 1440381 | 1443631 | 3151475 | 1434621 | 1467500 | 678373 | 594723 | 866873 | 3010637 | 1570661 | 1121654 |
| 1082804 | 884042 | 2455671 | 1148233 | 1111000 | 396610 | 358020 | 668616 | 2137265 | 1038858 | 606799 |
| 760151 | 840474 | 1599765 | 885191 | 842300 | 482108 | 157733 | 422893 | 2808627 | 1454248 | 556896 |
| 74805 | 84656 | 103733 | 12435 | 25561 | 27499.3 | 5086 | 15015 | 308006 | 332569 | 182685.3 |
| 193 | 86 | 171.5 | 27.8 | 74 | 151 | 67.4 | 128 | 998 | 2152.3 | 179000 |
| 80260 | 88770 | 99068 | 12944 | 19314 | 15717 | 4315 | 9234 | 257670 | 265959 | 154800 |
|  |  |  |  |  |  |  |  | 150 | 57 | 339 |
| 153 | 426 | 2 | 348 | 481 | 1015 | 51 | 224 | 5839 | 20220 | 3806 |
|  |  |  |  |  |  |  |  |  |  |  |
|  |  |  |  |  |  |  |  | 255 |  | 100 |
| 549499.6 | 550519.4 | 557500 | 68928 | 88313 | 69482 | 17280 | 41786 | 1972495 | 1673000 | 919416 |
|  |  |  |  |  |  |  |  | 333 | 135 | 1010 |
| 508 | 1319 | 8 | 355 | 773 | 3440 | 136 | 657 | 177994 | 72004 | 9372 |
|  |  |  |  |  |  |  |  |  |  |  |
|  |  |  |  |  |  |  |  | 14000 |  | 3180 |
| 3670 | 10335 | 1278 | 28419 | 1313 | 3152 | 1287 | 4551 | 2389 | 98 | 1463 |
| 730 | 220 | 778 |  | 147 | 204 |  | 403 | 9141 | 26742 | 5991 |
| 3890 | 2057 | 5987 | 4370 | 2120 | 2010 | 593 | 1729 | 19888 | 1280 | 3744 |
| 37 | 43 | 35 | 15 | 23 | 25 | 8 |  | 102 | 33 | 64 |
| 1333 | 7231 | 15300 | 1524.8 |  | 14000 | 174 |  | 74398 | 2015 | 7037.8 |
| 2233 | 1363 | 1538 | 1375 | 1662 | 1545 | 993 | 1596 | 4253 | 3279 | 1916 |

| 指　　标 | Item | 东辽县 Dongliao | 通化县 Tonghua |
|---|---|---|---|
| 固定电话用户（户） | Number of Fixed Telephone Subscribers（unit） | 34103 | 42192 |
| 移动电话用户（户） | Number of Mobile Telephone Subscribers（unit） | 284983 | 195265 |
| 互联网宽带接入用户（户） | Number of Broadband Accessed Users（unit） | 28110 | 45754 |
| 社会消费品零售总额（万元） | Retail Sales of Consumer Goods（10000 yuan） | 247261.8 | 424222.4 |
| 出口总额（万元） | Value of Export（10000 yuan） | 9543 | 13817 |
| 普通中学（所） | Regular Secondary School（unit） | 17 | 22 |
| 小学数（所） | Primary School（unit） | 66 | 25 |
| 专利授权数（件） | Number of Patents Grant (piece) | 36 | 15 |
| 公共图书馆图书总藏量（千册） | Total Collection s of Public Libraries(1000 copies) | 66 | 100 |
| 剧场、影剧院个数（个） | Number of Theaters, Music Halls and Cinemas (unit) | 1 | 1 |
| 体育场馆个数（个） | Number of stadium（unit） | 1 | 1 |
| 医疗卫生机构床位数（床） | Number of Beds in medical and health institutions（bed） | 926 | 1580 |
| 医疗卫生机构技术人员（人） | Technical personnel of medical and health institutions（person） | 1036 | 1542 |
| #执业（助理）医师（人） | Licensed (Assistant) Doctors（person） | 441 | 819 |
| 城镇居民人均可支配收入（元） | Per capita disposable income of urban residents（yuan） | 24600 | 26644 |
| 农村居民人均可支配收入（元） | Per capita disposable income of rural residents（yuan） | 12974 | 13211 |
| 农村居民每百户年末家用汽车拥有量（辆） | Automobile Owned per 100 Rural Households at Year-end(unit) | 0 | 485 |
| 各种社会福利收养性单位数（个） | Number of Public Welfare and Adoption Institutions(unit) | 16 | 17 |
| 各种社会福利收养性单位床位数（床） | Number of Beds in Public Welfare and Adoption Institutions(unit) | 1723 | 942 |
| 城镇职工基本养老保险参保人数（人） | Number of Participants of Urban Employees Basic Pension Insurance(person) | 16965 | 30027 |
| 城乡居民基本养老保险参保人数（人） | Number of Participants of Urban and Rural Residents Basic Pension Insurance(person) | 116842 | 71221 |
| 基本医疗保险参保人数（人） | Number of Participants of Basic Medical Care Insurance(person) | 290069 | 61117 |
| 城乡居民基本医疗保险参保人数（人） | Number of Participants of Basic Medical Care Insurance for Urban and Rural Residents (person) | 255019 | 32914 |
| 失业保险参保人数（人） | Number of Participants of Unemployment Insurance(person) | 9189 | 20613 |
| 城镇居民最低生活保障人数（人） | Number of Urban Residents Receiving Minimum Living Allowance(person) | 6857 | 4816 |
| 农村居民最低生活保障人数（人） | Number of Rural Residents Receiving Minimum Living Allowance(person) | 14333 | 6846 |
| 森林面积(公顷) | Forest area(ha) | 71126 | 284591 |
| 自然保护区面积(公顷) | Natural reserve area(ha) |  | 15200 |
| 污水处理厂数（座） | Number of sewage disposal plants(unit) | 1 | 1 |
| 垃圾处理站数（个） | Number of garbage disposal stations(unit) | 4 | 1 |

continued

| 辉南县 Huinan | 柳河县 Liuhe | 梅河口市 Meihekou | 集安市 Jian | 抚松县 Fusong | 靖宇县 Jingyu | 长白朝鲜族自治县 Changbai | 临江市 Linjiang | 前郭尔罗斯蒙古族自治县 Qianguo | 长岭县 Changling | 乾安县 Qianan |
|---|---|---|---|---|---|---|---|---|---|---|
| 45883 | 51252 | 96027 | 42344 | 56848 | 24730 | 21692 | 23688 | 221000 | 60964 | 26970 |
| 278239 | 310398 | 486582 | 167086 | 308002 | 156726 | 92163 | 141013 | 630000 | 589228 | 423570 |
| 54090 | 68237 | 139217 | 40224 | 58700 | 30670 | 22418 | 32637 | 111000 | 51439 | 39260 |
| 551448 | 479599.4 | 1457610.6 | 481090 | 605516.5 | 213072.8 | 123818.6 | 413517.6 | 1798528 | 1470380.7 | 514154 |
| 731 | 1179 | 58940 | 5066 | 95800 | 6673.2 | 12395 | 9685 | 5778 | 3852 | 1765 |
| 21 | 23 | 29 | 14 | 23 | 16 | 13 | 16 | 34 | 38 | 15 |
| 51 | 22 | 41 | 30 | 20 | 33 | 27 | 42 | 141 | 230 | 61 |
| 25 |  | 81 |  | 30 | 5 | 6 | 9 | 9 | 1 |  |
| 89.8 | 196 | 171 | 68.8 | 500 | 68.1 | 91 | 15 | 55 | 138 | 106.9 |
| 2 | 2 | 0 | 1 | 5 | 1 | 3 | 1 | 4 | 2 | 2 |
| 1 | 2 | 2 | 3 | 4 | 1 | 1 | 4 | 9 | 1 | 2 |
| 1549 | 1980 | 3315 | 1101 | 2824 | 396 | 316 | 1138 | 2155 | 2298 | 1127 |
| 1433 | 2197 | 4589 | 891 | 2011 | 817 | 418 | 1287 | 3147 | 2810 | 1403 |
| 964 | 966 | 2267 | 357 | 787 | 383 | 253 | 579 | 1469 | 655 | 505 |
| 22858 | 25186 | 28894 | 24350 | 23296 | 22376 | 23281 | 22971 | 26616 | 22695 | 23041 |
| 14052 | 12444 | 14307 | 13808 | 14218 | 10270 | 11241 | 13699 | 12852 | 11886 | 12633 |
| 15 | 15 | 16 | 25 |  |  |  | 10 | 46 | 21 | 28 |
| 24 | 26 | 41 | 13 | 3 | 7 | 11 | 13 | 16 | 20 | 14 |
| 713 | 1810 | 3538 | 576 | 356 | 289 | 306 | 443 | 873 | 2175 | 596 |
| 30083 | 60718 | 122642 | 25856 | 107224 | 13555 | 14333 | 31642 | 64951 | 26136 | 35207 |
| 88008 | 142952 | 150333 | 55290 | 44868 | 30367 | 14195 | 23429 | 200315 | 190286 | 97614 |
| 256634 | 314297 | 616896 | 221093 | 237327 | 106629 | 36051 | 71762 | 466565 | 131309 | 106678 |
| 220999 | 285804 | 498659 | 185093 | 182150 | 87280 | 19940 | 35439 | 415899 | 81008 | 66128 |
| 10119 | 9553 | 21791 | 14227 | 35100 | 8560 | 5455 | 19138 | 21010 | 14780 | 24199 |
| 5885 | 11667 | 10809 | 5322 | 13860 | 6125 | 6505 | 8594 | 5952 | 2601 | 3404 |
| 16934 | 14385 | 20140 | 8797 | 12823 | 10697 | 3605 | 7614 | 18114 | 23076 | 5573 |
| 53159 | 196963 | 61551 | 271489 | 527756 | 44081 | 218564 | 258731 | 98268 | 98000 | 49464 |
| 15061 | 1742 |  | 13822 | 190781 | 42325 | 16128 |  | 50884 | 30996 | 11000 |
| 1 | 1 | 1 | 1 | 2 | 1 | 1 | 1 | 1 | 1 | 1 |
| 1 | 3 | 1 | 1 | 1 | 1 | 1 | 1 | 1 | 1 | 1 |

18－21 续表 4

| 指　　标 | Item | 扶余市 Fuyu | 镇赉县 Zhenlai |
|---|---|---|---|
| 行政区域面积(平方公里) | The administrative area（sq.km） | 4654 | 4718.7 |
| 乡个数（个） | Number of Townships（unit） | 5 | 4 |
| 镇个数（个） | Number of Towns（unit） | 12 | 7 |
| 户籍户数（户） | Number of Family Household（household） | 238502 | 126296 |
| 户籍人口（人） | Household Registered Population(person) | 710467 | 264606 |
| 第一产业从业人员（人） | Total Employed Persons in Primary Industry (person) | 211516 | 83637 |
| 第二产业从业人员（人） | Total Employed Persons in Secondary Industry (person) | 60275 | 14703 |
| 第三产业从业人员（人） | Total Employed Persons in Tertiary Industry (person) | 103158 | 32736 |
| 地区生产总值（万元） | Gross Regional Product（10000yuan) | 2959187 | 1132464 |
| 年末金融机构各项存款余额（万元） | Balance of deposits in financial institutions at year-end（10000yuan) | 1780939 | 945213 |
| #居民人民币储蓄存款余额（万元） | RMB savings deposit of residents （10000yuan) | 1212881 | 683144 |
| 年末金融机构各项贷款余额（万元） | Balance of loans for financial institutions at year-end（10000yuan) | 1194421 | 1234225 |
| 耕地面积(公顷) | Arable land (ha) | 320119 | 195593 |
| 设施农业占地面积(公顷) | Facility agriculture area (ha） | 1.3 | 2056 |
| 粮食作物播种面积(公顷) | Sown Area of Grain Crops(ha) | 248510 | 177950 |
| #小麦播种面积(公顷) | Sown Area of Wheat(ha) | | |
| 油料作物播种面积(公顷) | Sown Area of Oil-bearing Crops(ha) | 83252 | 3963 |
| 棉花播种面积(公顷) | Sown Area of Cotton (ha） | | |
| 糖料作物播种面积(公顷) | Sown Area of Sugar Crops (ha） | | |
| 粮食总产量（吨） | Total Output of Grain (ton) | 1963500 | 1232500 |
| #小麦产量（吨） | Output of Wheat (ton) | | |
| 油料产量（吨） | Output of Oil-bearing Crops (ton) | 253816 | 15206 |
| 棉花产量（吨） | Output of Cotton (ton) | | |
| 糖料产量（吨） | Output of Sugar Crops (ton) | | |
| 水果(不含瓜类水果)产量（吨） | Output of Fruits(Excluding Melons) (ton) | 410 | 157 |
| 奶类产量（吨） | Output of Milk(ton) | 4622 | 31120 |
| 水产品产量（吨） | Output of Aquatic Product(ton) | 16500 | 22300 |
| “三品一标”农产品个数（个） | Number of Three kinds and One symbol Agricultural Products（unit） | 66 | |
| “三品一标”农产品基地面积(公顷) | Area of Three kinds and One symbol Agricultural Products Producing Base（ha） | 22393 | |
| 公路里程（公里） | Length of Highways（km） | 3452 | 1815 |

continued

| 通榆县 Tongyu | 洮南市 Taonan | 大安市 Daan | 延吉市 Yanji | 图们市 Tumen | 敦化市 Dunhua | 珲春市 Hunchun | 龙井市 Longjing | 和龙市 Helong | 汪清县 Wangqing | 安图县 Antu |
|---|---|---|---|---|---|---|---|---|---|---|
| 8496 | 5017 | 4879 | 1748 | 1147 | 11957 | 5184 | 2208.8 | 5069 | 8918 | 7444 |
| 8 | 10 | 8 | 4 |  | 5 | 5 | 2 |  | 1 | 2 |
| 8 | 6 | 10 | 4 | 4 | 11 | 4 | 5 | 8 | 8 | 7 |
| 152447 | 182691 | 178223 | 210236 | 44884 | 172251 | 77358 | 62561 | 58229 | 98420 | 77451 |
| 356552 | 410118 | 382016 | 552786 | 110436 | 456708 | 228455 | 154043 | 158625 | 218922 | 197479 |
| 132134 | 126582 |  | 22936 | 7945 | 126993 | 41223 | 22413 | 36542 | 56724 | 42496 |
| 7122 | 24182 |  | 31110 | 10132 | 39630 | 15544 | 6894 | 10252 | 11399 | 9459 |
| 28716 | 67025 |  | 177912 | 16748 | 98866 | 37025 | 23753 | 29975 | 41921 | 21969 |
| 1039012 | 1078331 |  | 3184913 | 232226 | 1239904 | 937005 | 278716 | 489814 | 501285 | 512313 |
| 1391563 | 1227939 | 1399586 | 7352542 | 730020 | 3090464 | 1899827 | 915061 | 834152 | 1304337 | 1021307 |
| 1366635 | 831800 | 977718 | 5116593 | 582607 | 1987380 | 1304901 | 766223 | 547831 | 920567 | 635054 |
| 932016 | 1203410 | 1406790 | 4485974 | 208527 | 1727448 | 1514490 | 287839 | 546540 | 687844 | 646931 |
| 291592 | 229871 | 128150 | 17622 | 10787 | 171330 | 34644 | 27851 | 32243 | 61992 | 32575 |
| 672 | 1308 | 547 |  | 85 | 170.3 | 106 | 132 | 76 | 161 | 178 |
| 207953 | 180300 | 125821 | 16375 | 10277 | 146460 | 32750 | 27841 | 31195 | 57731 | 32558 |
|  | 40 | 110 |  |  |  |  | 140 |  |  |  |
| 8861 | 11756 | 12143 |  | 17 | 51 | 167 |  |  | 72 | 2599 |
|  |  |  |  |  |  |  |  |  |  |  |
| 151 |  | 45 |  |  |  |  |  |  |  |  |
| 731456 | 980096 | 896000 | 91717 | 51940 | 530837 | 163441.8 | 141917 | 132077 | 235843 | 126500 |
|  | 209 | 415 |  |  |  |  | 187 |  |  |  |
| 32206 | 32752 | 32217 |  | 33 | 153 | 356 |  |  | 119 | 3056 |
|  |  |  |  |  |  |  |  |  |  |  |
| 2660 |  | 2150 |  |  |  |  |  |  |  |  |
| 92 | 917 | 30 | 9122 | 1010 | 3712 | 16682 | 14543 | 5123 |  | 459 |
| 26966 | 92565 | 3419 | 236 |  | 1661 | 107 |  | 20 | 45 |  |
| 3662 | 6103 | 8600 | 246 | 90 | 6240 | 2390 | 231 | 212 | 749 | 828 |
|  | 60 | 62 |  |  | 33 | 16 |  |  | 9 | 57 |
|  | 35378 | 54000 |  |  | 17264.7 | 5158 |  |  | 3376.8 | 17650 |
| 2789 | 2311 | 2459 | 480 | 644 | 2256 | 927 | 900 | 2153 | 1677 | 1348 |

18－21 续表 5

| 指　　标 | Item | 扶余市 Fuyu | 镇赉县 Zhenlai |
|---|---|---|---|
| 固定电话用户（户） | Number of Fixed Telephone Subscribers（unit） | 55487 | 17638 |
| 移动电话用户（户） | Number of Mobile Telephone Subscribers（unit） | 575293 | 271986 |
| 互联网宽带接入用户（户） | Number of Broadband Accessed Users（unit） | 66653 | 25196 |
| 社会消费品零售总额（万元） | Retail Sales of Consumer Goods（10000 yuan） | 1558335.3 | 383763 |
| 出口总额（万元） | Value of Export（10000 yuan） | 14836 | 998 |
| 普通中学（所） | Regular Secondary School（unit） | 31 | 18 |
| 小学数（所） | Primary School（unit） | 146 | 69 |
| 专利授权数（件） | Number of Patents Grant (piece) | | |
| 公共图书馆图书总藏量（千册） | Total Collection s of Public Libraries(1000 copies) | 605 | 52 |
| 剧场、影剧院个数（个） | Number of Theaters, Music Halls and Cinemas (unit) | 3 | 1 |
| 体育场馆个数（个） | Number of stadium（unit） | 1 | 1 |
| 医疗卫生机构床位数（床） | Number of Beds in medical and health institutions（bed） | 1080 | 786 |
| 医疗卫生机构技术人员（人） | Technical personnel of medical and health institutions（person） | 1548 | 1192 |
| #执业（助理）医师（人） | Licensed (Assistant) Doctors（person） | 1015 | 574 |
| 城镇居民人均可支配收入（元） | Per capita disposable income of urban residents（yuan） | 22467 | 22668 |
| 农村居民人均可支配收入（元） | Per capita disposable income of rural residents（yuan） | 13240 | 9822 |
| 农村居民每百户年末家用汽车拥有量（辆） | Automobile Owned per 100 Rural Households at Year-end(unit) | 42 | 28 |
| 各种社会福利收养性单位数（个） | Number of Public Welfare and Adoption Institutions(unit) | 25 | 12 |
| 各种社会福利收养性单位床位数（床） | Number of Beds in Public Welfare and Adoption Institutions(unit) | 1056 | 1919 |
| 城镇职工基本养老保险参保人数（人） | Number of Participants of Urban Employees Basic Pension Insurance(person) | 18233 | 23703 |
| 城乡居民基本养老保险参保人数（人） | Number of Participants of Urban and Rural Residents Basic Pension Insurance(person) | 297433 | 94967 |
| 基本医疗保险参保人数（人） | Number of Participants of Basic Medical Care Insurance(person) | 538341 | 109230 |
| 城乡居民基本医疗保险参保人数（人） | Number of Participants of Basic Medical Care Insurance for Urban and Rural Residents (person) | 508836 | 60504 |
| 失业保险参保人数（人） | Number of Participants of Unemployment Insurance(person) | 16991 | 16255 |
| 城镇居民最低生活保障人数（人） | Number of Urban Residents Receiving Minimum Living Allowance(person) | 2187 | 6082 |
| 农村居民最低生活保障人数（人） | Number of Rural Residents Receiving Minimum Living Allowance(person) | 7090 | 21329 |
| 森林面积(公顷) | Forest area(ha) | 43729 | 47023 |
| 自然保护区面积(公顷) | Natural reserve area(ha) | 44225 | 144000 |
| 污水处理厂数（座） | Number of sewage disposal plants(unit) | 1 | 1 |
| 垃圾处理站数（个） | Number of garbage disposal stations(unit) | 1 | |

continued

| 通榆县 Tongyu | 洮南市 Taonan | 大安市 Daan | 延吉市 Yanji | 图们市 Tumen | 敦化市 Dunhua | 珲春市 Hunchun | 龙井市 Longjing | 和龙市 Helong | 汪清县 Wangqing | 安图县 Antu |
|---|---|---|---|---|---|---|---|---|---|---|
| 28252 | 32416 | 61590 | 216000 | 20882 | 85900 | 68876 | 34411 | 28376 | 41100 | 36354 |
| 347259 | 360598 | 102780 | 1487300 | 104017 | 501000 | 320700 | 129047 | 138462 | 203724 | 123000 |
| 37221 | 46536 | 18238 | 314500 | 25798 | 101998 | 79165 | 27886 | 23521 | 41795 | 36565 |
| 422465 | 470480 | | 2543662 | 249342 | 1219251.2 | 480080 | 282807.4 | 191254 | 271260 | 191884 |
| 10188 | 21578 | 5136 | 65450 | 22875 | 185484 | 242481 | 27942 | 48254 | 17411 | 35438 |
| 24 | 17 | 28 | 23 | 9 | 27 | 16 | 14 | 17 | 20 | 13 |
| 13 | 23 | 95 | 27 | 6 | 18 | 17 | 5 | 13 | 19 | 21 |
| 14 | 18 | 17 | 178 | 18 | | 31 | 17 | 6 | 28 | 5 |
| 32 | 74 | 62 | 910 | 118 | 365 | 126 | 143 | 185 | 260 | 150.8 |
| 2 | 2 | 6 | 8 | 4 | 1 | 3 | 2 | 1 | 2 | 2 |
| 6 | 3 | 5 | 6 | 5 | 4 | 6 | 5 | 1 | 1 | 2 |
| 1152 | 2356 | 1505 | 4980 | 371 | 2112 | 1433 | 429 | 785 | 932 | 812 |
| 1839 | 2068 | 1752 | 6428 | 686 | 4121 | 1820 | 736 | 912 | 1532 | 1246 |
| 1422 | 892 | 1014 | 2601 | 300 | 1406 | 808 | 251 | 343 | 636 | 522 |
| 22403 | 22423 | 22373 | 33865 | 25592 | 26275 | 25873 | 22705 | 8131 | 22727 | 22536 |
| 9989 | 10792 | 9802 | 14525 | 11069 | 14280 | 12946 | 9754 | 8896 | 10915 | 10005 |
| 10 | 9 | 2 | | | 30 | 19 | 4 | 5 | 6 | |
| 17 | 18 | 19 | 60 | 12 | 14 | 23 | 15 | 13 | 17 | 14 |
| 1186 | 1408 | 1132 | 4587 | 1120 | 2028 | 2020 | 1397 | 1275 | 1037 | 1569 |
| 18000 | 28100 | 71197 | 102442 | 43366 | 15657 | 72179 | 23948 | 31463 | 25884 | 23749 |
| 110060 | 130571 | 123404 | 175749 | | 300287 | 44331 | 30793 | 44543 | 48410 | 44825 |
| 337084 | 333200 | 92802 | 486254 | 99018 | 296016 | 107019 | 98865 | 76006 | 138023 | 179723 |
| 268114 | 307772 | 46554 | 267015 | 59003 | 163005 | 66258 | 72231 | 61911 | 76016 | 132714 |
| 15828 | 19387 | 14200 | 77940 | 25170 | 69008 | 33800 | 26877 | 25550 | 38467 | 20480 |
| 7514 | 12282 | 12533 | 14494 | 4561 | 9339 | 8735 | 6119 | 24258 | 9902 | 7446 |
| 19141 | 16817 | 33474 | 3862 | 2460 | 7197 | 4014 | 5000 | 7575 | 12036 | 11447 |
| 204169 | 99990 | 39350 | 83021 | 64425 | 216381 | 405262 | 162478 | 500868 | 847716 | 384626 |
| 105467 | | | | 3073 | 53940 | 108700 | 77317 | | | 196465 |
| 1 | 1 | 1 | 3 | 2 | 1 | 1 | 1 | 1 | 1 | 1 |
| 1 | 1 | 1 | 2 | 1 | 2 | 1 | 1 | 1 | 1 | 1 |

# 附 录

## APPENDIX

# 主 要 统 计 指 标 解 释

**行政区划** 指国家对行政区域的划分。根据宪法规定，我国的行政区域划分如下：(1)全国分为省、自治区、直辖市；(2)省、自治区分为自治州、县、自治县、市；(3)自治州分为县、自治县、市；(4)县、自治县分为乡、民族乡、镇；(5)直辖市和较大的市分为区、县；(6)国家在必要时设立的特别行政区。

**气候** 指地球与大气之间长期能量交换与质量交换所形成的一种自然环境状态，它是多种因素综合作用的结果。气候既是人类生活和生产的环境要素之一，又是供给人类生活和生产的重要资源。气温、降水、湿度等气象要素的多年平均值是用来描述一个地区气候状况的主要参数，而各种气象要素某年、某月的平均值(或总量)则可以反映出该时期天气气候状况的重要特征。

**自然资源** 指人类可以直接从自然界获得，并用于生产和生活的物质资源。自然资源一般可以分成可再生资源和非再生资源两大类。可再生资源指在较短时间内可以再生、可以循环利用的资源，包括土地资源、水资源、气候资源、生物资源和海洋资源等。非再生资源指在使用后不能再生的资源，包括矿产资源和地热能源。

**土地资源** 土地指陆地的表层部分，它主要由岩石、岩石的风化物和土壤构成。土地资源按利用类型可以分为农用地、建筑用地和未利用地。农用地包括耕地、园地、林地、牧草地和水面。建筑用地包括居民点及工矿用地、交通用地和水利设施用地。未利用地指农用地和建筑用地以外的土地，包括滩涂、荒漠、戈壁、冰川和石山等。

**耕地面积** 指经过开垦用以种植农作物并经常进行耕耘的土地面积。包括种有作物的土地面积、休闲地、新开荒地和抛荒未满三年的土地面积。

**林业用地面积** 指生长乔木、竹类、灌木、沿海红树林等林木的土地面积，包括有林地、灌木林、疏林地、未成林造林地、迹地、苗圃等。

**草地面积** 指牧区和农区用于放牧牲畜或割草，植被盖度在5%以上的草原、草坡、草山等面积。包括天然的和人工种植或改良的草地面积。

**森林资源** 指森林、林木、林地以及依托森林、林木、林地生存的野生动物、植物和微生物。林木指树木和竹子。森林指以乔木为主体的植物群落，是集生的乔木及与共同作用的植物、动物、微生物和土壤、气候等的总体。

**活立木总蓄积量** 指一定范围内土地上全部树木蓄积的总量，包括森林蓄积、疏林蓄积、散生木蓄积和四旁树蓄积。

**森林面积** 指由乔木树种构成，郁闭度0.2以上(含0.2)的林地或冠幅宽度10米以上的林带的面积，即有林地面积。森林面积包括天然起源和人工起源的针叶林面积、阔叶林面积、针阔混交林面积和竹林面积，不包括灌木林地面积和疏林地面积。

**森林蓄积量** 指一定森林面积上存在着的林木树干部分的总材积。它是反映一个国家或地区森林资源总规模和水平的基本指标之一，也是反映森林资源的丰富程度、衡量森林生态环境优劣的重要依据。

**森林覆盖率** 指一个国家或地区森林面积占土地总面积的百分比。森林覆盖率是反映森林资源的丰富程度和生态平衡状况的重要指标。在计算森林覆盖率时，森林面积包括郁闭度0.2以上的乔木林地面积和竹林地面积，国家特别规定的灌木林地面积、农田林网以及四旁(村旁、路旁、水旁、宅旁)林木的覆盖面积。计算公式为：

森林覆盖率（%）=森林面积/土地总面积×100%

**水资源** 水在自然界中以固体、液体和气态三种聚集状态存在，分布于海洋、陆地(包括土壤)以及大气之中，通过水循环形成水资源。水资源包括经人类控制并直接可供灌溉、发电、给水、航运、养殖等用途的地表水和地下水，以及江河、湖泊、井、泉、潮汐、港湾和养殖水域等。水资源是发展国民经济不可缺少的重要自然资源。

**地表水和地下水** 陆地上的水因空间分布不同，分为地表水和地下水。地表水指分别存在于河流、湖泊、沼泽、冰川和冰盖等水体中水分的总称，又称陆地水。地下水指储存在地面以下饱和岩土孔隙、裂隙及溶洞中的水。

**径流** 指陆地上接受降水后扣除损耗外，从地表和地下向流域出口断面汇集的水流。径流可分为地表径流、地下径流和壤中流。地表径流指沿地表向河流、湖泊、沼泽、海洋等汇集的水流；地下径流指沿潜水层或隔水层间的含水层，向河流、湖泊、沼泽、海洋等汇集的地下水水流。

**径流量** 指在一定时段内通过河流某一过水断面的水量，用以反映一个国家或地区水资源的丰歉程度。计算公式为：

径流量=降水量–蒸发量

**矿产资源** 矿产指由地质作用形成，富集于地壳中或出露于地表达到工农业利用要求的有用矿物。矿产是一种重要的自然资源，是社会发展的重要物质基础。

**矿产基础储量** 基础储量是查明矿产资源的一部分。它能满足现行采矿和生产所需的指标要求，是控制的、探明的并通过可行性或预可行性研究认为属于经济的、边界经济的部分，用未扣除设计、采矿损失的数量表示。

**流域** 每条河流都有自己的干流和支流，干支流共同组成这条河流的水系。每条河流都有自己的集水区域，这个集水区域就称为该河流的流域。

**气温** 指空气的温度，我国一般以摄氏度(℃)为单位表示。气象观测的温度表是放在离地面约1.5米处通风良好的百叶箱里测量的，因此，通常说的气温指的是离地面1.5米处百叶箱中的温度。其统计计算方法为：

月平均气温是将全月各日的平均气温相加，除以该月的天数而得。

年平均气温是将12个月的月平均气温累加后除以12而得。

**相对湿度** 指空气中实际所含水蒸气密度和同温度下饱和水蒸气密度的百分比值。其统计方法与气温相同。

**降水量** 指从天空降落到地面的液态或固态(经融化后)水，未经蒸发、渗透、流失而在地面上积聚的深度。其统计计算方法为：

月降水量是将全月各日的降水量累加而得。

年降水量是将12个月的月降水量累加而得。

**日照时数** 指太阳实际照射地面的时间。其统计方法与降水量相同

**水资源总量** 一定区域内的水资源总量指当地降水形成的地表和地下产水量，即地表径流量与降水入渗补给量之和，不包括过境水量。

**地表水资源量** 指河流、湖泊、冰川等地表水体中由当地降水形成的、可以逐年更新的动态水量，即天然

河川径流量。

**地下水资源量** 指当地降水和地表水对饱水岩土层的补给量。

**地表水与地下水资源重复计算量** 指地表水和地下水相互转化的部分，即在河川径流量中包括一部分地下水排泄量，地下水补给量中包括一部分来源于地表水的入渗量。

**可比价格** 指计算各种总量指标所采用的扣除了价格变动因素的价格，可进行不同时期总量指标的对比。按可比价格计算总量指标有两种方法：一种是直接用产品产量乘某一年的不变价格计算；另一种是用价格指数进行缩减。

**不变价格** 指以同类产品某年的平均价格作为固定价格，用于计算各年的产品价值。按不变价格计算的产品价值消除了价格变动因素，不同时期对比可以反映生产的发展速度。新中国成立后，随着工农业产品价格水平的变化，国家统计局先后五次制定了全国统一的工业产品不变价格和农业产品不变价格。从1952年到1957年使用1952年工(农)业产品不变价格，从1957年到1970年使用1957年不变价格，从1971年到1980年使用1970年不变价格，从1981年到1990年使用1980年不变价格，从1991年开始使用1990年不变价格。

**平均增长速度** 我国计算平均增长速度有两种方法：一种是习惯上经常使用的“水平法”，又称几何平均法，是以间隔期最后一年的水平同基期水平对比来计算平均每年增长(或下降)速度；另一种是“累计法”，又称代数平均法或方程法，是以间隔期内各年水平的总和同基期水平对比来计算平均每年增长(或下降)速度。在一般正常情况下，两种方法计算的平均每年增长速度比较接近；但在经济发展不平衡、出现大起大落时，两种方法计算的结果差别较大。

**国民经济行业分类** 自2012年定期报表开始使用新的《国民经济行业分类》（GB/T4754–2011）。该分类是由国家统计局组织修订，国家质量监督检验检疫总局和中国国家标准化管理委员会于2011年4月29日发布。这次修订是在2002年分类标准的基础上，参照联合国《全部经济活动的国际标准产业分类》（ISIC/Rev.4）进行的。修订后的《国民经济行业分类》（GB/T4754–2012）共有门类20个，大类96个，中类432个，小类1094个。

**企业(单位)登记注册类型** 是以在工商行政管理机关登记注册的各类企业为划分对象，以工商行政管理部门对企业登记注册的类型为依据，将企业登记注册类型分为内资企业、港澳台商投资企业和外商投资企业三大类。内资企业包括国有企业、集体企业、股份合作企业、联营企业、有限责任公司、股份有限公司、私营公司和其他企业；港澳台商投资企业和外商投资企业分别包括合资经营企业、合作经营企业、独资经营企业和股份有限公司。对不在工商行政管理部门进行登记注册的行政机关、事业单位和社会团体，主要按其经费来源和管理方式进行划分。

**国有企业** 指企业全部资产归国家所有，并按《中华人民共和国企业法人登记管理条例》规定登记注册的非公司制的经济组织。不包括有限责任公司中的国有独资公司。

**集体企业** 指企业资产归集体所有，并按《中华人民共和国企业法人登记管理条例》规定登记注册的经济组织。

**股份合作企业** 指以合作制为基础，由企业职工共同出资入股，吸收一定比例的社会资产投资组建，实行自主经营，自负盈亏，共同劳动，民主管理，按劳分配与按股分红相结合的一种集体经济组织。

**联营企业** 指两个及两个以上相同或不同所有制性质的企业法人或事业单位法人，按自愿、平等、互利的原则，共同投资组成的经济组织。联营企业包括国有联营企业、集体联营企业、国有与集体联营企业和其他联营企业。

**有限责任公司** 指根据《中华人民共和国公司登记管理条例》规定登记注册，由两个以上、五十个以下的股东共同出资，每个股东以其所认缴的出资额对公司承担有限责任，公司以其全部资产对其债务承担责任的经济组织。有限责任公司包括国有独资公司以及其他有限责任公司。

**股份有限公司** 指根据《中华人民共和国公司登记管理条例》规定登记注册，其全部注册资本由等额股份构成并通过发行股票筹集资本，股东以其认购的股份对公司承担有限责任，公司以其全部资产对其债务承担责任的经济组织。

**私营企业** 指由自然人投资设立或由自然人控股，以雇佣劳动为基础的营利性经济组织。包括按照《公司法》、《合伙企业法》、《私营企业暂行条例》规定登记注册的私营有限责任公司、私营股份有限公司、私营合伙企业和私营独资企业。

**其他企业** 指上述企业之外的其他内资经济组织。

**与港澳台商合资经营企业** 指港澳台地区投资者与内地企业依照《中华人民共和国中外合资经营企业法》及有关法律的规定，按合同规定的比例投资设立、分享利润和分担风险的企业。

**与港澳台商合作经营企业** 指港澳台地区投资者与内地企业依照《中华人民共和国中外合作经营企业法》及有关法律的规定，依照合作合同的约定进行投资或提供条件设立、分配利润和分担风险的企业。

**港澳台商独资经营企业** 指依照《中华人民共和国外资企业法》及有关法律的规定，在内地由港澳台地区投资者全额投资设立的企业。

**港澳台商投资股份有限公司** 指根据国家有关规定，经原外经贸部依法批准设立，其中港、澳、台商的股本占公司注册资本的比例达25%以上的股份有限公司。凡其中港、澳、台商的股本占公司注册资本的比例小于25%的，属于内资企业中的股份有限公司。

**中外合资经营企业** 指外国企业或外国人与中国内地企业依照《中华人民共和国中外合资经营企业法》及有关法律的规定，按合同规定的比例投资设立、分享利润和分担风险的企业。

**中外合作经营企业** 指外国企业或外国人与中国内地企业依照《中华人民共和国中外合作经营企业法》及有关法律的规定，依照合作合同的约定进行投资或提供条件设立、分配利润和分担风险的企业。

**外资企业** 指依照《中华人民共和国外资企业法》及有关法律的规定，在中国内地由外国投资者全额投资设立的企业。

**外商投资股份有限公司** 指根据国家有关规定，经原外经贸部依法批准设立，其中外资的股本占公司注册资本的比例达25%以上的股份有限公司。凡其中外资股本占公司注册资本的比例小于25%的，属于内资企业中的股份有限公司。

**行政机关、事业单位和社会团体** 参照企业登记注册类型，主要按其经费来源和管理方式划分。具体规定如下：

⑴行政机关：包括国家机关和政党机关，原则上均列为“国有”。但有特殊规定的，如供销社等，则列为“集体”。

⑵事业单位：包括经国家机构编制部门和有关业务主管部门批准成立的各类事业单位，不包括实行企业化管理的事业单位。事业单位的划分办法如下：

①由国家财政预算拨款或列入财政预算外资金管理以及经费主要来源于国有主管部门或国有上级单位的事业单位，列为“国有”。

②经费主要来源于集体单位的事业单位，列为“集体”。

③公民个人(或个人合伙)开办的事业单位，列为“私营”。

④上述以外的其他事业单位，如果其经费来源不明确，按管理方式进行归类。

⑶社会团体：包括经民政部门批准成立以及未纳入社会团体管理条例范围的工会、妇联等各类社会团体。社会团体的划分办法如下：

①未纳入民政部社会团体管理条例范围的工会、妇联、共青团、青联、工商联、科协、侨联等社会团体，国家拨款设立的基金会或基金管理组织以及经费主要来源于国有业务主管部门或国有上级单位的社会团体，列为“国有”。

②经费主要来源于集体单位的社会团体，列为“集体”。

③公民个人(或个人合伙)开办的社会团体，划为“私营”。

④上述以外的其他社会团体，如果其经费来源不明确，改按管理方式进行归类。

**地区生产总值(GDP)**　指按市场价格计算的一个国家(或地区)所有常住单位在一定时期内生产活动的最终成果。地区生产总值有三种表现形态，即价值形态、收入形态和产品形态。

从价值形态看，它是所有常住单位在一定时期内生产的全部货物和服务价值超过同期投入的全部非固定资产货物和服务价值的差额，即所有常住单位的增加值之和；从收入形态看，它是所有常住单位在一定时期内创造并分配给常住单位和非常住单位的初次收入之和；从产品形态看，它是所有常住单位在一定时期内最终使用的货物和服务价值减去货物和服务进口价值。在实际核算中，地区生产总值有三种计算方法，即生产法、收入法和支出法。三种方法分别从不同的方面反映地区生产总值及其构成。

**三次产业**　三产业的划分是世界上较为常用的产业结构分类，但各国的划分不尽一致。我国的三次产业划分是：

第一产业是指农、林、牧、渔业。

第二产业是指采矿业，制造业，电力、煤气及水的生产和供应业，建筑业。

第三产业是指除第一、二产业以外的其他行业。

**支出法地区生产总值**　是从最终使用的角度反映一个国家(或地区)一定时期内生产活动最终成果的一种方法，包括最终消费、资本形成总额及货物和服务净出口三部分。计算公式为：

支出法地区生产总值=最终消费+资本形成总额+货物和服务净出口

**最终消费**　指常住单位为满足物质、文化和精神生活的需要，从本国经济领土和国外购买的货物和服务的支出。它不包括非常住单位在本国经济领土内的消费支出。最终消费分为居民消费和政府消费。

**居民消费**　指常住住户在一定时期内对于货物和服务的全部最终消费支出。居民消费除了直接以货币形式购买的货物和服务的消费支出外，还包括以其他方式获得的货物和服务的消费支出，即所谓的虚拟消费支出。居民虚拟消费支出包括如下几种类型：单位以实物报酬及实物转移的形式提供给劳动者的货物和服务；住户生产并由本住户消费了的货物和服务，其中的服务仅指住户的自有住房服务和付酬的家庭雇员提供的家庭和个人服务；金融机构提供的金融媒介服务；保险公司提供的保险服务。

**政府消费**　指政府部门为全社会提供的公共服务的消费支出和免费或以较低的价格向居民住户提供的货物和服务的净支出，前者等于政府服务的产出价值减去政府单位所获得的经营收入的价值，后者等于政府部门免费或以较低价格向居民住户提供的货物和服务的市场价值减去向住户收取的价值。

**资本形成总额**　指常住单位在一定时期内获得减去处置的固定资产和存货的净额，包括固定资本形成总额和存货增加两部分。

**固定资本形成总额**　指生产者在一定时期内获得的固定资产减处置的固定资产的价值总额。固定资产是通过生产活动生产出来的，且其使用年限在一年以上、单位价值在规定标准以上的资产，不包括自然资产。可分为有形固定资本形成总额和无形固定资本形成总额。有形固定资本形成总额包括一定时期内完成的建筑工程、安装工程和设备工器具购置(减处置)价值，以及土地改良、新增役、种、奶、毛、娱乐用牲畜和新增经济林木价值。无形固定资本形成总额包括矿藏的勘探、计算机软件等获得减处置。

**存货增加** 指常住单位在一定时期内存货实物量变动的市场价值，即期末价值减期初价值的差额，再扣除当期由于价格变动而产生的持有收益。存货增加可以是正值，也可以是负值，正值表示存货上升，负值表示存货下降。存货包括生产单位购进的原材料、燃料和储备物资等存货，以及生产单位生产的产成品、在制品和半成品等存货。

**货物和服务净出口** 指货物和服务出口减货物和服务进口的差额。出口包括常住单位向非常住单位出售或无偿转让的各种货物和服务的价值；进口包括常住单位从非常住单位购买或无偿得到的各种货物和服务的价值。由于服务活动的提供与使用同时发生，一般把常住单位从非常住单位得到的服务作为进口，非常住单位从常住单位得到的服务作为出口。货物的出口和进口都按离岸价格计算。

**人口数** 指一定时点、一定地区范围内有生命的个人总和。

**城镇人口和乡村人口的划分** 城镇人口是指居住在城镇范围内的全部人口；乡村人口是除上述人口以外的全部人口。

历年城乡人口数据是按照当时国家《关于统计上划分城乡的规定》计算的。

三次普查之间年份的城乡人口根据1990年和2000年人口普查数据进行了调整。

**出生率(又称粗出生率)** 指在一定时期内(通常为一年)一定地区的出生人数与同期内平均人数(或期中人数)之比，用千分率表示。本资料中的出生率指年出生率，其计算公式为：

$$出生率=年出生人数/年平均人数\times 1000‰$$

式中：出生人数指活产婴儿，即胎儿脱离母体时(不管怀孕月数)，有过呼吸或其他生命现象。年平均人数指年初、年底人口数的平均数，也可用年中人口数代替。

**死亡率(又称粗死亡率)** 指在一定时期内(通常为一年)一定地区的死亡人数与同期内平均人数(或期中人数)之比，用千分率表示。本资料中的死亡率指年死亡率，其计算公式为：

$$死亡率=年死亡人数/年平均人数\times 1000‰$$

**人口自然增长率** 指在一定时期内(通常为一年)人口自然增加数(出生人数减死亡人数)与该时期内平均人数(或期中人数)之比，用千分率表示。计算公式为：

人口自然增长率=(本年出生人数-本年死亡人数)/年平均人数×1000‰=人口出生率-人口死亡率

**总负担系数** 指人口总体中非劳动年龄人口数与劳动年龄人口数之比。通常用百分比表示。说明每100名劳动年龄人口大致要负担多少名非劳动年龄人口。用于从人口角度反映人口与经济发展的基本关系。计算公式为：

$$GDR=(P_{0\sim14}+P_{65+})/P15\sim64\times 100\%$$

其中：GDP为总抚养比；

$P_{0\sim14}$为0～14岁少年儿童人口数；

$P_{65+}$为65岁及65岁以上的老年人口数；

$P_{15\sim64}$为15～64岁劳动年龄人口数。

**老年人口抚养比** 也称老年人口抚养系数。指某一人口中老年人口数与劳动年龄人口数之比。通常用百分比表示。用以表明每100名劳动年龄人口要负担多少名老年人。老年人口抚养比是从经济角度反映人口老化社会后果的指标之一。计算公式为：

$$ODR=P_{65}+/P_{15\sim64}\times100\%$$

其中：ODR为老年人口抚养比；

$P_{65}$+为65岁及65岁以上的老年人口数；

$P_{15\sim64}$为15～64岁的劳动年龄人口数。

**少年儿童抚养比** 也称少年儿童抚养系数。指某一人口中少年儿童人口数与劳动年龄人口数之比。通常用百分比表示。以反映每100名劳动年龄人口要负担多少名少年儿童。计算公式为：

$$CDR=P_{0\sim14}/P_{15\sim64}\times100\%$$

其中：CDR为少年儿童抚养比；

$P_{0\sim14}$为0～14岁少年儿童人口数；

$P_{15\sim64}$为15～64岁劳动年龄人口数。

**经济活动人口** 指在16岁以上，有劳动能力，参加或要求参加社会经济活动的人口。包括就业人员和失业人员。

**就业人员** 指从事一定社会劳动并取得劳动报酬或经营收入的人员，包括在岗职工、再就业的离退休人员、私营业主、个体户主、私营和个体就业人员、乡镇企业就业人员、农村就业人员、其他就业人员(包括民办教师、宗教职业者、现役军人等)。这一指标反映了一定时期内全部劳动力资源的实际利用情况，是研究我国基本国情国力的重要指标。

**各单位的就业人员** 指在各级国家机关、政党机关、社会团体及企业、事业单位中工作，取得工资或其他形式的劳动报酬的全部人员。包括在岗职工、再就业的离退休人员、民办教师以及在各单位中工作的外方人员和港澳台方人员、兼职人员、借用的外单位人员和第二职业者。不包括离开本单位仍保留劳动关系的职工。各单位的就业人员反映了各单位实际参加生产或工作的全部劳动力。

**城镇私营和个体就业人员** 城镇私营就业人员指在工商管理部门注册登记，其经营地址设在县城关镇(含县城关镇)以上的私营企业就业人员，包括私营企业投资者和雇工。城镇个体就业人员指在工商管理部门注册登记，并持有城镇户口或在城镇长期居住，经批准从事个体工商经营的就业人员，包括个体经营者和在个体工商户劳动的家庭帮工和雇工。

**城镇登记失业人员** 指有非农业户口，在一定的劳动年龄内(16岁以上及男50岁以下、女45岁以下)，有劳动能力，无业而要求就业，并在当地就业服务机构进行求职登记的人员。

**城镇登记失业率** 城镇登记失业人员与城镇单位就业人员(扣除使用的农村劳动力、聘用的离退休人员、港澳台及外方人员)、城镇单位中的不在岗职工、城镇私营业主、个体户主、城镇私营企业和个体就业人员、城镇登记失业人员之和的比。计算公式为：

城镇登记失业率=城镇登记失业人数/［（城镇单位就业人员–使用的农村劳动力–聘用的离退休人员–聘用的港澳台及外方人员）+不在岗职工+城镇私营业主+城镇个体户主+城镇私营企业及个体就业人员+城镇登记失业人数］×100%

**职工** 指在国有、城镇集体、联营、股份制、外商和港、澳、台投资、其他单位及其附属机构工作，并由其支付工资的各类人员。不包括下列人员：(1)乡镇企业就业人员；(2)私营企业就业人员；(3)城镇个体劳动者；(4)离休、退休、退职人员；(5)再就业的离、退休人员；(6)民办教师；(7)在城镇单位中工作的外方及港、澳、台人员；(8)其他按有关规定不列入职工统计范围的人员。(1998年及以后的数据均为在岗职工数据，其他相关指标如职工工资总额，职工平均工资等指标也从1998年按此口径进行了相应调整)。

**国有单位** 指资产归国家所有的经济组织。包括按《中华人民共和国企业法人登记管理条例》规定登记注册的非公司制的经济组织，以及中央、地方各级国家机关、事业单位和社会团体。

**集体单位** 指生产资料归集体所有，并按《中华人民共和国企业法人登记管理条例》规定登记注册的经济组织。

**其他单位** 包括股份合作单位、联营单位、有限责任公司、股份有限公司、港澳台商投资单位以及外商投资单位等其他登记注册类型单位。

**在岗职工** 指在本单位工作并由单位支付工资的人员，以及有工作岗位，但由于学习、病伤产假等原因暂未工作，仍由单位支付工资的人员。

**工资总额** 指各单位在一定时期内直接支付给本单位全部职工的劳动报酬总额。工资总额的计算原则应以直接支付给职工的全部劳动报酬为根据。各单位支付给职工的劳动报酬以及其他根据有关规定支付的工资，不论是计入成本的还是不计入成本的，不论是按国家规定列入计征奖金税项目的，还是未列入计征奖金税项目的，不论是以货币形式支付的还是以实物形式支付的，均包括在工资总额内。

**平均工资** 指企业、事业、机关单位的职工在一定时期内平均每人所得的货币工资额。它表明一定时期职工工资收入的高低程度，是反映职工工资水平的主要指标。计算公式为:

平均工资=报告期实际支付的全部职工工资总额/报告期全部职工平均人数

**平均工资指数** 指报告期职工平均工资与基期职工平均工资的比率，是反映不同时期职工货币工资水平变动情况的相对数。计算公式为:

平均工资指数=报告期职工平均工资/基期职工平均工资×100%

**平均实际工资指数** 职工平均实际工资指扣除物价变动因素后的职工平均工资。职工平均实际工资指数是反映实际工资变动情况的相对数，表明职工实际工资水平提高或降低的程度。计算公式为:

平均实际工资指数=报告期职工平均工资指数/报告期城镇居民消费价格指数×100%

**全社会固定资产投资** 以货币形式表现的在一定时期内全社会建造和购置固定资产的工作量以及与此有关的费用的总称。该指标是反映固定资产投资规模、结构和发展速度的综合性指标,又是观察工程进度和考核投资效果的重要依据。全社会固定资产投资按登记注册类型可分为国有、集体、个体、联营、股份制、外商、港澳台商、其他等。

**固定资产投资按国民经济行业分** 建设项目归哪个行业，按其建成投产后的主要产品或主要用途及社会经济活动性质来确定。基本建设按建设项目划分国民经济行业，更新改造、其他固定资产投资根据整个企业、事业单位所属的行业来划分。一般情况下，一个建设项目或一个企业、事业单位只能属于一种国民经济行业。为了更准确地反映国民经济各行业之间的比例关系，联合企业(总厂)所属分厂属于不同行业的，原则上按分厂划分行业。

**固定资产投资按建设性质分** 建设项目的性质一般分为新建、扩建、改建、迁建、恢复。房地产开发单位、农村投资、城镇工矿区私人建房投资不划分建设性质。基本建设按建设项目划分建设性质，更新改造、国有经济中其他固定资产投资及城镇集体投资等按整个企业、事业单位的建设情况确定建设性质。

(1)新建：一般指从无到有“平地起家”开始建设的企业、事业和行政单位或独立的工程。现有企业、事业、行政单位一般不属于新建。但如有的单位原有基础很小，经过建设后新增的固定资产价值超过该企、事业、行政单位原有固定资产价值(原值)三倍以上的也应作为新建。

(2)扩建：指在厂内或其他地点，为扩大原有产品的生产能力(或效益)或增加新的产品生产能力，而增建主要的生产车间(或主要工程)、分厂、独立的生产线。行政、事业单位在原单位增建业务用房(如学校增建教学用房、医院增建门诊部、病房等)也作为扩建。现有企、事业单位为扩大原有主要产品生产能力或增加新的产品生产能力，增建一个或几个主要生产车间(或主要工程)、分厂，同时进行一些更新改造工程的，也应作为扩建。

(3)改建：指对原有设施进行技术改造或更新(包括相应配套的辅助性生产、生活福利设施)，没有增建主要生产车间、分厂等。现有企、事业单位为适应市场变化的需要，而改变企业的主要产品种类(如军工企业转产民品等)，或原有产品生产作业线由于各工序(车间)之间能力不平衡，为填平补齐充分发挥原有生产能力而增建不增加本企业主要产品设计能力的车间，也应作为改建。

**固定资产投资按构成分**　固定资产投资活动按其工作内容和实现方式分为建筑安装工程，设备、工具、器具购置，其他费用三个部分。

(1)建筑安装工程(建筑安装工作量)：指各种房屋、建筑物的建造工程和各种设备、装置的安装工程。包括各种房屋建造工程，各种用途设备基础和各种工业窑炉的砌筑工程及金属结构工程；为施工而进行的各种准备工作和临时工程以及完工后的清理工作等；铁路、道路的铺设，矿井的开凿及石油管道的架设等；水利工程；防空地下建筑等特殊工程；列入房屋工程预算内的暖气、卫生、通风、照明、煤气等设备的价值及装设油饰工程；列入建筑工程预算内的各种管道(蒸汽、压缩空气、石油、给排水等管道)、电力、电讯电缆导线等的敷设工程；以及各种机械设备的安装工程；为测定安装工程质量，对设备进行的试运工作；房地产开发单位进行的商品房屋开发建设工程、土地开发工程。在安装工程中，不包括被安装设备本身的价值。

(2)设备、工具、器具购置：指建设单位或企、事业单位购置或自制的，达到固定资产标准的设备、工具、器具的价值。新建单位及扩建单位的新建车间，按照设计或计划要求购置或自制的全部设备、工具、器具，不论是否达到固定资产标准均计入“设备、工具、器具购置”中。

(3)其他费用：指在固定资产建造和购置过程中发生的，除上述几项内容以外的各种应分摊计入固定资产的费用。

**基本建设项目按大中小型划分**　基本建设划分大中小型项目原则上应按照上级批准的设计任务书或初步设计所确定的总规模或总投资划分，没有正式批准设计任务书或初步设计的，按国家或省、自治区、直辖市年度基本建设投资计划中所列的总规模或总投资划分。上述两条均不具备的，按本年计划施工工程的建设总规模或总投资划分。生产单一产品的工业项目，按产品的设计能力划分；生产多种产品的工业项目，按其主要产品的设计能力划分。品种繁多，难以按生产能力划分的，按全部计划总投资划分。划分标准以国家颁发的《大中小型建设项目划分标准》为依据。国家曾在1953年、1962年、1972年、1977年和1979年先后五次修订《大中小型建设项目划分标准》，因此各历史时期的大中型项目数不完全可比。

**财政收入**　指国家财政参与社会产品分配所取得的收入，是实现国家职能的财力保证。财政收入所包括的内容几经变化，目前主要包括：

(1)各项税收：包括增值税、营业税、消费税、土地增值税、城市维护建设税、资源税、城市土地使用税、企业所得税、个人所得税、关税、证券交易印花税、车辆购置税、农牧业税和耕地占用税等。

(2)专项收入：包括排污费收入、城市水资源费收入、矿产资源补偿费收入、教育费附加收入等。

(3)其他收入：包括利息收入、基本建设贷款归还收入、基本建设收入、捐赠收入等。

(4)国有企业亏损补贴：此项为负收入，冲减财政收入。主要包括对工业企业、商业企业、粮食企业的补贴。

**财政支出** 国家财政将筹集起来的资金进行分配使用，以满足经济建设和各项事业的需要，主要包括：

(1)基本建设支出：指按国家有关规定，属于基本建设范围内的基本建设有偿使用、拨款、资本金支出以及经国家批准对专项和政策性基建投资贷款，在部门的基建投资额中统筹支付的贴息支出。

(2)企业挖潜改造资金：指国家预算内拨给的用于企业挖潜、革新和改造方面的资金。包括各部门企业挖潜改造资金和企业挖潜改造贷款资金，为农业服务的县办“五小”企业技术改造补助，挖潜改造贷款贴息资金。

(3)地质勘探费用：指国家预算用于地质勘探单位的勘探工作费用，包括地质勘探管理机构及其事业单位经费、地质勘探经费。

(4)科技三项费用：指国家预算用于科技支出的费用，包括新产品试制费、中间试验费、重要科学研究补助费。

(5)支援农村生产支出：指国家财政支援农村集体(户)各项生产的支出。包括对农村举办的小型农田水利和打井、喷灌等的补助费，对农村水土保持措施的补助费，对农村举办的小水电站的补助费，特大抗旱的补助费，农村开荒补助费，扶持乡镇企业资金，支援农村合作生产组织资金、农村农技推广和植保补助费，农村草场和畜禽保护补助费，农村造林和林木保护补助费，农村水产补助费，发展粮食生产专项资金。

(6)农林水利气象等部门的事业费用：指国家财政用于农垦、农场、农业、畜牧、农机、林业、森工、水利、水产、气象、乡镇企业的技术推广、良种推广(示范)、动植物(畜禽、森林)保护、水质监测、勘探设计、资源调查、干部训练等项费用，园艺特产场补助费，中等专业学校经费，飞播牧草试验补助费，营林机构、气象机构经费，渔政费以及农业管理事业费等。

(7)工业交通商业等部门的事业费：指国家预算支付给工交商各部门用于事业发展的人员和公用经费支出，包括勘探设计费、中等专业学校经费、技术学校经费、干部训练费。

(8)文教科学卫生事业费：指国家预算用于文化、出版、文物、教育、卫生、中医、公费医疗、体育、档案、地震、海洋、通讯、电影电视、计划生育、党政群干部训练、自然科学、社会科学、科协等项事业的人员和公用经费支出以及高技术研究专项经费。主要包括工资、补助工资、福利费、离退休费、助学金、公务费、设备购置费、修缮费、业务费、差额补助费。

(9)抚恤和社会福利救济费：指国家预算用于抚恤和社会福利救济事业的经费。包括由民政部门开支的烈士家属和牺牲病残人员家属的一次性、定期抚恤金，革命伤残人员的抚恤金，各种伤残补助费，烈军属、复员退伍军人生活补助费，退伍军人安置费，优抚事业单位经费，烈士纪念建筑物管理、维修费，自然灾害救济事业费和特大自然灾害灾后重建补助费等。

(10)行政事业单位离退休支出：指实行归口管理的行政事业单位离退休经费。

(11)社会保障补助支出：指国家预算用于社会保障的补助支出，包括对社会保险基金的补助、促进就业补助、国有企业下岗职工补助、补充全国社会保障基金等。

(12)国防支出：指国家预算用于国防建设和保卫国家安全的支出，包括国防费、国防科研事业费、民兵建设以及专项工程支出等。

(13)行政管理费：包括行政管理支出，党派团体补助支出，外交支出，公安安全支出，司法支出，法院支出，检察院支出和公检法办案费用补助。

(14)政策性补贴支出：指经国家批准，由国家财政拨给用于粮棉油等产品的价格补贴支出。主要包括粮、棉、油差价补贴，平抑物价和储备糖补贴，农业生产资料价差补贴，粮食风险基金，副食品风险基金，地方煤炭风险基金等。

(15)债务利息支出：指国家预算中用于偿还国内外债务利息的支出。

**中央财政收入和地方财政收入** 指按现行分税制财政体制划分的中央本级收入和地方本级收入。1994年实行分税制财政体制以后，属于中央财政的收入包括关税、海关代征消费税和增值税，消费税，中央企业所得税，地方银行和外资银行及非银行金融企业所得税，铁道部门、各银行总行、各保险总公司等集中缴纳的营业税、利润和城市维护建设税，车辆购置税，船舶吨税，增值税的75%部分，证券交易税(印花税)94%部分，个人所得税中的利息所得税，利息所得税之外的个人所得税中央分享的部分，海洋石油资源税。属于地方财政的收入包括营业税，地方企业所得税，利息所得税之外的个人所得税地方分享的部分，城镇土地使用税，固定资产投资方向调节税，城镇维护建设税，房产税，车船使用税，印花税，屠宰税，农牧业税，农业特产税，耕地占用税，契税，土地增值税、国有土地有偿使用收入，增值税25%部分，证券交易税(印花税)6%部分和除海洋石油资源税以外的其他资源税。

**中央财政支出和地方财政支出** 指根据政府在经济和社会活动中的不同职责，划分中央和地方政府的责权，按照政府的责权划分确定的支出。中央财政支出包括国防支出，武装警察部队支出，中央级行政管理费和各项事业费，重点建设支出以及中央政府调整国民经济结构、协调地区发展、实施宏观调控的支出。地方财政支出主要包括地方行政管理和各项事业费，地方统筹的基本建设、技术改造支出，支援农村生产支出，城市维护和建设经费，价格补贴支出等。

**预算外资金收支** 预算外资金指国家机关、事业单位和社会团体为履行或代行政府职能，依据国家法律、法规和具有法律效力的规章而收取、提取和安排使用的未纳入国家预算管理的各种财政性资金。其范围主要包括：法律、法规规定的行政事业性收费、政府性基金和附加收入等；国务院或省级人民政府及其财政、计划（物价）部门审批的行政事业性收费；国务院及财政部审批建立的政府性基金、附加收入等；主管部门所属单位集中上缴资金；用于乡镇政府开支的乡自筹和乡统筹资金；其他未纳入预算管理的财政性资金。社会保障基金在国家财政尚未建立社会保障预算制度以前，先按预算外资金管理制度进行管理，专款专用。财政部门在银行开设统一的专户，用于预算外资金收入和支出管理。部门和单位的预算外收入必须上缴同级财政专户，支出由同级财政按预算外资金收支计划和单位财务收支计划统筹安排，从财政专户中拨付，实行收支两条线管理。

**信贷资金** 指金融机构以信用方式积聚和分配的货币资金。金融机构信贷资金的来源有各项存款、金融债券发行、应付及暂收款、对国际金融机构负债、流通中货币、各项准备、所有者权益和其他项目等；信贷资金的运用有各项贷款、有价证券及投资、应收及预付款、委托投资、金银占款、外汇占款、库存现金、财政借款及在国际金融机构中的资产等。

**存款** 指企业、机关、团体或居民根据资金必须收回的原则，把货币资金存入银行或其他信贷机构保管并取得一定利息的一种信用活动形式。根据存款对象或性质的不同可划分为企业存款、财政存款、机关团体存款、基本建设存款、储蓄存款、农村存款、委托存款、其他存款等科目。它是银行信贷资金的主要来源。

**贷款** 指银行或其他信贷机构根据资金必须归还的原则，按一定利率，为企业、个人等提供资金的一种信用活动形式。我国银行贷款分为短期贷款、中期流动资金贷款、中长期贷款、信托贷款、融资租赁、委托贷款、票据融资、各项垫款等。

**保险公司** 在中国境内的、经过保险监督管理部门批准设立，并依法登记注册的各类商业保险公司。

**保险金额** 指保险人承担赔偿或者给付保险金责任的最高限额。

**保费** 指投保人为取得保险人在约定范围内所承担赔偿责任而支付给保险人的费用。

**赔款** 指保险人根据保险合同的规定，向被保险人支付的赔偿保险责任损失的金额。

**给付** 包括死伤医疗给付和满期给付。死伤医疗给付是指保险人根据人寿保险及长期健康保险合同的规定，因被保险人在保险期内发生保险责任范围内的保险事故支付给被保险人(或受益人)的金额。满期给付是指被保险人生存期满，保险人按人寿保险合同规定支付给被保险人的满期保险金额。

**居民消费价格指数** 是反映一定时期内城乡居民所购买的生活消费品价格和服务项目价格变动趋势和程度的相对数，是对城市居民消费价格指数和农村居民消费价格指数进行综合汇总计算的结果。该指数可以观察和分析消费品的零售价格和服务价格变动对城乡居民实际生活费支出的影响程度。

**城市居民消费价格指数** 是反映一定时期内城市居民家庭所购买的生活消费品价格和服务项目价格变动趋势和程度的相对数。该指数可以观察和分析消费品的零售价格和服务项目价格变动对职工货币工资的影响，作为研究职工生活和确定工资政策的依据。

**农村居民消费价格指数** 是反映一定时期内农村居民家庭所购买的生活消费品价格和服务项目价格变动趋势和程度的相对数。该指数可以观察农村消费品的零售价格和服务项目价格变动对农村居民生活消费支出的影响，直接反映农民生活水平的实际变化情况，为分析和研究农村居民生活问题提供依据。

**商品零售价格指数** 是反映一定时期内城乡商品零售价格变动趋势和程度的相对数。商品零售物价的变动直接影响到城乡居民的生活支出和国家的财政收入，影响居民购买力和市场供需的平衡，影响到消费与积累的比例关系。因此，该指数可以从一个侧面对上述经济活动进行观察和分析。

**农业生产资料价格指数** 指反映一定时期内农业生产资料价格变动趋势和程度的相对数。农业生产资料价格指数分为小农具、饲料、幼禽家畜、半机械化农具、机械化农具、化学肥料、农药及农药械、农机用油等八大类。其编制目的是了解农业生产中物质资料投入价格的变动状况，服务于国民经济核算。1994年以前，农业生产资料价格指数仅仅是商品零售价格指数的一个类别，此后，从商品零售价格指数中分离出来，单独编制。

**农产品生产价格指数** 是反映一定时期内，农产品生产者出售农产品价格水平变动趋势及幅度的相对数。该指数可以客观反映全国农产品生产价格水平和结构变动情况，满足农业与国民经济核算需要。其中某代表品生产价格指数是通过对全部有出售该产品行为的调查单位的个体指数进行几何平均求得的，类价格指数是通过对其所属的类（或代表品）的价格指数进行加权平均求得的。季度累计价格指数的计算方法与分季指数的计算方法相同。

**工业品出厂价格指数** 是反映一定时期内全部工业产品出厂价格总水平的变动趋势和程度的相对数，包括工业企业售给本企业以外所有单位的各种产品和直接售给居民用于生活消费的产品。该指数可以观察出厂价格变动对工业总产值及增加值的影响。

**原材料、燃料和动力购进价格指数** 是反映工业企业作为生产投入，而从物资交易市场和能源、原材料生产企业购买原材料、燃料和动力产品时，所支付的价格水平变动趋势和程度的统计指标，是扣除工业企业物质消耗成本中的价格变动影响的重要依据。

目前，我国编制的原材料、燃料和动力购进价格指数所调查的产品包括燃料动力、黑色金属、有色金属、化工、建材等九大类的900多种产品。

**固定资产投资价格指数** 是反映一定时期内固定资产投资品及项目的价格变动趋势和程度的相对数。固定资产投资额是由建筑安装工程投资完成额、设备工器具购置投资完成额和其他费用投资完成额三部分组成的。编制固定资产投资价格指数应首先分别编制上述三部分投资的价格指数，然后采用加权算术平均法求出固定资产投资价格总指数。

该指数可以准确地反映固定资产投资中涉及的各类投资品和取费项目价格变动趋势和变动幅度，消除按现价计算的固定资产投资指标中的价格变动因素，真实地反映固定资产投资的规模、速度、结构和效益，为国家科学地制定、检查固定资产投资计划并提高宏观调控水平，为完善国民经济核算体系提供科学的、可靠的依据。

**城镇家庭人口** 指居住在一起，经济上合在一起共同生活的家庭成员。凡计算为家庭人口的成员其全部收支都包括在本家庭中。

**城镇就业面** 指就业人口占家庭人口的百分比。

**城镇就业者负担人数** 指家庭人口与就业人口之比。

**城市居民家庭总收入** 指调查户中生活在一起的所有家庭成员在调查期得到的工薪收入、经营净收入、财产性收入、转移性收入的总和，不包括出售财物和借贷收入。收入的统计标准以实际发生的数额为准，无论收入是补发还是预发，只要是调查期得到的都应如实计算，不作分摊。

**城市居民家庭可支配收入** 指调查户可用于最终消费支出和其它非义务性支出以及储蓄的总和，即居民家庭可以用来自由支配的收入。它是家庭总收入扣除个人所得税、个人交纳的社会保障费以及调查户的记帐补贴后的收入。计算公式为：

可支配收入=家庭总收入－个人所得税－个人交纳的社会保障支出－记帐补贴

**城市居民家庭总支出** 指家庭除借贷支出以外的全部实际支出。包括消费性支出、购房建房支出、转移性支出、财产性支出、社会保障支出。支出统计是以实际购得的商品或服务的总价值填报，不论其付款方式是一次付清、分期付款，还是赊购，只要商品或服务已被消费就要按其总价值计量。如果采用分期付款或赊购形式，则要在借贷收入类相应的项目填入实付款与总的应付款的差额。

**城市居民家庭消费支出** 指调查户用于本家庭日常生活的全部支出，包括食品、衣着、家庭设备用品及服务、医疗保健、交通和通讯、娱乐教育文化服务、居住、杂项商品和服务八大类等。不包括用于赠送的商品或服务。消费支出按商品（服务）的用途分类。

**城镇家庭服务性消费支出** 指家庭用于支付社会提供的各种非商品性服务费用。

**城镇家庭收入分组方法** 将所有调查户依户人均可支配收入由低到高排队，按10%，10%，20%，20%，20%，10%，10%的比例依次分成：最低收入户、低收入户、中等偏下收入户、中等收入户、中等偏上收入户、高收入户、最高收入户等七组。总体中最低5%的户为困难户。

**恩格尔系数** 指食物支出金额在生活消费总支出金额中所占的比例。计算公式为：

恩格尔系数=食品支出金额/生活消费总支出金额×100%

**农村住户** 指农村常住户。农村常住户指长期(一年以上)居住在乡镇(不包括城关镇)行政管理区域内的住户，以及长期居住在城关镇所辖行政村范围内的农村住户。户口不在本地而在本地居住一年及以上的住户也包括在本地农村常住户范围内；有本地户口，但举家外出谋生一年以上的住户，无论是否保留承包耕地都不包括在本地农村住户范围内。

**常住人口** 指全年经常在家或在家居住6个月以上，而且经济和生活与本户连成一体的人口。外出从业人员在外居住时间虽然在6个月以上，但收入主要带回家中，经济与本户连为一体，仍视为家庭常住人口；在家居住，生活和本户连成一体的国家职工、退休人员也为家庭常住人口。但是现役军人、中专及以上(走读生除外)的在校学生、以及常年在外(不包括探亲、看病等)且已有稳定的职业与居住场所的外出从业人员，不算家庭常住人口。家庭常住人口主要作为计算农村住户平均每人收入、消费和积累水平及分析家庭人口状况的依据。

**整、半劳动力** 整劳动力指男子18周岁到50周岁，女子18周岁到45周岁；半劳动力指男子16周岁到17周岁，51周岁到60周岁；女子16周岁到17周岁，46周岁到55周岁，同时具有劳动能力的人。虽然在劳动年龄之内，但已丧失劳动能力的人，不应算为劳动力；超过劳动年龄，但能经常参加劳动，计入半劳动力数内。常住人口中的职工，若这些职工为劳动力，就包括在本户的整半劳动力中。

**总收入** 指调查期内农村住户和住户成员从各种来源渠道得到的收入总和。按收入的性质划分为工资性收入、家庭经营收入、财产性收入和转移性收入。

**工资性收入** 指农村住户成员受雇于单位或个人，靠出卖劳动而获得的收入。家庭经营收入 指农村住户以家庭为生产经营单位进行生产筹划和管理而获得的收入。农村住户家庭经营活动按行业划分为农业、林业、牧业、渔业、工业、建筑业、交通运输业邮电业、批发和零售贸易餐饮业、社会服务业、文教卫生业和其他家庭经营。

**财产性收入** 指金融资产或有形非生产性资产的所有者向其他机构单位提供资金或将有形非生产性资产供其支配，作为回报而从中获得的收入。

**转移性收入** 指农村住户和住户成员无须付出任何对应物而获得的货物、服务、资金或资产所有权等，不包括无偿提供的用于固定资本形成的资金。一般情况下，是指农村住户在二次分配中的所有收入。

**现金收入** 指农村住户和住户成员在调查期内得到以现金形态表现的收入。按来源分成工资性收入、家庭经营现金收入、财产性收入、转移性收入。

**纯收入** 指农村住户当年从各个来源得到的总收入相应地扣除所发生的费用后的收入总和。计算方法：

纯收入=总收入-税费支出-家庭经营费用支出-生产性固定资产折旧-调查补贴-赠送农村外部亲友支出

纯收入主要用于再生产投入和当年生活消费支出，也可用于储蓄和各种非义务性支出。“农民人均纯收入”按人口平均的纯收入水平，反映的是一个地区或一个农户农村居民的平均收入水平。

**总支出** 指农村住户用于生产、生活和再分配的全部支出。家庭经营费用支出、购置生产性固定资产支出、生产性固定资产折旧、税费支出、生活消费支出、财产性支出和转移性支出。

**供水综合生产能力** 指按供水设施取水、净化、送水、出厂输水干管等环节设计能力计算的综合生产能力。包括在原设计能力的基础上，经挖、革、改增加的生产能力。计算时，以四个环节中最薄弱的环节为主确定能力。

**年末供水管道长度** 指从送水泵至用户水表之间所有管道的长度。不包括新安装尚未使用的管道。

**全年供水总量** 指报告期供水企业(单位)供出的全部水量。包括有效供水量和漏损水量。

**生活用水量** 包括公共服务用水和居民家庭用水。公共服务用水指为城市社会公共生活服务的用水。包括行政事业单位、部队营区和公共设施服务、社会服务业、批发零售贸易业、旅馆饮食业以及其他公共服务业等单位的用水。居民家庭用水指城市范围内所有居民家庭的日常生活用水。包括城市居民、农民家庭、公共供水站用水。

**用水普及率** 指城市用水人口数与城市人口总数的比率。计算公式：

用水普及率=城市用水人口数/城市人口总数×100%

**人工煤气生产能力** 指报告期末人工煤气生产厂制气、净化、输送等环节的综合生产能力，不包括备用设备能力。一般按设计能力计算，如果实际生产能力大于设计能力时，应按实际测定的生产能力计算。测定时应以制气、净化、输送三个环节中最薄弱的环节为主。

**供气管道长度** 指报告期末从气源厂压缩机的出口或门站出口至各类用户引入管之间的全部已经通气投入

使用的管道长度。不包括煤气生产厂、输配站、液化气储存站、灌瓶站、储配站、气化站、混气站、供应站等厂(站)内的管道。

**全年供气总量** 指全年燃气企业(单位)向用户供应的燃气数量。包括销售量和损失量。

**用气普及率** 指报告期末使用燃气的城市人口数与城市人口总数的比率。计算公式为：

用气普及率=城市用气人口数/城市人口总数×100%

**城市供热能力** 指供热企业(单位)向城市热用户输送热能的设计能力。

**城市供热总量** 指在报告期供热企业(单位)向城市热用户输送全部蒸汽和热水的总热量。

**城市供热管道长度** 指从各类热源到热用户建筑物接入口之间的全部蒸汽和热水的管道长度。不包括各类热源厂内部的管道长度。

**年末道路长度** 指年末道路长度和与道路相通的广场、桥梁、隧道的长度，按车行道中心线计算。在统计时只统计路面宽度在3.5米(含3.5米)以上的各种铺装道路，包括开放型工业区和住宅区道路在内。

**城市桥梁** 指为跨越天然或人工障碍物而修建的构筑物。包括跨河桥、立交桥、人行天桥以及人行地下通道等。包括永久性桥和半永久性桥。

**城市排水管道长度** 指所有排水总管、干管、支管、检查井及连接井进出口等长度之和。

**城市污水日处理能力** 指污水处理厂(或处理装置)每昼夜处理污水量的设计能力。

**年末运营车数** 指年末公交企业(单位)用于运营业务的全部车辆数。以企业(单位)固定资产台帐中已投入运营的车辆数为准。

**城市园林绿地面积** 指报告期末用作园林和绿化的各种绿地面积。包括公共绿地、居住区绿地、单位附属绿地、防护绿地、生产绿地、道路绿地和风景林地面积。

不包括：

1.屋顶绿化、垂直绿化、阳台绿化和室内绿化。

2.以物质生产为主的林地、耕地、牧草地、果园和竹园等。

3.城市总体规划中不列入绿地的水域。

**公共绿地** 指向公众开放的市级、区级、居住区级各类公园、街旁游园，包括其范围内的水域。其中居住区级公园应不小于1万平方米，街旁游园的宽度不小于8米，面积不小于400平方米。

**农林牧渔业总产值** 指以货币表现的农、林、牧、渔业全部产品和对农林牧渔业生产活动进行的各种支持性服务活动的价值总量，它反映一定时期内农林牧渔业生产总规模和总成果。1957年以前的农林牧渔业总产值中包括了厩肥和农民自给性手工业(如农民自制衣服、鞋、袜，自己从事粮食初步加工等)。1958年及以后，林业中增加了村及村以下竹木采伐产值；牧业中取消了厩肥产值；副业中取消了农民自给性手工业产值，增加了村及村以下办的工业产值；渔业中增加了海洋捕捞水产品产值。1980年及以后，在副业中增加了农民家庭兼营工业商品部分的产值。从1984年起村及村以下工业产值划归工业。从1993年起取消副业，将野生动物的捕猎划入牧业、野生植物采集和农民家庭兼营商品性工业划归农业。从2003年起，执行新的国民经济行业分类标准，农林牧渔业总产值中包括了农林牧渔服务业产值。林业中增加了森林采运业产值。农业中取消了家庭兼营商品性工业产值，将野生林产品的采集划归林业。第一次农业普查以后，由于畜牧业产品年报数据与普查数据之间存在一定的差距，国家统计局农调总队对畜牧业年报数据与普查数据进行衔接，相应的畜牧业产值进行调整。

农林牧渔业总产值的计算方法通常是按农、林、牧、渔业产品及其副产品的产量分别乘以各自单位产品价格求得；少数生产周期较长，当年没有产品或产品产量不易统计的，则采用间接方法匡算其产值；然后将四业产品产值相加即为农林牧渔业总产值。

**粮食产量** 指全社会的产量。包括国有经济经营的、集体统一经营的和农民家庭经营的粮食产量，还包括工矿企业办的农场和其他生产单位的产量。粮食除包括稻谷、小麦、玉米、高粱、谷子及其他杂粮外，还包括薯类和豆类。其产量计算方法，豆类按去豆荚后的干豆计算；薯类(包括甘薯和马铃薯，不包括芋头和木薯)1963年以前按每4公斤鲜薯折1公斤粮食计算，从1964年开始改为按5公斤鲜薯折1公斤粮食计算。城市郊区作为蔬菜的薯类(如马铃薯等)按鲜品计算，并且不作粮食统计。其他粮食一律按脱粒后的原粮计算。棉花产量 指全社会的产量。包括春播棉和夏播棉。产量按皮棉计算。3公斤籽棉折1公斤皮棉，不包括木棉。

**油料产量** 指全部油料作物的生产量。包括花生、油菜籽、芝麻、向日葵籽、胡麻籽（亚麻籽）和其他油料。不包括大豆、木本油料和野生油料。花生以带壳干花生计算。

**水产品产量** 指人工养殖的水产品和天然生长的水产品的捕捞量。包括海水的鱼类、虾蟹类、贝类和藻类以及内陆水域的鱼类、虾蟹类和贝类，不包括淡水生植物。

**猪、牛、羊肉产量** 指当年出栏并已屠宰、除去头蹄下水后带骨肉(即胴体重)的重量。期初(末)畜禽存栏头(只)数 指报告期初(末)农村各种合作经济组织和国营农场、农民个人、机关、团体、学校、工矿企业、部队等单位以及城镇居民饲养的大牲畜、猪、羊、家禽等畜禽的存栏数。数据上报方式及数据调整情况同猪、牛、羊肉产量。

**常用耕地** 是指耕地总资源中专门种植农作物并经常进行耕种、能够正常收获的土地。包括当年实际耕种的熟地；弃耕、休闲不满三年，随时可以复耕的地；开荒利用三年以上的土地。在统计口径上包括南方小于1米、北方小于2米宽的沟、渠、路和田埸。不包括临时种植农作物的坡度在25度以上的陡坡地；在河套、湖畔、库区临时开发的成片或零星土地；也不包括已列为国家和省（区、市）退耕计划但临时耕种的土地。常用耕地是国家需要重点保护的耕地，是反映我国农业综合生产能力的一个重要指标。

**农作物播种面积** 指实际播种或移植有农作物面积。凡是实际种植有农作物的面积，不论种植在耕地上还是种植在非耕地上，均包括在农作物播种面积中。在播种季节基本结束后，因遭灾而重新改种和补种的农作物面积，也包括在内。

**有效灌溉面积** 指具有一定的水源，地块比较平整，灌溉工程或设备已经配套，在一般年景下当年能够进行正常灌溉的耕地面积。在一般情况下，有效灌溉面积应等于灌溉工程或设备已经配备，能够进行正常灌溉的水田和水浇地面积之和。它是反映我国耕地抗旱能力的一个重要指标。

**农用化肥施用量** 指本年内实际用于农业生产的化肥数量，包括氮肥、磷肥、钾肥和复合肥。化肥施用量要求按折纯量计算数量。折纯量是指把氮肥、磷肥、钾肥分别按含氮、含五氧化二磷、含氧化钾的百分之百成份进行折算后的数量。复合肥按其所含主要成分折算。公式为：

折纯量=实物量×某种化肥有效成份含量的百分比

**农业机械总动力** 指主要用于农、林、牧、渔业的各种动力机械的动力总和。包括耕作机械、排灌机械、收获机械、农用运输机械、植物保护机械、牧业机械、林业机械、渔业机械和其他农业机械〔内燃机按引擎马力折成瓦(特)计算、电动机按功率折成瓦(特)计算〕。不包括专门用于乡、镇、村、组办工业、基本建设、非农业运输、科学试验和教学等非农业生产方面用的动力机械与作业机械。这个指标的统计数据主要来源于农机部门。

**乡村从业人员** 指乡村人口中劳动年龄在16周岁以上实际参加生产经营活动并取得实物或货币收入的人员，包括劳动年龄内经常参加劳动的人员，也包括超过劳动年龄但经常参加劳动的人员，但不包括户口在家的在外学生、现役军人和丧失劳动能力的人，也不包括待业人员和家务劳动者。从业人员按从事主业时间最长（时间相同按收入）分为农业从业人员、工业从业人员、建筑业从业人员、交运仓储及邮电业从业人员、批零贸易及餐饮业从业人员、其它从业人员。

**工业** 指从事自然资源的开采，对采掘品和农产品进行加工和再加工的物质生产部门。具体包括：(1)对自然资源的开采，如采矿、晒盐等(但不包括禽兽捕猎和水产捕捞)；(2)对农副产品的加工、再加工，如粮油加工、食品加工、缫丝、纺织、制革等；(3)对采掘品的加工、再加工，如炼铁、炼钢、化工生产、石油加工、机器制造、木材加工等，以及电力、自来水、煤气的生产和供应等；(4)对工业品的修理、翻新，如机器设备的修理、交通运输工具(包括小卧车)的修理等。

1984年以前农村的村及村以下办工业归属农业，1984年以后划归工业。

工业统计调查单位为独立核算法人工业企业。

独立核算法人工业企业指从事工业生产经营活动的单位。独立核算法人工业企业应同时具备以下条件：①依法成立，有自己的名称、组织机构和场所，能够承担民事责任；②独立拥有和使用资产，承担负债，有权与其他单位签订合同；③独立核算盈亏，并能够编制资产负债表。本年鉴中涉及的企业登记注册类型：

**国有及国有控股企业** 指国有企业加上国有控股企业。国有企业(即原全民所有制工业或国营工业)指企业全部资产归国家所有，并按《中华人民共和国企业法人登记管理条例》规定登记注册的非公司制的经济组织。包括国有企业、国有独资公司和国有联营企业。1957年以前的公私合营和私营工业，后均改造为国营工业，1992年改为国有工业，这部分工业的资料不单独分列时，均包括在国有企业内。国有控股企业是对混合所有制经济的企业进行的“国有控股”分类。它是指这些企业的全部资产中国有资产(股份)相对其他所有者中的任何一个所有者占资(股)最多的企业。该分组反映了国有经济控股情况。

**集体企业** 指企业资产归集体所有，并按《中华人民共和国企业法人登记管理条例》规定登记注册的经济组织。是社会主义公有制经济的组成部分。包括城乡所有使用集体投资举办的企业，以及部分个人通过集资自愿放弃所有权并依法经工商行政管理机关认定为集体所有制的企业。

**股份合作企业** 指以合作制为基础，由企业职工共同出资入股，吸收一定比例的社会资产投资组建，实行自主经营，自负盈亏，共同劳动，民主管理，按劳分配与按股分红相结合的一种集体经济组织。

**联营企业** 指两个及两个以上相同或不同所有制性质的企业法人或事业单位法人，按自愿、平等、互利的原则，共同投资组成的经济组织。联营企业包括：

国有联营企业指国有企业与国有企业间的联营；

集体联营企业指集体企业与集体企业间的联营；

国有与集体联营企业指国有企业与集体企业间的联营。

**有限责任公司** 指根据《中华人民共和国公司登记管理条例》规定登记注册，由两个以上，五十个以下的股东共同出资，每个股东以其所认缴的出资额对公司承担有限责任，公司以其全部资产对其债务承担责任的经济组织。

有限责任公司包括国有独资公司以及其他有限责任公司。

**股份有限公司** 指根据《中华人民共和国企业法人登记管理条例》规定登记注册，其全部注册资本由等额股份构成并通过发行股票筹集资本，股东以其认购的股份对公司承担有限责任，公司以其全部资产对其债务承担责任的经济组织。

**私营企业** 指由自然人投资设立或由自然人控股，以雇佣劳动为基础的营利性经济组织。包括按照《公司法》、《合伙企业法》、《私营企业暂行条例》规定登记注册的私营有限责任公司、私营股份有限公司、私营合伙企业和私营独资企业。

**港、澳、台商投资企业** 指企业注册登记类型中的港、澳、台资合资、合作、独资经营企业和股份有限公司之和。

**外商投资企业** 指企业注册登记类型中的中外合资、合作经营企业、外资企业和外商投资股份有限公司之和。

“三资”企业系指港、澳、台商投资企业和外资企业的简称。

**轻工业** 指主要提供生活消费品和制作手工工具的工业。按其所使用的原料不同，可分为两大类：(1)以农产品为原料的轻工业，是指直接或间接以农产品为基本原料的轻工业。主要包括食品制造、饮料制造、烟草加工、纺织、缝纫、皮革和毛皮制作、造纸以及印刷等工业；(2)以非农产品为原料的轻工业，是指以工业品为原料的轻工业。主要包括文教体育用品、化学药品制造、合成纤维制造、日用化学制品、日用玻璃制品、日用金属制品、手工工具制造、医疗器械制造、文化和办公用机械制造等工业。

**重工业** 指为国民经济各部门提供物质技术基础的主要生产资料的工业。按其生产性质和产品用途，可以分为下列三类：(1)采掘(伐)工业，是指对自然资源的开采，包括石油开采、煤炭开采、金属矿开采、非金属矿开采等工业；(2)原材料工业，指向国民经济各部门提供基本材料、动力和燃料的工业。包括金属冶炼及加工、炼焦及焦炭、化学、化工原料、水泥、人造板以及电力、石油和煤炭加工等工业；(3)加工工业，是指对工业原材料进行再加工制造的工业。包括装备国民经济各部门的机械设备制造工业、金属结构、水泥制品等工业，以及为农业提供的生产资料如化肥、农药等工业。

根据上述划分原则，修理业中以重工业产品为修理作业对象的划为重工业，反之划为轻工业。

**工业总产值**

(1)定义：工业总产值是以货币形式表现的，工业企业在一定时期内生产的工业最终产品或提供工业性劳务活动的总价值量。它反映一定时间内工业生产的总规模和总水平。

(2)计算原则：

工业生产的原则，即凡是企业在报告期生产的经检验合格的产品，不管是否在报告期销售，均包括在内。

最终产品的原则，即凡是计入工业总产值的产品，必须是本企业生产的经检验合格的，不需要再进行任何加工的最终产品。如果企业有中间产品(半成品)对外销售，则对外销售的中间产品应视为企业的最终产品。

工厂法原则，即工业总产值是以工业企业作为基本计算(核算)单位，即按企业的最终产品计算工业总产值。按这种方法计算的工业总产值，不允许同一产品价值在企业内部重复计算，不能把企业内部各个车间(分厂)生产的成果相加，但允许企业间的重复计算。

(3)内容及计算方法：1995年全国工业普查对工业总产值(原规定)的内容及计算原则和方法做了某些修订，修订后的工业总产值(新规定)包括三项内容：即本期生产成品价值、对外加工费收入、在制品半成品期末期初差额价值三部分。本期生产成品价值：指企业本期生产，并在报告期内不再进行加工，经检验、包装入库的全部工业成品(半产品)价值合计，包括企业生产的自制设备及提供给本企业在建工程、其他非工业部门和福利部门等单位使用的成品价值。

本期生产成品价值为按自备原材料生产的产品的数量乘以本期不含增值税(销项税额)的产品实际销售平均单价计算；会计核算中按成本价格转帐的自制设备和自产自用的成品，按成本价格计算生产成品价值。生产成品价值中不包括用定货者来料加工的成品(半产品)价值。

对外加工费收入：指企业在报告期内完成的对外承接的工业品加工(包括用定货者来料加工产品)的加工费收入和对外工业修理作业所取得的加工费收入。对外加工费收入按不含增值税(销项税额)的价格计算，可根据会计“产品销售收入”科目的有关资料取得。

对于本企业对内非工业部门提供的加工修理、设备安装的劳务收入，如果企业会计核算基础较好，能取得这部分资料，而且这部分价值所占比重较大，应包括在对外加工费收入中。

自制半成品在制品期末期初差额价值：指企业报告期在制品期末减期初的差额价值，本指标一般可以从会计核算资料中取得。如果会计产品成本核算中不计算半成品、在制品的成本，则总产值中也不包括这部分价值，反之则包括。

(4)工业总产值统计范围变化和计算方法修订情况：

1984年以前工业总产值不包括村办工业，村办工业总产值划归农业。1984年以后工业总产值包括村办工业。

1995年工业普查对工业总产值计算方法做了修订，即从1995年始按新修订(新规定)方法计算工业总产值。新规定与原规定的区别如下：

全价与加工费的计算原则不同：新规定为凡自备原材料，不论其生产繁简程度如何，一律按全价计算工业总产值；凡来料加工，允许按加工费计算工业总产值。原规定则视生产加工的繁简程度不同，规定哪些行业按全价，哪些行业按加工费计算工业总产值。

自制半成品、在产品期末期初差额价值的计算原则不同：新规定要求，凡会计产品成本核算时计算了成本的差额价值，总产值中就应包括，否则可不包括；原规定则按生产周期六个月的界限区分，凡生产周期六个月以上的企业，总产值计算中应包括这部分差额价值，否则可不包括。

计算价格不同：新规定按不含增值税(销项税额)的价格计算；原规定则按含增值税(销项税额)的价格计算。

**工业增加值**　指工业企业在报告期内以货币表现的工业生产活动的最终成果。工业增加值有两种计算方法：一是生产法，即工业总产出减去工业中间投入加上应交增值税；二是收入法，即从收入的角度出发，根据生产要素在生产过程中应得到的收入份额计算，具体构成项目有固定资产折旧、劳动者报酬、生产税净额、营业盈余，这种方法也称要素分配法。本年鉴中的工业增加值是以生产法计算的。

生产法工业增加值的计算方法为：

工业增加值=工业总产出-工业中间投入+应交增值税

(1)工业总产出：指工业企业在一定时期内工业生产活动的总成果。工业总产出包括：成品生产价值，对外加工费收入，自制半成品、在产品期末期初差额价值。1995年后用新规定计算的工业总产值代替。

(2)工业中间投入：指工业企业在工业生产活动中消耗的外购物质产品和对外支付的服务费用。服务费用包括支付给物质生产部门(工业、农业、批发零售贸易业、建筑业、运输邮电业)的服务费用和支付给非物质生产部门(如保险、金融、文化教育、科学研究、医疗卫生、行政管理等)的服务费用。工业中间投入的确定须遵循以下原则：必须从外部购入的，并已计入工业总产出的产品和服务价值；必须是本期投入生产，并一次性消耗掉(包括本期摊销的低值易耗品等)的产品和服务价值。

工业中间投入包括直接材料费用、制造费用中的工业中间投入、管理费用中的工业中间投入、销售费用中的工业中间投入和利息支出五部分。

实收资本：指企业实际收到投资者的可作为长期周转使用的经营资金。根据现行会计制度规定，实收资本按投资主体分为：国家资本、集体资本、法人资本、个人资本、港澳台资本和外商资本。

国家资本：指有权代表国家投资的政府部门或者机构以国有资产投入企业形成的资本。

集体资本：指有权代表国家投资的集体部门或者机构以国有资产投入企业形成的资本。

法人资本：指其他法人单位以其依法可以支配的资产投入企业形成的资本。

个人资本：指社会个人或者本企业内部职工以个人合法财产投放到企业形成的资本。

港澳台资本：指我国香港、澳门和台湾地区投资者以各种形式的资产进行投资形成的资本。

外商资本：指外国投资者对企业投资形成的资本。

**资产总计** 指企业拥有或控制的能以货币计量的经济资源，包括各种财产、债权和其他权利。资产按流动性分为流动资产、长期投资、固定资产、无形资产、递延资产和其他资产。该指标根据企业会计“资产负债表”中“资产总计”项目的期末数增列。

**流动资产合计** 指可以在一年或者超过一年的一个营业周期内变现或者耗用的资产，包括现金及各种存款、短期投资、应收及预付货款、存款等。

**流动资产平均余额** 指企业在报告期内全部流动资产的平均余额。

**固定资产原价** 指企业在建造、购置、安装、改建、扩建、技术改造某项固定资产时所支出的全部货币总额。它一般包括买价、包装费、运杂费和安装费等。

**固定资产净值年平均余额** 指固定资产净值在报告期内余额的平均数。计算公式为：

固定资产净值年平均余额=1至12月各月月初、月末固定资产净值之和/24

该指标根据“资产负债表”中“固定资产原价”、“累计折旧”指标的期初、期末数计算填列。

固定资产净值指固定资产原价减去历年已提折旧额后的净额。计算公式为：

固定资产净值=固定资产原价–累计折旧

**流动负债合计** 指将在一年或超过一年的一个营业周期内偿还的债务。流动负债包括短期负债、应付票据、应付帐款、预收帐款、应付工资、应付福利费、应交税金、应付利润、其他应付款、预提费用等。

流动负债具有偿还期限短，在债权人提出要求时即期偿付，或在一年内必须偿还的特点。

**长期负债合计** 指偿还期在一年或超过一年的一个营业周期以上的债务，它是除了投资人投入企业的资本以外，企业向债权人筹集、可供企业长期使用的资金，是企业必须以资产或劳务偿还的经济责任，包括长期借款、应付债款、长期应付款、其他长期负债等。与流动负债相比，长期负债具有为数较大、偿还期限较长的特点，且对投资者来说可带来更大的利益。

**所有者权益** 指企业投资人对企业净资产的所有权。企业净资产等于企业全部资产减去全部负债后的余额，包括企业投资人对企业的最初投入的实际到位的资产及资本公积金、盈余公积金和未分配利润。所有者权益合计数小于零，表示企业资不抵债。

**产品销售收入** 指企业在报告期内生产的成品、自制半成品和工业性劳务取得的收入。

**产品销售成本** 指企业在报告期内销售本企业生产的成品、自制半成品和工业性劳务等的实际成本。

**产品销售税金及附加** 指企业在报告期内销售产品、提供的劳务等主要经营业务应负担的城市维护建设税、消费税、资源税和教育费附加等。

**利润总额** 指企业生产经营活动的最终成果，是企业在一定时期内实现的盈亏相抵后的利润总额(亏损以“–”号表示)，它等于营业利润加上补贴收入加上投资收益加上营业外净收入再加上以前年度损益调整。

**本年应交增值税** 指企业在报告期内应交纳的增值税额。它等于本年销项税额加上出口退税加上进项税额转出数减去本年进项税额。小规模纳税企业直接按全年计税销售额乘以征收率计算取得。

**年末从业人员平均人数** 从业人员是指在企业工作并取得劳动报酬的全部人员数。包括在岗职工、再就业的离退休人员、民办教师及在企业工作的外方人员和港澳台方人员、兼职人员、借用的外单位人员和第二职业者。不包括离开本单位但仍保留劳动关系的职工。

从业人员平均人数是指报告期内每天拥有的从业人员人数。其计算公式为：

月平均人数=报告月内每天实有人数之和/报告月日历日数

季平均人数=季内各月平均人数之和/3

年平均人数=年内各月平均人数之和/12

**总资产贡献率** 反映企业全部资产的获利能力，是企业经营业绩和管理水平的集中体现，是评价和考核企业盈利能力的核心指标。计算公式为：

总资产贡献率（%）=利润总额+税金总额+利息支出/平均资金总额×100%

公式中：税金总额为产品销售税金及附加与应交增值税之和；平均资产总额为期初期末资产之和的算术平均值。

**资产负债率** 该指标既反映企业经营风险的大小，也反映企业利用债权人提供的资金从事经营活动的能力。计算公式为：

资产负债率（%）=负债总额/资产总额×100%

资产与负债均为报告期期末数。

**流动资产周转次数** 指一定时期内流动资产完成的周转次数，反映投入工业企业流动资金的周转速度。计算公式为：

流动资产周转次数=产品销售收入/全部流动资产平均余额

公式中：全部流动资产平均余额为期初和期末的流动资产之和的算术平均值。

**成本费用利润率** 反映企业投入的生产成本及费用的经济效益，同时也反映企业降低成本所取得的经济效益。计算公式为：

成本费用利润（%）=利润总额/成本费用总额×100%

公式中：成本费用总额为产品销售成本、销售费用、管理费用、财务费用之和。

**全员劳动生产率** 该指标反映企业的生产效率和劳动投入的经济效益。计算公式为：

全员劳动生产率（元/人）=工业增加值/全部从业人员平均人数

**产品销售率** 该指标反映工业产品已实现销售的程度，是分析工业产销衔接情况、研究工业产品满足社会需求的指标。计算公式为：

产品销售率（%）=工业销售产值/工业总产值（现价）×100%

**建筑业统计单位** 指从事房屋、构筑物建造和设备安装活动的法人企业。建筑业法人企业应具有建筑业资质并能够独立核算；同时应具备以下条件：①依法成立，有自己的名称、组织机构和场所，能够承担民事责任；②独立拥有和使用资产，承担负债，有权与其他单位签订合同；③独立核算盈亏，能够编制资产负债表。

**建筑业总产值** 是以货币形式表现的建筑业企业在一定时期内生产的建筑业产品和提供的服务的总和。建筑业总产值包括：

⑴建筑工程产值：指列入建筑工程预算内的各种工程价值。

⑵安装工程产值：指设备安装工程价值，不包括被安装设备本身的价值。

⑶其他产值：建筑业总产值中除建筑工程、安装工程以外的产值。包括房屋构筑物修理产值、非标准设备

制造产值、总包企业向分包企业收取的管理费以及不能明确划分的施工活动所完成的产值。

a.房屋构筑物修理产值：指房屋和构筑物修理所完成的产值，但不包括被修理房屋、构筑物本身价值和生产设备的修理产值。

b.非标准设备制造产值：指加工制造没有定型的非标准生产设备的加工费和原材料价值(如化工厂、炼油厂用的各种罐、槽，矿井生产统一使用的各种漏斗、三角槽、阀门等)以及附属加工厂为本企业承建工程制作的非标准设备的价值。

建筑业增加值　指建筑业企业在报告期内以货币形式表现的建筑业生产经营活动的最终成果。目前建筑业增加值采用分配法(收入法)计算，即从收入的角度出发，根据生产要素在生产过程中应得的收入份额计算。具体计算公式为：

建筑业增加值=本年提取的固定资产折旧+应付工资+应付福利费+管理费用中的劳动待业保险费、税金+工程结算税金及附加+营业利润

**房屋建筑施工面积**　指在报告期内施过工的全部房屋建筑面积，包括本期新开工的房屋面积、上期施工跨入本期继续施工的房屋面积、上期停缓建在本期恢复施工的房屋面积、本期竣工的房屋面积及本期施工后又停缓建的房屋面积。

**房屋建筑竣工面积**　指在报告期内房屋建筑按照设计要求全部完工，达到了使用条件，经验收鉴定合格，正式移交使用单位的房屋建筑面积。

**自有机械设备年末总台数**　指归本企业所有，属于本企业固定资产的生产性机械设备年末总台数。包括施工机械、生产设备、运输设备以及其他设备。

**自有机械设备年末总功率**　指本企业自有施工机械、生产设备、运输设备以及其他设备等列为在册固定资产的生产性机械设备年末总功率，按设定能力或查定能力计算。包括机械本身的动力和为该机械服务的单独动力设备，如电动机等。计算单位用千瓦，动力换算可按1马力＝0.735千瓦折合成千瓦数。电焊机、变压器、锅炉不计算动力。

**工程结算收入**　指企业承包工程实现的工程价款结算收入，以及向发包单位收取的除工程价款以外的按规定列作营业收入的各种款项，如临时设施费、劳动保险费、施工机械调迁费等以及向发包单位收取的各种索赔款。

**工程结算利润**　指已结算工程实现的利润，如亏损以“-”号表示。计算公式为：

工程结算利润=工程结算收入-工程结算成本-工税结算税金及附加

**企业总收入**　指与企业生产经营直接有关的各项收入，包括工程结算收入和其他业务收入。计算公式为：

企业总收入=工程结算收入+其他业务收入

**铁路营业里程**　又称营业长度(包括正式营业和临时营业里程)，指办理客货运输业务的铁路正线总长度。凡是全线或部分建成双线及以上的线路，以第一线的实际长度计算；复线、站线、段管线、岔线和特殊用途线以及不计算运费的联络线都不计算营业里程。该指标可以反映铁路运输业基础设施的发展水平，也是计算客货周转量、运输密度和机车车辆运用效率等指标的基础资料。

**铁路电气化里程**　指在全部铁路营业里程中已安装了供电线路及设备，可以供电力机车牵引列车运行的区段的总里程。

**铁路自动、半自动闭塞里程**　指装有列车自动或人工完成闭塞状态的铁路设备里程。为保证列车安全运行，在一个区间、同一时间内，一般只允许一列列车运行，这种保证列车在这个区间安全间隔运行的技术方法

称为“闭塞”。自动或半自动闭塞里程占铁路营业里程的比重是反映铁路现代化的重要标志之一。

**公路里程** 指在一定时期内实际达到《公路工程[WTBZ]技术标准JTJ01-88》规定的等级公路，并经公路主管部门正式验收交付使用的公路里程数。包括大中城市的郊区公路以及通过小城镇街道部分的公路里程和桥梁、渡口的长度，不包括大中城市的街道、厂矿、林区生产用道和农业生产用道的里程。两条或多条公路共同经由同一路段，只计算一次，不得重复计算里程长度。该指标可以反映公路建设的发展规模，也是计算运输网密度等指标的基础资料。

**内河航道里程** 也称内河通航里程，指在一定时期内，能通航运输船舶及排筏的天然河流、

湖泊水库、运河及通航渠道的长度。包括全年季节性通航累计三个月以上的航道，不包括仅供零散流放竹、木排的河道。该指标可以反映内河水运网的规模、水平和发展情况。

**民用航空航线里程** 指民航运输定期班机飞行的航线长度的总和。航线长度按机场之间的距离计算，通常有两种计算方法：一是将每条航线长度相加称为重复计算航线里程；一是将两线或两条以上航线经过同一区段里程，只计算一次航线长度称为不重复计算航线里程。一般常用的是后者，该指标可以确切反映民航运输网的规模，是表明民航事业为国民经济服务和方便人民生活程度的主要指标。

**输油(气)管道长度** 也称输油(气)里程，指油品(或天然气)的实际输送距离，一般按输油(气)管道的单线长度计算。若包括复线和备用线长度则称为输油(气)管道延展长度，是指管道铺设的实际长度。我们通常使用的是不包括复线的“输油(气)管道里程”，该指标可以反映管道运输的发展规模和水平。

**货(客)运量** 指在一定时期内，各种运输工具实际运送的货物(旅客)数量。该指标是反映运输业为国民经济和人民生活服务的数量指标，也是制定和检查运输生产计划、研究运输发展规模和速度的重要指标。货运按吨计算，客运按人计算。货物不论运输距离长短、货物类别，均按实际重量统计。旅客不论行程远近或票价多少，均按一人一次客运量统计；半价票、小孩票也按一人统计。

**货(客)运密度** 指在一定时期内某种运输方式在营运线路的某一区段平均每公里线路通过的货物(旅客)运输周转量。计算公式为：

货（客）运密度=货物（旅客）周转量/营业线路长度

该指标可以反映交通运输线路上的货物(旅客)运输量运输繁忙程度，是平衡运输线路运输能力和通过能力，规划线路建设及改造、配备技术设备，研究运输网布局的重要依据。

**货物(旅客)周转量** 指在一定时期内，由各种运输工具运送的货物(旅客)数量与其相应运输距离的乘积之总和。该指标可以反映运输业生产的总成果，也是编制和检查运输生产计划，计算运输效率、劳动生产率以及核算运输单位成本的主要基础资料。计算货物周转量通常按发出站与到达站之间的最短距离，也就是计费距离计算。计算公式为：

货物（旅客）周转量=∑货物（旅客）运输量×运输距离

**铁路货车平均静载重** 指铁路货车在始发站静止状态下平均每车装载的货物重量，用以分析货车完成装车时车辆载重力的利用情况。计算公式为：

货车平均静载量=货物发送吨数/装车数

静载重的多少取决于运送货物的性质、种类、车辆的类型和装载技术的高低。根据货车的平均标记载重与静载重进行对比，可以反映货车载重能力的利用程度。计算公式为：

货车载重力利用率（%）=货车平均静载重/货车平均标记载重×100%

**铁路货运机车日产量** 指在一定时期内，平均每台货运机车在一昼夜内所完成的总重吨公里数，包括载运

货物的重量和车辆本身的自重。该指标从时间和牵引能力两方面反映了机车运用效率。计算公式为：

货运机车平均日产量=货运总重吨公里数/货运机车台日数

**沿海主要港口货物吞吐量** 指经水运进出沿海主要港区范围，并经过装卸的货物数量，包括邮件及办理托运手续的行李、包裹以及补给运输船舶的燃、物料和淡水。货物吞吐量按货物流向分为进口、出口吞吐量，按货物交流性质分为外贸货物吞吐量和国内贸易货物吞吐量。货物吞吐量的货类构成及其流向，是衡量港口生产能力大小的重要指标。

**民用汽车拥有量** 指报告期末，在公安交通管理部门按照《机动车注册登记工作规范》，已注册登记领有民用车辆牌照的全部汽车数量。汽车拥有量统计的主要分类：根据汽车结构分为载客汽车、载货汽车及其他汽车；根据汽车所有者不同分为个人(私人)汽车、单位汽车；根据汽车的使用性质分为营运汽车、非营运汽车和特种汽车；根据汽车大小规格不同载客汽车分为大型、中型、小型和微型，载货汽车分为重型、中型、轻型和微型。

**邮电业务总量** 指以价值量形式表现的邮电通信企业为社会提供各类邮电通信服务的总数量。邮电业务量按专业分类包括函件、包件、汇票、报刊发行、邮政快件、特快专递、邮政储蓄、集邮、公众电报、用户电报、传真、长途电话、出租电路、无线寻呼、移动电话、分组交换数据通信、出租代维等。计算方法为各类产品乘以相应的平均单价(不变价)之和，再加上出租电路和设备、代用户维护电话交换机和线路等的服务收入。该指标综合反映了一定时期邮电业务发展的总成果，是研究邮电业务量构成和发展趋势的重要指标。计算公式为：

邮电业务总量=∑（各类邮电业务量×不变单价）+出租代维及其他业务收入=邮电业务总量+电信业务总量

**移动电话用户** 指通过移动电话交换机进入移动电话网、占用移动电话号码的各类电话用户。包括签约用户和智能网预付费用户。一个移动电话号码统计为一户。

**互联网上网人数** 指平均每周使用互联网至少1小时的中国公民人数。

**本地电话用户** 指接入本地电信运营商固定电话网上的电话用户。包括：住宅用户、单位用户、公用电话用户等。按电话用户位置又分为市内电话用户和农村电话用户。1997年以前，“市内电话用户”是指接入县城及县以上城市的电话网上的电话用户；“农村电话用户”是指接入县邮电局农话台及县以下农村电话交换点，以县城为中心(除市话用户外)联通县、乡(镇)、行政村、村民小组的用户。从1997年起，电话用户数分组调整为以用户所在区域划分为“城市电话用户”和“乡村电话用户”，与过去的按市内电话和农村电话划分方法不同。而电话用户总数、电话机总部数统计范围不变。

**城市电话用户** 指直辖市、省辖市、地级市、县级市的市区、市郊区及县城(包括县人民政府所在地的县城关区或行政建制相当于县人民政府所在地的镇)范围内接入局用交换机的电话用户数，包括分布在农村地区的独立工矿区、林区、驻军等电话用户数。

**乡村电话用户** 指按行政区划属于城市范围以外的乡(镇)、村的电话用户数。

**住宅电话用户** 指安装在居民住宅或农民家里并按照住宅电话用户登记注册和收费的电话用户。包括私人付费、单位付费和按规定免费安装的住宅电话用户。

**长途电话交换机容量** 指用于接入长途电话网的电话交换机设备的额定容量，包括国际电话交换机容量。

**局用交换机容量** 指安装在电信运营企业内用于接续本地固定电话的电话交换机容量，包括现用和备用的人工或自动交换机的全部容量。不包括用户交换机容量。

**移动电话交换机容量** 指移动电话交换机根据一定话务模型和交换机处理能力计算出来的最大同时服务用

户的数量。

**社会消费品零售总额** 批发和零售业、餐饮业、新闻出版业、邮政业和其他服务业等，售予城乡居民用于生活消费的商品和社会集团用于公共消费的商品之总量。社会消费品零售总额包括：

一、批发和零售业企业（单位）：

1.售予城乡居民的各种生活消费品；

2.售予入境旅游的外国人、华侨、港澳台同胞的各类商品；

3.售予行政事业单位、社会团体、军队和武警等机构的商品，以及以零售方式售予各类企业的商品。具体包括：用于非生产和社会交往的办公用品，如通讯设备、计算器具和设备、电讯网络设备、文印设备、音像视听器材和设备、纸张、本册、文具及装订文印材料、家具、日用电器、针纺织品、清洁卫生用品、文体用品、奖品、纪念品、礼品等；供内部人员乘坐的交通工具和燃料；用于办公设施修缮的各类配件、材料、工具等；用于取暖和防暑降温的设备、燃料、材料及食品等；专用于教学的用品和设备；非营利医疗机构的中、西药品、中药材和医疗设备器材；非专用的劳动保护用品；不对外营业的内部食堂用的餐具、炊具、设备、清洁卫生工具和食品、燃料等；军队、武警用于其人员生活的衣着品和个人用品；其他各类非生产性设备和用品。

二、餐饮业出售的主食、菜肴、烟酒饮料和其他商品。

三、新闻出版业、邮政业售予城乡居民、企事业单位、军队和武警等机构的书报杂志、音像制品、邮品等。

四、其他服务业出售的食品、烟酒饮料、服装鞋帽、日常生活用品、医药保健用品、艺术品、工艺美术品、玩具、殡葬用品以及其他消费品。

**进出口总额** 指实际进出我国国境的货物总金额。包括对外贸易实际进出口货物，来料加工装配进出口货物，国家间、联合国及国际组织无偿援助物资和赠送品，华侨、港澳台同胞和外籍华人捐赠品，租赁期满归承租人所有的租赁货物，进料加工进出口货物，边境地方贸易及边境地区小额贸易进出口货物(边民互市贸易除外)，中外合资企业、中外合作经营企业、外商独资经营企业进出口货物和公用物品，到、离岸价格在规定限额以上的进出口货样和广告品(无商业价值、无使用价值和免费提供出口的除外)，从保税仓库提取在中国境内销售的进口货物，以及其他进出口货物。该指标可以观察一个国家在对外贸易方面的总规模。我国规定出口货物按离岸价格统计，进口货物按到岸价格统计。

**商品经营单位所在地进、出口额** 指所在地海关注册登记的有进出口经营权的企业实际进、出口额。

**商品目的地进口额和商品货源地出口额** 目的地进口额指进口货物的消费、使用或最终抵运地的实际进口额，货源地出口额指出口货物的产地或原始发货地的实际出口额。

**对外承包工程** 指各对外承包公司以招标议标承包方式承揽的下列业务：(1)承包国外工程建设项目；(2)承包我国对外经援项目；(3)承包我国驻外机构的工程建设项目；(4)承包我国境内利用外资进行建设的工程项目；(5)与外国承包公司合营或联合承包工程项目时我国公司分包部分；(6)对外承包兼营的房屋开发业务。对外承包工程的营业额是以货币表现的本期内完成的对外承包工程的工作量，包括以前年度签订的合同和本年度新签订的合同在报告期内完成的工作量。

**对外劳务合作** 指以收取工资的形式向业主或承包商提供技术和劳动服务的活动。我国对外承包公司在境外开办的合营企业，中国公司同时又提供劳务的，其劳务部分也纳入劳务合作统计。劳务合作营业额按报告期内向雇主提交的结算数(包括工资、加班费和奖金等)统计。

**对外设计咨询** 指以服务成果向业主收费的技术服务项目。包括承担地形地貌测绘，地质资源勘探与普查，建设区域规划，提供设计文件、图纸、生产工艺技术资料和工程技术经济咨询，工程项目的可行性考察、研究和评估，进行技术指导和培训人员等；也包括承担国(境)内利用外资建设工程项目中的设计咨询项目内收取外币部分。

**旅游者人数**

(1)入境国际旅游者人数：指来中国参观、访问、旅行、探亲、访友、休养、考察、参加会议和从事经济、科技、文化、教育、宗教等活动的外国人、华侨、港澳同胞和台湾同胞的人数。不包括外国在我国的常驻机构，如使领馆、通讯社、企业办事处的工作人员;来我国常住的外国专家、留学生以及在岸逗留不过夜人员。

(2)出境居民人数：指大陆居民因公务活动或私人事务短期出境的人数。公务活动出境居民人数包括在国际交通工具上的中国服务员工，因私出境居民人数不包括在国际交通工具上的中国服务员工。

(3)国内旅游者人数：指我国大陆居民和在我国常住1年以上的外国人、华侨、港澳台同胞离开常住地在境内其他地方的旅游设施内至少停留一夜，最长不超过6个月的人数。

**国际旅游(外汇)收入**　指入境旅游的外国人、华侨、港澳同胞和台湾同胞在中国大陆旅游过程中发生的一切旅游支出，对于国家来说就是国际旅游(外汇)收入。

**国际旅行社**　指经营对外招徕并接待外国人、华侨、港澳同胞和台湾同胞来中国、归国或回内地旅游业务的旅行社。

**国内旅行社**　指负责经营招徕、组团、接待国内旅客的旅游业务，以及不对外招徕，负责经营接待国际旅行社或其它涉外部门组织的外国人、华侨、港澳同胞和台湾同胞来中国、归国或回内地的旅游业务的旅行社。

**星级饭店**　指已评定星级的饭店。

**普通高等学校**　指按照国家规定的设置标准和审批程序批准举办的，通过全国普通高等学校统一招生考试，招收高中毕业生为主要培养对象，实施高等教育的全日制大学、独立设置的学院和高等专科学校、高等职业学校和其他机构。

大学、独立设置的学院主要实施本科层次以上教育，高等专科学校、高等职业学校实施专科层次教育，其他机构是承担国家普通招生计划任务不计校数的机构。包括普通高等学校分校和批准筹建的普通高等学校等。

**成人高等学校**　指按照国家规定的设置标准和审批程序批准举办的，通过全国成人高等学校统一招生考试，招收具有高中毕业或同等学历的在职从业人员为主要培养对象，利用函授、业余、脱产等多种形式对其实施高等学历教育的学校。包括职工高等学校、农民高等学校、管理干部学院、教育学院、独立函授学院、广播电视大学、其他机构等。其他机构是承担国家成人招生计划任务不计校数的机构。

**小学学龄儿童入学率**　指调查范围内已入小学学习的学龄儿童占校内外学龄儿童总数(包括弱智儿童，不包括盲聋哑儿童)的比重。计算公式为：

小学学龄儿童入学率=已入学的小学学龄儿童数/校内外小学学龄儿童总数×100%

**科技活动**　指在自然科学、农业科学、医药科学、工程与技术科学、人文与社会科学领域(简称科学技术领域)中，与科技知识的产生、发展、传播和应用密切相关的有组织的活动。

可分为研究与试验发展(R&D)、研究与试验发展成果应用及相关的科技服务三类活动。该定义是联合国教科文组织考虑成员国特别是发展中国家开展科技统计工作的需要，而对科技活动所作的统计界定。

**科技活动人员**　指直接从事科技活动、以及专门从事科技活动管理和为科技活动提供直接服务，累计的实际工作时间占全年制度工作时间10%及以上的人员。(1)直接从事科技活动的人员包括：在独立核算的科学研究与技术开发机构、高等学校、各类企业及其他事业单位内设的研究室、实验室、技术开发中心及中试车间(基地)

等机构中从事科技活动的研究人员、工程技术人员、技术工人及其它人员；虽不在上述机构工作，但编入科技活动项目(课题)组的人员；科技信息与文献机构中的专业技术人员；从事论文设计的研究生等。(2)专门从事科技活动管理和为科技活动提供直接服务的人员，包括：独立核算的科学研究与技术开发机构、科技信息与文献机构、高等学校、各类企业及其他事业单位主管科技工作的负责人，专门从事科技活动的计划、行政、人事、财务、物资供应、设备维护、图书资料管理等工作的各类人员，但不包括保卫、医疗保健人员、司机、食堂人员、茶炉工、水暖工、清洁工等为科技活动提供间接服务的人员。该指标用来反映投入科技活动人力的规模。

**科学家与工程师** 指科技活动人员中具有高、中级技术职称(职务)的人员和不具有高、中级技术职称(职务)的大学本科及以上学历人员。该指标用来反映投入科技活动人力的素质。

**研究与试验发展(R&D)** 指在科学技术领域，为增加知识总量、以及运用这些知识去创造新的应用进行的系统的创造性的活动，包括基础研究、应用研究、试验发展三类活动。国际上通常采用R&D活动的规模和强度指标反映一国的科技实力和核心竞争力。

**基础研究** 指为了获得关于现象和可观察事实的基本原理的新知识(揭示客观事物的本质、运动规律，获得新发现、新学说)而进行的实验性或理论性研究，它不以任何专门或特定的应用或使用为目的。其成果以科学论文和科学著作为主要形式。用来反映知识的原始创新能力。

**应用研究** 指为获得新知识而进行的创造性研究，主要针对某一特定的目的或目标。应用研究是为了确定基础研究成果可能的用途，或是为达到预定的目标探索应采取的新方法(原理性)或新途径。其成果形式以科学论文、专著、原理性模型或发明专利为主。用来反映对基础研究成果应用途径的探索。

**试验发展** 指利用从基础研究、应用研究和实际经验所获得的现有知识，为产生新的产品、材料和装置，建立新的工艺、系统和服务，以及对已产生和建立的上述各项作实质性的改进而进行的系统性工作。其成果形式主要是专利、专有技术、具有新产品基本特征的产品原型或具有新装置基本特征的原始样机等。在社会科学领域，试验发展是指把通过基础研究、应用研究获得的知识转变成可以实施的计划(包括为进行检验和评估实施示范项目)的过程。人文科学领域没有对应的试验发展活动。主要反映将科研成果转化为技术和产品的能力，是科技推动经济社会发展的物化成果。

**研究与试验发展人员** 指参与研究与试验发展项目研究、管理和辅助工作的人员，包括项目(课题)组人员，企业科技行政管理人员和直接为项目(课题)活动提供服务的辅助人员。反映投入从事拥有自主知识产权的研究开发活动的人力规模。

**专业技术人员** 指从事专业技术工作和专业技术管理工作的人员，即企事业单位中已经聘任专业技术职务从事专业技术工作和专业技术管理工作的人员，以及未聘任专业技术职务，现在专业技术岗位上工作的人员。包括工程技术人员，农业技术人员，科学研究人员，卫生技术人员，教学人员，经济人员，会计人员，统计人员，翻译人员，图书资料、档案、文博人员，新闻出版人员，律师、公证人员，广播电视播音人员，工艺美术人员，体育人员，艺术人员及企业政治思想工作人员，共十七个专业技术职务类别。用来反映科技人力资源情况。

科技活动经费筹集指从各种渠道筹集到的计划用于科技活动的经费，包括政府资金、企业资金、事业单位资金、金融机构贷款、国外资金和其他资金等。反映各社会经济主体对促进科技进步所做的努力。

**政府资金** 指从各级政府部门获得的计划用于科技活动的经费，包括科学事业费、科技三项费、科研基建费、科学基金、教育等部门事业费中计划用于科技活动的经费以及政府部门预算外资金中计划用于科技活动的经费等。

**企业资金** 指从自有资金中提取或接受其他企业委托的、科研院所和高校等事业单位接受企业委托获得的，计划用于科研和技术开发的经费。不包括来自政府、金融机构及国外的计划用于科技活动的资金。

**金融机构贷款** 指从各类金融机构获得的用于科技活动的贷款。

**科技活动经费内部支出** 指报告年内用于科技活动的实际支出，包括劳务费、科研业务费、科研管理费，非基建投资购建的固定资产、科研基建支出以及其他用于科技活动的支出。不包括生产性活动支出、归还贷款支出及转拨外单位支出。反映科技投入实际完成情况。

**劳务费** 指以货币或实物形式直接或间接支付给从事科技活动人员的劳动报酬及各种费用。包括各种形式的工资、津贴、奖金、福利、离退休人员费用、人民助学金等。反映改善科技人员待遇情况。

**固定资产购建费** 指报告年内使用非基建投资购建的固定资产和用于科研基建投资的实际支出额，即固定资产实际支出和科研基建投资实际完成额之和。固定资产是指长期使用而不改变原有实物形态的主要物资设备、图书资料、实验材料和标本以及其他设备和家具、房屋、建筑物。反映用于改善科研条件和科研手段方面的投入情况。

**新产品** 指采用新技术原理、新设计构思研制、生产的全新产品，或在结构、材质、工艺等某一方面比原有产品有明显改进，从而显著提高了产品性能或扩大了使用功能的产品。既包括政府有关部门认定并在有效期内的新产品，也包括企业自行研制开发，未经政府有关部门认定，从投产之日起一年之内的新产品。用来反映科技产出及对经济增长的直接贡献。

**专利** 是专利权的简称，是对发明人的发明创造经审查合格后，由专利局依据专利法授予发明人和设计人对该项发明创造享有的专有权。包括发明、实用新型和外观设计。反映拥有自主知识产权的科技和设计成果情况。

**发明** 指对产品、方法或者其改进所提出的新的技术方案。是国际通行的反映拥有自主知识产权技术的核心指标。

**实用新型** 指对产品的形状、构造或者其结合所提出的适于实用的新的技术方案。反映具有一定技术含量的技术成果情况。

**外观设计** 指对产品的形状、图案、色彩或者其结合所作出的富有美感并适于工业上应用的新设计。反映拥有自主知识产权的外观设计成果情况。

**文化事业机构** 指从事专业文化工作和为专业文化工作服务的独立建制的单位。不包括这些单位另外举办独立核算的其他机构和各部门的业余文化组织。该指标主要反映文化事业机构发展规模水平。

**艺术表演团体** 指从事戏曲、音乐、舞蹈、杂技等专业艺术表演，有独立帐户的单位，不包括半工半艺、半农半艺和民间职业剧团。

**艺术表演观众人数(人次)** 指售票、包场演出或民族地区免费演出的艺术表演观众人次数，不包括彩排审查和内部观摩演出的观看人次数。

**等级运动员人数** 指经考核正式批准授予等级运动员称号的人数。运动员等级分为国际级运动健将、运动健将、一级运动员、二级运动员、三级运动员、少年级运动员。该指标主要反映运动员队伍的技术质量水平。

**等级裁判员人数** 指经考核正式批准授予等级裁判员称号的人数。裁判员等级分为国际裁判、国家级裁判、一级裁判、二级裁判、三级裁判。该指标主要反映裁判员队伍的技术质量水平。

**体育场** 指有400米跑道(中心含足球场)，有固定道牙，跑道6条以上，并有固定看台的室外田径场地。体育场按看台容纳观众人数分为：甲级25000人以上，乙级15000–25000人，丙级5000–15000人，丁级5000人以下。

该指标主要反映大中型体育场数量水平。

**体育馆** 指有固定看台，可供篮球、排球、羽毛球、乒乓球、体操等项目训练比赛活动用的室内运动场地。体育馆按看台容纳观众人数分为：甲级6000人以上，乙级4000–6000人，丙级2000–4000人，丁级2000人以下。该指标主要反映大中型体育馆数量水平。

**卫生机构** 包括医疗机构、疾病预防控制中心(防疫站)、采供血机构、卫生监督及监测(检验)机构、医学科研和在职培训机构、健康教育所等。

**医疗机构** 包括医院、社区卫生服务中心(站)、疗养院、卫生院、门诊部、诊所(卫生所、医务室)、妇幼保健院(所、站)、专科疾病防治院(所、站)、急救中心(站)和临床检验中心。医疗机构分为非赢利性医疗机构和赢利性医疗机构。

**医院** 包括综合医院、中医医院、中西医结合医院、民族医院、各类专科医院和护理院。

**卫生技术人员** 指卫生机构中医生、护理人员、药剂人员、检验人员等卫生技术人员。

**医生** 指在医疗、预防保健机构工作且取得《执业医师证书》的执业医师和执业助理医师。

**社会福利事业单位** 指集中收养社会孤老、残、幼的机构，包括由民政部门管理的社会福利院、儿童福利院、精神病人福利院和城镇集体举办的福利院及农村集体举办的敬老院以及优抚医院和具有收养能力的社区服务中心等。该指标主要反映我国在社会福利性单位投入的水平。

**社会福利事业单位收养人数** 包括民政部门管理和城镇、农村集体举办的社会福利事业单位中收养的老人、少年儿童、缺乏生活自理能力的残疾人员和精神病人。该指标主要反映收养性社会福利单位的收养能力。

**社会福利企业单位** 指以安置城镇有一定劳动能力的盲、聋、哑和肢体残疾人员就业为目的，享受国家减免税待遇的国有或集体企业。包括福利工厂、福利商业和服务业、假肢厂和安置农场等单位。该指标主要反映我国对残疾人照顾的特殊政策。

**农村五保户** 指农村中既无劳动能力，又无经济来源的老、弱、孤、残的农民，其生活由集体供养，实行保吃、保穿、保住、保医、保葬(孤儿保教)，简称“五保”，享受五保待遇的家庭叫五保户。该指标主要反映农村弱势群体的人员数量。

**律师** 指依法取得律师执业证书，担任法律顾问，民事(刑事、行政)案件代理人、刑事案件辩护人、办理非诉讼业务，解答法律询问，代写法律事务文书等，为社会提供法律服务的人员。

**公证人员** 指在公证处工作的人员总称，包括公证处主任、副主任、公证员、公证员助理(助理公证员)和其他从事辅助性工作的人员。

**公证文书** 指公证处根据当事人申请，依照事实和法律，按照法定程序制作的，具有法律效力的司法证明文书。根据公证书用途和使用地，公证书分为国内公证书、国内经济公证书、涉外民事公证书、涉外经济公证书四类。

**调解员** 指在人民调解委员会担负调解民间纠纷工作的人员，包括调解委员会的委员和调解小组的调解员。该指标主要反映从事人民调解工作的人员数量。

**调解民间纠纷** 指调解委员会按照法律规定，根据自愿原则，用说服教育的方法调解民间发生的有关民事权利和义务争执的件数，包括调解成功数和调解未成功数。该指标主要反映人民调解委员会的工作量。

**受理劳动争议案件数** 指劳动争议仲裁委员会根据国家有关规定，对劳动争议当事人的申请予以审查，符合受理条件而正式立案、准备处理的劳动争议案件数。

**基本养老保险**

1.参加保险人数：指报告期末按照国家法律、法规和有关政策规定参加基本养老保险的职工人数。包括不能正常缴费、已中断缴费但未终止保险关系的职工人数。

2.社会统筹基金收入：指根据国家规定，由纳入基本养老保险范围的单位，按照国家规定的缴费基数和缴费比例缴纳的社会统筹基金，以及通过其他方式取得的形成基金来源的收入，包括：单位缴纳的社会统筹基金收入、财政补贴收入、利息收入、其他收入。

3.社会统筹基金支出：指按照国家政策规定的开支范围和开支标准从社会统筹基金中支付给参加基本养老保险的离休、退休、退职人员个人的养老金、丧葬抚恤补助，以及由于保险关系转移、上下级之间调剂资金等原因而发生的支出。包括：基础性养老金、过渡性养老金、离休金、退休金、退职金、补贴、丧葬抚恤补助、其他支出。

4.社会统筹基金结余：指截止报告期末基本养老保险的社会统筹基金结余金额。包括银行存款、财政专户、债券投资和其他。

**离休、退休、退职人员**　指正式办理了离休、退休、退职手续，并享受相应的离休、退休、退职待遇的人员。

**保险福利费用总额**　指各单位在工资以外支付给职工和离休、退休、退职人员个人和用于集体的保险福利费用，不包括用于职工的劳动保护费用，由保险福利费用开支的医务人员工资，集体福利机构工作人员和病伤休息期满6个月以上人员的工资。

**离休、退休、退职人员保险福利费用包括**：

1.离休金：指发给离休干部的工资和按1982年国务院《关于老干部离职休养制度的几项规定的通知》发给符合规定的离休干部相当于一至两个月标准工资的生活补贴及1988年增发的生活补贴。

2.退休金：指按照国家有关规定发给退休职工的退休费和1988年增发的生活补贴。

3.退职生活费：指按照1978年国务院《关于工人退休、退职的暂行办法》发给退职人员的生活费用和1988年增发的生活补贴。以上离退休、退职人员的离退休金、退职生活费还应包括发给离退休、退职人员的生活补贴和物价补贴。

4.医疗卫生费：指离休、退休、退职人员的医疗费、住院费以及住院伙食补助等费用。

5.其他：指上述费用以外的其他保险福利费用，如丧葬抚恤救济费、交通费补贴、冬季取暖补贴等。

**民营经济**　登记注册类型为股份合作企业、其他联营企业、非国有控股的其他责任公司和股份有限公司、私营企业、内资其他企业的企业法人和有固定经营场所并持有工商营业执照，或有固定经营场所但暂时没有领取工商营业执照的个体经营户。

# EXPLANATORY NOTES ON MAIN STATISTICAL INDICATORS

**Administrative Division** refers to the division of a dministr ative areas by the state. The Constitution of the People's Republic of China stipulates that the ad ministrative areas in China are divided as: 1) The whole country is divided into provinces, autonomous regions and municipalities directly under the central gov ernment; 2) Provinces and autonomous regions are divided into autonomous prefect ures, counties, autonomous counties and cities; 3) Autonomous prefectures are di vided into counties, autonomous counties and cities; 4) Counties and autonomous counties are divided into townships, nationality townships and towns; 5) Municip alities and large cities are divided into districts and counties, 6) The state s hall, when necessary, establish special administrative regions.

**Climate** refers to the natural environmental status formed by the long-term exc hange of energy and mass between the earth and the air, and is the results of in teraction of many factors. Climate is both one of the environment factors and t he important resources for the living and production activities of the human bei ng. The average values across several years of meteorological factors such as te mperature, rainfall and humidity are used as important parameters to describe th e climate of a region, while the average values (or total values) of a given yea r or month of meteorological factors reflect the key characteristics of climate for that period of time.

**Natural Resources** refer to material resources that could be obtained from the nature by human being and used for production and living. Natural resources in g eneral can be classified as renewable resources and non-renewable resources. Ren ewable resources refer to resources that could be renewed and recycled during a relatively short period of time, including land resource, water resource, climat e resource, biology resource and marine resource. Non-renewable resources includ e resources that could not be renewed, such as minerals and geothermal resource. Land Resource Land refers to the surface of the earth, consisting of mainly rock s and its whethering and earth. Land resource can be classified, by its utilizat ion, as land for agriculture, land for construction and unused land. Land for ag riculture includes cultivated land, plantation land, forestland, grassland and w aters. Land for construction includes land for residential purpose, for manufact uring and mining, for transportation and for water-conservancy projects. Unused land refers to land other than land for agriculture and construction, including beaches, deserts, Gobi, glaciers and rock mountains.

**Area of Cultivated Land** refers to area of land recl aimed for the regular cult ivation of various farm crops, including crop-cover land, fallow, newly reclaime d land and land laid idle for less than 3 years.

**Area of Afforested Land** refer to land for trees bam boo, bushes and mangrove, i ncluding forest-cover land, bush-covered land, sparse forest land, land planned for afforestation and nurseries of young trees.

**Area of Grassland** refers to areas of grassland, gra ss-slopes and grass-covered hills with a vegetation-covering rate of over 5% that are used for animal husba ndry or harvesting of grass. It includes natural, cultivated and improved grassl and areas.

**Forest Resource** refers to forests, trees, forestlan d and wild animals, plants and microorganism that live on forest and trees. Trees include trees and bamboo. Forest refers to the population of clusters of trees and other plants, animals and microorganism as well as the earth and climate that have interactions with t he trees.

**Total Standing Stock Volume** refers to the total sto ck volume of trees growing in land, including trees in forest, tress in sparse forest, scattered trees and trees planted by the side of villages, farm houses and along roads and rivers. Forest Area refers to the area of forest where trees and bamboo grow with cano py density above 0.2, including land of natural woods and planted woods, but exc luding bush land and thin forest land. It reflects the total areas of afforestat ion.

**Stock Volume of Forest** refers to total stock volume of wood growing in forest area, which shows the total size and level of forest resources of a country or a r egion.It is also an important indicator illustrating the richness of forest res ource and the status of forest ecological environment.

**Forest Coverage Rate** refers to the ratio of area of afforested land to total land area. It is a very important indicator that reflects the status of abundanc e of forest resource and ecosystem balance. Forest area includes the area of tre es and bamboo grow with canopy density above 0.2, the area of shrubby tree accor ding to regulations of the government, the area of forest land inside farm land and the area of trees planted by the side of villages, farm houses and along roa ds and rivers. The formula for calculating forest coverage rate is as follows:

Forestry coverage rate (%)= (Area of Afforested Land/Area of Total Land) x 100%

**Water Resource** Water exists in the nature in solid, liquid and gaseous states, is distributed in the ocean, land (including earth) and air, and constitutes th e water resource through the circulation of water. Water resource includes the s urface water and underground water that is controlled by the human being for irr igation, power-generation, water supply, navigation and cultivation. It also inc ludes rivers, lakes, wells, springs, tides, gulf and water area for cultivation. Water resource as an important natural resource is indispensable for the develo pment of the national economy.

**Surface Water and Underground Water** Water on earth can be divided into surface water and underground water according to its distribution. Surface water refers to moisture exists in rivers, lakes, swamps, glaciers, icecaps and so on. It is also called land water. The underground water refers to water deposited undergr ound in the cranny and the hole of saturated rock soil and in the water-eroded c ave.

**Runoff** refers to the water gathered at the way out of t he cross section of drai nage area either from the surface or underground after deducting the wastage of the precipitation on the land. Runoff can be divided into surface runoff, under ground runoff and within soil runoff. Surface runoff refers to water flow to the rivers, lakes, swamps, and seas on the surface of the earth. Underground runoff refers to water flow to rivers, lakes, swamps, and seas through the water-beari ng stratum of confined layer or unconfined layer.

**Volume of Runoff** refers to the total volume of water ru nning through a certain cross section of a river during a certain period of time, reflecting the water resource condition in a country or a region. The formula for calculating volume or runoff is as follows:

Runoff =Precipitation － Evaporation

**Mineral Resources** refer to useful minerals that can be used for industrial or agricultural purposes enriched in lithosphere or on earth due to the geological process. Minerals are important natural resources, and important material base f or social development.

**Ensured Mineral Reserves** refer to the actual mineral re serves, which equal to the proven mineral reserves (including industrial reserves and prospective reser ves) minus extracted parts and underground losses.

Drainage Area Each river has its own main stream and branches to form the water system of the river. Each river has its own catchment area, which is also calle d as the drainage area of the river.

**Temperature** refers to the air temperature. China uses c entigrade as the unit.

The thermometry used for weather observation is put in a breezy shutter, which i s 1.5 meters high from the ground. Therefore, the commonly used temperature refe rs to the temperature in the breezy shutter 1.5 meters away from the ground. The calculation method is as follows:

Monthly average temperature is the summation of average daily temperature of one month divided by the actual days of that particular month.

Annual average temperature is the summation of monthly average of a year divided by 12 months.

**Relative Humidity** refers to the ratio of actual water v apor pressure to the sa turation water vapor density under the current temperature. The statistical meth od is the same as that of temperature.

**Volume of Precipitation** refers to the deepness of liqu id state or solid state (thawed) water falling from the sky to the ground that has not been evaporated, infiltrated or run off. The calculation method is as follows:

Monthly precipitation is the summation of daily precipitation of a month.

Annual precipitation is the summation of 12 months precipitation of a year.

**Sunshine Hours** refer to the actual hours of sun irradia ting the earth. The calculation method is the same as that of the precipitation.

**Total Water Resources** refers to total volume of water resourc es measured as run- off for surface water from rainfall and recharge for groundwater in a given area , excluding transit water.

**Surface Water Resources** refers to total renewable resources w hich exist in river s, lakes, glaciers and other collectors from rainfall and are measured as run-of f of rivers.

**Groundwater Resources** refers to replenishment of aquifers with rainfall and surface water.

**Duplicated Measurement Between Surface Water and Groundwater** refers to mutual exchange between surface water and groundwater, i.e. run-off of rivers includes so me depletion with groundwater while groundwater includes some replenishment with surface water.

**Comparable Prices** refer to pr ices that are used to remove the factors of price change in calculating economic aggregates, so as to facilitate comparison of aggregates over time. Two methods are used for calculating economic aggregates at comparable prices: 1) Multiplyi ng the output of products by their constant prices of certain year; 2) Deflating data at current prices by relevant price indices.

**Constant Price** refers to the average price of a given p roduct in certain year, which is used for comparison of output value over time. As the output value at constant prices removes the factor of price changes, it reflects the trend of pr oduction development over time. Since 1949, with the changes in general price le vel, National Bureau of Statistics has issued nationally unified constant prices five times: the 1952 constant prices for 1949-1957; the 1957 constant prices fo r 1957-1971; the 1970 constant prices for 1971-1981; the 1980 constant prices fo r 1981-1990; and the 1990 constant prices have been used since 1991.

**Average Annual Growth Rate** Two methods for calculating average annual growth rate are applied in China, one is often called level approach, or the method of c alculating geometric average, which is derived by comparing the level of the las t year of the interval with that of the beginning year; the other is called accu mulative approach or algebraic average or equation method, which is derived by t he summation of the actual figure of each year in the interval divided by the fi gure in the base year.

Usually the results calculated by the two methods are fairly close, but they dif fered sharply when uneven economic development occurred with striking fluctuatio ns in growth.

**Industrial Classification of the National Economy** The new Industrial Classification of the National Economy (GB/T 4754-2011) is introduced starting from the compilation of 2012 annual statistics. The revision, based on the 2002 classification, was organized by the National Bureau of Statistics taking into consideration of the International Standards of the Industrial Classification of All Economic Activities (ISIC/Rev.4) of the United Nations. The new Classification was promulgated by the National Administration of Quality Supervision, Inspection and Quarantine and the Standardization Administration of the People's Republic of China on April 29, 2011. The revised version of the Industrial Classification of the National Economy (GB/T 4754-2012) is composed of 20 sections, 96 divisions, 432 groups and 1094 classes.

**Registration Status of Enterprises** Enterprises are clas sified into 3 categories, namely domestic-funded enterprises, enterprises with investment from Hong Ko ng, Macau and Taiwan, and enterprises with foreign investment, in the light of t he registration status of an enterprise in industrial and commercial administrat ion agencies. Domestic-funded enterprises include state-owned enterprises, colle ctive-owned enterprises, cooperative enterprises, joint ownership enterprises, limited liability corporations, share-holding corporations Ltd., private enterpr ises and other enterprises.

Included in the enterprises with investment from Hon g Kong, Macau and Taiwan and enterprises with foreign investment are joint-ventu re enterprises, cooperative enterprises, sole investment enterprises and share-h olding corporations Ltd. For government agencies, institutions and social organi zations which are not requested to be registered in industrial and commercial ad ministration agencies, they are classified mainly by their sources of funds and way of management.

**State–owned Enterprises** refer to non-corporation econom ic units where the entire assets are owned by the state and which have registered in accordance with th e Regulation of the People's Republic of China on the Management of Registration of Corporate Enterprises. Excluded from this category are sole state-funded cor porations in the limited liability corporations.

**Collective–owned Enterprises** refer to economic units where the assets are owne d collectively and which have registered in accordance with the Regulation of th e People's Republic of China on the Management of Registration of Corporate Ente rprises.

**Cooperative Enterprises** refer to a form of collective e conomic units (enterpri ses) where capitals come mainly from employees as their shares, with certain pro portion of capital from the outside, where production is organized on the basis of independent operation, independent accounting for profits and losses, joint w ork, democratic management, and a distribution system that integrates remunerati on according to work with dividend according to capital share.

**Joint Ownership Enterprises** refer to economic units est ablished by two or more corporate enterprises or corporate institutions of the same or different owners hip, through joint investment on the basis of equality, voluntary participation and mutual benefits. They include state joint ownership enterprises, collective joint ownership enterprises, joint state-collective enterprises, other joint own ership enterprises.

**Limited Liability Corporations** refer to economic units established with invest ment from 2-50 investors and registered in accordance with the Regulation of the People's Republic of China on the Management of Registration of Corporations, e ach investor bearing limited liability to the corporation depending on its share of investment, and the corporation bearing liability to its debt to the maximum of its total assets. Limited liability corporations include exclusive state-fun ded limited liability corporations and other limited liability corporations.

Share-holding Corporations Ltd. refer to economic units registered in a ccordanc e with the Regulation of the People's Republic of China on the Management of Reg istration of Corporations, with total registered capitals divided into equal sha res and raised through issuing stocks. Each investor bears limited liability to the corporation depending on the holding of shares, and the corporation bears li ability to its debt to the maximum of its total assets.

**Private Enterprises** refer to profit-making economic uni ts invested and establis hed by natural persons, or controlled by natural persons using employed labour. Included in this category are private limited liability corporations, private sh are-holding corporations Ltd., private partnership enterprises and private-funde d enterprises registered in accordance with the Corporation Law, Partnership Ent erprises Law and Interim Regulations on Private Enterprises .

**Other Domestic–funded Enterprises** refer to domestic-fun ded economic units other than those mentioned above.

**Cooperative Enterprises with Funds from Hong Kong Macau and Taiwan** established by investors from Hong Kong, Macau and Taiwan with enterprises in the mainland of China in accordance with the Law of the People's Republic of China on Sino-fo reign Cooperative Enterprises and other relevant laws, where the investment or p rovision of facilities, and the share of profits and risks is stipulated in the cooperative contract.

**Enterprises with Sole (exclusive) Investment from Hong Kong, Macau and Taiwan** refer to enterprises established in the mainland of China with exclusive investm ent from investors from Hong Kong, Macau and Taiwan in accordance with the Law o f the People's Republic of China on Foreign-Funded Enterprises and other relevan t laws.

**Share–holding Corporations Ltd. with Investment from Hong Kong, Macau and Taiwan** refer to share-holding corporations Ltd. established with the approval from t he former Ministry of Foreign Trade and Economic

Relations in line with relevant state regulations, where the share of investment from Hong Kong, Macau or Taiwa n businessmen exceeds 25% of the total registered capital of the corporation. In case the share of investment from Hong Kong, Macau or Taiwan is less than 25% o f the total registered capital, the enterprise is to be classified as domestic-funded share-holding corporation Ltd.

**Joint–venture Enterprises with Foreign Investment** refer to enterprises jointly established by foreign enterprises or foreigners with enterprises in the mainla nd of China in accordance with the Law of the People's Republic of China on Sin o-foreign Joint Venture Enterprises and other relevant laws, where the share of investment, profits and risks is stipulated in the contract.

**Cooperation Enterprises with Foreign Investment** refer t o enterprises jointly e stablished by foreign enterprises or foreigners with enterprises in the mainland of China in accordance with the Law of the People's Republic of China on Sino-f oreign Cooperative Enterprises and other relevant laws, where the investment or provision of facilities, and the share of profits and risks is stipulated in the cooperative contract.

**Enterprises with Sole (exclusive) Foreign Investment** refer to enterprises esta blished in the mainland of China with exclusive investment from foreign investor s in accordance with the Law of the People's Republic of China on Foreign-Funded Enterprises and other relevant laws.

**Share–holding Corporations Ltd. with Foreign Investment** refer t o share-holding corporations Ltd. established with the approval from the Ministry of Foreign Tra de and Economic Relations in line with relevant state regulations, where the sha re of investment from foreign investors exceeds 25% of the total registered capi tal of the corporation. In case the share of foreign investment is less than 25% of the total registered capital, the enterprise is to be classified as domestic -funded share-holding corporation Ltd.

**Government Agencies, Institutions and Social Organizations** are classified into following categories by source of funds and way of management taking reference o f the registration status of enterprises:

(1) Government agencies: include state and party agencies, classified in princip le as state-owned. There are exceptions, such as supply and marketing cooperativ es which are classified as collective-owned.

(2) Institutions: include institutions of various types established with the app roval by organization and staffing departments of the government, but exclude in stitutions where enterprise management system is introduced. Institutions are fu rther classified as follows:

(a) Institutions whose main budget is listed in the government budget appropriat ions or extra-budget funds, or allocated from the budget of their competent gove rnment agencies. Such institutions are classified as state-owned.

(b) Institutions whose budget mainly comes from collective units. Such instituti ons are classified as collective-owned.

(c) Institutions other than those mentioned above whose source of budget is not clear. Such institutions are classified by way of management.

(3) Social organizations: include social organizations established with the appr oval from the Ministry of Civil Affairs, and organizations that are not covered by social organization management regulations such as trade unions, womens feder ations etc.. Social organizations are further classified as follows:

(a) Social organizations that are not covered by social organization management regulations of the Ministry of Civil Affairs such as trade unions, womens federa tions, communist youth leagues, youth associations, industrial and commerce asso ciations, scientists associations, overseas Chinese associations, etc., foundati ons and fund management organizations established with funds from the state, and social organizations whose funds mainly come from the budget of their competent government agencies. Such institutions are classified as state-owned.

(b) Social organizations whose budget mainly comes from collective units. Such i nstitutions are classified as collective-owned.

(c) Social organizations established by individual or a group of citizens, which are classified as private.

(d) Social organizations other than those mentioned above whose source of budget is not clear. Such organizations are classified by way of management

**Gross Domestic Product (GDP)** refers to the final products at ma rket prices produced by a ll resident units in a country (or a region) during a certain period of time. Gr oss domestic product is expressed in three different forms, i.e. value , income, and products respectively. GDP in its value form refers to the total v alue of all goods and services produced by all resident units during a certain p eriod of time, minus the total value of input of goods and services of the natur e of non-fixed assets; in order term, it is the sum of the value-added of all re sident units. GDP in the form of income includes the income created by all resid ent units and distributed to resident and non-resident units. GDP in the form of products refers to the value of all goods and services for final consumption by all resident units minus the net exports of goods and services during a given p eriod of time. In the practice of national accounting, gross domestic product is calculated with three approaches, i.e. production approach, income approach and expenditure approach, which reflect gross domestic product and its composition from different aspects.

**Three Industries** Classification of economic activities into three branches of industries is a common practice in the world, although the grouping varies to so me extent form country to country. In China economic activities are categorized into following industries:

Primary industry: refers to agriculture, forestry, animal husbandry and fishery. Secondary industry: refers to mining and quarrying, manufacturing, production an d supply of electricity, water and gas, and construction. Tertiary industry: refers to all other economic activities not included in prima ry or secondary industry.

**GDP by Expenditure Approach** refers to the method of mea suring the final result s of production activities of a country (region) during a given period from the perspective of final use. It includes final consumption, total capital formation and net export of goods and services, i.e.:GDP by expenditure approach = final consumption + total capital formation + net export of goods and services Final Consumption refers to the total expenditure of resident units for purcha ses of goods and services from domestic economic territory and abroad to meet th e requirements of material, cultural and spiritual life. It excludes the expendi ture of non-resident units on consumption in the economic territory of the count ry. The final consumption is broken down into household consumption and governme nt consumption.

**Households Consumption** refers to the total expenditure of resident households on the final consumption of goods and services. In addition to the consumption o f goods and services bought by the households directly with money, the household s consumption also includes expenditure on goods and services obtained by the ho useholds in other ways, i.e. the so-called imputed consumption expenditure, whic h includes the following: (a) the goods and services provided to the households by the employer in the form of payment in kind and transfer in kind; (b) goods a nd services produced and consumed by the households themselves, in which the ser vices refer only to the owner-occupied housing and domestic and individual servi ces provided by the paid household workers; (c) financial intermediate services provided by financial institutions; (d) insurance services provided by insurance companies.

**Government Consumption** refers to the expenditure on the consumption of the pub lic services provided by the government to the whole society and the net expendi ture on the goods and services provided by the government to the households free of charge or at low prices. The former equals to the output value of the govern ment services minus the value of operating income obtained by the government dep artments. The latter equals to the market value of the goods and services provid ed by the government free of charge or at low prices to the households minus the value received by the government from the households.

**Total Capital Formation** refers to the fixed assets acqu ired minus those dispos ed of and the net value of inventory, including the total fixed capital formatio n and the increase in inventory.

**Total Fixed Capital Formation** refers to the value of fi xed assets acquired min us those disposed of during a given period. Fixed assets are the assets produced through production activities with specified unit value which could be used for over one year, excluding natural assets. Total fixed capital formation can be categorized into total tangible capital formation and total intangible capital f ormation. The total tangible capital formation include the value of the construc tion projects, installation projects completed and the equipment, apparatus and instruments purchased as well as the value of land improved, the value of draugh t animals, breeding stock, animals for milk, wool and for recreational purpose, and the newly increased forest with economic value during a given period. The to tal intangible capital formation includes the prospecting of minerals, the acqui sition of computer software minus the disposal of them.

**Increase in Inventory** refers to the market value of the change in inventory of resident units during a given period, i.e. the difference of value between the beginning and the end of the period minus the current gains due to the change in prices. The increase in inventory can be positive or negative. A positive value indicates the increase in inventory while a negative value indicates the decrea se in stock. The inventory includes the raw materials, fuels and reserve materia ls purchased by the production units as well as the inventory of finished produc ts, semi-finished products, work-in-progress, etc.

**Net Export of Goods and Services** refers to the differen ce of the exports of go ods and services minus the imports of goods and services. The imports include t he value of various goods and services sold or gratuitously transferred by the r esident units to the non-resident units. The imports include the value of variou s goods and services purchased or gratuitously acquired by the resident units fr om the non-resident units. Because the provision of services and the use of them happen simultaneously, the acquisition of services by the resident units from a broad is usually treated as import while the acquisition of services by non-resi dent units in this country is usually treated as export. The export and import o f goods are calculated at FOB.

**Total Population** refers to the total number of peop le alive at a certain point of time within a given area.

**Urban Population and Rural Population** Urban population refer to all people resi ding in cities and towns, while rural population refer to population other than urban population.

Statistics on urban and rural population over the years are compiled in line wit h the regulations of statistical classification on urban and rural population st ipulated by the government, which were in effect at different times. Figures on urban/rural population for the years between the 3 censuses are adjusted in accordance with the 1990 and 2000 population census data.

**Birth Rate or (Crude Birth Rate)** refers to the ratio of the number of births to the average population (or mid-period population) during a certain period of tim e (usually a year), expressed in ‰. Birth rate in the chapter refers to annual birth rate. The following formula is used:

Birth Rate = (Number of Births/Average Number of Population) × 1000‰

Number of births in the formula refers to live births, i.e. when a baby has brea thed or showed any vital phenomena regardless of the length of pregnancy.

Annual average number of population is the average of the number of population a t the beginning of the year and that at the end of the year. Sometimes it is sub stituted by the mid-year population.

**Death Rate (or Crude Death Rate)** refers to the ratio of the number of deaths to the average population (or mid-period population) during a certain period of tim e (usually a year), expressed in ‰. Death rate in the chapter refers to annual death rate. The following formula is used: Death Rate= (Number of Deaths/Annual Average Number of Population)×1000‰

**Natural Growth Rate of Population** refers to the ratio o f natural increase in pop ulation (number of births minus number of deaths) in a certain period of time (u sually a year) to the average population (or mid-period population) of the same period, expressed in ‰. The following formula is applied:

Natural Growth Rate of Population = [ (Number of Births-Number of Deaths)/Average Number of Population ]

$\times 1000‰$

Natural Growth Rate of Population = Birth Rate-Death Rate

**Gross Dependency Ratio** also called gross dependency c oefficient, refers to the ratio of non-working-age population to the working-age population, express in %. Describing in general the number of non-working-age population that every 100 p eople at working ages will take care of, this indicator reflects the basic relat ion between population and economic development from the demographic perspective . The gross dependency ratio is calculated with the following formula:

$$GDR= (P_{0-14}+P_{65}+)/P_{15-64} \times 100\%$$

Where: GDR is the gross dependency ratio

$P_{0-14}$ is the population of children aged 0-14

$P_{65+}$ is the elderly population aged 65 and over, and

$P_{15-64}$ is the working-age population aged 15-64

**Old Dependency Ratio** also called old dependency coeffic ient, refers to the rati o of the elderly population to the working-age population, express in %. It desc ribes the number of the elderly population that every 100 people at working ages will take care of. Old dependency ratio is one of the indicators reflecting the social implication of population aging from the economic perspective. The old d ependency ratio is calculated with the following formula:

$$ODR=P_{65+}/P_{15-64} \times 100\%$$

Where: ODR is the old dependency ratio

$P_{65+}$ is the elderly population aged 65 and over, and

$P_{15-64}$ is the working-age population aged 15-64

**Children Dependency Ratio** also called children dependency coefficient, refers to the ratio of the children population to the working-age population, express in %. It describes the number of children population that every 100 people at worki ng ages will take care of. The children dependency ratio is calculated with the following formula:

$CDR=P_{0-14}/P_{15-64} \times 100\%$

Where:CDR is the children dependency ratio

$P_{0-14}$ is the children population aged 0-14, and

$P_{15-64}$is the working-age population aged 15-64

**Economically Active Population** refers to the population aged 16 and over who ar e capable to work, are participating in or willing to participate in economic ac tivities, including employed persons and unemployed persons.

**Employed Persons** refer to the persons who are engaged i n social working and rece ive remuneration payment or earn business income, including total staff and work ers, re-employed retirees, employers of private enterprises, self-employed worke rs, employees in private enterprises and individual economy, employees in townsh ip enterprises, employed persons in the rural areas, and other employed persons (including teachers in the schools run by the local people, people engaged in re ligious profession and the servicemen, etc.). This indicator reflects the actual utilization of total labour force during a certain period of time and is often used for the research on China's economic situation and national power.

**Persons Employed in Various Units** refer to all the per sons working in governme nt agencies of various levels, political and party organizations, social organiz ations, enterprises and institutions, and receiving wages or other forms of paym ent. They include fully-employed staff and workers, re-employed retirees, teache rs in schools run by the local people, foreigners and Chinese compatriots from H ong Kong, Macao, and Taiwan working in various units, part-time employees, emplo yees of other units working temporarily at current posts, and employees holding the second job, but exclude staff and workers who have left their working units while keeping their labour contract (employment relation) unchanged. This indica tor reflects the total number of laborers actually engaged in production or othe r operations in various units.

**Persons Employed** in Private Enterprises and Self-Employed Individuals in Urban A reas Persons employed in private enterprises refer to the persons employed in the private enterprises which have been registered at the departments of industr ial and commercial administration and are situated at a county town (i.e. a town where the county government is located) for business operation or at urban area s with the level higher than a county town. The self-employed individuals in urb an areas refer to persons who hold the certificates of residence in urban areas or have resided in the urban areas for a long time and have been registered at t he departments of industrial and commercial administration and approved to be en gaged in individual industrial or commercial business, including self-employed p ersons as well as helpers and hired labourers who work in the individual househo lds engaged in industrial or commercial business.

**Registered Urban Unemployed Persons** refer to the person s with non-agricultural household registration at certain working ages (16-50 years for male and 16-45 years for females), who are capable of work, unemployed and willing to work, and have been registered at the local employment service agencies to apply for a jo b.

**Registered Urban Unemployment Rate** refers to the ratio of the number of the re gistered unemployed persons to the sum of the number of persons employed in vari ous units (minus the rural labour force, retirees, and Hong Kong, Macao, Taiwan or foreign employees they employ) laid-off workers in urban units, owners and em ployees in urban private enterprises, urban self-employed individuals and the re gistered urban unemployed persons. The formula is as follows:

Registered urban unemployment rate = number of registered urban unemployed perso ns÷(number of persons employed in urban units - rural labour force employed - r etirees employed - Hong Kong, Macao, Taiwan or foreign employees employ + laid-o ff workers + owners and employees in urban private enterprises + self-employed i ndividuals in urban areas + registered urban unemployed persons) × 100%.

**Staff and Workers** refer to persons working in, and rece ive payment from units o f state ownership, collective ownership, joint ownership, share holding ownershi p, foreign ownership, and ownership by entrepreneurs from Hong Kong, Macao, and Taiwan, and other types of ownership and their affiliated units. They do not inc lude 1) persons employed in township enterprises, 2) persons employed in private enterprises, 3) urban self-employed persons, 4) retirees, 5) re-employed retire es, 6) teachers in the schools run by the local people, 7) foreigners and person s from Hong Kong, Macao and Taiwan who work in urban units, and 8) other persons not to be included by relevant regulations. (Data of 1998 and afterward refer t o fully employed staff and workers. Other related statistics such as total wage bill and average wage are adjusted since 1998 accordingly).

**State–owned Units** refer to economic units whose assets are owne d by the state. Included are non-corporation units registered according to Regulation of the Peo ple's Republic of China on the Registration of Enterprises and Corporations, sta te organs, institutions and social organizations at the central and local levels .

**Collective Units** refer to economic units registered acc ording to Regulation of the People's Republic of China on the Registration of Enterprises and Corporatio ns where the means of production are collectively owned.

**Units of Other Types of Ownership** refer to units regist ered with other types of ownership, including cooperative units, joint ownership units, limited companie s, share holding corporations, units invested by entrepreneurs from Hong Kong, M acao, and Taiwan, and foreign-invested units.

**Fully Employed Staff and Workers** refer to persons who w ork in, and receive wag es from their working units, as well as persons who have their work posts, but a re temporarily absent from work for reasons of study or on sick, injury or mater nal leave and still receive wages from their working units.

**Total Wages Bill** refer to the total remuneration paymen t to staff and workers i n various units during a certain period of time. The calculation of total wages is based on the total remuneration payment to the staff and workers. Therefore, all the wages and salaries and other payments to staff and workers are included in the total wages regardless of their sources, category, and forms (in kind or cash). (Total wages of staff and workers in this yearbook include only total wag es of fully employed staff and workers, excluding the living allowances distribu ted to those who have left their working units while keeping their labour contra ct/employment relation unchanged).

**Average Wage** refers to the average wage in money terms per person during a cert ain period of time for staff and workers in enterprises, institutions, and gover nment agencies, which reflects the general level of wage income during a certain period of time and is calculated as follows:

Average Wage = Total Wages of Staff and Workers at Reference Time /Average Numbe r of Staff and Workers at Reference Time.

**Average Wage Indices** refers to the ratio of average wag e of staff and workers i n the report period to that in the base period, which reflects the change of wag e of staff and workers at the different period. It is calculated as follows:

Average Wage Indices = Average Wage of Staff and Workers at Reference Time / Average Wage of Staff and Workers at Base Period x 100%

**Average Real Wage Indices** average real wage of staff and workers refers to the average wage of staff and workers after removing the effects of the price change s and average real wage indices of staff and workers refers to the change of rea l wage, which reflects the relative increasing or decreasing level of real wage of staff and workers, which is calculated as follows:

Average Real Wage Indices = Average Wage Indices of Staff and Workers at the Ref erence Time / Urban Consumer Price Indices at Reference Time x 100%

**Total Investment in Fixed Assets in the Whole Country** refers to the volume of activities in construction and purchases of fixed assets and related fees, expre ssed in monetary terms. It is a comprehensive indicator which shows the size, st ructure and growth of the investment in fixed assets, providing basis for observ ing the progress of construction projects and evaluating results of investment. Total investment in fixed assets in the whole country includes, by type of owner ship, the investment by the state-owned units, collective units, individuals, jo int ownership units, share-holding units, as well as investment by businessmen f rom foreign countries and from Hong Kong, Macau and Taiwan, and by other units.

**Investment in Fixed Assets by Sector** The classification of construction project s by sector is determined by the major products or the purpose of the projects w hen they are put into production or use, and by the nature of their social econo mic activities. The investment in capital construction is classified into differ ent sectors of the national economy by the nature of construction projects, whil e investment in innovation and other investment are classified according to the sector to which the whole enterprise or institution belongs. In general, one pro ject or one enterprise or institution can only be classified into one sector. In order to reflect more accurately the relation among various sectors, the branch factories of an integrated complex are classified into different sectors accord ing to the economic activities of the branch factories.

**Investment in Fixed Assets by Type of Construction** The construction projects in general can be classified, by the type of construction, into new construction, expansion, reconstruction, moving and restoration. However, investment by type o f construction is not applied to investment by real-estate development units, in vestment in rural areas and investment in housing by urban individuals. In capit al construction, the type of construction is determined by the nature of the pro ject. In investment in innovation, in other investment by state-owned units and investment by collective-owned units, the type of construction is determined by the condition of the whole enterprise or institutions.

(1) New construction in general refers to newly constructed enterprises, institu tions, administrative agencies or independent projects from scratch. Constructio n in the existing enterprises, institutions or agencies is not considered as new construction. In case the assets of the existing unit is quite small, and the v alue of newly added fixed assets exceeds the original value of assets by three t imes, the expansion will be considered as new construction.

(2) Expansion refers to construction of new major production workshop, branch fa ctory or independent production line within a factory or in other locations, for the purpose of increasing the production capacity (or improving efficiency) of the original products. Newly constructed houses for the operation of institution s and administrative organizations (such as the newly constructed buildings for teaching in schools, buildings for clinics or wards in hospitals, etc.) are also classified as expansion. Also included in the expansion are investments by existing enterprises or instit utions in building major production line(s) or branch factory(ies) along with so me work on innovation, for the purpose of expending the production capacity of o riginal products or producing new products.

(3) Reconstruction refers to innovation or technical transformation of the exist ing facilities (including auxiliary production equipment and welfare facilities) , without building major new workshops or branch factories. Also considered as reconstruction is the construction of new workshops by the existing enterprises or institutions for improving the existing production capacity (improving or cha nging the variety of products to meet the market demand), rather than increasing the designed capacity of the main products.

**Investment in Fixed Assets by Structure By their contents** investment activitie s are classified into 3 categories, i.e. construction and installation, purchase of equipment and instrument, and other expenses.

(1) Construction and installation (work volume of construction and installation) refers to the construction of various houses and buildings and installation of various kinds of equipment and instruments. They include construction of various houses; equipment foundations, industrial kilns and stoves, and metal structure work; preparation works for project construction, and clearing up works post pr oject construction; pavement of railways and roads, drilling of mines and puttin g up of oil pipes; construction of projects of water conservancy; construction o f underground air-raid shelters and construction of other special projects; valu e of equipment for heating, sanitation, ventilation, lighting, gas, painting, et c. that are covered by the budget of housing projects; laying out of various pip elines (for steam, compressed air, petroleum, tap water and sewage) and lines fo r electric power and for communications; installation of various machinery equip ment, testing operation for pre-testing the quality of installation projects, an d land and other development work conducted by real estate developers for commer cial housing. The value of equipment installed is not included in the value of i nstallation projects.

(2) Purchase of equipment and instruments refers to the total value of equipment , tools, and instruments purchased or self-produced which come up to standards f or fixed assets by the construction units or investing enterprises or institutio ns. Equipment, tools and instruments purchased or self-produced for new workshop s by newly established or expanded units are categorized as "purchase of equipme nt and instruments" no matter whether they come up to the standards for fixed as sets.

(3) Other expenses refer to expenses occurring during the construction or purcha se of fixed assets other than those mentioned above.

**Capital Construction Projects by Size** The classification of size of capital con struction projects should be determined according to the total scale or total in vestment set in the approved construction plan by higher responsible authorities or in the tentative design, otherwise according to the total scale or total inv estment set in the current capital construction plan of the state, provinces, au tonomous regions, and municipalities directly under central government. Industri al projects which produce unitary products are classified according to its desig n capacity of products; projects which produce multi-products are classified by the design capacity of the major product or by the total planned investment. Sta ndards for the Classification of Construction Projects into large, medium-sized and small ones issued by the government are the base for size division of constr uction projects, which was revised five times in 1958, 1962, 1972, 1977, and 197 9 respectively and therefore, data on projects by size are not entirely comparab le from year to year.

Projects under Construction refer to projects with construction and installation activities undertaken in the reference period. All projects that have construc tion activities undertaken during the reference period are reported as projects under construction irrespective of the length of construction work. The number o f projects under construction can reflect the actual size of investment in fixed assets during a given period, and when compared with the number of projects com pleted and put into use during the same period, it demonstrates the results of i nvestment in fixed assets. Depending on the nature of construction activities, p rojects under construction can also be classified into projects under constructi on in current year, winding-up projects in current year and stopped or suspended projects in previous years (with preservation work in current year).

**Total Energy Production** refers to the total production of primary energ y by all energy producing enterprises in the country in a given period of time. It is a c omprehensive indicator to show the capacity, scale, composition and development of energy production of the country. The production of primary energy includes t hat of coal, crude oil, natural gas, hydropower and electricity generated by nuc lear energy and other means such as wind power and geothermal power. However, it excludes the production of fuels of low calorific value, bio-energy, solar ener gy and the secondary energy converted from the primary energy.

**Total Domestic Energy Consumption** refers to the total c onsumption of energy of v arious kinds by material production sectors, non-material production sectors and households in the country in a given period of time. It is a comprehensive indi cator to show the scale, composition and development of energy consumption. The total energy consumption includes that of coal, crude oil and their products, na tural gas and electricity. However, it excludes the consumption of fuel of low c alorific value, bio-energy and solar energy. Total domestic energy consumption c an be divided into three parts:

(1)Final Energy Consumption: It refers to the total energy consumption by materi al production sectors, non-material production sectors and households in the cou ntry (region) in a given period of time, but excludes the consumption in convers ion of the primary energy into the secondary energy and the loss in the process of energy conversion.

(2)Loss During the Process of Energy Conversion: It refers to the total input of various kinds of energy for conversion, minus the total output of various kinds of energy in the country in a given period of time. It is an indicator to show the loss that occurs during the process of energy conversion.

(3)Loss: It refers to the total of the loss of energy during the course of energ y transport, distribution and storage and the loss caused by any objective reaso n in a given period of time. The loss of various kinds of gas due to gas dischar ges and stocktaking is excluded.

Elasticity Ratio of Energy Production is an indicator to show the relationship between the growth rate of energy production and the growth rate of the national economy. The formula is:

Elasticity Ratio of Energy Production = Average Annual Growth Rate of Energy Pro duction / Average Annual Growth Rate of National Economy

The average annual growth rate of the national economy can be shown by the gross national product, gross domestic product and other indicators, depending upon t he purposes or needs. The gross domestic product is used in calculation of the r atio in this chapter.

**Government Revenue** refers to the revenue of the gov ernment finance by mea ns of participating in the distribution of the social products, which is the financial resources for ensuring the government to function. The contents of government r evenue have been changed several times. Now it includes the following main items :

(1) Various tax revenues, including value added tax, business tax, consumption t ax, land value added tax, tax on city maintenance and construction, resources ta x, tax on use of urban land, enterprise income tax, personal income tax, tariff, stamp tax on security transactions, tax on purchase of motor vehicles, tax on a griculture and animal husbandry and tax on occupancy of cultivated land, etc.

(2) Special revenues, including revenues from the fee on sewage treatment, fee o n urban water resources, fee for the compensation of mineral resources and extra -charges for education, etc.

(3) Other revenues, including revenue from interest, revenue from the repayment of capital construction loan, revenue from capital construction projects, and do nations and grants.

(4) Subsidies for the losses of the state-owned enterprises. This is an item of negative revenue, consisting of subsidies to industrial, commercial and grain pu rchasing and supply enterprises.

**Government Expenditure** refers to the distribution and use of th e funds the gove rnment finance has raised, so as to meet the needs of economic construction and various causes. It includes the following main items:

(1) Expenditure for capital construction: It refers to the non-gratuitous use an d appropriation of funds for capital construction in the range of capital constr uction, outlay of capital as well as the loans on capital construction approved by the government for special purpose or policy purpose and the expenditure with discount paid in an overall way within the amount of the funds appropriated to the departments for capital construction.

(2) Innovation funds of the enterprises: They refer to the funds appropriated fr om the government budget for the enterprises to tap the latent power, upgrade th e technology and carry out innovation, including the innovation fund of the depa rtments, loan of the enterprises for innovation, subsidies on the innovation of the small fertilizer plant, small cement plant, small coal mines, small machiner y plant and small steel plant, the expenditure of interest for the loan for inno vation.

(3) Geological prospecting expenses: They refer to the expenses appropriated fro m the government budget to the geological prospecting units for the expenditure of the prospecting work, including the expenditures of the administrative agenci es for geological prospecting and their institutional units as well as the geolo gical prospecting expenditure.

(4) expenditures for science and technology promotion: They refer to the expens es appropriated from the government budget for the scientific and technological expenditure, including new products development expenditure, expenditure for int ermediate trial and subsidies on important scientific researches.

(5) Expenditure for supporting rural production: It refers to the expenditures a ppropriated from the government budget for supporting the various expenditures o f the rural collective units or households for production, including the subsidi es to the small water conservancy projects and well drilling, sprinkling irrigat ion projects run by the villages; subsidies on the rural water and soil conservi ng measures; subsidies to the small power stations run by the villages; subsidie s to the expenditure for fighting against particularly severe draughts; subsidie s on the rural waste land exclamation; fund for supporting the township enterpri ses; fund for supporting rural cooperative production organizations, subsidies t o the expenditure for popularization of the agricultural technologies and plant protection in the rural areas; subsidies to the expenditure for the protection o f grasslands and cattle and fowls; subsidies on afforestation and forest protect ion in rural areas; subsidies on the rural aquatic products industry; special fu nd for developing grain production.

(6) Operating expenses of the departments of farming, forestry, water conservanc y and meteorology etc.: They refer to the expenses appropriated from the governm ent budget for the expenditures of agricultural exclamation, farms, agriculture, animal husbandry, agricultural machinery, forestry, timber industry, water cons ervancy, aquatic products industry, meteorology, technology popularization in to wnship enterprises, popularization (demonstration) of improved varieties, plant (cattle and fowls, forest) protection, water quality monitoring, prospecting and designing, resources investigation, cadres training, subsidies to horticulture gardens, expenditure of specialized secondary schools, subsidies on the experime nts of sowing herbage seeds by flights, expenditures of afforestation agencies a nd meteorology agencies, expenses for fishery administration and operating expen ses for agricultural administration, etc.

(7) Operating expenses of the departments of industry, transport and commerce: T hey refer to the expenses appropriated from the government budget to cover the e xpenditure on salaries and operational expenditure of the departments of industr y, transport and commerce for the expenditure of business development, including expenses for prospecting and designing, expenditures of specialized secondary s chools, expenditures of the technical training schools

and expenditures for cadr es training, etc.

(8) Operating expenses of the departments of culture, education, science and pu blic health: They refer to the expenses appropriated from the government budget for the expenditures on salaries and operational expenditure of the causes of cu lture, publication, cultural relics, education, public health, traditional Chine se medical science, free medical services, sports, archives, earthquake, ocean, communications, broadcasting, film and television, family planning; expenditure for training of cadres of government, party and mass organization; expenditures for natural sciences, social sciences, associations for science and technology a nd the special expenditure for the high-tech researches. They include mainly wag es, extra wages, welfare funds, pension for the retirees, stipend, expenses for official business, expenses for equipment purchases, expenses for repairs, busin ess expenses and subsidies to the units which are unable to support their expend itures by their own earnings.

(9) Pension for the disabled or for the families of the bereaved and relief fund s for social welfare: They refer to the funds appropriated from the government b udget for the expenditures of pension for the disabled or for the families of th e bereaved and relief funds for social welfare, including the lump-sum or regula r pension paid by the departments of civil affairs to the members of martyrs fam ilies and families of those who died for the public interest, pension to the rev olutionary disabled, subsidies for permanent disability of various kinds, subsid ies to the military martyrs dependents and the demobilized servicemen, expenditu re for settling down the demobilized servicemen, operating expenses of the conso ling institutions, expenses for management and repair of the commemorative build ings for the martyrs, the expenses managed by the departments of civil affairs f or the retirees and those who have quitted their work, expenses for social relie f in rural and urban areas, operating expenses for providing relief to the areas of natural calamity and subsidies on the reconstruction after the particularly severe natural calamities, etc.

(10) Expenditure on retirees: It refers to the expenditure on retirees of govern ment agencies and institutions that are covered by the state budget.

(11) Expenses on subsidies to social security system: It refers to expenditure f rom the state budget for subsidies to social security system, including subsidie s to the social insurance fund, subsidies to promoting employment, subsidies to laid-off workers of state-owned enterprises, supplement to national social secur ity funds, etc.

(12) Expenditures for national defence: They refer to the funds appropriated fro m the government budget for the expenditures for building up national defence an d safeguarding national security, including expenses of national defence, expens es of scientific researches on national defence, expenses for building up people s militia and expenditure for special projects, etc.

(13) Administrative expenses: They include expenditure for administration, subsi dies to the parties and mass organizations, diplomatic expenditure, expenditure for public security, judicial expenditure, law court expenditure, procuratorial expenditure and subsidies to the expenses for treating the cases by the public s ecurity departments, procuratorial organs and law courts.

(14) Expenditure on policy-related subsidies: It refers to the expenditure appro priated, with the approval of the government, from the state budget for price su bsidies on such products as grain, cotton and edible oil. More specifically, it includes subsidies to the difference between the selling prices and purchasing p rices of grains, cotton and edible oil, subsidies for curtaining prices and for sugar reserve, subsidies to the difference between the selling prices and purcha sing prices of means pf agricultural production, risk fund for grains, risk fund for non-staple food, risk fund for local production of coal, etc.

(15) Expenditure on interest of debts: It refers to expenses from the state budg et on paying interest of domestic and foreign debts.

**Revenue of the central government and revenue of the local governments:** refers to the revenue of the central government and that of the local governments as de fined by the decentralized taxation system starting from 1994.

In accordance wit h this system, the revenue of the central government includes tariff, consumptio n tax and value added tax levied by the customs, consumption tax, income tax of the enterprises subordinate to the central government, income taxes of the local banks, foreign-funded banks and non-bank financial institutions, business tax a nd profits of railways, head offices of banks, head office of insurance company , which are handed over to the government in a centralized way, tax on city main tenance and construction, tax on purchasing motor vehicles, tonnage tax of ships , 75% of the value added tax, 94% of the tax on stock dealing (stamp tax), inter est income tax in the personal income tax, proportion of the personal income tax (other that interest income tax) to be shared by the central government, and ta x on ocean petroleum resources,. The revenue of the local governments includes b usiness tax, income tax of the enterprises subordinate to the local government, proportion of the personal income tax (other that interest income tax) to be sha red by the central government, tax on the use of urban land, tax on the adjustme nt of the investment in fixed assets, tax on town maintenance and construction, tax on real estates, tax on the use of vehicles and ships, stamp tax, slaughter tax, tax on agriculture and animal husbandry, tax on special agricultural produc ts, tax on the occupancy of cultivated land, contract tax, value-added tax on la nd, income from charges on use of state-owned land, 25% of the value added tax, 6% of the tax on stock dealing (stamp tax) and tax on resources other than the o cean petroleum resources.

**Expenditure of the central government and expenditure of the local governments:** according to the different functions of the central g overnment and local govern ments in the economic and social activities, the rights of affairs administratio n are classified between the central government and local governments; and the c lassification of the expenditure between the central government and local govern ments are made on the basis of the classification of the rights of affairs admin istration between them. The expenditure of the central government includes the e xpenditure for national defence, expenditure for armed police forces, the admini strative expenses and various operating expenses at the level of central governm ent, expenditure for key projects and the expenditure of the central government for adjusting the national economic structure, coordinating the development amon g different regions and exercising the macro-economic regulation and control. Th e expenditure of the local governments includes mainly the administrative expens es and various operating expenses at the level of local governments, the expendi ture for capital construction and technological innovation with the funds raised by the local government, expenditure for supporting rural production, expenditu re for city maintenance and construction and expenditure for price subsidies, etc.

**Extra–budgetary revenue and expenditure** Extra-budgetary fund refers to financia l fund of various types not covered by the regular government budgetary manageme nt, which is collected, allocated or arranged by government agencies, institutio ns and social organizations while performing duties delegated to them or on beha lf of the government in accordance with laws, rules and regulations. It mainly c overs following items: administrative and institutional fees, governmental funds and extra charges that are stipulated by laws and regulations; administrative a nd institutional fees approved by the State Council and provincial governments a nd their financial and planning (price management) departments; governmental fun ds and extra charges established by the State Council and the Ministry of Financ e; funds turned over to competent departments by their subordinate institutions; self-raised and collected funds by township governments for their own expenditu re; and other financial funds that are not covered in budgetary management. Soci al security funds are treated as extra-budget fund and managed for its exclusive use, given the circumstance that separate government budgetary system for socia l security is yet to be designed. Special accounts are opened by the financial d epartments in banks for the management of revenue and expenditure of extra-budge tary fund. Extra-budgetary revenue and expenditure is managed separately, namely , revenue of institutions and departments must enter into the special accounts o f the financial departments at the same administrative level, and their extra-bu dgetary expenditure is arranged in line with the extra-budget plans and appropri ated from these accounts.

**Credit Funds** refer to the funds issued as loans by bank ing institutions. The sources of credit funds of the banking institutions included deposits, issue of financial bonds, account-payable and temporary gathering, liabilities to int ernational financial institutions, currency in circulation, various reserves, ow ners' rights and interests and other items. The credit funds can be used in form s of loans, securities and investment, account receivable and advance payment, e ntrusted investment, gold, foreign exchange, cash on hand, government debt and a ssets in the international financial institutions.

**Deposit** is a form of credit by which enterprises, insti tutions, organizations or households can put money into banks and other credit institutions for safekee ping and interest earning under the principle of free withdrawal. According to d ifferent depositors, deposits are divided into enterprise deposits, treasury dep osits, deposits of government agencies and organizations, capital construction d eposits, savings deposits, rural saving deposits, entrusted deposits and other d eposits. Deposits are major sources of the credit funds of banks.

**Loan** is a form of credit by which banks and other credi t institutions provide funds at certain interest rate to enterprises and individuals in the light of th e principle of unconditional repayment. Loans from Chinese banks include circula ting capital loans, fixed assets loans, loans to urban and rural individuals eng aged in industrial and commercial business and agricultural loans.

**Insurance Companies** refer to commercial insurance compa nies of various forms re gistered by law and established in China with the approval of insurance regulato ry agencies.

**Amount Insured** refers to the maximum that the insurant will get for the claim of the case insured.

**Premium** is the fee paid by the insurant to the insurer to obta in the obligation of compensation from the insurance within the agreed terms. Settled Claim is the compensation paid by the insurer to the insurant in accor dance with the insurance contract.

**Payment** includes payment for death, injury or medical t reatment and mature pay ment. Payment for death, injury or medical treatment refers to the money paid to the insurant (or the beneficiary) in accordance with the life or health insuran ce contract when the insurant encounters accidents within the insured period cov ered in the contract. Mature payment refers to the mature payment to the insuran t in accordance with the life insurance contract at the end of the insured period.

**Consumer Price Indices** reflect the trend and degr ee of changes in prices of con sumer goods and services purchased by urban and rural residents, and is a compos ite indices derived from the urban consumer price indices and the rural consumer price indices. Consumer price indices can be used to analyze the impact of cons umer price change on actual expenditure for living cost of urban and rural residents.

**Urban Consumer Price Indices** reflect the trend and degr ee of changes in prices of consumer goods and services purchased by urban households during a given peri od. It can be used to observe and analyze the impact of price changes in consume r goods and services on wages (in monetary terms) of staff and workers, and prov ide basis for policy-making concerning the living cost and wages of staff and workers.

**Rural Consumer Price Indices** reflect the trend and degr ee of changes in prices of consumer goods and services purchased by rural households during a given peri od. It can be used to observe the impact of change in retail prices of consumer goods and service prices in rural areas on living expenditure of rural household s, and to show the changes in the living standard of peasants. It provides basis for analysis and research on condition of life in rural areas.

**Retail Price Indices** reflect the trend and degree o f change in retail p rices of commodities during a given period. The change in retail prices of commodities d irectly affect the living expenditure of urban and rural residents, government r evenue, purchasing power of residents and the equilibrium of market supply and d emand, and the ratio of consumption to accumulation. Therefore, the retail price indices are useful to analyze the changes of the above economic activities.

**Price Indices of Means of Agricultural Production** reflect the trend and degree of changes in prices of means of agricultural production during a given period. Price indices of means of agricultural production are composed of 8 categories i ncluding small farm tools, feeds, young domestic animals and poultries, semi-mec hanized farm machinery, mechanized farm machinery, chemical fertilizers, pestici des and spraying machinery, fuels for farm machinery. Compilation of these indic es help to understand the changes in prices of input into agricultural productio n and facilitate the compilation of national account statistics. Before 1994, pr ice indices of means of agricultural production was a sub-category in the in the retail price indices of commodities, and it has been compiled separately since 1994.

**Indices of Producers´ Prices for Farm Products** reflect the trend and degree of changes in producers' prices received by farmers when they sell farm products du ring a given period. These indices depict the change in the level and structure of producers' prices of farm products of the country and meet the needs of agric ulture statistics and national account statistics. The producers' price index of a given product is calculated through geometrical mean of individual indices of all surveyed units who sell such product, and the indices of a product category is obtained through weighted mean of price indices of all products in the categ ory. Method for calculating accumulative quarterly indices is the same as for ca lculating the distinctive quarterly indices.

**Ex–factory Price Indices of Industrial Products** reflect the trend and degree of changes in general ex-factory prices of all industrial products during a given period, including sales of industrial products by an industrial enterprise to al l units outside the enterprise, as well as sales of consumer goods to residents. It can be used to analyze the impact of ex-factory prices on gross output value and value-added of the industrial sector.

**Indices of Purchasing Prices of Raw Materials, Fuels and Power** reflect changes in the level and degree of prices paid by industrial enterprises when they purch ase production input such as raw materials, fuels and power from the market or f rom other energy or raw materials producing enterprises. These indices provide i mportant basis for measuring the material consumption of industrial enterprises after removing influence of price changes.

At present, over 900 products in 9 categories, including fuels a nd power, ferrou s metals, non-ferrous metals, chemicals, building materials, are covered in Chin a for the survey to produce indices of purchasing prices of raw materials, fuels and power.

**Price Indices of Investment in Fixed Assets** reflect the trend and degree of cha nges in prices of investment goods and projects in fixed assets during a given p eriod. The investment in fixed assets consists of three components, namely the i nvestment in construction and installation, the investment in purchases of equip ment and instrument, and the investment in other items. Price indices of investm ent in fixed assets are calculated as the weighted arithmetic mean of the price indices of the three components of investment in fixed assets.

Removing the factor of price change in the aggregates of investment at current p rices, this indicator shows the changes in the prices of commodities and fees in volved in the investment of fixed assets, and can be used to observe the actual size, growth, structure, and efficiency of investment in fixed assets and provid es reliable and scientific data for government planning, management, decision-ma king, and further improving the current national accounting system.

**I. Urban Households**

**Population of urban households** refer to members of the household living and sh aring economically together. All income and expenditure of the population of the household are included in the income and expenditure of the household.

**Proportion of urban employment** refer to the proportion of employed population to the population of urban households.

Number of dependents per urban employee refers to the ratio between number of p ersons in urban households and the number of dependents.

**Total Income of Urban Households** refers to the sum of w age and salary, net busi ness income, income from properties, and income from transfers of members of the households, excluding income from selling of properties and income from borrowings.

**Disposable Income of Urban Households** refers to the act ual income at the dispos al of members of the households which can be used for final consumption, other non-compulsory expenditure and savings. This equals to total income minus income tax, personal contribution to social security and sample household subsidy for k eeping dairies. Following formula is used:

Disposable income = total household income - income tax - personal contribution to social security - sample household subsidy for keeping dairies

**Total expenditure of Urban Households** refer to all expe nditure of the household s except expenditure on leading. It includes expenditure on consumption, on purc hasing or building houses, on transfers, on properties and on social security.

**Consumption Expenditure of Urban Households** refers to t otal expenditure of the sample households for consumption in daily life, including expenditure on eight categories such as food, clothing, household appliances and services, health ca re and medical services, transport and communications, recreation, education and cultural services, housing, miscellaneous goods and services.

**Expenditure of Urban Households on Consumption of Services** refers to expenditure of households on services of various kinds provided by the society.

**Urban Households by Income Group** All households in the sample are grouped, by per capita disposable income of the household, into groups of lowest income, low income, lower middle income, middle income, upper middle income, high income and highest income, each group consisting of 10%, 10%, 20%, 20%, 20%, 10% and 10% o f all households respectively. The lowest 5% of households are also referred to as poor households.

**Engel Coefficient** refers to the percentage of expenditu re on food in the total consumption expenditure, using the following formula:

Engel Coefficient = (expenditure on food / total consumption expenditure) x 100%

**II. Rural Households**

**Rural Households** refer to resident households in rural areas. Resident househol ds in rural areas are the households residing for more than one year in the area s under the jurisdiction of administration of township governments (excluding co unty towns), and in the areas under the jurisdiction of administration of villag es in county towns. Migrated households residing in the current addresses for ov er one year with their household registration in other places are included in th e resident households of their current addresses. For households with their hous ehold registration in one place but all members of the households moving away fo r living in another place for over one year, they will not be included in the ru ral households of the area where they are registered, irrespective of whether th ey still keep their contracted land.

**Resident Population** refers to population staying at hom e permanently or for ove r 6 months during a year and sharing life economically with the household. Membe rs of the household staying away from the household for over 6 months but keepin g a close economic relation with the household by sending the majority of income to the household are regarded as resident population of the household. Governme nt staff and workers or retirees living as close members of the household are al so considered as resident population. However, servicemen, students of secondary technical schools or schools of higher education and persons with stable jobs a nd residence outside the household (excluding those visiting relatives or seekin g medical service) are not included as resident population of the household. Res ident population is used in calculating income, consumption, accumulation on per capita basis of rural households and in analyzing composition of rural households.

**Full/Semi Labour Force** Full labour force refers to pers ons capable of work, age d 18-50 for males and 18-45 for females. Semi labour force refers to persons cap able of work, aged 16-17 and 51-60 for males and 16-17 and 46-55 for females. Pe rsons at their working ages but not capable of work are not to be included as la bour force. Persons not at working ages but participating regularly in work are included in semi labour force. For staff and workers as resident population of t he household, they are included as full or semi labour force of the household if they are in the labour force.

Total Income refers to the sum of income earned from various so urces by the rur al households and their members during the reference period, and is classified a s income from wages and salaries, income from household operations, income from properties and income from transfers.

**Income from Wages and Salaries** refers to income from la bour ear ned by the members of rural households employed by other units or individuals.

**Income from Household Operations** refers to income by the rural househol ds as un its of production and operations. Operations by rural households are classified by economic activities as agriculture, forestry, animal husbandry, fishery, manu facturing, construction, transportation, post and telecommunications, wholesale, retail and catering, social service, culture, education, health, and other hous ehold operations.

**Income from Properties** refers to the income received as returns by owners of fi nancial assets or tangible non-productive assets by providing capitals or tangib le non-productive assets to other institutional units.

**Income from Transfers** refers to the receipt by rural ho useholds and their membe rs of goods, services, capitals or rights of assets without giving or repaying a ccordingly, excluding capitals provided to them for the formation of fixed asset s. In general, it refers to all income received by rural households through redi stribution.

**Cash Income** refers to income received by rural househol ds and their members in the form of cash during the reference period. It is classified, by source of inc ome, into income from wages and salaries, cash income from household operations , income from properties and income from transfers

**Net Income** refers to the total income of rural househol ds from all sources minu s all corresponding expenses. The formula for calculation is as follows:

Net income = total income - household operation expenses - taxes and fees - depr eciation of fixed assets for production - subsidy for participating in household survey - gifts to non-rural relatives Net income is mainly used as input for re production and as consumption expenditure of the year, and also used for savings and non-compulsory expenses of various forms. “Per capita net income of farmer s” is the level of net income averaged b y population which reflects the average income level of rural households in a gi ven area.

**Production Capacity of Water Supply** refers to the d esigned comprehensive produc tion capacity of water facilities, covering the 4 links of water collection, pur ification, conveyance, and outflow through trunk pipelines. Increase capacity th rough transformation and innovation projects are included as well. The capacity is determined mainly on the weakest of the above-mentioned 4 links.

**Length of Water Supply Pipelines at the Year–end** refers to the total length of all the pipelines between the water pumps and the user's water meters, excluding pipelines newly installed but not used yet.

**Annual Volume of Water Supply** refers to the total volum e of water supplied by w ater-works (units) during the reference period, including both the effective wat er supply and loss during the water supply.

**Consumption of Water for Residential Use** refers to the water consumption of hou seholds for daily life and the water consumption of public service facilities. T he latter refers to water consumption for urban public services, including the c onsumption of government agencies and public institutions, military barracks, pu blic facilities, wholesale and retail outlets, restaurants, hotels, and other un its providing public services. Household water consumption refers to consumption of water for daily life of all households in the boundary of cities, including households of urban residents and farmers, and public water supply stations.

**Percentage of Urban Population with Access to Tap Water** refers to the ratio of t he urban population with access to tap water to the total urban population. The formula is:

Percentage of population with access to tap water= (Urban population with access to tap water) / (Urban population)×100%

**Production Capacity of Gaswork Gas** refers to the comprehensive production capac ity of the urban gasworks in gas generation, purification and delivery at the en d of the reference period, excluding capacity of the reserved facilities. In gen eral, it is determined by the designed capacity, and when actual production capa city is larger than the designed capacity, the capacity is determined by the act ual measurement on the weakest link in the production, purification and delivery .

**Length of Gas Pipelines** refers to the total length of p ipelines in use between the outlet of the compressor of gas-work or outlet of gas stations and the leadi ng pipe of users, excluding pipelines within gasworks, delivery stations, LPG st orage stations, refilling stations, gas-mixing stations and supply stations.

**Volume of Gas Supply** refers to the total volume of gas provided to users by gas -producing enterprises (units) in a year, including the volume sold and the volu me lost.

**Percentage of Urban Population with Access to Gas** refers to the ratio of the urban population with access to gas to the total urban population at the end of th e reference period. The formula is:

Percentage of population with access to gas = (Urban population with access to g as / Urban population) x 100%

**Heating Capacity in Urban Area** refers to the designed c apacity of heating enter prises (units) in supplying heating energy to urban users during the reference period.

**Quantity of Heat Supplied in Urban Area** refers to the t otal quantity of heat fr om steam and hot water supplied to urban users by heating enterprises (units) du ring the reference period.

**Length of Heating Pipelines** refers to the total length of steam or hot water pi pelines for sources of heat to the leading pipelines of the buildings of the use rs, excluding internal pipelines in heat generating enterprises.

**Length of Paved Roads at the Year–end** refers to the len gth of roads with paved surface including squares bridges and tunnels connected with roads by the end of the year. Length of the roads is measured by the central lines for vehicles fo r paved roads with a width of 3.5 meters and over, including roads in open-ended factory compounds and residential quarters.

**Urban Bridges** refer to bridges built to cross over natu ral or man-made barriers , including bridges over rivers, overpasses for traffic and for pedestrian, unde rpasses for pedestrian, etc. Both permanent and semi-permanent bridges are included.

**Length of Urban Sewage Pipes** refers to the total length of general drainage, tr unks. branch and inspection wells, connection wells, inlets and outlets, etc.

**Daily Disposal Capacity of Urban Sewage** refers to the d esigned 24 hour capacity of sewage disposal by the sewage treatment works or facilities.

**Number of Vehicles under Operation at the Year–end** refers to the total number o f vehicles under operation by public transport enterprises (units) at the end of the year, based on the records of operational vehicles by the enterprises (units).

**Area of Urban Gardens and Green Areas** refers to the tot al area occupied for gre en projects at the end of the reference period, including public green land, gre en land in residential quarters, green land attached to institutions, protection green land, production green land, roadside green land and forest in scenic spo ts. It does not include the following:

(1) Greenery and plants on roofs, balconies, indoors and vertical green areas;

(2) Forest, cultivated land, grassland, orchards and bamboo grooves that are for production purpose; and

(3) Water areas that are not included in urban master plan as green land.

**Public Green Area** refers to green areas open to the pub lic such as municipal, community and neighborhood parks and roadside parks, including waters within park s. Neighborhood parks should occupy an area larger than 10,000 square meters, an d the width of roadside parks should occupy an area larger than 400 square meter s, with a width of more that 8 meters.

**Gross Output Value of Farming, Forestry, Animal Husbandry and Fishery** refers to the total value of products of farming, forestry, animal husbandry and fishery, and total value of services rendered to support farming, forestry, animal husba ndry and fishery activities. It reflects the total scale and results of agricult ural production during a given period. Prior to 1957, Chinas gross agricultural output value included barnyard manure and handicraft products for self-consumpti on (clothes, shoes, stockings, and initial grain processing undertaken by peasan ts). Since 1958, cutting and felling of bamboo and trees by villages and other c ooperative organizations under villages have been included in forestry; value of barnyard manure has been excluded from animal husbandry; self consumed handicra fts has been excluded from sideline occupations, while the output value of indus tries run by villages and cooperative organizations under village had been incl uded in sideline occupations and the output value of fish catches by motor fishi ng boats has been added to fishery. Since 1980, the value of handicraft products made for sale by individuals in households had been added to sideline occupatio ns. Since 1984, industries run by villages and under villages have been included in the sector of industry. Since 1993, the subdivision of sideline occupations has been canceled, and the hunting of wild animals has been classified into anim al husbandry, and the gathering of wild plants and commodity industry run by rur al household have been included in farming. A new industrial classification of e conomic activities was introduced in 2003. Under the new classification, value o f services to farming, forestry, animal husbandry and fishery is included in the gross output value of agriculture, value of wood felling and transport is inclu ded in forestry, value of industrial output by rural households is not included in agriculture, and the collection of wild forest products is taken from agricul ture and included in the forestry. The first agriculture census of China reveale d some discrepancy between the production of animal products from the annual rep orts and that from the census. Efforts were made by the Rural Socio-economic Sur vey Organization of NBS to adjust the output value of animal husbandry to make t he figures from the annual reports consistent with the census data.

Gross output value of agriculture is obtained by first multiplying the output of each product or by product by its price, resulting in the output value of each single item. For a small number of products, annual output of which is not avail able or difficult to get due to the long production (growing) process involved, the output value is estimated through an indirect approach. The sum of output va lue of all products of farming, forestry, animal husbandry and fishery is then e qual to the gross output value of agriculture.

**Grain Output** refers to the total output in the whole coun try including grains p roduced by state farms, collective units, rural households, as well as by farms affiliated to industrial and mining enterprises and other production units. Grai n includes rice, wheat, corn, sorghum, millet and other miscellaneous grains as well as tubers and bean. Output of beans refers to dry beans without pods. The o utput of tubers (sweet potatoes and potatoes, not including taros and cassava) w as converted into that of grain at the ratio 4:1, i.e. 4 kilograms of fresh tube rs was equivalent to 1 kilogram of grain up to 1963. Since 1964 the ratio for co nversion has been 5:1. Tubers supplied as vegetables (such as potatoes) in citie s and suburbs are calculated as fresh vegetables and their output is not include d in the output of grain. Output of all other grains refers to husked grain.

**Output of Oil–bearing Crops** refers to the total product ion of oil-bearing crops of various kinds, including peanuts, (dry, in shell) rapeseeds, sesame, sunflow er seeds, flax seeds, and other oil-bearing crops. Soybeans, oil-bearing woody p lants, and wild oil-bearing crops are not included.

**Output of Aquatic Products** refers to catches of both ar tificially cultured and naturally grown aquatic products, including fish, shrimps, crabs and shellfish i n sea and inland water as well as seaweed. Freshwater plants are not included. Output of Pork, Beef, and Mutton refers to the meat of slaughtered hogs, cattl e, sheep and goats with head, feet, and offal taken away.

**Number of Livestock or Poultry in Stock at Beginning (or End)** refers to the tota l number of large animals, pigs, sheep, fowls, etc. raised by rural cooperative organizations, state farms, rural individuals, government agencies, schools, ind ustrial and mining enterprises, army, and urban residents at the beginning (or e nd) of the reference period. Data reporting system and data adjustment are the s ame as that in the output of pork, beef and mutton.

**Regularly Cultivated Land** refers to farmland among the total land resources, whi ch is exclusively used for farming and is under regular cultivation with harvest in normal years. Included are currently cultivated land, land that has been aba ndoned or put in idle for less than 3 years and could be re-used for cultivation at any time, and new-claimed land that has been put into cultivation for more t han 3 years. According to statistical coverage, it includes the gouges, dykes, r oads and ridges of field with 1 meter wide in Southern areas and 2 meters wide i n Northern areas. Excluded under this category are steep slope land over 25 degr ees under temporary cultivation, land (large or small plots) that is claimed alo ng river bends, lake sides or banks of reservoirs, as well as land that has been designated under the "Green for Grain" programmes of the state and provincial g overnments but is still temporarily under cultivation. The regularly cultivated land is the key protection land of the nation, an important indicator reflecting the comprehensive productivity of agriculture of China.

**Sown Area of Crops** refers to area of land sown or trans planted with crops regar dless of being in cultivated area or non-cultivated area. Area of land re-sown d ue to natural disasters is also included. This is an important indicator that ca n reflect the utilization condition of the cultivated land in China.

**Irrigated Area** refers to areas that are effectively irr igated, i.e. level land, which has water source and complete sets of irrigation facilities to lift and m ove adequate water for irrigation purpose under normal conditions. Under normal conditions, irrigated area is the sum of watered fields and irrigated fields whe re irrigation systems or equipment have been installed for regular irrigation pu rpose. This important indicator reflects drought resistance capacity of the cult ivated land in China.

**Consumption of Chemical Fertilizers in Agriculture** refers to the quantity of che mical fertilizers applied in agriculture in the year, including nitrogenous fert ilizer, phosphate fertilizer, potash fertilizer, and compound fertilizer. The co nsumption of chemical fertilizers is required in calculation to convert the gros s weight into weight containing 100% effective component (e.g. 100% nitrogen con tent in nitrogenous fertilizer, 100% phosphorous pent oxide contents in phosphat e fertilizer, 100% potassium oxide contents in potash fertilizer). Compound fert ilizer is converted with its major component. The formula is :

Volume of effective component= physical quantity x effective com ponent of certain chemical fertilizer (%)

**Total Power of Farm Machinery** refers to total mechanica l power of machinery us ed in farming, forestry, animal husbandry, and fishery, including ploughing, irr igation and drainage, harvesting, transport, plant protection, stock breeding, f orestry and fishery. The power of internal combustion engines is required to con vert horsepower into watts and the power of electric motors is required to be co nverted into watts. Machinery employed for non-agricultural purposes, such as th e machines used in township run and village-run industry, construction, non-agri cultural transport, scientific experiments and teaching, is excluded. Data are m ainly from agricultural machinery agencies.

**Rural Employed Persons** refer to rural labor forces aged over 16 years old who a re engaged in real production and management activities and receive payment in k ind or wages, including those covered within the age frame and regularly partici pating in production activities, and those who are out of the range of age frame and also participating in production activities regularly. Excluding students s tudying in other places with their permanent residence registered in local areas , servicemen and persons incapable of working; also excluding those who are wait ing for jobs and those engaged in household work. Persons employed are classifie d as rural employed persons; industrial employed persons; construction industry employed persons; transport, storage and telecommunications industries employed persons; whole sales and retail sales trade and catering industry employed perso ns and others according to the longest period of employment in major activities (or using income indicator when period of employment is the same).

**Industry** refers to the material production sector w hich is engaged in extraction of natural resources and processing and reprocessing of minerals and agricultur al products, including (1) extraction of natural resources, such as mining, salt production (but not including hunting and fishing); (2) processing and reproces sing of farm and sideline produces, such as rice husking, flour milling, wine ma king, oil pressing, silk reeling, spinning and weaving, and leather making; (3) manufacture of industrial products, such as steel making, iron smelting, chemica ls manufacturing, petroleum processing, machine building, timber processing; wat er and gas production and electricity generation and supply; (4) repairing of ind ustrial products such as the repairing of machinery and means of transport (incl uding cars).

Prior to 1984, the rural industry run by villages and cooperative organizations under village was classified into agriculture. Since 1984, it has been grouped into industry.

Units of industrial statistics survey corporate industrial enterprises with inde pendent accounting system.

Corporate industrial enterprises with independent accounting system refer to ent erprises engaging in industrial production activities, which meet the following requirements: ①They are established legally, having their own names, organizati ons, location, able to take civil liability; ②They possess and use their assets independently, assume liabilities, and are entitled to sign contracts with othe r units; ③They are financially independent and compile their own balance sheets . Enterprises covered in the industrial statistics in the Yearbook include followi ng categories by their registration:

**State–owned Enterprises** refer to industrial enterprises where the means of produ ction or income are owned by the state. Joint state-private industries and priva te industries, which existed before 1957, have been transformed into state indus tries. Statistics on these enterprises has been included in the state-owned indu stries since 1957 when separation of data was no longer necessary.

**Collective–owned Enterprises** refer to industrial enterp rises where the means of production are owned collectively, including urban and rural enterprises investe d by collectives and some enterprises which were formerly owned privately but ha ve been registered in industrial and commercial administration agency as collect ive units through raising fund from the public.

**Share–holding Cooperative Enterprises** refer to economic units set up on co operative basis, with funding partly from members of the enterprise and partly f rom outside investment, where the operation and management is decided by the mem bers who also participate in the production, and the distribution of income is b ased both on work (labour input) and on shares (capital input).

Joint-operation enterprises refer to economic units that are established by join t investment by two or more corporate enterprises or institutions of the same or different types of ownership on voluntary, equal and mutual-beneficial basis. T hey include:

a) state-owned joint-operation enterprises (joint operation between state- owned enterprises);

b) collective joint-operation enterprises (joint operation between collect ive enterprises; and

c) state-collective joint-operation enterprises (joint operation between s tate and collective enterprises).

**Limited Liability Corporations** refer to economic units registered in accordance with the Regulation of the People's Republic of China on the Management of Regis tration of Corporations, with capitals from 2 to 49 investors, each investor bea rs limited liability to the corporation depending on his/her holding of shares, and the corporation bears liability to its debt to the maximum of its total assets.

**Share–holding Corporations Ltd.** refer to economic units registered in accordance with the Regulation of the People's Republic of China on the Management of Regi stration of Corporate Enterprises, with total registered capitals divided into e qual shares and raised through issuing stocks. Each investor bears limited liabi lity to the corporation depending on the holding of shares, and the corporation bears liability to its debt to the maximum of its total assets.

**Private Enterprises** refer to economic units invested or controlled (by hol ding the majority of the shares) by natural persons who hire labours for profit- making activities. Included in this category are private limited liability corpo rations, private share-holding corporations Ltd., private partnership enterprise s and private sole investment enterprises registered in accordance with the Corp oration Law, Partnership Enterprise Law and Tentative Regulation on Private Ente rprises.

**Enterprises with Funds form Hong Kong, Macao and Taiwan** refers to all industrial enterprises registered as the joint-venture, cooperative, sole (exclusive) inve stment industrial enterprises and limited liability corporations with funds from Hong Kong, Macao and Taiwan.

**Foreign Funded Enterprises** refers to all industrial ent erprises registered as the joint-venture, cooperative, sole (exclusive) investment industrial enterpris es and limited liability corporations with foreign funds.

**Light Industry** refers to the industry that produces con sumer goods and hand too ls. It consists of two categories, depending on the materials used:

(1) Industries using farm products as raw materials. These are branches of light industry which directly or indirectly use farm products as basic raw materials, including the manufacture of food and beverages, tobacco processing, textile, c lothing, fur and leather manufacturing, paper making, printing, etc.

(2) Industries using non farm products as raw materials. These are branches of l ight industry which use manufactured goods as raw materials, including the manuf acture of cultural, educational articles and sports goods, chemicals, synthetic fiber, chemical products for daily use, glass products for daily use, metal prod ucts for daily use, hand tools, medical apparatus and instruments, and the manuf acture of cultural and clerical machinery.

**Heavy Industry** refers to the industry which produces ca pital goods, and provide s various sectors of the national economy with necessary material and technical basis. It consists of the following three branches according to the purpose of p roduction or the use of products:

(1) Mining, quarrying and logging industry refers to the industry that extracts natural resources, including extraction of petroleum, coal, metal and non-metal ores.

(2) Raw materials industry refers to the industry that provides various sectors of the national economy with raw materials, fuels and power. It includes smeltin g and processing of metals, coking and coke chemistry, chemical materials and bu ilding materials such as cement, plywood, and power, petroleum refining and coal dressing.

(3) Manufacturing industry refers to the industry that processes raw materials. It includes machine building industry which equips sectors of the national econo my, industries of metal structure and cement products, industries producing mean s of agricultural production, such as chemical fertilizers and pesticides. Accor ding to the above principle of classification, the repairing trades which are en gaged primarily in repairing products of heavy industry are classified into heav y industry while these engaged in repairing products of light industry are class ified into light industry.

**Gross Industrial Output Value**

(1) Definition: Gross industrial output value is the total volume of final indus trial products produced and industrial services provided during a given period. It reflects the total achievements and overall scale of industrial production du ring a given period.

(2) Principles for calculation:

Statistics on industrial production follow the principle that all products produ ced by the enterprises and accepted during the reference period are to be includ ed no matter whether they are sold or not during the reference period.

Determination of final products follow the principle that all products that are included in the calculation of grow industrial output value are the final produc ts of the enterprise which have been accepted through quality check and require no further processing. If an enterprise has intermediate (semi-finished) product s to sell, these intermediate products are considered as the final products of t he enterprise.

Gross industrial output value is calculated following the principle of factory a pproach, i.e. industrial enterprise is used as the basic accounting unit in calc ulating the gross industrial output value. By this approach, value of the same p roduct is not to be double counted, and the output value of different workshops (branch factories) should not be added. However, this approach does not exclude the possibility of double counting between enterprises.

(3) Content and calculation method: The old definition of gross industrial outpu t value was modified during the national industrial census in 1995. The revised (new) definition of gross industrial output value consists of 3 components: valu e of the finished products during the reference period, income from external pro cessing, and value of change in semi-finished products at the end and at the beg inning of the reference period.

Value of the finished products during the reference period: refers to the value of all finished (semi-finished) industrial products that are produced during the reference period without the need for further processing, checked for acceptance, packed and put into the warehouse of the enterprise, including the value of o wn-produced equipment and the value of products provided to the projects under c onstruction of the enterprise, and to other non-industrial or welfare units. Val ue of finished products during the reference period is calculated by the quantit y of products produced using own materials multiplied by the average unit prices at which products are sold (excluding value-added tax). Own-produced equipment and products produced for own use are value at cost prices as in the case of ent erprise accounting. Value of finished products does not include the value of fin ished products (semi-finished products) that are produced using the materials fr om the clients who make the orders.

Income from external processing: refers to income from contracted external proce ssing of industrial products (including processing of industrial products using materials from the clients), and the income from industrial repairing work provi ded to other units. Income from external processing is calculated using informat ion from the item "products sales income" in the enterprise accounting at the pr ices excluding value-added tax.

For income from services such as processing, repairing and installation of equip ment provided to non-industrial units within the enterprise, if the accounting work of the enterprise is good enough to separate it from other records, and the share of such services is significant, it should also be included in the income from external processing.

Value of change in semi-finished products at the end and at the beginning of the reference period: refers to the value of change in semi-finished products at th e end and at the beginning of the reference period, which generally can be obtai ned from accounting records of enterprises. If the enterprise accounting exclude s the cost of semi-finished products, then it should not be included in the gros s industrial output value, and vice versa.

(4) Changes in the coverage and method of calculation of gross industrial output value Prior to 1984, the value of rural industry run by villages was classified into a griculture instead of industry. Since 1984, it has been included in the gross in dustrial output value.

Method of calculation for the gross industrial output value was modified in the industrial census in 1995. The difference in the new method as compared with the old one is outlined below:

Principle in using full value vs. processing fee: The new method stipulates that all products produced using own materials are to be calculated with full value in reporting the gross industrial output value irrespective of sophistication of production, and for external processing, it allows calculation using processing fee. In the old method, however, the use of full value or processing fee was de termined by the degree of sophistication of production in different branches of industries.

Principle in determining the value of change in semi-finished products: The new method requires that value of the change in semi-finished products should be inc luded in the gross industrial output value if it is included in the accounting r ecord of the enterprise, otherwise it should not be included. By the old method, it is determined by the type of enterprises in terms of production cycle. If th e production cycle is over 6 months, the value of change in semi-finished produc ts is included in the gross industrial output value, otherwise it is excluded.

Difference in prices: The new method uses prices excluding value-added tax in th e calculation of gross industrial output value, while the old method used prices including value-added tax.

**Value–added of Industry** refers to the final results of industrial production of industrial enterprises in money terms during the reference period.

Industrial value-added can be calculated by two approaches: the production appro ach, i.e. gross industrial output value minus intermediate input plus value-added tax, and the income approach, i.e. income for various factors used in the cour se of production, including depreciation of fixed assets, remuneration of labourers, net of production tax, and operating surplus. Value-added of industry in th e Yearbook is calculated by production approach as following:

Value-added of industry = gross industrial output - industrial intermediate inpu t + value-added tax

(1) Gross industrial output: refers to the total achievements of industrial prod uction during a given period. Gross industrial output includes value of finished products, income from external processing, and value of change in semi-finished products at the end and at the beginning of the reference period. Since 1995, i t was substituted by the gross industrial output value by new method.

(2) Industrial intermediate input: refers to purchased goods and paid services c onsumed during the industrial production of enterprises. Fees paid for services include fees paid for the services provided by material production sectors (indu stry, agriculture, wholesale and retail trade, construction, transport, post and telecommunications) and by non-material production sectors (insurance, banking, culture, education, scientific research, health and medical care, public admini stration, etc.). The determination of industrial intermediate input follows the principle that the goods and services must be purchased from outside and include d in the gross industrial output, and that the goods and services are inputted i nto production and consumed (include low-value consumables) during the reference period.

Industrial intermediate input includes 5 components, namely direct consumption o f materials, industrial intermediate input in manufacturing cost, industrial int ermediate input in management cost, industrial intermediate input in marketing c ost and expenditure on interest.

Capitals Obtained refers to capital actually received b y the enterprise from in vestors that could be used as operational capitals for a long period. According to the current accounting system, capitals obtained can be classified by investo rs as state capital, collective capital, corporate capital, individual capital, capital from Hong Kong, Macau and Taiwan and foreign capital.

State capital:refers to capital which is formed through state-o wned investment into the enterprise by government agencies or institutions that could represent the state in the investment.

Collective capital: refers to capital which is formed through state-owned invest ment into the enterprise by collective institutions or units that could represen t the state in the investment.

Corporate capital: refers to capital which is formed through investment by other corporate units using assets which is at their disposal by law.

Individual capital: refers to capital which is formed through investment by indi viduals outside the enterprise or employees of the enterprise using their person al legal properties.

Capital from Hong Kong, Macau and Taiwan: refers to cap ital which is formed thro ugh investment by investors from Hong Kong, Macau and Taiwan of China using thei r assets of various forms.

Foreign capital: refers to capital which is formed through investment by foreign investors.

**Total Assets** refer to all economic resources, in moneta ry terms, that is owned or controlled by enterprises, including properties, creditors equity and other e conomic rights of all forms. Classified by the degree of equitability, total ass ets include circulating assets, long-term investment, fixed assets, intangible a ssets and deferred assets, and other assets. Data on this indicator can be obtai ned by the year-end figures of total assets in the Assets and Liability Table of accounting records of enterprises.

**Total Working Capitals** refer to capitals which can be cashed in or spent or consumed in an operating cycle of one year or over one year, including cash, all kinds of deposits, short term investment, receivable and payable payment for go ods or deposits.

**Average Value of Working Capitals** refers to the average value of all working capitals of the enterprise during the reference period. Original Value of Fixed Assets refers to the value of payment by the enterprise in building, purchasing installing reconstructing, expending or transforming a particular item of fixed assets. In general, it includes value of purchase, cost for packaging, transportation, installation, etc.

**Annual Average of Net Value of Fixed Assets** refer to av erage of the net value o f fixed assets during the reference period, calculated with the following formula:

Annual Average of Net Value of Fixed Assets = sum of net value of fixed assets at the beginning and at the end of each month from January to December / 24.

Information on this indicator can be obtained from the beginning and ending figu res of the original value of fixed assets and cumulative depreciation from the A ssets and Liability Table of enterprises.

Net value of fixed assets refers to the original value of fixed assets minus dep reciation over the years, i.e.:

Net value of fixed assets = original value of fixed assets - cumulative deprecia tion

**Total Liquid Liabilities** refer to enterprises' total de bt payable within an op erating cycle of one year or over one year, including short-term loans, notes an d accounts payable, advance payments received, wages and welfare funds payable, taxes and profit payable, other payables, fees received by advance payment, etc. Liquid liabilities feature in the short term of payment, immediate payment at th e request of creditors, or payable within one year.

**Total Long–term Liabilities** refers to the debt payable within an operating cycl e of one year or over one year. It is the capital that enterprises raised from c reditors for the long-term use of enterprises in addition to capitals put into t he enterprise by investors, and constitutes the economic liabilities that enterp rises have to repay by assets or labour services, including long-term loans, pay able liabilities, long-term payable, other long-term liabilities, etc. Compared with the liquid liabilities, the long-term liabilities feature in large volume, longer term for repayment, and larger benefits for investors.

**Creditors′ Equity** refers to investors ownership of net assets of the enterprise , which is equal to the total assets of the enterprise minus its total liabiliti es, including the primary input actually received at the enterprise from investo rs, capital accumulation fund, surplus accumulation fund and undistributed profi t. When the total of creditors' equity is less than zero, that indicates the lia bility of the enterprise is larger that its assets.

**Sales Revenue of Industrial Products** refers to the reve nue from the sales of fi nished and semi-finished products and from rendering of industrial services by industrial enterprises during the reference period.

**Cost of Industrial Products Sold** refers to the actual c ost of finished and semi- finished products sold and industrial services rendered by industrial enterprise s during the reference period.

**Tax and Extra Charges on Sales of Products** refer to the tax on city maintenance and construction, consumption tax, resources tax and extra charges for education, which should be borne by the enterprises in selling products and providing in dustrial services during the reference period.

**Total Profits** refer to the final achievements of produc tion and operation of th e enterprises, represented by the total profits after deducting losses (loss is expressed by the negative figure). It is the sum of profits from operation, inco me from subsidies, investment earnings, net income from activities other than op eration, and adjustment of profits and losses of previous years.

**Value–added Tax Payable** refers to the amount of the val ue-added tax which shoul d be paid by the enterprises during the reference period. It is the sum of tax o n sales, export rebate, and transferred tax on purchases of the current year, mi nus the tax on purchases of the current year. Value-added tax payable of small-s ize enterprises is determined by the taxable sales of the year multiplied by the tax rate.

**Average Annual Number of Employed Persons** Employed persons refer to all those who are employed in enterprises and receive remunerations therefrom, including c urrently working employees, retirees who are re-employed, teachers of local-run schools, as well as foreigners, staff from Hong Kong, Macau and Taiwan, part-tim e employees and persons with second job who are employed by the enterprise, and employees of other units temporarily working in the enterprises, but excluding f ormer employees who left the enterprise with their employment records still kept by the enterprises.

Average number of employed persons refers to the number of employees everyday du ring the reference period, calculated with the following fomula:

Monthly average number = sum of actual employees everyday in reference month/number of calendar dates in reference month

Quarterly average number = sum of monthly average number in reference quarter/3

Annual average number = sum of monthly average number in reference year/12

**Ratio of Profits, Taxes and Interests to Average Assets** reflects the profit-mak ing capability of all assets of the enterprise and is a key indicator manifestin g the performance and management and evaluating the profit-making potential of t he enterprise. It is calculated as follows:

Ratio of Profits, Taxes and Interests to Average Assets (%) = [(total profits + total taxes + interest payment) / average assets ] ×100%

In the above formula, total taxes is the sum of tax and extra charges on the sal es of products and value-added tax payable; and average assets is the arithmetic mean of the sum of beginning assets and ending assets.

**Ratio of Debts to Assets** reflect both the operation ris k and the capability of the enterprise in making use of the capital from the creditors. It is calculated as follows:

Ratio of Debts to Assets (%) = (total debts / total assets)×100%

Both assets and debts are figures at the end of the reference period.

**Turnover of Working Capital** refers to the number of tim es of turnover of workin g capital in a given period of time, which reflects the speed of the turnover of working capital of industrial enterprises, and is calculated as follows:

Turnover of Working Capital=(sales revenue of products) / (average balance of to tal working capital)

In the above formula, average balance of total working capital refers to the ari thmetic mean of the sum of working capital at the beginning and at the end of th e reference period.

**Ratio of Profits to Total Industrial Costs** refers to th e ratio of profits reali zed in a given period to the total costs in the same period, which reflects the economic efficiency of input cost and is calculated as follows:

Ratio of Profits to Total Industrial Cost(%)=(total profits/ total costs)×100%

Total costs in the above formula is the sum of cost of products sold, marketing cost, management cost and financial cost.

**Overall Labour Productivity of Industrial Enterprises** reflects efficiency of pro duction and economic results of labour input of enterprises. The formula used is :

Overall Labour Productivity=(value added of industry) / (average number of staff and workers)

**Ratio of Sales to Gross Output Value** reflects the degre e at which industrial pr oducts are sold. It helps to analyze the linkage between production and sales an d the extent of the needs of the society that has been met by the supply of indu strial products. It is calculated as follows:

Ratio of Sales to Gross Output Value=(Industrial sales / Gross industrial output value at current prices) ×100%

**Statistical Unit in Construction** refers to corporat e enterprise engaged in the c onstruction of buildings and structures and in the installation of equipment. A corporate construction enterprise should have qualification certificates with in dependent accounting system, and should meet the following 3 requirements: ① be ing set up in line with relevant legal basis, having its full name, organization and location, and capable of taking civil liabilities; ② independently possess ing and using its assets and assuming its liabilities, and entitled to sign cont racts with other institutions; and ③ making independent accounts of its profits and losses, and capable of compiling its own balance sheet.

**Gross Output Value of Construction** refers to total of c onstruction products and services, expressed in money terms, produced or rendered by construction and ins tallation enterprises during a given period of time. It includes:

(1) Output value of construction projects, that is the value of projects covered by the project budgets;

(2) Output value of installation projects, that is the value of the installation of equipment, (excluding the value of the equipment to be installed);

(3) Output value of others, that is the output value of construction industry ex cluding that of construction projects and installation projects. It includes: ou tput value of repair of buildings and structures; output value of non-standard e quipment manufacturing; overhead expenses received by contracted enterprises to the sub-contracted enterprises and the completed output value of construction ac tivities that have no clear definition.

a. Output value of repair of buildings and structures, that is the value created through the repairs of buildings or structures, but does not include the value of buildings or structures being repaired and the value of the repair of product ion equipment;

b. Output value of manufactured non-standard equipment, that is the value of non -standard production equipment including raw materials and manufacturing cost ma de for the construction project (i.e., chemical plant; kettles or tanks used by refineries; various fillers, triangle tanks, valves used by mines), and the outp ut value of equipment manufactured by subsidiary workshops.

Value-added of Construction refers to the final result of the activities of prod uction and management of construction industry in monetary terms in the referenc e period. At present, the value-added of construction is calculated with the inc ome approach, that is to say, it is the sum of income of various production fact ors in the production process. The formula is as follows:

Value-added of Construction=depreciation of fixed assets in the year + wages pay able + welfare expenses payable + insurance premium and tax for waiting for empl oyment in the administrative expenses + taxes and surcharges on project settleme nt + profit.

**Floor Space of Buildings Under Construction** refers to f loor space of buildings u nder construction during the reference period, including newly started buildings , buildings started earlier and continued during the reference period, and build ings suspended earlier but restarted during the reference period, buildings comp leted during the reference period, and buildings under construction and then sus pended during the reference period.

**Floor Space of Buildings Completed** refers to the floor space of buildings that a re completed in the reference period in accordance with the requirements of the design, up to the standard for putting them into use, and have been checked and accepted by concerned departments as qualified ones.

**Total Number of Machinery and Equipment Owned by the End of Year** refers to the n umber of machines and equipment owned by the enterprises, and listed as the fixe d assets of the enterprises by the end of the year, including machinery and equi pment for construction, production and transportation and other equipment.

**Total Power of Machinery and Equipment Owned** by the End of Year refers to the to tal power of machinery and equipment owned by the enterprises, and listed as the fixed assets of the enterprises by the end of the year, including machinery and equipment for construction, production and transportation and other equipment.

The power of the machinery is calculated on basis of the designed or verified ca pacity, covering the power of the machinery/equipment and the separate power equ ipment serving the machinery/equipment (such as electric motors), but excluding welders, transformers and boilers. The unit used for the calculation of power is kilowatt, with horsepower converted to kilowatt by 1 horsepower=0.735 kilowatt.

**Income from Settlement of Projects** refers to the income receive d by the construc tion enterprise from the contracted project through settlement procedures, and o ther charges to the contractee as operational costs in addition to the value of the project, such as temporary facility fee, labour insurance premium, moving co st of construction equipment, as well as various types of claims to the contract ee.

**Profit from Settlement of Projects** refers to profit rea lized through settled projects. It is calculated with the following formula:

Profit from Settlement of Projects=Income from Settlement of Pro jects - Settled Cost - Settled Taxes and Other Cost

**Total Revenue of Enterprises** refers to the sum of incom e from production and operation of enterprises, including income from settlement of projects and other operational income, namely:

Total Revenue of Enterprises=Income from Settlement of Projects + Other Operatio nal Income

**Length of Railways in Operation** refers to the total length of the trunk line und er passenger and freight transportation (including both full operation and temp orary operation). The calculation is based on the actual length of the first lin e even if this line has a full or partial double track or more tracks, excluding double tracks, station sidings, tracks under the charge of stations, branch lin es, special-purpose lines and the non-payable connecting lines. The length of ra ilways in operation is an important indicator to show the development of the inf rastructure for the railway transport, and also the essential data to calculate volume of passenger freight transport, traffic density and utilization efficienc y of the locomotives and carriages.

**Length of Electrified Railways** refers to the length of the section of railways in operation in which the power supply lines and other equipment are installed fo r the running of electrified locomotives. The proportion of the length of electr ified railways to the total length of railways in operation is an important indicator to show the modernization of railways.

**Automatic–blocking and Semi–automatic–blocking Length of Railways** refer to length of railways installed with equipment to perform automatic or manual blocking o f trains. Blocking is a spacing technique by which a section of the railway only allows one train to pass at a time in the aim of ensuring the traffic safety. t he proportion of automatic/semi-automatic blocking length to the total length of railways in operation is an important indicator to show the modernization of railways.

**Length of Highways** refers to the length of highways whi ch are built in conformity with the grades specified by the highway engineering standard formulated by th e Ministry of Communications, and have been formally checked and accepted by the departments of highways and put into use. The length of highways includes th at of the suburb highways at large and medium-sized cities, highways passing thr ough streets at small cities and towns, and also the length of bridges and ferri es. It does not include the length of streets in big and medium-sized cities and highways built for the production purpose at factories, mines, forest areas and agricultural areas. If two or more highways go the same section of the way, the length of the section is only calculated for once and no duplication is allowed . The length of highways is an important indicator to show the development of th e highway construction and to provide essential information to calculate the tra nsport network density.

**Length of Navigable Inland Waterways** it is an indicator reflecting the size and development of inland water network, it refers to the length of the natural rive rs, lakes, reservoirs, canals, and ditches open to navigation during a given per iod, which enables the transport by ships and rafts. It includes the channels op en to navigation for over an accumulative 3 months in a year, yet this does not include the river courses, which are only used to float odd logs and bamboo raft s. This indicator can reflect the scale, level and development situation of the inland waterway network.

**Length of Civil Aviation Routes** refers to the length of all routes for regular civilaviation flights. There are usually two ways to calculate the distance betw een airports connected by the route length: One is to put the length of all air routes together, called duplicated calculation of the length of the routes; the other is not to allow the duplication in calculation when two or more routes pas sing the same section of aviation routes. The latter is usually used, as it can precisely show the size of the civil aviation network and indicate the extent of civil aviation serving the national economy and the people.

**Length of Oil (Gas) Pipelines** used as an indicator to show the development, scale and level of the pipeline transportation, it refers to the actual transport distance of oil (or gas) products, and is in general calculated in the length of single pipeline. If the length of the double pipelines and alternate pipeline a re included, it is called the extension length of the oil (gas) pipelines, which indicates the actual length of the pipelines built, excluding double pipelines. Freight (Passenger) Traffic refers to the volume of freight (passenger) transpor ted with various means. Freight transport is calculated in tons and passenger tr affic is calculated in the number of persons. Despite the type of freight and tr aveling distance, the freight transport is calculated in the actual weight of th e goods: and despite the traveling distance and ticket price, the passenger traf fic is calculated by the principle that one person can be counted only once in o ne travel. The passengers who travel with a half price ticket or a child ticket is also calculated as one person. The freight (passenger) traffic provides a qua ntitative measure to show how the transport industry serves the national economy and people, and is also an important indicator for planning the transport indus try and for studying the development scale and speed of the transport industry.

**Freight (Passenger) Traffic Density** refers to the freig ht (passenger) traffic vo lume carried by a particular means of transportation during a given period throu gh one kilometer of a specific section of transportation route. The formula is a s follows:

Freight (Passenger) traffic density= [ freight ton-kilometers (passenger-kilomet ers) ] / (length of route in operation)

Freight (passenger) traffic density reflects the degree of business of freight ( passenger) traffic on transportation routes, and therefore provides important in formation for balancing transport capability, planning construction and upgradin g of transport routes and studying the distribution of transport network.

**Freight Ton–kilometers (Passenger–kilometers)** refer to the sum of the products o f the volume of transported cargo (passengers) multiplying by the transport dist ance. It is an important indicator to reflect the achievement of transportation industry. Normally, the shortest distance between the departure station and the destination station (i.e., the payable distance) is the basis to calculate the f reight ton-kilometers. This is an important indicator to show the total results of the transport industry, to prepare and examine the transport plan and to meas ure the efficiency, the labour productivity and the unit cost of transport.

The formula is as follows:

Freight ton-kilometers (passenger-kilometers) =∑{freight (passenger) traffic x distance of transportation}

**Static Load of Freight Cars** refers to the average cargo weight as loaded by eac h freight car under the static condition at the departure station. It is used to show the utilization extent of the loading capacity of the freight cars. The fo rmula is:

Static load (ton) of freight car=(tonnage of goods dispatched) / (number of frei ght cars loaded)

The static load of freight cars is determined by the nature and type of goods lo aded, the type of vehicles, and the technique of loading. The difference between the average marked load and the static load of freight cars reflects the utiliz ation of loading capacity of freight cars. For its calculation the following for mula is applied:

Utilization rate of capacity of freight cars(%)= [ (Average static load) / (Avera ge marked load) ] ×100%

**Average Daily Haul of Freight Locomotives** refers to the average total ton-kilometers accomplished by each freight transport locomotive over day and night during a given period of time. It includes both the weight of the goods carried and th e dead weight of the train itself. It is a comprehensive indicator reflecting th e locomotive efficiency in terms of both time and the pulling force.

Average daily haul of freight transport locomotive (ton-kilometer)=(Total ton/ki lometers of freight) / (Daily number of freight transport locomotive)

**Volume of Freight Handled in Major Coastal Ports** refers to the volume of cargo p assing in and out the harbor area of the major coastal ports and having been loa ded and unloaded. The volume includes that of the postal matters, registered lug gage and fuels, materials and fresh water as supplies of the ships. The volume o f freight handled may be classified by direction of flow as freight for import a nd freight for export, or by nature of cargo as freight for domestic trade and f reight for foreign trade. As an important indicator, the volume of freight handl ed by type of cargo and by main flow direction reflects the production capacity of ports.

**Possession of Civil Motor Vehicles:** refer to the total numbers of vehicles that are registered and received vehicles' license tags according to the Work Standar d for Motor Vehicles Registration formulated by transport management office unde r department of public security at the end of reference period. They are divided into following categories according to the structure of motor vehicles: passeng er vehicles, trucks and others; and private vehicles and vehicles for units use according to ownerships; working vehicles, non-working vehicles and special moto r vehicles according to kind of usage; large passenger vehicles, medium passenge r vehicles and small passenger vehicles, heavy trucks, light-heavy trucks and li ght trucks according to sizes of vehicles.

**Business Volume of Post and Telecommunications** refers t o the total amount of pos t and telecommunication services, expressed in value terms, provided by the post and telecommunications departments for the society. Post and telecommunication services can be classified as letters, parcels, remittance, issue of newspapers and magazines, fast mail service, express mail service, savings deposits, stamps for collection, public and individual telegraph service, facsimiles, long-dista nce telephone service, leasing of telephone lines, urban paging service, mobile telephone service, data transfer and transmission, etc. The accounting approach is to multiply the service products of all types with their average unit price ( constant price) to get sum of business value, plus income from other services su ch as leasing of telephone lines and equipment, maintenance of telephone switchb oards and lines on behalf of customers. This indicator reflects the overall resu lts of post and telecommunications service during a given period, and is importa nt to study the composition of business service and the development of post and telecommunications service.

The formula is as follows:

Business volume of post and telecommunications=∑(Transaction of post and teleco mmunication service x constant price) + Income from leasing, maintenance and other services

**Mobile Telephone Subscribers** refer to the persons who o wn mobile telephone numbe rs and are connected with the mobile telephone communication network through the mobile telephone switchboards, including contracted subscribers and pre-paid su bscribers for intelligent network. One mobile telephone is taken as a subscriber .

**Internet Users** refer to the number of Chinese citizens who use Internet at least for one hour each week.

**Local Telephone Subscribers** refer to subscribers that a re connected to the local telecommunication service provider through fix line network, including househol d subscribers, institutional subscribers and public telephones. They are also cl assified as city subscribers and rural subscribers according to locations. Befor e 1997, city subscribers referred to those connected to city telephone networks in county towns and cities, while village subscribers referred to those connecte d to village telephone stations at and below counties. Since 1997, the classific ation of telephone subscribers was modified on the basis of physical location of the subscribers as urban telephone subscribers and rural telephone subscribers, which is different from the previous classification of categorizing local telep hones and rural telephones, while the definition of total subscribers and total number of telephones remain unchanged.

**Urban Telephone Subscribers** refer to number of telephon e subscribers, located at municipalities, cities under the jurisdiction of province, cities at prefecture level, downtown and suburb of city at county level town and county towns (inclu ding country towns where county government located, and towns of county level ac cording to the administrative organizational system), that are connected to the public line telephone network, including rural mineral area, forest area, military area.

**Rural Telephone Subscribers** refer to telephone subscrib ers, located at counties (towns) and villages outside the range of cities according to administrative jur isdiction.

**Household Telephone Subscribers** refer to telephone sets installed in the dwellin g units of urban or rural residents, and registered as residence subscribers for payment, including 3 types of payment for the service: private payment, public payment and free service.

**Capacity of Long Distance Telephone Exchanges** refers t o the rated capacity of t elephone exchanges to connect long distance telephone network, including capacity of international telephone exchanges.

**Capacity of Office Telephone Exchanges** refers to the ca pacity (measured in gate) of telephone exchanges installed in the offices of telecommunication service pr oviders for communication between fixed telephones. It includes the capacity of both manual and automatic exchanges in use and for stand-by purpose, excluding t he capacity of subscribers' exchanges.

**Capacity of Mobile Telephone Exchanges:** refers to the capacity of the maximum se rvices provided to subscribers at one time basing on a certain model and transacting capacity of the mobile telephone exchanges.

**Total Retail Sales of Consumer Goods** refer to the sum of retail sales of commod ities sold by wholesale, retail, catering, publishing, post and telecommunicatio ns and other service industries to urban and rural households for private consum ption and to social institutions for public consumption. Retail sales of consumer goods include:

A、Sales by wholesale and retail units:

1. of consumer goods sold to urban and rural households

2. of commodities sold to foreigners, overseas Chinese and Chinese compatriots f rom Hong Kong, Macau and Taiwan visiting in China

3. of commodities sold to government agencies, institutions, social organizatio n s, military and armed police units, and commodities sold to enterprises in the f orm of retail sales. More specifically, they include: office facilities and arti cles for non-production purposes such as communications equipment, computing equ ipment and instruments, TV and network equipment, printing and copying equipment , audio-visual equipment and instruments, paper, notebooks, stationeries, furnit ure, electric appliances, knitwear, sanitation and cleaning articles, cultural a nd sport articles, articles for prizes, souvenirs, etc.; transport vehicles and fuels for employees; materials, spare parts and tools for the maintenance of off ice facilities; equipment, fuels, materials and food for winter heating or summe r cooling purposes; articles and equipment for teaching purpose; Chinese and wes tern medicines and medical equipment and facilities purchased by non profit-maki ng medical institutes; non-specialized work safety articles; cooking utensils, t ableware, equipment, cleaning articles, food and fuels purchased by internal caf eterias; clothes and personal articles purchased by military or armed police uni ts for their officials and soldiers; and other equipment and articles for non-pr oduction purposes.

B、Sales of stable food, cooked dishes, beverages, tobaccos and other articles by catering units.

C、 Sales of books, newspapers, magazines, audio-visual products and post produ ct s by publishing, post and telecommunications departments to urban and rural hous eholds and to enterprises, institutions, military and armed police units.

D、 Sales of food, beverages, tobaccos, clothing, hats, footwear, articles for da ily use, medicines, medical and health articles, work of art, handicrafts, toys, funeral articles and other articles by other service industries.

**Total Purchases of Commodities** refer to the total value of purchases of commodit ies by the enterprises (establishments) from other establishments or individuals (including direct import from abroad) for the purpose of re-selling, either wit h or without further processing of the commodities purchased. This indicator is used to show the total value of purchases of commodities by wholesale and retail establishments from domestic and overseas markets. The total purchases include: (1) agricultural and industrial products purchased from producers; (2) books, m agazines and newspapers purchased from distribution departments of the publisher s; (3) commodities purchased from wholesale and retail establishments of differe nt status of registration; (4) commodities purchased from other units, such as s urplus materials purchased from government agencies, enterprises or institutions , commodities purchased from catering and service establishments, confiscated go ods purchased from customs authorities or market management agencies, second-han d goods and wastes purchased from residents; and (5) commodities directly import ed from abroad. Excluded are commodities purchased by enterprises (establishment s) for use in their own business operation, commodities obtained without buying or selling procedures, rejected commodities, etc.

**Total Sales of Commodities** refer to value of commoditie s sold by the establishme nts to other establishments and individuals (including direct export). This indi cator is used to show the total value of sales of commodities at domestic market s and export. The total sales include: (1) commodities sold to urban and rural r esidents and social groups for their consumption; (2) commodities sold to establ ishments in industry, agriculture, construction, transportation, post and teleco mmunications, wholesale and retail trades, catering trade and public utility for their production and operation; (3) commodities sold to wholesale and retail es tablishments for re selling, with or without further processing; and (4)commodi ties for direct export to other countries. Excluded are selling of waste packagi ng materials used by the establishments (units) themselves, commodities transfer red without buying or selling procedures, commission income from brokerage in tr ansactions whose settlement is directly handled by buyers and sellers, rejected commodities in the purchase, loss in commodities, etc.

**Commodity Stock of Wholesale and Retail Enterprises** refers to total commodities possessed by wholesale and retail enterprises (units) of various types of regist ration status at the end of the reference period, which reflects the commodity s tock level of various wholesale and retail enterprises and the potential for mar ket supply. It includes: (1) commodities located in storage, garages, counters, and shelves of operating units (such as sale stores, wholesale centers, and oper ating offices) of wholesale and retail enterprises; (2) commodities in the proce ss of selecting, sorting, and packing; (3) commodities not arrived but recorded as purchase in the account, i.e. commodities not arrived but payment receipts fo r the commodities from the sellers or the banks arrived; (4) commodities deposit ed in other places rather than places mentioned above, for instance: commodities in the hold of purchasers temporarily due to the refusal of payment and commodi ties not taken back after going through the formalities; (5) commodities entrust ed to other units to sell but not sold yet; (6) commodities purchased for other units but not delivered yet. Commodities not included as stock are those not own ed by the enterprises (units), those allocated to financially independent factor ies rather than wholesale and retail enterprises for processing but not taken back yet, and finally those put in stock by wholesale and retail enterprises on be half of the state material reserves units.

For the calculation of the value of commodities stock, the value is calculated at purchasing prices in agricultural goods purchasing units and wholesale units, and at the accounting prices in retail units.

**Business Income of Catering Industry:** refer to the total turnover of catering bu sinesses, establishments or individuals, including retail sales and other servic es income. It reflects the operational and managerial conditions and development trend of catering businesses, establishments and individuals in this sector.

**Retail Sales of Commodities in Catering Industry:** refer to retail sales to resid ents and social groups by catering enterprises, establishments and individual, i ncluding: (1) various food sold after cooking and processing, such as: staple fo od, cooked dishes, cold and dressed dishes and so on. (2) re-selling commodities without further processing, such as beverages, tobaccos, cooked food, fruits an d so on. (3) food and other commodities sold in affiliated shops without indepen dent accounting system.

**Volume of Transaction at Consumer Goods Markets** refers to the value of transacti on of all goods at consumer goods markets in the country, including both markets for farm and sideline products and for industrial consumption goods.

**Volume of Transaction at Large Commodity Markets (with transacti on value over 100 million yuan)** refers to markets approved by the industrial and commer cial admi nistration departments, which specialize in wholesale and retail of commodities with an annual sales of over 100 million yuan. The sum of sales of all sellers i n the markets makes up the transaction value of the markets.

**Chain Enterprises (also called chain stores or chain corporations)** refer to a fo rm of joint economic entities under which scattered enterprises or establishment s engaged in providing homogeneous commodities or services, with the central lea dership of core enterprise or headquarters and guided by common policies, conduc t centralized purchase and distributed selling of commodities, in order to gain better efficiency through standardized operation. Consisting of a number of bran ch stores, the chain stores have in general following features: 1) homogeneous c ommodities, 2) unique name of stores, 3) centralized purchase and delivery which is separated from distributed selling operation (most commodities are delivered from the headquarters except some items which, from logistics, quality or fresh ness considerations, might be delivered by the suppliers directly).

Chain stores have two categories:

a) Chain stores under direct management: These are formal chain stores invested or controlled by the headquarters. They operate under the direct and unified man agement from the headquarters.

b) Chain stores through license arrangement: Through contracts, chain stores (th eir owners) obtain licenses from the headquarters to use designated trade marks, names, operation know-how, and to sell the commodity developed by the headquart ers. Under this arrangement, each store in the chain is an independent legal ent ity and operates under the guidance from the headquarters.

**Total Imports and Exports at Customs** refer to the r eal value of commodities impo rted into and exported from the boundary of China. They include the actual impor ts and exports through foreign trade, imported and exported goods under the proc essing and assembling trades and materials, supplies and gifts as aid given grat is between governments and by the United Nations and other international organiz ations, and contributions donated by overseas Chinese, compatriots in Hong Kong and Macao and Chinese with foreign citizenship, leasing commodities owned by ten ant at the expiration of leasing period, the imported and exported commodities p rocessed with imported materials, commodities trading in border areas (excluding mutual exchange goods), the imported and exported commodities and articles for public use of the Sino-foreign joint ventures, cooperative enterprises and ventu res exclusively with foreign own investment. Also included are import or export of samples and advertising goods for whose CIF or FOB value are beyond the permi tted ceiling (excluding goods of no trading or use value and free commodities fo r export), imported goods sold in China from bonded warehouses and other importe d or exported goods. The indicator of the total imports and exports at customs c an be used to observe the total size of external trade in a country. In accordan ce with the stipulation of the Chinese government, imports are calculated at CIF , while exports are calculated at FOB

**Import Export Value by Location of Chinas Foreign Trade Managing Units** refers to actual value of imports and exports carried out by corporations which have bee n registered by the local customhouse and are vested with right to run import ex port business.

**Import Value of Commodities by the Places of their Destination and Export Value of Commodities by the Places of their Origin in China:** The former indic ator ref ers to the value of import commodities of the places of their consumption, utili zation or the places of their final destination. The latter indicator refers to the value of export commodities of the places of their origin or the places of t he commodities dispatched.

**Contracted Projects with Foreign Countries** refer to projects undertaken by Chine se contractors (project contracting companies) through bidding process. They include: (1) overseas civil engineering construction projects financed by foreign investors; (2) overseas projects financed by the Chinese government through its foreign aid programs; (3) construction projects of Chinese diplomatic missions, trade offices and other institutions stationed abroad; (4)construction projects in China financed by foreign investment; (5) sub-contracted projects to be taken by Chinese contractors through a joint umbrella project with foreign contractor (s); (6) housing development projects. The business income from international co ntracted projects is the work volume of contracted projects completed during the reference period, expressed in monetary terms, including completed work on proj ects signed in previous years.

**Service Cooperation with Foreign Countries** refers to the activities of providin g technology and labour services to employers or contractors in the forms of receiving salaries and wages. Labour services providing by contractual joint ventur es of Chinese international contracting corporations should be included in the s tatistics of service co-operation with foreign countries. The business income of labour service cooperation is the income in the form of wages and salaries, ove rtime pay, bonuses and other remuneration received from the employers during the reference period.

**Overseas Design and Consultation Service** refers to projects with charges for tec hnical services from overseas operators. It includes geographic and topographic mapping, geological resource prospecting and survey, planning of construction ar eas, provision of design documents, blueprints, materials on production process and techniques, as well as engineering, technical and economic consultation, and feasibility study, research and evaluation of projects. Also included under thi s category are the above-mentioned services of foreign-financed projects in Chin a that are paid in foreign currencies.

**Number of Tourists**

(1) International tourists refer to foreigners, overseas Chinese, Chinese compat riots from Hong Kong, Macao and Taiwan coming to China for sight-seeing, visits, tours, family reunions, vacations, study tours, conferences and other activitie s of a business, scientific and technological, cultural, educational and religio us nature. It does not include representatives and employees of resident institu tions of foreign countries in China such as embassies, consulates, news agencies and offices of foreign companies and organizations, nor does it include long-te rm foreign experts or students residing in China, or persons in transition witho ut spending a night in China.

(2) Chinese residents going abroad refer to Chinese residents going abroad for s hort terms for either public business or private purposes. Chinese employees wor king on international transport carriers are included in those going abroad for public business purpose, not in those for private purpose.

(3) Domestic tourists refer to residents of the mainland of China who stay for o ne night at least but no more than 6 months at tourist facilities in other place s than their permanent residence within the territory of the mainland China, inc luding foreigners, overseas Chinese and Chinese compatriots from Hong Kong, Maca o and Taiwan who have resided in China for over one year.

**Foreign Exchange Earnings from International Tourism** refer to the total expend itures of foreigners, overseas Chinese, Chinese compatriots from Hong Kong, Maca o and Taiwan during their stay in the mainland of China, which are earnings of f oreign exchange from international tourism from the point of view from China.

**International Travel Agencies** refer to travel agencies engaged in the promotio n, solicitation, organization and reception of tours to the mainland of China by foreigners, overseas Chinese, Chinese compatriots from Hong Kong, Macao and Tai wan.

**Domestic Travel Agencies** refer to travel agencies engag ed in the promotion, so licitation, organization and reception of domestic tourists, and in the receptio n of foreigners, overseas Chinese, Chinese compatriots from Hong Kong, Macao and Taiwan organized by international travel agencies or other departments concerne d, without their own promotion and solicitation programmes.

**Star–Hotels** refer to hotels rated with stars

**Regular Institutions of Higher Learning** refer to educational establishments set up according to the government evaluation and approval procedures, enrolling gra duates from senior secondary schools and providing higher education courses and training for senior professionals. They include full-time universities, colleges , high professional schools, high professional vocational schools and others.

Universities and colleges are mainly providing undergraduate courses; those high professional schools and high professional vocational schools are mainly provid ing professional trainings; and others refer to educational establishments, whic h are responsible for enrolling students but not covered in the total number of schools, including: branch schools of universities and colleges, and universitie s and colleges that have been proved and prepared to construct.

**Institutions of Higher Learning for Adults** refer to edu cational establishments, set up in line with relevant rules approved by the government, enrolling staff a nd workers with senior secondary school or equivalent education, and providing h igher education courses in many forms of correspondence, spare time, or full tim e for adults. Professionals thus trained receive a qualification equivalent to g raduates studying regular courses at regular universities, colleges and professi onal colleges. Institutions of higher learning for adults include schools of hig h education for staff and workers, schools of high education for peasants, colle ges for management cadres, pedagogical colleges, independent correspondence coll eges, Radio and TV universities and other educational establishments. Other educ ational establishments are responsible for enrolling adult students but not cove red in the number of schools.

**Enrollment Rate of Primary School Age Children** refers t o the proportion of schoo l age children enrolled at schools to the total number of school age children bo th in and outside schools (including retarded children, but excluding blind, dea f and mute children). The formula is:

Enrollment Rate of Primary School-age Children = (Total Primary School-age Child ren at Schools)/(Total Primary School age Children Both at and Outside Schools) x 100%

**Scientific and Technological Activities (S&T Activities)** refer to organized acti vities which are closely related with the creation, development, dissemination a nd application of the scientific and technical knowledge in the fields of natura l sciences, agricultural science, medical science, engineering and technological science, humanities and social sciences (referred to as scientific and technolo gical fields). S&T activities can be classified in to 3 categories: research and development (R&D) activities, application of R&D results, and related S&T servi ces. This statistical definition is made by UNICHIEF for scientific and technolo gical activities to meet the need of carrying out statistical work in this field for its member countries in particular those developing countries.

**Personnel Engaged in S&T Activities** refer to personnel directly engaged in S&T a ctivities, in the management of S&T activities, and in providing direct service to S&T activities, who spend over 10% of the total working hours in a year in S& T activities. (1) Personnel directly engaged in S&T activities include researche rs, engineers, technicians and other related personnel engaged in S&T activities in independent-accounting R&D institutions, institutions of higher learning, an d in research institutes, laboratories, technology development centers and centr al experiment workshops under enterprises and institutions. Also included are pe ople working in S&T research project teams, professional and technical personnel working in S&T information archiving institutes, and graduate students working on the design of their thesis. (2) Personnel engaged in the management of S&T ac tivities and in providing direct service to S&T activities include senior manage ment people responsible for S&T activities in independent-accounting R&D institu tions, S&T information archiving institutes, institutions of higher learning, an d in enterprises and institutions where S&T activities are undertaken. Also incl uded are people responsible for the planning, administration, personnel manageme nt, financial management, logistics supply, equipment maintenance, information a nd library management that are related with S&T activities. People providing indirect services are excluded, such as security, medical service, drivers, plumber s, cleaners and those providing catering and related service. This indicator ref lects the size of personnel engaged in S&T activities.

**Scientists and Engineers** refer to persons engaged in S& T activities who have obt ained titles of senior and middle level professional positions, and those withou t such position but have completed university or higher education. This indicator reflects the quality of personnel engaged in S&T activities.

**Research and Development (R&D)** refers to systematic and creative activities in t he field of science and technology aiming at increasing the knowledge and using the knowledge for new application. R&D includes 3 categories of activities: basi c research, applied research and experiments and development. The scale and inte nsity of R&D are widely used internationally to reflect the strength of S&T and the core competitiveness of a country in the world.

**Basic Research** refers to empirical or theoretical researchaiming at obtaining new knowledge on the fundamental principles of phenomena of observable facts to r eveal the nature and law of movement of objects and to acquire new discoveries o r new theories. Basic research takes no specific or designated application as th e aim of the research. Results of basic research are mainly released or dissemin ated in the form of scientific papers or monographs. This indicator reflects the original innovation capacity of knowledge.

**Applied Research** refers to creative research aiming at obtaining new knowledge o n a specific objective or target. Purpose of the applied research is to identify the possible use of results from basic research, or to explore new (fundamental ) methods or new approaches. Results of applied research are expressed in the fo rm of scientific papers, monographs, fundamental models or invention patents. Th is indicator reflects the exploration of ways to apply the results of basic research.

**Experiments and Development** refer to systematic activit ies aiming at using the k nowledge from basic and applied researches or from practical experience to devel op new products, materials and equipment, to establish new production process, s ystems and services, or to make substantial improvement on the existing products , process or services. Results of experiment and development activities are embo died in patents, exclusive technology, and monotype of new products or equipment . In social sciences, experiment and development activities refer to the process of converting the knowledge from basic or applied researches into feasible prog rammes (including conduct of demonstration projects for assessment and evaluatio n). There are no experiment and development activities in the science of humanit ies. This indicator reflects the capability of transferring the results of S&T into technique and products, which is the materialized measurement of S&T pushing forward the economic and social development.

**R&D Personnel** refer to persons engaged in research, man agement and supporting ac tivities of R&D, including persons in the project teams, persons engaged in the management of S&T activities of enterprises and supporting staff providing direc t service to the research projects. This indicator reflects the size of personne l engaged in R&D activities with independent intellectual property.

**Professional and Technical Personnel** refer to persons engaged in professional and technical work or in the management of professional and technical activities, i.e., people with professional or technical positions who are engaged in profess ional and technical work or in the management of professional and technical acti vities, and people without professional or technical positions but are working o n professional or technical posts. They include professionals and technicians wo rking in 17 categories of technical occupations including engineering, agricultu re, scientific researches, medical service, teaching, economic research and appl ication, accounting, statistics, translation, libraries, archives, cultural and museum service, journalism and publication, lawyers, notarization service, radio and television broadcasting, handicraft and fine arts, sports, performing art, and political workers in enterprises. This indicator reflects the condition of human resources in S&T.

**Funding for S&T Activities** refers to funds obtained fro m various sources for S&T activities, including government funds, self-raised funds by enterprises, self- raised funds by institutions, loans from financial institutions, foreign funds a nd other funds. This indicator reflects the efforts made by various social econo mic entities in promoting the development of S&T.

**Government Funds** refer to funds obtained from governmen t agencies at all levels to be used for S&T activities, including fund for scientific undertakings, 3 kin ds of fund for S&T activities, fund for capital construction for scientific rese arches, science fund, funds from education expenditures by education departments for S&T activities, and extra-budget fund from government agencies for S&T acti vities.

**Self–raised Funds by Enterprises** refers to self-raised funds by enterprises from their own expenditure or from other enterprises and funds received by universit ies or research institutions from enterprises for scientific research or technic al development projects. Excluded in this category are funds from government age ncies, financial institutions or from foreign institutions.

**Loans from Financial Institutions** refer to loans from v arious financial institutions for S&T activities.

**Internal Expenditures on S&T activities** refer to the actual expenditures on S&T activities during the reference year, including service fees, expenditure on research activities, expenditure on research management, purchase or construction o f fixed assets not included in the investment for capital construction, expendit ure on capital construction for scientific researches, and other expenditures on S&T activities. Not included are expenditure on production activities, repaymen t of loans and transfer expenditure. This indicator reflects the real accomplish ment of input in S&T.

**Service Fees** refer to direct or indirect payment, in ca sh or in kind, made to pe rsonnel engaged in S&T activities as remuneration and other fees. They include, in various forms, salaries, subsidies, bonus, benefits, retirement pension, stip end, etc. This indicator reflects the improvement of treatment toward S&T person nel.

**Purchase or Construction of Fixed Assets** refers to the fixed assets purchased or constructed using funds other than the investment in capital construction, and the actual expenditure on capital construction for scientific researches. In oth er words, it is the sum of the actual expenditure on fixed assets and the accomp lished investment in capital construction for scientific researches. Fixed asset s refer to main materials and equipment, literatures and documents in libraries, materials for experiments, specimen, instruments, furniture, buildings and cons tructions that can be used for a long time without changing the form and shape o f those articles or constructions. This indictor reflects the input in improving the condition of S&T and the means of scientific research.

**New Products** refer to new products produced with new tech nology and new design, or products that represent noticeable improvement in terms of structure, materia l, or production process so as to improve significantly the character or functio n of the older versions. They include new products certified by relevant governm ent agencies within the period of certification, as well as new products designe d and produced by enterprises within a year without certification by government agencies. This indictor reflects the direct contribution of S&T output to econom ic growth.

**Patent** is an abbreviation for the patent right and refers to the exclusive right of ownership by the inventors or designers for the creation or inventions, give n from the patent offices after due process of assessment and approval in accord ance with the Patent Law. Patents are granted for inventions, utility models and designs. This indicator reflects the achievements of S&T and design with indepe ndent intellectual property.

**Inventions** refer to the new technical proposals to the products or methods or th eir modifications. This is universal core indicator reflecting the technologies with independent intellectual property.

**Utility Models** refer to the practical and new technical proposals on the shape a nd structure of the product or the combination of both. This indicator reflects the condition of technological results with certain technical content.

**Designs** refer to the aesthetics and industrially applic able new designs for the shape, pattern and color of the product, or their combinations. This indicator reflects the appearance design achievements with independent intellectual property.

**Cultural Institutions** refer to units, which have their own organizational system and independent accounting system and specialize in or serve cultural developme nt. They exclude other establishments run by these cultural institutions and ama teur cultural groups established by various departments. This indicator reflects the development of cultural units.

**Art Troupe** refers to the troupe which is engaged in dra ma, opera, music, dance, acrobatics or other art performance, opens independent accounts with banks and h as self-supporting accounting system; excluding the troupes which are engaged pa rtly in industrial or agricultural activities, partly in art performance and the professional troupes organized by the people.

**Number of Audience at Art Performance** refers to the num ber of attendants at comm ercial shows, completely booked shows or free shows given in minority national a reas, and does not include the number of spectators at rehearsals for examinatio n and internal shows for study.

Number of Athletes in Grades refers to the number o f athletes who have been give n titles through examination. The titles of athletes include international maste rs of sports, masters of sports, first-grade, second-grade and third-grade sport smen and young athletes. This indicator reflects skill of the athletes.

**Number of Referees in Grades** refers to the number of re ferees who have been give n titles after examination. They are classified as international referees, natio nal referees and referees of the first, second and third grades. This indicator reflects the skill of referees.

**Stadiums** refer to stadiums for track and field events with six lane 400-meter tracks around soccer fields, permanent track marks and permanent bleachers. Stadiu ms are classified according to seating capacity. They include: Class A stadiums have the capacity of seating 25000 people each. Class B stadiums have the capaci ty of seating 15000 to 25000 people each. Class C stadiums have the capacity of seating 5000 to 15000 people each, and Class D stadiums have the capacity of sea ting fewer than 5000 people. This indicator reflects numbers of large and medium -sized stadiums.

**Gymnasiums** refer to indoor sports grounds with permanen t seats in which basketball, volleyball. badminton, table tennis and gymnastics competitions can be held. Gymnasiums are classified according to seating capacity. They include: Class A gymnasiums with seating over 6000 people. Class B gymnasiums with seating 4000 t o 6000 people. Class C gymnasiums with seating 2000 to 4000 people, and Class D gymnasiums with eating fewer than 2000 people. This indicator reflects the total number of large and medium-sized gymnasiums.

**Health Care Institutions** include: medical institutions, disease preven tion and c ontrol centers (epidemic prevention stations), blood gathering and supplying ins titutions, health supervision and inspection (check up) institutions, medicinal scientific research and on-job training institutions, health education and so on .

**Medical Organizations** include: hospitals, health service center s (stations) of c ommunities, nursing homes, health centers, clinics, clinics (health stations and infirmaries), maternity and child care agencies (centers and stations), special disease prevention and curing agencies (centers and stations), first aid center s (stations) and clinical inspection centers. Medical organizations are grouped by two types: profit-making and non-profit-making medical organizations.

**Hospitals** include: polyclinics, traditional Chinese medical hos pitals, hospitals integrated with traditional Chinese therapeutics and western therapeutics, ethi cal hospitals, various specialties hospitals and nursing hospitals.

**Medical Technical Personnel** refers to doctors, assistan t nurses, pharmacists, and laboratory technicians working in medical institutions.

**Doctors** refer to certified physicians and certified as sistant physicians with ce rtifications working in medical and health care and prevention agencies.

**Social Welfare Institutions** refer to institutions takin g care of old people with out children, handicapped people and orphans. They include social welfare instit utions run by civil affairs departments, children welfare institutions, social w elfare institutions for mental patients, collective-owned old peoples homes in r ural areas, convalescent homes and community service centers with the capacity o f receiving those people. This indicator reflects the input in social welfare in stitutions.

**Number of People Taken in by Social Welfare Institutions** refers to the number of old people, children, totally dependent handicapped people and mental patients taken in by social welfare institutions run by civil affairs departments and tho se run by collective units in urban and rural areas. This indicator reflects the capacity of social welfare institutions.

**Social Welfare Enterprises** are collective owned enterprises whi ch employ the bli nd, deaf-mute, and other handicapped people who are able to work in cities and t owns and enjoy exemption from state taxes, including welfare plants, welfare com mercial services, artificial limb plants and farms, etc. This indicator reflects the preferential policies toward disabled persons.

**Rural Households with Livelihood Guaranteed in Five Aspects** refer to the househo lds in which there are old people without child, orphans and handicapped people who are unable to work and without financial resources in rural areas. They are taken care of by the collective units and their food, clothing, housing, medical care, funeral expenses (or schooling for orphans) are guaranteed to be provided for. This indicator reflects the total number of disadvantageous groups of rura l population.

**Lawyers** are certified legal workers according to law, and who a re employed by le gal counseling firms to act as legal advisers, agents in criminal or civil lawsu its, or defenders in criminal lawsuits, or to handle non-litigious legal affairs , to advise on matters of law or to write legal papers for others, and provide s ervice to the public.

**Notary Personnel** refers to people working for notary of fices including: director s, deputy director, notaries, assistant notaries, and other people providing ass istance.

**Notary Documents** refer to the judicatory notary documen ts drawn up by the reques t of the party and are in accordance with facts and laws and following certain l egal proceedings. According to usage and locality, the notary documents are divi ded into following 4 types: domestic notary documents, domestic economic notary documents, foreign-related civil notary documents and foreign-related economic notary documents.

**Mediators** refer to workers on peoples mediation committ ees responsible for media ting in civil disputes and cases of slight infraction of the law. They include m embers of the mediation committees and mediators of mediation groups. This indic ator reflects the number of people engaged in meditation.

**Mediation of Civil Disputes** refers to number of cases m ade by mediation committe es in mediating in civil disputes concerning civil rights and duties through per suasion and education in accordance with the provisions of law on a voluntary ba sis, so as to solve disputes by helping the parties involved come to an agreemen t and understanding, including those unsuccessful ones. This indicator reflects the workload of the mediation committees.

**Acceptance of Case** refers to the decision made by the p eople's procuratorate off ice on reported cases, prosecution, impeachment, surrender, self-found criminal clues or suspects after initial investigation to confirm the act of crime and to start legal proceedings of the case as criminal case.

**Number of Labour Dispute Cases Accepted** refers to the n umber of cases of labour dispute submitted that, after being reviewed by the lab our dispute arbitration c ommittees in line with the relevant state regulations, are accepted and registered for treatment.

**Retired or Resigned Personnel** refers to people who have formally gone through th e formalities for their retirement or quitting work and enjoy the corresponding treatments.

**Insurance and Welfare Funds** refers to labour insurance and welfare fund paid by enterprises, organizations and institutions to their staff and workers as well a s retired and resigned persons in addition to their wages and salaries, excludi ng labour protection fees, wages paid to medical workers from insurance and welf are fund and wages paid to staff members working in collective welfare agencies and to people with over 6 months of sick-leave.

**Insurance and Welfare Funds for Retired and Resigned Staff and W orkers covers:**

1. Pensions for retired veteran cadres: They refer to pensions, other subsidies, and additional allowances paid to retired in line with relevant government docu ments.

2. Pensions for Retirement: They refer to living allowance; other subsidies and additional allowances paid to retired staff and workers in line with the relevan t government documents.

1. Resignation Allowances for Living Expenses: They refer to living allowance, a nd additional allowances subsidies paid to resigned staff and workers in line wi th relevant government instructions.

It also includes living subsidies and prices subsidies paid to retired and resig ned staff and workers.

2. Medical Care Allowance: refer to fee-for-service, cost of medical care and pe r diem subsidies during hospitalizations of retired and resigned staff and worke rs.

3. Others: They refer to other expenses, including other types of insurance and welfare fund, fees for funerals, traveling subsidies and heating subsidies durin g the winter time.

**Private Economic** Type of Registration for the joint -stock cooperative Enterprises,other joint venture Enterprise,Non-state holding other liability company and limited by shave Ltd.Private Enterprise,Domestic other enterprise legal person and has the fixed operating sites and holding the business license or has fixed management field,but do not recive business license of the self-employed households.

# 中国统计出版社有限公司最新图书简目

（仅供参考，以实际出版为准）

## 统计资料

中国统计年鉴　中国统计摘要　中国第三产业统计年鉴
中国第三次全国农业普查综合资料　国际统计年鉴　金砖国家联合统计手册
中国-东盟国家统计手册　中国农村统计年鉴　中国县域统计年鉴
中国农产品价格调查年鉴　中国城市统计年鉴　中国价格统计年鉴
中国贸易外经统计年鉴　中国零售和餐饮连锁企业统计年鉴　中国商品交易市场统计年鉴
大中型批发零售和住宿餐饮企业统计年鉴　中国住户调查年鉴　中国工业统计年鉴
中国环境统计年鉴　中国能源统计年鉴　中国建筑业统计年鉴
中国房地产统计年鉴　投资领域统计年鉴　中国对外直接投资统计公报
中国人口和就业统计年鉴　中国劳动统计年鉴　中国社会统计年鉴
中国科技统计年鉴　中国高技术产业统计年鉴　全国企业创新调查年鉴
中国文化及相关产业统计年鉴　2018年时间利用调查资料　中国妇女儿童状况统计资料
中国基本单位统计年鉴　中国教育统计年鉴　中国教育经费统计年鉴
中国民族统计年鉴　中国残疾人事业统计年鉴　长江经济带发展统计年鉴

## 省级综合统计年鉴系列

北京 天津 河北 山西 内蒙古 辽宁 吉林 黑龙江 上海 江苏 浙江 安徽 福建 江西 山东 河南 湖北 湖南 广东 广西 海南 重庆 四川 贵州 云南 西藏 陕西 甘肃 青海 宁夏 新疆 新疆生产建设兵团

## 市(县)级综合统计年鉴系列

滨海新区 石家庄 唐山 邯郸 保定 沧州 邢台 廊坊 承德 衡水 秦皇岛 张家口 太原 大同 阳泉 长治 晋城 朔州 晋中 运城 忻州 临汾 吕梁 呼和浩特 鄂尔多斯 包头 沈阳 大连 长春 延吉 四平 白山 通化 哈尔滨 齐齐哈尔 黑龙江垦区 上海浦东新区 南京 无锡 徐州 常州 苏州 南通 连云港 淮安 盐城 扬州 镇江 泰州 宿迁 江阴 丹阳 海门 张家港 杭州 宁波 温州 嘉兴 湖州 绍兴 金华 衢州 舟山 台州 丽水 合肥 安庆 福州 厦门 宁德 漳州 龙岩 莆田 泉州 三明 南平 南昌 九江 上饶 新余 抚州 赣州 景德镇 济南 青岛 枣庄 潍坊 聊城 郑州 洛阳 平顶山 三门峡 南阳 商丘 信阳 济源 汝州 武汉 十堰 荆州 宜昌 荆门 咸宁 黄冈 长沙 鹰潭 广州 深圳 惠州 东莞 汕尾 湛江 肇庆 南宁 柳州 桂林 贵港 梧州 来宾 河池 防城港 海口 三亚 儋州 成都 内江 贵阳 黔南 毕节 昆明 文山 德宏 西安 延安 安康 铜川 汉中 商洛 银川 兰州 庆阳 乌鲁木齐 昌吉 阿勒泰 兵团一师、二师、三师、四师、六师、七师、八师、十师、十三师、十四师

## 调查年鉴系列

天津 内蒙古 上海 河南 湖北 湖南 广东 广西 重庆 四川 云南 甘肃 宁夏 南宁 贵港 昆明

## 统计方法应用/实用手册

Python数据分析基础（第二版）　医用多元统计分析（第三版）　中华生物统计用表
中国国民经济核算体系（2016）基础知识　国民经济核算初级教程　医学统计学手册
全国统计专业技术资格考试系列考试用书：统计业务知识（第四版修订版）　统计业务知识学习指导与习题
全国统计专业技术资格考试系列考试用书：统计相关知识（第四版）　统计相关知识学习指导与习题

## 统计通俗读物/统计科普图书

领导干部统计知识问答　《防范和惩治统计造假、弄虚作假督察工作规定》辅导读本
统计新媒体运营指南　统计公文知识问答　理解国民账户　中国古代统计史简编

## 重点图书

辉煌70年　第三次全国农业普查农作物面积遥感测量图集　中国第四次经济普查年鉴
新编英汉汉英统计大词典　中国国民经济核算体系2016　国民经济行业分类注释
挑大学选专业2019—考研择校指南　挑大学选专业2019—高考志愿填报指南　中华医学统计百科全书